개발자에게 필요 없는 수학은 없다

Math for Programmers

프로그래머를 위한 수학

파이썬으로 하는 3D 그래픽스, 시뮬레이션, 머신러닝

프로그래머를 위한 수학 : 파이썬으로 하는 3D 그래픽스, 시뮬레이션, 머신러닝

초판발행 2021년 12월 29일

지은이 폴 올랜드 / **옮긴이** 노희준, 박종태, 박한길, 신정규 / **펴낸이** 전태호
펴낸곳 한빛아카데미(주) / **주소** 서울시 서대문구 연희로2길 62 한빛아카데미(주) 2층
전화 02-336-7112 / **팩스** 02-336-7199
등록 2013년 1월 14일 제2017-000063호 / **ISBN** 979-11-5664-571-9 93000

책임편집 김은정 / **기획** 윤세은 / **편집** 윤세은, 박현경
디자인 박정우 / **전산편집** 백지선 / **제작** 박성우, 김정우
영업 김태진, 김성삼, 이정훈, 임현기, 이성훈, 김주성 / **마케팅** 길진철, 김호철, 주희

이 책에 대한 의견이나 오탈자 및 잘못된 내용에 대한 수정 정보는 아래 이메일로 알려주십시오.
잘못된 책은 구입하신 서점에서 교환해 드립니다. 책값은 뒤표지에 표시되어 있습니다.
홈페이지 www.hanbit.co.kr / **이메일** question@hanbit.co.kr

MATH FOR PROGRAMMERS
Original English language edition published by Manning Publications.
Copyright © 2020 by Manning Publications Co.,
Korean language edition copyright © 2021 by Hanbit Academy, Inc. All rights reserved.
이 책의 한국어판 저작권은 대니홍 에이전시를 통한 저작권사와의 독점 계약으로 한빛아카데미(주)에 있습니다.
저작권법에 의해 보호를 받는 저작물이므로 무단 복제 및 무단 전재를 금합니다.

지금 하지 않으면 할 수 없는 일이 있습니다.
책으로 펴내고 싶은 아이디어나 원고를 메일(writer@hanbit.co.kr)로 보내주세요.
한빛아카데미(주)는 여러분의 소중한 경험과 지식을 기다리고 있습니다.

개발자에게 필요 없는 수학은 없다

Math for Programmers

프로그래머를 위한 수학

파이썬으로 하는
3D 그래픽스, 시뮬레이션, 머신러닝

폴 올랜드 지음
노희준, 박종태, 박한길, 신정규 옮김

MANNING   한빛아카데미

지은이 소개

지은이 **폴 올랜드** Paul Orland

사업가이자 프로그래머이며 수학 애호가이다. 예일대학교 수학과를 졸업한 뒤, 워싱턴대학교에서 물리학 전공으로 석사 학위를 받았다. 마이크로소프트에서 소프트웨어 엔지니어로 근무한 뒤, 정유·가스 업계에서 에너지 생산 최적화를 위한 예측 분석 소프트웨어를 만드는 스타트업인 타키우스Tachyus를 공동 설립하였다. 폴은 타키우스의 초대 최고기술경영자CTO로서 머신러닝과 물리학을 기반으로 모델링 소프트웨어를 제품화했으며, 이후 최고경영자CEO가 되어 고객이 5대륙에서 찾아올 정도로 회사를 성장시켰다. 본인을 상징하는 동물은 바닷가재라고 소개한다.

- **홈페이지** : https://paulor.land

옮긴이 소개

옮긴이 노희준 hjroh@korea.ac.kr

고려대학교 정보통신대학 컴퓨터학과와 이과대학 수학과를 이중전공했다. 이후 동 대학원 컴퓨터·전파통신공학과에서 컴퓨터학 전공으로 석사 학위와 박사 학위를 받았다. 현재 고려대학교 세종캠퍼스 인공지능사이버보안학과 조교수로 재직 중이다. 노희준 교수는 한국인터넷진흥원(KISA) 정보보호 특성화대학 지원사업의 지원을 받아 이 책의 번역에 기여했다.

옮긴이 박종태 park.mapokalbi@gmail.com

엑스엘게임즈의 MMORPG 『아키에이지』에서 리드 콘텐츠 프로그래머로 재직 후, 3ds Max와 Maya로 유명한 오토데스크코리아에서 게임엔진 테크니컬 스페셜리스트로 근무했다. 현재 테크니컬 아티스트로서 (주)엔씨소프트에 몸담고 있다.

옮긴이 박한길 phgphg777@gmail.com

KAIST 수학과에서 박사 학위를 받았다. KAIST 컴퓨터 그래픽스 연구실에서 렌더링과 머신러닝 연구를 진행했다. 게임업계에 진출하여 언리얼 엔진을 사용한 프로젝트 최적화, 최신 렌더링 기법 추가 및 테스트를 담당했으며, 이와 별개로 여러 머신러닝 관련 프로젝트를 진행했다. 현재 넷마블에프엔씨(주)의 자회사인 메타버스엔터테인먼트(주)의 책임 연구원으로서 렌더링과 고품질의 에셋을 자동 생성하는 데 주안점을 두고 활발히 R&D에 몰두하고 있다.

옮긴이 신정규 https://github.com/inureyes

POSTECH에서 통계물리학 전공으로 박사 학위를 받았다. 현재 인공지능 솔루션 전문 기업인 래블업(주) 대표이며, Google Developers Experts에서 머신러닝 expert로 활동하고 있다.

지은이 머리말

공동설립자이자 최고경영기술자^{CTO}로 재직 중인 타키우스^{Tachyus}에서 정유·가스 업계를 위해 예측 분석 소프트웨어를 만들던 시절인 2017년부터 이 책을 집필하기 시작했다. 타키우스는 최적화 엔진과 함께 물리학과 머신러닝으로 동작하는 핵심 제품인 유체 시뮬레이터 개발을 막 마친 시점이었다. 고객은 유체 시뮬레이터를 통해 저류암이 존재하는지 미리 가늠하고 수억 달러나 되는 최적화 기회를 살필 수도 있게 되었다.

필자는 CTO로서 세계적인 대기업들이 사용하기 시작한 이 소프트웨어를 제품화하고 스케일 아웃$^{scale\ out}$해야 하는 임무가 있었다. 가장 큰 난관은 이 일이 복잡한 소프트웨어 프로젝트인 데다가 코드가 매우 수학적이라는 점이었다. 이 무렵에 '과학 소프트웨어 엔지니어'를 채용하기 시작했다. 수학, 물리학, 머신러닝에 대한 배경지식이 탄탄하면서도 노련한 전문 소프트웨어 엔지니어가 필요하다는 발상 때문이었다. 과학 소프트웨어 엔지니어를 채용하는 과정에서 이러한 경력을 지닌 사람은 드물고 이 분야의 수요가 높음을 깨달았다. 타키우스의 소프트웨어 엔지니어들도 이를 깨닫고 특화된 백엔드 컴포넌트에 이바지하고자 수학 스킬을 연마하고 싶어 했다. 기존 팀원들 및 새로 채용한 팀원들과 함께, 뛰어난 소프트웨어 엔지니어를 가르쳐 가공할 만한 수학 사용자가 되게끔 하는 최선의 방법을 고민하기 시작했다.

하지만 우리에게 필요한 수학 콘텐츠를 적정한 수준으로 담은 책이 없었다. 선형대수학과 미분적분학 도서는 수백 권인데다 온라인에는 수천 가지나 되는 정보가 있었음에도, 평범한 전문 소프트웨어 엔지니어가 수개월 만에 온전히 내용을 이해할 만한 자료는 마땅히 없었다. 소프트웨어 엔지니어들을 폄하하려는 게 아니라 그만큼 수학을 독학하기가 어렵단 의미이다. 무언가를 독학하려면 무엇을 배워야 하는지 알아야 하고(아직 해당 자료에 대해 아는 게 없으니 어렵다!), 자료를 읽은 뒤 배운 내용을 적용하는 연습 차원에서 고품질의 연습문제를 풀어야 한다. 책을 모조리 읽고 모든 연습문제를 푸는 다소 저돌적인 방법도 있으나 하루 종일 공부만 해도 수개월은 걸릴 것이다.

『프로그래머를 위한 수학$^{Math\ for\ Programmers}$』이 바로 그 대안이 되길 바란다. 여러분은 적당히 시간을 내서 이 책을 처음부터 끝까지 읽고 연습문제도 풀면서 중요 수학 개념을 마스터하리라 확신한다.

이 책의 설계 방향

2017년 가을에 매닝 출판사$^{\text{Manning Publications}}$를 만났는데, 출판사는 『프로그래머를 위한 수학』에 관심을 가졌다. 이 책에 대한 비전을 구체적으로 바꾸는 긴 작업이 시작되었다. 집필이 처음이라 그런지 작업은 생각보다 훨씬 어려웠다. 출판사는 목차 초안을 보고 어려운 질문들을 던졌다. 예를 들면 다음과 같았다.

- 이 주제에 관심 있는 사람들이 있을까요?
- 너무 추상적이진 않나요?
- 미분적분학 한 학기 분량을 정말 1개 장 분량으로 가르칠 수 있나요?

질문을 받고 이 책에서 무엇을 보여줄 수 있을지 더 세심히 고민하게 되었다. 이러한 질문에 대한 답은 이 책의 장점을 정확히 보여주리라 생각한다.

최우선적으로 '코드 내에 수학적인 발상을 표현한다.'는 주요 스킬에 초점을 맞추기로 했다. 여러분이 프로그래머가 되지 않더라도 이는 수학을 배우는 훌륭한 방법이라 본다. 필자는 고등학생일 때, 공학용 그래픽 계산기인 TI-84로 프로그래밍을 배웠다. 수학과 과학 숙제의 정답을 알려줄 뿐만 아니라 풀이 과정을 단계별로 출력할 프로그램을 짤 수 있을 거란 당찬 발상에서였다. 그냥 숙제하는 것보다 훨씬 어려웠지만 프로그래밍을 하며 숙제를 어떤 관점으로 바라봐야 할지 알 수 있었다. 프로그래밍하려는 각 문제에 대해 입력과 출력, 그리고 풀이의 각 단계에서 일어나는 일을 명확히 알아야 했기 때문이다. 결국엔 해당 숙제를 이해하고 잘 동작하는 프로그램을 짤 수 있었다.

이 경험을 여러분과 나누고 싶다. 각 장은 구체적인 예제 프로그램을 중심으로 구성했다. 프로그램을 작동시키려면 모든 수학 개념을 적절히 결합해야 한다. 이를 마치면 해당 개념을 이해했고 나중에 다시 적용할 수 있음을 확신할 것이다. 연습문제를 풀면서 수학 개념과 코드를 이해했는지 확인할 수 있고, 미니 프로젝트에서 주어진 자료를 새롭게 변형할 수 있다.

이 책에 어떤 프로그래밍 언어를 써야 할지 고민했다. 처음엔 수학이 함수형 언어 그 자체이기 때문에 함수형 프로그래밍 언어를 선택하려고 했다. 컴퓨터에서 말하는 '함수'는 결국 컴퓨터가 존재하지도 않던 까마득한 옛날부터 수학에서 비롯한 개념이니 말이다. 하지만 여러분에게 수학 개념과 함께 LISP, Haskell, F#과 같이 익숙지 않은 언어를 들이민다면 책은 더 어려워지고 아무도 읽지 않으려 할 수도 있다. 대신 대중적이고 배우기도 쉽고 수학 라이브러리도 훌륭한 파이썬을 쓰기로 했다. 파이썬은 학계와 산업계에서 '실제' 수학 사용자들도 즐겨 찾곤 한다.

마지막으로 어떤 수학 주제를 넣어야 하고 빼선 안 되는지를 심사숙고했다. 어려운 결정이었지만 적어도 도서명은 『프로그래머를 위한 수학』이라 합의되었으니, 주제에 대한 융통성이 어느 정도 있었다. '컴퓨터 과학자'가 아니라 '프로그래머'를 위한 수학이므로 컴퓨터 과학 수업에서 다루고 **프로그래밍을 공부할 때** 주로 배우는 이산수학, 조합론, 그래프 이론, 논리학, Big O 표기법 등을 제외할 수 있었다.

최종적으로는 선형대수학과 미분적분학에 집중하기로 결정했다. 두 학문은 필자가 가르칠 수 있을 정도로 구체적인 관점이 있는데다 시각화해서 관찰하기도 좋고 조작을 통해 결과가 명확히 바뀌는 좋은 응용 사례가 많이 있기 때문이다. 선형대수학이나 미분적분학만 가지고도 두꺼운 책을 집필할 수도 있겠지만, 조금 더 구체적으로 만들어야 했다. 따라서 범위를 머신러닝에서 유행하는 분야까지 넓혀 응용 사례를 좀 더 다루기로 했다. 이러한 결정들로 책의 내용이 좀 더 명확해졌다.

이 책에서 다루는 수학 주제

이 책은 다양한 수학 주제를 다루지만 주요 주제는 많지 않다. 책을 읽으면서 계속 주시해야 할 주제를 미리 소개한다.

고차원 공간	2차원^{2D}과 3차원^{3D}이란 단어는 직관적으로도 차이가 있음을 느낄 것이다. 우리는 3차원에 살고 있는 반면에 2차원은 종이나 컴퓨터 화면 같이 평평하다. 2차원 위치는 (보통 x좌표, y좌표라고 하는) 수 2개로 묘사할 수 있지만, 3차원 위치를 식별하는 데에는 3개의 수가 필요하다. 17차원 공간을 그릴 순 없지만 그 공간의 점을 17개의 수를 나열해 묘사할 수는 있다. 이러한 수의 나열을 벡터라고 부르며, 벡터에 관한 수학은 차원 관념을 명확하게 잡는 데 도움을 준다.
함수 공간	수를 나열해서 함수를 구체화할 수 있다. $a=5$와 $b=13$이라는 두 수가 있으면 $f(x)=ax+b$ 꼴의 (일차)함수를 만들 수 있는데, 이때 $f(x)=5x+13$이다. 좌표 (a,b)로 표기하는 2차원 평면 위의 모든 점에 대해, 해당 점에 대응하는 일차함수가 있다. 따라서 모든 일차함수의 집합은 2차원 공간으로 생각할 수 있다.
도함수와 그라디언트	도함수와 그라디언트는 함수의 변화율을 측정하는 미분적분학 연산이다. 도함수는 x값이 증가할 때 함숫값 $f(x)$가 얼마나 급격히 증가하거나 감소하는지를 알려준다. 3차원에서 함수는 $f(x,y)$로 나타낼 수 있으며 x값 또는 y값을 바꾸어서 함숫값을 증가시키거나 감소시킬 수 있다. 순서쌍 (x,y)를 2차원 상의 점으로 간주하면, 2차원에서 어느 방향으로 가야 $f(x,y)$를 가장 급격하게 증가시킬 수 있는지를 궁금해 할 수 있다. 이 질문에 대한 답은 그라디언트이다.
함수 최적화	$f(x)$ 또는 $f(x,y)$ 꼴 함수가 있으면, 방금 질문을 좀 더 확장해서 어떤 입력을 주어야 함수의 출력이 가장 큰지를 물을 수 있다. $f(x)$에서는 특정 값 x가, $f(x,y)$에서는 2차원 상의 한 점이 답이 될 것이다. 후자의 답을 구하는 데 그라디언트가 도움을 준다. 그라디언트가 $f(x,y)$가 증가하는 방향을 알려주면 해당 방향을 탐색하여 $f(x,y)$의 최댓값을 구할 수 있다. 함수의 최솟값도 유사한 전략으로 구한다.
함수로 데이터 예측	특정 시점의 주가와 같은 수를 예측하고 싶다고 하자. 시각 t를 주면 가격 p를 출력하는 함수 $p(t)$를 만들 수 있다. 함수의 예측 품질은 실제 데이터와 얼마나 가까운지로 측정한다. 이런 관점에서, 예측 함수를 구하는 것은 함수와 실제 데이터 간의 오차를 최소화하는 작업이다. 이를 위해 함수 공간을 탐색해 오차의 최솟값을 달성해야 한다. 이를 회귀라 한다.

이 수학 개념들은 누구라도 머릿속에 탑재해 둔다면 무조건 유용하다고 본다. 설령 머신러닝에 관심이 없더라도 이 개념들과 이 책의 다른 개념들은 여러 군데에서 응용된다.

확률과 통계는, 매우 아쉽지만 이 책에 담지 않기로 했다. 머신러닝에서도 확률과 불확실성을 정량화한다는 개념은 중요하다. 그러나 확률과 통계에 관해 의미 있는 내용을 집어넣기엔 집필 시간도 여유 공간도 부족했음을 양해 바란다. 추후에 훨씬 더 재미있고 유용한 수학들로 여러분을 다시 만날 수 있길 희망한다.

감사의 말

이 책을 처음 구상하고 출간하기까지 약 3년이 걸렸다. 이 자리를 빌려 그동안 많은 도움을 주신 분들에게 감사 인사를 드리고 싶다.

가장 먼저 이 책을 만들어준 매닝 출판사에 감사를 표한다. 초보 저자가 이렇게 두껍고 멋진 책을 쓸 수 있도록 지지해주었고, 출간이 몇 번 지연되었음에도 참을성 있게 기다려주었다. 특히 마르얀 베이스^{Marjan Bace}와 마이클 스티븐스^{Michael Stephens}는 프로젝트를 진행하고, 이 프로젝트가 어떻게 되어야 할지 도움을 주었다. 첫 번째 편집자인 리처드 와튼바거^{Richard Wattenbarger}는 원고를 반복 검토하면서 책이 살아있도록 하는 데 중요한 영향을 끼쳤다. 이 책의 구조를 결정하기 전에 1장, 2장의 6개 가안을 검토해주었다.

이 책의 내용은 대부분 2019년에 두 번째 편집자인 제니퍼 스타우트^{Jennifer Stout}가 전문적으로 조언해주어 집필할 수 있었다. 제니퍼는 이 프로젝트를 마지막까지 붙잡고 테크니컬 라이팅이 무엇인지 잘 알려주었다. 기술 편집자인 크리스 아티^{Kris Athi}와 기술 리뷰어인 마이크 셰퍼드^{Mike Shepard}도 마지막까지 수많은 오류를 잡아주었고 모든 단어와 모든 코드 줄을 읽어주었다. 출판사 바깥에서는 미케일라 렁^{Michaela Leung}이 편집 쪽으로 많은 도움을 주었는데, 전체적으로 문법과 기술적 정확도도 살펴주었다. 매닝 출판사 마케팅 팀에게도 감사를 표하고 싶다. MEAP^{Manning Early Access Program}를 통해 이 책이 사람들에게 관심 있는 주제임을 확신할 수 있었다. 출간 막바지에 다다르고 크게 집중해야만 했을 때, 이 책이 상업적으로 어느 정도는 성공하겠다는 확신이 내게 큰 동기를 부여했다.

타키우스의 과거 동료와 현재 동료들 모두 프로그래밍에 대해 많은 것을 가르쳐주었다. 동료들이 건넨 많은 교훈들로 이 책을 만들 수 있었다. 잭 폭스[Jack Fox]는 4장과 5장에서 다룬 함수형 프로그래밍과 수학 사이의 연관성을 처음으로 생각하게 해주었다. 윌 스미스[Will Smith]는 비디오 게임 설계를 가르쳐주었다. 우리는 3차원 렌더링에 관한 벡터 기하학에 대해 많은 토론을 했다. 특히 스텔리오스 키리아쿠[Stelios Kyriacou]는 내가 최적화 알고리즘 관련 내용을 집필할 수 있도록 지도했으며, 이 책의 몇몇 코드가 동작하도록 도와주었다. 스텔리오스는 "모든 것은 최적화 문제이다."라는 철학을 소개해 주었다. 최적화는 이 책의 후반부에서 꼭 이해해야 할 주제 중 하나이다.

아래 소개하는 리뷰어들은 원고를 미리 읽고 이 책을 보완해야 할 점을 짚어주었다. 깊은 감사를 표한다.

아디르 람지아반[Adhir Ramjiawan], 안토 아라빈스[Anto Aravinth], 크리스토퍼 하우프[Christopher Haupt], 클라이브 하버[Clive Harber], 댄 셰이크[Dan Sheikh], 데이비드 옹[David Ong], 데이비드 트림[David Trimm], 에마누엘레 피치넬리[Emanuele Piccinelli], 페데리코 베르톨루치[Federico Bertolucci], 프랜시스 부온템포[Frances Buontempo], 저먼 곤잘레스-모리스[German Gonzalez-Morris], 제임스 니카[James Nyika], 옌스 크리스티안 B. 마드센[Jens Christian B. Madsen], 요하네스 반 네이메헌[Johannes Van Nimwegen], 조니 홉킨스[Johnny Hopkins], 조슈아 호르비츠[Joshua Horwitz], 후안 루페스[Juan Rufes], 케네스 프리클라스[Kenneth Fricklas], 로런스 기글리오[Laurence Giglio], 네이선 미셰[Nathan Mische], 필립 베스트[Philip Best], 레카 호바스[Reka Horvath], 로버트 월시[Robert Walsh], 세바스티안 포르테보이스[Sebastien Portebois], 스테파노 팔루엘로[Stefano Paluello], 빈센트 주[Vincent Zhu]

머신러닝을 적절하고 효율적으로 소개하기 위해 많은 자료를 참고했다. 3부 내용을 소개하는 방식은 코세라[Coursera]에 있는 앤드류 응[Andrew Ng]의 머신러닝 강좌와 유튜브에 있는 3Blue1Brown의 딥러닝 시리즈를 가장 많이 참고했다. 또한 댄 라스본[Dan Rathbone]이 만든 웹사이트 https://cargraph.com에서 데이터를 유용하게 사용했다.

천문학자이자 아내인 마가렛 올랜드^Margaret Orland는 주피터 노트북^Jupyter Notebook을 소개해주었다. 주피터 노트북으로 바꿨더니 이 책의 코드를 훨씬 따라가기가 쉬웠다. 부모님도 집필하는 데 큰 힘이 되어주셨다. 휴일에 부모님을 뵈러 가서는 가끔 1개 장을 서둘러 마무리 지을 수 있었기 때문이다. 부모님 덕분에 적어도 1권은 팔 수 있는 게 보장되기도 하니……. (고마워요, 엄마!)

마지막으로 필자가 5학년일 때 APL^A Programming Language로 프로그래밍하는 법을 가르쳐주시고 코드로 수학 문제 푸는 법을 보여주신 아버지에게 이 책을 바친다. 이 책을 개정한다면 파이썬 코드 전체를 APL 코드 한 줄로 다시 쓰고 싶어서 아버지에게 도움을 요청할지도 모른다!

폴 올랜드

옮긴이 머리말

프로그래머는 수학을 잘하면 잘할수록 더 좋다는 이야기를 적어도 한 번은 들어보았을 것이다. 컴퓨터 과학이 수학의 한 분파에서 태동했다는 점을 생각하면 당연할지도 모르겠으나, 사실 프로그래밍과 수학 모두를 잘하기란 쉽지 않다. 학교에서 컴퓨터 과학 관련 분야를 전공했다면 이산수학은 한 번쯤 수강했을 테지만 전공 수학을 따로 심도 있게 다루진 않았을 것이다. 그러나 최근 머신러닝과 데이터 과학에 대해 업계 수요가 늘어나면서 미분적분학이나 통계학 등 프로그래머가 숙지해야 할 수학의 범위가 계속 확대되고 있다.

『프로그래머를 위한 수학』은 수학을 공부해야 하는 프로그래머를 위한 책 중에서 내용과 구성이 차별화되어 있다. 이 책은 머신러닝과 데이터 과학의 기반이 되는 선형대수학과 미분적분학을 크게 욕심 부리지 않고 차근차근 전개하면서 프로그래머의 수학적 감각을 키워준다. 이 책은 수식을 복잡하게 전개해서 여러분을 겁먹게 하지도 않고, 통계학처럼 이론적 지식을 요하는 내용을 섞어서 어지럽게 만들지 않는다. 저자 폴 올랜드는 컴퓨터 그래픽스, 게임 시뮬레이션, 기호 프로그래밍, 신호 처리와 같이 소문은 들어봤고 궁금하지만 해본 적 없는 응용 분야에 수학을 녹인 뒤 '프로그래머의 머그컵'에 담아냈다. 때문에 파이썬 프로그래밍에 조금이라도 호기심을 가지고 있다면 이 책의 내용에 쉽게 빠져들 수 있을 것이다.

잘나가는 스타트업의 현직 CEO가 저술한『프로그래머를 위한 수학』의 번역 작업에 각 분야에서 활발하게 활동 중인 전문가 4명이 참여하였다. 미국과 한국의 정서 차이를 고려해 옮긴이 주석을 적극적으로 추가하고 원서의 일부 미진한 점을 보완함으로써 원서보다 완성도 높은 책을 만들었다고 자부한다. 컴퓨터 그래픽스, 게임 프로그래밍, 머신러닝, 데이터 과학 등 여러 응용 분야에서 활약하고자 수학 기초를 다져 나가는 여러분의 여정에 이 책이 올바른 이정표가 되기를 기원한다.

노희준, 박종태, 박한길, 신정규

이 책에 대하여

『프로그래머를 위한 수학』은 파이썬 코드로 수학 문제를 푸는 법을 가르쳐준다. 전문 소프트웨어 개발자에게 수학 스킬은 점점 더 중요해지고 있다. 특히 여러 회사가 데이터 과학과 머신러닝 팀을 채용하고 있기 때문이다. 수학은 게임 개발, 컴퓨터 그래픽스와 애니메이션, 이미지 처리 및 신호 처리, 가격 책정 엔진$^{pricing\ engine}$, 주식 시장 분석과 같이 현대적인 여러 응용에서도 핵심적인 역할을 한다.

이 책은 선형대수학의 핵심 소재인 2차원과 3차원 벡터 기하학, 벡터공간, 일차변환, 행렬에서 시작한다. 2부에서는 미분적분학을 소개하는데, 프로그래머에게 특히 유용한 주제인 도함수, 그라디언트, 오일러 방법, 기호 표현식의 값 도출에 초점을 맞춘다. 마지막으로 3부에서는 모든 조각을 합쳐서 머신러닝 알고리즘의 동작 과정 중 주요한 몇 가지를 보여줄 것이다. 마지막 장에 다다르면, 밑바닥부터 신경망을 직접 작성할 수 있을 정도로 수학을 충분히 배웠을 것이다.

이 책은 교과서가 아니다! 보기만 해도 겁나고 난해하고 지루할 수도 있는 자료를 친절하게 소개했다. 각 장은 특정 수학 개념과 더불어 완성된 실세계 응용을 설명한다. 연습문제로 개념을 얼마나 이해했는지 확인할 수 있고, 미니 프로젝트로 계속 탐구할 수 있다.

누가 이 책을 읽어야 하는가?

프로그래밍 배경 지식이 탄탄한 사람들이 수학 스킬을 다시 떠올리고 싶거나 소프트웨어에 수학적인 응용을 하고 싶을 때 읽기 좋다. 미분적분학이나 선형대수학을 미리 배울 필요는 없다. 고등학교 수준의 대수학이나 기하학 정도만 떠올릴 수 있으면 충분하다. 이 책은 키보드 앞에서 읽을 수 있도록 서술했다. 예제를 따라하고 모든 연습문제를 풀어본다면 최고의 결과를 얻을 것이다.

이 책의 구성

1장은 여러분을 수학 세계로 초대한다. 수학에 기반을 둔 컴퓨터 프로그래밍 응용을 몇 가지 다루고, 이 책의 주제를 조금 소개한 뒤에 프로그래밍이 수학 학습자에게 유용한 도구인 이유를 설명한다. 이후, 이 책은 3부에 걸쳐 개념을 소개한다.

1부는 벡터와 선형대수학에 초점을 맞춘다.

2장	2차원 벡터 수학을 다룬다. 2차원 그래픽스를 정의하고자 좌표 사용에 주안점을 둔다. 기초 삼각법도 복습한다.
3장	2장 내용을 3차원으로 확장한다. 각 점은 2개의 좌표 대신 3개의 좌표로 구분한다. 내적과 외적은 각을 재고 3차원 모델을 렌더링하는 데 유용하다.
4장	일차변환을 소개한다. 일차변환은 벡터를 입력으로 받아서 벡터를 출력으로 리턴하며, 회전변환 또는 대칭이동과 같이 특정한 기하학적 효과를 갖는 함수이다.
5장	행렬을 도입한다. 행렬은 일차변환을 나타내는 수의 배열이다.
6장	2차원과 3차원에서의 발상을 임의 차원 벡터 집합에도 동작하도록 확장한다. 이를 벡터공간이라 한다. 주요 예시로 벡터 수학을 사용한 이미지 처리가 있다.
7장	선형대수학에서 가장 중요한 계산 문제인 연립일차방정식 해법에 주목한다. 간단한 비디오 게임에서 충돌 탐지 시스템에 이를 적용한다.

2부는 미분적분학과 미분적분학을 물리학에 응용한 내용을 소개한다.

8장	함수의 변화율 개념을 도입한다. 함수의 변화율을 계산하는 도함수와 변화율로부터 함수를 복원하는 적분을 다룬다.
9장	중요한 근사 적분 기법인 오일러 방법을 다룬다. 7장의 비디오 게임을 확장해 객체의 이동과 가속을 추가한다.
10장	코드로 대수식을 다루는 법을 보여주는데, 자동적으로 함수의 도함수 식을 구할 수도 있다. 수학 문제를 푸는 코드와는 다른 방식인 기호 프로그래밍을 소개한다.

11장	미분적분학 주제들을 2차원 입력으로 확장해서 그라디언트 연산을 정의하고, 그라디언트가 힘의 장을 정의하는 데 사용할 수 있음을 보인다.
12장	도함수를 사용해 함수의 최댓값과 최솟값을 구하는 방법을 보인다.
13장	음파를 함수로 생각하는 법과 음파를 다른 간단한 함수의 합으로 분해하는 법을 소개한다. 후자는 푸리에 급수라고도 한다. 악보와 화음을 연주하는 파이썬 코드의 작성법도 다룬다.

3부는 1부와 2부에서 다룬 개념을 결합하여 머신러닝의 주요 발상을 소개한다.

14장	직선을 2차원 데이터에 피팅하는 방법인 선형회귀를 다룬다. 주행거리에 따라 중고차 가격을 가장 잘 예측하는 함수를 찾는 예제를 살펴본다.
15장	자동차 데이터를 기반으로 자동차 모델을 파악하는 머신러닝 문제를 다룬다. 데이터 포인트가 나타내는 객체를 파악하는 문제를 분류라고 한다.
16장	새로운 형태의 수학 함수인 신경망을 설계하고 구현하는 법과 신경망을 이용해 이미지를 분류하는 법을 보여준다. 이 장은 앞에서 다룬 거의 모든 개념을 통합한다.

각 장은 순차적으로 읽고 이해할 수 있도록 구성했다. 모든 개념을 순서대로 배열하다 보니 응용이 다양하다. 부디 다양한 예제가 여러분에게 읽는 즐거움을 선사하고 우리가 다룰 수학이 다방면으로 응용할 수 있음을 보여주었으면 한다.

코드에 대해

이 책은 2장에서 나온 발상이 3장에 적용되고, 2장과 3장의 발상이 4장에 다시 나타나는 등 (바라건대) 논리적인 순서로 발상을 제시한다. 그러나 컴퓨터 코드는 이렇게 '순서대로'만 쓸 수 있는 건 아니다. 이 말은 완성된 컴퓨터 프로그램에서 가장 간단한 발상이 언제나 소스 코드의 첫 파일의 첫 번째 줄에 위치하는 건 아니란 뜻이다. 이러한 차이로 인해 본문의 소스 코드를 쉽게 이해하기 어려울 수도 있다.

이러한 어려움을 해결하기 위해 각 장마다 '장 전체에 사용한' 코드 파일을 주피터 노트북 포맷으로 추가 제공한다. 주피터 노트북은 녹화된 파이썬 대화형 세션의 일종인데, 그래프나 이미지 같은 시각 자료를 내장할 수 있다. 주피터 노트북에서 여러분은 발상을 넓히는 과정으로 코드를 입력하고, 실행해보고, 해당 세션의 코드를 덮어쓸 수도 있다. 각 장의 주피터 노트북은 절과 소절별로 코드를 포함하는데, 본문에 등장한 순서대로 실행된다. 여러분은 책을 읽으면서 바로 코드를 실행할 수 있다. 각 장을 끝까지 읽지 않더라도 코드가 동작하도록 할 수 있다. [부록 A]에는 파이썬과 주피터 노트북을 설치하는 법을 수록했고, [부록 B]에는 파이썬을 처음 접한다면 유용한 파이썬 기능을 수록했다.

이 책에 수록한 소스 코드 예제는 번호를 매긴 코드 스니펫 또는 코드줄 형태로 이루어져 있다. 두 경우 모두 본문과 구분할 수 있도록 지금과 같은 글꼴로 나타냈다.

본문에서 설명한 소스 코드의 주석은 코드 목록에서 지우기도 했다. 코드에 덧붙인 덧말 annotation 은 주요 개념을 강조한다. 온라인에 제공한 소스 코드 중에 오류나 버그를 고쳐 업데이트된 게 있다면 본문 코드와 달라진 부분을 따로 설명하겠다.

어떤 경우에는 예제 코드가 장별 주피터 노트북 내의 셀 대신 독립형 파이썬 스크립트로 구성된다. 예를 들어 python script.py 명령으로 실행하거나 주피터 노트북 셀 내에서 !python script.py 명령으로 실행할 수 있다. 몇몇 주피터 노트북에는 독립형 스크립트에 참조를 추가했으므로 절별로 따라가면서 관련된 소스 파일을 찾을 수 있을 것이다.

파이썬 대화형 세션에서 볼 수 있는 >>> 프롬프트 기호를 사용해 개별 파이썬 명령의 수행 evaluation 을 나타냈다. 파이썬 대화형 세션보다는 주피터 노트북을 사용하길 추천하지만 어떤 걸 사용하더라도 >>>가 표기된 줄은 입력을 나타내고 >>>가 없는 줄은 출력을 나타낸다. 코드 블록 예시 "2 + 2"를 대화형으로 수행해보자.

```
>>> 2 + 2
4
```

반면에 다음 코드 블록에는 >>> 기호가 없다. 이는 일반적으로 파이썬 코드를 나타낸다.

```
def square(x):
    return x * x
```

연습문제는 이 책에서 다룬 내용을 직접적으로 응용한다. 미니 프로젝트는 내용을 더 깊이 들어가거나, 더 높은 창의력을 필요로 하거나, 새로운 개념을 도입해야 하는 문제로 구성했다. 연습문제와 미니 프로젝트는 동작하는 파이썬 코드로 수학 문제를 풀어야 한다. 연습문제의 정답은 거의 수록했지만 미니 프로젝트 중에서 몇 가지 개방형 문제 open-ended problem 에는 정답을 넣지 않았다. 해당 장의 주피터 노트북에서 해답 코드를 찾을 수 있다.

소스 코드 다운로드

이 책의 소스 코드는 한빛아카데미와 매닝 출판사 홈페이지에서 다운로드할 수 있다.

- **번역서 코드** : 한빛출판네트워크 접속(http://www.hanbit.co.kr) → [SUPPORT] 클릭 → [자료실] 클릭
- **원서 코드** : (매닝 출판사) https://www.manning.com/books/math-for-programmers
  (GitHub) https://github.com/orlandpm/math-for-programmers

연습문제 풀이 다운로드

- 휴대전화 QR 코드 앱 실행 → 휴대전화 화면에 연습문제 풀이 QR 코드가 보이도록 위치 → [풀이] 파일로 이동
- 한빛출판네트워크 접속(http://www.hanbit.co.kr) → [SUPPORT] 클릭 → [자료실] 클릭 → '프로그래머를 위한 수학' 검색

추천사

강성구(메타버스엔터테인먼트(주) 테크니컬 디렉터 팀 실장)

약 17년 전, 일반 아티스트에서 테크니컬 아티스트로 전향하면서 처음으로 프로그래밍을 통해 수학적 문제 해결을 시도했다. 그제야 수학을 코딩과 연결하려면 의외로 경험과 훈련이 필요하다는 사실을 깨달았다. 학생일 때만 해도 분명히 미분적분학 문제를 풀 수 있었고 지금도 잊어버리진 않았지만 수학 개념을 코딩으로 처음 구현할 때 생각보다 오랜 시간을 고민해야 했다. 코딩을 구현했음에도 사용한 방식이 맞는지 의심해야 했다. 이 책은 내 경험을 들여다보기라도 했는지 수학적 문제를 코드로 구현할 때 무엇이 정답인지 정말 쉽게 알려주었다. 그리고 신호 처리, 그래픽스, 머신러닝 등 다양한 분야에서 어떻게 수학이 코드화되었는지를 상세히 설명함으로써 지금까지 본 다른 책과 달리 통찰력을 얻을 수 있게 해주었다. 프로그래머로서 더 높은 수학적 능력으로 더 높은 수준의 문제를 해결하고 싶다면 이 책을 꼭 읽어보기를 추천한다.

허준(주식회사 카카오픽코마 한국지사 소프트웨어 엔지니어)

개발을 잘 하기 위해서 가장 집중해야 할 학문이 영어가 된 지금 시대에도, 여전히 개발자에게 수학은 중요하다. 특히나 다른 천재들의 업적을 라이브러리로 가져다 쓰는 분야가 아니라 이제 막 주목받기 시작한 시장에 뛰어든 개발자에게는 더더욱 그렇다. 메타버스를 위해 선형대수학 책을, 블록체인을 위해 정수론 책을, 머신러닝을 위해 미분적분학 책을 다시 펼쳐본 적이 있는 개발자라면 학생 때 이해하기 어려웠던 개념은 몇 년이 지나도 여전히 어렵다고 느낀 경험이 있을 거다. 다행히도 시기적절하게 『프로그래머를 위한 수학』이 세상에 나왔다. 이 책을 무기 삼아 또 다른 미래 기술이 가져올 충격을 대비하고 남들보다 먼저 나아가는 프로그래머가 되길 바란다.

수학 기호 표기법

표기법 예시	명칭	정의
(x,y)	2차원 좌표 벡터	2.1.1절
$\sin(x)$	사인 함수	2.3.1절
$\cos(x)$	코사인 함수	2.3.1절
θ	각도(theta, 세타)	2.3.1절
π	무리수 $3.14159\cdots$ (pi, 파이)	2.3.2절
(x,y,z)	3차원 좌표 벡터	3.1.1절
$\mathbf{u}\cdot\mathbf{v}$	두 벡터 $\mathbf{u}$와 $\mathbf{v}$의 내적	3.3절
$\mathbf{u}\times\mathbf{v}$	두 벡터 $\mathbf{u}$와 $\mathbf{v}$의 외적	3.4절
$f(g(x))$	함수의 합성	4.1.2절
$f(x,y)$와 $f(x)(y)$의 차이	커링(currying)에 대한 논의 참고	4.1.2절
$a\mathbf{u}+b\mathbf{v}$	두 벡터 $\mathbf{u}$와 $\mathbf{v}$의 일차결합	4.2.3절
$\mathbf{e}_1, \mathbf{e}_2, \mathbf{e}_3, \ldots$	표준 기저 벡터	4.2.4절
$\mathbf{v}=\begin{pmatrix}1\\2\\3\end{pmatrix}$	열벡터	5.1.1절
$A=\begin{pmatrix}1&2&3\\4&5&6\\7&8&9\end{pmatrix}$	행렬	5.1.1절
$\mathbb{R}^n$	n차원 실수 좌표 벡터공간	6.2.1절
$(f+g)(x)$ 또는 $f(x)+g(x)$	두 함수의 합	6.2.3절
$c\cdot f(x)$	함수의 스칼라곱	6.2.3절
$\mathrm{span}(\{\mathbf{u},\mathbf{v},\mathbf{w}\})$	벡터 집합에 대한 생성공간(span)	6.3.3절
$f(x)=ax+b$	일차함수	6.3.5절
$f(x)=a_0+a_1 x+\cdots+a_n x^n$	다항함수	6.3.5절
$ax+by=c$	일차방정식의 표준형	7.2.1절
$\sum_{i=1}^{n} a_i = a_1 + \cdots + a_n$	덧셈 표기법	7.3.3절
$f'(x)=\dfrac{df}{dx}=\dfrac{d}{dx}f(x)$	x에 대한 $f(x)$의 도함수	8.3.3절
$\int_a^b f(x)dx$	$x=a$에서 $x=b$까지 x에 대한 $f(x)$의 정적분	8.5.4절

표기법 예시	명칭	정의
$\int f(x)dx$	x에 대한 $f(x)$의 부정적분	8.5.4절
$\mathbf{s}(t) = (x(t), y(t))$	2차원에서 시간에 따른 객체의 위치	9.1절
$\mathbf{v}(t) = (x'(t), y'(t))$	2차원에서 시간에 따른 객체의 속도	9.1절
$x''(t)$	t에 대한 $x(t)$의 이계도함수	9.2.1절
$\mathbf{F}(x,y) = (-x, -y)$	2차원에서 벡터장(또는 힘의 장)	11.2.1절
$U(x,y) = \dfrac{1}{2}(x^2 + y^2)$	2차원에서 스칼라장(위치에너지 함수)	11.4.1절
$\dfrac{\partial f}{\partial x}$ 와 $\dfrac{\partial f}{\partial y}$	x와 y에 대한 $f(x,y)$의 편도함수	11.5.2절
$\nabla f(x,y) = \left(\dfrac{\partial f}{\partial x}, \dfrac{\partial f}{\partial y}\right)$	$f(x,y)$의 그라디언트	11.5.3절
$\langle f, g \rangle$	$t=0$에서 $t=1$까지 함수 $f(t)$와 $g(t)$의 내적	13.5.2절
$p(x) = qe^{rx}$	지수함수 $p(x)$의 일반형	14.4.1절
$\sigma(x) = \dfrac{1}{1+e^{-x}}$	시그모이드 함수	15.3.3절
a_i^L	다층 퍼셉트론의 계층 L에서 활성 함수 i	16.3.1절
b_j^L	다층 퍼셉트론의 계층 L에서 편향 j	16.3.3절
w_{ij}^L	다층 퍼셉트론에서 가중치 행렬 w^L의 성분(entry)	16.3.3절

책 표지에 대하여

표지 그림의 제목은 『라프족 여성$^{Femme\ Laponne}$』이다. 라프^{Lapp}는 현재 사프미^{Sapmi}라 불리는 지역으로 북 노르웨이령, 스웨덴령, 핀란드령, 러시아령을 포함한다. 자크 그라세 드 생-생쏘뵈흐$^{Jacques\ Grasset\ de\ Saint-Sauveur}$(1757~1810)는 다양한 지역의 의상을 삽화로 그려 1797년 프랑스에서 『여러 나라의 의상$^{Costumes\ de\ Différents\ Pays}$』이라는 이름으로 출간했다. 표지의 그림이 이 책에서 나왔는데, 각 삽화를 보면 섬세하게 그리고 채색했음을 알 수 있다. 그라세 드 생-생쏘뵈흐의 책은 어찌나 풍부한지 불과 200년 전에 세계 도시와 지역이 문화적으로 얼마나 떨어져 있었는지를 생생하게 느낄 수 있다. 지역이 서로 격리되어 있었기에 사람들은 다른 방언과 언어로 대화했다. 의복만으로도 거주 지역과 직업 또는 신분을 쉽게 특정할 수 있었다.

세월이 흐르며 옷차림이 바뀌었고, 당시엔 그리도 풍부하던 지역 다양성은 점점 사라지고 있다. 이제는 다른 마을이나 지역, 나라뿐만이 아니라 다른 대륙 거주자를 구별하기도 힘들다. 아마 문화적 다양성을 다채롭고 빠르게 변화하는 기술 기반 생활과 교환했기 때문일 테다.

요즘같이 컴퓨터 분야 서적 간 구분이 어려운 시기에, 2세기 전 지역 생활권의 다양성을 되살린 그라세 드 생-생쏘뵈흐의 그림으로 매닝 출판사는 컴퓨터 사업의 창의성과 진취성을 기념하고자 한다.

CONTENTS

지은이 소개 4
옮긴이 소개 5
지은이 머리말 6
옮긴이 머리말 13
이 책에 대하여 14
추천사 19
수학 기호 표기법 20
책 표지에 대하여 22

CHAPTER 1 코드로 수학 학습하기

1.1 수학과 소프트웨어로 돈벌이가 될 문제 풀기 38
    1.1.1 금융 시장 동향 예측하기 39
    1.1.2 거래 잘 하기 41
    1.1.3 3차원 그래픽스와 애니메이션 만들기 44
    1.1.4 물리 세계 모델링 47
1.2 수학 공부를 포기할 방법 50
    1.2.1 영희는 수학을 배우고 싶었다. 50
    1.2.2 수학 교과서를 묵묵히 따라가기 52
1.3 이미 잘 훈련된 좌뇌 사용하기 53
    1.3.1 형식 언어의 사용 53
    1.3.2 스스로 계산기 만들기 55
    1.3.3 함수로 추상화하기 57

PART I 벡터와 그래픽스

CHAPTER 2 2차원 벡터로 그림 그리기

2.1 2차원 벡터 그리기 64
    2.1.1 2차원 벡터 표현하기 66

2.1.2 파이썬에서 2차원 그림 그리기 · 68
2.1.3 연습문제 · 71
2.2 평면벡터 산술 · 72
2.2.1 벡터의 성분과 길이 · 75
2.2.2 벡터에 수 곱하기 · 78
2.2.3 뺄셈, 변위, 거리 · 80
2.2.4 연습문제 · 83
2.3 평면의 각과 삼각법 · 86
2.3.1 각으로 성분 구하기 · 87
2.3.2 파이썬에서 라디안과 삼각법 · 92
2.3.3 성분에서 각 구하기 · 93
2.3.4 연습문제 · 97
2.4 벡터 집합 변환하기 · 101
2.4.1 여러 벡터 변환 결합하기 · 102
2.4.2 연습문제 · 104
2.5 Matplotlib으로 그림 그리기 · 105

CHAPTER 3 3차원 세계로의 도약

3.1 3차원 공간에서 벡터 그리기 · 110
3.1.1 3차원 벡터를 좌표로 나타내기 · 113
3.1.2 파이썬으로 3차원 그림 그리기 · 114
3.1.3 연습문제 · 117
3.2 3차원에서의 벡터 산술 · 117
3.2.1 3차원 벡터 더하기 · 118
3.2.2 3차원에서의 스칼라곱 · 120
3.2.3 3차원 벡터 빼기 · 120
3.2.4 길이와 거리 계산하기 · 121
3.2.5 각과 방향 계산하기 · 123
3.2.6 연습문제 · 124
3.3 내적 : 벡터 간 가지런함 측정하기 · 126
3.3.1 내적 그리기 · 127

3.3.2 내적 계산하기 · 129
　　　3.3.3 내적 예시 · 131
　　　3.3.4 내적으로 각 측정하기 · 132
　　　3.3.5 연습문제 · 135
　3.4 외적 : 유향 면적 측정하기 · 136
　　　3.4.1 3차원에서 축이 놓여있는 방향 찾기 · 137
　　　3.4.2 외적의 방향 구하기 · 139
　　　3.4.3 외적의 길이 구하기 · 141
　　　3.4.4 3차원 벡터의 외적 계산하기 · 142
　　　3.4.5 연습문제 · 144
　3.5 2차원에서 3차원 객체 렌더링하기 · 146
　　　3.5.1 벡터로 3차원 객체 정의하기 · 146
　　　3.5.2 2차원으로 투영하기 · 149
　　　3.5.3 표면 방향 설정과 셰이딩 · 150
　　　3.5.4 연습문제 · 153

CHAPTER 4　벡터 변환과 그래픽스

　4.1 3차원 객체 변환 · 157
　　　4.1.1 변환된 객체 그리기 · 158
　　　4.1.2 벡터 변환 합성 · 160
　　　4.1.3 축을 기준으로 객체 회전하기 · 164
　　　4.1.4 자신만의 기하학적 변환 발명하기 · 167
　　　4.1.5 연습문제 · 169
　4.2 일차변환 · 170
　　　4.2.1 벡터 산술의 보존 · 171
　　　4.2.2 일차변환 그리기 · 173
　　　4.2.3 왜 일차변환인가? · 175
　　　4.2.4 일차변환 계산하기 · 180
　　　4.2.5 연습문제 · 183

CHAPTER 5 행렬로 변환 계산하기

5.1 행렬로 일차변환 표현하기 · 190
    5.1.1 벡터와 일차변환을 행렬로 표기하기 · 190
    5.1.2 행렬과 벡터 곱하기 · 191
    5.1.3 행렬 곱으로 일차변환 합성하기 · 195
    5.1.4 행렬 곱 구현하기 · 197
    5.1.5 행렬 변환을 통한 3차원 애니메이션 · 198
    5.1.6 연습문제 · 201

5.2 서로 다른 크기의 행렬 해석하기 · 203
    5.2.1 행렬로 바라보는 열벡터 · 204
    5.2.2 어떤 행렬끼리 곱할 수 있는가? · 207
    5.2.3 벡터 함수로 바라보는 정사각행렬과 직사각행렬 · 209
    5.2.4 3차원에서 2차원으로의 선형사상으로 바라보는 투영 · 211
    5.2.5 선형사상 합성하기 · 214
    5.2.6 연습문제 · 216

5.3 행렬로 벡터를 평행이동하기 · 219
    5.3.1 평면에서의 평행이동을 일차변환으로 만들기 · 219
    5.3.2 2차원 평행이동에 대한 3차원 행렬 구하기 · 223
    5.3.3 다른 일차변환과 평행이동 결합하기 · 224
    5.3.4 4차원 세계에서 3차원 객체를 평행이동하기 · 225
    5.3.5 연습문제 · 228

CHAPTER 6 고차원으로의 일반화

6.1 우리가 만든 벡터의 정의 확장하기 · 232
    6.1.1 2차원 좌표 벡터 클래스 만들기 · 233
    6.1.2 Vec2 클래스 개선하기 · 235
    6.1.3 3차원 벡터에서 반복 작업하기 · 236
    6.1.4 벡터 기반 클래스 구축하기 · 238
    6.1.5 벡터공간 정의하기 · 241

6.1.6 벡터공간 클래스를 단위 테스트하기 ········· **243**
6.1.7 연습문제 ········· **246**
6.2 여러 벡터공간 살펴보기 ········· **247**
  6.2.1 모든 좌표 벡터공간 나열해보기 ········· **247**
  6.2.2 현실에서의 벡터공간 식별하기 ········· **250**
  6.2.3 함수를 벡터처럼 다루기 ········· **253**
  6.2.4 행렬을 벡터처럼 다루기 ········· **256**
  6.2.5 벡터 연산으로 이미지 조작 ········· **258**
  6.2.6 연습문제 ········· **262**
6.3 보다 작은 벡터공간 살펴보기 ········· **264**
  6.3.1 부분공간 식별하기 ········· **265**
  6.3.2 단일 벡터로 시작하기 ········· **267**
  6.3.3 더 큰 공간 생성하기 ········· **268**
  6.3.4 차원이라는 단어 정의하기 ········· **271**
  6.3.5 함수의 벡터공간에 대한 부분공간 구하기 ········· **272**
  6.3.6 이미지의 부분공간 ········· **274**
  6.3.7 연습문제 ········· **278**

CHAPTER 7 연립일차방정식 풀기

7.1 아케이드 게임 설계하기 ········· **285**
  7.1.1 게임 모델링하기 ········· **285**
  7.1.2 게임 렌더링하기 ········· **286**
  7.1.3 레이저 쏘기 ········· **288**
  7.1.4 연습문제 ········· **290**
7.2 직선의 교점 구하기 ········· **290**
  7.2.1 적절한 직선의 방정식 선택하기 ········· **291**
  7.2.2 직선의 방정식의 표준형 구하기 ········· **293**
  7.2.3 행렬 표기법을 사용한 일차방정식 ········· **296**
  7.2.4 NumPy로 일차방정식 풀기 ········· **297**
  7.2.5 레이저가 소행성을 맞췄는지 판별하기 ········· **299**
  7.2.6 풀 수 없는 연립일차방정식 식별하기 ········· **301**

- 7.2.7 연습문제 ········ 304
- **7.3 고차원으로 일차방정식 일반화하기** ········ 306
  - 7.3.1 3차원에서 평면 나타내기 ········ 306
  - 7.3.2 3차원에서 연립일차방정식 풀기 ········ 308
  - 7.3.3 대수적으로 초평면 학습하기 ········ 311
  - 7.3.4 차원, 방정식과 해의 개수 세기 ········ 313
  - 7.3.5 연습문제 ········ 315
- **7.4 연립일차방정식을 풀어서 기저 바꾸기** ········ 318
  - 7.4.1 3차원 예제 풀어보기 ········ 320
  - 7.4.2 연습문제 ········ 322

PART II 미분적분학과 물리 시뮬레이션

CHAPTER 8 변화율 이해하기

- **8.1 부피로 평균 유량 계산하기** ········ 329
  - 8.1.1 average_flow_rate 함수 구현하기 ········ 330
  - 8.1.2 할선으로 평균 유량 그리기 ········ 331
  - 8.1.3 음의 변화율 ········ 333
  - 8.1.4 연습문제 ········ 334
- **8.2 시간에 따른 평균 유량 플로팅하기** ········ 335
  - 8.2.1 시간 구간별 평균 유량 구하기 ········ 336
  - 8.2.2 시간 구간별 평균 유량 플로팅하기 ········ 338
  - 8.2.3 연습문제 ········ 340
- **8.3 순간 유량 근사하기** ········ 341
  - 8.3.1 작은 할선의 기울기 구하기 ········ 341
  - 8.3.2 순간 유량함수 만들기 ········ 345
  - 8.3.3 순간 유량함수의 커링과 플로팅 ········ 347
  - 8.3.4 연습문제 ········ 349
- **8.4 부피 변화량 근사하기** ········ 350
  - 8.4.1 작은 시간 구간 동안의 부피 변화량 구하기 ········ 351

8.4.2	시간을 작은 시간 구간으로 쪼개기	352
8.4.3	유량 그래프에서 부피 변화량 그리기	353
8.4.4	연습문제	356
8.5	**시간에 따른 부피 플로팅하기**	**357**
8.5.1	시간에 따른 부피 구하기	357
8.5.2	부피 함수에 대한 리만합 그리기	359
8.5.3	근삿값 개선하기	362
8.5.4	정적분과 부정적분	365

CHAPTER 9 움직이는 물체 시뮬레이션하기

9.1	**속도가 고정된 움직임을 시뮬레이션하기**	**370**
9.1.1	소행성에 속도 부여하기	371
9.1.2	소행성이 움직이도록 게임 엔진 업데이트하기	371
9.1.3	화면에 소행성 유지하기	372
9.1.4	연습문제	374
9.2	**가속도 시뮬레이션하기**	**375**
9.2.1	우주선 가속화하기	375
9.3	**오일러 방법 깊게 살펴보기**	**377**
9.3.1	오일러 방법 직접 해보기	378
9.3.2	파이썬에서 오일러 방법 알고리즘 구현하기	380
9.4	**작은 타임스텝으로 오일러 방법 실행하기**	**382**
9.4.1	연습문제	385

CHAPTER 10 기호 수식 다루기

10.1	**컴퓨터 대수 시스템으로 정확한 도함수 구하기**	**388**
10.1.1	파이썬에서 기호 대수 하기	390
10.2	**대수식 모델링하기**	**392**
10.2.1	수식을 여러 조각으로 나누기	392
10.2.2	수식 트리 만들기	393

10.2.3 수식 트리를 파이썬 언어로 번역하기 ···················· 395
10.2.4 연습문제 ···················· 398
10.3 기호 수식 동작하게 하기 ···················· 400
10.3.1 수식 내의 모든 변수 찾기 ···················· 400
10.3.2 수식의 값 구하기 ···················· 402
10.3.3 수식 전개하기 ···················· 406
10.3.4 연습문제 ···················· 409
10.4 함수의 도함수 구하기 ···················· 411
10.4.1 거듭제곱의 도함수 ···················· 411
10.4.2 변환된 함수의 도함수 ···················· 412
10.4.3 몇몇 특수한 함수의 도함수 ···················· 415
10.4.4 곱의 미분법과 합성함수의 미분법 ···················· 416
10.4.5 연습문제 ···················· 417
10.5 도함수 취하는 과정 자동화하기 ···················· 418
10.5.1 기호 수식의 도함수 구하는 법 구현하기 ···················· 418
10.5.2 곱의 미분법과 합성함수의 미분법 구현하기 ···················· 420
10.5.3 거듭제곱의 미분법 구현하기 ···················· 422
10.5.4 연습문제 ···················· 424
10.6 기호적으로 함수 적분하기 ···················· 425
10.6.1 역도함수로 보는 적분 ···················· 425
10.6.2 SymPy 라이브러리 소개 ···················· 426
10.6.3 연습문제 ···················· 427

CHAPTER 11 힘의 장 시뮬레이션하기

11.1 벡터장으로 중력 모델링하기 ···················· 430
11.1.1 위치에너지 함수로 중력 모델링하기 ···················· 432
11.2 중력장 모델링하기 ···················· 434
11.2.1 벡터장 정의하기 ···················· 435
11.2.2 간단한 힘의 장 정의하기 ···················· 437
11.3 소행성 게임에 중력 추가하기 ···················· 438
11.3.1 게임 객체가 중력을 받도록 하기 ···················· 440

　　　　11.3.2 연습문제 · **444**
　　11.4 위치에너지 도입하기 · **444**
　　　　11.4.1 위치에너지 스칼라장 정의하기 · **445**
　　　　11.4.2 스칼라장을 히트맵으로 플로팅하기 · **448**
　　　　11.4.3 스칼라장을 등고선도로 플로팅하기 · **448**
　　11.5 그라디언트로 에너지와 힘 연결하기 · **449**
　　　　11.5.1 단면으로 경사도 측정하기 · **450**
　　　　11.5.2 편도함수 계산하기 · **453**
　　　　11.5.3 그라디언트로 그래프의 경사도 구하기 · **454**
　　　　11.5.4 그라디언트로 위치에너지로부터 힘의 장 구하기 · **457**
　　　　11.5.5 연습문제 · **460**

CHAPTER 12 　물리계 최적화하기

　　12.1 포물선 운동 시뮬레이션 테스트하기 · **467**
　　　　12.1.1 오일러 방법으로 시뮬레이션 만들기 · **467**
　　　　12.1.2 궤적의 특성 측정하기 · **469**
　　　　12.1.3 서로 다른 발사각 살펴보기 · **470**
　　　　12.1.4 연습문제 · **471**
　　12.2 최적 사거리 계산하기 · **472**
　　　　12.2.1 발사각의 함수로 발사체의 사거리 구하기 · **473**
　　　　12.2.2 최대 사거리 구하기 · **476**
　　　　12.2.3 최대 최소 식별하기 · **479**
　　　　12.2.4 연습문제 · **481**
　　12.3 시뮬레이션 개선하기 · **482**
　　　　12.3.1 다른 차원 추가하기 · **482**
　　　　12.3.2 대포 주변의 지형 모델링하기 · **483**
　　　　12.3.3 3차원에서 사거리 수식 구하기 · **485**
　　　　12.3.4 연습문제 · **489**
　　12.4 경사상승법으로 사거리 최적화하기 · **490**
　　　　12.4.1 발사 매개변수 대비 사거리 플로팅하기 · **490**
　　　　12.4.2 사거리 함수의 그라디언트 · **492**

12.4.3 그라디언트로 오르막 방향 구하기		494
12.4.4 경사상승법 구현하기		496
12.4.5 연습문제		501

CHAPTER 13 푸리에 급수로 음파 분석하기

13.1 음파를 결합하고 분해하기		**505**
13.2 파이썬으로 음파 재생하기		**507**
13.2.1 소리를 처음으로 만들어보기		507
13.2.2 음표 재생하기		510
13.2.3 연습문제		513
13.3 정현파를 소리로 변환하기		**513**
13.3.1 정현 함수로 오디오 만들기		514
13.3.2 정현 함수의 주파수 바꾸기		515
13.3.3 음파의 샘플링과 재생하기		518
13.3.4 연습문제		520
13.4 음파를 결합해 새 음파 만들기		**520**
13.4.1 샘플링된 음파를 더해 화음 만들기		521
13.4.2 두 음파의 합 그리기		522
13.4.3 정현 함수의 일차결합 만들기		524
13.4.4 정현 함수로 익숙한 함수 만들기		526
13.4.5 연습문제		530
13.5 음파를 푸리에 급수로 분해하기		**530**
13.5.1 내적으로 벡터 성분 찾기		531
13.5.2 주기함수의 내적 정의하기		532
13.5.3 푸리에 계수를 찾는 함수 작성하기		536
13.5.4 사각파의 푸리에 계수 구하기		537
13.5.5 다른 파형의 푸리에 계수 구하기		538
13.5.6 연습문제		541

PART III 머신러닝 응용

CHAPTER 14 함수를 데이터에 피팅하기

- 14.1 함수의 적합도 측정하기 · 551
  - 14.1.1 함수와의 거리 측정하기 · 552
  - 14.1.2 오차 제곱의 합 구하기 · 554
  - 14.1.3 자동차 가격 함수에 대한 비용 구하기 · 557
  - 14.1.4 연습문제 · 560
- 14.2 함수의 공간 살펴보기 · 561
  - 14.2.1 원점을 지나는 직선에 대한 비용 그리기 · 562
  - 14.2.2 모든 일차함수의 공간 · 564
  - 14.2.3 연습문제 · 566
- 14.3 경사하강법을 사용해 최적합 직선 구하기 · 566
  - 14.3.1 데이터를 다시 스케일링하기 · 567
  - 14.3.2 최적합 직선 구하기 및 플로팅하기 · 568
  - 14.3.3 연습문제 · 570
- 14.4 비선형함수 피팅하기 · 570
  - 14.4.1 지수함수의 증감 이해하기 · 570
  - 14.4.2 최적합 지수함수 구하기 · 572
  - 14.4.3 연습문제 · 575

CHAPTER 15 로지스틱 회귀 분석을 통한 데이터 분류

- 15.1 실제 데이터에서 분류 함수 테스트하기 · 580
  - 15.1.1 자동차 데이터 불러오기 · 580
  - 15.1.2 분류 함수 테스트하기 · 582
  - 15.1.3 연습문제 · 583
- 15.2 결정 경계 그리기 · 583
  - 15.2.1 자동차 공간 그리기 · 584

15.2.2 더 나은 결정 경계 그리기 ········· 585
15.2.3 분류 함수 구현하기 ········· 587
15.2.4 연습문제 ········· 588
15.3 회귀 문제로 분류 문제 표현하기 ········· 588
15.3.1 원본 자동차 데이터 스케일링하기 ········· 589
15.3.2 자동차의 BMW스러움을 측정하기 ········· 591
15.3.3 시그모이드 함수 ········· 593
15.3.4 다른 함수와 시그모이드 함수 합성하기 ········· 594
15.3.5 연습문제 ········· 597
15.4 가능한 로지스틱 함수 살펴보기 ········· 598
15.4.1 로지스틱 함수 매개변수화하기 ········· 599
15.4.2 로지스틱 함수의 적합도 측정하기 ········· 600
15.4.3 서로 다른 로지스틱 함수 테스트하기 ········· 603
15.4.4 연습문제 ········· 604
15.5 최적합 로지스틱 함수 찾기 ········· 605
15.5.1 3차원에서 경사하강법 ········· 606
15.5.2 경사하강법으로 최적합 로지스틱 함수 찾기 ········· 607
15.5.3 최적합 로지스틱 분류기 테스트하고 이해하기 ········· 609
15.5.4 연습문제 ········· 612

CHAPTER 16 신경망 훈련하기

16.1 신경망으로 데이터 분류하기 ········· 617
16.2 손글씨 숫자 이미지 분류하기 ········· 619
16.2.1 64차원 이미지 벡터 만들기 ········· 620
16.2.2 랜덤 숫자 분류기 만들기 ········· 622
16.2.3 숫자 분류기의 성능 측정하기 ········· 624
16.2.4 연습문제 ········· 625
16.3 신경망 설계하기 ········· 626
16.3.1 뉴런과 연결 조직하기 ········· 626
16.3.2 신경망을 통과하는 데이터 흐름 ········· 627
16.3.3 활성 함수 계산하기 ········· 631

	16.3.4 행렬 표기법으로 활성 계산하기	634
	16.3.5 연습문제	635
16.4	**파이썬으로 신경망 만들기**	**637**
	16.4.1 파이썬으로 다층 퍼셉트론 클래스 구현하기	637
	16.4.2 다층 퍼셉트론 결과 구하기	641
	16.4.3 다층 퍼셉트론 분류 성능 테스트하기	642
	16.4.4 연습문제	643
16.5	**경사하강법으로 신경망 훈련하기**	**643**
	16.5.1 훈련 작업을 최소화 문제로 표현하기	644
	16.5.2 역전파로 그라디언트 계산하기	645
	16.5.3 scikit-learn으로 훈련 자동화하기	646
	16.5.4 연습문제	649
16.6	**역전파로 그라디언트 계산하기**	**650**
	16.6.1 마지막 계층 가중치에 대한 비용 구하기	650
	16.6.2 합성함수의 미분법으로 마지막 계층 가중치에 대한 편미분계수 계산하기	651
	16.6.3 연습문제	653

APPENDIX 부록

A 파이썬 설치하기
- **A.1** 기존 파이썬 설치 확인 ········ 655
- **A.2** 아나콘다 다운로드 및 설치 ········ 656
- **A.3** 대화형 모드에서 파이썬 사용 ········ 658
  - A.3.1 파이썬 스크립트 파일을 생성해 실행하기 ········ 659
  - A.3.2 주피터 노트북 사용하기 ········ 662

B 파이썬 팁과 요령
- **B.1** 파이썬 숫자와 수학 ········ 669
  - B.1.1 수학 모듈 ········ 670
  - B.1.2 난수 ········ 672
- **B.2** 파이썬에서 데이터 컬렉션 ········ 673
  - B.2.1 리스트 ········ 673

B.2.2 리스트 외의 이터러블	679
B.2.3 제너레이터	681
B.2.4 튜플	683
B.2.5 셋	684
B.2.6 NumPy 배열	685
B.2.7 딕셔너리	686
B.2.8 컬렉션과 관련된 유용한 함수	687
B.3 함수 활용하기	**689**
B.3.1 함수에 여러 입력 주기	689
B.3.2 키워드 인자	691
B.3.3 데이터로서의 함수	693
B.3.4 lambda : 익명 함수	695
B.3.5 NumPy 배열에 함수 적용하기	697
B.4 Matplotlib을 사용한 데이터 플로팅	**698**
B.4.1 산점도 만들기	698
B.4.2 꺾은선 그래프 만들기	700
B.4.3 플롯 모양을 변경하는 법 더 살펴보기	702
B.5 파이썬의 객체 지향 프로그래밍	**704**
B.5.1 클래스 정의하기	705
B.5.2 메서드 정의하기	706
B.5.3 특수 메서드	707
B.5.4 연산자 오버로딩	708
B.5.5 클래스 메서드	709
B.5.6 상속 및 추상 클래스	710

C OpenGL과 PyGame으로 3차원 모델 불러오기 및 렌더링하기

C.1 8면체 다시 만들기	715
C.2 관점 바꾸기	720
C.3 유타 주전자 불러오기 및 렌더링하기	722
C.4 연습문제	725

찾아보기	**726**

CHAPTER 1

코드로 수학 학습하기

> **이 장의 내용**
> - 수학과 소프트웨어로 돈벌이가 될 문제 풀기
> - 수학을 학습할 때 자주 빠지는 함정 피하기
> - 프로그래밍을 통해 수학 이해를 위한 직관 형성하기
> - 파이썬을 강력하고 확장 가능한 계산기로 사용하기

수학은 야구나 시, 또는 괜찮은 와인과 같다. 어떤 이는 수학에 취해서 인생을 바치기도 하지만 어떤 이는 수학을 이해할 수 없는 대상이라 여기기도 한다. 여러분은 12년 동안 수학을 의무적으로 배우며 두 부류 중 한 쪽에 속했을 것이다.

학교에서 수학을 배운 것처럼 고급 와인에 대해 배운다면 어땠을까? 주 5일 동안 매일 한 시간씩 포도의 품종과 발효법을 배웠다면 와인을 좋아했을 리가 없다. 어쩌면 선생님이 내준 숙제를 해결하기 위해 와인을 서너 잔 마셔야만 했을 수 있다. 교육적 경험은 달콤하겠지만 때론 씁쓸하게 느껴질 때도 있을지 모른다. 필자가 이러한 느낌을 수학 시간에 느꼈기에, 한동안 수학에 손을 놓았다. 와인이 그러하듯 수학은 처음엔 맛이 없지만 시간이 지날수록 점점 좋아지는 맛이라서, 강의와 과제가 매일 주어진다면 입맛을 바꾸기 어려울 것이다.

여러분에게 수학이 적합한지 적합하지 않은지를 간단히 생각해보자. 스스로 할 수 있다고 믿고 배울 준비가 되어 있다면 훌륭하다! 이 장은 아직 자신이 없는 사람들을 위해 준비했다. 수학에 주눅 드는 경우는 흔해서 '수포자(수학을 포기한 사람)'라는 단어도 만들어질 정도이니 말이다. 부디 불안을 떨쳐버리고 수학은 무섭지도 않고 흥분되는 경험임을 느끼길 바란다. 올바른 도구와 사고방식만 있으면 가능할 것이다.

이 책의 주요 학습 도구는 프로그래밍 언어인 파이썬이다. 아쉽게도 고등학교에서는 수학을 컴퓨터 코딩으로 배우지 않고 칠판에 써 가며 배웠을 것이다. 그러나 고급 프로그래밍 언어는 칠판보다 훨씬 강력하고 고가의 계산기보다도 다재다능하다. 코드로 수학을 접하면 컴퓨터가 이해할 정도로 발상을 꼼꼼하게 정리해야 하거나 손을 흔들며 새로운 기호의 의미를 질문할 필요가 없어진다.

어떤 새로운 주제를 공부할 때에도 그렇듯, 공부를 잘하기 위한 가장 좋은 방법은 공부를 하고 **싶어 하는** 의지이다. 공부를 하고 싶은 이유는 다양하다. 수학 개념의 아름다움에 흥미를 느낄 수도 있고 수학 문제를 풀면서 '머리 쓰는' 느낌을 즐길 수도 있다. 만들기 원하는 애플리케이션이나 게임이 있고, 실제 만들어보려면 수학을 기반으로 하는 코드를 작성해야 할 수도 있다. 조금 더 실용적인 동기를 살펴보자면, 바로 소프트웨어로 수학 문제를 풀면 많은 돈을 벌 수 있다는 점이다.

1.1 수학과 소프트웨어로 돈벌이가 될 문제 풀기

고등학교 수학 수업을 듣다 보면 흔히 "이 내용을 도대체 실생활에서 언제 쓰는 거야?"라고 반문하게 된다. 선생님은 수학이 전문직으로 성공하는 데 도움을 주고 돈을 벌 수 있다고 말했다. 맞는 말이라고 보지만, 선생님이 알려준 예시는 별로 좋지 않다. 요즘은 은행에 직접 가지 않으니 복리 이자를 직접 계산하지 않는다. 삼각법을 배울 때의 예시처럼 내가 공사장에서 측량사를 하고 있다면 월급을 벌기 위해 매일 사인과 코사인을 사용할 수도 있겠으나 여러분 대다수에게는 해당이 없을 것이다.

고등학교 교과서가 알려주는 실생활 응용 사례는 솔직히 유용하지 않다. 수학을 사용하는 실제 응용 사례들은 실제로 있으며, 그중 일부는 (놀랍게도) 수익성이 높다. 많은 응용이 적절한 수학적 발상을 쓸 만한 소프트웨어로 바꾸기만 하면 된다. 내가 좋아하는 사례 몇 가지를 공유해 보겠다.

1.1.1 금융 시장 동향 예측하기

제때에 적절한 주식을 사고팔아서 수백만 달러 수익을 낸 증권업자에 대한 전설을 들어보았을 것이다. 증권업자라 하면 보통 양복을 빼입은 중년의 남자가 스포츠카를 운전하며 휴대전화로 증권 중개인에게 소리치는 이미지가 떠오르곤 한다. 이러한 고정관념이 한때는 들어맞았겠지만 오늘날의 상황은 다르다.

맨해튼 전역의 고층 빌딩에 있는 백오피스(back office)에는 **퀀츠**(quants)라고 불리는 수천 명의 사람들이 근무한다. 이들은 퀀츠 애널리스트(quantitative analyst)라고도 불리며 자동으로 주식을 거래해 이익을 내는 수학 알고리즘을 설계한다. 퀀츠는 양복을 입지 않으며 휴대전화에 소리치느라 시간을 낭비하지도 않는다. 하지만 그들 상당수는 매우 멋진 스포츠카를 소유했을 거라 확신한다.

퀀츠는 자동으로 돈을 버는 프로그램을 어떻게 작성할까? 자세한 건 영업 비밀이지만, 수학과 매우 관련이 있다. 자동화된 거래 전략이 어떻게 작동하는지 간단한 예를 살펴보자.

주식(stock)은 기업에 대한 소유 지분을 나타내는 금융 자산의 한 종류이다. 기업이 잘 하고 있다고 시장이 인식하면 해당 기업의 주가는 상승한다. 이러한 상태의 주식을 살 때 더 큰 비용이 들며 주식을 팔 때 더 큰 보상을 얻는다. 주가의 흐름은 불규칙적이며 실시간으로 바뀐다. [그림 1.1]은 거래일 동안 주가 그래프를 보여준다.

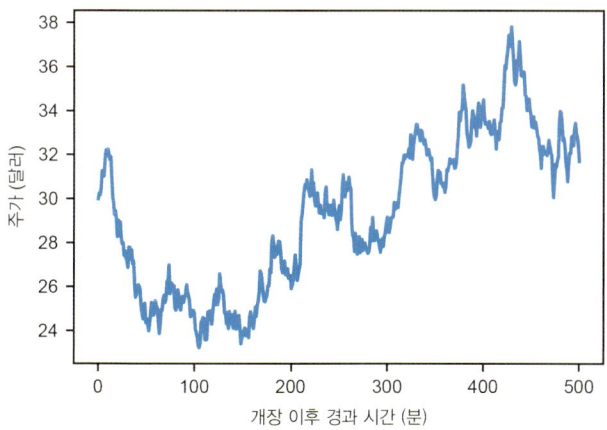

그림 1.1 시간에 따른 주가 그래프의 전형적인 사례

만약 이 주식의 1,000주를 100분일 때 24달러에 구입하고 400분일 때 38달러에 팔았다면, 이 날 14,000달러의 수익을 얻었을 것이다. 나쁘지 않다! 다만 주가가 오르고 있다는 점과 100분과 400분이 각각 사고팔기에 좋은 시점임을 미리 알아야만 한다. 최저가나 최고가를 달성하는 시점을 정확히 예측할 순 없지만 이 날 사고팔기에 상대적으로 좋은 시점을 찾을 순 있다. 수학적으로 이 시점들을 찾는 방법을 살펴보자.

우리는 주가가 움직이는 방향을 근사적으로 따르는 최적합 직선(line of best fit)을 찾아서 주가가 오르는지 내리는지를 측정할 수가 있다. 이 과정을 **선형회귀**(linear regression)라고 하며, 이 책의 3부에서 다룬다. 데이터의 변동성에 근거해 가격이 오르락내리락하는 범위를 보여주는 두 개의 직선을 더 구할 수 있는데, 두 직선은 각각 최적합 직선의 위와 아래에 있다. [그림 1.2]는 주가 그래프에 겹친 세 직선이 추세를 잘 따름을 보여준다.

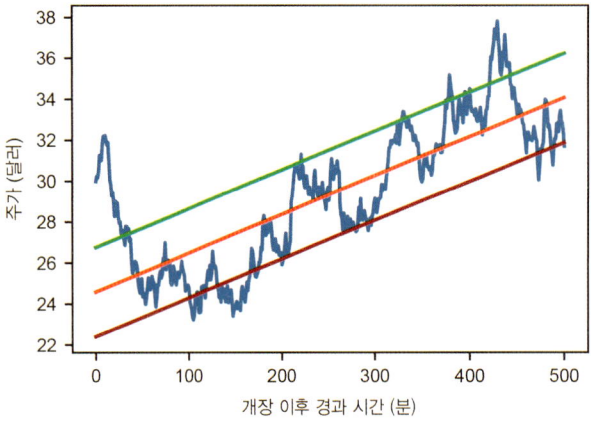

그림 1.2 주가의 변화 추세를 판별하는 선형회귀를 사용한 사례

주가 동향을 수학적으로 이해하면 주가가 추세에 비해 상대적으로 저점을 지날 때 자동으로 사고 주가가 추세로 다시 돌아올 때 파는 코드를 작성할 수 있다. 구체적으로는 프로그램을 증권 거래소에 연결해서 주가가 하단 직선을 지나면 100주를 사고, 상단 직선을 지나면 100주를 팔게 할 수 있다. [그림 1.3]은 이익을 내는 거래 중 한 사례를 보여준다. 주당 27.80달러에 사고 주당 32.60달러에 팔아서 1시간에 총 480달러를 벌었다.

이 사례가 완벽하거나 실행 가능한 전략이라고 말하는 건 아니다. 적절한 수학 모델을 활용해 자동으로 이익을 창출할 수 있다는 게 요점이다.

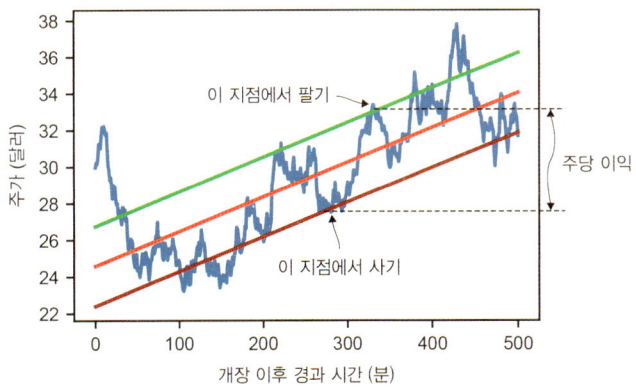

그림 1.3 이익을 내기 위한 규칙 기반 소프트웨어를 활용해 사고 팔기

지금 이 순간에도 상당히 많은 프로그램이 주식 및 다른 금융 상품의 향후 추세를 측정하는 모델을 만들고 업데이트하고 있다. 여러분도 그런 프로그램을 작성한다면 돈을 버는 와중에도 여가를 즐길 수 있을 것이다!

1.1.2 거래 잘 하기

어쩌면 위험한 주식 거래를 할 만큼 여윳돈이 충분치 않을 수 있다. 그렇더라도 수학은 중고차 매매처럼 다른 거래에서 돈을 벌거나 절약하는 데 도움이 된다. 동일한 신차를 파는 두 딜러가 있다면 당연히 최저가로 파는 딜러에게서 구매하고 싶을 것이다. 하지만 중고차를 구매할 땐 고려해야 할 요소가 많다. 주행거리, 연식뿐만 아니라 호가도 고려해야 한다. 품질을 평가하려면 각 중고차가 중고차 시장에 등장한 기간도 활용해야 하는데, 기간이 길면 못 미더운 부분이 있다고 볼 수 있다.

수학에서는 수를 나열해 묘사할 수 있는 객체를 **벡터**(vector)라고 한다. **선형대수학**(linear algebra)이라고 하는 벡터 연구에 전념하는 분야도 있다. 이를테면 어떤 중고차가 **4차원**(four-dimensional) 벡터, 즉 다음 4개의 수로 이루어진 튜플(tuple)에 대응한다고 하자.

$$(2015, 41429, 22.27, 16980)$$

주어진 수는 순서대로 연식(2015), 주행거리(41429), 중고차 시장에 등장한 일수(22.27), 호가(16980)를 나타낸다. 필자의 친구는 판매 중인 중고차 데이터를 모아 보여주는 카그래프 사이트(https://cargraph.com)를 운영한다. 집필할 당시 토요타 프리우스가 101대 판매 중이라서 각 판매 건에 대해 4개의 데이터의 일부 또는 전부를 살펴볼 수 있었다. 이 사이트는 해당 데이터를 [그림 1.4]처럼 그래프 형태로 보여준다. 4차원 객체를 시각화하긴 어렵지만, 가격과 주행거리와 같이 두 차원을 선택해서 각 판매 건을 산점도(scatter plot) 상의 점으로 그릴 수 있다.

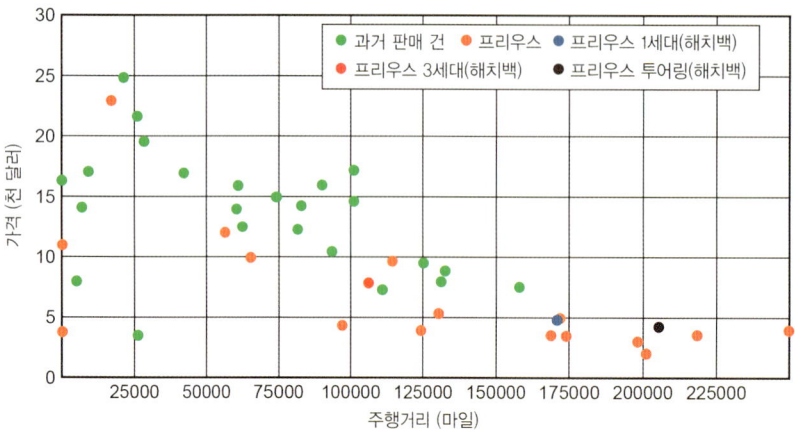

그림 1.4 카그래프 사이트에서 얻은 중고 프리우스의 가격 대 주행거리 그래프

여기에서도 추세선을 그려보고 싶을 수 있다. 이 그래프의 각 점은 적절한 가격이라는 누군가의 의견을 나타내므로, 추세선은 의견이 한데 모여 더 믿을 만한 주행거리별 가격을 나타낼 것이다. [그림 1.5]는 직선 대신 지수적으로 감소하는 곡선으로 **피팅**(fitting)하겠다는 결정에 따른 것으로, 소매가보다 낮은 가격이지만 신차에 가까운 판매 건은 제외하였다.

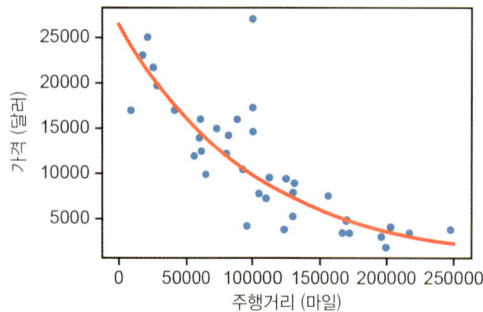

그림 1.5 지수 감소 곡선을 중고 프리우스에 대한 가격 대 주행거리 데이터에 피팅

수를 다루기 쉽도록 주행거리 값을 10,000마일 단위로 바꾸겠다.[1] 주행거리가 5면 5만 마일을 나타낸다. p를 가격, m을 주행거리라고 할 때, 최적합 곡선의 공식은 다음과 같다.

$$p = 26500 \cdot (0.905)^m \text{ (달러)} \tag{1.1}$$

식 (1.1)은 최적합 가격이 26,500달러에다 주행거리를 제곱수로 하여 0.905를 거듭제곱한 값임을 보여준다. 예산이 10,000달러라면 각 값을 식 (1.1)에 대입한 뒤[2] 약 97,000마일을 주행한 프리우스를 구매해야 가장 좋다는 사실을 알 수 있다. 이는 [그림 1.6]에서도 확인할 수 있다. 이 추세선이 **적절한** 가격을 나타낸다고 믿을 수 있다면, 추세선 이하의 자동차들은 좋은 거래라고 볼 수 있다.

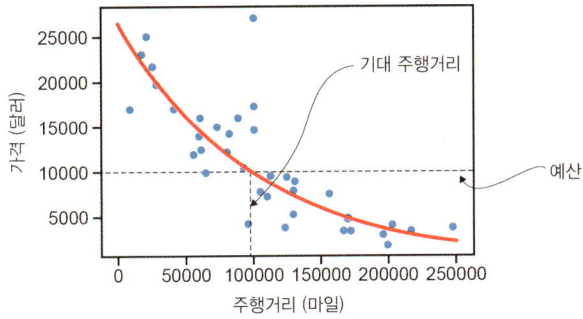

그림 1.6 예산 10,000달러로 중고 프리우스를 살 때 기대할 수 있는 주행거리 구하기

식 (1.1)을 보면 단순히 거래를 잘 하는 방법보다 더 많은 것을 배울 수 있다. 이 식은 자동차가 어떻게 감가상각이 일어나는지를 알려준다. 식의 첫 번째 수는 26,500달러로, 이 지수함수에서는 주행거리가 0일 때 가격이 26,500달러이다. 이 가격은 프리우스 신차의 소매가에 상당히 가깝다. 최적합 직선을 사용했다면 프리우스는 주행거리가 1마일씩 증가할 때마다 일정**량**의 가치를 잃음을 암시한다. 하지만 지수함수는 주행거리가 1마일씩 증가할 때마다 일정 **비율**로 가치를 잃음을 나타낸다. 이 식에 따르면 10,000마일을 주행한 프리우스는 초기 가격의 0.905배인 90.5%의 가치를 지닌다. 50,000마일을 주행하면 초기 가격에 $(0.905)^5 = 0.607$을 곱한다. 이는 원래 가치에 비해 약 61%의 가치를 가짐을 뜻한다.

---

[1] (옮긴이) 본문 그림은 주행거리 단위가 마일이지만 파이썬 소스 코드에서는 단위를 10,000마일로 나타냈음에 유의하자.
[2] (옮긴이) $p = 10000$, $m = 97000/10000 = 9.7$을 대입해보면 근사적으로 등식이 성립한다.

[그림 1.6]의 그래프를 그리고자 이 책의 소스 코드에는 파이썬으로 식 (1.1)에 해당하는 price(mileage) 함수를 구현했는데, 이 함수는 10,000마일 단위로 측정된 주행거리를 입력으로 받아 최적합 가격을 출력으로 리턴한다. price(0) - price(5)와 price(5) - price(10)을 계산해보면, 처음 5만 마일을 주행하며 발생한 비용과 다음 5만 마일을 주행하며 발생한 비용이 각각 10,000달러와 6,300달러임을 알려준다.

최적합 지수 곡선 대신 최적합 직선을 구하면 (구하는 과정은 생략하겠지만) 마일당 0.10달러의 고정 비율로 감가상각이 일어났다. 이는 5만 마일을 주행할 때마다 5,000달러씩 감가상각이 일어남을 의미한다. 주행거리의 가치는 신차일 때 가장 비싸므로, 일차함수를 사용한 모델(최적합 직선)보다는 지수함수식 (1.1)이 통념에 맞아떨어진다.

이는 **2차원 분석**에 불과하다는 점에 주의하자. 각 차를 묘사하는 네 개의 수 차원 중 두 차원에 대한 수학 모델을 만들었을 뿐이다. 1부에서는 다양한 차원의 벡터와 고차원 데이터를 다루는 법을 배운다. 2부에서는 일차함수와 지수함수와 같이 여러 종류의 함수를 다루며, 변화율을 분석하면서 각 함수를 비교한다. 마지막으로 3부에서는 데이터셋의 모든 차원을 포함하여 더 정확한 그림을 보여주는 수학 모델을 만드는 법을 볼 것이다.

1.1.3 3차원 그래픽스와 애니메이션 만들기

정말 유명하고 상업적으로 성공한 소프트웨어 프로젝트 다수는 다차원 데이터, 특히 **3차원**(three-dimensional) 또는 줄여서 3D 데이터를 다룬다. 예를 들어 픽사(Pixar)는 3차원 애니메이션 소프트웨어로 박스오피스에서 지금까지 130억 달러 이상을 긁어모았다. 액티비전(Activision)의 3차원 액션 게임인 〈**콜 오브 듀티**(Call of Duty)〉 프랜차이즈는 160억 달러 이상을 벌어들였으며, 락스타 게임즈(Rockstar Games)는 〈**GTA 5**(Grand Theft Auto V)〉 하나로 60억 달러를 가져갔다.

언급한 프로젝트 각각은 3차원 벡터 $\mathbf{v} = (x, y, z)$ 꼴로 표현된 세 개의 수에 관한 계산법에 기반을 둔다. 3차원 공간 상의 한 점은 **원점**(origin)이라는 참조점을 기준으로 잡고, 세 수를 이용해 상대적인 위치를 충분히 정할 수 있다. [그림 1.7]은 벡터가 나타낸 점이 원점으로부터 얼마나 떨어져 있는지를 서로 수직인 세 방향 각각에 대해 측정한 값을 3개의 수로 나타냈음을 보여준다.

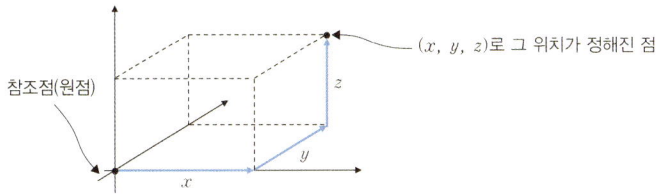

그림 1.7 세 개의 수 x, y, z로 이루어진 벡터로 3차원 상의 점

〈**니모를 찾아서**(Finding Nemo)〉에 등장하는 흰동가리부터 〈콜 오브 듀티〉에 등장하는 항공모함까지, 모든 3차원 객체는 컴퓨터에서 3차원 벡터의 집합으로 정의될 수 있다. 코드로 보면 각 객체는 `float`형 값을 갖는 3차원 벡터의 리스트로 볼 수 있다. 3차원 벡터 3개는 [그림 1.8]처럼 공간에 삼각형 하나를 정의할 수 있는 3차원 점 세 개가 된다.

```
triangle = [(2.3,1.1,0.9), (4.5,3.3,2.0), (1.0,3.5,3.9)]
```

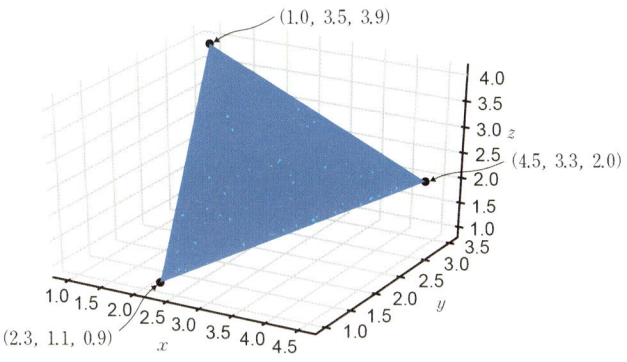

그림 1.8 각 꼭짓점이 `float`형 값을 갖는 3차원 벡터인 3차원 삼각형 만들기

여러 삼각형을 합치면 3차원 객체의 표면을 정의할 수 있다. 더 작은 삼각형이 많으면 결과물을 더 부드럽게 구현할 수 있다. [그림 1.9]는 삼각형의 크기를 줄이고 개수를 늘려 만든 3차원 구의 렌더링(rendering) 결과물 6개를 보여준다.

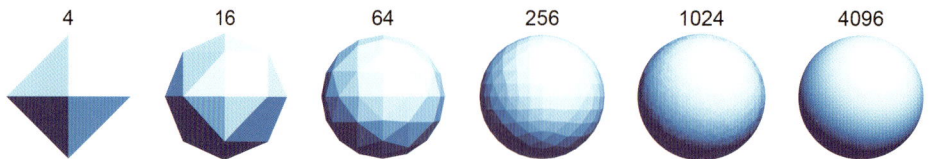

그림 1.9 삼각형 개수에 따른 3차원 구체의 모양 변화

3장과 4장에서는 3차원 모델을 [그림 1.9]에 있는 구체처럼 그림자가 들어간 2차원 이미지로 변환할 때 필요한 3차원 벡터에 대한 내용을 학습한다. 3차원 모델을 게임이나 영화처럼 사실적으로 만들려면 3차원 모델을 부드럽게 만들고 사실적인 방법으로 이동(translate)하고 변환(transform)할 필요가 있다. 이는 객체가 물리 법칙을 따라야 함을 의미하는데, 물리법칙 또한 3차원 벡터로 표현된다.

이번엔 〈GTA 5〉의 프로그래머가 되어 헬리콥터를 향해 바주카포를 쏘는 간단한 상황을 실현해야 한다고 상상해보자. 바주카포에서 나온 발사체는 주인공의 위치에서 시작해 시간에 따라 그 위치가 바뀐다. 비행 궤적에서 여러 위치는 수학에서 쓰는 아래 첨자로 구분할 수 있다. 발사되는 순간의 위치는 $\mathbf{v}_0 = (x_0, y_0, z_0)$로 표기한다. 시간이 흐르면 발사체는 $\mathbf{v}_1 = (x_1, y_1, z_1)$, $\mathbf{v}_2 = (x_2, y_2, z_2)$ 등의 벡터로 표기되는 새 위치에 도착한다. x, y, z 값에 대한 변화율은 바주카포에서의 발사 방향과 속도에 의해 결정된다. 더욱이 변화율은 시간에 따라 바뀌는데, [그림 1.10]에서 볼 수 있듯이 아래 방향으로 계속 누르는 중력으로 인해 z축 좌표에서 발사체의 위치는 그 값이 증가하더라도 증가율은 감소한다.

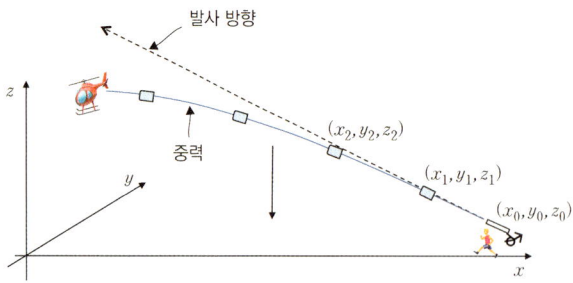

그림 1.10 초기 속도와 중력이 누르는 힘에 의해 시간에 따라 변하는 발사체의 위치벡터

액션 게임을 많이 해봤으면 알겠지만, 헬리콥터를 맞추려면 헬리콥터보다 높은 위치를 조준해야 한다! 물리학을 시뮬레이션하려면 힘이 객체에 어떻게 영향을 주는지, 시간에 따라 연속적인 변화를 어떻게 주는지 알아야 한다. 연속적인 변화를 다루는 수학을 **미분적분학**(calculus), 또는 줄여서 **미적분학**이라 한다. 물리학 법칙은 보통 미분적분학에서 비롯한 개념인 **미분방정식**(differential equation)으로 표현된다.

4장과 5장에서는 3차원 객체를 움직이는 법을 배우며, 2부에서는 미분적분학에서 비롯한 발상을 사용해 물리학을 시뮬레이션하는 방법을 배운다.

1.1.4 물리 세계 모델링

수학 소프트웨어가 실제 경제적 가치를 생산한다는 주장은 단순한 추측이 아니다. 필자는 2013년에 정유·가스 생산을 최적화하기 위한 소프트웨어를 만드는 타키우스(Tachyus)라는 회사를 설립했다. 이 회사의 소프트웨어는 지하의 석유와 가스의 흐름을 파악하는 수학 모델을 사용해 생산자들이 좀 더 효율적이고 이익을 창출할 수 있도록 추출하는 데 도움을 주었다. 이 소프트웨어가 도출한 인사이트(insight)를 활용해, 고객들은 1년에 수백만 달러의 비용을 절약하고 생산을 증대시킬 수 있었다.

이 소프트웨어의 동작을 이해하기 위해서 정유 산업 용어를 몇 개 알 필요가 있다. 먼저 유정(oil well)이라 불리는 구멍을 땅바닥에 뚫어, 석유를 담은 (스펀지 같은) 다공성층까지 구멍을 낸다. 지하에 있는 석유가 가득한 암층을 **저류암**(reservoir)이라 한다. 석유를 지표까지 끌어올린 뒤, 우리가 매일 쓰는 제품으로 변환하는 정유 회사에 판매한다. [그림 1.11]은 유전(oilfield)의 구성도(schematic diagram)이다. 척도는 그다지 정확하지 않다.

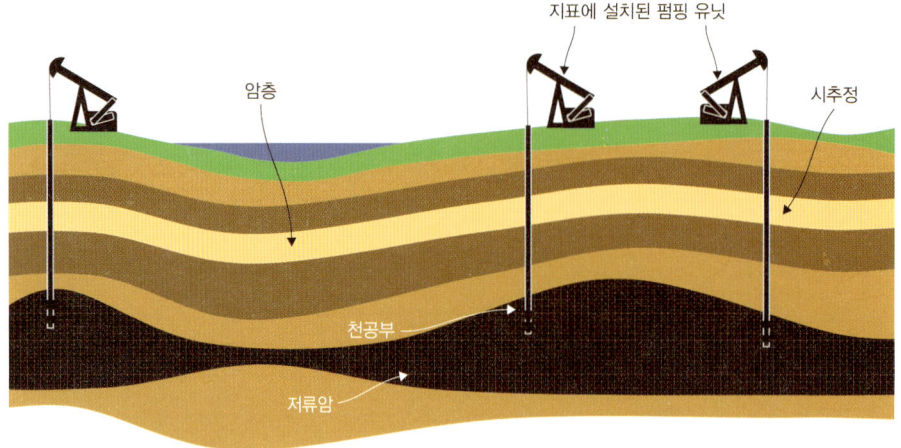

그림 1.11 유전의 구성도

지난 수년간 석유 가격은 상당히 변동폭이 컸다. 다만 지금은 소프트웨어 동작을 이해하고 싶을 뿐이니 적당히 석유 1배럴(barral)이 50달러라고 하자. 여기서 배럴은 42갤런(gallon) 또는 약 159리터에 달하는 부피 단위이다. 만약 어떤 회사가 유정을 뚫어 하루에 석유를 1,000배럴[3] 끌어올릴 수 있다고 하자. 매출은 연간 수천만 달러일 것이다. 이 경우 효율이 몇 퍼센트 포인트(percentage point)만 증가해도 수익이 상당히 늘어난다.

여기에 숨어있는 질문은 지하에서 벌어지는 일과 관련된다. 석유는 지금 어디에 있고 어디로 흐르는가? 이는 매우 복잡한 질문이지만, 미분방정식을 풀면 답할 수 있다. 여기에서 변화량은 지하 석유 유체의 위치, 압력과 유량(flow rate)이다. 유체의 유량은 **벡터장**(vector field)이라는, 벡터를 리턴하는 특별한 종류의 함수로 표현된다. 이 말은 석유 유체가 3차원 어느 방향에서 어느 유량으로도 흐를 수 있고, 저류암 내의 각 위치에서 그 방향과 유량이 다를 수 있음을 의미한다.

다르시 법칙(Darcy's law)이라고 하는 미분방정식을 사용하면 매개변수 몇 개만 설정해도 사암과 같은 다공성 저류암을 매질로 해서 흐르는 액체의 유량을 예측할 수 있다. [그림 1.12]는 다르시 법칙을 소개하는데, 몇 가지 기호를 모른다고 겁먹지 말기 바란다! 유량을 나타내는 함수 q는 벡터를 값으로 리턴한다는 것을 나타내기 위해 볼드체(bold)로 표기하였다.

---

3 1,000배럴은 미국 중산층 집안의 뒷마당 수영장 몇 개와 맞먹는 부피라 할 수 있다.

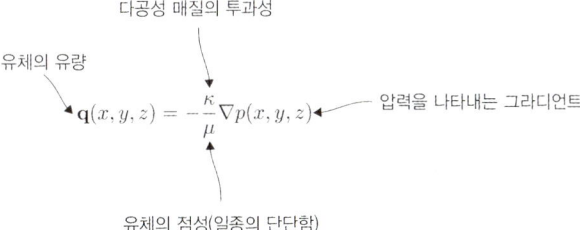

그림 1.12 다공성 저류암 내의 유체 흐름을 지배하는 물리 방정식인 다르시 법칙

이 방정식에서는 뒤집힌 삼각형처럼 생긴 기호가 가장 중요한데, 이는 벡터 미분적분학에서 **그라디언트 연산자**(gradient operator)[4]를 나타낸다. 주어진 공간 상의 점 (x,y,z)에서 압력 함수 $p(x,y,z)$의 그라디언트는 3차원 벡터 $\nabla p(x,y,z)$[5]이며, 그라디언트는 해당 점에서 압력의 증가 방향과 압력의 증가율을 나타낸다. 방정식에 등장하는 음의 기호는 유량의 3차원 벡터가 압력의 그라디언트와 **반대** 방향임을 알려준다. 이 방정식은 수학 용어를 사용했을 뿐 유체가 고압 영역에서 저압 영역으로 흐른다고 명시한 것에 불과하다.

그라디언트에 음의 기호를 붙이는 것은 물리학 법칙에서 자주 등장한다. 이는 자연이 언제나 더 낮은 위치에너지 상태를 향해 움직이려 한다고 생각하면 쉽게 이해할 수 있다. 언덕에 있는 공의 위치에너지는 언덕을 가로지르는 x축의 한 점 x에서의 고도 h에 달려있다. 언덕의 높이에 대한 함수가 $h(x)$일 때, 그라디언트는 언덕을 오르는 방향을 가리키지만 공은 정확히 반대방향으로 굴러간다. [그림 1.13]을 확인하자.

11장에서 그라디언트를 계산하고, 그라디언트를 적용해 물리학을 시뮬레이션하며 다른 수학 문제를 풀어볼 것이다. 그라디언트는 머신러닝에서 중요한 수학 개념이라고 할 수 있다.

---

[4] (옮긴이) 그라디언트는 경사도 또는 기울기에 해당하는 외래어로, 일차함수의 기울기와 구분해서 쓰이기 때문에 일반적으로 그라디언트 또는 구배(勾配)라고 번역한다.

[5] (옮긴이) 그라디언트 기호는 벡터를 나타내지만 관례적으로 볼드체로 표기하지 않는다. p가 벡터 입력을 받아 스칼라를 출력하는 함수이기 때문에 p를 볼드체로 나타낼 수도 없다.

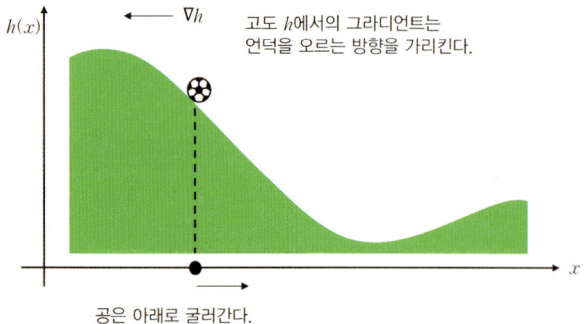

그림 1.13 그라디언트의 방향

부디 앞에서 설명한 예시들이 고등학교 수학 수업에서 들은 실생활 응용보다 더 설득력이 있고 실질적이었길 바란다. 이쯤 되면 수학이 배울 만한 가치가 있음을 확신하겠지만, 너무 어렵다고 걱정할 수도 있다. 수학은 특히 혼자 공부하면 어려울 수도 있다. 가능한 한 가시밭길을 피하기 위해, 수학 학습자가 겪을 수 있는 몇 가지 함정을 살펴보고 이러한 함정을 피할 수 있도록 도움을 주려 한다.

1.2 수학 공부를 포기할 방법

세상에는 정말 수많은 수학책들이 있지만 모든 수학책이 유용한 건 아니다. 지적 호기심이든 자기계발이든 간에 앞 절에서 다룬 것과 유사한 수학 개념을 배우려는 프로그래머를 상당히 많이 알고 있다. 그 친구들이 전통적인 수학 교과서를 주교재로 학습할 때에는 종종 난관에 부딪혀 포기하곤 했다. 여기서 전형적인 수학 학습 실패기를 소개한다.

1.2.1 영희는 수학을 배우고 싶었다.

영희는 샌프란시스코의 중견 테크 기업에서 일하는 풀스택 웹 개발자이다. 영희는 대학생 때 컴퓨터 과학을 전혀 배우지 않고, 수학을 깊이 있게 배우지 않은 상태에서 프로덕트 매니저로 처음 취업했다. 지난 10년 동안 파이썬과 자바스크립트로 코딩했다가 소프트웨어 공학 분야로 전직했다고 한다. 새로운 직장에서 영희는 프로그래밍 능력을 인정받아 고객에게 중요한 새 기능을 제공하는 데 필요한 데이터베이스, 웹 서비스, 사용자 인터페이스를 만들 수 있었다. 확실히, 영희는 정말 뛰어났다!

영희는 데이터 과학을 배우면 데이터로 고객 경험을 향상시켜 더 좋은 기능을 설계하고 동작하도록 구현할 수 있을 것임을 깨달았다. 출근길에 기차에서 새 기술에 관한 블로그 글이나 기고를 읽곤 하는데, 최근에 딥러닝을 다룬 몇 가지 기고에 푹 빠졌다. 한 기고문은 구글의 알파고(AlphaGo)를 다뤘다. 알파고는 딥러닝을 기반으로 세계 최고의 바둑 기사 이세돌을 이긴 전적이 있다. 다른 기고는 또 딥러닝을 사용해 평범한 이미지에서 생성해 낸 굉장히 멋진 인상파 그림을 소개했다.

이러한 기고들을 읽고서, 영희는 지인인 철수가 빅테크 기업에 딥러닝 연구직으로 취직했음을 들었다. 철수는 아마 연봉과 주식을 더해 400,000달러 이상을 받게 된 것 같다. 경력 차원에서 다음 직업을 생각한다면, 영희는 당연히 매력적이고 돈벌이가 되는 일을 원할 수밖에 없지 않을까?

영희가 조사해보니 권위가 있는 (더군다나 무료인!) 자료가 온라인에 있었다. 바로 이안 굿펠로(Ian Goodfellow) 등이 저술한 『딥러닝(Deep Learning)』(MIT Press, 2016)[6]이었다. 도입부는 여느 기술 블로그 포스트와 비슷하게 읽혔기에 해당 주제에 대한 학습이 더욱더 흥미로워졌다. 하지만 계속 읽다 보니 책의 내용이 어려워졌다. 1장은 필요한 수학 개념을 설명했는데, 영희가 본 적도 없는 용어와 표기법을 한가득 소개했다. 영희는 대략 훑어본 뒤 책의 핵심을 파악하려고 했지만 갈수록 더 어려워졌다.

영희는 수학을 좀 더 배운 뒤에 인공지능과 딥러닝을 공부해야겠다고 마음먹었다. 다행히, 수학만 다룬 장에서는 초심자를 위해 선형대수학 참고문헌이 실려 있었다. 게오르기 실로프(Georgi Shilov)의 『선형대수학』(Dover, 1977) 교과서를 찾아보니 이 책도 400페이지 분량에다가 깊이도 『딥러닝』만큼 깊었다.

수의 체(field), 행렬식(determinant), 여인수(cofactor)와 같은 개념에 관한 난해한 정리를 읽으면서 오후를 보낸 뒤에, 영희는 공부를 그만두었다. 이 개념들이 바둑에서 승리하거나 예술 작품을 만들어내는 프로그램을 작성할 때 어떻게 도움이 된다는 건지 알 수 없었고, 그런 사실을 알고자 이 딱딱한 교재로 많은 시간을 소비하고 싶지 않았기 때문이다.

영희를 만나 커피를 마시게 되었다. 영희는 선형대수학을 몰라서 인공지능 문헌을 읽는 데 어려움을 겪었다고 말했다. 최근 들어 이와 비슷한 탄식을 많이 듣곤 한다.

---

[6] (옮긴이) 국내에서는 『심층 학습』(제이펍, 2018)이라는 제목으로 번역되었다.

새 기술에 대해 알고자 했지만 먼저 **수학**을 공부해야 할 것 같아요.

사실 영희의 접근법은 훌륭했다. 배우고자 하는 주제를 다루는 가장 좋은 자료를 파악한 뒤, 선수 과목 중 배운 적이 없는 주제의 자료를 찾아냈다. 하지만 논리적 결론을 내고자 이렇게 접근하다 보니 기술문헌을 '깊이 우선'으로 탐색하는 작업이 메스꺼울 정도로 지루해지고 말았다.

1.2.2 수학 교과서를 묵묵히 따라가기

영희가 고른 『선형대수학』처럼 대학교 수준의 수학책들은 매우 형식적이다. 모든 책이 새 용어를 정의하고, 정의한 용어를 사용해 (**정리**(theorem)라고 하는) 몇몇 참인 명제들을 서술하고, 정리가 참임을 증명하는 동일한 포맷을 따른다.

논리적인 순서로는 좋아 보인다. 중요한 개념을 소개하고, 도출할 수 있는 결론을 서술하고, 정당화한다. 그럼 높은 수준의 수학 교과서는 왜 그렇게 읽기 어려운가?

문제는 책이 설명하는 순서가 실제 수학이 만들어지는 순서와 다르기 때문이다. 수학적 발상은 올바른 정의를 찾아내기도 전에 오랜 기간 실험하며 정립한다. 대부분의 전문 수학자는 이 과정을 다음과 같이 설명할 거라고 본다.

- ① **게임**을 만든다. 수학 객체를 전부 나열하고, 객체 간 패턴을 찾고, 특정 성질을 가진 객체를 찾는 등 수학 객체를 갖고 놀아본다.
- ② **추측**을 시도한다. 게임에 대해 말할 수 있는 일반적인 사실을 짐작해보고, 적어도 그게 사실이라고 믿어보려 한다.
- ③ 게임과 추측을 설명하는 **명확한 언어**를 개발한다. 추측을 남에게 전달할 수 없으면 아무 의미도 없으니까.
- ④ 마지막으로 (결단과 운이 작용하겠지만) 추측이 참이어야**만** 하는 이유를 설명하는 **증명**을 찾아낸다.

이 과정에서 우리는 큰 발상에서 시작해야 하며, 형식주의는 그 뒤의 이야기라는 점을 깨달아야 한다. 수학의 동작 과정에 대한 대략적 발상만 잡는다면, 어휘와 표기법은 정신을 산만하게 하기보다는 자산이 된다. 수학 교과서는 정반대 방향으로 서술하기 때문에, 기본서보다는 참고문헌으로 사용하는 걸 추천한다.

수학을 학습하는 최적의 방법은 전통적인 교과서를 읽기보다 발상을 탐구하고 결론을 스스로 도출하는 것이다. 하지만 모든 걸 스스로 재발명하기엔 시간이 부족하다. 절충점은 무엇일까? 이제 전통을 따르지 않는 이 수학책을 어떤 식으로 저술했는지 소개하겠다.

1.3 이미 잘 훈련된 좌뇌 사용하기

이 책은 경험이 많은 프로그래머 또는 프로그래밍을 해보니 흥미가 생긴 사람들을 대상으로 한다. 코드를 작성할 수 있다는 건 분석적인 능력을 다루는 좌뇌를 이미 잘 훈련해두었단 뜻이므로, 프로그래머를 대상으로 한 수학 글쓰기는 즐거운 일이다. 내 생각에 최고의 수학 학습법은 고급 프로그래밍 언어를 활용하는 것으로, 머지않은 미래에 수학 교실의 표준이 되리라고 예견한다.

프로그래밍을 해봤다면 수학을 잘 배울 수 있는 구체적인 방법이 있다. 굳이 언급하는 이유는 입바른 소리를 하고자 함이 아니며, (프로그래머라면) 수학 학습 시 활용하기 좋은 능력을 이미 갖고 있음을 알려주고 싶어서이다.

1.3.1 형식 언어의 사용

프로그래밍을 처음 배우면 평범하게 글 쓰듯이 코드를 작성할 수 없다는 게 가장 어렵다. 쪽지를 쓸 때 오타가 있거나 문법이 약간 어긋나더라도, 쪽지를 받은 친구는 여러분이 말하고자 하는 바를 이해할 것이다. 하지만 코드에 구문 오류나 오타가 있으면 프로그램은 동작하지 않는다. 일부 프로그래밍 언어에서는 문장 끝에 세미콜론을 잊었다고 프로그램이 실행되지 않기도 한다. 다음 두 문장을 생각해보자.

```
x = 5
5 = x
```

두 문장은 모두 '기호 x는 5라는 값을 가진다.'를 나타낸다. 하지만 파이썬에서 두 문장은 다르게 다루어진다. 사실 첫 번째 문장만이 에러 없이 올바르게 처리된다.

파이썬 문장 x = 5는 변수 x가 5라는 값을 갖도록 설정하는 명령이다. 반면에 파이썬에서는 두 번째 문장처럼 5라는 수에 x라는 값을 갖도록 설정할 수는 없다. 현학적으로 보일 수 있겠지만 올바른 프로그램 작성을 위해 알아야 한다.

초보 프로그래머, 그리고 경험이 풍부한 프로그래머도 마찬가지로 실수하는 또 다른 예로 참조에 대한 동등 비교(reference equality)가 있다. 새로운 파이썬 클래스를 정의한 뒤 동일한 클래스의 두 인스턴스(instance)를 생성하면 두 인스턴스는 같지 않다!

```
>>> class A(): pass
...
>>> A() == A()
False
```

좌변과 우변이 같으므로 같다고 판정되길 기대했을 수 있지만, 파이썬 문법에서는 명백하게 다르게 본다. 좌변과 우변은 각각 A라는 클래스의 서로 다른 인스턴스이기 때문에 같다고 간주하지 않는다.

아는 것과 비슷하게 생겼지만 동일한 방식으로 동작하지 않는 새로운 수학 객체를 주의해야 한다. 예를 들어 문자 A와 B가 각각 수를 나타내면 $A \cdot B = B \cdot A$가 성립한다. 5장에서 배우겠지만 A와 B가 수가 **아니라면** 반드시 같다고 할 순 없다. A와 B가 행렬이라면 행렬 곱 $A \cdot B$와 $B \cdot A$는 서로 다를 수 있다. 심지어 두 행렬 곱 중 하나만 가능하거나 두 행렬 곱 모두 불가능할 수도 있다.

코드를 작성할 때는 올바른 구문을 사용해 문장을 만드는 것으로는 충분하지 않다. 문장이 나타내는 알고리즘이 타당해야 코드가 실행된다. 수학 문장을 작성할 때에도 이러한 주의를 기울인다면 실수를 더 빠르게 잡을 수 있다. 더욱이, 코드로 수학 문장을 작성하면 컴퓨터가 확인 작업을 도와줄 것이다.

1.3.2 스스로 계산기 만들기

계산기는 문제를 푼 뒤 검산할 때 도움이 되기 때문에 미국의 수학 수업에서 널리 사용한다. 계산기 없이도 6 곱하기 7이 얼마인지 알아야 하겠지만, 계산기로 확인하면 42가 올바른 답임을 확인할 수 있다. 수학 개념을 터득한 뒤에 계산기를 사용하면 시간을 절약하는 데 도움이 된다. 삼각비를 계산할 때 3.14159/6를 계산기로 구하면, 결괏값이 갖는 의미에 집중할 수 있다. 이론적으로는 계산기를 빨리 사용할수록 더 유용하다.

하지만 계산기는 너무 복잡할 때도 있다. 고등학생 시절에 그래프를 그릴 수 있는 공학용 계산기가 필요했는데, 마침 텍사스 인스트루먼트(Texas Instrument)의 TI-84를 받게 되었다. 이 계산기에는 버튼이 대략 40개 있고, 각 버튼은 2~3개의 모드를 지원했다. 그 많은 버튼 중 20개의 사용법만을 알았으니, 사용법을 익히기엔 번거로운 도구였다. 고등학교 1학년 때 처음 받은 계산기도 마찬가지였다. 버튼이 15개밖에 없었지만, 몇 개는 어떤 역할을 하는지 알 수 없었다. 필자가 학생용 계산기를 최초로 발명한다면 [그림 1.14]처럼 만들었을 것이다.

그림 1.14 수 세기를 배우는 학생들을 위한 계산기

이 계산기에는 버튼이 2개만 있다. 버튼 하나는 값을 1로 재설정할 수 있고, 다른 버튼은 값을 다음 수로 변경한다. 이러한 계산기는 수 세기를 배우는 학생들에게 적절하고 **순수한** 도구가 될 것이다. 이 계산기가 엉뚱해 보일지 모르겠지만, 실제로 존재한다. 기계식 계수기(tally counter)가 그렇다.

수 세기를 익힌 뒤에 수를 쓰고 더하는 법을 익히고 싶다고 하자. 이 학습 단계에 가장 적합한 계산기는 [그림 1.15]처럼 버튼이 몇 개 더 있을 것이다.

그림 1.15 수를 입력해 더할 수 있는 계산기

이 단계에서 −, ×, ÷와 같은 버튼은 필요 없다. 5 − 2와 같은 빼기 문제는 계산기로 3 + 2 = 5임을 확인해서 답이 3임을 검산할 수 있다. 수를 반복해서 더하면 곱셈 문제도 풀 수 있다. 이 계산기로 모든 산술 연산을 탐구했다면, 모든 산술 연산이 가능한 계산기로 업그레이드하면 된다.

이상적인 계산기는 필요한 기능을 추가할 수 있다는 의미에서 확장 가능해야 한다. 예를 들어 새로운 수학 연산을 배울 때마다 계산기에 버튼을 추가해보는 것이다. 대수학(algebra)을 배우면, 계산기가 수를 비롯해 x나 y와 같은 기호를 받아들일 수 있도록 해볼 수 있다. 미분적분학을 배우면, 계산기에 수학 함수를 추가로 받아들이고 조작하게 만들 수 있다.

많은 데이터 타입을 저장하는 확장 가능한 계산기가 설득력 없이 보일 수 있지만, 사실 고급 프로그래밍 언어가 그러한 계산기와 다를 바 없다. 파이썬에는 산술 연산과 수학 모듈이 딸려오며, 수많은 서드 파티(third-party) 수학 라이브러리를 필요한 만큼 불러와서 프로그래밍 환경을 더 강력하게 구축할 수 있다. 파이썬은 **튜링 완전**(Turing complete)[7]하므로 (원칙적으로) 계산할 수 있는 것이라면 모두 계산할 수 있다. 이를 구현하려면 성능이 좋은 컴퓨터나 사고력 또는 둘 다가 필요하겠다.

---

7 (옮긴이) 거칠게 말해서 파이썬이 튜링 완전이라는 것은 파이썬 언어만으로 컴퓨터의 이론적인 모델인 튜링 머신을 시뮬레이션할 수 있다는 뜻이다. 임의의 튜링 머신이 알고리즘을 통해 계산할 수 있는 결과는 파이썬을 지원하는 컴퓨터에서 그 튜링 머신을 시뮬레이션한 뒤 해당 알고리즘을 실행해 얻어낼 수 있다.

이 책에서는 재사용 가능한 파이썬 코드로 새로운 수학 개념 각각을 구현한다. 구현 작업을 직접 하면 새로 습득한 개념 이해를 강화할 수 있고, 여러분에게 필요한 능력을 장착하는 기회가 된다. 그 뒤에는 원한다면 바로 다수가 사용하는 세련된 라이브러리로 교체해도 좋다. 직접 만들든, 남이 만든 것을 사용하든 간에 새로운 도구는 더 큰 아이디어를 탐구하기 위한 토대를 마련해 줄 것이다.

1.3.3 함수로 추상화하기

프로그래밍에서는 방금 설명한 부분을 **추상화**(abstraction)라고 한다.[8] 예를 들어 반복해서 세는 작업이 지루해지면 덧셈의 추상화를 계산기에 구현한다. 반복적으로 더하는 작업이 지겨워지면 곱셈의 추상화를 계산기에 구현한다. 다른 작업도 마찬가지이다.

프로그래밍에서 추상화하는 방법 중에 수학으로 적용할만하고 가장 중요한 것이 **함수**(function)이다. 파이썬 함수는 하나 이상의 입력을 받거나 출력을 생성할 수 있는 작업을 반복하는 데 쓸 수 있다. 예를 들어 다음 코드를 살펴보자.

```python
def greet(name):
    print("Hello %s!" % name)
```

우리는 다음과 같이 짧지만 표현력이 좋은 코드를 사용하여 여러 인삿말을 보낼 수 있다.

```
>>> for name in ["John","Paul","George","Ringo"]:
...     greet(name)
...
Hello John!
Hello Paul!
Hello George!
Hello Ringo!
```

---

[8] (옮긴이) 컴퓨터 과학에서 추상화란 객체나 시스템을 바라볼 때 중요도가 높은 부분에 집중하고자, 객체나 시스템의 속성이나 세부 사항을 제거하는 과정을 말한다. 특히 프로그래밍에서는 주로 객체(데이터)에 가해지는 연산의 행동을 일반화하고 알고리즘화하여 반복 재사용할 수 있도록 함수나 객체를 설계하고자 할 때 사용한다. 추상화가 잘 된 함수나 객체는 사용자가 '중요도가 높은 연산의 행동'만을 이해하면 세부 동작이나 구조를 몰라도 원하는 결과를 주기 때문에 유용하다.

이 함수는 유용하지만 수학에서 말하는 함수와는 다르다. 수학에서의 함수는 항상 입력값을 취하며, 항상 부작용(side effect)[9] 없이 출력값을 리턴한다.

프로그래밍 분야에서 수학의 함수처럼 동작하는 함수를 순수 함수(pure function)라고 한다. 예를 들어 이차함수 $f(x) = x^2$은 수를 입력으로 받아서 그 수의 제곱을 리턴한다. $f(3)$을 계산하면 결과는 9이다. 그렇다고 해서 3이라는 수가 9가 되는 것은 아니다. 오히려 함수 f에서 3이라는 입력에 대응하는 출력이 9임을 의미할 뿐이다. 이 제곱을 계산하는 함수는 [그림 1.16]처럼 입력 구멍에 수를 넣으면 출력 구멍에 결과(수)를 생산하는 기계로 표현할 수 있다.

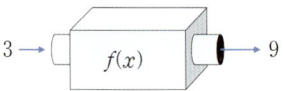

그림 1.16 입력 구멍과 출력 구멍이 있는 기계로서의 함수

이 모델은 간단하면서도 유용한 멘탈 모델(mental model)이므로, 책 전체에 걸쳐 반복해 이야기할 것이다. 이 모델의 가장 큰 장점은 함수를 독립적인 객체 그 자체로 볼 수 있다는 것이다. 파이썬과 마찬가지로 수학에서 함수란 독립적으로 조작할 수도 있고, 심지어 다른 함수에 입력으로 전달될 수도 있는 **데이터**이다.

수학은 추상적이기 때문에 두렵게 느껴질 수 있다. 기억하라. 추상화는 더 크고 더 강력한 발상을 조작하고 그 발상으로 소통하기 위해 잘 짜인 프로그램처럼 도입되는 것이다. 발상을 파악하고 코드로 번역하면 무궁무진한 가능성을 흥미롭게 펼칠 수 있을 것이다.

이제는 소프트웨어를 개발할 때 수학을 활용한 많은 흥미로운 응용이 있음을 알기 바란다. 프로그래머인 여러분들은 새로운 수학적 발상을 학습하기에 적절한 사고방식과 도구를 갖고 있다. 필자는 이 책에 등장하는 발상을 통해 전문적이고 개인적인 능력을 향상하는 데 도움을 받았기에, 여러분에게도 도움이 되길 바란다. 그럼 시작해보자!

---

[9] (옮긴이) 프로그래밍 분야에서 함수가 (리턴값을 제외한) 함수 외부의 상태를 변경해서 의도하지 않은 결과를 초래한 상황을 함수의 부작용(side effect)이라 말한다.

요약

- 많은 소프트웨어 공학 영역에는 흥미롭고 수익성이 높은 수학 기반 응용을 찾아볼 수 있다.
- 예를 들어 시간에 따른 데이터의 변화 추세를 정량화할 때, 수학은 주가의 동향을 예측하는 데 도움이 된다.
- 서로 다른 종류의 함수들은 서로 다른 정성적 행동을 한다. 지수 감소 함수는 자동차의 주행거리가 늘어날 때마다 중고가가 고정 값만큼 떨어지는 게 아니라 비율로 감소함을 의미한다.
- **벡터**라고 부르는 수의 묶음은 다차원 데이터를 표현한다. 3차원 벡터는 세 개의 수로 공간 상의 한 점을 나타낸다. 벡터로 명시한 삼각형들을 조합해서 복잡한 3차원 그래픽스를 만들 수 있다.
- **미분적분학**은 연속적인 변화에 관한 수학으로, 많은 물리학 법칙들이 **미분방정식**이라고 하는 미분적분학 기반 방정식으로 표현된다.
- 전통적인 교과서로 수학을 공부하는 건 어렵다! 계속 쏟아지는 정의와 정리가 아니라 탐구를 통해 수학을 공부해야 한다.
- 프로그래머인 여러분은 정확하게 생각하고 소통하는 방법을 이미 익혔다. 이러한 스킬은 수학을 배울 때에도 도움이 될 것이다.

Part I

벡터와 그래픽스
Vectors and Graphics

2장 2차원 벡터로 그림 그리기

3장 3차원 세계로의 도약

4장 벡터 변환과 그래픽스

5장 행렬로 변환 계산하기

6장 고차원으로의 일반화

7장 연립일차방정식 풀기

이 책의 1부에서는 **선형대수학**(linear algebra)이라고 하는 수학의 한 분야를 파고든다. 선형대수학은 다차원 데이터에 관한 계산을 다루는 수학 분야이다. '차원'은 기하학에서 비롯된 개념으로, 직관적으로 사각형은 2차원(평면)이지만 육면체는 3차원(입체)이라고 설명하면 쉽게 이해할 수 있을 것이다. 다양한 수학 분야 중에서도, 선형대수학은 차원에 관한 기하학적 발상을 구체적으로 계산할 수 있게 바꾸기 때문에 가치가 있다.

선형대수학에서 가장 기본인 개념은 **벡터**(vector)로, 다차원 공간에서는 데이터 포인트(data point)로 생각할 수 있다. 고등학교 수업 시간에 2차원(2D) 좌표평면을 들어본 적이 있을 것이다. 2차원 벡터는 좌표평면의 점에 대응되며, (x,y) 꼴인 두 수의 순서쌍으로 표기될 수 있다. 3장에서는 3차원(3D) 공간을 다루는데, 벡터(즉, 점)는 (x,y,z) 꼴인 세 개의 수로 표기될 수 있다. 두 경우 모두 벡터의 집합을 사용해 기하학적 도형을 정의하고, 흥미로운 그래픽스로 변환할 수 있음을 보인다.

선형대수학의 또 다른 주요 개념은 **일차변환**(linear transformation)이며 4장에서 소개한다. 일차변환은 벡터를 입력으로 하고 벡터를 출력으로 하는 일종의 함수인데, (어떤 의미에서는) 벡터가 가진 기하학적 성질을 보존한다. 예를 들어 벡터(점)의 집합이 2차원 상의 어떤 직선 위에 있을 때, 일차변환을 적용한 뒤에도 (또 다른) 어떤 직선 상에 놓여있을 수 있다. 5장에서 소개하는 행렬(matrix)은 직사각형 형태로 수를 배열한 것이며 일차변환을 표현할 수 있다. 일차변환을 마무리하며 파이썬으로 시간에 따라 연속적으로 그래픽스에 일차변환을 적용해서 3차원 상의 애니메이션을 얻을 것이다.

벡터와 일차변환은 2차원과 3차원에서만 도식화할 수 있지만, 차원에 상관없이 벡터를 정의할 수도 있다. n차원에서 벡터는 $(x_1, x_2, \cdots, x_n)$ 꼴인 n-튜플, 즉 n개의 수를 순서대로 나열한 것으로 식별할 수 있다. 6장에서는 2차원 공간과 3차원 공간의 개념을 리버스 엔지니어링(reverse engineering)해서 **벡터공간**(vector space)의 일반적인 개념을 정의하고 차원(dimension)이라는 개념을 좀 더 구체적으로 정의한다. 특히, 픽셀로 이루어진 디지털 이미지는 고차원 벡터공간에서 벡터로 볼 수 있으며, 일차변환으로 이미지를 조작할 수 있다.

마지막으로 7장에서는 선형대수학에서 보편적으로 가장 많이 사용되는 계산 도구인 연립일차방정식 풀이법을 살펴본다. 고등학교 수학에서 배운 내용을 기억하고 있겠지만, x와 y같이 변수가 2개인 두 일차방정식의 공통해는 평면 상의 두 직선이 만나는 점이다. 일반적으로, 일차방정식은 벡터공간에서 직선이나 평면, 그리고 이를 고차원으로 확장한 것 간의 교집합을 설명한다. 파이썬에서 자동으로 이 문제를 풀 수 있게 되면, 비디오 게임 엔진의 첫 버전을 만들어 볼 것이다.

CHAPTER **2**

2차원 벡터로 그림 그리기

이 장의 내용
- 벡터의 집합으로 2차원 그림을 만들고 조작하기
- 2차원 벡터를 화살표, 위치, 좌표의 순서쌍으로 생각하기
- 벡터 산술로 평면 상의 도형 변환하기
- 삼각비로 평면에서 거리와 각 측정하기

2차원이나 3차원이 무엇을 의미하는지는 이미 어렴풋이 알고 있을 것이다. **2차원**(2D) 객체는 종이나 컴퓨터 화면 상의 이미지와 같이 평평하며, 높이와 너비에 관한 차원만을 갖는다. 하지만 우리가 사는 물리 세계에서 **3차원**(3D) 객체는 높이와 너비뿐만이 아니라 깊이라는 차원도 있다.[1]

2차원 및 3차원 객체(entity)의 모델은 프로그래밍에서 중요하다. 스마트폰, 태블릿, 컴퓨터의 화면에 나타나는 모든 것은 특정 너비와 높이만큼 픽셀을 차지하는 2차원 객체이다. 물리 세계를 나타내는 어떠한 시뮬레이션, 게임, 애니메이션도 3차원 데이터로 저장되지만 결국 스크린 상의 2차원에 투영된다. 가상현실(VR, virtual reality)이나 증강현실(AR, augmented reality) 애플리케이션에서 3차원 모델은 사용자의 위치와 관점을 실제로 측정한 3차원 데이터와도 결합되어야 한다.

일상 경험은 3차원 상에서 이루어지지만, 어떤 데이터는 고차원에서 생각해야만 유용하다.

---

[1] (옮긴이) 직육면체 상자의 크기를 잴 때 눈앞에 상자를 두고 가로, 세로, 높이로 3차원을 이해하는 게 일반적이지만, 평평한 컴퓨터 화면을 기준으로 생각하면 화면 상에서 높이와 너비를 생각한 뒤 화면의 안쪽으로 들어간 정도로 깊이를 생각해서 3차원을 이해할 수도 있다.

물리학에서는 보편적으로 시간을 포함해 4차원으로 생각한다. 객체는 3차원 공간의 특정 위치에 존재하지만, 이벤트는 특정한 시점의 3차원 공간에서 일어난다. 데이터 과학 문제에서 데이터셋은 일반적으로 매우 많은 차원으로 이루어진다. 예를 들어 어떤 웹 사이트를 찾아간 사용자는 사용 패턴을 설명하는 수백 개의 측정 가능한 속성을 얻을 수 있다. 그래픽스, 물리학, 데이터 분석에서 이러한 문제와 맞서 싸우려면 고차원에서 데이터를 다루는 프레임워크가 필요하다. 이 프레임워크를 **벡터 수학**(vector mathematics)이라 한다.

벡터는 고차원 공간에 존재하는 객체이다. (덧셈, 곱셈 등의) 산술에 대해 자체적인 개념(notion)을 따로 갖고 있다. 시각화하기도 쉽고 계산하기도 쉬운 2차원 벡터부터 학습해보자. 이 책에서 수많은 2차원 벡터를 사용하며, 고차원 문제에서 추론할 때 일종의 멘탈 모델로 사용할 것이다.

2.1 2차원 벡터 그리기

2차원 세계는 종이나 컴퓨터 화면처럼 평평하다. 수학에서 평평한 2차원 공간은 **평면**(plane)이라 한다. 2차원 공간에 있는 객체는 높이와 너비의 두 차원을 갖지만 깊이에 대한 3차원은 없다. 마찬가지로, 2차원 상의 위치를 수직 위치와 수평 위치라는 두 가지 정보로 묘사할 수 있다. 평면에서 점의 위치를 묘사하려면 참조점이 필요하다. 이러한 특별한 참조점을 **원점**(origin)이라고 한다. [그림 2.1]은 이 관계를 보여준다.

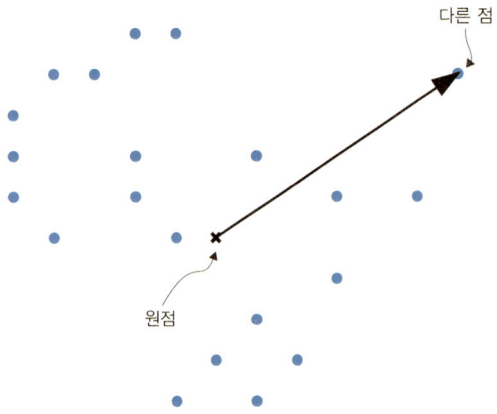

그림 2.1 평면에서 한 점의 위치를 원점에 상대적으로 파악하기

[그림 2.1]에 있는 여러 점 중 하나를 원점으로 고정해야 한다. 원점과 다른 점을 구분하기 위해, [그림 2.1]처럼 원점에다가 점이 아닌 ✖를 표기하겠다. 원점에서 다른 점의 상대적인 위치를 나타내기 위해 [그림 2.1]처럼 화살표를 그릴 수 있다.

2차원 벡터(two-dimensional vector)는 원점에 상대적인, 평면 상의 점이다. 원점에 상대적이라는 점에서 벡터를 평면 상의 곧은 화살표와 동등하다고 생각할 수 있다. [그림 2.2]처럼 어느 화살표도 원점에서 시작하도록 놓을 수 있으며, 이때 특정 점을 가리킨다.

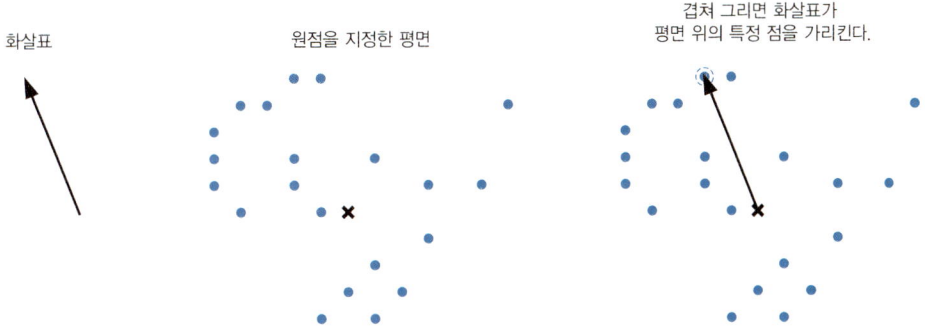

그림 2.2 평면에 화살표를 겹쳐 그려서 원점에 상대적인 점을 나타내기

앞으로 벡터를 나타낼 때 화살표와 점을 모두 사용할 것이다. 벡터로 흥미로운 그림을 만들어 낼 수 있다는 사실에서, 점을 유용하게 사용할 수 있다. [그림 2.2]의 점을 연결하면 [그림 2.3]과 같이 공룡 그림이 된다.

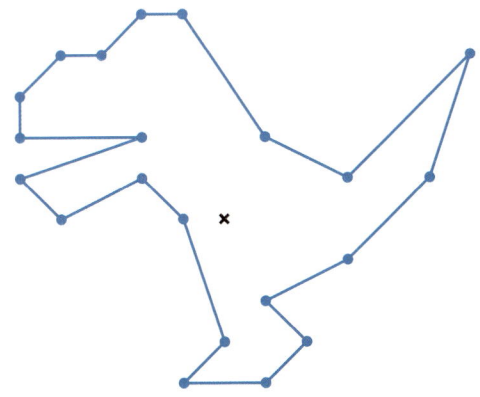

그림 2.3 평면 상의 점을 연결하여 모양 그리기

수수한 공룡 그림부터 픽사의 장편 애니메이션까지, 컴퓨터에서 표현되는 2차원 또는 3차원 이미지들은 원하는 모양을 나타내고자 연결된 점들(또는 벡터들)로 이루어진다. 원하는 그림을 그리기 위해서 적절한 위치에 있는 벡터를 선택해야 하며, 이는 세심하게 측정해야 한다. 평면 상에서 벡터를 측정하는 법을 살펴보자.

2.1.1 2차원 벡터 표현하기

길이를 재는 자를 이용하면 물체의 길이와 같은 1차원을 측정할 수 있다. 2차원을 측정하려면 자가 2개 필요하다. 이 자를 **축**(axis, 복수로는 axes)이라 하며, 원점을 지나며 서로 수직인 두 축을 평면 위에 놓는다. [그림 2.4]처럼 두 축을 그려 넣으면 공룡에서 상하좌우라는 관념을 가질 수 있게 된다. 수평축을 x**축**(x-axis)이라고 하며, 수직축을 y**축**(y-axis)이라 한다.

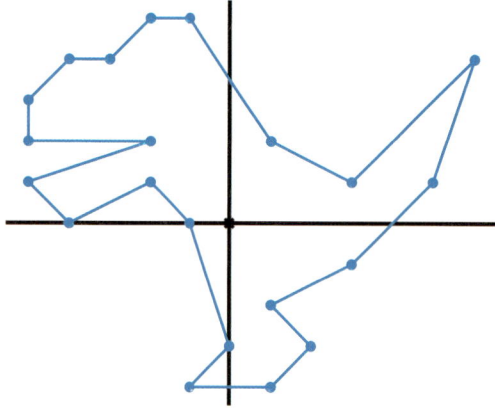

그림 2.4 x축과 y축이 그려진 공룡

축이 맞춰졌으니 "점 4개가 원점의 오른쪽 위에 있다."라고 말할 수 있다. 이를 정량적으로 표현할 수 있다면 좋을 것이다. 일상에서 쓰는 자에는 측정 대상이 단위를 기준으로 길이가 얼마나 되는지를 보여주는 표식이 있다. 마찬가지로 2차원 그림에서 축과 수직인 그리드(grid, 격자선)를 추가로 표기해서 선을 기준으로 점의 위치를 상대적으로 나타낼 수 있다. 관례상 x축과 y축 모두에서 원점 위치는 0으로 표기한다. [그림 2.5]를 확인하자.

이 그리드를 이용하여 평면 상의 벡터를 측정할 수 있다. [그림 2.5]에서는 공룡의 꼬리는

x축 상에서 +6에 위치해 있으며, y축 상에서 +4에 위치해 있다. 이 거리를 센티미터, 인치, 픽셀 혹은 다른 길이를 나타내는 단위로 나타낼 수도 있지만, 특정한 애플리케이션을 염두에 두지 않는 이상 단위는 보통 표기하지 않는다.[2]

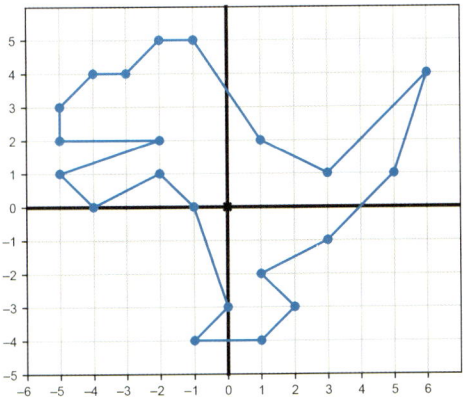

그림 2.5 축에서 상대적인 점의 위치 측정을 보조하는 격자선

두 수 6과 4를 점의 **x좌표**(x-coordinate)와 **y좌표**(y-coordinate)라고 하며, 두 수는 우리가 말하려는 점임을 정확히 알려준다. 보통 $(6, 4)$처럼 x좌표를 첫 번째에, y좌표를 두 번째에 배치한 **순서쌍**(ordered pair) 또는 **튜플**(tuple)로 좌표를 기재한다. 이제 동일한 벡터를 [그림 2.6]처럼 3가지 방법으로 나타낼 수 있다.

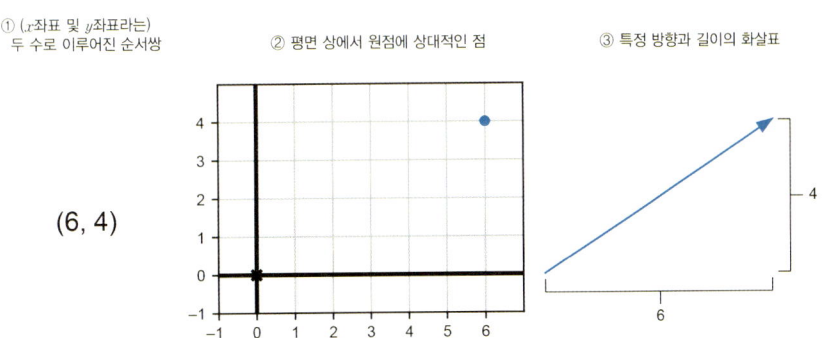

그림 2.6 같은 벡터를 묘사하는 3가지 멘탈 모델

---

[2] (옮긴이) 예를 들어 IKEA에서 만든 AR 애플리케이션은 스마트폰 카메라를 이용하여 내 방에 가구를 가상으로 배치해볼 수 있는데, 이 애플리케이션에서는 단위 설정이 매우 중요하다.

$(-3, 4.5)$와 같은 순서쌍 좌표로부터 평면 상의 점이나 화살표를 찾을 수 있다. $(-3, 4.5)$의 x좌표가 -3이므로 원점에서 시작해서 왼쪽으로 3개의 격자선을 지나고, y좌표가 4.5이므로 4개의 격자선과 격자선의 절반만큼 위쪽으로 올라간다. 이 점은 격자선이 교차하는 위치에 있는 건 아니지만 괜찮다. 실수로 이루어진 모든 순서쌍은 평면 상의 점을 알려주기 때문이다. 대응하는 화살표는 원점에서 해당 위치로 직선 경로이며 왼쪽 위(북서쪽)를 가리킨다. 연습 차원에서 스스로 이 예제를 그려보기 바란다!

2.1.2 파이썬에서 2차원 그림 그리기

스크린에 이미지가 나타난다면 2차원 공간에서 작업하고 있는 것이다. 스크린을 이루는 점인 픽셀은 평면 그림을 그릴 때 활용 가능하다. 이 점들은 실수 좌표가 아니라 정수 좌표로 표기되므로, 픽셀 사이의 공간이 빛을 발하게 할 수는 없다. 다시 말해, 대다수의 그래픽 라이브러리가 부동소수점 좌표를 허용하지만 자동으로 처리해 스크린 상의 픽셀로 변환한다.

그래픽스를 작성하고 스크린에 나타낼 때 OpenGL, CSS, SVG 등의 라이브러리와 다양한 언어를 선택할 수 있다. 파이썬에는 벡터 데이터로 그림을 만들어내기에 Pillow와 Turtle 같이 잘 준비된 라이브러리가 있다. 이 장에서는 Matplotlib이라는 파이썬 라이브러리 위에서 직접 만든 함수 집합을 사용해 그림을 그려보고자 한다. 그러면 파이썬을 사용해 벡터 데이터로 이미지를 만드는 데에만 집중할 수 있다. 이 과정을 이해하면, 다른 라이브러리를 선택하는 것도 쉽게 가능할 것이다.

가장 중요한 함수는 draw로, 나타내려는 기하 객체(geometric object)와 그 그림이 어떻게 보일지를 명시한 키워드 인자(keyword argument)를 입력으로 받는다. [표 2.1]에 나열된 파이썬 클래스는 그릴 수 있는 기하 객체의 종류를 보여준다.

표 2.1 draw 함수와 같이 쓸 수 있는, 기하학적 도형을 나타내는 파이썬 클래스

클래스	생성자 예시	설명
Polygon	Polygon(*vectors)	꼭짓점(모서리)들이 벡터 리스트로 주어진 다각형(polygon)을 그린다.
Points	Points(*vectors)	리스트로 주어진 각 입력 벡터가 한 점이 되도록 그린다.
Arrow	Arrow(tip) Arrow(tip,tail)	원점에서 tip 벡터로 향하는 화살표를 그리되, 꼬리(tail)를 명시한 경우 tail 벡터에서 tip 벡터로 화살표를 그린다.
Segment	Segment(start,end)	벡터 start에서 시작해 벡터 end까지 이어지는 선분을 그린다.

소스 코드 중 vector_drawing.py 파일에서 이 함수들이 구현되어 있음을 알 수 있다. 이 장 끝에, 어떻게 구현되어 있는지를 더 설명하겠다.

> **참고_** 소스 코드 폴더에서 이 장에 해당하는 주피터 노트북(Jupyter Notebook)을 찾을 수 있으며, 이 장의 모든 코드를 (순서대로)[3] 실행하는 법을 보여준다. 특히 이 장에서는 **vector_drawing** 모듈에서 함수를 가져오는(import) 방법을 포함한다. 아직 하지 않았다면 [부록 A]를 참고해 파이썬과 주피터 노트북을 설치할 수 있다.

draw 함수를 가지고 [그림 2.5]처럼 공룡의 외양을 나타내는 점을 그릴 수 있다.

```
from vector_drawing import *
    dino_vectors = [(6,4), (3,1), (1,2), (-1,5), (-2,5), (-3,4), (-4,4),
    # 나머지 16개의 벡터를 여기에 삽입한다
]

draw(
    Points(*dino_vectors)
)
```

여기에 리스트 **dino_vectors**를 다 쓰지 않았지만, 해당하는 벡터를 리스트에 적절히 기재하면 [그림 2.7]과 같은 점들을 보여줄 것이다(물론 [그림 2.5]와도 맞아떨어진다).

---

3 (옮긴이) 책에는 코드가 일부만 제시되어 있으므로, 주피터 노트북에서 특정 코드를 실행할 때에는 해당 파일의 첫 코드부터 특정 코드까지 모두 실행해야 한다.

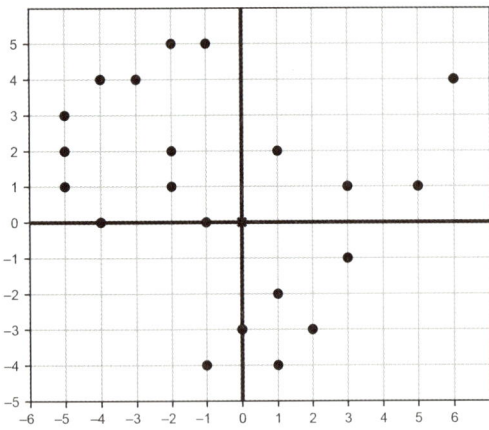

그림 2.7 파이썬에서 draw 함수를 사용해 공룡 그림의 점들을 플로팅(plotting)하기

그림 그리기의 다음 단계로 점들을 연결할 수 있다. 공룡 꼬리 부분의 점 $(6,4)$와 점 $(3,1)$을 연결해보겠다. 다음 함수 호출을 통해 새 선분 위의 점들을 그릴 수 있으며, [그림 2.8]은 그 결과를 보여준다.

```
draw(
    Points(*dino_vectors),
    Segment((6,4),(3,1))
)
```

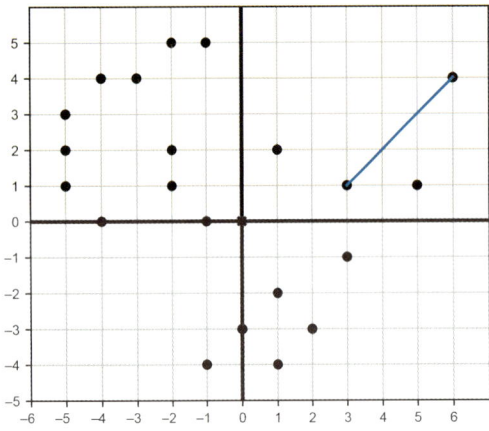

그림 2.8 공룡 그림의 점들과 두 점 $(6,4)$와 $(3,1)$을 연결하는 선분

이 선분은 사실 두 점 $(6,4)$, $(3,1)$을 지나는 직선의 점들 중에 두 점 및 두 점 사이에 있는 점들의 집합이다. draw 함수는 해당 점에 해당하는 픽셀 모두를 푸른색으로 칠한다. 기하학적 객체(여기서는 공룡)를 이루는 모든 점들로 선분을 만들 필요를 없애는 점에서 Segment 클래스는 유용한 추상화에 해당한다. 선분 20개를 더 그리면 [그림 2.9]처럼 공룡의 윤곽선이 완성된다.

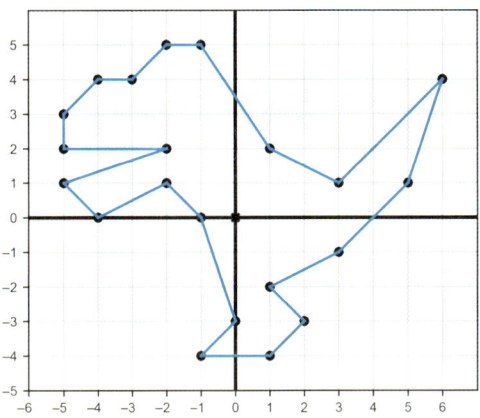

그림 2.9 함수를 21번 호출해서 얻은 21개의 선분으로 완성한 공룡의 윤곽선

이제 원하는 어떠한 2차원 모양도 외관을 나타내는 모든 벡터만 있으면 그릴 수 있다. 모든 좌표를 한 땀 한 땀 기재하면 지루하므로, 이제부터는 좌표를 자동적으로 구하는 벡터 계산 방법을 살펴보겠다.

2.1.3 연습문제

연습문제 풀이

연습문제 | 2.1

공룡의 발끝에 해당하는 점의 x좌표와 y좌표를 구하라.

연습문제 | 2.2

평면에 점 $(2,-2)$와 해당 점에 대응하는 화살표를 그려라.

연습문제 | 2.3

공룡의 점 위치를 보고, 리스트 dino_vectors에 포함되지 않은 나머지 벡터를 추론하라. 예를 들어 공룡의 발끝 $(6,4)$는 포함했지만, 공룡의 코 $(-5,3)$은 포함하지 않았다. 추론을 통해 dino_vectors는 좌표의 순서쌍으로 표현된 21개의 벡터를 가진 리스트가 되어야 한다.

연습문제 | 2.4

dino_vectors를 꼭짓점으로 해서 Polygon 객체를 생성하고 점들을 연결해서 공룡을 그려라.

연습문제 | 2.5

draw 함수를 사용해 $x=-10$ 이상 $x=11$ 미만의 범위의 정수 x에 대해 벡터 (x,x**2)가 나타내는 점을 그려라. 그 결과는 어떤가?

2.2 평면벡터 산술

실수나 복소수에서 사칙연산이라는 산술(arithmetic), 즉 수에 대한 계산법을 생각할 수 있듯이, 벡터도 사칙연산까진 아니지만 자체적인 벡터 산술을 생각할 수 있다. 여러 벡터를 연산으로 결합해 새로운 벡터를 만들 수 있다. 벡터를 사용하면 결과를 시각화할 수 있다는 차이가 있다. 이 책에서 다루는 기본 벡터 연산은 모두 대수적인 변환과 더불어 유용한 기하학적 변환을 한다. 가장 기본 연산인 **벡터 덧셈**(vector addition)부터 시작하자.

벡터 덧셈은 계산하기 쉽다. 두 입력 벡터가 주어지면 x좌표끼리 더해 x좌표를 구하고, y좌표끼리 더해 y좌표를 구한다. 좌표끼리 더해 새 벡터를 만드는 이 방법은 **벡터합**(vector sum)이라 한다. 예를 들어 $(4,3)+(-1,1)=(3,4)$는 $4+(-1)=3$이고 $3+1=4$이기 때문에 얻는다. 파이썬에서 벡터합은 다음과 같이 한 줄로 작성할 수 있다.

```
def add(v1,v2):
    return (v1[0] + v2[0], v1[1] + v2[1])
```

벡터는 평면 상의 화살표나 점으로 해석할 수 있으므로, [그림 2.10]처럼 두 방법으로 덧셈 결과를 시각화할 수 있다. 평면 상의 점인 $(-1,1)$은 원점 $(0,0)$에서 시작해 왼쪽으로 한 칸(unit), 위쪽으로 한 칸 이동한 것이다. 벡터합은 원점 대신 점 $(4,3)$에서 시작해 왼쪽으로 한 칸, 위쪽으로 한 칸 이동한다고 설명할 수 있다. 원점에서 시작하는 두 화살표 중 하나를 따라간 뒤 나머지 화살표를 따라가서 도착하는 것으로도 설명할 수 있다.

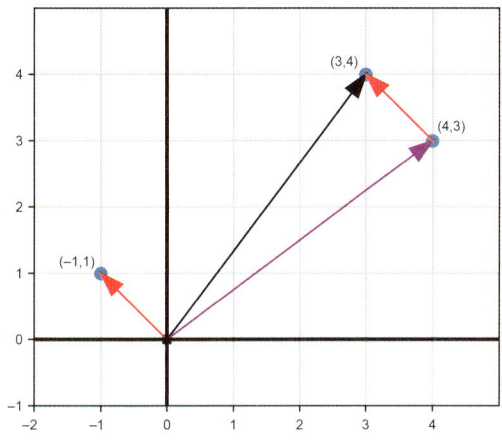

그림 2.10 $(4,3)$과 $(-1,1)$의 벡터합

화살표로 살펴본 벡터합 규칙은 때로는 **삼각형법**(tip-to-tail)을 사용한 덧셈이라 한다. 첫 번째 화살표의 머리로 두 번째 화살표의 꼬리를 (벡터의 길이나 방향은 바꾸지 않고) 이동하면, 첫 번째 화살표의 시작점에서 두 번째 화살표의 끝점으로 가는 화살표가 바로 두 벡터의 벡터합이다. 이때 [그림 2.11]처럼 세 개의 화살표가 서로 삼각형을 이룬다.

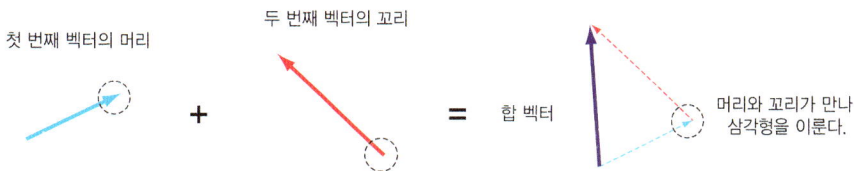

그림 2.11 삼각형법을 사용한 벡터의 덧셈

화살표는 사실 '특정 방향으로 특정 거리만큼'을 의미하는 기호일 뿐이다. 따라서 [그림 2.12]처럼 한 방향으로 특정 거리만큼 걸어가고(첫 번째 벡터), 다른 방향으로 다른 특정 거리만큼 걸어갈 때(두 번째 벡터), 벡터합은 걸음의 알짜 거리[4]와 방향을 알려준다.

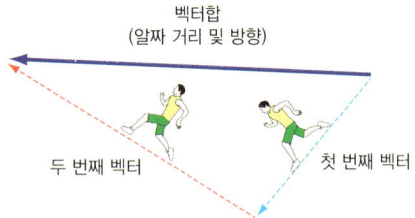

그림 2.12 평면 상에서 알짜 거리와 방향으로 이해하는 벡터합

벡터합은 기존 점 또는 점의 집합을 이동, 즉 **평행이동**(translation)하는 효과가 있다. 벡터 $(-1.5, -2.5)$를 dino_vectors의 모든 벡터에 더하면 새로운 벡터 리스트를 얻게 되는데, 리스트의 각 벡터는 원래 벡터에서 왼쪽으로 1.5칸, 아래쪽으로 2.5칸 내려간 상태다. 이를 수행하는 코드는 다음과 같다.

```
dino_vectors2 = [add((-1.5,-2.5), v) for v in dino_vectors]
```

이 코드의 결과는 벡터 $(-1.5, -2.5)$에 의해 아래쪽과 왼쪽으로 이동한 도형으로, 모양은 같은 공룡이다. 다음 코드를 입력해 두 공룡을 다각형으로 그려보자.

```
draw(
    Points(*dino_vectors, color=blue),
    Polygon(*dino_vectors, color=blue),
    Points(*dino_vectors2, color=red),
    Polygon(*dino_vectors2, color=red)
)
```

---

4 (옮긴이) 중학교 과학 시간에 배운 알짜힘(net force)을 떠올리면 이해하기 편하다.

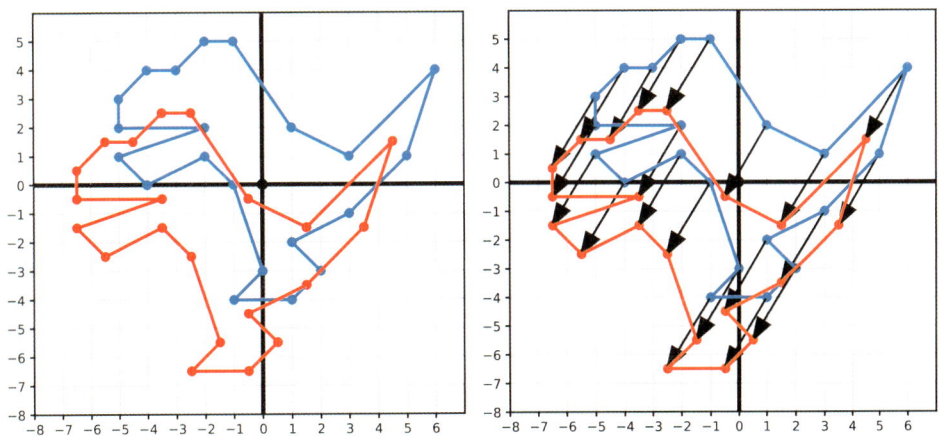

그림 2.13 원래 공룡(파란색)과 평행이동한 공룡(빨간색). 평행이동한 공룡의 각 점은 원래 공룡의 위치에서 아래쪽과 왼쪽으로 각각 $(-1.5, -2.5)$만큼 이동한다.

[그림 2.13]의 오른쪽 그림은 왼쪽 그림을 복사해 각 꼭짓점별로 화살표를 그렸는데, 각 점이 같은 벡터 $(-1.5, -2.5)$에 의해 아래쪽과 왼쪽으로 이동했음을 보여준다. 이와 같은 평행이동은 꽤 유용하다. 예를 들어 2차원 컴퓨터 게임에서 공룡을 움직이는 캐릭터로 만들고 싶다고 하자. 플레이어가 누른 버튼에 따라 공룡은 스크린 상의 대응하는 위치로 평행이동할 것이다. 7장과 9장에서 벡터 그래픽스를 움직이게 해서 이 같은 게임을 만들어볼 것이다.

2.2.1 벡터의 성분과 길이

가끔은 하나의 벡터를 작은 벡터들의 합으로 분해하면 유용할 때가 있다. 예를 들어 뉴욕시에서 도보로 가는 길을 물을 때, "북동쪽으로 800미터 가세요."보다는 "동쪽으로 4블록 가서 북쪽으로 3블록 가세요."라는 답변을 듣는 게 더 낫다. 마찬가지로 벡터를 x축 방향을 향하는 벡터와 y축 방향을 향하는 벡터의 합으로 생각하는 게 나을 수 있다.

[그림 2.14]는 벡터 $(4, 3)$을 합 $(4, 0) + (0, 3)$으로 다시 나타냈다. 벡터 $(4, 3)$을 평면 상의 내비게이션(navigation) 경로로 보면, 합 $(4, 0) + (0, 3)$은 다른 경로를 통해 같은 점에 도달한다.

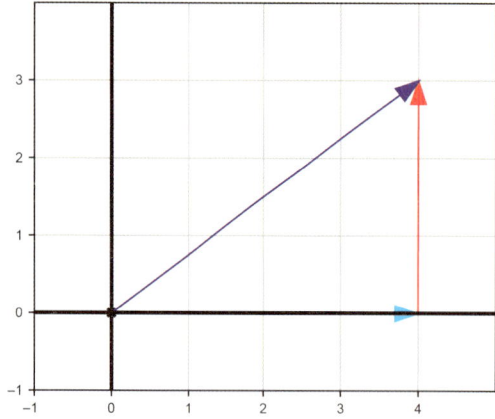

그림 2.14 벡터 $(4,3)$을 합 $(4,0)+(0,3)$으로 쪼개기

이때 두 벡터 $(4,0)$과 $(0,3)$을 각각 **x 성분**(x component), **y 성분**(y component)이라고 한다. (뉴욕시 예시처럼) 평면 위를 대각선으로 걸어갈 수 없다면 같은 목적지에 도착하기 위해 오른쪽으로 4단위만큼 걸은 다음, 위쪽으로 3단위만큼 걸어서 총 7단위만큼 걸어가야 한다.

벡터의 **길이**(length)는 벡터를 나타내는 화살표의 길이이며, 원점에서 벡터를 나타내는 점까지의 거리와 동등하다. 뉴욕시 예시에서, 두 교차점을 '일직선으로 가로지르는' 거리라고 할 수 있다. x방향 또는 y방향을 따르는 벡터의 길이는 대응하는 축을 따라 지나온 눈금의 수로 바로 잴 수 있다. 벡터 $(4,0)$이나 벡터 $(0,4)$는 모두 방향은 다르지만 길이는 4로 같다. 하지만 벡터는 대각선으로도 놓일 수 있으므로, 그러한 벡터의 길이도 계산해 구할 수 있어야 한다.

관련된 공식은 바로 **피타고라스 정리**(Pythagorean theorem)이다. 피타고라스 정리는 직각삼각형[5]에서 가장 긴 변의 길이의 제곱은 나머지 두 변의 길이의 제곱의 합임을 의미한다. 이 가장 긴 변을 **빗변**(hypotenuse)이라고 하며, c로 표기하면 익숙한 공식인 $a^2 + b^2 = c^2$이 나온다. 여기서 a와 b는 다른 두 변의 길이이다. $a = 4$와 $b = 3$이면, c는 $4^2 + 3^2$의 양의 제곱근이다. [그림 2.15]에서 쉽게 확인할 수 있다.

---

5 직각삼각형은 두 변이 $90°$인 각을 이루며 만나는 삼각형이다.

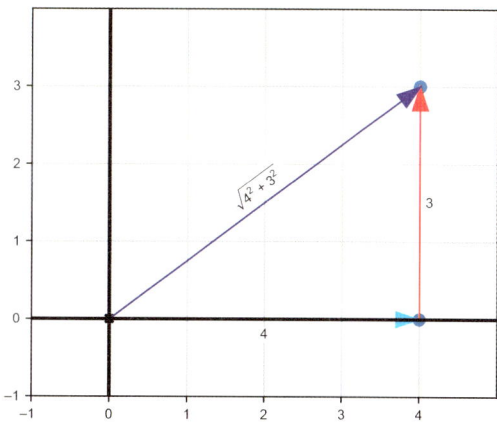

그림 2.15 x성분과 y성분의 길이로 벡터의 길이를 구하고자 피타고라스 정리를 사용하기

벡터를 성분으로 쪼개는 것은 간단한데, 대응하는 직각삼각형을 언제나 찾을 수 있기 때문이다. 각 성분의 길이를 알면 빗변의 길이를 구할 수 있으며, 이것이 바로 벡터의 길이이다. 벡터 $(4,3)$은 $(4,0)+(0,3)$과 같고, 이는 길이가 각각 4와 3인 직각삼각형의 변에 해당하는 서로 수직인 벡터의 합이다. 벡터 $(4,3)$의 길이는 4^2+3^2의 양의 제곱근이며, 제곱근 25인 5이다. 각 블록이 정사각형인 도시에서 동쪽으로 4블록, 북쪽으로 3블록 움직이면 북동쪽으로 5블록을 간 것과 같다.

이처럼 거리가 정수가 되는 경우는 특수하다. 피타고라스 정리의 결과는 보통 정수가 아니다. 벡터 $(-3,7)$의 길이는 각 성분의 길이인 3과 7에 대한 식으로 구할 수 있다.

$$\sqrt{3^2+7^2} = \sqrt{9+49} = \sqrt{58} = 7.61577...$$

파이썬에서는 이 공식을 변환해 `length` 함수를 만들 수 있는데, 2차원 벡터를 입력으로 받아서 부동소수점 길이를 리턴한다.

```
from math import sqrt
def length(v):
    return sqrt(v[0]**2 + v[1]**2)
```

2.2.2 벡터에 수 곱하기

벡터를 반복해서 더하는 것은 간단하다. 삼각형법에 따라 필요한 만큼 머리와 꼬리가 만나도록 계속 연결하면 되기 때문이다. 벡터 v의 좌표가 (2,1)이면 5개를 더한 벡터합 v + v + v + v + v는 [그림 2.16]과 같을 것이다.

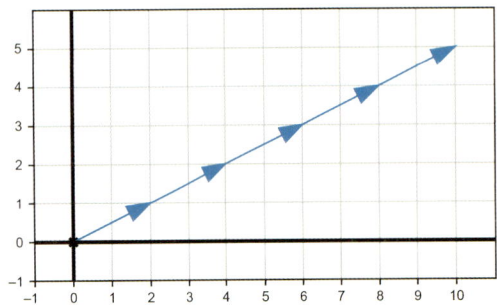

그림 2.16 벡터 v = (2,1)을 반복해서 자기 자신과 덧셈

v가 수라면 성가시게 v + v + v + v + v라고 쓰지 않고 간단히 곱 5 · v라고 썼을 것이다. 벡터라고 안 될 이유는 없으니 그렇게 쓰기로 하자. 이때, v를 5개 더한 결과는 같은 방향을 갖는 벡터이지만 길이는 5배 길다. 이 정의를 따라 벡터에 정수 또는 분수를 곱해보자.

벡터에 수를 곱하는 연산을 **스칼라곱**(scalar multiplication)이라 한다. 벡터를 다룰 때, 수는 종종 **스칼라**(scalar)라고 부른다. 이 연산은 대상 벡터를 주어진 배율(factor)만큼 **확대**(scaling)하는 효과가 있기 때문이다. 스칼라가 정수인지 아닌지는 중요하지 않다. 예를 들어 다른 벡터에 비해 길이가 2.5배인 벡터를 그리면 [그림 2.17]과 같다.

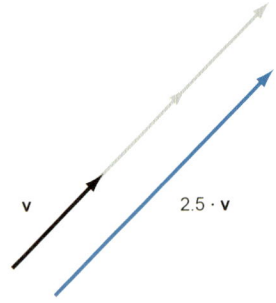

그림 2.17 벡터 v에 2.5를 스칼라곱한 벡터

벡터의 성분 측면에서 결과를 보면, 각 성분이 같은 배율로 확대되었다. 따라서 스칼라곱은 벡터와 그 성분으로 만들어진 직각삼각형의 크기를 변화시키되, 가로세로비(aspect ratio)는 유지해서 그릴 수 있다. [그림 2.18]은 벡터 v와 이에 대한 스칼라곱 1.5 · v를 겹쳐 그린 것인데, 스칼라곱은 원래 벡터 길이의 1.5배이다. 각 성분도 원래 v의 성분에 비해 그 길이가 1.5배 늘었다.

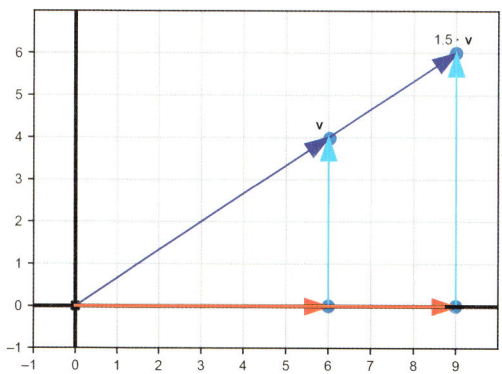

그림 2.18 두 성분을 같은 배율로 확대하는 벡터의 스칼라곱

좌표 측면에서 벡터 $v = (6,4)$에 1.5배 한 스칼라곱은 새로운 벡터 $(9,6)$이다. 각 성분은 원래 값 대비 1.5배이다. 계산 측면에서 살펴보면 벡터의 각 좌표에 스칼라를 곱해서 벡터에 대해 어떤 스칼라곱이라도 수행할 수 있다. 두 번째 예제로 벡터 $w = (1.2, -3.1)$를 6.5배 확대하려면 다음과 같이 하면 된다.

$$6.5 \cdot w = 6.5 \cdot (1.2, -3.1) = (6.5 \cdot 1.2, 6.5 \cdot (-3.1)) = (7.8, -20.15)$$

스칼라를 양수라 두고 연습했으니, 음수인 경우도 살펴봐야 한다. 벡터 $(6,4)$에 $-1/2$배를 한 것은 무엇일까? 좌표별로 곱해보면 $(-3,-2)$가 답이다. [그림 2.19]는 이 벡터가 처음 벡터의 절반 길이이고 정반대 방향을 가리키고 있음을 보여준다.

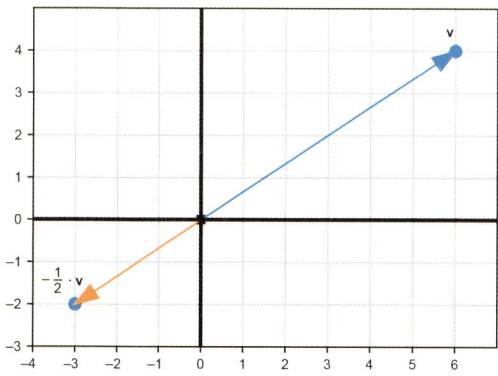

그림 2.19 음수 $-1/2$을 스칼라곱한 벡터

지금까지 벡터합과 스칼라곱이라는 두 연산을 배웠는데, 두 연산이 섞여 있으면 어느 연산을 먼저 할지에 대해 고민이 들 수 있다. 다행히, 두 연산의 우선순위는 수에 대응하는 두 연산의 우선순위와 동일하다. 괄호를 통해 명시하지 않는 한 스칼라곱을 먼저 수행한 뒤에 벡터합을 수행하면 된다.

2.2.3 뺄셈, 변위, 거리

스칼라곱은 우리가 이미 알고 있는 수의 곱에 대한 직관과 일치한다. 어떤 수의 정수배는 어떤 수를 반복해 더한 것과 같으며, 벡터에서도 이 성질이 성립한다. 비슷한 논증을 음의 부호를 갖는 벡터와 벡터 뺄셈에 대해서도 할 수 있다.

벡터 $\mathbf{v}$가 주어지면 그 **역벡터**(opposite vector) $-\mathbf{v}$는 스칼라곱 $-1 \cdot \mathbf{v}$와 같다. $\mathbf{v}$가 $(-4, 3)$이면, 역벡터 $-\mathbf{v}$는 [그림 2.20]에서 볼 수 있듯이 $(4, -3)$이다. 이 결과는 각 좌표에 -1을 곱해(각 좌표의 부호를 바꾸어) 얻을 수 있다.

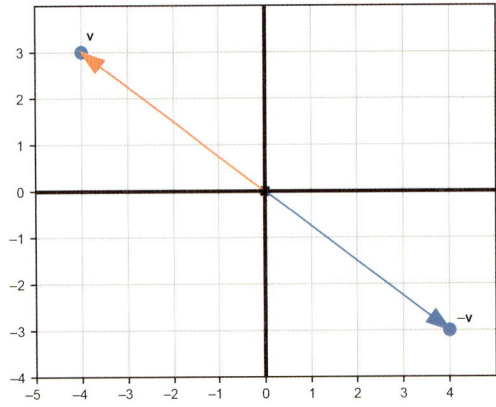

그림 2.20 벡터 $\mathbf{v} = (-4, 3)$와 역벡터 $-\mathbf{v} = (4, -3)$

수직선에는 0에서 시작하는 두 방향인 양의 방향과 음의 방향만 있다. 반면, 평면에는 원점에서 시작하는 (무수히) 많은 방향이 있다. 따라서 $\mathbf{v}$나 $-\mathbf{v}$ 중 하나를 양의 방향으로 하고 다른 하나를 음의 방향이라고 말하지 않는다. 임의의 벡터 $\mathbf{v}$에 대해 역벡터 $-\mathbf{v}$는 길이는 같지만, 방향만 반대일 뿐이다.

벡터를 뒤집는다고 생각할 수 있게 되었으니, **벡터 뺄셈**(vector subtraction)을 정의해보자.

수에서는 $x - y = x + (-y)$이다. 벡터에도 동일한 관례를 설정하기로 한다. 벡터 v 에서 벡터 w 를 빼려면, 벡터 v 에 벡터 $-$ w 를 더한다. 두 벡터 v 와 w 를 점이라고 하면 v $-$ w 는 w 를 기준으로 상대적인 v 의 위치이다. v 와 w 를 원점에서 시작하는 화살표라고 하면 [그림 2.21]은 v $-$ w 가 w 의 머리에서 v 의 머리로 가는 화살표임을 나타낸다.

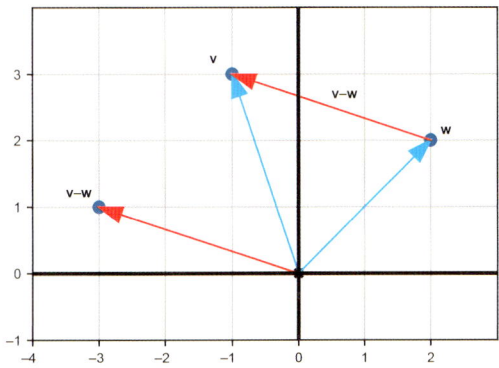

그림 2.21 w 에서 v 까지의 벡터를 주는 뺄셈 v $-$ w

v $-$ w 의 좌표는 v 와 w 의 좌표 간 차이다. [그림 2.21]에서는 $v = (-1, 3)$이고 $w = (2, 2)$이다. 뺄셈 v $-$ w 의 좌표는 $(-1-2, 3-2) = (-3, 1)$이다.

두 벡터 $v = (-1, 3)$과 $w = (2, 2)$의 차를 다시 살펴보자. draw 함수를 사용해서 두 점 v 와 w 를 플로팅하고 두 점 간의 선분을 그릴 수 있다. 코드는 다음과 같다.

```
draw(
    Points((2,2), (-1,3)),
    Segment((2,2), (-1,3), color=red)
)
```

두 벡터의 뺄셈 v $-$ w $= (-3, 1)$은 점 w 에서 시작해서 v 에 도착하려면 왼쪽으로 3단위 이동하고 위쪽으로 1단위 이동할 필요가 있음을 뜻한다. 이러한 벡터를 w 에서 v 로의 **변위**(displacement)라고 부른다. 파이썬 코드로 그린 [그림 2.22]에서 w 에서 v 로의 빨간색 선분은 두 점 사이의 **거리**(distance)를 나타낸다.

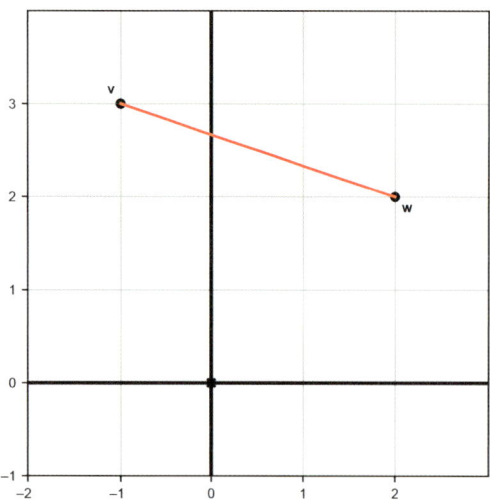

그림 2.22 평면에서 두 점 사이의 거리

선분의 길이는 피타고라스 정리에 의해 다음과 같이 계산한다.

$$\sqrt{(-3)^2 + 1^2} = \sqrt{9+1} = \sqrt{10} = 3.162...$$

변위는 벡터이고, 거리는 스칼라(하나의 수)다. 거리 그 자체는 w에서 v로 가는 법을 명시하기에 충분하지 않다. w에서 v까지의 거리와 같은 거리에 위치해 있는 수많은 점들이 있기 때문이다. [그림 2.23]은 그 점들 중 정수 좌표인 점들 몇 개를 보여준다.

벡터의 길이는 벡터를 묘사하기에 충분치 않으며, 벡터 간 거리 또한 한 벡터에서 다른 벡터로 가기 위한 충분한 정보를 주지 않는다. 두 경우 모두 빠진 재료는 **방향**(direction)이다. 벡터의 길이와 방향을 안

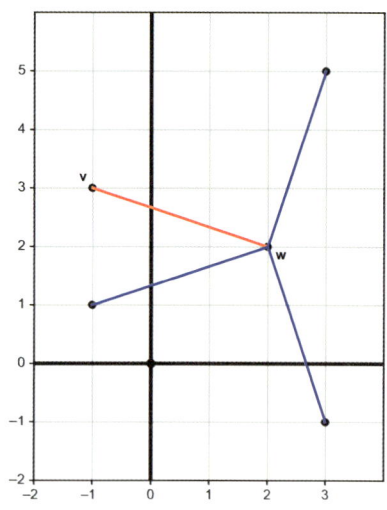

그림 2.23 w = (2,2)에서 같은 거리에 떨어져 있는 점들

다면, 벡터를 식별하고 그 좌표를 구할 수 있다. 대개 삼각비와 관련되어 있으며 다음 절에서 이 주제를 복기할 것이다.

2.2.4 연습문제

연습문제 풀이

연습문제 | 2.6

세 벡터가 $u = (-2, 0)$, $v = (1.5, 1.5)$, $w = (4, 1)$일 때, $u+v$, $v+w$, $u+w$, $u+v+w$ 의 결과를 구하라.

연습문제 | 2.7　미니 프로젝트

여러 개의 벡터를 모두 더할 때, 각 벡터의 **모든** x좌표와 각 벡터의 모든 y좌표를 더하면 된다. 예를 들어 4개의 벡터에 대한 벡터합 $(1,2)+(2,4)+(3,6)+(4,8)$의 x성분은 $1+2+3+4=10$이고 y성분은 $2+4+6+8=20$이므로 결과는 $(10,20)$이다. 임의 개수의 벡터가 인자로 주어질 수 있는 개선된 add 함수를 구현하라.

연습문제 | 2.8

평행이동을 나타내는 벡터 translation과 입력 벡터 리스트 vector를 입력으로 받고, translation에 의해 평행이동된 입력 벡터 리스트를 리턴하는 함수 translate(translation, vectors)를 작성하라. 예를 들어 translate((1,1), [(0,0), (0,1), (-3,-3)])은 [(1,1),(1,2),(-2,-2)]를 리턴한다.

연습문제 | 2.9　미니 프로젝트

임의의 두 벡터 u, v에 대한 벡터합 $u+v$는 $v+u$와 같은 결과가 나온다. 좌표에 대한 벡터합의 정의를 이용해 이 문장이 참인 이유를 설명하라. 또한, 기하학적으로 이 문장이 참인 이유를 설명하는 그림을 그려라.

연습문제 | 2.10

다음 세 벡터 u, v, w 중에서 어떤 두 벡터를 선택해야 그 합이 **가장 긴** 화살표가 되는지 설명하라. 또한 어떤 두 벡터를 선택해야 그 합이 **가장 짧은** 화살표가 되는지 설명하라. 어떤 조합으로 더해야 가장 긴 화살표 또는 가장 짧은 화살표가 되는가?

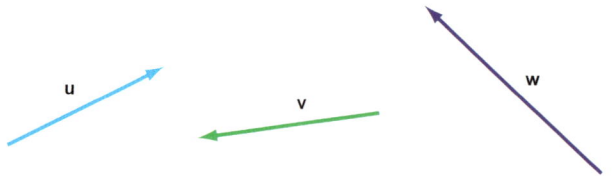

연습문제 | 2.11   미니 프로젝트

공룡을 겹치지 않도록 동시에 100개 출력하고자 한다. 벡터합을 사용하는 파이썬 함수를 작성하라. 2,100개의 좌표 순서쌍을 하나하나 명시하는 게 얼마나 지루한 작업인지 상상해보면 컴퓨터 그래픽스의 강력함을 살펴볼 수 있다.

연습문제 | 2.12

$(3,-2)+(1,1)+(-2,-2)$의 x성분과 y성분 중 어느 것이 더 긴지 비교하라.

연습문제 | 2.13

두 벡터 $(-6,-6)$과 $(5,-12)$의 성분과 길이를 각각 구하라.

연습문제 | 2.14

벡터 v의 길이가 6이고 x성분이 $(1,0)$이라 하자. v가 될 수 있는 좌표를 모두 나열하라.

연습문제 | 2.15

리스트 dino_vectors에서 길이가 가장 긴 벡터를 구하라. 답을 빨리 계산할 수 있도록 앞에서 작성한 length 함수를 사용하라.

연습문제 | 2.16

벡터 w의 좌표가 $(\sqrt{2}, \sqrt{3})$이라 하자. 이때 스칼라곱 $\pi \cdot \mathbf{w}$의 좌표를 근사적으로 구하라. 원래 벡터와 새로운 벡터의 근사를 그림으로 그려라.

연습문제 | 2.17

입력 벡터 v에 입력 스칼라 s를 곱하는 파이썬 함수 scale(s,v)를 작성하라.

연습문제 | 2.18   미니 프로젝트

대수적으로 좌표에 배수를 곱하면 벡터의 길이도 같은 배수만큼 길어짐을 확인해보자. 길이가 c인 벡터의 좌표가 (a,b)라고 하자. 음수가 아닌 임의의 실수 s에 대해 $(s \cdot a, s \cdot b)$의 길이가 $s \cdot c$이다.[6]

연습문제 | 2.19   미니 프로젝트

$\mathbf{u} = (-1,1)$, $\mathbf{v} = (1,1)$이고, r과 s가 실수라고 하자. 구체적으로 $-3 < r < 3$, $-1 < s < 1$이라고 가정하자. 벡터 $r \cdot \mathbf{u} + s \cdot \mathbf{v}$가 될 수 있는 평면 상의 점들은 어디에 있는지 설명하라.

연습문제 | 2.20

대수적으로 벡터와 그 역벡터가 같은 길이를 가짐을 보여라.

> **힌트** 피타고라스 정리에서 원래 벡터의 좌표와 역벡터의 좌표를 대입해라.

연습문제 | 2.21

화살표로 나타낸 다음 7개의 벡터 중에서 서로 역벡터로 짝을 이루는 것을 골라라.

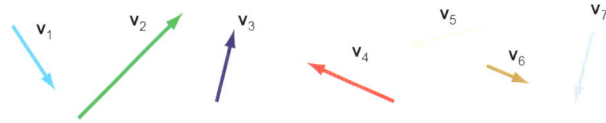

---

6 벡터의 길이는 음수일 수 없으므로 s가 음수일 때는 성립하지 않는다.

연습문제 | 2.22

u가 임의의 2차원 벡터라고 하자. u + (−u)의 좌표를 구하라.

연습문제 | 2.23

벡터 u = (−2,0), v = (1.5,1.5), w = (4,1)에 대해, v − w, u − v, w − v의 결과를 구하라.

연습문제 | 2.24

두 개의 2차원 벡터를 입력으로 받고 2차원 벡터 v1-v2의 결과를 출력으로 리턴하는 파이썬 함수 subtract(v1,v2)를 작성하라.

연습문제 | 2.25

두 입력 벡터 간의 **거리**를 리턴하는 파이썬 함수 distance(v1,v2)를 작성하라.

> **힌트** 앞선 연습문제의 subtract 함수가 **변위**를 이미 주는 점에 주목하라.

벡터 리스트를 인자로 받아서 각 벡터에서 다음 벡터까지의 거리의 합(마지막 벡터에서 첫 벡터까지의 거리 포함)을 리턴하는 다른 파이썬 함수 perimeter(vectors)를 작성하라. dino_vectors가 정의한 공룡의 둘레를 구하라.

연습문제 | 2.26   미니 프로젝트

벡터 (1,−1)을 u라고 하자. 자연수 n, m이 $n > m$을 만족할 때, u에서의 거리가 13이며 좌표가 (n,m)인 다른 벡터 v가 있다고 하자. u에서 v로의 변위를 구하라.

> **힌트** 벡터 v를 찾고자 파이썬을 사용할 수 있다.

2.3 평면의 각과 삼각법

지금까지 (x축과 y축이라는) 두 개의 '자'를 활용해 평면 상의 벡터를 측정했다. 원점에서 시작하는 화살표는 수직 방향과 수평 방향에서의 측정 가능한 변위를 나타내며, 이 값들은 벡터를 유일하게 명시한다. 두 개의 자를 사용하는 대신 자와 각도기만을 사용할 수도 있다. [그림 2.24]처럼 벡터 (4,3)의 길이가 5단위임을 자로 재거나 계산할 수 있으며, 각도기를 사용해 방향을 식별할 수 있다.

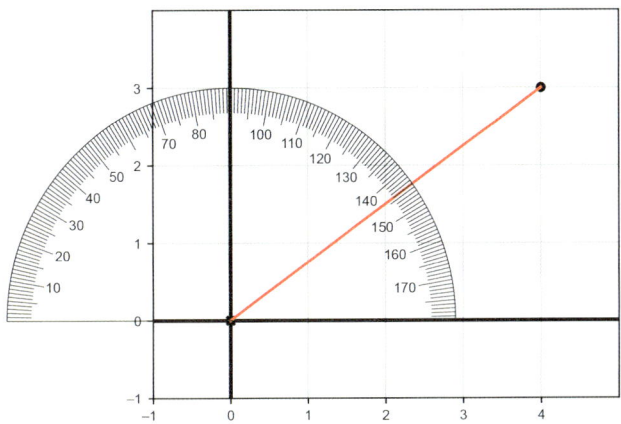

그림 2.24 각도기를 사용해 벡터 점의 각을 측정하기

벡터의 길이는 5단위이며, 방향은 x축의 양의 반직선을 기준으로 반시계방향으로 약 $37°$ 정도를 가리킨다. 이는 $(5, 37°)$라는 새로운 순서쌍을 만드는데, 기존 좌표와 마찬가지로 해당 벡터를 유일하게 명시한다. 이러한 순서쌍을 **극좌표**(polar coordinates)라고 하며, 지금까지 사용한 **데카르트 좌표**(Cartesian coordinates)만큼 평면 상의 점을 묘사할 때 유용하다.

데카르트 좌표가 더 쉬울 때도 있지만 극좌표가 더 유용할 때도 많다. 벡터를 특정한 각만큼 돌려볼 때는 극좌표가 편리하다. 이를 코드로 작성할 때에는 실제 자나 각도기를 갖고 있지 않으므로 삼각함수를 사용해 상호 변환해야 한다.

2.3.1 각으로 성분 구하기

반대로 각과 거리가 있을 때를 생각해보자. 예를 들어 각도 $116.57°$와 거리 3이 주어졌다고 하자. 이 수들은 극좌표 순서쌍 $(3, 116.57°)$를 정의한다. 이때 이 벡터의 데카르트 좌표를 기하학적으로 어떻게 찾는가?

먼저 정확한 방향을 찾기 위해 원점에 각도기를 두자. x축의 양의 방향에서 시작해 반시계방향으로 116.57°를 재서 해당 방향으로 반직선을 그으면 [그림 2.25]와 같다. 벡터 $(3, 116.57°)$은 이 선의 어딘가에 위치한다.

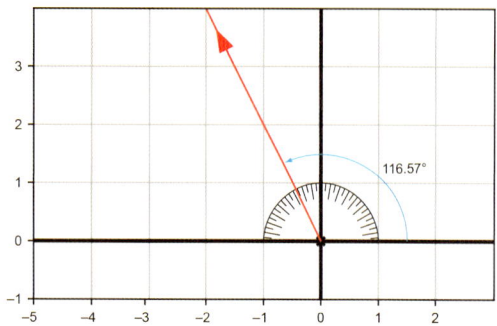

그림 2.25 각도기를 사용해 x축의 양의 방향에서 116.57° 측정하기

다음 단계로 자를 들고 원점에서 시작해 해당 방향으로 3단위의 점을 측정한다. [그림 2.26]과 같이 그 점을 찾으면 각 성분을 측정해 좌표가 대략 $(-1.34, 2.68)$임을 알 수 있다.

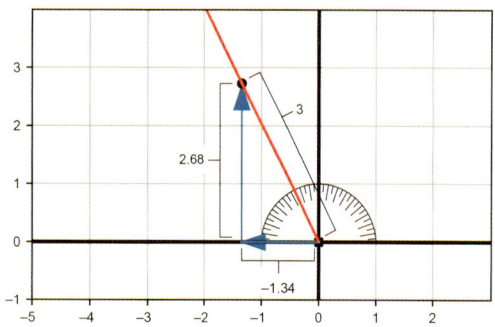

그림 2.26 자를 사용해 원점에서부터 3단위에 있는 점의 좌표를 측정하기

각 116.57°는 유용한 각도이다. 원점에서 시작해서 해당 방향으로 이동하다 보면, 왼쪽으로 1단위만큼 이동할 때마다 위쪽으로 2단위만큼 이동한다. 근사적으로 이 선을 따라 놓인 벡터 중에는 $(-1, 2)$, $(-3, 6)$, $(-1.34, 2.68)$ 등이 있다. [그림 2.27]에서도 볼 수 있듯이 y좌표가 x좌표의 -2배이다.

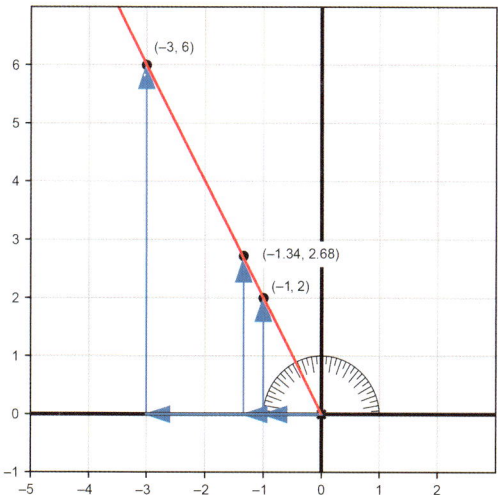

그림 2.27 116.57° 방향을 따라가면 왼쪽으로 1단위만큼 이동할 때마다 위쪽으로 2단위만큼 이동

이상해 보이는 각 116.57°를 통해 −2라는 괜찮은 근사 비율을 구했다. 언제나 좋은 정수 비를 얻는 건 아니지만, 모든 각은 x좌표, y좌표 간에 **상수**(constant) 비율이 존재한다. 각 45°는 수평 단위가 1 증가할 때마다 수직 단위가 1 증가하므로 상수 비율이 1이다. [그림 2.28]은 각 200°를 보여주는데, 수평 단위가 −1 증가할 때마다 수직 단위가 −0.36 증가하므로 상수 비율은 0.36이다.

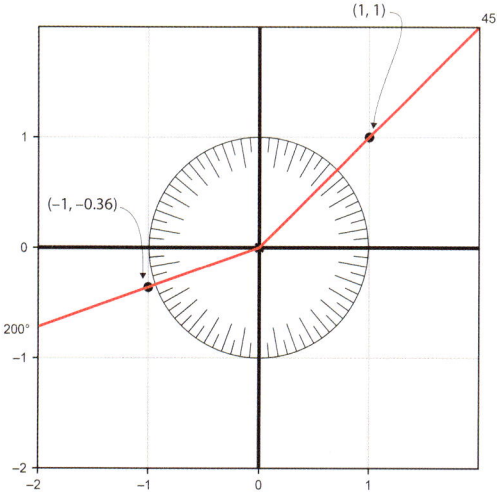

그림 2.28 서로 다른 각에서 수평 거리 단위 대비 수직 거리의 비율은?

각이 주어질 때, x축과 해당 각을 이루는 벡터의 좌표는 상수비를 갖는다. 이 비율을 각의 **탄젠트**(tangent)라고 하며, 탄젠트 함수는 $\tan$이라고 표기한다. 몇 가지 근삿값을 살펴보자.

$$\tan(37°) \approx 3/4, \quad \tan(45°) = 1$$
$$\tan(116.57°) \approx -2, \quad \tan(200°) \approx 0.36$$

여기서 **근사적으로** 등식임을 표시하고자 기호 $=$ 대신 기호 $\approx$를 사용했다. 탄젠트 함수는 **삼각함수**(trigonometric function) 중 하나로 삼각형을 측정하는 데 도움이 되기 때문이다.[7] 참고로 탄젠트를 계산하는 **법**은 아직 이야기하지 않았으며, 몇몇 값만을 제시했다. 파이썬은 탄젠트 함수를 내장하고 있으며, 곧 사용법에 대해 설명할 것이다. 각에 대한 탄젠트를 직접 계산할(또는 측정하는) 것을 걱정할 필요는 없다.

탄젠트 함수는 각과 거리가 주어진 벡터에 대한 데카르트 좌표를 찾는 초기 문제와도 분명 관련있다. 하지만 탄젠트 함수는 비율만을 제공할 뿐, 실제 좌표를 주진 않는다. 오히려 **사인**(sine) 및 **코사인**(cosine) 함수가 유용하다. [그림 2.29]처럼 특정 각에서 거리를 측정한다면, 해당 각에 대한 탄젠트는 수직 거리를 수평 거리로 나눈 값이다. 사인과 코사인은 각각 전체 거리 대비 수직 거리와 수평 거리를 나타낸다. 이 함수들은 간단히 $\sin$과 $\cos$라고 표기하며, 아래 식은 두 함수의 정의를 보여준다.

$$\sin(각도(\text{angle})) = \frac{수직(\text{vertical})}{거리(\text{distance})}, \quad \cos(각도(\text{angle})) = \frac{수평(\text{horizontal})}{거리(\text{distance})}$$

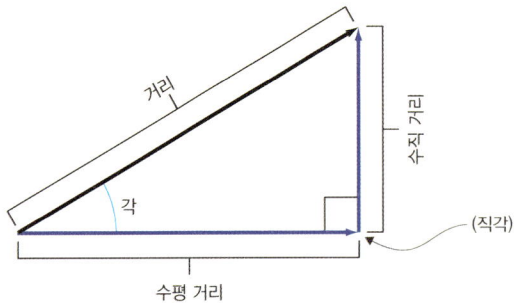

그림 2.29 주어진 벡터의 거리와 각에 관한 도식

---

7 삼각법을 의미하는 영단어 trigonometry에서 trigon은 삼각형을 의미하며, metric은 측량을 의미한다.

예시로 각도가 37°인 각을 살펴보자. [그림 2.30]과 같이 점 (4,3)은 이 각 방향으로 원점에서 5단위 떨어져 있다.

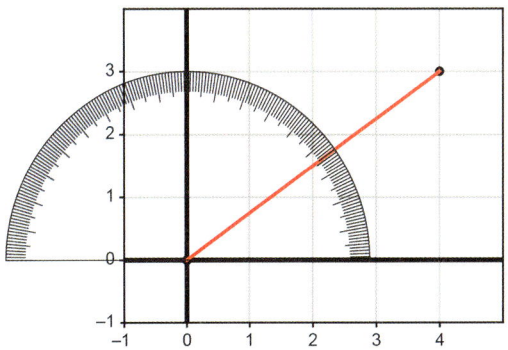

그림 2.30 각도기로 잰 점 (4,3)에 대한 각

37°에서 5단위 나아갈 때마다 수직 단위는 약 3단위씩 이동하므로 다음과 같이 쓸 수 있다.

$$\sin(37°) \approx 3/5$$

같은 상황에서 수평 단위는 약 4단위씩 이동하므로 다음과 같이 쓸 수 있다.

$$\cos(37°) \approx 4/5$$

이를 이용하면 극좌표로 나타낸 벡터를 대응하는 데카르트 좌표로 변환할 수 있다. 각 θ[8]의 사인과 코사인을 알고 있고 해당 방향으로 나아간 거리 r을 안다면, 데카르트 좌표는 [그림 2.31]처럼 $(r \cdot \cos(\theta), r \cdot \sin(\theta))$이다.

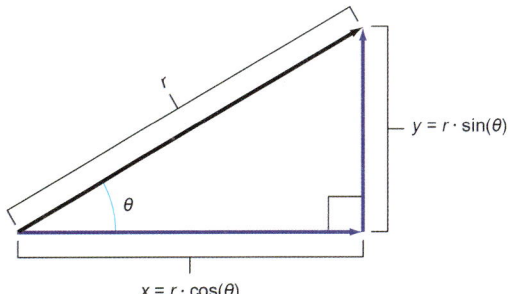

그림 2.31 직각삼각형을 통해 극좌표를 데카르트 좌표로 변환하기

---

8 일반적으로 그리스 문자 θ(theta, 세타)는 각을 나타낼 때 사용한다.

2.3.2 파이썬에서 라디안과 삼각법

삼각법에 대해 복기한 내용을 파이썬 코드로 바꾸어보자. 극좌표(길이와 각)를 입력으로 받아 데카르트 좌표(x성분과 y성분의 길이)로 출력하는 함수를 만들어 보겠다.

다만 파이썬의 내장 삼각함수가 우리가 사용한 단위와는 다른 단위를 쓴다는 문제가 있다. $\tan(45°) = 1$이지만 파이썬에 45를 입력하면 상당히 다른 결과를 보여준다.

```
>>> from math import tan
>>> tan(45)
1.6197751905438615
```

각을 측정할 때 파이썬은 °(도)를 쓰지 않는다. 수학자들도 대부분 °를 쓰지 않는다. 대신, **라디안**(radian)이라는 단위를 사용한다. 환산 인자(conversion factor)는 다음과 같다.

$$1\text{라디안} \approx 57.296°$$

환산 인자가 임의값처럼 보일 수 있지만 그렇지 않다. 도와 라디안 간 관계식에는 특별한 수인 π(pi, 파이)를 포함하는데, π는 약 3.14159이다. 다음은 몇 가지 예이다.

$$\pi\text{라디안} \approx 180°$$
$$2\pi\text{라디안} \approx 360°$$

라디안 단위에서는 원의 절반을 회전할 때 각의 크기가 π이며, 원 전체를 회전하면 2π다. 이 값들은 다시 반지름이 1인 원의 둘레의 절반 및 둘레 그 자체를 나타낸다. [그림 2.32]에서 이를 확인할 수 있다.

라디안은 비율의 일종이다. 라디안 단위로 각의 크기를 측정하면 원을 따라 몇 번이나 돌았는지 알 수 있다. 이 특별한 성질에 따라 단위를 적지 않는 각의 측정은 라디안 단위를 사용했다고 간주한다. 참고로 $45° = \pi/4$(라디안)이므로, 이 각에 대한 탄젠트값을 정확히 구할 수 있다.

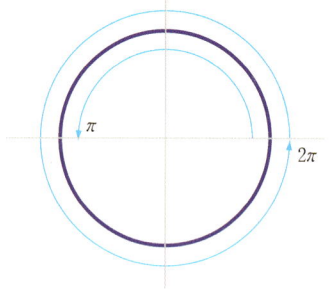

그림 2.32 반원만큼 회전한 각의 크기는 π 라디안이며, 원을 따라 회전한 각의 크기는 2π라디안이다.

```
>>> from math import tan, pi
>>> tan(pi/4)
0.9999999999999999
```

이제 파이썬의 삼각함수를 사용해 극좌표 순서쌍을 입력으로 받아 대응하는 데카르트 좌표 순서쌍을 리턴하는 to_cartesian 함수를 작성할 수 있다.

```
from math import sin, cos
def to_cartesian(polar_vector):
    length, angle = polar_vector[0], polar_vector[1]
    return (length*cos(angle), length*sin(angle))
```

이를 사용해서 각도가 37°인 각으로 5단위를 이동하면 점 (4,3)에 근접함을 검증할 수 있다.

```
>>> from math import pi
>>> angle = 37*pi/180
>>> to_cartesian((5,angle))
(3.993177550236464, 3.0090751157602416)
```

극좌표를 데카르트 좌표를 변환할 수 있게 되었으니 반대 방향으로 변환하는 방법을 살펴보자.

2.3.3 성분에서 각 구하기

$(-2,3)$과 같은 데카르트 좌표 순서쌍이 주어지면 피타고라스 정리로 길이를 잴 수 있다. 이 경우엔 $\sqrt{13}$이며, 대응하는 극좌표 순서쌍의 첫 번째 값이다. 두 번째 값은 θ라고 부르는 각으로, [그림 2.33]처럼 이 벡터의 방향을 나타낸다.

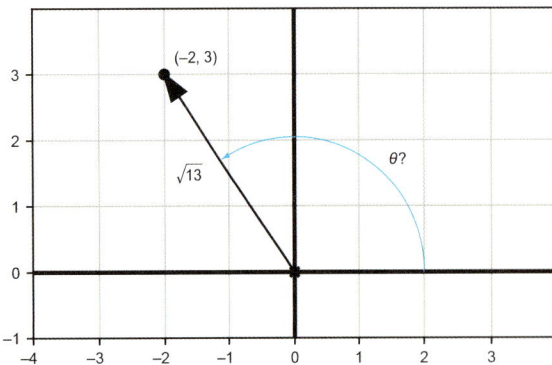

그림 2.33 벡터 $(-2,3)$이 향하는 각은?

각 θ에 대한 몇 가지 사실을 정리해보자. $\tan(\theta) = 3/2$인데, 이때 $\sin(\theta) = 3/\sqrt{13}$이고 $\cos(\theta) = -2/\sqrt{13}$이다. 이를 모두 만족하는 θ값만 찾으면 된다. 잠시 시간을 내서 스스로 각을 근사적으로 추측하고 확인해보기 바란다.

이러한 추측보다 더 효율적인 방법이 있으면 좋을 것 같다. 예를 들어 $\sin(\theta)$값을 입력하면 θ를 리턴하는 함수가 있으면 좋다. 이러한 기대는 실제로 수행하기 어려운데, 파이썬의 `math.asin` 함수로 시도해볼 만하다. 이 함수는 **아크사인**(arcsine)이라 하는 **역삼각함수**(inverse trigonometric function) 중 하나로, 만족할만한 θ값을 리턴한다.

```
>>> from math import asin
>>> sin(1)
0.8414709848078965
>>> asin(0.8414709848078965)
1.0
```

지금까진 괜찮아 보인다. 그렇다면 아까 살펴보던 각의 사인값인 $3/\sqrt{13}$을 주면 어떨까?

```
>>> from math import sqrt
>>> asin(3/sqrt(13))
0.9827937232473292
```

이 각은 대략 56.3°로, [그림 2.34]에서 볼 수 있듯 방향이 이상하다!

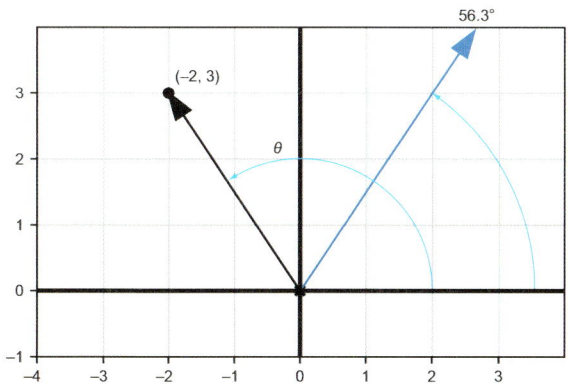

그림 2.34 이상한 각을 리턴하는 것처럼 보이는 파이썬의 `math.asin` 함수

`math.asin` 함수가 리턴한 결과가 틀린 건 아니다. 다른 점 (2,3)은 해당 방향에 **놓여있기** 때문이다. 이 점은 원점에서의 거리가 $\sqrt{13}$이고 이 점이 이루는 각의 사인값 또한 $3\sqrt{13}$이다. 이로 인해 `math.asin`이 완전한 해결책이 되진 않는다. 즉, 같은 사인값을 갖는 각이 여러 개 존재할 수 있다.

다른 역삼각함수인 **아크코사인**(arccosine)은 `math.acos`으로 파이썬에 구현되어 있는데, 정확한 값을 주는 것처럼 보인다.

```
>>> from math import acos
>>> acos(-2/sqrt(13))
2.1587989303424644
```

이 라디안값은 약 123.7°와 같으며 각도기를 사용해보면 올바름을 확인할 수 있다. 하지만 이건 우연에 불과하다. 코사인값이 같은 각이 여러 개 있기 때문이다. 벡터 $(-2,-3)$도 원점에서의 거리가 $\sqrt{13}$이며, 각 θ에서의 코사인값과 같은 $-2\sqrt{13}$을 코사인값으로 갖는 각 위에 있다. 따라서 우리가 실제 원하는 θ값을 찾으려면, **사인값과 코사인값**이 우리의 기대와 일치함을 확인해야만 한다. 파이썬이 리턴한 각은 약 2.159라디안인데, 다음을 만족한다.

```
>> cos(2.1587989303424644)
-0.5547001962252293
>>> -2/sqrt(13)
-0.5547001962252291
>>> sin(2.1587989303424644)
0.8320502943378435
>>> 3/sqrt(13)
0.8320502943378437
```

평면 위의 한 점에 대한 각을 찾기에 아크사인, 아크코사인, 아크탄젠트 함수 어떤 것도 충분하지 않다. 하지만 고등학교 삼각함수 수업에서 배웠을 교묘한 기하학적 논증을 통해 올바른 각을 구해낼 수 있다. 이는 연습문제로 남기고 본론으로 들어가겠다. 파이썬이 해줄 수 있기 때문이다! math.atan2 함수는 평면 위의 한 점에 대한 데카르트 좌표를 (역순으로!) 입력으로 받아 해당 점이 놓인 각을 리턴한다. 예를 들어 다음 파이썬 코드를 살펴보자.

```
>>> from math import atan2
>>> atan2(3,-2)
2.158798930342464
```

역삼각함수를 사용할 때 나올 수 있는 실수를 아는 게 중요하기 때문에 핵심은 잠시 건너뛰겠다. 간략히 말하면, 삼각함수는 역방향으로 작용할 때 까다롭다. 입력이 서로 달라도 같은 결과를 출력할 수 있어서 출력을 역방향으로 넣으면 유일한 입력으로 돌아갈 수 없기 때문이다. 이것으로 데카르트 좌표를 극좌표로 변환하는 변환기 작성을 마무리한다.

```
def to_polar(vector):
    x, y = vector[0], vector[1]
    angle = atan2(y,x)
    return (length(vector), angle)
```

이 예제를 간단하게 검증할 수 있다. 먼저 to_polar((1,0))은 양의 x방향으로 1단위이고 각의 크기는 0도이어야 한다. 실제로 이 함수는 각이 0이고 길이가 1이라고 말해준다.

```
>>> to_polar((1,0))
(1.0, 0.0)
```

입력과 출력이 같은 건 우연의 일치일 뿐이다. 기하학적으로는 의미가 다르다. 마찬가지로 $(-2, 3)$에 대해서도 기대한 답을 얻는다.

```
>>> to_polar((-2,3))
(3.605551275463989, 2.158798930342464)
```

2.3.4 연습문제

연습문제 | 2.27

데카르트 좌표 $(-1.34, 2.68)$로 주어진 벡터의 길이가 기대한 바대로 약 3이 되는지 확인하라.

연습문제 | 2.28

다음 그림은 양의 x축 방향에서 시작해 반시계방향으로 $22°$인 각이 만들어낸 선을 보여준다. 이 그림을 바탕으로 $\tan(22°)$의 근삿값을 구하라.

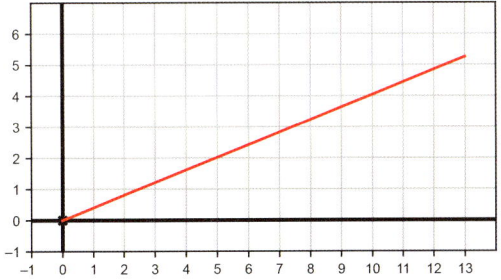

연습문제 | 2.29

벡터의 길이와 방향을 알 때 성분을 구하고 싶다고 하자. 길이가 15이고 $37°$를 가리키는 벡터의 x성분과 y성분을 구하라.

연습문제 | 2.30

양의 x축 방향에서 시작해 반시계방향으로 측정된 각 125°를 따라 8.5단위 나아간다고 하자. $\sin(125°) = 0.819$이고 $\cos(125°) = -0.574$일 때, 최종 좌표를 구하라. 해당 각과 이동한 경로를 그려라.

연습문제 | 2.31

0°, 90°, 180°에서 사인값과 코사인값을 구하라. 다시 말해 각 방향으로 이동할 때 단위 거리당 수직 성분과 수평 성분의 크기를 구하라.

연습문제 | 2.32

오른쪽 그림은 직각삼각형을 정확하게 측정한 결과를 보여준다. 먼저 피타고라스 정리를 통해 각 변의 길이가 직각삼각형으로서 합당한지 확인하라. $\sin(30°)$, $\cos(30°)$, $\tan(30°)$의 값을 십진법으로 소수점 세 자리까지 계산하라.

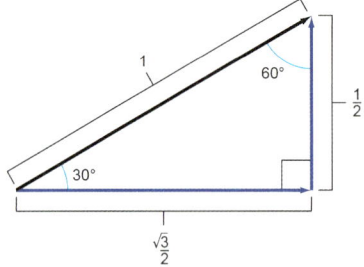

연습문제 | 2.33

[연습문제 2.32]에서 등장한 삼각형을 회전이동이나 대칭이동하여 관찰하는 방식으로, $\sin(60°)$, $\cos(60°)$, $\tan(60°)$의 값을 십진법으로 소수점 세 자리까지 계산하라.

연습문제 | 2.34

50°에 대한 코사인값이 0.643일 때, 그림을 그려 $\sin(50°)$와 $\tan(50°)$의 값을 구하라.

연습문제 | 2.35

각의 크기 116.57°을 라디안으로 나타내라. 앞 절에서 했던 것과 마찬가지로 파이썬을 사용해 이 각에 대한 탄젠트값을 계산하고, −2에 근접함을 확인하라.

연습문제 | 2.36

크기가 $10\pi/6$인 각이 어디에 위치하는지 설명하라. $\cos(10\pi/6)$과 $\sin(10\pi/6)$의 값이 양수인지 음수인지 답하라. 파이썬을 사용해 실제 값을 구해서 답이 맞는지 확인하라.

연습문제 | 2.37

다음 리스트 컴프리헨션(list comprehension)은 극좌표에서 1,001개의 점을 생성한다.

```
[(cos(5*x*pi/500.0), 2*pi*x/1000.0) for x in range(0,1001)]
```

파이썬 코드로 이 극좌표들을 데카르트 좌표로 변환하고, 폐곡선[9]을 이루도록 이웃한 점들을 선분으로 연결해서 그림으로 그려라.

연습문제 | 2.38

점 $(-2, 3)$이 이루는 각의 크기를 근사적으로 구하라. 파이썬을 계산기로 사용하라.

힌트 그림을 살펴서 정답이 $\pi/2$와 π 사이에 있다고 말할 수 있다. 해당 구간에서 사인값과 코사인값은 언제나 각이 증가할수록 감소한다.

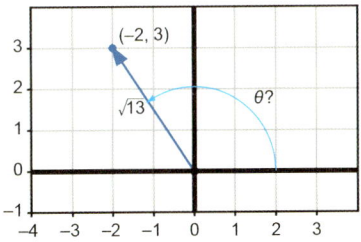

그림 점 $(-2, 3)$이 이루는 각의 크기는?

---

[9] (옮긴이) 연속으로 점이 이어진 도형인 곡선(curve)의 시작점과 끝점이 일치하면 폐곡선(closed curve 또는 loop)이라고 한다. 여기서는 이웃한 점들을 이어서 곡선을 만들고 있으며, 주어진 리스트의 첫 번째 점(x=0)과 마지막 점(x=1000)의 좌표가 같으므로 폐곡선을 이룬다. 이 책의 소스 코드에는 `x in range(0,1000)`이라고 되어 있는데, 이 경우 마지막 점과 첫 번째 점이 연결되지 않으므로 폐곡선이 아니다.

연습문제 | 2.39

[연습문제 2.38]에서 탄젠트값 −3/2과 같은 탄젠트값을 갖는 다른 점과 그 점이 이루는 각 θ를 구하라. 파이썬의 **아크탄젠트**(arctangent) 함수 구현인 math.atan을 사용해 해당 각의 값을 구하라.

연습문제 | 2.40

파이썬을 사용하지 말고 데카르트 좌표 $(1,1)$과 $(1,-1)$에 대응하는 극좌표를 구하라. 답을 구했다면 to_polar 함수를 사용해 검산해보자.

조금 고민해보면, 이미 좌표를 아는 벡터로 이루어진 도형에서는 어떠한 각도 구할 수 있다. 두 벡터 사이의 각은 x축과 이루는 각의 합이나 차 중 하나이기 때문이다. 다음 [미니 프로젝트]에서 더 복잡한 상황의 각을 측정해보자.

연습문제 | 2.41 미니 프로젝트

다음 그림에서 공룡의 입, 발끝, 꼬리에 생긴 각을 구하라.

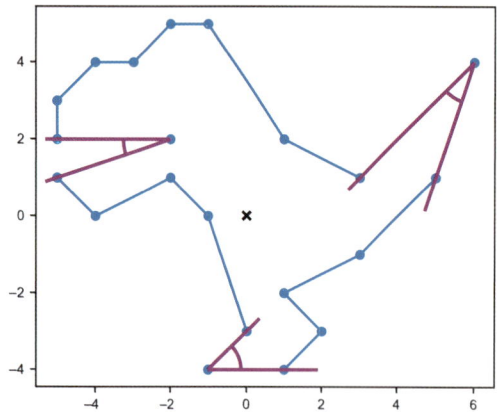

그림 공룡 그림에서 측정하거나 계산할 수 있는 몇 가지 각

2.4 벡터 집합 변환하기

벡터 집합은 좌표계에 상관없이 공룡 그림과 같은 공간 데이터를 저장한다. 하지만 좌표계를 잘 선택해 사용하면 벡터의 조작이 훨씬 편해질 수 있다. 이미 벡터 집합을 (평행)이동할 때에는 데카르트 좌표계가 편함을 확인했다. 명백히 극좌표에서는 평행이동이 부자연스럽기 때문이다. 대신 극좌표에는 각이 포함되어 있으므로 회전이동이 간편하다.

극좌표에서는 각을 더하면 벡터가 반시계방향으로 회전하며, 각을 빼면 시계방향으로 회전한다. 극좌표 $(1,2)$는 거리가 1이고 각이 2라디안임을 나타낸다. °를 사용하지 않으면 라디안을 나타낸다. 각 2에 1을 더하고 빼면, 벡터가 각각 1라디안만큼 반시계방향 또는 시계방향으로 회전한다. [그림 2.35]에 잘 나타나 있다.

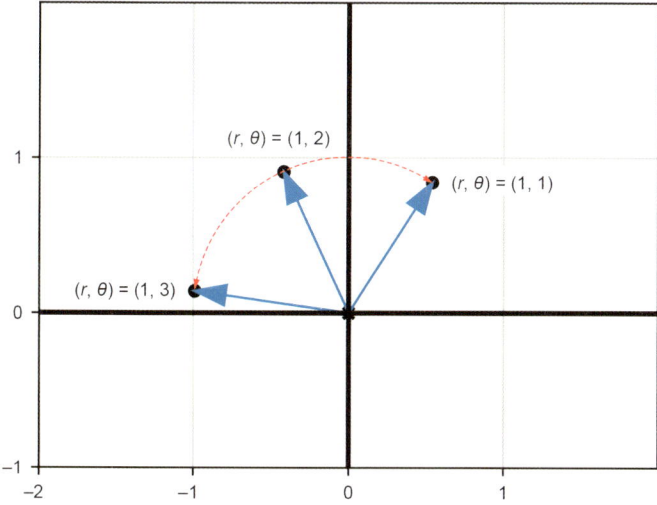

그림 2.35 각을 더하거나 뺄 경우

그림을 구성하는 수많은 벡터를 동시에 회전이동시키면, 그림이 원점을 기준으로 회전하는 효과가 발생한다. draw 함수는 데카르트 좌표만을 이해할 수 있으므로, 이 함수를 사용하기 전에 극좌표를 데카르트 좌표로 변환해야 한다. 마찬가지로 극좌표에서 벡터를 회전하는 방법만 알고 있으므로, 회전이동을 수행하기 전에 데카르트 좌표를 극좌표로 변환할 필요가 있다. 이 방법을 사용하면 공룡을 다음과 같이 회전시킬 수 있다.

```
rotation_angle = pi/4
dino_polar = [to_polar(v) for v in dino_vectors]
dino_rotated_polar = [(l,angle + rotation_angle) for l,angle in dino_polar]
dino_rotated = [to_cartesian(p) for p in dino_rotated_polar]
draw(
    Polygon(*dino_vectors, color=gray),
    Polygon(*dino_rotated, color=red)
)
```

이 코드의 결과는 [그림 2.36]으로, 원래 공룡을 회색으로 나타내고 그 위에 $\pi/4$(반시계방향으로 1/8바퀴)만큼 회전한 공룡을 빨간색으로 겹쳐 나타냈다.

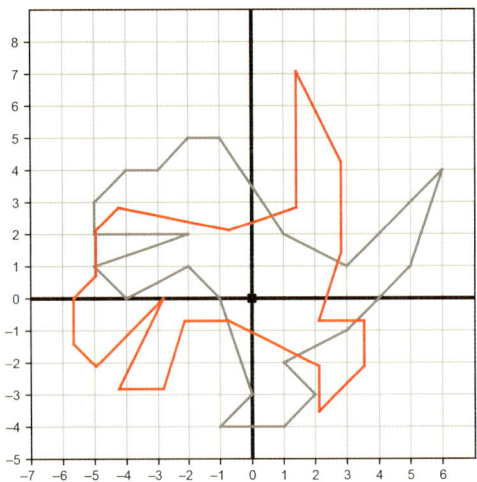

그림 2.36 원래 공룡(회색)과 회전한 공룡(빨간색)

이 절의 마지막에 있는 연습문제에서 벡터 리스트의 각 벡터를 동일한 특정 각의 크기만큼 회전시키는 범용 함수인 rotate를 작성할 수 있다. 이후 몇몇 예시에서 이 함수를 사용할 예정인데, 소스 코드에서 제공한 구현 또는 직접 작성한 구현을 사용할 수 있겠다.

2.4.1 여러 벡터 변환 결합하기

지금까지 벡터의 평행이동, 확대·축소, 회전이동하는 법을 살펴보았다. 이러한 벡터 변환을 벡터 집합에 적용하면 이 집합이 평면 상에 나타내는 도형도 동일한 효과를 얻는다. 이러한 벡터 변환은 변환을 순서대로 적용할 때 실제 효과를 얻을 수 있다.

예를 들어 공룡을 회전시킨 **후에** 평행이동할 수 있다. 2.2.4절 [연습문제 2.8]에 등장한 translate 함수와 rotate 함수를 사용하면, 이 변환을 간결하게 나타낼 수 있다. [그림 2.37]의 결과를 살펴보라.

```
new_dino = translate((8,8), rotate(5 * pi/3, dino_vectors))
```

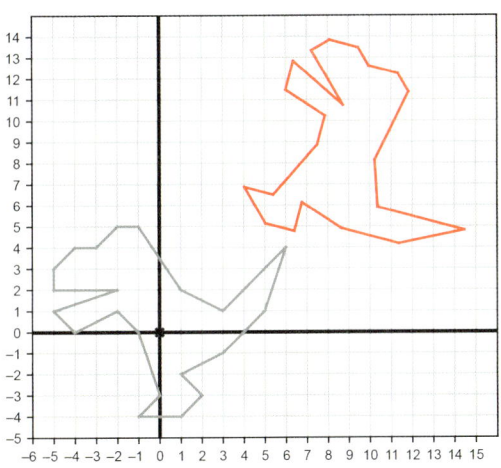

그림 2.37 원래 공룡(회색)과 회전 후 평행이동한 공룡(빨간색)

먼저 회전이동을 하면 공룡이 반시계방향으로 $5\pi/3$만큼 (한 바퀴에 못미치게) 회전한다. 이후 공룡은 위쪽으로 8만큼, 오른쪽으로 8만큼 평행이동한다. 회전이동과 평행이동을 적절히 결합하면 공룡을 비롯해 모든 도형을 평면 상의 원하는 위치와 방향으로 이동시킬 수 있다. 영화 또는 게임에서 공룡을 움직이게 할 때, 벡터 변환의 유연성은 프로그램에 따라 공룡이 움직이도록 생명을 불어넣을 수 있다.

앞으로 공룡 애니메이션 외에도 다양한 응용들을 보게 될 것이다. 벡터에는 다양한 연산들이 있으며 고차원으로 일반화할 수 있는 것도 많다. 실제 세계에서 데이터셋은 때로는 수십 또는 수백 차원에 존재하기에, 이러한 변환을 실제 세계의 데이터셋에도 적용해볼 것이다. 때로는 중요한 특징이 더욱 명확해지도록 데이터셋을 평행이동하거나 회전하는 게 유용할 수 있다. 100차원에서의 회전이동을 그림으로 표현할 수는 없겠으나, 2차원에 빗대어 생각해보면 100차원에서의 회전이동이 어떠한 결과가 될지, 어떠한 특징을 가질지 유추해볼 수 있다.

2.4.2 연습문제

연습문제 풀이

연습문제 | 2.42

데카르트 좌표로 표현된 입력 벡터 배열을 입력으로 받아서 명시된 각의 크기만큼 (부호가 양인지 음인지에 따라 반시계방향 또는 시계방향으로) 회전시키는 rotate(angle, vectors)라는 함수를 만들어라.

연습문제 | 2.43

n개의 변을 갖는 정다각형[10]의 모든 꼭짓점을 데카르트 좌표로 리턴하는 함수 regular_polygon(n)을 만들어라. 예를 들어 polygon(7)은 다음 정칠각형을 정의하는 벡터를 생성한다.

힌트 다음 그림에서는 벡터 (1,0)을 사용해 원점을 기준으로 이웃한 벡터끼리 이루는 각의 크기가 같도록 회전시켜 벡터를 만들었다.

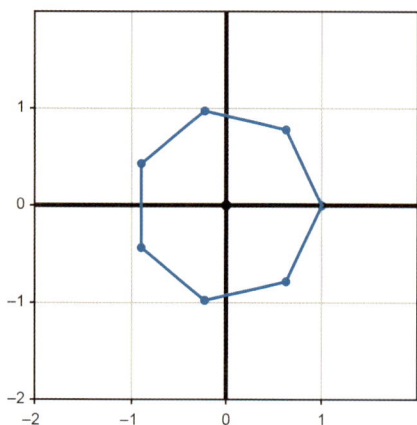

그림 원점을 기준으로 같은 간격의 각을 갖는 점들로 이루어진 정칠각형

---

10 정다각형은 모든 내각의 크기가 동일하고 모든 변의 길이가 동일한 다각형이다.

> **연습문제 | 2.44**
>
> 공룡을 벡터 $(8,8)$만큼 평행이동시킨 뒤 $5\pi/3$으로 회전시킨 결과를 나타내라. 이 결과는 회전시킨 뒤 평행이동한 것과 같은가?

2.5 Matplotlib으로 그림 그리기

Matplotlib 라이브러리를 사용해 이 장에서 사용한 그리기 함수들을 '밑바닥에서부터' 만들어보고 2장을 마무리하자. pip로 Matplotlib을 설치한 뒤에 다음과 같이 (몇 가지 서브모듈과 함께) 불러올 수 있다.

```
import matplotlib
from matplotlib.patches import Polygon
from matplotlib.collections import PatchCollection
```

Polygon, Points, Arrow, Segment 클래스는 그리 재미있지 않다. 생성자를 통해 전달된 데이터만을 가지고 있을 뿐이기 때문이다. 예를 들어 Points 클래스는 벡터의 리스트와 색상(color) 키워드 인자만을 받아 저장하는 생성자만 가지고 있다.

```
class Points():
    def __init__(self, *vectors, color=black):
        self.vectors = list(vectors)
        self.color = color
```

draw 함수는 플로팅할 그림의 크기를 확인한 뒤 전달된 객체 각각을 하나하나 그린다. 예를 들어 Points 객체로 나타낸 평면 위의 점을 그릴 때, draw 함수는 Matplotlib의 산점도 플로팅(scatter-plotting) 기능을 사용한다.

```
def draw(*objects, ...        ◁── 몇몇 설정 작업이 여기에 있지만
    # ...                          나타내지 않았다.
    for object in objects:    ◁── 넘어온 객체별로 순환(iterate)한다.
    # ...
        elif type(object) == Points:    ◁── 만약 현재 객체가 Points 클래스의 인스턴스
            xs = [v[0] for v in object.vectors]   라면, draw는 Matplotlib의 scatter 함수를
            ys = [v[1] for v in object.vectors]   사용해 모든 벡터를 점으로 그린다.
            plt.scatter(xs, ys, color=object.color)

    # ...
```

화살표, 선분, 다각형도 비슷하게 구현된 Matplotlib 함수를 사용해 기하 객체를 만든다. 소스 코드 파일 vector_drawing.py에서 모든 구현을 살펴볼 수 있다. 이 책 전반에서 데이터와 수학 함수를 플로팅할 때 Matplotlib을 사용할 텐데, 사용할 때마다 각 기능을 주기적으로 상기시키겠다.

이제 2차원은 숙달했으므로, 새로운 차원을 추가할 준비가 되었다. 3차원은 우리가 사는 세계를 완전히 묘사할 수 있다. 다음 장에서는 3차원 객체를 코드로 모델링하는 법을 살펴보자.

요약

- 벡터는 다차원 공간에서 존재하는 수학적 객체이다. 벡터가 사는 공간은 컴퓨터 스크린의 2차원 평면이나 현실처럼 3차원 세계와 같은 기하 공간일 수 있다.

- 벡터는 정해진 길이와 방향을 갖는 화살표와 동등하다. 평면 상에서 **원점**이라고 하는 참조점에 상대적인 점과 동등하다. 점이 주어지면 원점에서 해당 점까지 가는 법을 나타내는 화살표에 대응할 수 있다.

- 평면 상의 점의 집합을 연결해서 공룡과 같은 흥미로운 도형을 만들 수 있다.

- 2차원에서 좌표는 평면 상의 점의 위치를 측정하는 데 도움을 주는 수의 순서쌍이다. 데카르트 좌표를 따르는 튜플 (x,y)로 기재할 경우에 x값과 y값은 해당 점에 도달할 때까지 수평으로, 수직으로 얼마나 떨어져 있는지를 알려준다.

- 점은 파이썬의 좌표 튜플로 저장할 수 있으며, 스크린 상의 점을 그리는 많은 라이브러리 중 하나를 선택할 수 있다.

- 벡터합은 첫 번째 벡터를 더하기 위해 주어진 두 번째 벡터에 따라 (평행)이동하는 효과를 갖는다. 벡터의 집합을 여행 경로라고 생각하면 벡터합은 여행을 마친 뒤의 최종 목적지의 방향과 거리를 알려준다.

- 벡터에 배수를 곱하는 스칼라곱은 해당 벡터를 배수만큼 길어지게 하며 원래 벡터와 동일선 상에 있다.

- 한 벡터에서 다른 벡터를 빼면 첫 번째 벡터를 기준으로 두 번째 벡터의 상대적인 위치를 알 수 있다.

- 벡터는 길이와 (각이 나타내는) 방향으로 명시할 수 있다. 이 두 수는 2차원 벡터의 극좌표를 정의한다.

- 삼각함수인 사인, 코사인, 탄젠트는 일반적인 (데카르트) 좌표와 극좌표 간의 변환에 사용된다.

- 극좌표로 나타낸 벡터 집합으로 정의된 도형을 회전시키기는 쉽다. 각 벡터의 각에 주어진 회전각을 더하거나 빼기만 하면 된다. 평면에서 회전이동과 평행이동은 도형의 위치와 방향을 마음대로 바꿀 수 있게 해준다.

CHAPTER 3

3차원 세계로의 도약

이 장의 내용
- 3차원 벡터에 대한 멘탈 모델 형성하기
- 3차원 벡터 산술하기
- 내적과 외적을 사용해 벡터의 길이와 방향 측정하기
- 2차원에서 3차원 객체를 렌더링하기

2차원 세계는 시각화하기 좋지만 실제 세계는 3차원이다. 소프트웨어를 사용해 빌딩을 설계하든 애니메이션을 제작하든 액션 게임을 실행하든 우리가 사는 3개의 공간적 차원에 대한 인식을 할 필요가 있다.

이 책의 페이지와 같이 2차원 공간에서는 수직 방향과 수평 방향만을 갖는다. 3번째 차원을 더하면, 페이지 바깥의 점 또는 페이지와 수직인 화살표에 대해서도 이야기할 수 있게 된다. 하지만 프로그램이 3차원 시뮬레이션을 할 때조차 컴퓨터 디스플레이는 대부분 2차원이다. 이 장의 목표는 3차원 벡터로 측정된 3차원 객체를 입력으로 해서 2차원으로 변환하는 도구를 만들어서 스크린에 이 객체를 나타내는 것이다.

3차원 도형의 사례로 구(sphere)가 있다. 잘 그려진 3차원 구는 [그림 3.1]처럼 생겼다. 셰이딩(shading)이 없었다면 그냥 원처럼 보일 것이다.

그림 3.1 2차원 원에 셰이딩을 한 3차원 구

셰이딩은 3차원 상의 특정 각도에서 구에 빛을 쏘아서 깊이가 있어보이는 환상을 만든다. 일반적인 전략은 완벽하게 둥근 구를 그리기보다는 다각형으로 이루어진 유사물을 만드는 것이다. 각 다각형은 광원과 이루는 정확한 각에 따라 음영을 가진다.[1] 믿거나 말거나 [그림 3.1]은 둥근 공이 아니라 다양한 음영을 갖는 8,000개의 삼각형을 그린 것이다. [그림 3.2]는 더 적은 수의 삼각형으로 만든 다른 예시를 보여준다.

그림 3.2 단색으로 칠한 작은 삼각형들로 셰이딩한 구

우리에게는 2차원 스크린에 삼각형을 정의할 수 있는 수학이라는 도구가 있다. 삼각형의 꼭짓점(정점, vertex) 3개를 정의할 2차원 벡터 3개가 필요할 뿐이다. 하지만 삼각형이 3차원 상에 존재하는 것처럼 음영을 넣는 방법은, 고민하지 않고서는 결정하기 어렵다. 이 때문에 3차원 벡터를 다루는 방법을 배워야 한다.

물론 이 문제는 이미 해법이 밝혀졌다. 3차원 도형을 그릴 수 있는, 기성 라이브러리부터 사용해보자. 3차원 벡터 세계가 어떤 느낌인지 감이 온다면 렌더러(renderer)를 만들어 구를 그리는 방법을 살펴볼 것이다.

3.1 3차원 공간에서 벡터 그리기

2차원 평면에서는 벡터와 바꾸어 생각할 수 있는 3가지 멘탈 모델인 좌표 순서쌍, 길이와 방향을 가진 화살표, 원점을 기준으로 상대적인 위치에 있는 점을 다루었다. 이 책의 크기가 제한되어 있으므로 [그림 3.3]처럼 고정된 높이와 폭의 사각형을 이용해 관점을 평면의 일부분으로 제한하였다.

---

[1] (옮긴이) 다각형에 수직인 법선벡터와 광원(light source) 사이의 각도를 이용하여 계산한다.

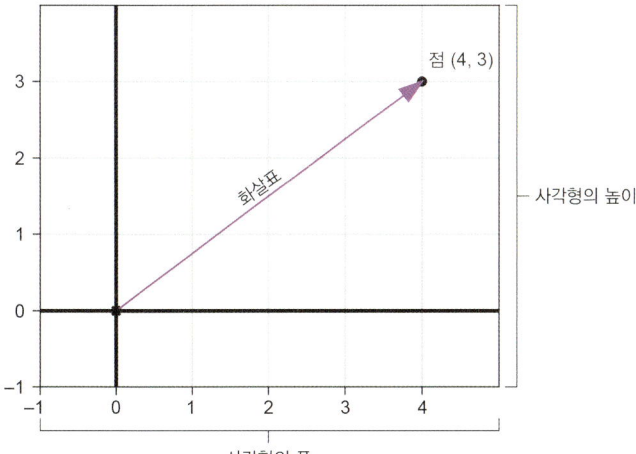

그림 3.3 2차원 평면의 일부분에 해당하는 사각형의 높이와 폭

3차원 벡터도 비슷한 방법으로 이해할 수 있다. 평면의 사각형 부분을 살펴보는 데에서 벗어나서, 3차원 공간의 유한한 크기의 박스에서부터 출발해보자. [그림 3.4]와 같은 3차원 박스는 유한한 높이, 폭, 깊이를 갖는다. 3차원에서는 x방향과 y방향이라는 관념을 계속 사용했는데, 이제 깊이를 측정하는 z방향을 추가하겠다.

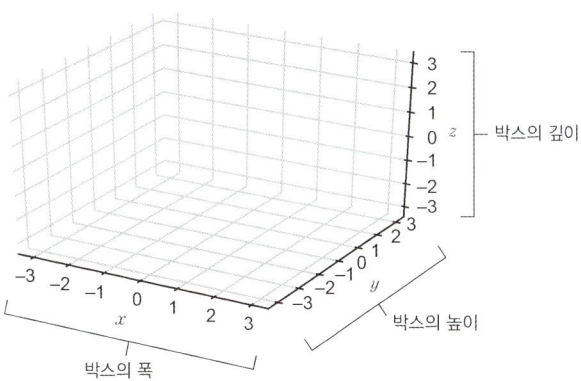

그림 3.4 3차원 공간에서 폭이 x, 높이가 y, 깊이가 z인 작은 박스

어떠한 2차원 벡터도 3차원 공간에서 존재하는 것처럼 생각할 수 있는데, 길이와 방향(orientation)은 유지한 채로 깊이 z가 0인 평면에 고정시키면 된다. [그림 3.5]는 2차원 벡

터 $(4,3)$을 기존 특징을 유지한 채로 3차원 공간에 끼워 넣은 것이다. [그림 3.5]의 두 번째 그림은 3차원 공간에 그대로 들어간 각 특징을 명시하였다. 두 개의 점선은 (각 축과 함께) 2차원 깊이가 0인 2차원 평면 상에서 사각형을 이룬다. 이렇게 직각을 이루며 만나는 두 점선을 그리면 3차원 상에서 점의 위치를 파악하는 데 유용하다. 만약 점선이 없었다면, 우리의 원근감으로는 실제 위치와는 다른 점에 있다고 착각할 수 있다.

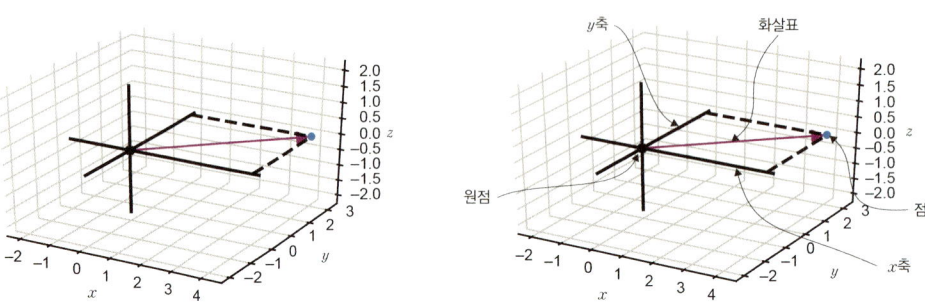

그림 3.5 3차원 공간에 표현된 2차원 벡터 $(4,3)$

앞에서 살펴본 벡터 $(4,3)$은 평면 위에 존재하지만, 더 큰 공간인 3차원 공간에서 존재한다고도 볼 수 있다. [그림 3.6]처럼 기존 평면을 벗어나서 깊이에 (0이 아닌) 값을 설정하면 (새 화살표와 새 점에 대응하는) 다른 3차원 벡터를 그릴 수 있다.

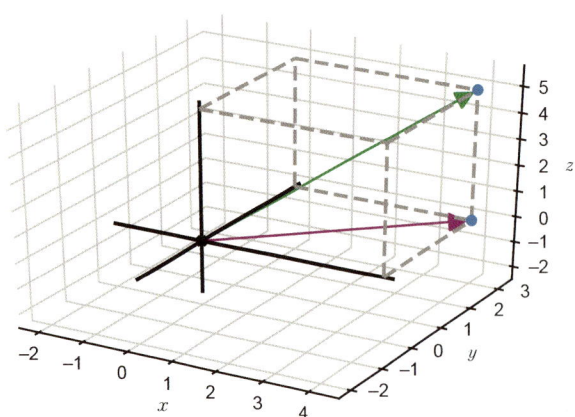

그림 3.6 2차원 벡터 $(4,3)$(보라색)과 같은 x좌표와 y좌표를 갖는 벡터(초록색)

두 번째 벡터의 위치를 명확하게 하기 위해, [그림 3.5]에서 점선으로 평면을 그린 것처럼 점선으로 박스를 그려보자. [그림 3.6]에 나타낸 이 박스는 3차원 공간 상에서 두 번째 벡터가 걸쳐있는 높이, 폭, 깊이를 보여준다. 3차원도 2차원과 마찬가지로 화살표와 점은 벡터에 대한 멘탈 모델로 동작하며, 좌표와 유사한 방법으로 측정할 수 있다.

3.1.1 3차원 벡터를 좌표로 나타내기

2차원에서는 순서쌍 (4,3)을 하나의 점이나 화살표로 명시할 수 있지만, 3차원에서는 x좌표가 4이고 y좌표가 3인 점들은 수없이 많다. [그림 3.7]처럼 3차원에서는 x좌표가 4이고, y좌표가 3인 점으로 이루어진 직선이 존재하며, 각 점은 z(깊이) 방향에서 다른 위치에 있다.

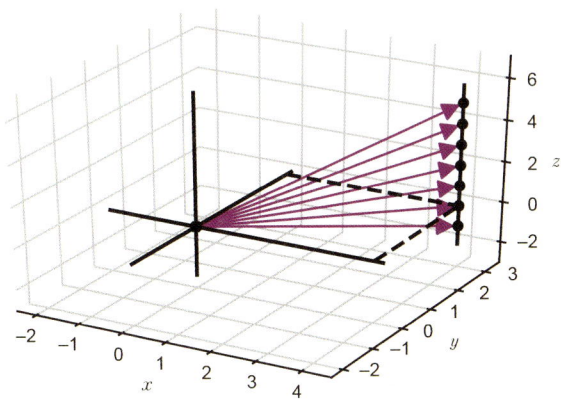

그림 3.7 x좌표와 y좌표는 같지만 z좌표가 다른 여러 벡터

3차원에서 점을 유일하게 명시하려면 총 3개의 수가 필요하다. (4,3,5)에서 세 수는 각각 3차원 상의 벡터에 대한 x좌표, y좌표, z좌표라고 한다. 2차원과 마찬가지로 원하는 점을 찾아가기 위한 표식으로 읽을 수 있다. [그림 3.8]을 통해 점 (4,3,5)에 도달하기 위한 과정을 살펴보자. 먼저 x방향으로 +4단위만큼 이동한 다음, y방향으로 +3단위만큼 이동한다. 마지막으로 z방향으로 +5단위만큼 가면 점 (4,3,5)에 도달한다.

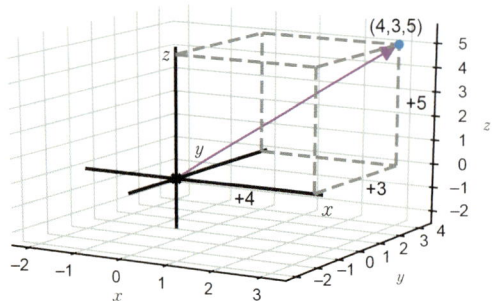

그림 3.8 3차원 공간 상의 점 (4,3,5)로 가는 방법

3.1.2 파이썬으로 3차원 그림 그리기

2장과 마찬가지로 3차원 벡터를 그리기 위해 파이썬의 Matplotlib 라이브러리의 래퍼 라이브러리(wrapper library)를 사용한다. 이 책의 소스 코드에서 래퍼 라이브러리의 구현을 찾을 수 있으며, Matplotlib을 세부적으로 보기보단 개념적인 그리기 과정에 초점을 맞추고자 래퍼 라이브러리를 계속 사용할 것이다.

3차원 객체와 2차원 상에서 대응하는 객체 간의 구분을 위해, 래퍼 라이브러리에서는 Point3D와 Arrow3D와 같은 새로운 클래스를 사용한다. 새로운 함수 draw3d는 주어진 객체를 해석해 입체감을 갖도록 렌더링해준다. 또한 함수 draw3d()는 기본 설정을 사용하는 경우 그려야 하는 객체가 따로 없어도 [그림 3.9]처럼 x축, y축, z축과 원점을 포함하는 3차원 공간을 나타내는 작은 박스를 그려준다.

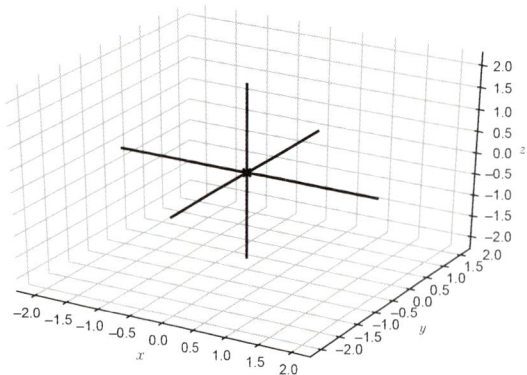

그림 3.9 Matplotlib의 draw3d()로 비어 있는 3차원 영역 그리기

이 3차원 공간에 그려진 x축, y축, z축은 우리의 관점에서는 비스듬하게 보이지만 서로 수직이다. Matplotlib은 박스 바깥쪽에 각 단위를 표시해 시각적으로 명확하게 보이는 효과를 주지만, 원점과 축 자체는 박스 안쪽으로 배치한다. 원점은 좌표 $(0,0,0)$이며, 각 축은 원점에서 양 또는 음의 x방향, y방향, z방향으로 뻗어나간다.

`Points3D` 클래스는 수학에서의 추상적인 점(point)으로 간주한 뒤 3차원 공간 스크린에 출력되는 점(dot)으로 그려낼 벡터의 집합을 저장한다. 예를 들어 두 벡터 $(2,2,2)$와 $(1,-2,-2)$를 다음과 같은 코드로 플로팅하여 [그림 3.10]의 3차원 공간을 그릴 수 있다.[2]

```
draw3d(
    Points3D((2,2,2),(1,-2,-2))
)
```

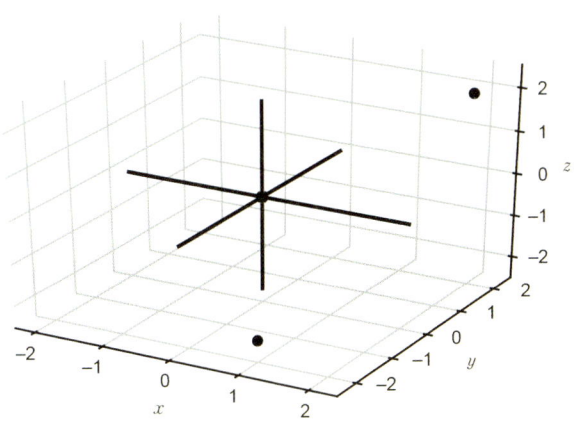

그림 3.10 점 $(2,2,2)$와 $(1,-2,-2)$ 그리기

이 벡터들을 화살표로 시각화하고 싶으면 `Arrow3D` 객체로 표현할 수 있다. 두 화살표의 머리를 연결하는 선분을 그리고 싶다면 `Segment3D` 객체를 사용하면 된다. 벡터를 나타내는 점과 화살표, 그리고 선분을 모두 그리면 [그림 3.11]과 같다.

---

2 (옮긴이) 주어진 위치나 좌표에 따라 점이나 곡선 등을 그릴 때 plot을 사용한다. 특히 데이터셋이 주어지는 과학, 공학, 통계, 금융 등의 분야가 그렇다. 이 점을 고려해 프로그램이 좌표에 따라 점을 찍는 행위가 부각되면 플로팅(plotting)이라고 번역하였다.

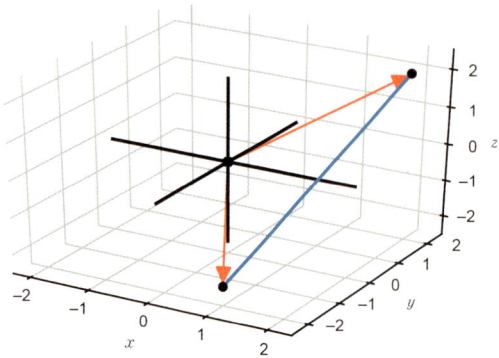

그림 3.11 3차원에서 두 화살표와 두 화살표를 잇는 선분 그리기

```
draw3d(
    Points3D((2,2,2),(1,-2,-2)),
    Arrow3D((2,2,2)),
    Arrow3D((1,-2,-2)),
    Segment3D((2,2,2), (1,-2,-2))
)
```

[그림 3.11]에서는 화살표가 가리키는 방향을 확인하기가 다소 어렵다. 좀 더 명확하게 나타내기 위해서, 화살표 각각에 점선 박스를 그려서 더 3차원처럼 보이게 할 수 있다. 이 박스를 자주 그려야 하기 때문에, 한 꼭짓점은 원점이고 반대쪽 꼭짓점이 주어진 점이 되는 박스를 나타내는 Box3D 클래스를 만들어두었다. [그림 3.12]는 3차원 박스를 도시하였으며, 여기 그 코드를 소개한다.

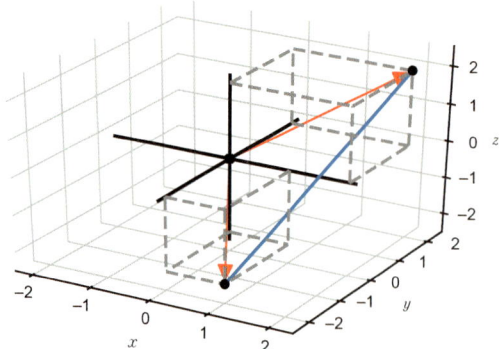

그림 3.12 화살표가 3차원처럼 보이도록 박스 그리기

```
draw3d(
    Points3D((2,2,2),(1,-2,-2)),
    Arrow3D((2,2,2)),
    Arrow3D((1,-2,-2)),
    Segment3D((2,2,2), (1,-2,-2)),
    Box3D(2,2,2),
    Box3D(1,-2,-2)
)
```

이 장에서는 여러 키워드 인자를 따로 설명하지 않고 사용하겠다. 예를 들어 그려질 객체의 색을 제어하고자 color 키워드 인자가 여러 생성자에 전달될 것이다.

3.1.3 연습문제

연습문제 풀이

연습문제 | 3.1

좌표 $(-1,-2,2)$를 나타내는 3차원 화살표와 점을 그리고, 화살표를 3차원처럼 보이게 하는 점선 박스도 그려라. 이 그림은 연습 차원에서 손으로 그려보아야 한다. 향후 3차원 그림은 파이썬으로 그릴 것이다.

연습문제 | 3.2   미니 프로젝트

각 좌표가 +1 또는 -1인 3차원 벡터는 총 8가지가 있다. 한 가지 예는 $(1,-1,1)$이다. 8개의 벡터를 점으로 플로팅하라. 그런 다음 Segment3D 객체를 사용해 정육면체의 외곽선을 형성하도록 점들을 선분으로 연결할 방법을 생각해보자.

힌트 모두 12개의 선분이 필요하다.

3.2 3차원에서의 벡터 산술

앞에서 배운 파이썬 함수를 이용해 3차원에서 벡터 산술 결과를 시각화하는 건 쉽다. 2차원에서 본 산술 연산 모두가 3차원에서도 유사하며, 각 연산의 기하학적 효과도 비슷하다.

3.2.1 3차원 벡터 더하기

3차원에서도 마찬가지로 각 좌표를 더해서 벡터합을 구할 수 있다. 두 벡터 $(2,1,1)$과 $(1,2,2)$를 더하면 $(2+1, 1+2, 1+2) = (3,3,3)$이다. [그림 3.13]처럼 원점을 시작으로 두 입력 벡터를 삼각형법을 이용할 수 있도록 배치해서 벡터의 합에 해당하는 점 $(3,3,3)$을 얻을 수도 있다.

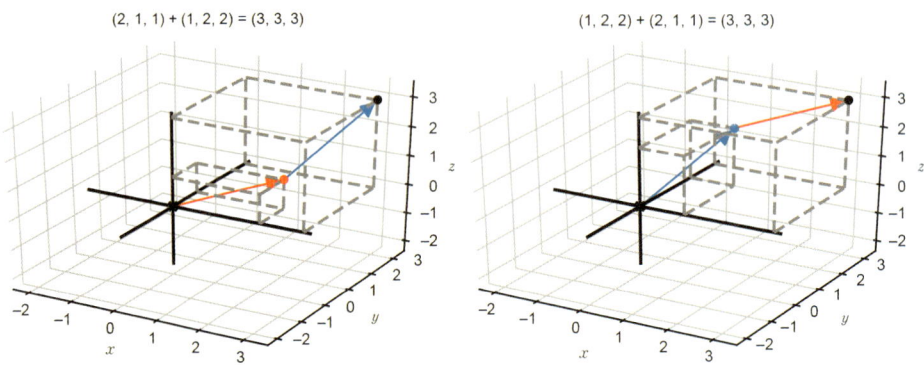

그림 3.13 3차원에서 벡터합을 시각적으로 보여주는 예시 두 가지

2차원과 마찬가지로 3차원 벡터가 몇 개 있더라도 모든 x좌표의 합, 모든 y좌표의 합, 모든 z좌표의 합을 구할 수 있다. 각 좌표의 합은 새로운 벡터의 좌표를 준다. 예를 들어 벡터합 $(1,1,3)+(2,4,-4)+(4,2,-2)$에서 각 x좌표는 1, 2, 4이며 그 합은 7이다. y좌표의 합은 7이고, z좌표의 합은 -3이다. 따라서 벡터합은 $(7,7,-3)$이다. 3차원에서 삼각형법을 쓰면 벡터가 꼬리에 꼬리를 무는 형태가 되는데, 세 벡터는 [그림 3.14]와 같다.

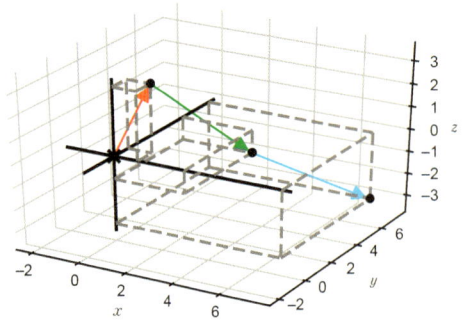

그림 3.14 3차원에서의 벡터합 $(1,1,3)+(2,4,-4)+(4,2,-2)$

파이썬에서는 2차원 또는 3차원에서 (또는 더 높은 차원에서도) 임의 개수의 입력 벡터를 더할 수 있는 함수를 간결하게 작성할 수 있다. 그 함수는 다음과 같다.

```python
def add(*vectors):
    by_coordinate = zip(*vectors)
    coordinate_sums = [sum(coords) for coords in by_coordinate]
    return tuple(coordinate_sums)
```

이 코드를 뜯어서 살펴보자. 여러 개의 입력 벡터를 주어 파이썬의 `zip` 함수를 호출하면 x좌표, y좌표, z좌표를 각각 묶어 추출해 준다. 예를 들어 다음과 같이 동작한다.

```
>>> list(zip(*[(1,1,3),(2,4,-4),(4,2,-2)]))
[(1, 2, 4), (1, 4, 2), (3, -4, -2)]
```

`zip` 함수의 결괏값을 화면에 나타내려면 리스트로 변환해야 한다. 묶인 좌표 각각에 파이썬의 `sum` 함수를 적용하면 x좌표의 합, y좌표의 합, z좌표의 합을 얻는다.

```
>>> [sum(coords) for coords in [(1, 2, 4), (1, 4, 2), (3, -4, -2)]]
[7, 7, -3]
```

지금까지 모든 벡터를 튜플로 표현해왔기 때문에 일관성 차원에서 리스트로 나타난 이 결과를 튜플로 변환한다. 그 결과는 튜플 $(7, 7, 3)$이다. (덜 파이썬다운 느낌이지만) 다음 한 줄로 `add` 함수를 작성할 수도 있다.

```python
def add(*vectors):
    return tuple(map(sum,zip(*vectors)))
```

3.2.2 3차원에서의 스칼라곱

3차원 벡터에 스칼라를 곱하려면 스칼라 배수를 각 성분 모두에 곱한다. 예를 들어 스칼라 2를 벡터 $(1,2,3)$에 곱하면 $(2,4,6)$이다. 결과 벡터는 2차원처럼 길이는 두 배이지만 같은 방향을 가리킨다. [그림 3.15]는 $\mathbf{v}=(1,2,3)$와 스칼라곱 $2\cdot\mathbf{v}=(2,4,6)$을 보여준다.

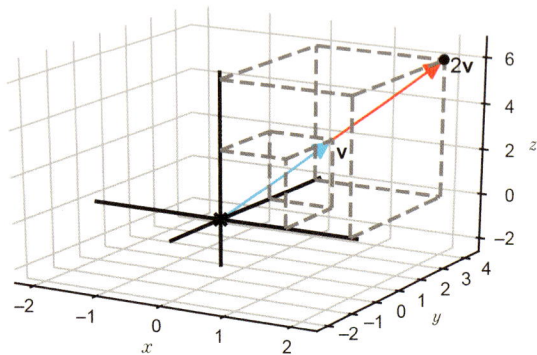

그림 3.15 벡터 v와 스칼라곱 2v

3.2.3 3차원 벡터 빼기

2차원에서 두 벡터의 차 $\mathbf{v}-\mathbf{w}$는 'w에서 v로의' 벡터이며, **변위**(displacement)라고 한다. 3차원에서도 이 흐름은 동일하다. 3차원에서도 $\mathbf{v}-\mathbf{w}$는 w에서 v로의 변위로, w에 더하면 v를 얻는 벡터를 가리킨다. v와 w를 각각 원점에서 시작하는 화살표로 생각하면, 차 $\mathbf{v}-\mathbf{w}$는 v의 머리가 그 머리이고 w의 머리가 그 꼬리가 되도록 배치한 화살표이다.

[그림 3.16]은 $\mathbf{v}=(-1,-3,3)$과 $\mathbf{w}=(3,2,4)$의 차를 보여준다. 여기서 왼쪽 그림은 w에서 v로의 화살표로, 오른쪽 그림은 점으로 나타내었다.

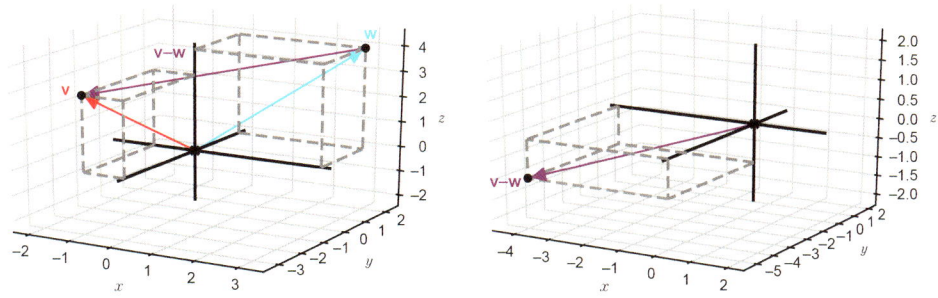

그림 3.16 벡터 v에서 벡터 w를 뺀 w에서 v로의 변위

벡터 v에서 벡터 w를 빼는 연산은 v와 w의 좌표를 각각 빼면 구할 수 있다. 예를 들어 v − w는 $(-1-3, -3-2, 3-4) = (-4, -5, -1)$이다. 이 좌표는 [그림 3.16] 오른쪽에 있는 v − w의 그림과도 일치하며 이 벡터는 음의 x방향, 음의 y방향, 음의 z방향을 가리킨다.

2배 스칼라곱이 벡터의 '길이를 2배' 늘인다는 것에서, 기하학적 유사성을 떠올렸다. v의 세 성분 각각을 2배로 늘리면 길이도, 폭도, 깊이도 2배가 되며, 박스의 한 모서리에서 반대쪽 모서리로의 대각선 거리도 2배가 된다. 이를 실제로 측정해서 확인하려면 3차원에서 거리를 계산하는 방법을 알아야 한다.

3.2.4 길이와 거리 계산하기

2차원에서는 피타고라스 정리를 이용해 벡터의 길이를 계산하였는데, 사실 화살표 벡터와 그 성분들이 직각삼각형을 만든다는 점을 활용한 것이다. 비슷하게 평면 위 두 점 간의 거리는 두 점의 차를 벡터로 보았을 때의 길이다.

좀 더 살펴봐야겠지만, 3차원에서도 직각삼각형을 적절히 찾으면 벡터의 길이를 계산하는 데 도움이 된다. 예를 들어 벡터 $(4, 3, 12)$의 길이를 찾아보자. x성분과 y성분은 $z=0$인 평면에 놓인 직각삼각형을 이룬다. 이 삼각형의 빗변, 또는 두 성분을 모서리로 하는 사각형의 대각선은 그 길이가 $\sqrt{(4^2+3^2)} = \sqrt{25} = 5$이다. 2차원 벡터였다면 이것으로 끝났겠지만, 12단위 크기인 z성분이 있어서 벡터는 훨씬 더 길다. [그림 3.17]에서 확인하자.

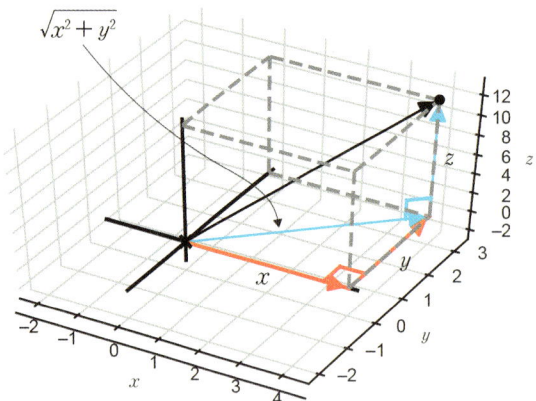

그림 3.17 xy평면에서 빗변의 길이를 찾고자 피타고라스 정리를 적용해보기

지금 살펴본 벡터들은 $z=0$인 xy평면에 놓여있다. x성분은 $(4,0,0)$이고 y성분은 $(0,3,0)$이며, 두 성분의 벡터합은 $(4,3,0)$이다. z성분 $(0,0,12)$는 앞의 세 벡터에 모두 수직이다. 이 사실로 그림 상에서 두 번째 직각삼각형을 찾을 수 있다. 이 삼각형은 $(4,3,0)$과 $(0,0,12)$를 삼각형법에 따라 배치하면 나타난다. 이 삼각형의 빗변은 원래 벡터 $(4,3,12)$이며, 이 벡터의 길이를 알고 싶다.

두 번째 직각삼각형에 주목해서 빗변의 길이를 구하기 위해 피타고라스 정리를 적용하면 [그림 3.18]과 같다.

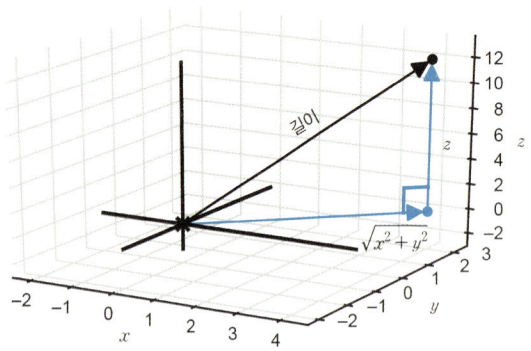

그림 3.18 피타고라스 정리를 두 번 적용해 구한 3차원 벡터의 길이

두 변의 길이를 각각 제곱해서 더한 뒤 제곱근을 취하면 길이를 구할 수 있다. 여기서 각 길이는 5와 12이므로 $\sqrt{5^2 + 12^2} = 13$이다. 일반적으로 다음 식은 3차원에서 벡터의 길이에 대한 공식을 보여준다.

$$길이 = \sqrt{(\sqrt{x^2 + y^2})^2 + z^2} = \sqrt{x^2 + y^2 + z^2}$$

이 식은 2차원에서의 길이 공식과 유사하다. 2차원이든 3차원이든, 벡터의 길이는 각 성분의 제곱의 합에 제곱근을 취한 것이다. 다음 length 함수는 입력 튜플의 길이를 직접적으로 참조하지 않고 작성했기 때문에, 2차원 벡터든 3차원 벡터든 상관없이 잘 동작한다.

```
from math import sqrt
    def length(v):
        return sqrt(sum([coord ** 2 for coord in v]))
```

예를 들어 length((3,4,12))는 13을 리턴한다.

3.2.5 각과 방향 계산하기

2차원과 마찬가지로 3차원 벡터는 특정 방향과 특정 길이를 갖는 화살표나 변위로 생각할 수 있다. 2차원에서는 두 개의 수로 2차원 벡터를 명시한다. 예를 들어 극좌표의 순서쌍을 이루는 길이와 각도는 하나의 2차원 벡터를 가리킨다. 3차원에서는 한 개의 각으로는 방향을 명시하기에 충분하지 않기에 두 개가 필요하다.

3차원 벡터의 첫 번째 각을 측정하기 위해 z좌표를 제외한 벡터가 xy평면($z = 0$) 위에 있다고 생각해보자. 원래 벡터에서 z좌표가 없는 벡터($z = 0$인 벡터)를 상상하는 다른 방법은 매우 높은 z 위치에서 xy평면에 수직으로 내리쬐는 빛으로 인해 드리워진 벡터의 그림자를 떠올리는 것이다. 이 그림자는 x축의 양의 방향과 각을 이루는데, 극좌표에서 사용했던 각에 대응한다. 이 각을 그리스 문자 ϕ(phi, 피)로 표기한다. 두 번째 각은 z축과 벡터가 이루는 각이며, 그리스 문자 θ(theta, 세타)로 표기한다. [그림 3.19]는 두 각을 보여준다.

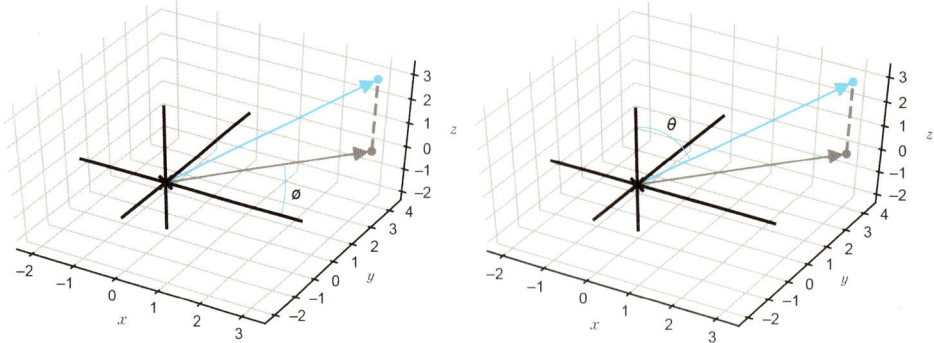

그림 3.19 3차원 벡터의 방향을 측정하는 두 개의 각

벡터 r의 길이에 앞의 두 각 ϕ와 θ가 주어지면 3차원 상의 어떠한 벡터도 묘사할 수 있다. 이 세 수 r, ϕ, θ를 데카르트 좌표 x, y, z와 구분하여 **구면좌표**(spherical coordinates)라고 한다. 앞에서 다룬 삼각법만을 이용해 데카르트 좌표로부터 계산하는 방법은 흥미롭지만 여기서는 다루지 않겠다. 이 책에서는 극좌표계와 구면좌표계를 간단히 비교만 하고 앞으로 다루지는 않는다.

극좌표는 평면벡터의 집합을 회전시킬 때 단순히 각을 더하거나 빼기만 하면 되므로 편리하다. 극좌표에서 각의 차를 계산하면 두 벡터의 사잇각을 알 수 있기도 했다. 하지만 3차원에서는 ϕ와 θ 중 어떤 각도 두 벡터의 사잇각을 바로 알려주진 않는다. z축을 중심으로 벡터를 회전할 때에는 각 ϕ에다가 회전량을 더하거나 빼면 되긴 하지만, 다른 축에 대해서는 구면좌표계에서도 회전이 편리하진 않다.

따라서 3차원에서는 각과 삼각법을 다룰 좀 더 일반적인 도구가 필요하다. 다음 절에서 **벡터 곱**(vector product)이라 불리는 두 가지 도구를 살펴볼 것이다.

3.2.6 연습문제

연습문제 | 3.3

두 벡터 $(4, 0, 3)$과 $(-1, 0, 1)$을 Arrow3D 객체로 그리되, 두 벡터를 3차원 상에서 삼각형법으로 가능한 두 가지 순서대로 배치해 그려라. 그리고 벡터합을 구하라.

연습문제 | 3.4

vectors1=[(1,2,3,4,5),(6,7,8,9,10)]과 vectors2=[(1,2),(3,4),(5,6)]이라고 설정했다고 하자. 파이썬에서 계산하지 않고 zip(*vectors1)과 zip(*vectors2)의 결과로 얻는 튜플의 개수를 각각 구하라.

연습문제 | 3.5   미니 프로젝트

다음 리스트 컴프리헨션은 24개의 파이썬 벡터로 이루어진 리스트를 만든다.

```
from math import sin, cos, pi
vs = [(sin(pi*t/6), cos(pi*t/6), 1.0/3) for t in range(0,24)]
```

이 24개 벡터의 합을 구하라. Arrow3D 객체로 삼각형법을 사용해 24개 벡터 모두를 그려라.

연습문제 | 3.6

입력으로 주어진 스칼라값과 벡터를 곱해서 리턴하는 함수 scale(scalar,vector)를 작성하라. 특히, 2차원이든 3차원이든 좌표가 몇 개든 상관없이 동작하도록 작성하라.

연습문제 | 3.7

$\mathbf{u} = (1,-1,-1)$과 $\mathbf{v} = (0,0,2)$라고 할 때, $\mathbf{u} + \frac{1}{2} \cdot (\mathbf{v}-\mathbf{u})$를 구하라.

연습문제 | 3.8

2차원 벡터 (1,1)의 길이와 3차원 벡터 (1,1,1)의 길이를 각각 구하라. 4차원 벡터는 좌푯값이 4개가 있는 벡터다. 추측하는 수밖에 없겠으나, 좌표가 (1,1,1,1)인 4차원 벡터의 길이를 구하라. 코드를 사용하지 않고 이 연습문제의 답을 찾은 뒤 검산하라.

연습문제 | 3.9   미니 프로젝트

세 수가 3, 4, 12인 벡터는 각각의 수가 어느 좌표이든 길이가 13으로 자연수인 벡터를 이룬다. 이는 특이한 결과인데, 수는 대부분 완전제곱수(perfect square number)[3]가 아니기 때문에 길이 공식에서 등장하는 제곱근은 보통 무리수를 리턴한다. 길이가 자연수인 벡터의 좌표를 이루는 세 개의 정수 튜플을 하나 구하라.

연습문제 | 3.10

$(-1, -1, 2)$와 같은 방향이지만 길이가 1인 벡터를 구하라.

힌트 원래 벡터에 적절한 스칼라를 찾아 곱하면 길이를 적절히 바꿀 수 있다.

3.3 내적 : 벡터 간 가지런함 측정하기

스칼라곱은 벡터에 대한 곱의 한 종류로, 스칼라(실수)와 벡터를 결합해 새로운 벡터를 만든다. 한 벡터를 다른 벡터와 곱하는 방법에는 두 가지가 있는데, 둘 다 중요한 기하학적 직관을 제공한다. 하나는 **내적**이라고 해서 $\mathbf{u} \cdot \mathbf{v}$ 처럼 점 연산 기호를 사용하고, 다른 하나는 **외적**이라고 해서 $\mathbf{u} \times \mathbf{v}$ 처럼 곱셈 기호를 사용한다. 두 기호는 수 연산에서 의미가 같으므로 $3 \cdot 4 = 3 \times 4$가 성립한다. 두 벡터를 대상으로 하면 연산 $\mathbf{u} \cdot \mathbf{v}$와 $\mathbf{u} \times \mathbf{v}$는 단지 다른 표기법이 아니라 완전히 다른 연산을 의미한다.

내적은 두 벡터를 입력으로 받아서 스칼라(수)를 리턴하지만, 외적은 두 벡터를 입력으로 받아서 다른 벡터를 리턴한다. 두 연산은 3차원에서 벡터의 길이와 방향에 대한 추론을 돕는다. 먼저 내적에 초점을 맞추며 시작해보자.

---

[3] (옮긴이) 어떤 정수를 제곱하여 만들어지는 수를 완전제곱수라고 한다.

3.3.1 내적 그리기

내적(dot product)은[4] 두 벡터에 대한 연산이며 스칼라를 리턴한다. 두 벡터 u 와 v 가 주어질 때 내적의 결과 u · v 는 실수이다. 내적은 2차원, 3차원 및 임의 차원의 벡터에 대해 동작한다. 내적은 입력 벡터 쌍의 '가지런한 정도'를 측정한다고 생각할 수 있다. xy평면의 몇몇 벡터와 그 내적을 살펴보면서 내적의 동작에 대한 직관을 형성해보자.

[그림 3.20]의 두 벡터 u 와 v 는 각각 길이가 4와 5이며, 상당히 비슷한 방향을 가리키고 있다. 두 벡터의 내적은 양수이며, 이는 두 벡터가 가지런함을 의미한다.

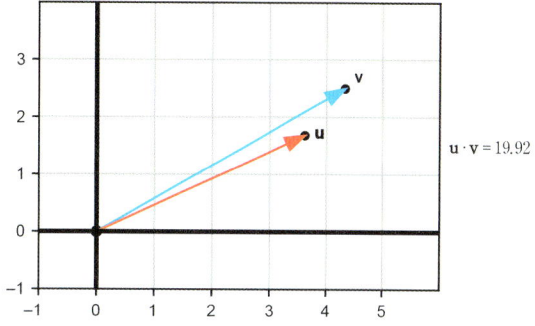

그림 3.20 두 벡터가 상대적으로 가지런하면, 그 내적은 큰 양수

유사한 방향을 가리키는 두 벡터의 내적은 양수이며, 각 벡터가 커지면 커질수록 내적도 커진다. 크기가 작지만 비슷하게 가지런한 벡터의 내적도 여전히 양수이다. [그림 3.21]의 두 벡터 u 와 v 는 각각 길이가 2이다.

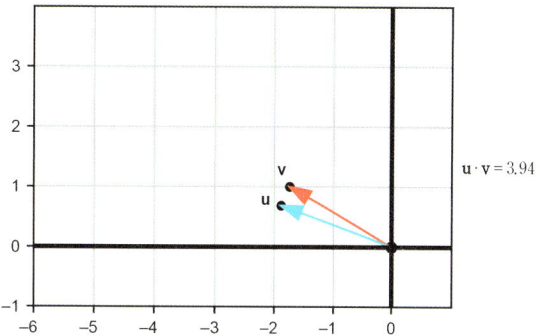

그림 3.21 유사한 방향을 가리키는 두 짧은 벡터의 내적은 크기는 작지만 양수

---

4 (옮긴이) 연산자 모양이 점(dot)이라서 dot product라고 표현한다. inner product라고도 하며, 결괏값이 스칼라이므로 기하학에서는 스칼라곱(scalar product)이라고도 한다.

반면에 [그림 3.22]처럼 두 벡터가 반대 방향이나 [그림 3.23]처럼 두 벡터가 거의 반대 방향을 가리키면 두 벡터의 내적은 음수이다. 두 벡터의 크기가 커질수록 두 벡터의 내적은 음의 방향으로 더 커진다.

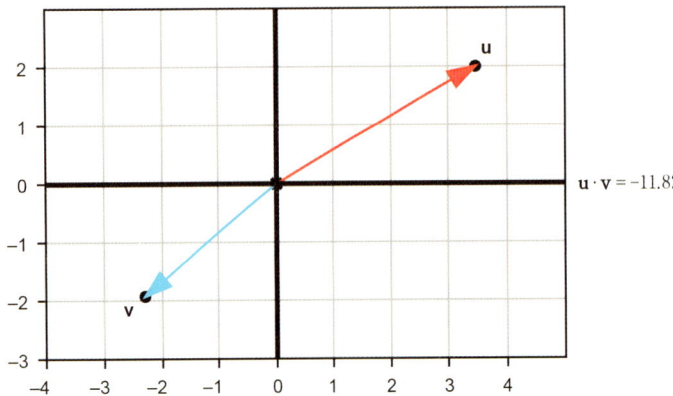

그림 3.22 반대 방향을 가리키는 두 벡터의 내적은 음수

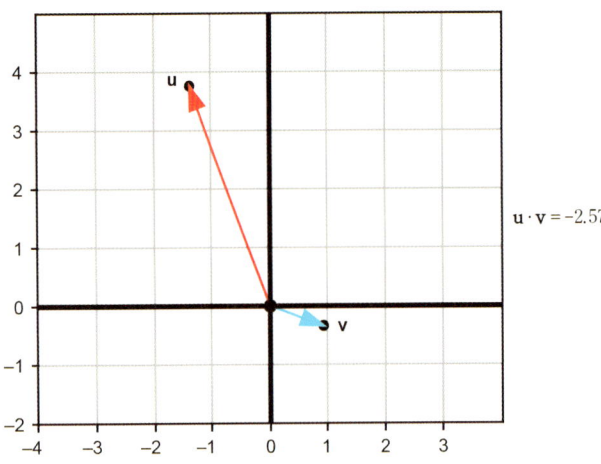

그림 3.23 반대 방향을 가리키는 두 짧은 벡터의 내적은 크기는 작지만 음수

모든 벡터 쌍이 유사한 방향이나 반대 방향을 명확히 가리키는 건 아니기에, 내적은 그 정도를 측정한다. [그림 3.24]처럼 두 벡터가 정확히 서로 수직이라면 두 벡터의 내적은 벡터의 길이와 무관하게 0이다.

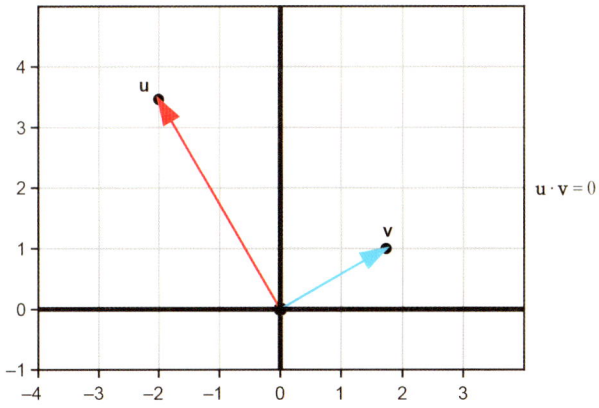

그림 3.24 서로 수직인 벡터의 내적은 언제나 0

이러한 결과는 내적의 가장 중요한 응용 사례를 만들어내는데, 바로 삼각법을 전혀 사용하지 않고 두 벡터의 수직을 계산할 수 있다. 이러한 수직 조건은 다른 경우를 분리하는 데에도 사용한다.

두 벡터의 사잇각이 90° 미만이면 두 벡터의 내적은 양수이다. 두 벡터의 사잇각이 90°를 초과하면 두 벡터의 내적은 음수이다. 아직 내적의 계산법을 설명하지 않았지만, 계산한 값을 해석하는 법을 이제 알게 되었다. 이제 계산법을 알아보자.

3.3.2 내적 계산하기

두 벡터의 좌표가 주어질 때 내적을 계산하는 쉬운 공식이 있다. 바로 각 좌표끼리 곱한 뒤에 더하는 것이다.

예를 들어 내적 $(1,2,-1) \cdot (3,0,3)$에서 x좌표의 곱은 3이며, y좌표의 곱은 0이며, z좌표의 곱은 -3이다. 그 합은 $3+0+(-3)=0$으로 내적은 0이다. 그렇다면 두 벡터는 수직임이 틀림없다. [그림 3.25]처럼 그려보면 이를 확인할 수 있는데, 올바른 방향에서 봐야만 명확히 보인다.

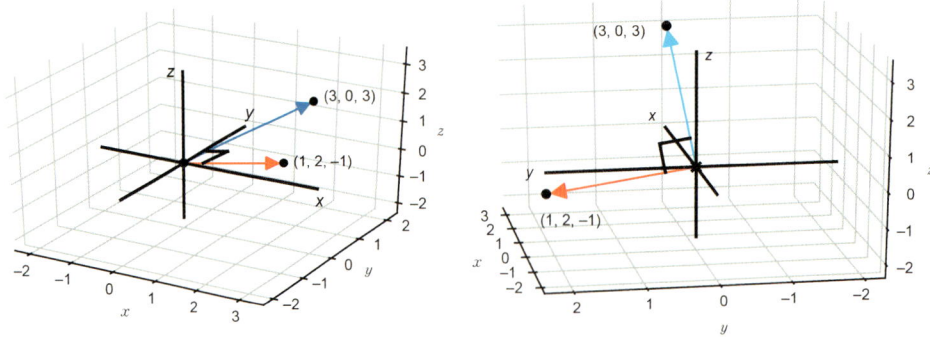

그림 3.25 내적이 0인 두 벡터는 실제로 3차원에서 수직

방금 사례처럼 3차원을 바라보는 관점에 따라 오해할 소지가 있기 때문에, 눈으로 보기보다는 상대적인 방향을 **계산해보는** 것이 더 유용할 수 있다. 다른 예시로, [그림 3.26]은 2차원 벡터 $(2,3)$과 $(4,5)$가 xy평면의 비슷한 방향을 가리키도록 놓여있음을 보여준다. x좌표의 곱은 $2 \cdot 4 = 8$이고, y좌표의 곱은 $3 \cdot 5 = 15$이다. 두 벡터의 내적은 $8 + 15 = 23$이다. 결과가 양수라는 점은 벡터의 사잇각이 90° 미만임을 알려준다. 두 벡터를 2차원에서 보든 3차원에서 $z = 0$인 평면에 놓여있는 두 벡터 $(2,3,0)$과 $(4,5,0)$으로 보든 간에 두 벡터의 상대적인 기하학적 특성은 동일하다.

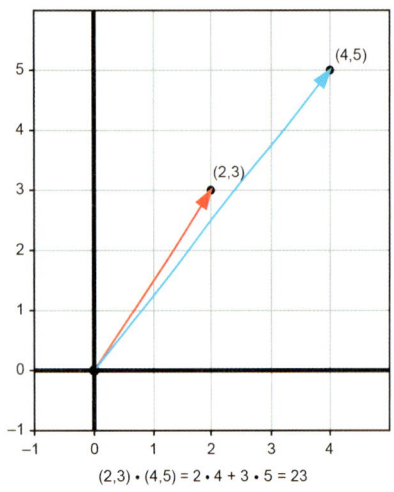
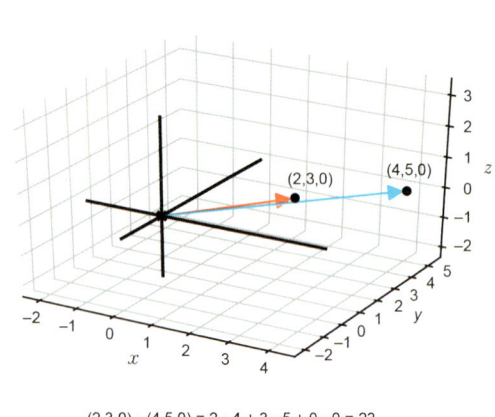

그림 3.26 내적을 계산하는 다른 예시

파이썬에서는 2개의 입력 벡터 모두 좌표의 개수가 같다면(두 벡터가 같은 차원에 존재한다면) 두 벡터에 대한 내적 함수를 다음과 같이 작성할 수 있다.

```
def dot(u,v):
    return sum([coord1 * coord2 for coord1,coord2 in zip(u,v)])
```

이 코드는 적절한 좌표끼리 쌍을 이뤄주기 위해 파이썬의 zip 함수를 사용한 뒤, 컴프리헨션에서 각 쌍별로 곱해 얻은 리스트의 원소를 합한다. 내적의 동작 방식을 탐구하기 위해 이 함수를 더 활용해보자.

3.3.3 내적 예시

서로 다른 축에 놓인 두 벡터의 내적이 0임은 놀랍지 않다. 두 축이 수직임은 이미 알고 있었기 때문이다.

```
>>> dot((1,0),(0,2))
0
>>> dot((0,3,0),(0,0,-5))
0
```

벡터가 길면 길수록 내적도 커진다. 예를 들어 입력 벡터를 2배로 확대하면 내적 결과도 2배가 된다.

```
>>> dot((3,4),(2,3))
18
>>> dot(scale(2,(3,4)),(2,3))
36
>>> dot((3,4),scale(2,(2,3)))
36
```

내적은 각 입력 벡터의 길이에 비례함을 알 수 있다. 한편, 같은 방향인 두 벡터의 내적을 구하면 내적의 결과는 각 벡터의 길이를 곱한 것과 동일하다. 예를 들어 $(4,3)$은 길이가 5인 벡터이고 $(8,6)$은 길이가 10인 벡터이다. 두 벡터의 내적은 $5 \cdot 10$이다.

```
>>> dot((4,3),(8,6))
50
```

물론 내적이 언제나 입력 벡터 길이의 곱과 같진 않다. 네 벡터 $(5,0)$, $(-3,4)$, $(0,-5)$, $(-4,-3)$은 모두 길이가 5이지만 벡터 $(4,3)$과 내적을 각각 구해보면 [그림 3.27]처럼 서로 다르다.

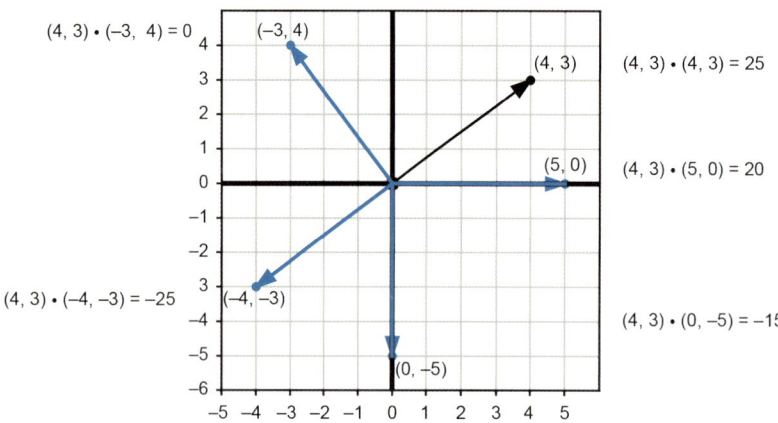

그림 3.27 길이가 같아도 방향에 따라 달라지는 내적값

길이가 5인 두 벡터의 내적 범위는 두 벡터가 같은 방향으로 나란할 때인 $5 \cdot 5 = 25$에서부터 두 벡터가 반대 방향으로 나란할 때인 -25까지이다. [연습문제 3.15]에서 두 벡터의 내적 범위는 길이의 곱에서부터 부호를 반전한 값까지임을 확인하기 바란다.

3.3.4 내적으로 각 측정하기

앞에서 두 벡터의 사잇각에 따라 내적이 다양함을 보았다. 내적 $\mathbf{u} \cdot \mathbf{v}$는 사잇각이 $0°$에서 $180°$의 범위일 때 $\mathbf{u}$와 $\mathbf{v}$의 길이를 곱한 값에 양의 부호가 붙었을 때부터 음의 부호가 붙었을 때까지의 범위에 존재한다. 이렇게 동작하는 함수는 바로 코사인 함수이다. 따라서 내적

의 다른 공식을 생각할 수 있다. |u|와 |v|가 각각 u와 v의 길이를 나타낼 때, 두 벡터의 내적은 다음과 같다.

$$\mathbf{u} \cdot \mathbf{v} = |\mathbf{u}| \cdot |\mathbf{v}| \cdot \cos(\theta)$$

여기서 θ는 두 벡터 u와 v의 사잇각이다. 이 공식은 내적을 계산하는 새로운 방법을 알려준다. 두 벡터의 길이와 사잇각을 측정하면 내적을 구할 수 있다. 예를 들어 [그림 3.28]에는 길이가 각각 3과 2인 두 벡터가 있는데, 각도기를 사용했더니 두 벡터가 75°만큼 떨어져 있음을 알았다고 하자.

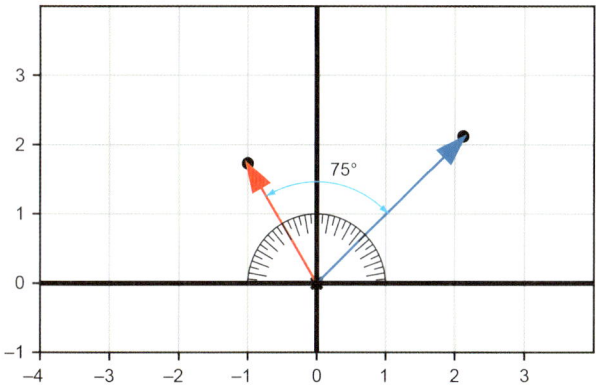

그림 3.28 각각 길이가 3과 2이고 75° 만큼 떨어져 있는 두 벡터

그러면 두 벡터의 내적은 3 · 2 · $\cos(75°)$이다. 각(75°)을 라디안으로 적절히 변환한 뒤 파이썬으로 계산하면 약 1.55가 나온다.

```
>>> from math import cos,pi
>>> 3 * 2 * cos(75 * pi / 180)
1.5529142706151244
```

벡터를 계산할 때는 좌표로 사잇각을 구하는 상황이 더 자주 일어난다. 따라서 내적을 계산하는 두 공식을 결합해 사잇각을 구할 수 있다. 좌표를 이용해 두 벡터의 내적과 각 벡터의 길이를 먼저 구하고, 그 뒤에 사잇각에 대한 방정식을 풀면 된다.

두 벡터 (3,4)와 (4,3)의 사잇각을 구해보자. 두 벡터의 내적은 24이며, 길이는 둘 다 5이다. 따라서 내적 공식에 대입하면 다음을 알 수 있다.

$$(3,4) \cdot (4,3) = 24 = 5 \cdot 5 \cdot \cos(\theta) = 25 \cdot \cos(\theta)$$

방정식 $24 = 25 \cdot \cos(\theta)$에서 $\cos(\theta) = 24/25$이다. 파이썬의 `math.acos` 함수를 이용하면, θ값이 0.284라디안 또는 16.3°일 때 코사인값이 24/25임을 알 수 있다.

이 문제는 왜 2차원에서 내적을 필요로 하지 않았는지 알려준다. 2장에서 x축의 양의 방향과 벡터가 만드는 각을 구하는 법을 살펴보았다. 해당 식을 창의적으로 사용하면, 평면에서 등장하는 모든 각을 구할 수 있다. 다만 내적은 좌표를 변경해도 각을 측정하기 힘든 3차원에서 빛을 발한다.

예를 들어 각을 구하는 식을 (1,2,2)와 (2,2,1)의 사잇각을 구하는 데 사용할 수 있다. 내적은 $1 \cdot 2 + 2 \cdot 2 + 2 \cdot 1 = 8$이고 두 벡터 모두 길이가 3이다. 코사인을 이용한 내적은 $8 = 3 \cdot 3 \cdot \cos(\theta)$이므로 $\cos(\theta) = 8/9$이며 사잇각 θ는 0.476라디안 또는 27.3°이다.

이 계산 과정은 2차원이든 3차원이든 같으며, 앞으로 계속해서 사용할 것이다. 따라서 두 벡터의 각을 구하는 파이썬 함수를 구현하면 편하다. 내적 함수나 길이 함수가 차원 수를 명시적으로 사용하지 않으므로, 새로 만들 함수도 마찬가지일 것이다. $\mathbf{u} \cdot \mathbf{v} = |\mathbf{u}| \cdot |\mathbf{v}| \cdot \cos(\theta)$를 사용하면, 다음을 알 수 있다.

$$\cos(\theta) = \frac{\mathbf{u} \cdot \mathbf{v}}{|\mathbf{u}| \cdot |\mathbf{v}|}, \qquad \theta = \arccos\left(\frac{\mathbf{u} \cdot \mathbf{v}}{|\mathbf{u}| \cdot |\mathbf{v}|}\right)$$

이 식은 다음과 같이 깔끔하게 파이썬 코드로 변환할 수 있다.

```python
def angle_between(v1,v2):
    return acos(
                dot(v1,v2) /
                (length(v1) * length(v2))
            )
```

3.3.2절에서 만든 `dot()` 함수가 모든 차원에서 동작하도록 구현되어 있으므로, 이 파이썬 함수도 두 벡터 $\mathbf{v}_1$과 $\mathbf{v}_2$에 대해 모든 차원에서 올바르게 동작한다. 따라서 벡터가 두 개의

좌표 튜플일 수도, 세 개의 좌표 튜플일 수도 (또는 네 개 이상의 좌표 튜플일 수도) 있다. 그러나 이제 배울 벡터곱(외적)은 3차원에서만 작동한다.

연습문제 풀이

3.3.5 연습문제

연습문제 | 3.11

다음 그림을 바탕으로 u · v, u · w, v · w의 대소를 비교하라.

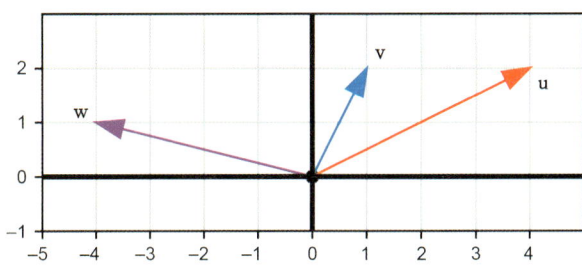

연습문제 | 3.12

$(-1,-1,1)$과 $(1,2,1)$의 내적을 구하라. 이 두 3차원 벡터의 사잇각은 90°보다 큰가? 작은가? 또는 정확히 90°인가?

연습문제 | 3.13   미니 프로젝트

두 3차원 벡터 u, v가 있을 때, $(2u) \cdot v$와 $u \cdot (2v)$는 모두 $2(u \cdot v)$와 같다. 예를 들어 u · v = 18이라면 $(2u) \cdot v$와 $u \cdot (2v)$는 36으로 u · v의 2배이다. 이 같은 성질이 임의의 실수 s에 대해서도 성립함을 보여라. 다시 말해 $(su) \cdot v$와 $u \cdot (sv)$는 모두 $s(u \cdot v)$와 같음을 보이면 된다.

연습문제 | 3.14   미니 프로젝트

어떤 벡터와 벡터 자신의 내적을 구하면 해당 벡터의 길이의 제곱임을 대수적으로 설명하라.

연습문제 | 3.15 미니 프로젝트

$u \cdot v = 21$을 만족하며 길이가 3인 벡터 u와 길이가 7인 벡터 v를 구하라. $u \cdot v = -21$을 만족하며 길이가 3인 벡터 u와 길이가 7인 벡터 v를 구하라. 마지막으로, 길이가 각각 3과 7인 벡터쌍을 3개 더 찾아서 내적이 -21과 21 사이에 있음을 보여라.

연습문제 | 3.16

두 벡터 u, v가 $|u| = 3.61$, $|v| = 1.44$이라고 하자. u, v의 사잇각이 $101.3°$일 때, $u \cdot v$는?
(a) 5.198   (b) 5.098   (c) -1.019 (d) 1.019

연습문제 | 3.17 미니 프로젝트

$(3,4)$, $(4,3)$의 사잇각을 구하면? 극좌표로 바꾼 뒤 각 벡터가 이루는 각의 차이를 계산하라.
(a) 1.569   (b) 0.927   (c) 0.643   (d) 0.284

힌트 계산한 결과는 내적 공식을 이용해 검산할 수 있다.

연습문제 | 3.18

$(1,1,1)$, $(-1,-1,1)$의 사잇각을 도(°)로 나타내면?
(a) 180°   (b) 120°   (c) 109.5°   (d) 90°

3.4 외적 : 유향 면적 측정하기

외적(cross product)은[5] 3차원 벡터 u와 v를 입력으로 받아서 다른 3차원 벡터인 $u \times v$를 출력한다. 외적은 입력 벡터의 길이와 상대적인 방향이 출력을 결정한다는 점에서 내적과 비슷하지만, 출력이 크기를 비롯해 방향도 갖는다는 점에서 차이가 있다. 외적의 강력함을 이해하기 위해서는 3차원에서의 방향 개념을 주의 깊게 생각할 필요가 있다.

---

[5] (옮긴이) 내적과 마찬가지로 연산자 모양 ×(cross)를 따라 cross product라고 표현한다. outer product라고도 하며, 결괏값이 벡터이므로 기하학에서는 벡터곱(vector product)이라고도 한다.

3.4.1 3차원에서 축이 놓여있는 방향 찾기

이 장에서 x축, y축, z축을 도입할 때, 두 가지 관점을 명확히 선언했다. 첫째로, 우리에게 익숙한 xy평면이 3차원 세계 내에 존재한다. 두 번째로, z방향은 xy평면에 수직이라고 설정했으므로 xy평면은 $z = 0$인 위치에 존재한다. 그러나 z축의 양의 방향은 아래가 아니라 위를 향하고 있다고는 명확하게 선언하지 않았다.

다시 말해서 xy평면을 일반적인 관점으로 보면 z축의 양의 방향은 평면에서 뻗어 나와 우리를 향하고 있다. 다른 관점을 택하면 z축의 양의 방향이 우리에게서 멀어지도록 할 수 있을 것이다. [그림 3.29]를 보자.

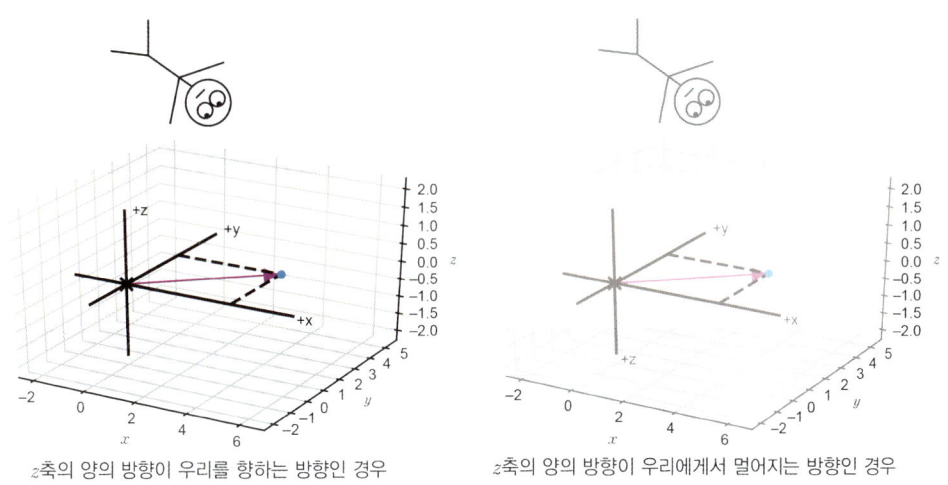

z축의 양의 방향이 우리를 향하는 방향인 경우 z축의 양의 방향이 우리에게서 멀어지는 방향인 경우

그림 3.29 2장에서 살펴본 xy평면을 3차원에서 바라보는 위치 문제

여기서 발생하는 차이는 우리가 바라보는 관점의 차이가 아니다. 두 선택지는 3차원 공간에서 '축 배치 방향'(orientation)[6]의 차이를 나타내며, 어느 관점에서 바라봐도 구분할 수 있다. [그림 3.29]의 왼쪽 그림에 위치한 막대 인간처럼 양수인 어느 z좌표에 떠 있다고 하자. 여기서 y축의 양의 방향은 x축의 양의 방향을 반시계방향으로 1/4 회전(90°)한 방향이어야 한다. 만약 그렇지 않다면 축 배치 방향이 잘못된 것이다.

---

[6] (옮긴이) 분야에 따라 오리엔테이션, 표정(標定), 배향(配向) 등으로도 불리는 방향(orientation)은 벡터의 방향(direction)과는 다르다. 저자는 위상수학에서의 방향을 설명하고 있다.

실제 세계의 많은 물건은 축 배치 방향 속성이 고유하다고 생각할 수 있으며, 이때 거울에 비친 상(mirror image)과는 그 속성이 달라 보인다. 예를 들어 왼쪽 신발과 (왼쪽 신발의 거울에 비친 상에 해당하는) 오른쪽 신발은 좌우가 반대인 점을 무시하면 크기와 모양이 같지만, 축 배치 방향은 다르다. 장식이 없는 머그컵은 축 배치 방향을 속성으로 갖지 않는다. 크기와 모양이 같고 장식이 없는 머그컵을 찍은 사진이 두 장 있을 때 사진 속의 각 머그컵이 같은 머그컵을 찍은 건지 아닌지 구분할 수 없기 때문[7]이다. 하지만 [그림 3.30]처럼 머그컵의 한 면에 좌우가 구분되는 그림을 그려두면 두 사진을 구분할 수 있다.

그림 3.30 로고 유무에 따라 동일성에 대한 판단이 달라지는 두 머그컵

수학자들이 축 배치 방향을 확인하기 위해 사용하는 객체는 손이다. 손은 방향을 구분할 수 있는 객체로, 언제나 쓸 수 있으며 운 나쁘게 손이 몸에서 분리되더라도 왼손과 오른손을 구분할 수 있다. [그림 3.31]에 있는 손이 오른손인지 왼손인지 구분할 수 있는가?

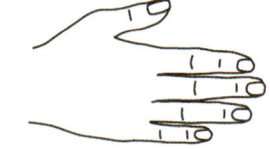

그림 3.31 오른손인가? 왼손인가?

당연히 오른손이다. 왼손이었다면 손끝에 손톱이 있을 리 없다. 수학자들은 좌표축을 잡는 방법 두 가지를 구분하고자 손을 사용하며, 오른손 방향(right-handed orientation)과 왼손 방향(left-handed orientation)이라고 부른다. [그림 3.32]에 한 가지 방향을 쉽게 기억할 수 있게 그려두었다. 오른손 집게손가락이 x축의 양의 방향을 가리키고 남은 손가락을 굽혀서 y축의 양의 방향을 가리키게 하면, 엄지손가락은 z축의 양의 방향을 알려준다.

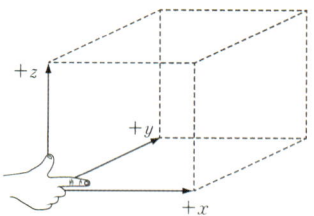

그림 3.32 오른손 법칙

---

7 (옮긴이) 머그컵을 거울에 비추어 찍은 사진(3차원 공간의 축이 놓인 방향이 바뀜)과 사람이 머그컵의 반대 방향으로 가서 찍은 사진(3차원 공간의 축이 놓인 방향은 유지되나 보는 관점만 바뀜)은 똑같이 생겼기 때문에 구분할 수 없다.

이렇게 [그림 3.32]처럼 좌표축을 잡는 방법을 **오른손 법칙**(right-hand rule)이라고 한다. 축이 이 법칙에 따라 놓여있다면 오른손 방향으로 축을 잡았음을 (정확히) 알게 된다. 축을 잡는 방법(또는 축 배치 방향)은 중요하다! 드론을 조종하거나 복강경 수술 로봇을 제어하는 프로그램을 짠다면 상하좌우와 전후진을 일관되게 유지해야 한다. 외적은 방향을 구분할 수 있는 도구로, 계산 과정에서 축 배치 방향을 확인하게끔 도와준다.

3.4.2 외적의 방향 구하기

외적을 계산하는 법을 설명하기 전에 외적의 결과를 보여주고자 한다. 두 입력 벡터가 주어지면 외적은 두 벡터에 모두 수직인 벡터를 결과로 출력한다. 예를 들어 $\mathbf{u} = (1,0,0)$이고 $\mathbf{v} = (0,1,0)$이면, [그림 3.33]에서 볼 수 있듯이 외적 $\mathbf{u} \times \mathbf{v}$는 $(0,0,1)$이다.

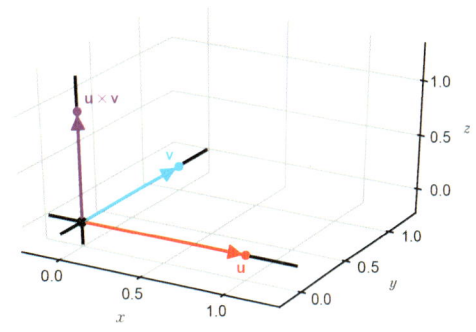

그림 3.33 $\mathbf{u} = (1,0,0)$와 $\mathbf{v} = (0,1,0)$의 외적

[그림 3.34]에서 볼 수 있듯이 사실 xy평면 위 임의의 어떠한 두 벡터의 외적은 z축 위에 놓여있다.

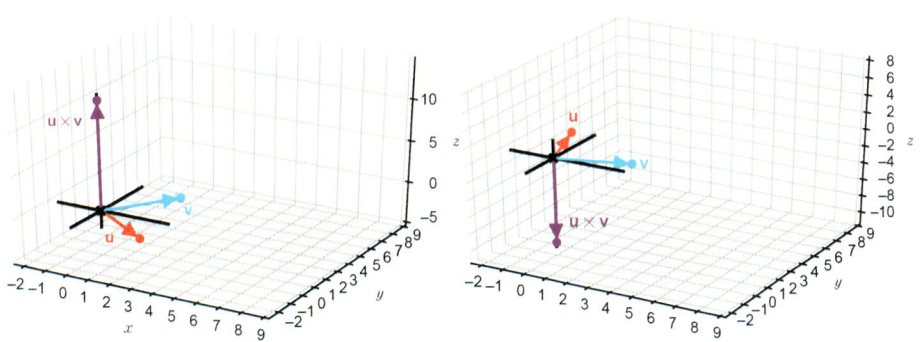

그림 3.34 언제나 z축 위에 놓여 있는 두 xy평면벡터의 외적

이로써 외적이 2차원에서 성립할 수 없음이 명확해진다. 두 입력 벡터를 포함한 평면 바깥에 놓여있는 벡터를 리턴하기 때문이다. 또한 두 입력 벡터가 xy평면에 있지 않더라도 외적의 결과가 두 입력 벡터와 수직임을 볼 수 있다. [그림 3.35]를 보자.

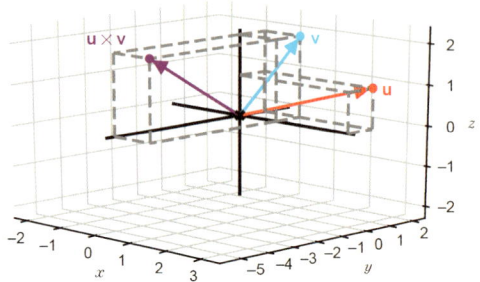

그림 3.35 언제나 두 입력 벡터에 수직인 벡터를 리턴하는 외적

하지만 수직이 되는 방향에는 두 가지 경우가 있으며, 외적은 그 중 하나만을 선택한다. 예를 들어 $(1,0,0) \times (0,1,0)$의 결과는 $(0,0,1)$인데, 이 벡터는 z축의 양의 방향을 가리키는 벡터이다. z축 위의 모든 벡터는 방향이 양의 방향이든 음의 방향이든 두 입력 벡터 모두에 수직이다. 그러면 왜 양의 방향이 나왔을까? 이제 좌표축을 잡는 방법이 등장할 차례다. 좌표축을 잡는 방법과 같이 외적 또한 오른손 법칙을 따른다. 두 입력 벡터 u, v에 수직인 방향을 찾았다면 세 벡터 u, v, u×v가 오른손 법칙이 정하는 축 배치 방향이 되도록 외적 u×v가 놓인다. [그림 3.36]처럼 오른손 집게손가락이 u의 방향을 가리키고 다른 손가락을 90° 회전시켜 v를 가리키게 한 후 엄지손가락을 세우면 이 엄지손가락은 u×v의 방향을 가리킨다.

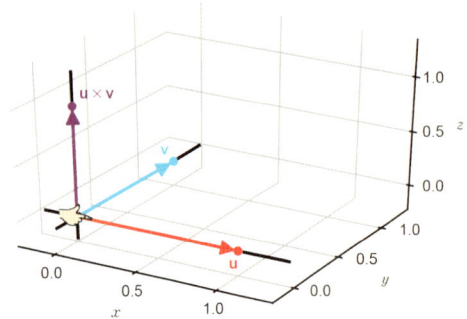

그림 3.36 외적의 방향을 알려주는 오른손 법칙

입력 벡터가 각각 두 좌표축 위에 있다면, 외적이 가리키는 정확한 방향을 찾는 건 쉽다. 바로 남은 축에서 생각할 수 있는 두 방향 중 하나이기 때문이다. 일반적으로 외적을 계산하지 않고 두 벡터와 수직인 방향을 설명하는 건 어렵다. 이러한 특징으로 인해 외적의 계산법을 한 번쯤 봐 두면 좋다. 하지만 벡터는 방향만으로 명시할 수 없다. 길이도 명시해야 한다. 외적의 길이 또한 중요한 정보를 담고 있다.

3.4.3 외적의 길이 구하기

내적과 마찬가지로 외적의 길이는 입력 벡터의 상대적인 위치에 대한 정보를 준다. 두 벡터가 가지런한 정도를 측정하는 내적과 달리, 외적은 두 벡터가 '얼마나 수직에 근접한지'에 대한 정보를 준다. 정확하게 말하면 [그림 3.37]처럼 두 입력 벡터가 생성하는 면적의 크기를 준다.

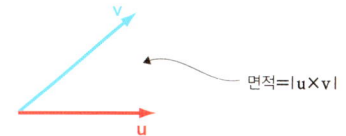

그림 3.37 외적의 길이와 평행사변형의 면적

[그림 3.37]에서 u 와 v 가 감싸는 평행사변형의 넓이는 외적 u×v 의 크기와 같다. 길이가 주어진 두 벡터는 수직일 때 가장 넓은 면적을 생성한다. 반면에 u 와 v 가 같은 방향을 가리키면 면적을 생성하지 않으며 외적의 길이는 0이다. 이 이유는 간단하다. 두 벡터가 평행하면 수직 방향이 유일하지 않기 때문이다.

외적의 길이에 외적의 방향을 결합하면 벡터가 된다. (평행하지 않은) xy평면 상의 두 벡터의 외적은 $+z$방향 또는 $-z$방향 중 하나를 가리킨다. [그림 3.38]에서 평면 상의 두 벡터로 생성한 평행사변형이 커질수록 외적도 커짐을 확인할 수 있다.

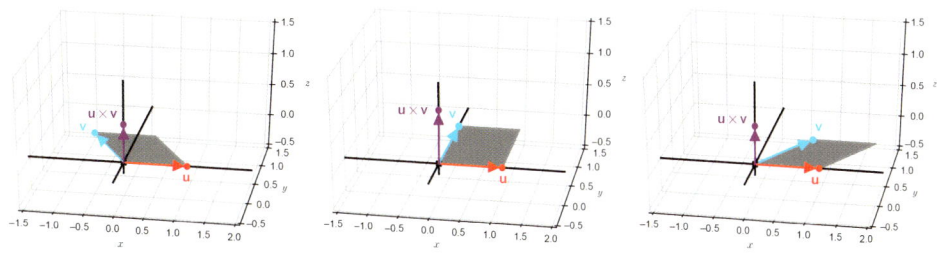

그림 3.38 두 벡터가 이루는 평행사변형의 넓이에 따라 달라지는 외적의 크기

삼각함수를 사용해 이 평행사변형의 면적을 구하는 공식이 있다. **u**와 **v**의 사잇각이 θ이면 평행사변형의 면적은 $|\mathbf{u}| \cdot |\mathbf{v}| \cdot \sin(\theta)$이다. 이렇게 길이와 방향을 구해 합치면 간단한 외적을 구할 수 있다. 예를 들어 $(0,2,0)$과 $(0,0,-2)$의 외적은 얼마인가? 두 벡터는 각각 y축과 z축에 있으므로 외적은 두 벡터 모두와 수직인 x축에 위에 있어야 한다. 이제 오른쪽 법칙으로 정확한 방향을 구하자.

집게손가락으로 첫 벡터의 방향(y축의 양의 방향)을 가리키고 나머지 손가락을 두 번째 벡터 방향(z축의 음의 방향)으로 구부리면, 엄지가 음의 x방향을 가리킨다. 외적의 크기는 $2 \cdot 2 \cdot \sin(90°)$인데, y축과 z축이 $90°$인 각을 이루며 만나기 때문이다. (이 경우 평행사변형은 한 변의 길이가 2인 정사각형이다.) 이 값은 4이므로 외적의 결과는 $(-4,0,0)$이다. 즉, $-x$방향을 가리키는 길이 4인 벡터이다.

이와 같이 외적은 기하학적으로 정교하게 정의된 연산이다. 하지만 이 방법만으로 외적을 구하기에는 한계가 있다. 벡터가 축과 항상 겹쳐져 있는 것도 아닌 데다 두 벡터와 모두 수직인 벡터라는 정의만으로는 외적의 좌표 (x, y, z)를 구할 방법이 명확하지 않기 때문이다. 다행히도 두 입력 벡터의 좌표를 알면 외적의 좌표를 계산하는 명확한 공식이 있다.

3.4.4 3차원 벡터의 외적 계산하기

외적 공식은 언뜻 골치 아파 보이지만 파이썬 함수로 작업하면 힘들이지 않고 계산할 수 있다. 두 벡터 **u**와 **v**의 좌표에서 시작해보자. 벡터를 $\mathbf{u} = (a,b,c)$와 $\mathbf{v} = (d,e,f)$보다 $\mathbf{u} = (u_x, u_y, u_z)$와 $\mathbf{v} = (v_x, v_y, v_z)$처럼 쓰면 공식이 더 명확해진다. 후자가 기억하기 쉽기 때문이다. 이 좌표들을 사용해 외적 공식을 적으면 다음과 같다.

$$\mathbf{u} \times \mathbf{v} = (u_y v_z - u_z v_y,\ u_z v_x - u_x v_z,\ u_x v_y - u_y v_x)$$

또는 파이썬에서 다음과 같이 적을 수 있다.

```
def cross(u, v):
    ux,uy,uz = u
    vx,vy,vz = v
    return (uy*vz - uz*vy, uz*vx - ux*vz, ux*vy - uy*vx)
```

[연습문제 3.25]에서 이 공식을 시험해볼 수 있다. 지금껏 써온 대부분의 공식과 달리, 이 공식은 다른 차원으로 일반화하기 쉽지 않다. 이 공식은 입력 벡터가 정확히 3개의 성분을 가져야 하기 때문이다.

이 대수적 연산 과정은 외적의 기하학적 설명과 일치한다. 외적이 말해주는 면적과 방향을 통해, 3차원 공간에 있는 사람이 공간 상에 같이 존재하는 다각형을 볼 수 있는지 없는지를 판단할 수 있다. 예를 들어 [그림 3.39]에서 볼 수 있듯이 x축에 서 있는 어떤 관찰자는 u = $(1,1,0)$와 v = $(-2,1,0)$으로 생성된 평행사변형을 볼 수 **없다**.

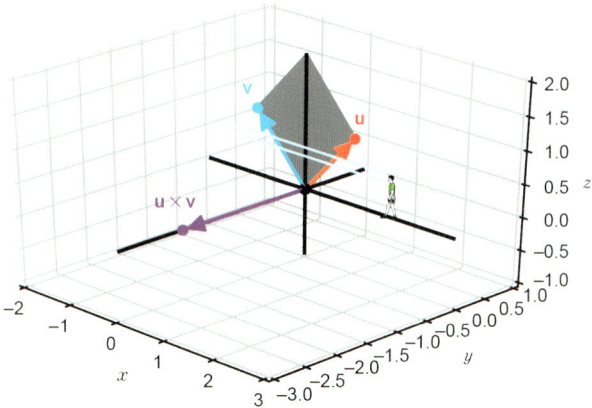

그림 3.39 관찰자가 다각형의 관찰 가능성을 결정하는 외적

[그림 3.39]에 있는 다각형은 관찰자의 가시선(line of sight)과 평행하다. 외적을 사용하면 이러한 그림을 그려보지 않고도 이를 알 수 있다. 외적은 이 관찰자의 가시선과 수직이기 때문에, 다각형을 전혀 볼 수 없다.[8]

이제 궁극적 목표인 다각형으로 3차원 객체를 만들어 2차원 캔버스에 그려낼 시간이다. 지금껏 보아온 벡터 연산을 모두 사용하겠다. 특히 외적은 어떤 다각형을 볼 수 있는지 판단하는 데 도움을 줄 것이다.

---

8 (옮긴이) 가시선(line of sight)은 눈에서 장애물 없이 관찰 대상에 도달할 수 있는 직선 경로이다. [그림 3.39]는 관찰자의 시선이 고정된 상태에서 가시선을 상상할 수 있도록 두 개의 보조선이 그려져 있다. 다각형에 두께가 있다면, 이 관찰자가 시선을 움직여서 평행사변형을 관찰해 봐도 평행사변형임을 알 수 없으며 기껏해야 선분처럼 보일 것이다. 하지만 기하학에서는 2차원 도형에는 두께가 없다고 생각하기 때문에 저자는 그러한 다각형을 전혀 볼 수 없다고 서술했다.

3.4.5 연습문제

연습문제 | 3.19

다음의 각 그림은 x축, y축, z축의 양의 방향을 각각 나타내는, 서로 수직인 화살표 세 개를 나타낸다. 3차원 박스에는 원근감을 부여하고자 박스의 뒷면을 회색으로 칠했다. 이 책에서 사용하는 좌표축 설정 방법은 무엇인가? 다른 관점에서 보더라도 우리가 그려왔던 x축, y축, z축을 나타낸 것을 골라라.

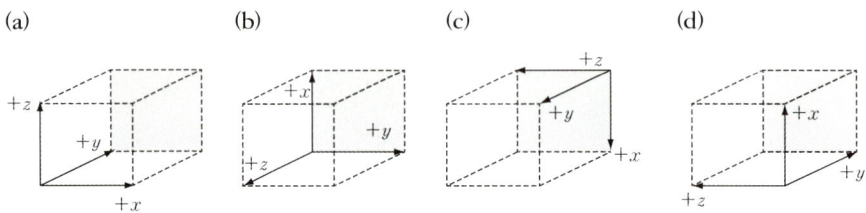

그림 어떤 것이 좌표축을 잡는 관례에 들어맞는가?

연습문제 | 3.20

거울 앞에 세 좌표축을 잡을 때, 거울에 비친 상은 축 배치 방향이 같은가, 다른가?

연습문제 | 3.21

외적 $(0,0,3) \times (0,-2,0)$이 가리키는 방향을 구하라.

연습문제 | 3.22

$(1,-2,1)$과 $(-6,12,-6)$을 외적한 결과의 좌표를 구하라.

연습문제 | 3.23 미니 프로젝트

오른쪽 그림처럼 평행사변형의 면적은 길이와 밑변의 길이와 높이를 곱한 것이다. 이를 바탕으로 평행사변형의 면적 공식이 $|u| \cdot |v| \cdot \sin(\theta)$임을 설명하라.

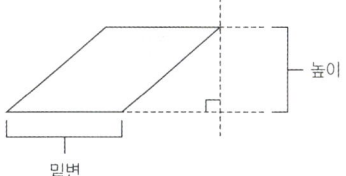

연습문제 | 3.24

외적 $(1,0,1) \times (-1,0,0)$은?
(a) $(0,1,0)$ (b) $(0,-1,0)$
(c) $(0,-1,-1)$ (d) $(0,1,-1)$

연습문제 | 3.25

파이썬의 cross 함수를 사용해 벡터 v에 여러 값을 대입해보며 $(0,0,1) \times v$를 계산하라. 각 결과의 z좌표를 구하고 왜 그런 결과가 나오는지 설명하라.

연습문제 | 3.26 미니 프로젝트

$u \times v$가 u와 v의 좌표에 상관없이 u와 v 모두에 수직임을 대수적으로 보여라.

힌트 좌표를 사용해 $(u \times v) \cdot u$와 $(u \times v) \cdot v$를 표현하라.

3.5 2차원에서 3차원 객체 렌더링하기

지금까지 배운 것을 사용해 간단한 3차원 도형인 8면체를 렌더링해보자. 정육면체는 정사각형 모양인 면 6개, 8면체는 삼각형 모양인 면 8개로 이루어져 있다. 8면체는 상단에 삼각형 모양인 면 4개로 이루어진 피라미드 두 개를 쌓았다고 생각할 수 있다. [그림 3.40]은 8면체의 뼈대를 보여준다.

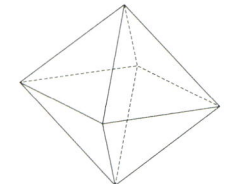

그림 3.40 8개의 면과 6개의 꼭짓점을 가진 8면체의 뼈대

이 8면체가 고체였다면 [그림 3.41]처럼 8개 면 중 반대쪽을 제외한 4개의 면을 볼 수 있다.

8면체를 렌더링하면 눈에 보일 4개의 삼각형을 특정하고 적절히 셰이딩을 해야 한다. 그 방법을 알아보자.

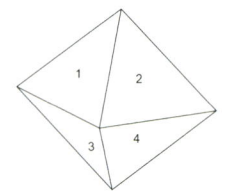

그림 3.41 현재 위치에서 눈에 보이는, 8면체의 4개 면. 각각에 번호를 붙였다.

3.5.1 벡터로 3차원 객체 정의하기

8면체는 꼭짓점이 6개만 있어 작업하기 쉽다. [그림 3.42]에 나타나 있듯이 각 꼭짓점에 간단히 $(1,0,0), (0,1,0), (0,0,1)$과 각 벡터의 반대 방향 벡터로 좌표를 부여할 수 있다.

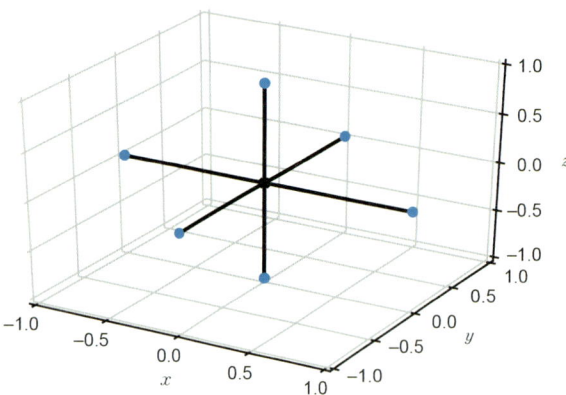

그림 3.42 8면체의 꼭짓점

이 6개의 벡터는 도형의 경계를 정의하지만, 그림을 그리는 데 필요한 모든 정보를 제공하진 않는다. 도형의 변을 형성하도록 어떤 꼭짓점을 연결할지 정할 필요도 있다. 예를 들어 [그림 3.42]에서 상단에 있는 점은 $(0,0,1)$이며 xy평면 상의 네 점 모두와 변으로 연결된다.

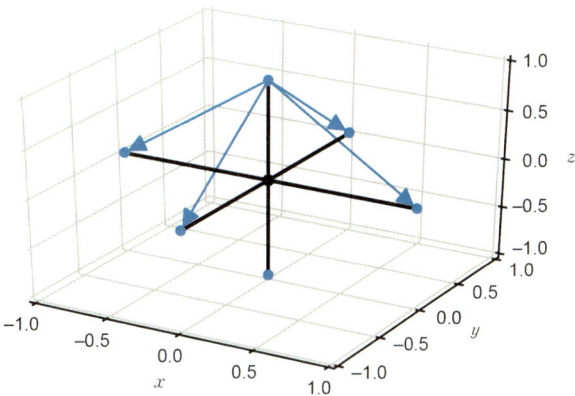

그림 3.43 화살표로 나타낸 8면체의 네 개 변

이 변들은 8면체에서 상단 피라미드의 외곽선을 이룬다. 참고로 $(0,0,1)$에서 $(0,0,-1)$로 가는 변은 없는데, 그러한 선분은 8면체 외부가 아니라 내부에 있기 때문에 외곽선이 아니다. 선분에 해당하는 각 변은 시작점과 끝점이라는 한 쌍의 벡터로 정의된다. 예를 들어 $(0,0,1)$과 $(1,0,0)$은 변 하나를 정의한다.

변은 그림을 완성하기에 충분한 데이터는 아니다. 삼각형 면을 음영 처리된 색으로 칠하려면 삼각형 면을 정의하는 꼭짓점 세 개와 변 세 개를 알아야 하기 때문이다. 이때 축의 배치 방향이 등장한다. 8면체의 면을 정의하는 선분을 포함해 각 면이 우리를 향하는지 우리에게서 멀어지는지를 알아야 하기 때문이다.

전략은 다음과 같다. 삼각형 면의 각 변을 정의하는 세 개의 벡터 v_1, v_2, v_3로 삼각형을 모델링한다.[9] v_1, v_2, v_3의 순서는 [그림 3.44]와 같이 $(v_2 - v_1) \times (v_3 - v_1)$이 8면체의 바깥쪽을 향하도록 정한다.[10] 바깥쪽을 가리키는 벡터가 우리를 향하면, 그 면이 우리의 관점에서 보임을 의미한다. 반면에 바깥쪽을 가리키는 벡터가 우리를 향하지 않으면, 그 면은 보

---

[9] 여기서 한 벡터의 세 성분이 아니라 세 개의 다른 벡터를 구분하고자 아래 첨자 1, 2, 3을 사용했다.
[10] (옮긴이) 세 벡터 v_1, v_2, v_3와 수직인 벡터가 바깥쪽을 향하도록 순서를 정한다. 이 벡터를 **법선벡터**(normal vector)라고 하며, 컴퓨터 그래픽에서 중요한 요소 중 하나이다.

이지 않으므로 그릴 필요가 없다.[11]

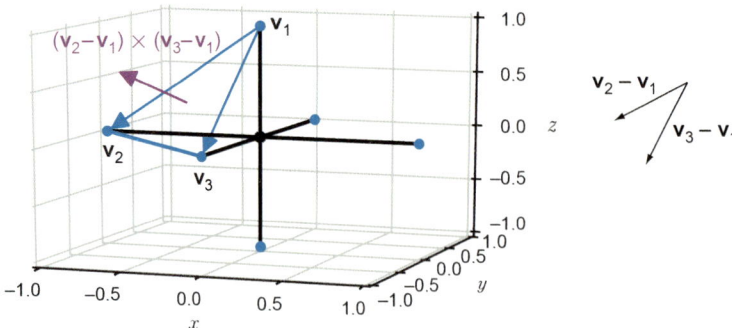

그림 3.44 8면체의 면

8개의 삼각형 면 각각을 세 개의 벡터 v_1, v_2, v_3로 정의하면 다음과 같다.

```
octahedron = [
    [(1,0,0), (0,1,0), (0,0,1)],
    [(1,0,0), (0,0,-1), (0,1,0)],
    [(1,0,0), (0,0,1), (0,-1,0)],
    [(1,0,0), (0,-1,0), (0,0,-1)],
    [(-1,0,0), (0,0,1), (0,1,0)],
    [(-1,0,0), (0,1,0), (0,0,-1)],
    [(-1,0,0), (0,-1,0), (0,0,1)],
    [(-1,0,0), (0,0,-1), (0,-1,0)],
]
```

이 면이야말로 도형을 렌더링하는 데 필요한 데이터이다. 이 데이터는 변과 꼭짓점도 암시적으로 포함하기 때문이다. 예를 들어 다음 함수를 이용하면 면에서 꼭짓점을 추출할 수 있다.

```
def vertices(faces):
    return list(set([vertex for face in faces for vertex in face]))
```

---

11 (옮긴이) 삼각형의 법선벡터를 통해 가시성(visibility)을 확인한 뒤 그릴지 안 그릴지를 정하므로, 법선벡터의 방향을 결정하는 v_1, v_2, v_3의 순서 또한 컴퓨터 그래픽스에서 중요한 요소이다.

3.5.2 2차원으로 투영하기

3차원 점을 2차원 점으로 변환하려면 관찰하는 지점을 기준으로 3차원 방향을 정해야 한다. 우리의 관점에서 '위쪽'과 '오른쪽'을 정의하는 두 개의 3차원 벡터를 정하면, 어떠한 3차원 벡터라도 그 두 벡터를 포함하는 평면으로 **투영**(projection)[12]할 수 있으며, 성분이 3개인 벡터를 평면으로 투영하면 성분이 2개인 벡터를 얻는다. component 함수는 내적을 사용해 3차원 벡터 v에서 특정 방향을 가리키는 성분을 추출한다.[13]

```
def component(v,direction):
    return (dot(v,direction) / length(direction))
```

두 방향(지금 경우에는 $(1,0,0)$과 $(0,1,0)$)을 직접 넣어주면 세 개의 좌표를 (두 벡터 $(1,0,0)$과 $(0,1,0)$을 포함한) xy평면으로 투영한 2개의 좌표를 얻을 수 있다. 이 함수는 3차원 벡터 또는 세 개의 수로 이루어진 튜플을 입력으로 받아서 2차원 벡터 또는 두 개의 수로 이루어진 튜플을 리턴한다.

```
def vector_to_2d(v):
    return (component(v,(1,0,0)), component(v,(0,1,0)))
```

이 작업을 3차원 벡터를 평면으로 '평탄화(flattening)' 한다고 상상할 수 있다. [그림 3.45]처럼 z성분을 제거하면 벡터가 가진 깊이가 없어지기 때문이다.

마지막으로 삼각형을 3차원에서 2차원으로 만들기 위해서는 면을 정의하는 벡터 모두에 이 함수를 적용하기만 하면 된다.

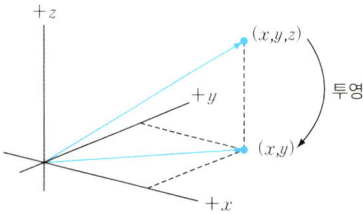

그림 3.45 3차원 벡터의 투영

---

12 (옮긴이) 수학에서는 사영이라고 하는 경우가 많으나, 그래픽스에서는 주로 투영이라고 한다.
13 (옮긴이) 그래픽스에서 투영은 일반적으로 직교 투영(orthographic projection)과 원근 투영(perspective projection) 2가지로 나뉜다. 이 절에서는 소실점이 없는 직교 투영을 다루고 있다.

```
def face_to_2d(face):
    return [vector_to_2d(vertex) for vertex in face]
```

3.5.3 표면 방향 설정과 셰이딩

2차원 도형에 그림자를 입히는 셰이딩 작업을 하려면 주어진 광원이 삼각형과 마주 보는 정도에 따라 각 삼각형의 색을 선택해야 한다. 이를테면 광원이 벡터 (1,2,3)에 위치해서 빛이 원점을 향한다고 하자. 그러면 삼각형 면의 밝기(brightness)는 면과 빛이 얼마나 수직에 가까운지에 따라 결정된다.[14] 아니면 면과 수직인 벡터와 광원의 위치를 나타내는 벡터가 얼마나 가지런한가를 측정하는 방법도 있다.[15] 이 가지런한 정도로 색을 계산하는 것을 걱정할 필요는 없다. Matplotlib은 색을 계산하는 내장 라이브러리를 갖고 있다. 예를 들어 다음 코드를 살펴보자.

```
blues = matplotlib.cm.get_cmap('Blues')
```

이 코드는 0에서 1 사이의 수를 밝은 파란색에서 어두운 파란색으로 점점 어두워지는 스펙트럼의 컬러값에 대응시켜주는 함수이다. 이제 면의 밝기를 나타내는 0에서 1 사이의 수를 구하면 된다.

각 면에 수직인 벡터(또는 **법선벡터**)와 원점으로 빛을 발하는 광원의 위치가 벡터로 주어졌을 때, 두 벡터의 내적은 두 벡터 간의 가지런한 정도를 나타낸다. 이때, 밝기는 방향만 고려하므로 각 벡터의 길이가 1이 되도록 설정한다. 그렇게 되면, 면이 광원을 향할 때 내적은 0에서 1 사이의 값이다. 만약 면의 법선벡터와 광원의 위치벡터의 사잇각이 90°보다 크면 (광원에서 오는 광선이 면의 뒤쪽을 비추므로) 빛을 받지 못한다. 다음 보조 함수는 벡터를 입력으로 받아서 같은 방향이지만 길이가 1인 벡터[16]를 리턴한다.

---

14 (옮긴이) 면이 밝게 보인다는 것은 빛이 면에서 반사되어 우리 눈에 도달함을 의미한다. 따라서 광원에서 뻗어 나오는 빛의 반직선이 면과 수직을 이루며 앞면을 향해 내리쬐일 때 가장 밝을 것이다.
15 (옮긴이) 현재 8면체의 중심은 원점이기 때문에 8면체의 바깥을 향하는 면과 수직인 벡터(법선벡터)는 광원의 위치를 나타내는 벡터 (1,2,3)과 같은 방향을 가리킬 때 가장 밝다. 두 벡터가 같은 방향일 때, 광원에서 원점을 향하는 벡터이자 빛의 반직선을 나타내는 (−1,−2,−3)이 면과 수직을 이루며 앞면에 내리쬐이기 때문이다.
16 (옮긴이) 이러한 벡터를 단위벡터(unit vector)라고 한다.

```
def unit(v):
    return scale(1./length(v), v)
```

다음 보조 함수는 면을 입력으로 받아서 면에 수직인 벡터를 리턴한다.

```
def normal(face):
    return(cross(subtract(face[1], face[0]), subtract(face[2], face[0])))
```

지금까지의 논의를 정리하면, 2장에서의 draw 함수를 사용해 3차원 도형의 렌더링에 활용할 삼각형들을 그릴 수 있는 함수를 얻을 수 있다. draw 및 관련 2차원 클래스를 3차원에서의 함수 및 클래스들과 구분하기 위해 draw2d 등으로 이름을 변경했다.

```
def render(faces, light=(1,2,3), color_map=blues, lines=None):
    polygons = []
    for face in faces:
        unit_normal = unit(normal(face))         ← 면마다 면에 수직한 길이 1인 벡터를
        if unit_normal[2] > 0:                     계산한다.
            c = color_map(1 - dot(unit(normal(face)),  ← 위의 벡터의 z성분이 양수일 때만,
법선벡터와                    unit(light)))              즉 위 벡터가 관찰자를 향할 때에만
광원 벡터 간        p = Polygon2D(*face_to_2d(face),       코드를 진행한다.
내적이 클수록               fill=c, color=lines)
덜 셰이딩된다.                                          ← 각 삼각형의 변에 관한 옵션 인
        polygons.append(p)                              자 lines를 명시해서 그리려는
    draw2d(*polygons,axes=False, origin=False, grid=None) 도형의 뼈대를 드러낸다.
```

render 함수를 사용하면 8면체를 만드는 데 몇 줄이면 된다. [그림 3.46]은 실행 결과이다.

```
render(octahedron, color_map=matplotlib.cm.get_cmap('Blues'), lines=black)
```

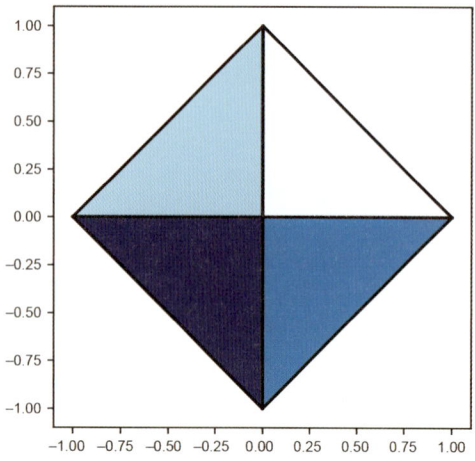

그림 3.46 4개의 면이 보이는 8면체

음영이 표현된 8면체는 한 측면에서만 바라보면 그렇게 특별해 보이지 않지만, [그림 3.47] 처럼 면을 더 추가하면 셰이딩이 동작함을 확인할 수 있다. 이 책의 소스 코드에는 면이 더 많고 미리 빌드된 도형을 살펴볼 수 있다.

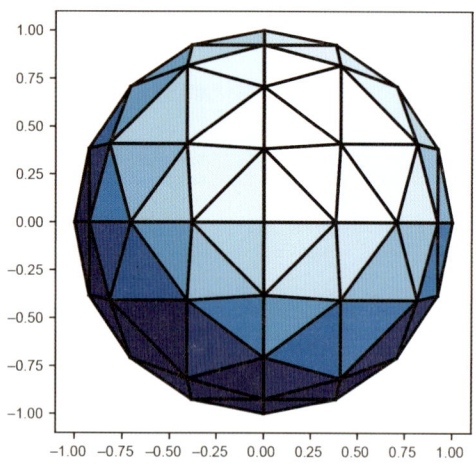

그림 3.47 많은 삼각형 면으로 이루어진 3차원 도형. 셰이딩 효과가 더욱 명확하다.

3.5.4 연습문제

연습문제 | 3.27   미니 프로젝트

8면체를 이루는 12개 변을 정의하는 벡터 쌍을 파이썬으로 구해서 그려라.

연습문제 | 3.28

본문에서 정의한 8면체의 면 중 첫 번째 면은 $[(1,0,0),(0,1,0),(0,0,1)]$이다. 이 순서는 첫 번째 면을 정의하는 벡터를 나열하는 유일한 방법인가?

요약

- 2차원 벡터가 폭과 넓이를 속성으로 갖지만, 3차원 벡터는 깊이도 속성으로 갖는다.
- 3차원 벡터는 x좌표, y좌표, z좌표라는 세 개의 수로 정의된다. 이 수들은 원점에서 3차원 상의 한 점에 도달하려면 각 방향으로 얼마나 이동해야 하는지를 알려준다.
- 2차원 벡터와 마찬가지로 3차원 벡터도 더하거나 빼거나 스칼라를 곱할 수 있다. 벡터의 길이는 피타고라스 정리의 3차원 확장을 사용해 구할 수 있다.
- 내적은 두 벡터를 곱해 스칼라를 구하는 한 방법이다. 내적은 두 벡터가 가지런한 정도를 측정하며, 이 값을 이용해 두 벡터의 사잇각을 구할 수 있다.
- 외적은 두 벡터를 곱하는 방법으로 두 입력 벡터에 모두 수직인 벡터를 얻는다. 외적으로 얻은 벡터의 크기는 두 입력 벡터로 생성된 평행사변형의 면적이다.
- 3차원 객체의 표면은 삼각형의 집합으로 나타낼 수 있는데, 이때 각 삼각형은 꼭짓점을 나타내는 세 개의 벡터로 정의된다.
- 외적을 사용하면 3차원에서 삼각형이 보이는 방향을 결정할 수 있다. 이를 통해 관찰자가 삼각형을 볼 수 있는지, 특정 광원에 의해 얼마나 밝아지는지를 알 수 있다. 객체의 표면을 정의하는 모든 삼각형을 그린 뒤 셰이딩을 적용하면 2차원에 그려진 객체를 3차원처럼 보이게 할 수 있다.

CHAPTER 4

벡터 변환과 그래픽스

이 장의 내용
- 수학 함수를 사용해 3차원 객체를 변환하고 그리기
- 벡터 그래픽스에 변환을 적용해 컴퓨터 애니메이션 만들기
- 선과 다각형을 보존하는 일차변환 식별하기
- 벡터와 3차원 모델에 일차변환을 적용할 때의 효과 계산하기

2장과 3장에서 등장한 기법에 창의성을 약간 더하면, 원하는 2차원 또는 3차원 그림을 렌더링할 수 있다. 물체, 캐릭터, 세계는 벡터로 정의한 선분과 다각형으로 만들 수 있다. 하지만 여러분의 첫 장편 컴퓨터 애니메이션이나 생동감 있는 액션 비디오 게임을 완성하기엔 아직 한 가지 난관이 있다. 바로 시간에 따라 **변하는** 객체를 그릴 수 있어야 한다.

애니메이션 기법은 영화를 만들 듯이 컴퓨터 그래픽스에서도 같은 방식으로 적용할 수 있다. 정적인 이미지를 렌더링한 뒤 초당 수십 개의 이미지를 보여주면 된다. 움직이는 객체의 여러 스냅숏을 보면 이미지가 연속적으로 변하는 것처럼 보인다. 2장과 3장에서 기존 벡터를 가져다가 기하학적으로 변환시켜 새로운 벡터를 출력하는 몇 가지 연산을 보았다. 일련의 단순한 변환들을 연이어 결합하면 연속 동작이 일어나는 것 같은 환상을 만들 수 있다.

이러한 변환에 대한 멘탈 모델로 2차원 벡터의 회전에 관한 예제들을 계속 유념해야 한다. 예를 들어 2차원 벡터를 가져다 반시계방향으로 45°를 회전시키는 파이썬 함수 rotate를 작성할 수 있음을 보았다. [그림 4.1]에서 볼 수 있듯이 rotate 함수는 벡터를 입력으로 받아 적절히 변환된 벡터를 출력하는 기계로 볼 수 있다.

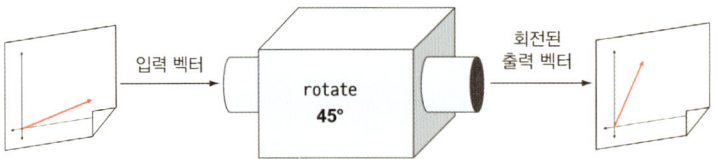

그림 4.1 벡터 함수를 입력 구멍과 출력 구멍을 갖는 기계로 상상하기

이 함수를 3차원으로 확장한 뒤 3차원 도형을 정의하는 각 다각형의 모든 벡터에 적용하면 도형 전체가 회전함을 볼 수 있다. 이 3차원 도형은 2장의 8면체일 수도 있고, 찻주전자와 같이 좀 더 흥미로운 물체일 수도 있다. [그림 4.2]는 회전 기계가 찻주전자를 입력으로 받아서 회전된 찻주전자를 출력으로 리턴하는 모양을 나타낸다.

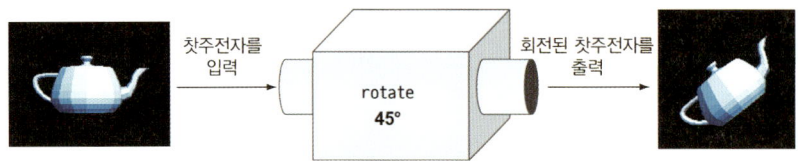

그림 4.2 다각형의 모든 벡터에 동일한 기하학적 변환 적용하기

45° 회전을 한 번 하기보다 1° 회전을 45번 하면 회전 중인 찻주전자를 보여주는 애니메이션 프레임들을 생성할 수 있다. 이는 [그림 4.3]에 자세히 나와 있다.

회전이동은 변환 중에서도 다루기가 좋은 예시다. 선분의 모든 점을 원점을 기준으로 같은 각도만큼 회전하면, 임의의 두 점에 대해 그 두 점 사이의 거리도 여전히 같으며 같은 길이의 선분을 얻게 되기 때문이다. 따라서 2차원 객체나 3차원 객체의 외형을 이루는 벡터들을 모두 회전시켜도 여전히 객체를 확인할 수 있다.

벡터 변환의 한 부류인 **일차변환**을 이제 소개하겠다. 일차변환은 회전이동처럼 직선 위에 위치한 벡터를 (다른) 직선 위에 위치한 새로운 벡터로 대응시킨다. 수학, 물리학, 데이터 분석 분야에는 일차변환을 응용한 사례들이 다양하다. 이러한 측면에서 기하학적으로 일차변환을 나타내는 방법을 아는 것이 도움이 된다.

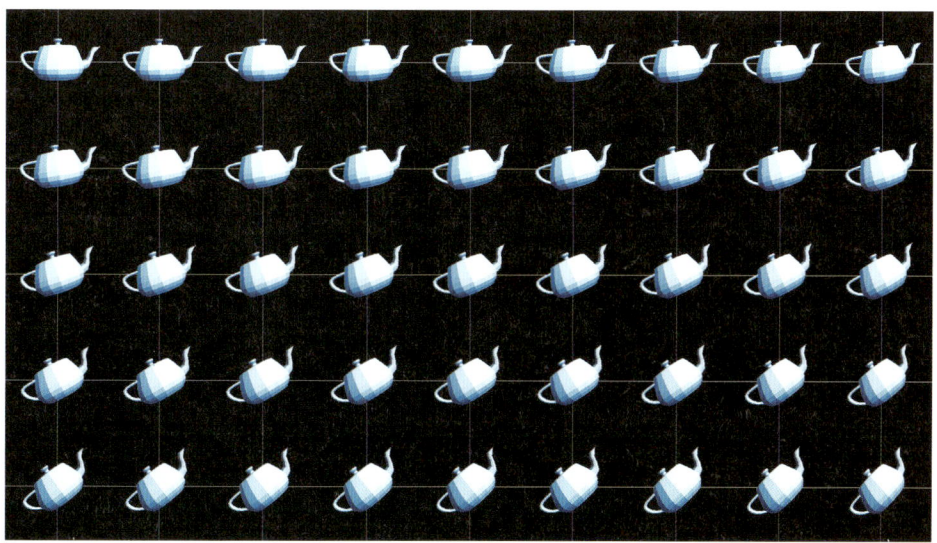

그림 4.3 찻주전자를 매번 1°씩 회전시켜서 45번 찍어 좌측 상단에서부터 나열한 그림

회전이동과 일차변환, 그리고 이 장의 다른 벡터 변환을 시각화하려면 더 강력한 그리기 도구로 업그레이드해야 한다. 이제 Matplotlib을 고성능 그래픽스를 위한 산업 표준 라이브러리인 OpenGL로 교체할 것이다. OpenGL 프로그래밍은 대부분 C나 C++을 사용해 이루어지지만, PyOpenGL이라는 쓰기 편한 파이썬 래퍼 라이브러리를 사용하겠다. 또한 파이썬의 비디오 게임 개발 라이브러리인 PyGame도 사용할 것이다. 구체적으로는 연속 이미지를 쉽게 애니메이션으로 렌더링해주는 PyGame의 기능을 쓰려고 한다. 이 새로운 도구를 설치하는 방법은 [부록 C]에서 다룬다. 바로 벡터 변환에 관한 수학을 집중적으로 살펴보겠다. 그전에 [부록 C]로 넘어가서 코드가 동작하는지 확인하고 여기로 다시 돌아오길 추천한다.

4.1 3차원 객체 변환

이 장의 주요 목표는 찻주전자와 같은 3차원 객체를 입력으로 받아 시각적으로 다른 새로운 3차원 객체로 바꾸는 데 있다. 2장에서 2차원 공룡을 이루는 각 벡터를 평행이동하거나 확대·축소하면 그에 따라 공룡 도형 전체가 움직이거나 크기가 변화하는 것을 보았다. 여기서도 같은 접근을 한다. 여기서 살펴볼 모든 변환은 다음 코드처럼 벡터를 입력으로 받아서 벡터를 출력으로 리턴한다.

```
def transform(v):
    old_x, old_y, old_z = v
    # ... 몇 가지 계산을 수행한다 ...
    return (new_x, new_y, new_z)
```

이제 2차원에서 했던 평행이동 및 확대·축소에 관한 예제들을 3차원에 적용해보자.

4.1.1 변환된 객체 그리기

[부록 C]에서 다룬 의존 라이브러리 패키지를 설치했다면, 4장 소스 코드 중 draw_teapot.py 파일을 실행해보자.[1] 정상적으로 동작하면 [그림 4.4]의 이미지를 보여주는 PyGame 윈도를 볼 수 있어야 한다.

그림 4.4 draw_teapot.py를 실행한 결과

찻주전자를 정의하는 벡터를 수정한 뒤 기하학적으로 어떤 효과가 있는지 살펴보고자 다시 렌더링하겠다. 첫 번째 예제로, 모든 벡터를 같은 배수만큼 확대해보자. 다음 함수 scale2는 입력 벡터에 스칼라 2.0을 곱한 결과를 리턴한다.

```
from vectors import scale
def scale2(v):
    return scale(2.0, v)
```

scale2(v) 함수는 이 절 맨 앞에 등장한 transform(v) 함수와 같은 형식이다. 3차원 벡터를 입력으로 전달하면 scale2는 출력으로 새로운 3차원 벡터를 리턴한다. 찻주전자에 이 변환을 실행하려면 꼭짓점 각각을 변환해야 한다. 이를 삼각형별로 수행할 수 있다. 찻주전자를 만드는 데 쓰인 삼각형별로 각 꼭짓점들에 scale2를 적용해서 새 삼각형을 만든다.

---

1 명령줄에서 파이썬 스크립트를 실행하는 절차는 [부록 A]를 살펴보자.

```
original_triangles = load_triangles()      ◁── [부록 C]의 코드를 사용해
scaled_triangles = [                           삼각형을 불러들인다.
    [scale2(vertex) for vertex in triangle]  ◁── scale2를 삼각형의 각 꼭짓점에
    for triangle in original_triangles           적용해 새 꼭짓점을 얻는다.
]                                          ◁── 원 삼각형 리스트의 각 삼각형에
                                               이를 적용한다.
```

새로운 삼각형 집합을 얻었으니 draw_model(scaled_triangles)를 호출해 이 집합을 그릴 수 있다. [그림 4.5]는 찻주전자 이 함수를 호출한 뒤의 찻주전자를 보여주는데, 소스 코드의 scale_teapot.py를 실행해서 다시 생성할 수 있다.

이 찻주전자는 원래 찻주전자에 비해 큰데, 사실 각 벡터에 2를 곱했기 때문에 두 배만큼 크다. 이제 각 벡터에 벡터 $(-1, 0, 0)$ 만큼 평행이동하는 변환을 적용해보자.

그림 4.5 scale2를 실행해 두 배 확대된 찻주전자

'벡터만큼 평행이동하기'는 '벡터를 더하기'의 다른 말이므로, 찻주전자의 각 꼭짓점에 $(-1, 0, 0)$을 더한다는 뜻이다. 이렇게 하면 전체 찻주전자를 x축의 음의 방향으로 (지금 관점에서 왼쪽으로) 1단위 이동해야 한다. 다음 함수는 단일 꼭짓점을 평행이동하도록 한다.

```
from vectors import add
def translate1left(v):
    return add((-1,0,0), v)
```

이제 앞에서 한 것과 마찬가지로 원래 삼각형들의 각 꼭짓점부터 확대하고 나서 평행이동을 적용하고자 한다. [그림 4.6]은 평행이동의 결과를 보여준다. 소스 파일 scale_translate_teapot.py로 이를 재현할 수 있다.

그림 4.6 확대된 다음 왼쪽으로 평행이동한 찻주전자

```
scaled_translated_triangles = [
    [translate1left(scale2(vertex)) for vertex in triangle]
    for triangle in original_triangles
]
draw_model(scaled_translated_triangles)
```

서로 다른 스칼라곱은 각 배수만큼 찻주전자의 크기를 변경하고, 평행이동 벡터는 찻주전자를 공간 상의 다른 위치로 이동시킨다. 4.1.5절 연습문제에서 또 다른 스칼라곱과 평행이동을 연습할 기회가 있으니 지금은 더 많은 변환을 결합하고 적용하는 데 초점을 맞추자.

4.1.2 벡터 변환 합성

순서에 따라 여러 변환을 적용하여 새로운 변환을 정의할 수 있다. 예를 들어 앞 절에서는 찻주전자를 확대하고 평행이동해 변환하였다. 이 새로운 변환을 묶어서 파이썬 함수로 만들 수 있다.

```
def scale2_then_translate1left(v):
    return translate1left(scale2(v))
```

이것은 중요한 원리이다! 벡터 변환은 벡터를 입력으로 받아 벡터를 출력으로 리턴하기 때문에 **함수 합성**(composition of functions)을 통해 원하는 만큼 벡터 변환을 결합할 수 있다. 이 용어는 둘 이상의 기존 함수를 지정된 순서대로 적용하여 새로운 함수를 정의하는 것으로 이해하면 된다.

3차원 모델을 입력으로 받아 새로운 모델을 출력하는 기계들로 두 함수 scale2와 translate1left를 연상하면, 첫 번째 기계의 출력을 두 번째 기계의 입력에 전달하는 방식으로 결합할 수 있다. [그림 4.7]에서 확인하자.

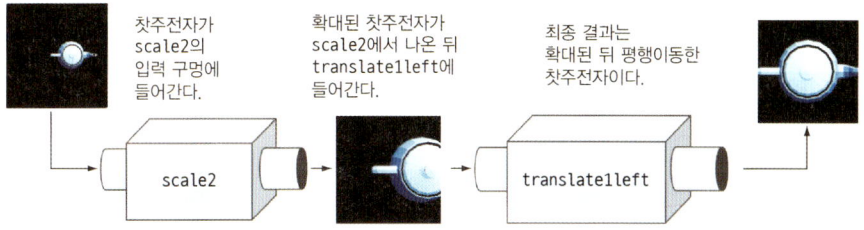

그림 4.7 찻주전자에 대해 scale2를 호출한 뒤 translate1left를 호출해 변환된 찻주전자를 출력하는 과정

또한 [그림 4.8]처럼 첫 번째 기계의 출력 구멍을 두 번째 기계의 입력 구멍에 용접하여 중간 단계를 숨기는 방법도 상상할 수 있다.

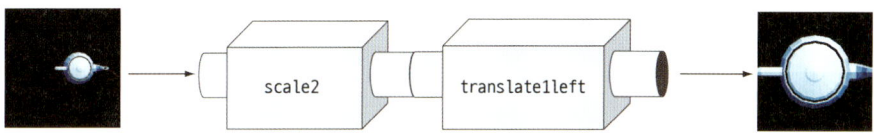

그림 4.8 두 기계를 용접함으로써 두 변환을 한 번에 수행하는 기계

이 결과는 두 함수를 한 번에 수행하는 새로운 기계로 생각할 수 있다. 이러한 함수의 '용접'은 코드로 수행할 수도 있다. 예를 들어 벡터 변환을 하는 두 파이썬 함수를 입력으로 받아 두 함수를 합성한 새 함수를 리턴하는 범용 함수인 compose를 작성할 수 있다.

```
def compose(f1,f2):
    def new_function(input):
        return f1(f2(input))
    return new_function
```

scale2_then_translate1left를 새로운 함수로 따로 정의하는 대신 다음과 같이 작성할 수 있다.

```
scale2_then_translate1left = compose(translate1left, scale2)
```

파이썬이 함수를 일류 객체(first-class object)로 취급한다는 말을 들어 본 적이 있을 것이다. 이 슬로건은 파이썬 함수를 변수에 할당하거나, 다른 함수에 입력으로 전달하거나, 즉석에서 생성해 출력값으로 리턴할 수 있다는 뜻이다. 이들은 **함수형 프로그래밍**(functional programming) 기법으로, 기존 함수를 결합하여 새로운 함수를 만들어 복잡한 프로그램을 구축하는 데 유용하다.

함수형 프로그래밍이 파이썬에서 정결한가(함수형 프로그래밍이 파이썬다운가)에 대한 논쟁이 있다. 코딩 스타일에 대해서는 언급하지 않겠으나 함수, 즉 벡터 변환은 우리가 배우려는 주요 객체이므로 함수형 프로그래밍을 사용할 것이다. 이왕 compose 함수를 다루었으니 이 여담을 정당화하는 몇 가지 함수형 '레시피'를 더 살펴보자. 레시피 각각은 이 책의 소스 코드 중에 transforms.py라는 새 보조 파일에 들어 있다.

앞으로 벡터 변환을 입력으로 받아 3차원 모델을 정의하는 모든 삼각형의 모든 꼭짓점에 이를 적용하는 일을 반복해야 한다. 매번 리스트 컴프리헨션을 새로 작성할 바에는 재사용 가능한 함수를 작성하는 게 낫다. 다음 polygon_map 함수는 벡터 변환과 다각형(보통은 삼각형) 리스트 입력으로 받아서 각 다각형의 꼭짓점에 변환을 적용하여, 새로운 다각형 리스트를 생성한다.

```
def polygon_map(transformation, polygons):
    return [
        [transformation(vertex) for vertex in triangle]
        for triangle in polygons
    ]
```

이 보조 함수를 써서 한 줄만으로 scale2를 찻주전자에 적용할 수 있다.

```
draw_model(polygon_map(scale2, load_triangles()))
```

compose와 polygon_map 함수는 둘 다 벡터 변환을 인자로 받지만, 벡터 변환을 리턴하는 함수를 만들어 두는 게 유용하다. 예를 들어 scale2라고 이름 붙인 함수는 정의에 2라는 수를 하드코딩(hard-coded) 해두어서 불편할 수 있다. 이를 대체할 방법은 특정 스칼라 값에 대한 확대·축소 변환을 리턴하는 scale_by라는 함수를 만드는 것이다.

```
def scale_by(scalar):
    def new_function(v):
        return scale(scalar, v)
    return new_function
```

이 함수를 이용해서 scale_by(2)라고 쓰면 리턴값은 scale2와 똑같이 동작하는 새로운 함수가 된다. 함수를 입력 구멍과 출력 구멍을 가진 기계로 연상하면, [그림 4.9]에 나타낸 것처럼 scale_by는 입력 구멍에서 수를 받아서 출력 구멍으로 새 함수 기계를 출력하는 기계로 상상할 수 있다.

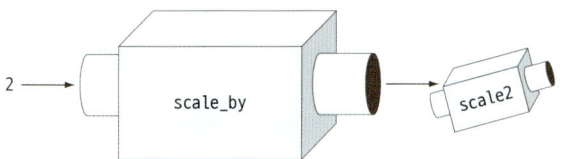

그림 4.9 수를 입력으로 받고 새로운 함수 기계를 출력으로 생성하는 함수 기계

연습 삼아 평행이동에 사용될 벡터를 입력으로 받아서 평행이동 함수를 출력으로 리턴하는 translate_by 함수를 비슷하게 작성할 수 있다. 함수형 프로그래밍 용어로 이 과정을 **커링**(currying)이라고 한다. 커링은 여러 입력을 받는 함수를 입력으로 받은 뒤 해당 함수를 재조정(refactor)해서 다른 함수를 리턴하는 함수가 되도록 한다.

커링의 결과는 동작이 같아도 호출 방법은 다른, 프로그래밍이 가능한 기계이다. 예를 들어 어떠한 입력 s와 v에 대해서도 scale_by(s)(v)는 scale(s,v)와 동일한 결과를 준다. 커링의 장점은 scale(...)과 add(...)가 다른 종류의 인자를 받아서 상호교환이 어렵지만, 커링의 결과로 얻는 함수 scale_by(s)와 translate_by(w)는 상호교환이 가능하다는 점이다. 이제 회전이동에 대해서도 비슷한 논의를 할 건데, 각이 주어지면 해당 각만큼 모델을 회전시키는 벡터 변환을 만들 수 있다.

4.1.3 축을 기준으로 객체 회전하기

2차원에서의 회전이동 방법은 2장에서 이미 살펴봤다. 데카르트 좌표를 극좌표로 변환하고, 회전이동할 인자만큼 각을 증가시키거나 감소시킨 뒤, 원래 좌표인 데카르트 좌표로 변환한다. 이 방법은 2차원에서만 가능하지만 3차원에서도 유용하다. 모든 3차원 벡터의 회전은 어떻게 보면 평면 내에서만 이루어지기 때문이다. 예

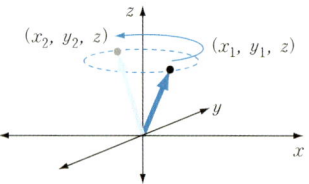

그림 4.10 z축을 중심으로 하는 점의 회전

를 들어 z축을 중심으로 회전하는 3차원 점을 생각해보자. [그림 4.10]에서 볼 수 있듯이 해당 점이 z축 주위를 회전하면 이 점은 회전 각도와 상관없이 z좌표가 동일한 원에 머물러 있다.

이는 z축을 상수로 둔 채 x좌표와 y좌표에 대해서만 2차원 회전 함수를 적용하면, z축을 중심으로 3차원 점을 회전시킬 수 있음을 의미한다. 여기서 코드를 살펴볼 수 있으며, 소스 코드의 rotate_teapot.py에서도 찾을 수 있다. 먼저 2장에서 사용한 전략을 적용해 2차원 회전 함수를 작성하자.

```python
def rotate2d(angle, vector):
    l,a = to_polar(vector)
    return to_cartesian((l, a+angle))
```

이 함수는 각과 2차원 벡터를 입력으로 받아서 회전이동한 2차원 벡터를 리턴한다. 이제 3차원 벡터의 x성분과 y성분에만 이 함수를 적용하는 `rotate_z` 함수를 만들어보자.

```python
def rotate_z(angle, vector):
    x,y,z = vector
    new_x, new_y = rotate2d(angle, (x,y))
    return new_x, new_y, z
```

함수형 프로그래밍 패러다임의 연장선에서 rotate_z 함수를 커링할 수 있다. 이 함수를 커링한 함수는 주어진 각에 대응하는 회전이동을 수행하는 벡터 변환을 생성한다.

```
def rotate_z_by(angle):
    def new_function(v):
        return rotate_z(angle,v)
    return new_function
```

실제 동작을 살펴보자. 다음 줄은 [그림 4.11]과 같은 찻주전자를 생성하는데, $\pi/4 (= 45°)$ 만큼 회전이동되어 있다.

```
draw_model(polygon_map(rotate_z_by(pi/4.), load_triangles()))
```

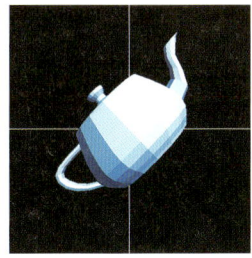

그림 4.11 z축을 기준으로 반시계방향으로 45°만큼 회전한 찻주전자[2]

x축을 중심으로 찻주전자를 회전하는, 즉 벡터의 y성분과 z성분에만 영향을 끼치는 회전이동 함수를 유사한 방법으로 작성할 수 있다.

```
def rotate_x(angle, vector):
    x,y,z = vector
    new_y, new_z = rotate2d(angle, (y,z))
    return x, new_y, new_z
```

---

2 (옮긴이) 이 예에서 우리의 관점(camera)은 z축 위에 있다. 따라서 이미지에서 좌우 방향으로 x축, 위아래 방향으로 y축, 화면에 수직으로 안팎을 향해 z축이 놓여 있다고 생각하면 된다.

```
def rotate_x_by(angle):
    def new_function(v):
        return rotate_x(angle,v)
    return new_function
```

함수 rotate_x_by에서는 x좌표를 고정한 채 yz평면에서 2차원 회전을 수행해서 x축에 대한 회전이동을 한다. 다음 코드는 x축을 중심으로 (반시계방향으로) 90° 또는 $\pi/2$ 라디안 회전이동한 결과를 그려내며, [그림 4.12]에 나타낸 것처럼 위에서 내려 보는 찻주전자가 된다.

```
draw_model(polygon_map(rotate_x_by(pi/2.), load_triangles()))
```

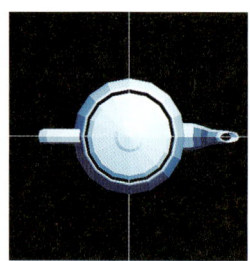

그림 4.12 x축을 중심으로 반시계방향으로 $\pi/2$만큼 회전이동한 찻주전자

[그림 4.12]는 소스 파일 rotate_teapot_x.py로 생성할 수 있다. 셰이딩을 할 때 회전한 찻주전자를 이루는 가장 밝은 다각형이 그림의 우측 상단에 위치한다는 점에서 일관성이 있는데, 이는 회전을 해도 광원은 (1,2,3)에 남아있기 때문에 예상된 결과이다. 이러한 결과는 우리가 단순히 이전에 했던 OpenGL 관점(perspective)을 변경한 게 아니라, 찻주전자를 제대로 이동했음을 나타내는 좋은 신호이다.

x방향과 z방향으로의 회전을 합성하여 **어떠한** 회전이동이라도 얻을 수 있음이 밝혀졌다. 이 절의 마지막의 연습문제에서 회전이동을 더 연습할 테니 지금은 다른 종류의 벡터 변환으로 넘어가자.

4.1.4 자신만의 기하학적 변환 발명하기

지금까지는 앞 장에서 이미 살펴보았던 벡터 변환들에 초점을 맞추었다. 이제 어떤 흥미로운 변환을 해볼 수 있을지 살펴보자. 3차원 벡터 변환에서는 유일하게 단일 3차원 벡터를 입력으로 받고 새로운 3차원 벡터를 출력으로 리턴할 것만 요구한다. 지금까지 살펴본 어느 변환에도 맞아떨어지지 않는 몇몇 변환을 살펴보자.

먼저 찻주전자의 각 좌표를 하나씩 변경해보자. 이 함수는 (하드코딩된) 4를 배수로 벡터를 x방향에서만 늘린다.

```python
def stretch_x(vector):
    x,y,z = vector
    return (4.*x, y, z)
```

실행 결과는 [그림 4.13]처럼 x축(손잡이 주둥이) 방향을 따라서는 길지만 위아래는 얇은 찻주전자이다. 이는 stretch_teapot.py에 완전히 구현되어 있다.

비슷하게 **stretch_y** 함수는 찻주전자를 위아래로 길게 만든다. **stretch_y**를 직접 구현해서 찻주전자에 적용해보면 [그림 4.14]의 이미지를 얻을 것이다. 소스 코드의 stretch_teapot_y.py의 구현을 살펴봐도 좋다.

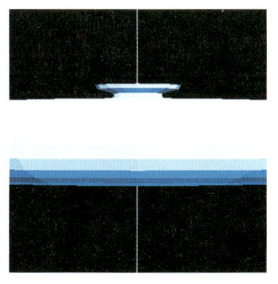
그림 4.13 x축을 따라 늘린 찻주전자

그림 4.14 x축이 아니라 y축을 따라 늘린 찻주전자

단순히 수를 곱하는 게 아니라 y좌표를 세제곱해서 찻주전자를 늘리는 창의적인 작업도 가능하다. 이러한 변환은 cube_tea pot.py에 구현되어 있으며, [그림 4.15]처럼 뚜껑이 불균형하게 길어진 찻주전자가 된다.

```
def cube_stretch_z(vector):
    x,y,z = vector
    return (x, y*y*y, z)
```

그림 4.15 찻주전자의 수직 차원 좌표를 세제곱하기

그림 4.16 x좌표에 y좌표를 더해서 x방향으로 찻주전자 기울이기

입력 벡터의 세 좌표 중 두 개를 선택해 한 좌표에 다른 좌표를 더해보자. 예를 들어 x좌표와 y좌표를 선택하면 찻주전자를 기울일 수 있다. 이는 slant_teapot.py에 구현되어 있으며 결과는 [그림 4.16]과 같다.

```
def slant_xy(vector):
    x,y,z = vector
    return (x+y, y, z)
```

이러한 변환 중 어떤 게 중요하거나 유용한가가 문제가 아니며, 3차원 모델을 구성하는 벡터의 수학적 변환이 모델의 외관에 **어떤** 기하학적 변화를 가져온다는 점이 핵심이다. 모델이 너무 왜곡되거나 제대로 그리기도 어려워서 골치를 썩일 수도 있다. 하지만 몇몇 변환은 일반적으로 결과가 더 좋다. 다음 절에서 이를 분류할 것이다.

4.1.5 연습문제

연습문제 풀이

연습문제 | 4.1

평행이동 벡터를 입력으로 받아서 평행이동 함수를 출력으로 리턴하는 translate_by 함수를 구현하라.

힌트 translate_by 함수는 4.1.2절에서 언급하였다.

연습문제 | 4.2

z축의 음의 방향으로 20단위만큼 평행이동한 찻주전자를 렌더링하라. 결과 이미지의 모습을 설명하라.

연습문제 | 4.3   미니 프로젝트

찻주전자의 모든 벡터를 0에서 1 사이의 스칼라 값을 배수로 확대·축소하면 찻주전자가 어떻게 되는가? -1을 배수로 확대·축소하면 어떻게 되는가?

연습문제 | 4.4

찻주전자에 translate1left를 먼저 적용한 뒤 scale2를 적용하라. 이 합성 순서는 앞에서 한 것과 반대인데 그 결과가 어떻게 다른지, 왜 다른지 설명하라.

연습문제 | 4.5

변환 compose(scale_by(0.4), scale_by(1.5))의 효과를 설명하라.

연습문제 | 4.6

compose(f,g) 함수를 compose(*args)로 수정하라. compose(*args) 함수는 여러 함수를 인자로 받아 그 함수들을 합성한 새로운 함수를 리턴한다.

연습문제 | 4.7

두 인자를 받는 파이썬 함수 f(x,y)를 입력으로 받아 이 함수를 커링한 함수를 리턴하는 curry2(f) 함수를 작성하라. 예를 들어 g = curry2(f)라고 하면 두 식 f(x,y)와 g(x)(y)는 동일한 결과를 리턴해야 한다.

연습문제 | 4.8

변환 compose(rotate_z_by(pi/2),rotate_x_by(pi/2))를 적용한 결과를 직접 실행하지 않은 채로 설명하라. 또한 합성 순서를 바꾸었을 때의 결과도 설명하라.

연습문제 | 4.9

타깃 벡터를 주어진 배수만큼 확대·축소하지만 x방향으로만 확대·축소하는 함수 stretch_x (scalar,vector)를 작성하라. 또한 이 함수와 stretch_x_by(scalar)(vector)가 동일한 결과가 되도록 커링을 적용한 함수 stretch_x_by를 작성하라.

4.2 일차변환

이제부터 중점적으로 다루려는 **일차변환**(linear transformation)은 벡터 변환 중에서 좋은 성질을 갖고 있어 여러 상황에서 잘 동작한다. 벡터와 함께 일차변환은 선형대수학의 주요 연구 대상이다. 일차변환은 변환 전과 변환 후의 벡터 산술이 동일해 보이는 특별한 변환이다. 이 의미를 정확하게 보여주는 그림을 그려보자.

4.2.1 벡터 산술의 보존

벡터에서 가장 중요한 두 가지 산술 연산은 벡터합과 스칼라곱이다. 이 연산에 대한 2차원 그림으로 돌아가서 변환 전후에 어떻게 보이는지 살펴보자.

두 벡터의 합은 두 벡터를 삼각형법으로 배치해서 만든 새로운 벡터 또는 두 벡터가 정의하는 평행사변형의 끝으로 가는 벡터로 상상할 수 있다. 예를 들어 [그림 4.17]은 벡터합 $u + v = w$를 나타낸 것이다.

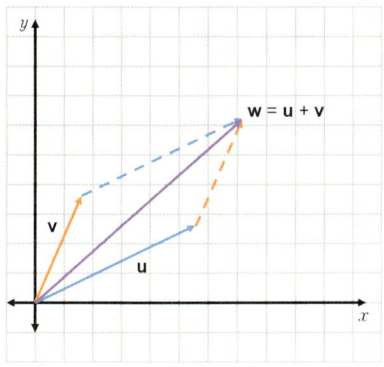

그림 4.17 벡터합 $u + v = w$의 기하학적 시연

여기서 "이 그림 상의 세 벡터 각각에 동일한 벡터 변환을 적용해도 벡터합으로 보일 것인가?"라고 질문할 수 있다. 원점을 중심으로 반시계방향으로 회전하는 벡터 변환을 적용해볼 텐데, 이 변환을 R이라고 하자. [그림 4.18]은 변환 R에 의해 같은 각만큼 u, v, w를 회전이동한 결과를 보여준다.

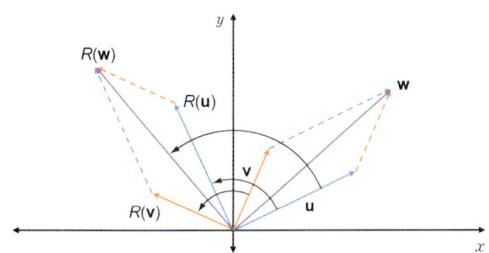

그림 4.18 벡터합 $u + v = w$를 보존하는 회전이동 R

회전이동 후의 그림은 벡터합 $R(\mathbf{u}) + R(\mathbf{v}) = R(\mathbf{w})$를 나타낸다. $\mathbf{u} + \mathbf{v} = \mathbf{w}$를 만족하는 어떠한 세 벡터 $\mathbf{u}$, $\mathbf{v}$, $\mathbf{w}$에 대한 그림을 그리더라도 각 벡터에 회전이동 변환 R을 동일하게 적용하면 똑같이 $R(\mathbf{u}) + R(\mathbf{v}) = R(\mathbf{w})$를 얻을 것이다. 이러한 성질을 묘사할 때, 회전이동이 벡터합을 **보존한다**(preserve)고 말하기로 하자.

마찬가지로 회전이동은 스칼라곱을 보존한다. $\mathbf{v}$가 벡터이고 $s\mathbf{v}$가 $\mathbf{v}$에 스칼라 s를 곱한 벡터이면 $s\mathbf{v}$는 같은 방향을 가리키지만 배수 s만큼 확대·축소된다. 만약 회전이동 R로 $\mathbf{v}$와 $s\mathbf{v}$를 동일하게 회전시키면 $R(s\mathbf{v})$가 동일한 배수 s를 $R(\mathbf{v})$에 곱한 결과임을 알 수 있다. [그림 4.19]를 확인하자.

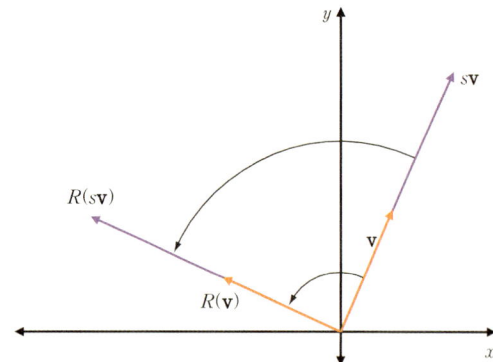

그림 4.19 스칼라곱을 보존하는 회전이동

다시 말하지만 이것은 단지 시각적인 예시일 뿐 증명이 아니다. 하지만 여러분은 어떠한 벡터 $\mathbf{v}$, 스칼라 s, 회전이동 R에 대해서도 같은 그림이 성립함을 찾을 수 있다. 벡터합과 스칼라곱을 보존하는 회전이나 기타 벡터 변환을 통틀어 **일차변환**이라고 한다.

일차변환(linear transformation)

일차변환은 벡터합과 스칼라곱을 보존하는 벡터 변환 T이다.

① 임의의 입력 벡터 $\mathbf{u}$와 $\mathbf{v}$에 대해 $T(\mathbf{u}) + T(\mathbf{v}) = T(\mathbf{u} + \mathbf{v})$이다.

② 임의의 스칼라 s와 벡터 $\mathbf{v}$에 대해 $T(s\mathbf{v}) = sT(\mathbf{v})$이다.

잠시 멈춰서 이 정의를 충분히 소화하기를 바란다. 일차변환은 이 이름을 따서 선형대수학(linear algebra)이라는 분야를 명명했을 정도[3]로 매우 중요하다. 일차변환을 만났을 때 일차변환임을 인식할 수 있도록 몇 가지 예를 더 살펴보자.

4.2.2 일차변환 그리기

먼저 일차변환이 **아닌** 벡터 변환(반례)을 살펴보자.

그러한 예 중 하나는 $\mathbf{v}=(x,y)$를 입력으로 취해서 각 좌표를 제곱한 벡터를 출력하는 변환 $S(\mathbf{v})=(x^2,y^2)$이다. 예를 들어 $\mathbf{u}=(2,3)$과 $\mathbf{v}=(1,-1)$의 합은 $(2,3)+(1,-1)=(3,2)$이다. [그림 4.20]에 두 벡터와 벡터합을 나타냈다.

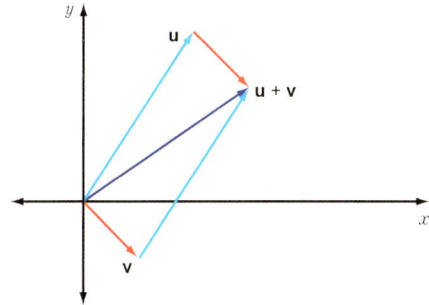

그림 4.20 $\mathbf{u}=(2,3)$과 $\mathbf{v}=(1,-1)$의 벡터합 $\mathbf{u}+\mathbf{v}=(3,2)$

이제 변환 S를 각 벡터에 적용해보면 $S(\mathbf{u})=(4,9)$, $S(\mathbf{v})=(1,1)$, $S(\mathbf{u}+\mathbf{v})=(9,4)$이다. [그림 4.21]은 $S(\mathbf{u})+S(\mathbf{v})$가 $S(\mathbf{u}+\mathbf{v})$와 일치하지 **않음**을 명확히 보여준다.

변환 S가 스칼라곱도 보존하지 않음을 보이는 반례는 연습 삼아 찾아보아도 좋다. 지금은 다른 변환을 살펴보자.

---

[3] (옮긴이) linear transformation의 직역이자 일차변환의 또 다른 이름은 선형변환이다.

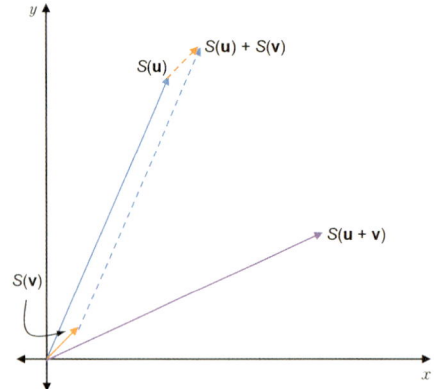

그림 4.21 변환 S는 벡터합을 보존하지 않는다. $S(\mathbf{u})+S(\mathbf{v}) \neq S(\mathbf{u}+\mathbf{v})$이기 때문이다.

$D(\mathbf{v})$를 입력 벡터에 2배수만큼 확대하는 벡터 변환이라 하자. 다시 말해 $D(\mathbf{v}) = 2\mathbf{v}$이다. 이 변환은 벡터합을 보존한다. $\mathbf{u} + \mathbf{v} = \mathbf{w}$이면 $2\mathbf{u} + 2\mathbf{v} = 2\mathbf{w}$도 성립한다. [그림 4.22]에서 바로 확인할 수 있다.

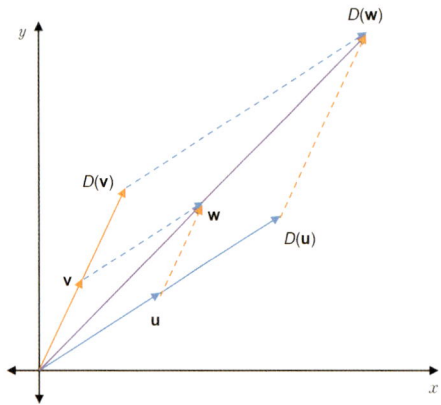

그림 4.22 벡터합을 보존하는 확대·축소 변환

마찬가지로 $D(\mathbf{v})$는 스칼라곱을 보존한다. 이것은 그리기가 좀 어렵지만 대수적으로는 이해할 수 있다. 스칼라 s에 대해, $D(s\mathbf{v}) = 2(s\mathbf{v}) = s(2\mathbf{v}) = sD(\mathbf{v})$이다.

평행이동은 어떤가? $B(\mathbf{v})$가 입력 벡터 $\mathbf{v}$를 $(7,0)$만큼 평행이동한다고 하자. 놀랍게도 이 변환은 일차변환이 **아니다**. [그림 4.23]은 $\mathbf{u}+\mathbf{v}=\mathbf{w}$ 임에도 $B(\mathbf{u})+B(\mathbf{v})$가 $B(\mathbf{u}+\mathbf{v})$와 같지 않음을 시각적으로 보여주는 반례이다.

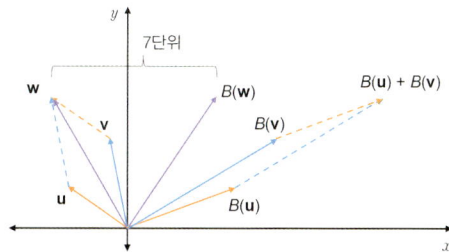

그림 4.23 일반적으로 벡터합을 보존하지 않는 변환 중 하나인 평행이동

어떤 변환이 일차변환이려면 원점을 이동해서는 안 된다. 이는 이미 증명되었으며 [연습문제 4.11]에서 이유를 살펴보도록 하자. 영벡터가 아닌 어떠한 벡터에 대한 평행이동도 원점을 변형시켜 결국 다른 점이 되도록 하므로 일차변환이 될 수 없다.

일차변환의 다른 예로는 대칭이동(reflection), 투영 변환(projection), 밀림 변환(shearing)[4] 및 앞에서 다룬 일차변환의 3차원 확장을 들 수 있다. 이 변환들은 4.2.5절에 정의되어 있으며, 예제들을 통해 각 변환이 벡터합과 스칼라곱을 보존함을 납득하는 확인 작업을 해보아야 한다. 연습을 해야 어떤 변환이 일차변환이고 어떤 변환이 일차변환이 아닌지 인식할 수 있다. 이제 이러한 일차변환의 특성이 왜 유용한지 살펴보자.

4.2.3 왜 일차변환인가?

일차변환은 벡터합과 스칼라곱을 보존하기 때문에, 보다 광범위한 종류의 벡터 산술 연산도 보존한다. 가장 일반적인 연산을 **일차결합**(linear combination)이라고 한다. 벡터 집합의 일차결합은 각 벡터의 스칼라곱을 구해 합한 것이다. 예를 들어 두 벡터 $\mathbf{u}$와 $\mathbf{v}$의 일차결합 중 하나로 $3\mathbf{u}-2\mathbf{v}$가 있다. 세 벡터 $\mathbf{u}$, $\mathbf{v}$, $\mathbf{w}$가 있을 때 $0.5\mathbf{u}-\mathbf{v}+6\mathbf{w}$는 $\mathbf{u}$, $\mathbf{v}$, $\mathbf{w}$의

---

[4] (옮긴이) 그래픽스 분야에서는 reflection을 반사 변환, projection을 사영 변환, shearing을 전단 변환이라고 부르는 경우도 많다. 여기엔 없지만 scaling을 확대·축소 대신 크기 변환이라고도 한다.

일차결합 중 하나이다. 일차변환은 벡터합과 스칼라곱을 보존하기 때문에 일차결합도 보존한다.

우리는 이 사실을 대수적으로 다시 설명할 수 있다. n개의 벡터로 이루어진 집합 $\mathbf{v}_1, \mathbf{v}_2, ..., \mathbf{v}_n$과 임의로 선택된 n개의 스칼라 $s_1, s_2, s_3, ..., s_n$이 있으면 일차변환 T는 일차결합을 보존한다.

$$T(s_1\mathbf{v}_1 + s_2\mathbf{v}_2 + s_3\mathbf{v}_3 + ... + s_n\mathbf{v}_n)$$
$$= s_1 T(\mathbf{v}_1) + s_2 T(\mathbf{v}_2) + s_3 T(\mathbf{v}_3) + \cdots + s_n T(\mathbf{v}_n)$$

일차결합 중 그리기 쉬운 것이 두 벡터 $\mathbf{u}$와 $\mathbf{v}$에 대한 $\frac{1}{2}\mathbf{u} + \frac{1}{2}\mathbf{v} = \frac{1}{2}(\mathbf{u}+\mathbf{v})$이다. [그림 4.24]는 이 일차결합이 두 벡터를 연결하는 선분의 중점임을 보여준다.

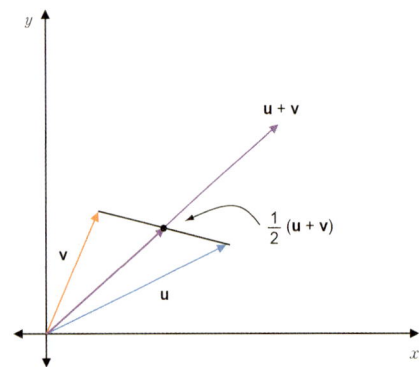

그림 4.24 두 벡터 $\mathbf{u}$와 $\mathbf{v}$의 머리 사이의 중점을 나타내는 일차결합 $\frac{1}{2}\mathbf{u} + \frac{1}{2}\mathbf{v} = \frac{1}{2}(\mathbf{u}+\mathbf{v})$

이는 일차변환이 중점을 다른 중점으로 대응시킴을 의미한다. 예를 들어 $T\left(\frac{1}{2}\mathbf{u} + \frac{1}{2}\mathbf{v}\right) = \frac{1}{2}T(\mathbf{u}) + \frac{1}{2}T(\mathbf{v})$가 성립하는데, 이는 [그림 4.25]에서 볼 수 있듯이 $T(\mathbf{u})$와 $T(\mathbf{v})$를 연결하는 선분의 중점이다.

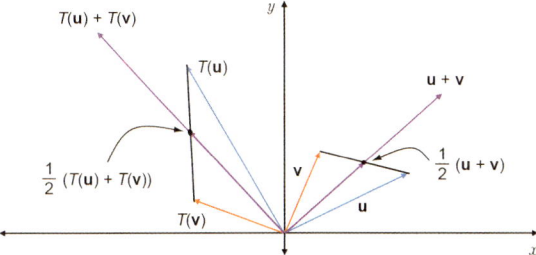

그림 4.25 두 벡터와 중점과 일차변환의 관계

바로 알긴 어려울 수 있으나, $0.25\mathbf{u} + 0.75\mathbf{v}$와 같은 일차결합도 [그림 4.26]처럼 $\mathbf{u}$와 $\mathbf{v}$ 사이의 선분에 놓여 있다. 구체적으로 이 일차결합은 $\mathbf{u}$에서 $\mathbf{v}$를 향해 가는 경로의 75%인 점에 해당한다. 마찬가지로 $0.6\mathbf{u} + 0.4\mathbf{v}$도 $\mathbf{u}$에서 $\mathbf{v}$를 향해 가는 경로의 40%이다.

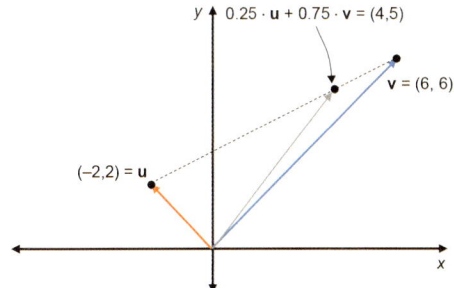

그림 4.26 $\mathbf{u} = (-2, 2)$에서 $\mathbf{v} = (6, 6)$을 향해 가는 경로의 75%에 위치한 점 $0.25\mathbf{u} + 0.75\mathbf{v}$

실제로 두 벡터 사이의 선분의 **모든** 점은 앞의 예시처럼 0에서 1 사이의 수 s에 대해 $s\mathbf{u} + (1-s)\mathbf{v}$ 꼴로 표현할 수 있으며, 이를 **가중 평균**(weighted average)이라 한다. 확인 차원에서 [그림 4.27]에는 $\mathbf{u} = (-1, 1)$과 $\mathbf{v} = (3, 4)$에 대한 가중 평균 벡터 $s\mathbf{u} + (1-s)\mathbf{v}$를, 0에서 1 사이의 값 10개를 s에 대입해 왼쪽에 나타내고 0에서 1 사이의 값 100개를 s에 대입해 오른쪽에 나타냈다.

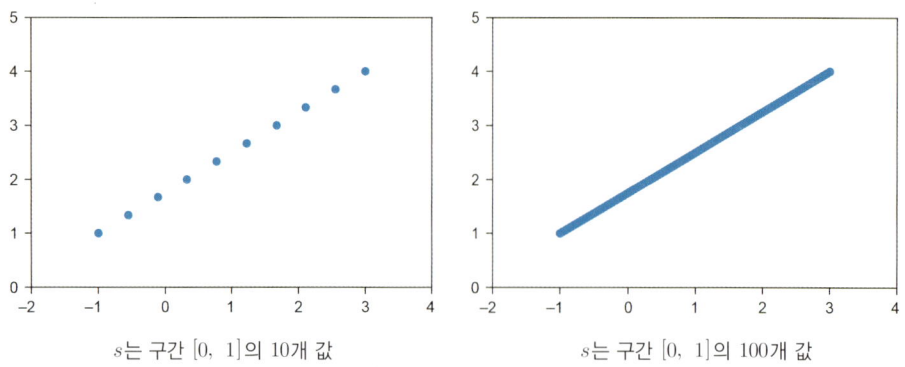

| s는 구간 $[0, 1]$의 10개 값 | s는 구간 $[0, 1]$의 100개 값 |

그림 4.27 두 벡터를 지나는 선분 위에 있는 두 벡터의 가중 평균

여기서 핵심은 두 벡터 u와 v를 연결하는 선분 위의 모든 점이 가중 평균이자 두 점 u와 v의 일차결합이라는 것이다. 이를 염두에 두고 일차결합이 선분 전체에 어떤 작용을 하는지 고찰해볼 수 있다.

u와 v를 연결하는 선분 위의 임의의 점은 u와 v의 가중 평균이므로, 어떤 값 s에 대해 $s \cdot \mathbf{u} + (1-s) \cdot \mathbf{v}$ 꼴로 표현할 수 있다. 일차변환 T는 u와 v를 각각 벡터 $T(\mathbf{u})$와 $T(\mathbf{v})$로 변환한다. 선분 위의 점은 새로운 점 $T(s \cdot \mathbf{u} + (1-s) \cdot \mathbf{v})$, 즉 $s \cdot T(\mathbf{u}) + (1-s) \cdot T(\mathbf{v})$로 변환된다. 이 새로운 점은 결국 $T(\mathbf{u})$와 $T(\mathbf{v})$의 가중 평균이므로, [그림 4.28]처럼 $T(\mathbf{u})$와 $T(\mathbf{v})$를 연결하는 선분 위에 놓여 있는 점이다.

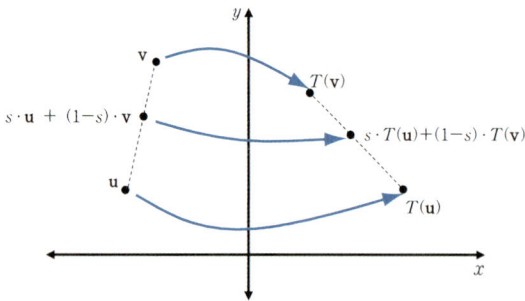

그림 4.28 두 벡터의 가중 평균이라는 성질을 보존하는 일차변환 T

그 때문에 일차변환 T는 u와 v를 연결하는 선분의 각 점을 $T(\mathbf{u})$와 $T(\mathbf{v})$를 연결하는 선분의 각 점에 옮긴다. 이것은 일차변환의 핵심 성질로, 이를 통해 일차변환은 기존 선분을

새로운 선분으로 이동시킨다. 우리가 만든 3차원 모델은 다각형으로 이루어져 있다. 다각형은 선분으로 그 윤곽이 드러나기 때문에 [그림 4.29]처럼 일차변환이 3차원 모델의 구조를 어느 정도는 보존하리라 기대할 수 있다.

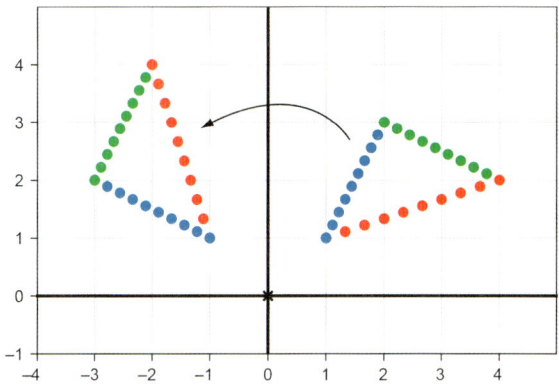

그림 4.29 반시계방향으로 $90°$만큼 회전이동한 삼각형

이와는 대조적으로 $\mathbf{v} = (x, y)$를 (x^2, y^2)으로 옮기는 일차변환이 아닌 변환 $S(\mathbf{v})$를 적용하면 선분이 왜곡되는 걸 관찰할 수 있다. [그림 4.30]처럼 세 벡터 $\mathbf{u}$, $\mathbf{v}$, $\mathbf{w}$로 정의된 삼각형에 이 변환을 적용해도 $S(\mathbf{u})$, $S(\mathbf{v})$, $S(\mathbf{w})$에 의해 정의된 다른 삼각형이 되지 않는다.

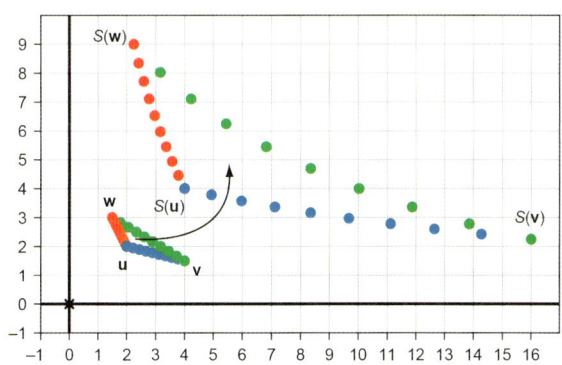

그림 4.30 일차변환이 아닌 S는 삼각형 각 변의 직진성을 보존하지 않는다.

요약하면, 일차변환은 벡터의 대수적 성질을 유지하면서 벡터합, 스칼라곱, 일차변환을 보존한다. 또한 일차변환은 벡터 집합의 기하학적 성질도 유지하면서 벡터로 정의된 선분과 다각형은 변환된 벡터로 이루어진 새로운 선분 및 다각형이 되도록 한다. 이제 일차변환이 기하학적으로 특별한데다 계산하기도 쉬움을 살펴볼 것이다.

4.2.4 일차변환 계산하기

앞에서 2차원 벡터와 3차원 벡터를 성분으로 분해하는 방법을 살펴보았다. 예를 들어 벡터 $(4,3,5)$는 벡터합 $(4,0,0)+(0,3,0)+(0,0,5)$로 분해할 수 있다. 이 벡터합은 3차원 공간의 각 차원에서 벡터가 얼마나 멀리 뻗어있는지 쉽게 그릴 수 있게 해준다. 이 벡터합은 그 자체로 일차결합으로 볼 수 있지만, 훨씬 더 세분된 일차결합으로 분해할 수 있다. [그림 4.31]을 보자.

$$(4,3,5) = 4 \cdot (1,0,0) + 3 \cdot (0,1,0) + 5 \cdot (0,0,1)$$

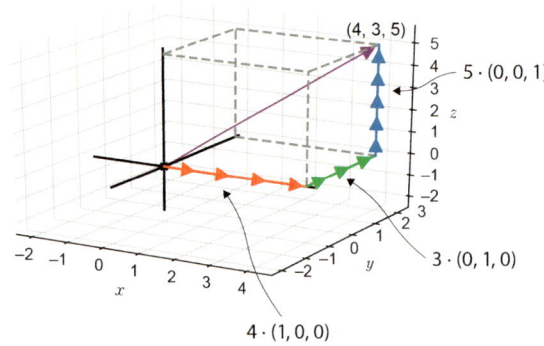

그림 4.31 $(1,0,0)$, $(0,1,0)$, $(0,0,1)$의 일차결합으로 분해한 3차원 벡터 $(4,3,5)$

따분하게 들릴 수 있겠지만, 다음 내용은 선형대수학을 배운 사람만이 알 수 있는 핵심이다. 모든 3차원 벡터를 세 벡터 $(1,0,0)$, $(0,1,0)$, $(0,0,1)$로 이루어진 일차결합으로 분해할 수 있다. 벡터 v를 이 세 벡터로 분해할 때 등장하는 스칼라 값들은 바로 v의 각 좌표이다.

세 벡터 $(1,0,0)$, $(0,1,0)$, $(0,0,1)$을 3차원 공간의 **표준 기저**(standard basis)라고 하며, 표준 기저 벡터는 순서대로 e_1, e_2, e_3로 표기한다. 따라서 $(3,4,5) = 3e_1 + 4e_2 + 5e_3$라고도 쓸 수 있다. 2차원 공간에서 표준 기저 벡터는 $e_1 = (1,0)$, $e_2 = (0,1)$라고 둔다. 예를 들어 [그림 4.32]처럼 $(7,-4) = 7e_1 - 4e_2$이다. e_1은 $(1,0)$일 수도 있고 $(1,0,0)$일 수도 있지만, 다루는 공간의 차원을 확실히 하면 어떤 벡터인지 알 수 있다.

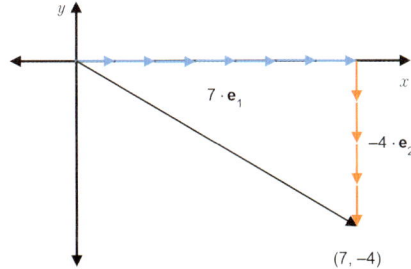

그림 4.32 표준 기저 벡터 e_1, e_2의 일차결합으로 나타낸 2차원 벡터 $(7, -4)$

앞의 논의는 같은 벡터를 약간 다르게 표기하는 방법에 불과하지만, 이러한 관점의 변환은 일차변환 계산을 편하게 해준다. 일차변환은 일차결합을 유지하므로, 일차변환을 계산할 때 표준 기저 벡터가 일차변환에 어떤 영향을 주는지만 알면 되기 때문이다.

[그림 4.33]을 살펴보자. 2차원 벡터 변환 T가 일차결합이라는 사실만 알고, $T(e_1)$과 $T(e_2)$를 알고 있다고 하자.

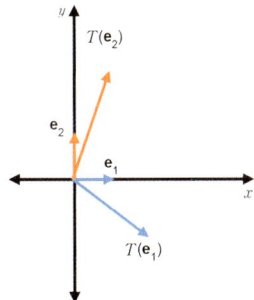

그림 4.33 표준 기저 벡터 e_1, e_2에 일차변환을 적용해 얻은 두 벡터 $T(e_1)$, $T(e_2)$

이때 임의의 벡터 v에 대해 $T(v)$의 위치를 자연스럽게 알 수 있다. $v = (3, 2)$라고 하면 다음이 성립한다.

$$T(v) = T(3e_1 + 2e_2) = 3T(e_1) + 2T(e_2)$$

$T(\mathbf{e}_1)$과 $T(\mathbf{e}_2)$의 위치를 이미 알고 있으므로 [그림 4.34]처럼 $T(\mathbf{v})$의 위치를 확인할 수 있다.

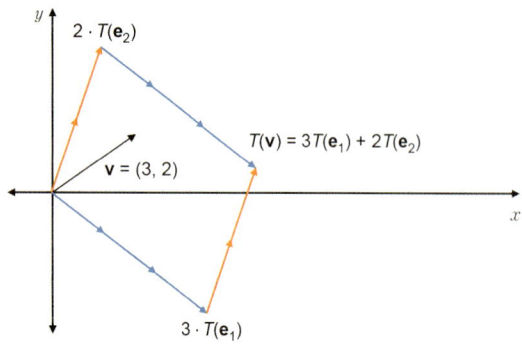

그림 4.34 언제나 $T(\mathbf{e}_1)$와 $T(\mathbf{e}_2)$의 일차결합으로 표현 가능한 $T(\mathbf{v})$

3차원에서의 예시는 구체적으로 설명할테니 꼼꼼히 살펴보자. A를 일차변환이라고 하고, 우리가 A에 대해 아는 것은 오직 $A(\mathbf{e}_1) = (1,1,1)$, $A(\mathbf{e}_2) = (1,0,-1)$, $A(\mathbf{e}_3)$뿐이라고 하자. $\mathbf{v} = (-1,2,2)$라고 하면, $A(\mathbf{v})$는 무엇인가? 우선 $\mathbf{v}$를 표준 기저 벡터의 일차변환으로 전개할 수 있다. $\mathbf{v} = (-1,2,2) = -\mathbf{e}_1 + 2\mathbf{e}_2 + 2\mathbf{e}_3$이므로 다음과 같이 치환할 수 있다.

$$\begin{aligned}
A(\mathbf{v}) &= A(-\mathbf{e}_1 + 2\mathbf{e}_2 + 2\mathbf{e}_3) \quad \text{\small A가 일차변환이고 일차결합을 보존한다.} \\
&= -A(\mathbf{e}_1) + 2A(\mathbf{e}_2) + 2A(\mathbf{e}_3) \quad \text{\small $A(\mathbf{e}_1)$, $A(\mathbf{e}_2)$, $A(\mathbf{e}_3)$값을 대입한다.} \\
&= -(1,1,1) + 2 \cdot (1,0,-1) + 2 \cdot (0,1,1) \\
&= (1,1,-1)
\end{aligned}$$

A의 실제 동작을 알기 위한 검증 작업으로, 찻주전자에 이 변환을 적용해볼 수 있다.

```
Ae1 = (1,1,1)
Ae2 = (1,0,-1)       ◁─┤ A를 표준 기저 벡터에 적용한 결과는
Ae3 = (0,1,1)           이미 알고 있다.
```

```
def apply_A(v):
    return add(
        scale(v[0], Ae1),
        scale(v[1], Ae2),
        scale(v[2], Ae3)
    )

draw_model(polygon_map(apply_A, load_triangles()))
```

입력 벡터 v에 A를 적용한 결과를 리턴하는 apply_A(v) 함수를 만든다.

결과는 다음 벡터들의 일차결합이 되어야 하는데, 각 스칼라 값은 대상 벡터 v의 좌표에서 가져온다.

polygon_map을 사용해 A를 찻주전자의 모든 삼각형의 벡터에 적용한다.

[그림 4.35]는 변환을 적용한 결과를 보여준다. 지금 만든 일차변환은 찻주전자를 회전시키고 비틀었다. 그림에서 찻주전자의 바닥이 빈 것이 이상하게 느껴질 수 있지만, 이는 우리가 사용한 찻주전자에 바닥을 나타내는 도형이 없었기 때문이지 일차변환에 의해 없어진 건 아니다.

여기서는 2차원 일차변환 T가 $T(\mathbf{e}_1)$와 $T(\mathbf{e}_2)$의 값에 의해 완벽하게 정의된다는 점을 알면 된다. 즉, 2차원 일차변환을 정의하려면 벡터 2개 또는 4개의 수가 있으면 된다. 마찬가지로

그림 4.35 회전과 비틀림을 만드는 일차변환을 적용한 찻주전자

3차원 일차변환 T는 벡터 3개 또는 9개의 수에 해당하는 $T(\mathbf{e}_1)$, $T(\mathbf{e}_2)$, $T(\mathbf{e}_3)$의 값으로 완벽하게 정의된다. 차원에 상관없이 일차변환의 동작은 벡터 리스트 또는 2차원 배열(array-of-arrays)로 명시할 수 있다. 이러한 2차원 배열을 **행렬**(matrix)이라고 하는데, 행렬은 다음 장에서 살펴보자.

4.2.5 연습문제

연습문제 | 4.10

각 좌표를 제곱하는 벡터 변환 S를 다시 생각하자. 모든 스칼라 s와 2차원 벡터 $\mathbf{v}$에 대해 $S(s\mathbf{v}) = sS(\mathbf{v})$가 성립하는 게 아님을 대수적으로 보여라.

연습문제 풀이

연습문제 | 4.11

T가 벡터 변환이며 $T(\mathbf{0}) \neq \mathbf{0}$을 만족한다고 하자. 여기서 $\mathbf{0}$은 모든 좌표가 0인 벡터이다. T가 일차변환이 아닌 이유를 정의에 따라 보여라.

연습문제 | 4.12

항등변환(identity transformation)은 입력으로 받은 벡터를 그대로 리턴하는 벡터 변환이다. 대문자 I로 표기하며 모든 벡터 $\mathbf{v}$에 대해 $I(\mathbf{v}) = \mathbf{v}$라고 정의한다. I가 일차변환인 이유를 설명하라.

연습문제 | 4.13

$(5,3)$과 $(-2,1)$의 중점을 구하라. 중점까지 세 점을 플로팅해보고 두 결과가 일치하는지 확인하라.

연습문제 | 4.14

$\mathbf{v} = (x, y)$를 (x^2, y^2)으로 보내는, 일차변환이 아닌 변환 $S(\mathbf{v})$를 다시 생각하자. 2장의 그리기 코드를 사용해 각 좌표가 0에서 5 사이의 정수인 36개의 $\mathbf{v}$를 모두 점으로 그리고, 각 점에 대한 $S(\mathbf{v})$를 플로팅하라. S의 동작에 따라 기하학적으로 벡터에 어떤 변화가 나타나는지 설명하라.

연습문제 | 4.15 미니 프로젝트

속성 기반 테스팅(property-based testing)은 프로그램에 대한 임의의 입력 데이터를 창출한 뒤 출력 결과가 기대된 조건을 만족하는지를 확인하는 단위 테스팅의 한 종류이다. (pip를 통해 사용할 수 있는) Hypothesis와 같이 잘 알려진 파이썬 라이브러리는 설치해 쓰기도 쉽다. 라이브러리를 직접 선택하고 사용해서 벡터 변환이 일차변환인지 확인하는 속성 기반 테스트를 구현하라. 구체적으로는 파이썬 함수로 구현된 벡터 변환 T가 있으면 수많은 랜덤 벡터쌍을 생성해서 T가 각 벡터쌍의 벡터합을 보존하는지 확인하라. 그런 뒤에 수많은 스칼라와 벡터에 대한 쌍을 생성해서 T가 스칼라곱을 보존하는지 확인하라. rotate_x_by(pi/2)와 같은 일차변환은 이 테스트를 통과하겠지만 각 좌표를 제곱하는 변환과 같이 일차변환이 아닌 변환은 이 테스트를 통과하지 못해야 한다.

연습문제 | 4.16

2차원 벡터 변환 중 하나는 x축에 대한 **대칭이동**이다. 이 변환은 벡터를 입력으로 받아 다른 벡터를 리턴하는데, 이는 x축에 대한 거울상에 해당한다. 이 벡터의 x좌표는 변하지 않지만 y좌표의 부호가 바뀐다. 이 변환을 S_x라고 표기할 때, 벡터 $\mathbf{v}=(3,2)$와 대칭이동된 벡터 $S_x(\mathbf{v})$를 그린 그림은 다음과 같다.

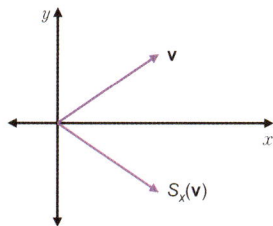

그림 벡터 $\mathbf{v}=(3,2)$와 이 벡터를 x축에 대한 대칭이동한 벡터 $(3,-2)$

x축에 대한 대칭이동이 벡터합을 보존함을 보이기 위해 두 벡터와 두 벡터의 벡터합, 그리고 이 세 벡터를 대칭이동한 벡터를 각각 그려라. 비슷하게 스칼라곱을 보존함을 보이는 그림을 그려서 일차결합의 선형성을 평가하는 두 가지 기준을 모두 만족함을 확인하라.

연습문제 | 4.17 미니 프로젝트

일차변환 S, T에 대하여 S와 T의 합성변환 또한 일차변환인 이유를 설명하라.

연습문제 | 4.18

T가 파이썬 함수 rotate_x_by(pi/2)를 수행하는 일차변환이라 하자. $T(\mathbf{e}_1)$, $T(\mathbf{e}_2)$, $T(\mathbf{e}_3)$를 각각 구하라.

연습문제 | 4.19

스칼라 리스트 및 스칼라와 같은 개수의 벡터를 입력으로 받아서 단일 벡터를 리턴하는 파이썬 함수 linear_combination(scalars,*vectors)를 작성하라. 예를 들어 linear_combination ([1,2,3], (1,0,0), (0,1,0), (0,0,1))은 $1 \cdot (1,0,0) + 2 \cdot (0,1,0) + 3 \cdot (0,0,1)$, 즉 $(1,2,3)$을 리턴해야 한다.

연습문제 | 4.20

3차원 벡터 변환을 입력으로 받고 표준 기저에 영향을 준 결과를 출력하는 파이썬 함수 transform_standard_basis(transform)을 작성하라.

> **힌트** transform을 e_1, e_2, e_3에 각각 적용한 결과에 해당하는 3개의 벡터 튜플을 출력하면 된다.

연습문제 | 4.21

B를 $B(e_1) = (0,0,1)$, $B(e_2) = (2,1,0)$, $B(e_3) = (-1,0,-1)$인 일차변환이라고 하고 $\mathbf{v} = (-1,1,2)$라고 하자. 이때, $B(\mathbf{v})$를 구하라.

연습문제 | 4.22

A와 B가 모두 일차변환이며 다음을 만족한다고 하자.

$$A(e_1) = (1,1,1), \quad A(e_2) = (1,0,-1), \quad A(e_3) = (0,1,1),$$
$$B(e_1) = (0,0,1), \quad B(e_2) = (2,1,0), \quad B(e_3) = (-1,0,-1)$$

이때, $A(B(e_1))$, $A(B(e_2))$, $A(B(e_3))$를 구하라.

일차변환은 매우 적은 데이터로 명시할 수 있기 때문에 잘 동작하고 계산하기도 쉽다. 다음 장에서는 행렬 표기법으로 일차변환을 계산하는 방법을 살펴보자.

요약

- 벡터 변환은 벡터를 입력으로 받아 벡터를 출력으로 리턴하는 함수이다. 벡터 변환은 2차원 벡터 또는 3차원 벡터에서 적용 가능하다.
- 모델의 기하학적 변환을 수행하려면 3차원 모델을 구성하는 모든 다각형의 꼭짓점에 벡터 변환을 적용하면 된다.
- 함수 합성을 통해 기존 벡터 변환을 결합해 새로운 변환을 만들 수 있으며, 이는 기존 벡터 변환을 순차적으로 적용하는 것과 동일하다.
- 함수형 프로그래밍은 함수의 합성과 조작을 강조하는 프로그래밍 패러다임이다.
- 커링을 적용한 함수의 연산은 여러 인자를 받는 함수를 한 인자로 받아 새로운 함수를 리턴하는 함수로 바꾼다. 커링을 통해 (scale과 add와 같은) 기존 파이썬 함수를 벡터 변환으로 바꿀 수 있다.
- 일차변환은 벡터합과 스칼라곱을 보존하는 벡터 변환이다. 특히 일차변환이 적용된 후에도 선분에 놓인 점은 여전히 선분에 놓여 있다.
- 일차결합은 스칼라곱과 벡터합의 가장 일반적인 조합이다. 모든 3차원 벡터는 $e_1 = (1,0,0)$, $e_2 = (0,1,0)$, $e_3 = (0,0,1)$이라는 3차원 표준 기저 벡터의 일차결합으로 표현된다. 마찬가지로 모든 2차원 벡터는 2차원 표준 기저 벡터 $e_1 = (1,0)$과 $e_2 = (0,1)$의 일차결합이다.
- 주어진 일차변환이 표준 기저 벡터에 어떻게 작용하는지 알면, 임의의 벡터에 대해 주어진 일차변환이 작용하는지를 알 수 있다. 이때 해당 벡터를 표준 기저의 일차결합으로 표현한 뒤 일차결합이 보존된다는 사실을 활용하면 된다.
  - 3차원 일차변환을 표현하는 데 3개의 벡터, 또는 총 9개의 수가 필요하다.
  - 2차원 일차변환을 표현하는 데 2개의 벡터, 또는 총 4개의 수가 필요하다.

일차변환을 처음 배울 때 여러 상황에서 잘 동작한다는 점을 강조했는데, 마지막 내용에서 일차변환이 계산하기도 쉬운 연산임을 알 수 있다. 적은 데이터만으로도 특정한 일차변환을 표현할 수 있기 때문이다.

CHAPTER 5

행렬로 변환 계산하기

이 장의 내용
- 일차변환을 행렬로 나타내기
- 행렬을 곱해서 일차변환을 합성하고 적용하기
- 일차변환을 다른 차원의 벡터에 대해서도 적용하기
- 행렬로 2차원 벡터 또는 3차원 벡터 평행이동하기

4장을 마무리하면서 3차원에서 **모든** 일차변환은 3개의 벡터 또는 총 9개의 수로 명시할 수 있다는 엄청난 발상을 언급했다. 이 9개의 수를 적절히 선택하면 모든 축에 대해 어느 각도로든 회전할 수 있으며, 어떠한 평면에 대해서도 대칭이동할 수도 있다. 또한 어떠한 평면에 대한 투영변환도, 어떠한 방향에 따라 어떠한 배수에 대한 확대·축소변환도, 다른 3차원 일차변환도 할 수 있다.

z축을 중심으로 반시계방향으로 90°만큼 회전하는 변환은 표준 기저 벡터 $\mathbf{e}_1 = (1,0,0)$, $\mathbf{e}_2 = (0,1,0)$, $\mathbf{e}_3 = (0,0,1)$에 적용한 결과가 $(0, 1, 0)$, $(-1, 0, 0)$, $(0, 0, 1)$임을 이용해 완전하게 설명할 수 있다. 이 변환을 기하학적으로 생각하든, 앞의 세 벡터(또는 9개의 수)로 설명하든 간에 [그림 5.1]과 같이 가상의 기계 중 하나가 3차

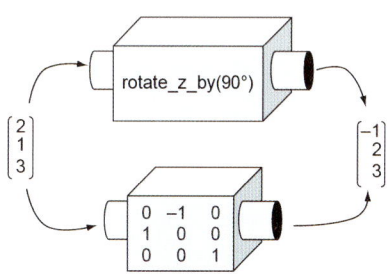

그림 5.1 일차변환을 수행하는 두 개의 기계

원 벡터에 대한 변환을 수행한다고 볼 수 있다. 구현 방법은 다를 수 있지만, 두 기계가 각각 도출한 결과는 구별할 수 없이 똑같다. 즉, rotate_z_by(90°)라 적힌 기계는 z축으로 90°

만큼 회전하는데, 이 기계와 아래의 9개의 수로 그 동작이 결정되는 기계는 동일하다.

격자 모양으로 적절히 배열한 9개의 수는 일차변환을 실행하는 방법을 설명해주는데, 이를 **행렬**(matrix)이라고 한다. 이 장에서는 이처럼 수를 격자 형태로 배치한 행렬을 계산 도구로 사용하는 방법에 초점을 맞추며, 이전 장보다 더 많은 수의 향연이 벌어진다. 그렇다고 해서 겁먹지 말자! 결론만 살펴보면 여전히 벡터 변환을 수행하고 있을 뿐이다.

행렬은 일차변환이 표준 기저 벡터에 작용한 결과 데이터를 사용하여 해당 일차변환을 계산할 수 있게 해준다. 이 장에 등장하는 모든 표기법은 4.2절에서 다룬 과정을 정리할 뿐이며 생소한 아이디어가 아니다. 복잡한 표기법을 새롭게 배워야 하니 힘들 수 있지만, 장담하건대 그만한 가치가 있다. 벡터를 기하학적 객체나 수의 튜플로 생각하면서 생각의 폭이 넓어졌듯이, 일차변환을 수의 행렬로 생각하면서 멘탈 모델을 확장할 것이다.

5.1 행렬로 일차변환 표현하기

4장에서 3차원 일차변환을 9개의 수로 명시하는 예시로 돌아가자. 구체적으로 A가 일차변환이고 $A(\mathbf{e}_1) = (1,1,1)$, $A(\mathbf{e}_2) = (1,0,-1)$, $A(\mathbf{e}_3) = (0,1,1)$임을 안다고 하자. 세 벡터는 성분이 모두 9개이며 일차변환 A를 명시하는 데 필요한 모든 정보를 포함한다.

이 개념을 반복해서 사용하기 때문에 특별한 표기법이 필요하다. **행렬 표기법**(matrix notation)을 새롭게 채택해 9개의 수도 A를 나타내는 데 사용할 것이다.

5.1.1 벡터와 일차변환을 행렬로 표기하기

행렬은 수로 만든 직사각형 격자로, 그 모양이 행렬의 해석 방법을 알려준다. 예를 들어 열이 하나뿐인 행렬은 벡터로 볼 수 있다. 이때 벡터의 각 성분은 좌표를 나타내는데, 위에서 아래로 정렬되어 있다. 이 행렬 꼴의 벡터를 **열벡터**(column vector)라고 한다. 예를 들어 3차원 표준 기저는 다음과 같이 3개의 열벡터로 표기할 수 있다.

$$\mathbf{e}_1 = \begin{pmatrix} 0 \\ 1 \\ 1 \end{pmatrix},\ \mathbf{e}_2 = \begin{pmatrix} 0 \\ 1 \\ 0 \end{pmatrix},\ \mathbf{e}_3 = \begin{pmatrix} 0 \\ 0 \\ 1 \end{pmatrix}$$

열벡터는 벡터의 다른 표현으로, 이 벡터들은 $e_1 = (1,0,0)$, $e_2 = (0,1,0)$, $e_3 = (0,0,1)$과 같다. 이 표기법을 사용해 변환 A가 표준 기저 벡터를 어떻게 변환하는지 나타낼 수 있다.

$$A(e_1) = \begin{pmatrix} 1 \\ 1 \\ 1 \end{pmatrix}, \ A(e_2) = \begin{pmatrix} 1 \\ 0 \\ -1 \end{pmatrix}, \ A(e_3) = \begin{pmatrix} 0 \\ 1 \\ 1 \end{pmatrix}$$

일차변환 A를 나타내는 행렬은 위의 벡터들을 나열해 합친 3행 3열의 격자이다.

$$A = \begin{pmatrix} 1 & 1 & 0 \\ 1 & 0 & 1 \\ 1 & -1 & 1 \end{pmatrix}$$

2차원에서 열벡터는 성분이 2개이므로, 변환을 마친 2개의 벡터는 4개의 성분을 포함한다. 입력 벡터를 2배수로 확대하는 일차변환 D를 살펴보자. 먼저, 표준 기저 벡터에 이 변환의 작용을 나타내볼 수 있다.

$$D(e_1) = \begin{pmatrix} 2 \\ 0 \end{pmatrix}, \ D(e_2) = \begin{pmatrix} 0 \\ 2 \end{pmatrix}$$

이때 행렬 D는 각 열벡터를 이어 붙인 것이다.

$$D = \begin{pmatrix} 2 & 0 \\ 0 & 2 \end{pmatrix}$$

행렬은 모양과 크기가 다양하지만, 지금은 벡터를 나타내는 열이 한 개인 행렬과 일차변환을 나타내는 정사각행렬이라는 두 가지 형태에 초점을 맞출 것이다.

기억해야 할 것은, 여기에서 '일차변환은 표준 기저 벡터에 작용한 결과로 정의된다'는 4.2절의 핵심 발상을 표현하는 새로운 방법 외에 새롭게 등장한 개념이 없다는 점이다. 일차변환에서 행렬을 얻는 방법은 모든 표준 기저 벡터에 일차변환을 수행해 얻은 벡터들을 나란히 배치해 결합하는 것이다. 이제 이 문제를 반대로 놓고 주어진 행렬을 이용해 일차변환을 수행하는 방법을 살펴보자.

5.1.2 행렬과 벡터 곱하기

일차변환 B와 벡터 v를 행렬(열벡터)로 표현하고 나면, $B(v)$를 구하는 데 필요한 모든 수를 안다. 예를 들어 B와 v가 다음과 같다고 하자.

$$B = \begin{pmatrix} 0 & 2 & 1 \\ 0 & 1 & 0 \\ 1 & 0 & -1 \end{pmatrix}, \quad \mathbf{v} = \begin{pmatrix} 3 \\ -2 \\ 5 \end{pmatrix}$$

그러면 세 벡터 $B(\mathbf{e}_1)$, $B(\mathbf{e}_2)$, $B(\mathbf{e}_3)$는 위 행렬의 각 열이므로 B에서 읽어낼 수 있다. 여기서부터 기존과 같은 절차를 따르면 된다. $\mathbf{v} = 3\mathbf{e}_1 - 2\mathbf{e}_2 + 5\mathbf{e}_3$이므로 $B(\mathbf{v}) = 3B(\mathbf{e}_1) - 2B(\mathbf{e}_2) + 5B(\mathbf{e}_3)$임을 알 수 있다. 이를 대입해 전개하면 다음을 얻는다.

$$B(\mathbf{v}) = 3 \cdot \begin{pmatrix} 0 \\ 1 \\ 1 \end{pmatrix} - 2 \cdot \begin{pmatrix} 2 \\ 1 \\ 0 \end{pmatrix} + 5 \cdot \begin{pmatrix} 1 \\ 0 \\ -1 \end{pmatrix} = \begin{pmatrix} 0 \\ 0 \\ 3 \end{pmatrix} + \begin{pmatrix} -4 \\ -2 \\ 0 \end{pmatrix} + \begin{pmatrix} 5 \\ 0 \\ -5 \end{pmatrix} = \begin{pmatrix} 1 \\ -2 \\ -2 \end{pmatrix}$$

결과는 벡터 $(1, -2, -2)$다. **행렬 곱셈**(matrix multiplication)이라는 연산을 사용하면 정사각행렬을 열벡터에 작용하는 함수처럼 만들 수 있다. 다시 말하지만 이 발상은 일차변환을 벡터에 적용하는 것과 같은 작업이며, 표기법이나 용어만 바꾸었을 뿐이다. 일차변환을 행렬 곱셈으로 표기하면 다음과 같다.

$$B(\mathbf{v}) = \begin{pmatrix} 0 & 2 & 1 \\ 0 & 1 & 0 \\ 1 & 0 & -1 \end{pmatrix} \begin{pmatrix} 3 \\ -2 \\ 5 \end{pmatrix} = \begin{pmatrix} 1 \\ -2 \\ -2 \end{pmatrix}$$

수를 곱하는 것과는 다르게 행렬과 벡터를 곱할 때는 순서가 중요하다. 이 예시에서 $B\mathbf{v}$는 정의되는 행렬 곱셈이지만 $\mathbf{v}B$는 정의되지 않는다. 이제 다양한 형태의 행렬을 곱하는 방법과 행렬을 곱하는 순서에 대한 규칙을 살펴볼 것이다. 일단 이 곱셈은 3차원 일차변환 연산자를 3차원 벡터에 적용하기 때문에 잘 정의되었다고 간주하자.

행렬과 벡터를 곱하는 파이썬 코드를 써보자. 행렬 B를 튜플로, 벡터 $\mathbf{v}$를 튜플의 튜플로 인코딩한다고 하자.

```
B = (
    (0,2,1),
    (0,1,0),
    (1,0,-1)
)

v = (3,-2,5)
```

이는 원래 행렬 B에 대해 생각했던 것과는 조금 다르다. 원래는 세 개의 열을 조합해 만들었지만, 여기서 B는 행을 나열해 생성한다. 파이썬에서 행렬을 행의 튜플로 정의하면 수가 종이에 적을 때와 같은 순서로 배열되어 유용하다. 열을 구하고 싶으면([부록 B]에서 다룬) 파이썬의 `zip` 함수를 이용해서 언제든지 가능하다.

```
>>> list(zip(*B))
[(0, 0, 1), (2, 1, 0), (1, 0, -1)]
```

이 리스트의 첫 번째 성분은 $(0, 0, 1)$로 B의 1열이며, 두 번째 성분과 세 번째 성분도 각각 B의 2열, 3열이다. 지금 구하려는 것은 이 벡터들의 일차결합으로, 일차결합에 쓰이는 각 스칼라는 v의 좌표이다. 이 벡터들의 일차결합은 4.2.5절 [연습문제 4.19]에 등장한 `linear_combination` 함수를 사용해서 구할 수 있다. `linear_combination`의 첫 번째 인자는 스칼라의 리스트인 v이어야 하며, 후속 인자는 B의 열벡터이어야 한다. 이를 통해 완성한 함수는 다음과 같다.

```
def multiply_matrix_vector(matrix, vector):
    return linear_combination(vector, *zip(*matrix))
```

B, v에 대해 직접 계산한 결과가 참임을 확인한다.

```
>>> multiply_matrix_vector(B,v)
(1, -2, -2)
```

행렬과 벡터를 곱하는 연상법이 두 개 더 있는데, 모두 같은 결과가 나온다. 행렬 곱셈의 프로토타입을 작성해 이를 살펴보자.

$$\begin{pmatrix} a & b & c \\ d & e & f \\ g & h & i \end{pmatrix} \begin{pmatrix} x \\ y \\ z \end{pmatrix}$$

이 계산의 결과는 x, y, z 좌표를 스칼라로 하여 행렬의 열을 일차결합한 것이다.

$$= x \cdot \begin{pmatrix} a \\ d \\ g \end{pmatrix} + y \cdot \begin{pmatrix} b \\ e \\ h \end{pmatrix} + z \cdot \begin{pmatrix} c \\ f \\ i \end{pmatrix} = \begin{pmatrix} ax + by + cz \\ dx + ey + fz \\ gx + hy + iz \end{pmatrix}$$

이 식은 3행 3열(3×3이라고 표기)인 행렬을 3차원 벡터와 곱한 식이다. 유사한 식을 2차원 벡터에 대해 작성할 수 있다.

$$\begin{pmatrix} j & k \\ l & m \end{pmatrix} \begin{pmatrix} x \\ y \end{pmatrix} = x \cdot \begin{pmatrix} j \\ l \end{pmatrix} + y \cdot \begin{pmatrix} k \\ m \end{pmatrix} = \begin{pmatrix} jx + ky \\ lx + my \end{pmatrix}$$

행렬 곱셈을 하는 첫 번째 연상법은 출력 벡터의 각 좌표가 입력 벡터의 각 좌표의 함수라는 것이다. 예를 들어 3차원 출력 벡터의 첫 번째 좌표는 함수 $f(x, y, z) = ax + by + cz$이다. 더욱이 이 함수는 고등학교 수학 용어를 빌리면[1] **일차함수**(linear function)로, 각 변수에 수를 곱해 더한 것이다. 우리는 원래 일차변환이 일차함수가 나타내는 직선을 보존하기 때문에 '일차변환'이라는 용어를 도입했다. 이 용어를 사용하는 또 다른 이유는, 일차변환을 입력 좌표에 대해 출력 좌표를 알려주는 일차**함수들**의 집합이기 때문이다.

행렬 곱셈을 하는 두 번째 연상법은 같은 공식을 다른 식으로 바라본다. 출력 벡터의 좌표가 행렬의 행과 목표 벡터의 내적으로 보는 것이다. 예를 들어 3행 3열 행렬의 1행은 (a, b, c)이고 곱셈을 할 목표 벡터는 (x, y, z)이므로 출력 벡터의 첫 번째 좌표는 $(a, b, c) \cdot (x, y, z)$ $= ax + by + cz$이다. 이 사실을 식으로 나타내고자 두 표기법을 결합할 수 있다.

$$\begin{pmatrix} a & b & c \\ d & e & f \\ g & h & i \end{pmatrix} \begin{pmatrix} x \\ y \\ z \end{pmatrix} = \begin{pmatrix} (a, b, c) \cdot (x, y, z) \\ (d, e, f) \cdot (x, y, z) \\ (g, h, i) \cdot (x, y, z) \end{pmatrix} = \begin{pmatrix} ax + by + cz \\ dx + ey + fz \\ gx + hy + iz \end{pmatrix}$$

배열된 글자와 숫자를 보느라 지치기 시작했다면, 걱정하지 말자. 표기법이 위압적이라서 직관을 형성하는 데 시간이 조금 걸린다. 이 장에서는 많은 행렬의 예시를 경험해보고, 6장에서 더 깊은 내용과 연습문제를 살펴볼 수 있다.

---

[1] (옮긴이) 엄밀하게 말하면, 고등학교의 일차함수는 $f(x, y, z) = ax + by + cz + d$ 꼴이며, 선형대수학에서는 $d = 0$인 경우만을 일차함수라고 한다.

5.1.3 행렬 곱으로 일차변환 합성하기

지금까지 일차변환의 예로 회전이동, 대칭이동, 확대·축소 등의 기하 변환을 살펴봤다. 수많은 일차변환을 서로 연결하면 새로운 일차변환이 된다. 수학 용어로 다시 말하면, 여러 개의 일차변환을 **합성**(composition)하면 역시 일차변환이다.

어떤 일차변환도 행렬로 나타낼 수 있기 때문에 어떠한 두 개의 일차변환을 합성해도 일차변환이다. 실제로 일차변환을 구성하여 새로운 일차변환을 작성하려면 행렬이 가장 적합하다.

> **참고_** 수학자를 그만 흉내 내고 잠시 프로그래머로 돌아가겠다. 벡터에 적용할 일차변환이 1,000개의 일차변환의 합성일 때 그 결과를 계산한다고 해보자. 애니메이션을 이루는 각 프레임 내에서 자잘한 변환을 적용해 객체를 움직이는 상황일 때 이러한 문제가 발생할 수 있다. 파이썬에서는 매 함수 호출마다 계산 오버헤드가 발생할 테니 1,000개의 함수를 순차적으로 적용하면 비용이 많이 들 것이다. 하지만 일차변환 1,000개를 합성하는 일차변환을 나타내는 행렬을 구할 수 있다면, 전체 과정을 몇 개의 수와 계산만으로 줄일 수 있을 것이다.

두 일차변환 A와 B의 행렬 표현이 다음과 같을 때 합성 $A(B(\mathbf{v}))$를 살펴보자.

$$A = \begin{pmatrix} 1 & 1 & 0 \\ 1 & 0 & 1 \\ 1 & -1 & 1 \end{pmatrix}, \quad B = \begin{pmatrix} 0 & 2 & 1 \\ 0 & 1 & 0 \\ 1 & 0 & -1 \end{pmatrix}$$

이 합성의 동작을 단계별로 설명하면 다음과 같다. 첫째, 변환 B를 $\mathbf{v}$에 적용하면 새로운 벡터 $B(\mathbf{v})$, 즉 곱셈으로 쓸 경우 $B\mathbf{v}$가 된다. 둘째, 구한 벡터를 변환 A에 대한 입력 벡터로 두면 최종적으로 3차원 벡터 $A(B\mathbf{v})$를 얻는다. 앞서와 마찬가지로 $A(B\mathbf{v})$에서 괄호를 제거해서 $AB\mathbf{v}$로 쓰겠다. $\mathbf{v} = (x, y, z)$로 이 곱셈을 쓰면 다음과 같다.

$$AB\mathbf{v} = \begin{pmatrix} 1 & 1 & 0 \\ 1 & 0 & 1 \\ 1 & -1 & 1 \end{pmatrix} \begin{pmatrix} 0 & 2 & 1 \\ 0 & 1 & 0 \\ 1 & 0 & -1 \end{pmatrix} \begin{pmatrix} x \\ y \\ z \end{pmatrix}$$

우리는 행렬과 벡터의 곱셈을 할 줄 알기 때문에, 오른쪽 곱셈 기호부터 계산해나가면 결과를 얻을 수 있다. 이번에는 행렬과 행렬의 곱셈을 통해 왼쪽 곱셈 기호부터 계산해나가는데, 어느 방법으로 계산해도 결과가 동일함을 확인할 것이다. 구체적으로, 일차변환 A와 B의 합성을 나타내는 새로운 행렬인 행렬곱 AB의 의미를 곱 자체에서 찾아보려고 한다.

$$ABv = \begin{pmatrix} 1 & 1 & 0 \\ 1 & 0 & 1 \\ 1 & -1 & 1 \end{pmatrix} \begin{pmatrix} 0 & 2 & 1 \\ 0 & 1 & 0 \\ 1 & 0 & -1 \end{pmatrix} = \begin{pmatrix} ? & ? & ? \\ ? & ? & ? \\ ? & ? & ? \end{pmatrix}$$

새로운 행렬의 각 성분은 무엇일까? 새 행렬은 두 변환 A와 B의 합성을 나타내야 하며, 이를 통해 새로운 일차변환 AB가 얻어진다. 이미 살펴보았듯이, 행렬의 각 열은 행렬에 대응하는 일차변환을 표준 기저 벡터에 적용한 결과이다. 행렬 AB의 각 열벡터는 변환 AB를 e_1, e_2, e_3 각각에 적용한 결과이다.

따라서 AB의 열은 $AB(e_1)$, $AB(e_2)$, $AB(e_3)$이다. 예를 들어 A를 벡터 $B(e_1)$에 적용한 결과 $AB(e_1)$에 해당하는 1열을 살펴보자. AB의 1열을 얻기 위해 우리는 행렬에 벡터를 곱하는데, 이 연산은 이미 배워서 잘 할 수 있는 연산이다.

$$AB = \begin{pmatrix} 1 & 1 & 0 \\ 1 & 0 & 1 \\ 1 & -1 & 1 \end{pmatrix} \overset{B(e_1)}{\begin{pmatrix} 0 & 2 & 1 \\ 0 & 1 & 0 \\ 1 & 0 & -1 \end{pmatrix}} = \overset{AB(e_1)}{\begin{pmatrix} 0 & ? & ? \\ 1 & ? & ? \\ 1 & ? & ? \end{pmatrix}}$$

AB의 2열과 3열에 해당하는 $AB(e_2) = (3,2,1)$, $AB(e_3) = (1,0,0)$도 구할 수 있다.

$$AB = \begin{pmatrix} 0 & 3 & 1 \\ 1 & 2 & 0 \\ 1 & 1 & 0 \end{pmatrix}$$

지금까지 행렬 곱셈을 하는 방법을 살펴보았다. 조심스럽게 일차변환 연산을 합성하기만 하면 된다. 매번 이러한 논증을 할 필요 없이 연상법을 사용할 수 있다. 3×3 행렬과 열벡터를 곱하는 것은 내적을 3번 행하는 것과 같으므로, 두 개의 3×3 행렬을 곱하는 것은 내적을 9번 하는 것과 마찬가지이다. 첫 번째 행렬의 행벡터 중 하나와 두 번째 행렬의 열벡터 중 하나를 내적하는 모든 경우를 [그림 5.2]를 통해 연상할 수 있다.

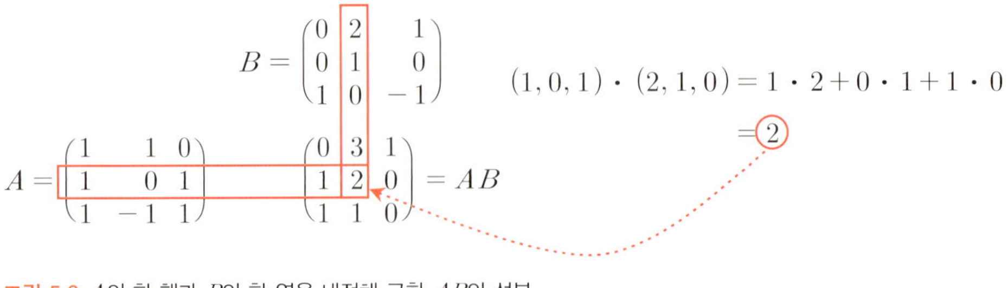

$$B = \begin{pmatrix} 0 & 2 & 1 \\ 0 & 1 & 0 \\ 1 & 0 & -1 \end{pmatrix} \qquad (1,0,1) \cdot (2,1,0) = 1 \cdot 2 + 0 \cdot 1 + 1 \cdot 0 = 2$$

$$A = \begin{pmatrix} 1 & 1 & 0 \\ 1 & 0 & 1 \\ 1 & -1 & 1 \end{pmatrix} \begin{pmatrix} 0 & 3 & 1 \\ 1 & 2 & 0 \\ 1 & 1 & 0 \end{pmatrix} = AB$$

그림 5.2 A의 한 행과 B의 한 열을 내적해 구한 AB의 성분

지금까지 논한 3×3 행렬 곱셈은 2×2 행렬에도 적용된다. 다음 곱셈을 구해보자.

$$\begin{pmatrix} 1 & 2 \\ 3 & 4 \end{pmatrix} \begin{pmatrix} 0 & -1 \\ 1 & 0 \end{pmatrix}$$

첫 번째 행렬의 행과 두 번째 행렬의 열을 내적해서 구할 수 있다. 첫 번째 행렬의 1행과 두 번째 행렬의 1열의 내적은 $(1,2) \cdot (0,1) = 2$이다. 이는 결과 행렬의 1행 1열 성분이 2임을 알려준다.

$$\begin{pmatrix} 1 & 2 \\ 3 & 4 \end{pmatrix} \begin{pmatrix} 0 & -1 \\ 1 & 0 \end{pmatrix} = \begin{pmatrix} 2 & ? \\ ? & ? \end{pmatrix}$$

이 과정을 반복하면 행렬곱의 모든 성분을 구할 수 있다.

$$\begin{pmatrix} 1 & 2 \\ 3 & 4 \end{pmatrix} \begin{pmatrix} 0 & -1 \\ 1 & 0 \end{pmatrix} = \begin{pmatrix} 2 & -1 \\ 4 & -3 \end{pmatrix}$$

연습문제로 행렬 곱셈을 해보면 요령을 터득할 수 있지만, 컴퓨터가 행렬 곱셈을 해 주는 게 더 좋다. 이를 위해 파이썬에서 행렬 곱셈을 구현해보자.

5.1.4 행렬 곱 구현하기

행렬 곱셈 함수를 작성하는 방법에는 여러 가지가 있지만, 필자는 내적을 활용한 방법을 선호한다. 행렬 곱셈의 결과는 튜플의 튜플이 되어야 하므로, 컴프리헨션을 중첩해서 함수를 작성할 수 있다. 이 함수는 두 개의 중첩된 튜플 a와 b를 입력으로 받는데, 이 두 튜플은 각각 입력 행렬 A와 B를 나타낸다. 입력 행렬 a는 이미 첫 번째 행렬의 행에 대한 튜플이므로, 두 번째 행렬의 열에 대한 튜플인 zip(*b)와 짝을 이루도록 할 수 있다. 마지막으로 각 쌍에 대해 내적을 취하여 안쪽 컴프리헨션에 둔다. 이를 구현하면 다음과 같다.

```
from vectors import *

def matrix_multiply(a,b):
    return tuple(
        tuple(dot(row,col) for col in zip(*b))
        for row in a
    )
```

바깥쪽 컴프리헨션은 결과 행렬의 각 행을 구성하며, 안쪽 컴프리헨션은 각 행의 성분을 구성한다. 출력 행은 a의 각 행별로 여러 내적을 묶어 형성되므로, 바깥쪽 컴프리헨션은 a에 대해 반복하도록 되어 있다.

이 `matrix_multiply` 함수는 차수를 하드코딩해서 작성되지 않았다. 앞에 등장한 2차원 예제와 3차원 예제 모두에서 이 함수를 이용해 행렬 곱셈을 수행할 수 있다.

```
>>> a = ((1,1,0),(1,0,1),(1,-1,1))
>>> b = ((0,2,1),(0,1,0),(1,0,-1))
>>> matrix_multiply(a,b)
((0, 3, 1), (1, 2, 0), (1, 1, 0))
>>> c = ((1,2),(3,4))
>>> d = ((0,-1),(1,0))
>>> matrix_multiply(c,d)
((2, -1), (4, -3))
```

행렬 곱셈을 해주는 계산 도구를 장착했으니, 3차원 그래픽스를 간단히 조작해보자.

5.1.5 행렬 변환을 통한 3차원 애니메이션

3차원 모델을 애니메이션화하기 위해 매 프레임마다 원래 모델을 변환한 버전을 다시 그려야 한다.[2] 시간이 지남에 따라 모델이 움직이거나 변화하는 것처럼 보이도록 하려면, 시간이 경과함에 따라 다른 변환을 사용할 필요가 있다. 이러한 변환이 행렬에 의해 명시된 일차변환이라면, 애니메이션의 새 프레임 각각에 대해 새 행렬이 필요하다.

한 가지 접근법으로 PyGame의 내장 시계가 (밀리초 단위로) 시간을 추적 중임을 고려해 시간 의존적인 성분을 갖는 행렬을 생성하는 방법이 있다. 행렬의 각 성분을 수라기보다 [그림 5.3]처럼 현재 시간 t를 입력으로 받아 수를 리턴하는 함수로 생각할 수 있다.

$$\begin{pmatrix} a & b & c \\ d & e & f \\ g & h & i \end{pmatrix} \rightarrow \begin{pmatrix} a(t) & b(t) & c(t) \\ d(t) & e(t) & f(t) \\ g(t) & h(t) & i(t) \end{pmatrix}$$

그림 5.3 행렬 성분을 시간에 대한 함수로 생각하기

---

2 (옮긴이) 어릴 적에 교과서 페이지 귀퉁이에 플립 북(flip book) 형태로 낙서해 본 적이 있다면 이 원리를 금방 이해할 수 있을 것이다.

예를 들어 각 성분을 나타내는 9개의 시간에 관한 식을 사용할 수 있다.

$$\begin{pmatrix} \cos(t) & 0 & -\sin(t) \\ 0 & 1 & 0 \\ \sin(t) & 0 & \cos(t) \end{pmatrix}$$

2장에서 다루었듯이 코사인과 사인은 모두 수를 입력으로 받아 다른 수를 리턴하는 함수이다. 나머지 5개 성분은 시간에 따라 변하지는 않지만, 일관성 있게 (정가운데 성분을 $f(t) = 1$과 같이) 상수함수로 간주할 수 있다. t값이 주어지면 이 행렬은 일차변환 rotate_y_by(t)를 나타낸다. 시간이 전진할 때 t값은 증가하므로 이 행렬 변환을 각 프레임에 적용하면 매 프레임마다 더 많은 회전이동을 한다.

이제 ([부록 C]에서 다루었으며 4장에서 자주 사용한) draw_model 함수에 get_matrix 키워드 인수를 주어 사용할 것이다. 이때 get_matrix에 전달되는 인수값은 밀리초 단위의 시각을 입력으로 받아 해당 시각에 적용되어야 할 변환 행렬을 리턴하는 함수이다. 소스 코드 파일 animate_teapot.py를 살펴보면 4장에서 등장한 회전하는 찻주전자를 애니메이션화 하고자 draw_model 함수를 호출하였다.

```python
from teapot import load_triangles
from draw_model import draw_model
from math import sin,cos

def get_rotation_matrix(t):        # 시각을 나타내는 어떠한 숫자 입력에 대해서도
                                    # 새 변환 행렬을 생성한다.
    seconds = t/1000               # 시각을 초 단위로 변경해서 변환이
    return (                        # 너무 빨리 일어나지 않도록 한다.
        (cos(seconds),0,-sin(seconds)),
        (0,1,0),
        (sin(seconds),0,cos(seconds))
    )
draw_model(load_triangles(),
           get_matrix=get_rotation_matrix)   # draw_model의 키워드 인자에
                                              # 함수를 전달한다.
```

이제 시간에 따라 찻주전자 모델을 변환하는 데 필요한 데이터가 draw_model에 전달되겠지만, 해당 데이터를 함수 본체에서 사용할 필요가 있다. 반복문에서 찻주전자 표면을 그리기 전에 적절한 행렬 변환을 실행해야 한다.

```
def draw_model(faces, color_map=blues, light=(1,2,3),
               camera=Camera("default_camera",[]),
               glRotatefArgs=None,
               get_matrix=None):
    #...
    def do_matrix_transform(v):
        if get_matrix:
            m = get_matrix(pygame.time.get_ticks())
            return multiply_matrix_vector(m, v)
        else:
            return v
    transformed_faces = polygon_map(do_matrix_transform,
                                    faces)
    for face in transformed_faces:
        #...
```

- 함수 본체 대부분은 그대로이므로 여기에 인쇄하진 않았다.
- 이 프레임에 대한 행렬을 계산하고자 pygame.time.get_ticks()가 준 밀리초 단위 경과시간과 주어진 get_matrix 함수를 사용한다.
- draw_model의 핵심 while 루프에 현재 프레임에 대한 행렬을 적용하는 함수를 생성한다.
- get_matrix가 명시되지 않았다면 변환을 수행하지 않고 벡터를 그대로 리턴한다.
- polygon_map을 사용해 위의 함수(do_matrix...)를 적용한다.
- draw_model 나머지는 [부록 C]에서 설명한 것과 같다.

이러한 변경 사항을 적용하여 코드를 실행하면 [그림 5.4]처럼 찻주전자가 회전하는 모습을 볼 수 있다.

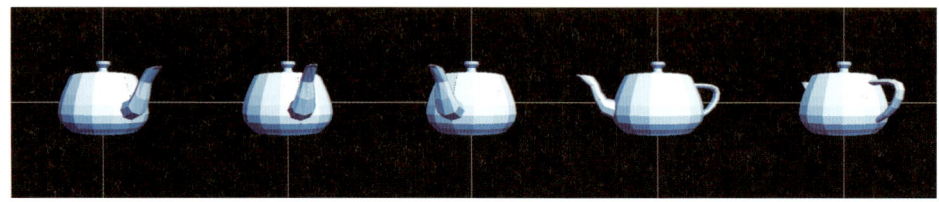

그림 5.4 각 프레임별로 다른 행렬에 의해 변환된 찻주전자

이러한 예를 통해 행렬이 일차변환과 완전히 상호교환 가능함을 확신했길 바란다. 이러한 방식에 따라 각 일차변환을 나타내는 9개의 수만으로 찻주전자를 변환하고 애니메이션화할 수 있게 되었다. 다음 연습문제를 통해 행렬을 다루는 방법을 좀 더 연습하고 나면 이미 구현한 matrix_multiply 함수에서 더 많은 것을 배울 수 있음을 보여주겠다.

5.1.6 연습문제

연습문제 | 5.1

함수 infer_matrix(n, transformation)를 작성하라. 이 함수는 (2차원이나 3차원같이) 차원과 일차변환으로 가정된 벡터 변환을 입력으로 받는다.

힌트 함수 infer_matrix(n, transformation)은 $n \times n$ 정사각행렬(n개의 수로 이루어진 튜플이 n개 있는 튜플로, 일차변환을 나타내는 행렬)을 리턴해야 한다. 물론, 이 출력은 입력 변환이 일차변환일 때에만 의미가 있다. 그렇지 않으면 전혀 다른 함수를 나타낸다!

연습문제 | 5.2

다음 2×2 행렬과 2차원 벡터를 곱한 결과를 구하라.

$$\begin{pmatrix} 1.3 & 0.7 \\ 6.5 & 3.2 \end{pmatrix} \begin{pmatrix} -2.5 \\ 0.3 \end{pmatrix}$$

연습문제 | 5.3 미니 프로젝트

주어진 크기대로 랜덤 정수 성분으로 구성된 행렬을 만드는 random_matrix 함수를 작성하라. 이 함수를 사용해 3×3 행렬을 다섯 쌍 생성하라. 각 쌍을 연습 삼아 직접 곱해본 뒤, matrix_multiply 함수로 검산하라.

연습문제 | 5.4

[연습문제 5.3]에서 각 행렬 쌍 A, B에 대해, AB가 아니라 BA처럼 순서를 바꾸어 곱하라. 같은 결과가 도출되는가?

연습문제 | 5.5

2차원에서 또는 3차원에서 당연하면서도 중요한 벡터 변환으로 항등변환이 있는데, **항등변환**은 벡터를 입력으로 받아서 동일한 벡터를 출력으로 리턴한다. 이 변환은 일차변환으로, 어떠한 입력 벡터합도, 스칼라곱도, 일차변환도 동일하게 출력 벡터로 리턴하기 때문이다. 2차원과 3차원에서 각각 항등변환을 나타내는 행렬을 구하라.

연습문제 | 5.6

행렬 ((2,1,1),(1,2,1),(1,1,2))를 찻주전자를 정의하는 모든 벡터에 적용하라. 찻주전자에 무슨 일이 일어나는지, 그리고 왜 일어나는지 설명하라.

연습문제 | 5.7

multiply_matrix_vector를 행렬의 행을 순회하는 컴프리헨션과 각 행의 성분을 순회하는 컴프리헨션 두 개를 중첩시켜서 앞에서 구현한 것과 다르게 구현하라.

연습문제 | 5.8

multiply_matrix_vector를 입력 행렬의 각 행과 입력 벡터 간의 내적이 출력 벡터를 결정한다는 사실을 이용해 또 다른 방법으로 구현하라.

연습문제 | 5.9   미니 프로젝트

앞서 일차변환을 설명하고 어떠한 일차변환도 행렬로 표현 가능함을 보여주었다. 이제 역명제를 증명해볼 차례이다. 모든 행렬은 일차변환을 나타냄을 보여야 한다. 2×2 행렬과 2차원 벡터를 곱하는 공식과 3×3 행렬과 3차원 벡터를 곱하는 공식을 명확히 쓴 뒤 명제를 대수적으로 증명하라. 즉, 행렬 곱셈이 벡터합과 스칼라곱을 보존함을 보여라.

연습문제 | 5.10

5.1.3절에 등장한 다음 두 행렬을 다시 사용하자.

$$A = \begin{pmatrix} 1 & 1 & 0 \\ 1 & 0 & 1 \\ 1 & -1 & 1 \end{pmatrix}, \quad B = \begin{pmatrix} 0 & 2 & 1 \\ 0 & 1 & 0 \\ 1 & 0 & -1 \end{pmatrix}$$

A에 대한 일차변환과 B에 대한 일차변환의 합성을 수행하는 함수 compose_a_b를 작성하라. 이후 [연습문제 5.1]에 등장한 infer_matrix 함수를 사용해 infer_matrix(3, compose_a_b)가 행렬곱 AB과 동일함을 보여라.

연습문제 | 5.11 미니 프로젝트

각각 항등행렬 I_2는 아니지만 서로 곱하면 항등행렬이 되는 2개의 2×2 행렬을 구하라.

연습문제 | 5.12

정사각행렬은 여러 번 반복해서 곱할 수 있기 때문에, 같은 행렬을 반복해 곱하는 것을 '행렬을 거듭제곱'한다고 생각할 수 있다. 정사각행렬 A에 대해 AA는 A^2으로 쓸 수 있으며, AAA는 A^3으로 쓸 수 있고, 더 높은 차원에 대해서도 쓸 수 있다. 이를 바탕으로 주어진 행렬을 특정 (자연수) 지수만큼 거듭제곱하는 matrix_power(power,matrix) 함수를 작성하라.

5.2 서로 다른 크기의 행렬 해석하기

matrix_multiply 함수는 입력 행렬의 크기를 하드코딩하지 않았기 때문에 2×2 행렬 간의 곱과 3×3 행렬 간의 곱 모두에 사용할 수 있다. 이 함수는 명백히 다른 크기의 행렬도 다룰 수 있다. 예를 들어 다음과 같이 5×5 행렬 2개의 곱도 가능하다.

```
>>> a = ((-1, 0, -1, -2, -2), (0, 0, 2, -2, 1), (-2, -1, -2, 0, 1), (0, 2, -2,
-1, 0), (1, 1, -1, -1, 0))
>>> b = ((-1, 0, -1, -2, -2), (0, 0, 2, -2, 1), (-2, -1, -2, 0, 1), (0, 2, -2,
-1, 0), (1, 1, -1, -1, 0))
>>> matrix_multiply(a,b)
((-10, -1, 2, -7, 4), (-2, 5, 5, 4, -6), (-1, 1, -4, 2, -2), (-4, -5, -5, -9,
4), (-1, -2, -2, -6, 4))
```

이 사실은 매우 중요한데, 벡터합, 스칼라곱, 내적, 행렬 곱셈에 관해 이미 갖고 있는 함수 모두가 벡터의 차원에 의존하지 않기 때문이다. 비록 5차원 벡터를 기하학적으로 상상할 수는 없지만, 2차원 순서쌍과 3차원 튜플에 대해 한 것과 마찬가지로 5개의 수로 이루어진 튜플에 같은 대수학을 행할 수 있다. [그림 5.5]와 같이 5차원 행렬곱에서도 결과 행렬의 각 성분은 여전히 첫 번째 행렬의 행과 두 번째 행렬의 열의 내적에 해당한다.

$$\begin{pmatrix} -1 & 0 & -1 & -1 & -1 \\ 0 & 0 & 2 & -2 & 1 \\ -2 & -1 & -2 & 0 & 1 \\ 0 & 2 & -2 & -1 & 0 \\ 1 & 1 & -1 & -1 & 0 \end{pmatrix} \begin{pmatrix} 2 & 0 & 0 & -1 & 2 \\ -1 & -2 & -1 & -2 & 0 \\ 0 & 1 & 2 & 2 & -2 \\ 2 & -1 & -1 & 1 & 0 \\ 2 & 1 & -1 & 2 & -2 \end{pmatrix} = \begin{pmatrix} -10 & -1 & 2 & -7 & 4 \\ -2 & 5 & 5 & 4 & -6 \\ -1 & 1 & -4 & 2 & -2 \\ -4 & -5 & -5 & -9 & 4 \\ -1 & -2 & -2 & -6 & 4 \end{pmatrix}$$

$$(0, 0, 2, -2, 1) \cdot (-1, -2, 2, 1, 2) = 4$$

그림 5.5 첫 번째 행렬의 행과 두 번째 행렬의 열의 내적

같은 방법으로 시각화할 수는 없지만 5×5 행렬이 5차원 벡터의 일차변환을 명시함을 대수적으로 보일 수 있다. 6장에서는 어떤 종류의 객체가 4차원, 5차원 또는 그 이상의 차원에서 표현되는지에 대해 살펴볼 것이다.

5.2.1 행렬로 바라보는 열벡터

행렬과 열벡터를 곱하는 예제로 돌아가자. 이런 상황의 곱셈을 이미 다루었지만, `multiply_matrix_vector` 함수를 사용해야 하는 특별한 상황처럼 다루었다. 사실은 `matrix_multiply` 또한 행렬과 열벡터를 곱할 수 있지만 열벡터를 행렬로 나타내야만 한다. 예를 들어 다음의 정사각행렬과 열이 하나인 행렬을 `matrix_multiply` 함수에 전달해보자.

$$C = \begin{pmatrix} -1 & -1 & 0 \\ -2 & 1 & 2 \\ 1 & 0 & -1 \end{pmatrix}, \quad D = \begin{pmatrix} 1 \\ 1 \\ 1 \end{pmatrix}$$

벡터와 열이 하나인 행렬을 서로 바꾸어 생각할 수 있다고 이야기했기 때문에, d를 벡터 (1,1,1)로 나타내고 싶을 수도 있다. 하지만 이번에는 이 벡터를 행이 3개 있고 각 행은 1개의 성분으로만 이루어진 행렬로 생각해야만 한다. 파이썬에서 (1)은 수 1을 나타내기 때문에, 성분이 1개뿐인 튜플이 되도록 (1,)이라고 써야 한다는 점에 유의하기 바란다.

```
>>> c = ((-1, -1, 0), (-2, 1, 2), (1, 0, -1))
>>> d = ((1,),(1,),(1,))
>>> matrix_multiply(c,d)
((-2,), (1,), (0,))
```

행렬 곱셈의 결과는 성분이 1개뿐인 세 개의 행으로 이루어져 있으므로, d와 마찬가지로 열이 하나인 행렬이다. 이 행렬곱을 행렬 표기법으로 나타내면 다음과 같다.

$$\begin{pmatrix} -1 & -1 & 0 \\ -2 & 1 & 2 \\ 1 & 0 & -1 \end{pmatrix} \begin{pmatrix} 1 \\ 1 \\ 1 \end{pmatrix} = \begin{pmatrix} -2 \\ 1 \\ 0 \end{pmatrix}$$

`multiply_matrix_vector` 함수는 동일한 행렬곱을 다른 포맷으로 계산해준다.

```
>>> multiply_matrix_vector(c,(1,1,1))
(-2, 1, 0)
```

`multiply_matrix_vector` 함수를 통해 알 수 있는 사실은 행렬과 열벡터의 곱이 특별한 경우라는 것이다. 결국 `multiply_matrix_vector` 함수는 별도로 있을 필요가 없다. 더 나아가서 [그림 5.6]처럼

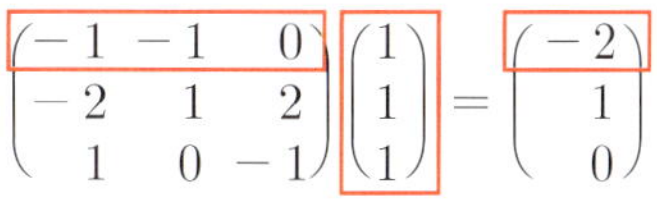

그림 5.6 내적으로 계산된 결과 벡터의 입력

이 출력 결과의 각 성분이 첫 번째 행렬의 행과 두 번째 행렬의 하나뿐인 열을 내적한 것임을 확인할 수도 있다.

직접 계산할 때는 벡터를 (콤마와 함께) 튜플로 또는 열벡터로 서로 바꾸어 표현할 수 있었다. 하지만 우리가 작성한 파이썬 함수들에서는 두 가지 표현을 잘 구분해야 한다. 튜플 (-2,1,0)은 튜플의 튜플인 ((-2,), (1,), (0,))과 교환하여 사용할 수 없다. 동일한 벡터를 다르게 기재하는 또 다른 방법은 **행벡터**(row vector)로, 행이 하나뿐인 행렬로 나타내는 것이다. 다음 표는 이 세 가지 표기법을 비교한다.

표 5.1 수학과 파이썬에서의 벡터 표기법(비교)

표현법	수학 표현	파이썬 표현
세 수의 순서쌍(정렬된 튜플)	$v = (-2, 1, 0)$	v = (-2,1,0)
열벡터	$v = \begin{pmatrix} -2 \\ 1 \\ 0 \end{pmatrix}$	v = ((-2,),(1,),(0,))
행벡터	$v = (-2, 1, 0)$	v = ((-2,1,0),)

수학 시간에 이러한 비교표를 봤다면, 현학적이라고 생각했을지도 모른다. 그러나 파이썬에서는 세 객체를 서로 다르게 다루어 구분해야 함을 알 수 있다. 이 표현은 모두 3차원 화살표나 공간의 점이라는 동일한 기하학적 데이터를 나타내지만, 이들 중에서 열벡터만 3×3 행렬과 곱할 수 있다. 행벡터는 곱할 수 없는데, [그림 5.7]에 나타낸 것처럼 첫 번째 행렬의 행과 두 번째 행렬의 열을 내적할 수 없기 때문이다.

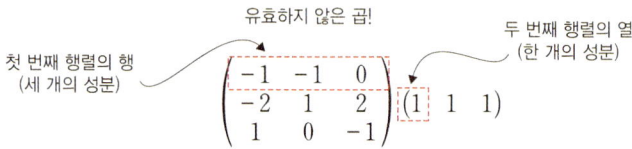

그림 5.7 곱할 수 없는 두 행렬

행렬 곱셈에 대한 정의를 일관되게 유지하려면, (열벡터의 오른쪽이 아니라) 열벡터의 (오른쪽이 아니라) 왼쪽에만 행렬을 곱할 수 있다. 이제 다음 절에서는 보다 일반적인 질문을 던질 것이다.

5.2.2 어떤 행렬끼리 곱할 수 있는가?

수의 격자는 차원 제한 없이 만들 수 있다. 그렇다면 행렬 곱셈은 어느 상황에서 유효하며, 유효한 상황은 어떤 의미를 갖는가?

이에 대한 정답은 **첫 번째 행렬의 열의 개수가 두 번째 행렬의 행 개수와 일치해야 한다**는 것이다. 이는 행렬 곱셈을 내적으로 수행할 때 명확하다. 예를 들어 첫 번째 행렬의 열이 3개이고, 두 번째 행렬의 행이 3개이면, 두 행렬을 곱할 수 있다. 첫 번째 행렬의 행과 두 번째 행렬의 열의 성분이 각각 세 개이기 때문에 내적을 수행할 수 있다는 뜻이다. [그림 5.8]은 첫 번째 행렬의 1행과 두 번째 행렬의 1열을 내적해서 행렬곱의 성분을 얻을 수 있다.

$$1\text{행}\begin{pmatrix} \boxed{1 & -2 & 0} \\ -1 & -2 & 2 \end{pmatrix} \begin{pmatrix} \boxed{2} & 0 & -1 & 2 \\ \boxed{0} & -2 & 2 & -2 \\ \boxed{-1} & -1 & 2 & 1 \end{pmatrix} = \begin{pmatrix} \boxed{2} & ? & ? & ? \\ ? & ? & ? & ? \end{pmatrix}$$

그림 5.8 행렬곱의 첫 번째 성분 찾기

우리는 나머지 7개의 내적을 계산해 이 행렬곱을 완성할 수 있다. [그림 5.9]는 내적에서 계산된 또 다른 성분을 보여준다.

$$2\text{행}\begin{pmatrix} 1 & -2 & 0 \\ \boxed{-1 & -2 & 2} \end{pmatrix} \begin{pmatrix} 2 & 0 & \boxed{-1} & 2 \\ 0 & -2 & \boxed{2} & -2 \\ -1 & -1 & \boxed{2} & 1 \end{pmatrix} = \begin{pmatrix} 2 & 4 & -5 & 6 \\ -4 & 2 & \boxed{1} & 4 \end{pmatrix}$$

그림 5.9 행렬곱의 다른 성분 찾기

첫 번째 행렬의 열의 개수가 두 번째 행렬의 행 개수와 일치해야 한다는 제약 조건은 행렬 곱셈의 원래 정의 측면에서도 타당하다. 출력 행렬의 열벡터는 각각 첫 번째 행렬의 열벡터와 두 번째 행렬의 행이 나타내는 스칼라 간의 일차결합이다. [그림 5.10]에 이를 자세히 설명하였다.

각 열에 대응하는 3개의 스칼라 값들

$$\begin{pmatrix} 1 & -2 & 0 \\ -1 & -2 & 2 \end{pmatrix} \begin{pmatrix} 2 & 0 & -1 & 2 \\ 0 & -2 & 2 & -2 \\ -1 & -1 & 2 & 1 \end{pmatrix} = \begin{pmatrix} 2 & 4 & -5 & 6 \\ -4 & 2 & 1 & 4 \end{pmatrix}$$

3개의 열벡터 결과 열벡터

$$\begin{pmatrix} 1 \\ -1 \end{pmatrix} \begin{pmatrix} -2 \\ -2 \end{pmatrix} \begin{pmatrix} 0 \\ 2 \end{pmatrix} \xrightarrow{\text{일차변환}} -1 \cdot \begin{pmatrix} 1 \\ -1 \end{pmatrix} + 2 \cdot \begin{pmatrix} -2 \\ -2 \end{pmatrix} + 2 \cdot \begin{pmatrix} 0 \\ 2 \end{pmatrix} = \begin{pmatrix} -5 \\ 1 \end{pmatrix}$$

그림 5.10 열벡터를 스칼라 값과 일차결합하여 얻은 결과 행렬

앞에서는 2×2 행렬이나 3×3 행렬처럼 정사각행렬을 살펴봤는데, [그림 5.10]은 2×3 행렬과 3×4 행렬을 곱하고 있다. 이처럼 행렬의 **차원**(dimension)은 먼저 행의 개수를 말한 뒤 열의 개수를 말한다. 예를 들어 3차원 열벡터는 3×1 행렬이다.

> **참고**_ 3행 3열인 행렬(3-by-3 matrix)을 3×3 행렬로, 3행 1열인 행렬을 3×1 행렬로 표기하는 등, 행렬의 차원을 곱셈 기호를 사용해 표기하기도 한다.

차원을 사용하면 곱셈이 가능한 두 행렬의 형태를 일반적으로 서술할 수 있다. 즉, $m = p$인 경우에만 $n \times m$ 행렬과 $p \times q$ 행렬을 곱할 수 있다. 등식 $m = p$가 참인 경우, 결과 행렬은 $n \times q$ 행렬이다. 이를테면 17×9 행렬은 6×11 행렬과 곱할 수 없다. 그러나 5×8 행렬은 8×10 행렬과 곱할 수 있다.

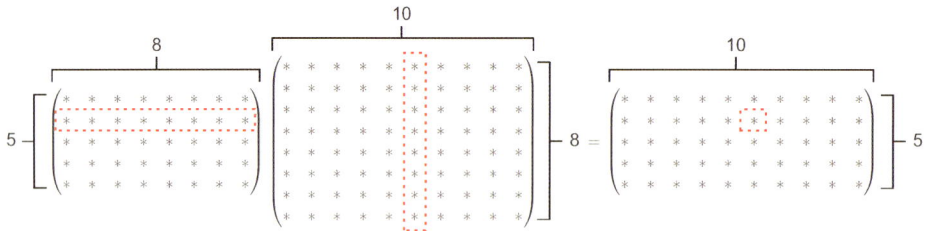

그림 5.11 첫 번째 행렬과 두 번째 행렬의 열을 내적하여 얻은 행렬곱

[그림 5.11]은 마지막에 등장한 행렬 곱셈의 결과가 5×10 행렬임을 보여준다. 첫 번째 행렬의 5개 행은 두 번째 행렬의 10개 열 중 하나와 쌍을 이루어 행렬곱의 $5 \times 10 = 50$ 성분

중 하나를 생성한다. 크기가 같은 **어떠한** 행렬도 호환됨을 나타내기 위해 수 대신 별 기호(*)를 사용했다.

한편, 두 행렬의 위치를 뒤집어서 곱할 수 없다. 10×8 행렬과 5×8 행렬은 곱할 수 없다. 이제 어떻게 하면 더 큰 행렬을 곱할 수 있을지는 분명해졌다. 이 결과는 무엇을 의미할까? 여기서 배울 것이 있다. **모든** 행렬은 벡터 함수를 나타내며, 모든 유효한 행렬 곱셈은 벡터 함수의 합성으로 해석할 수 있다. 이 원리를 이해해보자.

5.2.3 벡터 함수로 바라보는 정사각행렬과 직사각행렬

2×2 행렬은 2차원 벡터에 일차변환을 적용하는 데 필요한 데이터로 생각할 수 있다. [그림 5.12]에 기계 형태로 그려진 이 변환은 2차원 벡터를 입력 구멍에서 받으며, 일차변환을 수행한 결과인 2차원 벡터를 출력 구멍을 통해 생성한다.

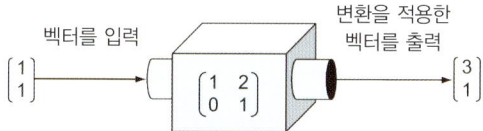

그림 5.12 입력으로 벡터를 받아 출력으로 벡터를 생성하는 기계로 행렬을 시각화하기

이 기계는 내부에서 다음 행렬 곱셈을 수행한다.

$$\begin{pmatrix} 1 & 2 \\ 0 & 1 \end{pmatrix} \begin{pmatrix} 1 \\ 1 \end{pmatrix} = \begin{pmatrix} 3 \\ 1 \end{pmatrix}$$

행렬을 벡터를 입력으로 받아 벡터를 출력하는 기계로 보는 건 괜찮은 생각이다. 하지만 [그림 5.13]에서는 행렬이 입력으로 아무 벡터나 받을 수 없는 상황을 명확히 나타냈다. 지금은 2×2 행렬이므로, 2차원 벡터를 일차변환할 수는 있다. 이 행렬은 2개의 성분을 갖는 열벡터에 대해서만 곱셈이 가능하다. 따라서 이 기계가 2차원 벡터 또는 두 수의 순서쌍을 입력받고 생성함을 알려주도록 입력 구멍과 출력 구멍을 쪼갠 것이다.

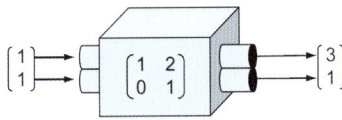

그림 5.13 순서쌍의 각 수를 개별적으로 입력하는 기계

마찬가지로 [그림 5.14]와 같이 3×3 행렬로 구동하는 일차변환 기계는 3차원 벡터만 입력으로 받으며 3차원 벡터를 결과로 생성한다.

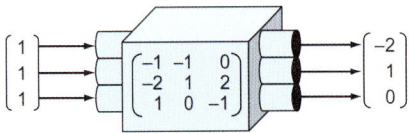

그림 5.14 3차원 벡터의 각 수를 개별적으로 입력하는 기계

이제 질문을 새로 던져보자. 기계를 정사각행렬이 아닌 행렬로 구동한다면, 이 기계의 모습은 어떨까? 아마 다음과 같은 행렬을 생각해볼 수 있다.

$$\begin{pmatrix} -2 & -1 & -1 \\ 2 & -2 & 1 \end{pmatrix}$$

구체적으로 이 2×3 행렬은 어떤 종류의 벡터에 작용할 수 있는가? 이 행렬과 열벡터를 곱하려면, 열벡터는 이 행렬의 각 행의 크기와 일치하도록 세 개의 성분이 있어야 한다. 2×3 행렬과 3×1 열벡터를 곱한 결과는 2×1 행렬로 2차원 열벡터이다. 예를 들어 다음이 성립한다.

$$\begin{pmatrix} -2 & -1 & -1 \\ 2 & -2 & 1 \end{pmatrix} \begin{pmatrix} 0 \\ -1 \\ 1 \end{pmatrix} = \begin{pmatrix} 0 \\ 3 \end{pmatrix}$$

이를 통해 2×3 행렬이 3차원 벡터를 입력으로 받아 2차원 벡터를 출력하는 함수를 나타냄을 알 수 있다. [그림 5.15]처럼 이 기계는 입력 구멍에서 3차원 벡터를 받아서 출력 구멍에서 2차원 벡터를 생성한다.

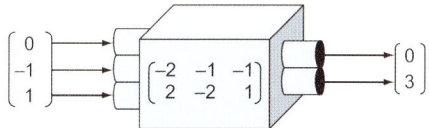

그림 5.15 2×3 행렬로 구동되어, 3차원 벡터를 입력으로 받아 2차원 벡터를 출력하는 기계

일반적으로 $m \times n$ 행렬은 n차원 벡터를 입력으로 받아서 m차원 벡터를 출력으로 리턴하는 함수를 정의한다. 이 함수는 벡터합과 스칼라곱을 보존한다는 점에서 일차함수의 일종이지만 일차변환이 아니다. 입력 벡터를 단순히 변형하는 게 아니라 완전히 다른 종류의 출력, 즉 다른 차원에 존재하는 벡터를 리턴하는 함수이기 때문이다.[3] 이러한 이유로 이 함수를 묘사하기 위해 더 일반적인 용어로 **일차함수**(linear function) 또는 **선형사상**(linear map)을 사용할 것이다. 이제 3차원에서 2차원으로의 선형사상에 대해 상세한 예시를 살펴보자.

5.2.4 3차원에서 2차원으로의 선형사상으로 바라보는 투영

3.5.2절에서 이미 3차원 벡터를 입력으로 받아서 2차원 벡터를 생성하는 벡터 함수를 살펴보았다. 바로 3차원 벡터를 xy평면에 투영하는 함수이다. (P라고도 부르는) 이 변환은 (x,y,z) 꼴의 벡터를 입력으로 받아 z성분을 삭제한 벡터 (x,y)를 리턴한다. 잠시 시간을 내어 이 함수가 선형사상인 이유와 이 함수가 벡터합과 스칼라곱을 어떻게 보존하는지를 살펴보자.

먼저 P를 행렬로 나타내자. 3차원 벡터를 입력으로 받고 2차원 벡터를 리턴하려면 2×3 행렬이 되어야 하겠다. 이제 P가 표준 기저 벡터에 어떻게 작용하는지 관찰해서 행렬을 찾는 믿음직한 방법을 따라하자. 3차원에서 표준 기저 벡터는 $\mathbf{e}_1 = (1,0,0)$, $\mathbf{e}_2 = (0,1,0)$, $\mathbf{e}_3 = (0,0,1)$로 정의되며, 세 벡터에 투영을 적용하면 각각 $(1,0)$, $(0,1)$, $(0,0)$이다. 이 벡터를 다음과 같이 열벡터로 나타낼 수 있다.

$$P(\mathbf{e}_1) = \begin{pmatrix} 1 \\ 0 \end{pmatrix}, \; P(\mathbf{e}_2) = \begin{pmatrix} 0 \\ 1 \end{pmatrix}, \; P(\mathbf{e}_3) = \begin{pmatrix} 0 \\ 0 \end{pmatrix}$$

---

3 (옮긴이) '변환'과 '사상'이라는 단어의 느낌을 고려해 구분해서 쓰는 수학자도 많이 있지만, 일반적으로 수학 정의에서 일차변환과 일차사상을 구분하진 않는다.

이 벡터들을 나란히 배치해서 행렬을 만들 수 있다.

$$\begin{pmatrix} 1 & 0 & 0 \\ 0 & 1 & 0 \end{pmatrix}$$

이 행렬의 동작을 확인하기 위해 벡터 (a,b,c)를 곱해보자. $(1,0,0)$과 (a,b,c)의 내적은 a로, 결과의 첫 성분에 해당한다. 두 번째 성분은 $(0,1,0)$과 (a,b,c)를 내적한 b이다. [그림 5.16]처럼 이 행렬 곱셈을 (a,b,c)에서 c를 무시한 채 a와 b만을 가져왔다고 상상할 수 있다. $1 \cdot a$만이 이 곱셈의 첫 번째 성분에 기여하며 $1 \cdot b$만이 두 번째 성분에 기여한다. 다른 성분은 0이 되어 없어진다(그림에서 사각형이 표시되지 않은 성분).

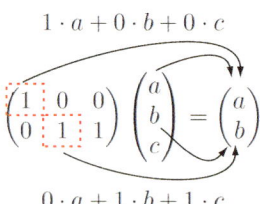

그림 5.16 벡터 성분의 기여도를 나타내는 행렬의 성분

이 행렬은 정확히 3차원 벡터의 세 번째 성분을 삭제하고 처음 두 성분만을 남긴다. 이러한 종류의 투영을 행렬로 표현할 수 있음을 알게 된 건 좋은데, 이제 이 행렬이 선형사상임을 대수적으로 **증명**해야 한다. 이를 위해 선형성의 두 조건이 만족됨을 보일 필요가 있다.

■ 투영이 벡터합을 보존함을 증명

P가 선형사상이면 벡터합 $\mathbf{u}+\mathbf{v}=\mathbf{w}$도 P에 의해 보존된다. $P(\mathbf{u})+P(\mathbf{v})$도 $P(\mathbf{w})$와 같아야 한다. $\mathbf{u}=(u_1,u_2,u_3)$, $\mathbf{v}=(v_1,v_2,v_3)$이라고 두고 이를 확인해보자. $\mathbf{w}=\mathbf{u}+\mathbf{v}$이므로 $\mathbf{w}$의 성분은 다음과 같이 나타낼 수 있다.

$$\mathbf{w}=(u_1+v_1, u_2+v_2, u_3+v_3)$$

P를 각 벡터에 적용하는 건 세 번째 좌표만 제거하면 되기에 간단하다.

$$P(\mathbf{u})=(u_1,u_2), \quad P(\mathbf{v})=(v_1,v_2)$$

따라서 $P(\mathbf{w})=(u_1+v_1, u_2+v_2)$이다. $P(\mathbf{u})$와 $P(\mathbf{v})$를 더하면 $P(\mathbf{w})$와 동일한 결과 (u_1+v_1, u_2+v_2)를 얻는다. 따라서 $\mathbf{u}+\mathbf{v}=\mathbf{w}$를 만족하는 임의의 3차원 벡터 $\mathbf{u},\mathbf{v},\mathbf{w}$에 대해 $P(\mathbf{u})+P(\mathbf{v})=P(\mathbf{w})$가 성립한다. 이것으로 첫 번째 조건이 입증된다.

- **투영이 스칼라곱을 보존함을 증명**

두 번째로 P가 스칼라곱을 보존함을 보이자. s가 **임의의** 실수를 나타내고 $\mathbf{u}=(u_1,u_2,u_3)$라고 둔 뒤, $P(s\mathbf{u})$와 $sP(\mathbf{u})$가 같음을 보이자.

세 번째 좌표를 삭제하고 스칼라를 곱할 때, 두 동작의 순서를 바꾸더라도 연산 결과는 동일하다. 구체적으로 보면, $s\mathbf{u}$의 결과는 (su_1,su_2,su_3)이므로 $P(s\mathbf{u})=(su_1,su_2)$이다. $P(\mathbf{u})$의 결과는 (u_1,u_2)이므로 $sP(\mathbf{u})=(su_1,su_2)$이다. 이것으로 두 번째 조건이 입증되며 P는 선형성의 정의를 만족한다.

이러한 종류의 증명들은 보면서 따라하기보다 스스로 하는 게 쉬우므로, 연습문제에 수록하였다. 주어진 행렬을 바탕으로 2차원에서 3차원으로의 함수가 선형사상임을 연습해보자.

예시는 대수학적 증명보다도 그림으로 소개하겠다. 3차원 벡터합을 2차원으로 투영하면 어떤 모양이 될까? 세 단계로 나누어 살펴보자. 첫 번째로 [그림 5.17]과 같이 3차원에 두 벡터 $\mathbf{u}$와 $\mathbf{v}$의 벡터합을 그린다.

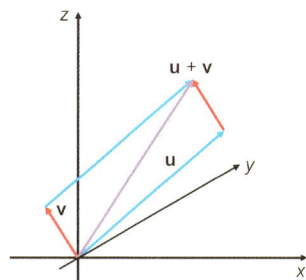

그림 5.17 임의의 3차원 상의 두 벡터 $\mathbf{u}$와 $\mathbf{v}$의 벡터합

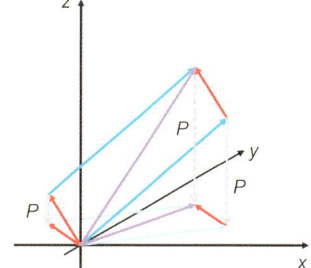

그림 5.18 xy평면에 투영한 후 $\mathbf{u}$와 $\mathbf{v}$, $\mathbf{u}+\mathbf{v}$를 시각화

두 번째로 투영 후에 벡터를 나타내고자 [그림 5.18]처럼 xy평면에 각 벡터의 궤적을 선으로 나타낸다. 마지막으로 새로 그려진 벡터들을 관찰해 세 벡터가 [그림 5.19]처럼 **여전히** 벡터합을 형성함을 확인한다.

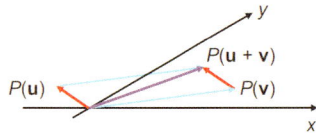

그림 5.19 벡터합 $P(\mathbf{u}) + P(\mathbf{v}) = P(\mathbf{u}+\mathbf{v})$에 해당하는 투영 벡터

세 벡터 $\mathbf{u}, \mathbf{v}, \mathbf{w}$가 벡터합 $\mathbf{u} + \mathbf{v} = \mathbf{w}$를 형성하면 xy평면에서 각 벡터의 '그림자' 또한 벡터합을 형성한다. 이제 3차원에서 2차원으로의 일차변환과 이를 나타내는 행렬에 대한 직관을 얻었을 테니, 일반적인 선형사상에 대한 논의로 돌아가자.

5.2.5 선형사상 합성하기

행렬의 아름다움은 주어진 벡터에 대한 선형사상 결과를 계산하는 데 필요한 모든 정보를 담고 있다는 점에 있다. 더욱이 행렬의 차원은 행렬이 나타내는 선형사상의 입력 벡터와 출력 벡터의 차수를 알려준다. 그리고 이 사실은 [그림 5.20]에서 입력 구멍과 출력 구멍의 모양이 다른 다양한 차원의 행렬을 통해 시각적으로 살펴볼 수 있다. 앞에서 살펴본 이 네 가지 예시에 문자를 붙여서 찾아보기 쉽게 했다.

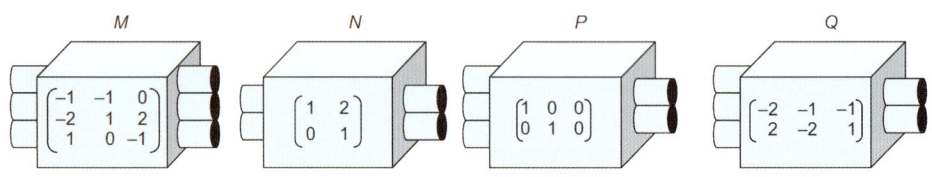

그림 5.20 입력 구멍 및 출력 구멍이 있는 기계로 표현된 네 가지 일차함수

이제 어떤 선형사상 기계들을 짝지어 용접해 새로운 기계를 만들 수 있을지 쉽게 알 것이다. 예를 들어 M의 출력 구멍은 P의 입력 구멍과 모양이 같기 때문에 3차원 벡터 $\mathbf{v}$에 대한 합성 $P(M(\mathbf{v}))$를 만들 수 있다. M의 출력은 3차원 벡터로서 P의 입력 구멍으로 바로 전달할 수 있다. [그림 5.21]을 참고하자.

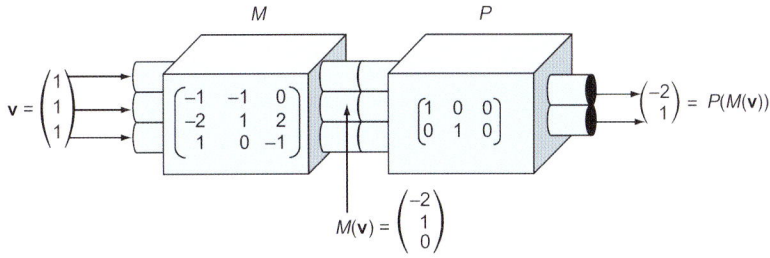

그림 5.21 P와 M의 합성

반면 [그림 5.22]를 보면 N에는 M의 모든 입력을 채울 만한 출력 구멍이 없기 때문에 N과 M은 합성할 수 없다.

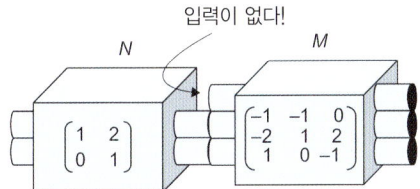

그림 5.22 입출력 개수가 맞지 않아 합성이 불가능한 두 기계

이러한 시각적 발상은 구멍에 대해서만 이야기하고 있지만, 두 행렬을 곱할 수 있을지를 판단할 때에도 동일한 추론이 깔려있다. 첫 번째 행렬의 열 개수는 두 번째 행렬의 행 개수와 일치해야 한다. 이렇게 차원이 일치하면 구멍 개수도 일치하고, 따라서 두 선형사상을 합성할 수 있으며 그에 대응하는 두 행렬을 곱할 수 있다.

P와 M을 행렬로 간주하면 P와 M의 합성은 행렬곱 PM으로 표기할 수 있다. 기억하겠지만 PM이 벡터 $\mathbf{v}$에 작용하면 $PM\mathbf{v}$이며, 이때 M를 먼저 벡터에 적용한 뒤 P를 적용한다. $\mathbf{v} = (1,1,1)$일 때 행렬곱 $PM\mathbf{v}$는 2개의 행렬과 1개의 열벡터에 대한 곱이며, PM을 미리 계산해두면 [그림 5.23]처럼 단일 행렬과 열벡터를 곱하는 것으로 단순화할 수 있다.

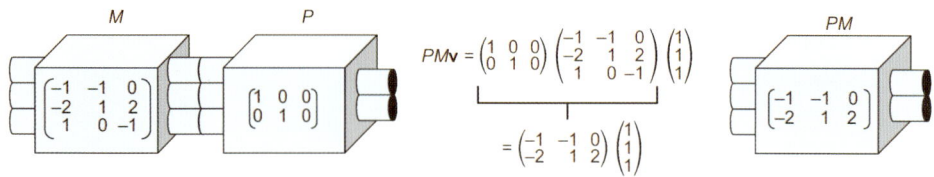

그림 5.23 두 기계의 합성과 행렬의 곱셈

여러분은 프로그래머이므로 입력을 받고 출력하는 데이터 타입으로서의 함수를 생각하는 데 익숙할 것이다. 이 장에서 지금까지 많은 표기법과 용어를 소화하라고 던져줬지만, 핵심 개념을 파악했다면 요령을 터득할 수 있다.

행렬 언어를 확실히 이해하기 위해 다음 연습문제들을 풀어보기를 강력히 권장한다. 이 장의 나머지 부분과 다음 장에서는 새롭고 거대한 개념이 그리 많지 않으며, 지금까지 살펴본 내용의 응용만 있다. 이 응용들은 행렬과 벡터 계산을 더 활용할 수 있게 도울 것이다.

5.2.6 연습문제

연습문제 풀이

연습문제 | 5.13

다음 행렬의 차원을 구하라.

$$\begin{pmatrix} 1 & 2 & 3 & 4 & 5 \\ 6 & 7 & 8 & 9 & 10 \\ 11 & 12 & 13 & 14 & 15 \end{pmatrix}$$

(a) 5×3 (b) 3×5

연습문제 | 5.14

2차원 열벡터, 2차원 행벡터, 3차원 열벡터, 3차원 행벡터를 행렬로 볼 때 각각의 차원을 구하라.

연습문제 | 5.15 미니 프로젝트

지금까지 다룬 많은 벡터 연산과 행렬 연산이 파이썬의 zip 함수를 사용한다. 이 함수는 다른 크기의 입력 리스트들이 주어질 때 에러를 발생시키지 않고 긴 쪽을 짧게 잘라버린다. 이는 올바르지 않은 입력을 줄 때 의미 없는 결과가 돌아옴을 의미한다. 예를 들어 2차원 벡터와 3차원 벡터 간의 내적은 의미가 없지만 dot 함수는 어쨌든 무언가를 리턴한다.

```
>>> from vectors import dot
>>> dot((1,1),(1,1,1))
2
```

올바르지 않은 크기의 벡터가 주어질 때 모든 벡터 산술 함수가 값을 리턴하지 않고 예외를 발생시키도록 보완책을 추가하라. 추가한 뒤에 matrix_multiply가 3×2 행렬과 4×5 행렬의 곱셈을 더 이상 허용하지 않음을 보여라.

연습문제 | 5.16

다음 중 유효한 행렬 곱셈을 찾아라. 유효한 행렬 곱셈에 대해 행렬곱의 차원을 구하라.

(a) $\begin{pmatrix} 10 & 0 \\ 3 & 4 \end{pmatrix} \begin{pmatrix} 8 & 2 & 3 & 6 \\ 7 & 8 & 9 & 4 \\ 5 & 7 & 0 & 9 \\ 3 & 3 & 0 & 2 \end{pmatrix}$

(b) $\begin{pmatrix} 0 & 2 & 1 & -2 \\ -2 & 1 & -2 & -1 \end{pmatrix} \begin{pmatrix} -3 & -5 \\ 1 & -4 \\ -4 & -4 \\ -2 & -4 \end{pmatrix}$

(c) $\begin{pmatrix} 1 \\ 3 \\ 0 \end{pmatrix} \begin{pmatrix} 3 & 3 & 5 & 1 & 3 & 0 & 5 & 1 \end{pmatrix}$

(d) $\begin{pmatrix} 9 & 2 & 3 \\ 0 & 6 & 8 \\ 7 & 7 & 9 \end{pmatrix} \begin{pmatrix} 7 & 8 & 9 \\ 10 & 7 & 8 \end{pmatrix}$

연습문제 | 5.17

총 15개의 성분으로 이루어진 행렬과 총 6개의 성분으로 이루어진 행렬은 서로 곱할 수 있다고 하자. 두 행렬의 차원을 각각 구하고 이 행렬곱의 차원도 구하라.

연습문제 | 5.18

열벡터를 행벡터로 변환하고 행벡터를 열벡터로 변환하는 함수를 작성하라. 이런 식으로 행렬을 뒤집는 것을 **전치**(transposition)라고 하며, 결과 행렬을 원래 행렬의 **전치행렬** 또는 간단히 **전치**(transpose)라고 한다.

연습문제 | 5.19

10×8 행렬과 5×8 행렬을 이 순서대로 곱할 수 **없음**을 그림으로 나타내라.

연습문제 | 5.20

세 행렬 A, B, C를 모두 곱하려는데 차원이 각각 5×7, 2×3, 3×5이다. 어떤 순서로 배치하면 곱할 수 있는지, 그때 결과 행렬의 크기가 얼마인지 구하라.

연습문제 | 5.21

yz평면으로의 투영과 xz평면으로의 투영 또한 3차원에서 2차원으로의 선형사상이다. 각 사상에 대응하는 행렬을 구하라.

연습문제 | 5.22

[연습문제 5.1]에 등장한 `infer_matrix` 함수가 입력 차원과 출력 차원이 다른 선형사상에 대한 행렬을 생성할 수 있음을 예시를 들어 보여라.

연습문제 | 5.23

5차원 벡터에 작용하는 4×5 행렬이 5개의 성분 중 세 번째 성분을 삭제해서 4차원 벡터를 만들도록 작성하라. 예를 들어 $(1,2,3,4,5)$를 열벡터 꼴로 바꾸어 이 행렬을 곱하면 $(1,2,4,5)$에 해당하는 열벡터가 리턴된다.

연습문제 | 5.24 미니 프로젝트

6개의 변수로 이루어진 벡터 (l,e,m,o,n,s)가 있다. 이 벡터에 작용해 (s,o,l,e,m,n)을 결과로 생성하는 일차변환에 대응하는 행렬을 구하라.

힌트 출력 벡터의 세 번째 좌표는 입력 벡터의 첫 번째 좌표이다. 따라서 이 변환은 표준 기저 벡터 $(1,0,0,0,0,0)$을 $(0,0,1,0,0,0)$으로 보내야 한다.

연습문제 | 5.25

5.2.5절에 등장한 행렬 M,N,P,Q로 만들 수 있는 유효한 행렬 곱셈을 구하라. 자기 자신을 곱하는 행렬 곱셈도 고려하라. 유효한 행렬 곱셈에 대해 행렬곱의 차원을 구하라.

5.3 행렬로 벡터를 평행이동하기

행렬은 어떤 차원에서도 계산 방법이 동일하다는 장점이 있다. 행렬에서는 벡터가 2차원인지 3차원인지에 따라 달라지는 공간을 상상할 필요가 없다. 그저 행렬 곱셈에 맞춰 각 행렬을 끼워 넣거나, 파이썬 함수 `matrix_multiply`에 입력으로 넣기만 하면 된다. 이러한 특징은 3차원보다 큰 차원에서 계산을 수행해야 할 때 특히 유용하다.

인간의 뇌는 100차원의 벡터는 말할 것도 없고 4~5차원의 벡터를 상상할 수 있지 않지만, 고차원에서 벡터 계산이 가능함을 이미 살펴보았다. 이 절에서는 행렬을 사용해 여러 벡터를 평행이동하는, 고차원에서의 계산이 **요구되는** 계산 문제를 다룬다.

5.3.1 평면에서의 평행이동을 일차변환으로 만들기

4장에서 평행이동은 일차변환이 아님을 확인하였다. 주어진 벡터만큼 평면의 모든 점을 움직이면, 원점도 움직이므로 벡터합이 보존되지 않기 때문이다. 일차변환이 아닌데도 행렬로 2차원 변환을 실행하려면 어떻게 해야 하는가?

비결은 평행이동해야 할 2차원 점이 3차원에 있다고 보는 것이다. 2장에서 다룬 공룡을 다시 보자. 이 공룡은 21개의 점으로 구성되며, 이 점들을 연결해 공룡의 윤곽을 그릴 수 있다.

```
from vector_drawing import *

dino_vectors = [(6,4), (3,1), (1,2), (-1,5), (-2,5), (-3,4), (-4,4),
    (-5,3), (-5,2), (-2,2), (-5,1), (-4,0), (-2,1), (-1,0), (0,-3),
    (-1,-4), (1,-4), (2,-3), (1,-2), (3,-1), (5,1)
]
draw(
    Points(*dino_vectors),
    Polygon(*dino_vectors)
)
```

이 결과는 [그림 5.24]처럼 익숙한 2차원 공룡이다.

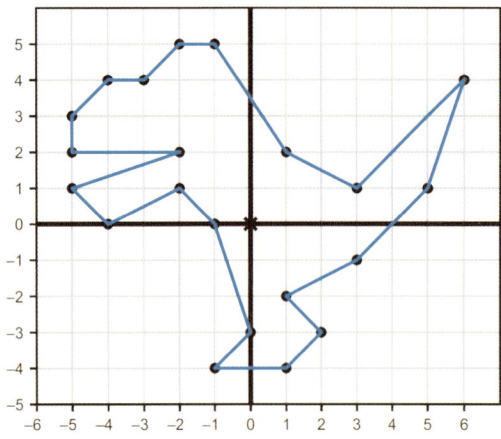

그림 5.24 2장에서 다룬 익숙한 2차원 공룡

만약 공룡을 오른쪽으로 3단위, 위로 1단위로 평행이동하고 싶다면 그냥 공룡의 각 꼭짓점에 벡터 (3,1)을 더하면 된다. 하지만 이는 선형사상이 아니기 때문에 이렇게 평행이동을 수행하는 2×2 행렬을 만들 수 없다. 공룡이 2차원 평면이 아닌 3차원 공간에 거주한다고 상상하면, 이 평행이동을 행렬로 형식화하는 게 **가능함**이 밝혀졌다.

비법을 알려줄 때까지 조금 참기 바란다. 곧 동작 원리를 설명하겠다. 공룡의 모든 점에 1이라는 z좌표를 부여하자. 그러면 각 점이 선분으로 연결된 채로 3차원에 그릴 수 있으며, 결과로 얻은 다각형은 [그림 5.25]처럼 $z = 1$인 평면 위에 위치한다. 3차원 공간에 있는 공롱 다각형의 선분을 얻기 위해 polygon_segments_3d라는 보조 함수를 만들어 두었다.

```
from draw3d import *
def polygon_segments_3d(points,color='blue'):
    count = len(points)
    return [Segment3D(points[i], points[(i+1) % count],color=color) for i in range(0,count)]

dino_3d = [(x,y,1) for x,y in dino_vectors]

draw3d(
    Points3D(*dino_3d, color='blue'),
    *polygon_segments_3d(dino_3d)
)
```

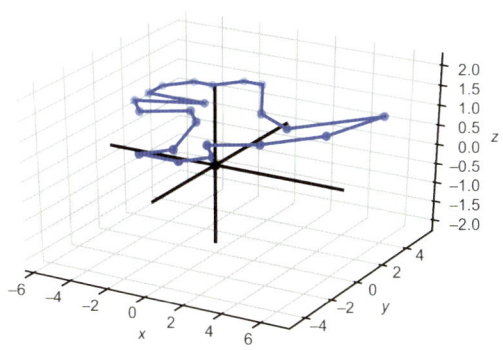

그림 5.25 z좌표로 1을 각 꼭짓점에 부여해 만든 같은 공룡

[그림 5.26]은 3차원 공간을 '왜곡'하여 원점은 그대로 두지만 평면 $z = 1$은 원하는 대로 평행이동되는 행렬을 보여준다. 일단 믿기 바란다! 이 그림에 평행이동과 관련되어 있어서 주목해야 할 수를 강조했다.

이 행렬을 공룡의 각 꼭짓점에 적용하면 놀랍게도 공룡은 평면에서 $(3, 1)$만큼 평행이동한다. [그림 5.27]에서 확인하자. 코드는 [그림 5.27] 아래에 같이 소개하였다.

$$\begin{pmatrix} 1 & 0 & 3 \\ 0 & 1 & 1 \\ 0 & 0 & 1 \end{pmatrix}$$

그림 5.26 평면 $z = 1$을 x방향으로 +3만큼, y방향으로 +1만큼 이동하는 마술 같은 행렬

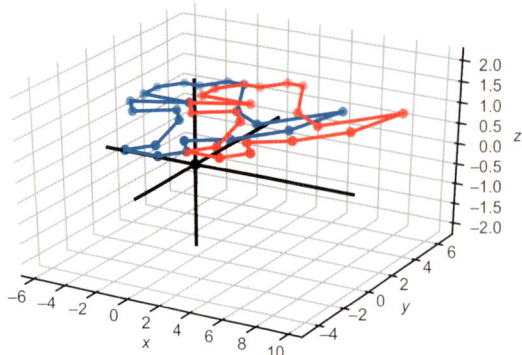

그림 5.27 같은 평면 내에서 (3,1)만큼 평행이동한 공룡

```
magic_matrix = (
    (1,0,3),
    (0,1,1),
    (0,0,1))

translated = [multiply_matrix_vector(magic_matrix, v) for v in dino_vectors_3d]
```

정리하는 차원에서 [그림 5.28]처럼 z좌표를 제거한 뒤 평면에 원래 공룡과 평행이동된 공룡을 같이 나타냈다.

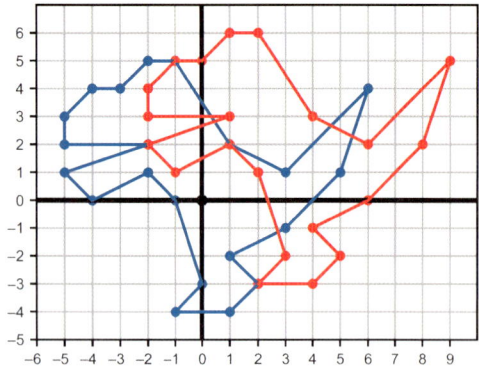

그림 5.28 평행이동된 공룡을 다시 2차원에 놓기

최종 그림에서 공룡이 실제로 (3,1)만큼 평행이동했음을 보고싶다면 이 코드를 재현해 좌표를 확인해보자. 이제 이 비법이 동작하는 원리를 소개하겠다.

5.3.2 2차원 평행이동에 대한 3차원 행렬 구하기

이 '마법 같은' 행렬의 열은 다른 행렬의 열과 마찬가지로 변환한 뒤 표준 기저 벡터의 위치를 알려준다. 이 행렬을 T라고 하면 벡터 e_1, e_2, e_3가 벡터 $Te_1 = (1,0,0)$, $Te_2 = (0,1,0)$, $Te_3 = (3,1,1)$로 변환된다. 이는 e_1, e_2가 변환의 영향을 받지 않고 e_3는 x성분과 y성분만 변경됨을 의미한다. [그림 5.29]를 보자.

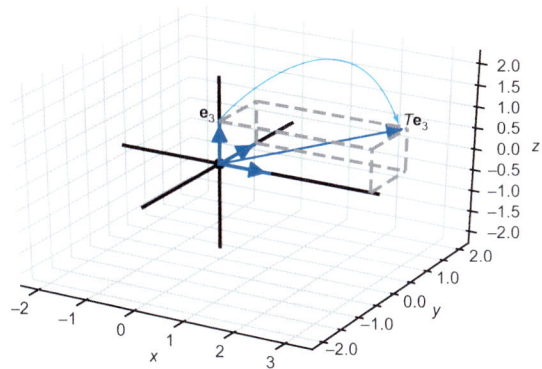

그림 5.29 e_1, e_2는 그대로 두고 e_3만 이동시키는 행렬

3차원의 모든 점은, 따라서 공룡의 모든 점은 e_1, e_2, e_3의 일차결합으로 만들어진다. 예를 들어 공룡의 꼬리 끝은 $(6,4,1)$이고, 이는 $6e_1 + 4e_2 + e_3$이다. T는 e_1이나 e_2를 이동하지 않으므로 e_3에 대한 효과 $T(e_3) = e_3 + (3,1,0)$만 이 점을 움직인다. 때문에 이 점은 x방향으로 +3만큼 y방향으로 +1만큼 평행이동된다. 이번에는 대수적으로 살펴보자. 다음 식에 따라 임의의 벡터 $(x,y,1)$은 이 행렬에 의해 $(3,1,0)$만큼 평행이동된다.

$$\begin{pmatrix} 1 & 0 & 3 \\ 0 & 1 & 1 \\ 0 & 0 & 1 \end{pmatrix} \begin{pmatrix} x \\ y \\ 1 \end{pmatrix} = \begin{pmatrix} 1 \cdot x + 0 \cdot y + 3 \cdot 1 \\ 0 \cdot x + 1 \cdot y + 1 \cdot 1 \\ 0 \cdot x + 0 \cdot y + 1 \cdot 1 \end{pmatrix} = \begin{pmatrix} x+3 \\ y+1 \\ 1 \end{pmatrix}$$

2차원 벡터 집합을 어떤 벡터 (a,b)만큼 평행이동하는 절차는 일반적으로 다음과 같다.

① 2차원 벡터를 3차원 공간의 평면으로 이동시킨다. 여기서 $z=1$이며 각 벡터는 z좌표가 1이다.

② a와 b를 아래 행렬에 대입한 뒤 행렬과 벡터를 곱한다.

$$\begin{pmatrix} 1 & 0 & a \\ 0 & 1 & b \\ 0 & 0 & 1 \end{pmatrix}$$

③ 각 벡터의 z좌표를 제거해 결과적으로 2차원 벡터가 되도록 한다.

이제 행렬로 평행이동이 가능해졌으니 다른 일차변환과 창의적으로 결합시켜 보려고 한다.

5.3.3 다른 일차변환과 평행이동 결합하기

앞의 행렬에서 처음 두 열은 정확히 $\mathbf{e}_1$, $\mathbf{e}_2$이었고, $\mathbf{e}_3$의 변화만이 그림을 움직였음을 알 수 있었다. 창의적으로 다른 일차변환과 결합시키려면 $T(\mathbf{e}_1)$이나 $T(\mathbf{e}_2)$에는 z성분이 없어야 하는데, 그림이 평면 $z=1$을 벗어나게 할 수 있기 때문이다. 하지만 [그림 5.30]처럼 다른 성분을 수정하거나 교환할 수는 있다.

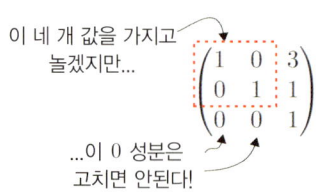

그림 5.30 xy평면 내에서만 $T(\mathbf{e}_1)$, $T(\mathbf{e}_2)$를 변경하는 조건

([그림 5.30]에 나타낸 것처럼) 평행이동 행렬의 3열에 명시된 평행이동**과는 별도로,** 특정 일차변환을 수행하도록 왼쪽 위에 2×2 행렬을 배치할 수 있다. 예를 들어 다음 행렬은 반시계방향으로 90° 회전한다.

$$\begin{pmatrix} 0 & -1 \\ 1 & 0 \end{pmatrix}$$

이 행렬을 평행이동 행렬에 삽입하면 [그림 5.31]과 같이 xy평면을 90°만큼 회전시킨 다음 $(3,1)$만큼 평행이동하는 새로운 행렬을 얻는다. 평면 $z=1$의 어떤 도형도 두 변환에 의해 변환된다.

$$\begin{pmatrix} 0 & -1 & 3 \\ 1 & 0 & 1 \\ 0 & 0 & 1 \end{pmatrix}$$

그림 5.31 $\mathbf{e}_1$, $\mathbf{e}_2$를 90°만큼 회전하고 $\mathbf{e}_3$를 $(3,1)$만큼 평행이동하는 행렬

이 행렬이 동작함을 확인하기 위해, 파이썬으로 3차원 공룡의 모든 꼭짓점에 이 변환을 적용하자. [그림 5.32]는 다음 코드를 실행한 결과물을 보여준다.

```
rotate_and_translate = ((0,-1,3),(1,0,1),(0,0,1))
rotated_translated_dino = [
    multiply_matrix_vector(rotate_and_translate, v)
    for v in dino_vectors_3d]
```

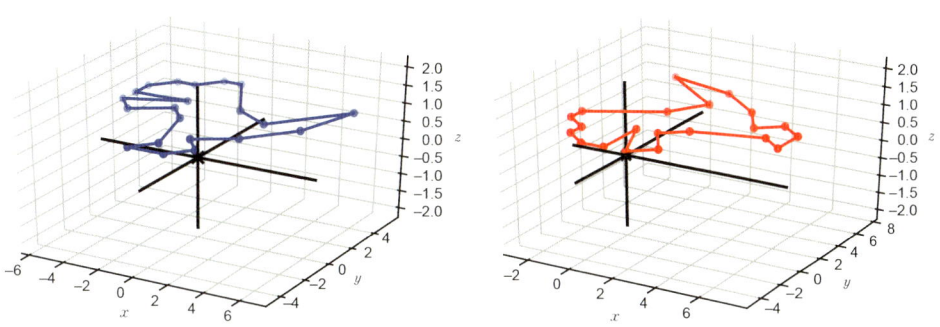

그림 5.32 원래 공룡(왼쪽)과, 단일 행렬에 의해 회전되고 평행이동된 새로운 공룡(오른쪽)

행렬로 2차원 평행이동을 하는 요령을 터득하면 3차원 평행이동도 같은 방식을 적용할 수 있다. 그러려면 4×4 행렬을 사용해야 하며, 신비로운 4D의 세계로 들어갈 필요가 있다.

5.3.4 4차원 세계에서 3차원 객체를 평행이동하기

네 번째 차원이란 무엇인가? 4차원 벡터는 길이, 너비, 깊이 외에 차원을 더 가진 화살표일 것이다. 2차원 공간에서 3차원 공간을 만들 때 z좌표를 추가했던 것을 떠올려 보라. 3차원 벡터는 $z = 0$인 xy평면에 존재할 수도 있지만, xy평면과 평행하면서도 다른 z값을 갖는 평면 위에서도 존재할 수 있다는 의미였다. [그림 5.33]은 서로 평행한 평면들 중 일부를 보여준다.

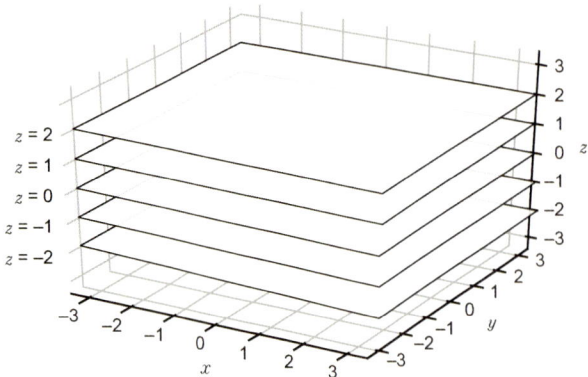

그림 5.33 xy평면처럼 생겼지만 z좌표가 다른, 서로 평행한 평면을 쌓아 3차원 공간을 구성할 수 있다.

우리는 이 3차원 모델과 유사하게 4차원 공간을 네 번째 좌표로 구분되는 3차원 공간의 집합으로 상상할 수 있다. 네 번째 좌표를 해석하는 한 가지 방법은 '시간'이다. 우리가 사는 공간을 주어진 시각에 찍은 스냅숏은 각각 3차원 공간이지만, 이러한 모든 스냅숏의 집합은 **시공간**(spacetime)으로 4차원 공간이다. 시공간의 원점은 시각 t가 0일 때 공간의 원점이다. [그림 5.34]를 보자.

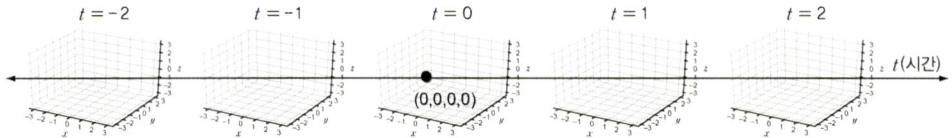

그림 5.34 z값을 고정해 3차원 공간을 쳐내면 2차원 평면인 것처럼, t값을 고정해 4차원 공간을 쳐내면 3차원 공간임을 바탕으로 한 4차원 시공간의 도해

이것이 아인슈타인 상대성 이론의 출발점이다. (상대성 이론은 4차원 공간과 4×4 행렬로 주어진 일차변환에 기반을 두기 때문에, 이 이론에 대한 문서를 읽어볼 수 있다.)

고차원에서는 더 이상 좋은 유비추리를 할 방법이 없기에, 벡터 수학은 고차원에서 필수불가결하다. 5, 6, 7차원 또는 그 이상의 차원은 상상하기 힘들지만, 좌표에 기반하면 2, 3차원에 비해 어렵지 않다. 지금은 4차원 벡터는 수로 이루어진 4-튜플로 간주하면 충분하다.

2차원 벡터를 3차원에서 평행이동하는 데 효과가 있었던 비법을 재현해보자. 만약 3차원 벡터 (x,y,z)를 벡터 (a,b,c)만큼 평행이동하고 싶다면, 목표 벡터에 1로 설정된 네 번째 좌표를 추가한 뒤 평행이동하는 비슷한 4차원 행렬을 사용해볼 수 있다. 행렬 곱셈을 하면 [그림 5.35]처럼 원하는 결과가 나온다.

$$\begin{pmatrix} 1 & 0 & 0 & a \\ 0 & 1 & 0 & b \\ 0 & 0 & 1 & c \\ 0 & 0 & 0 & 1 \end{pmatrix} \begin{pmatrix} x \\ y \\ z \\ 1 \end{pmatrix} = \begin{pmatrix} x+a \\ y+b \\ z+c \\ 1 \end{pmatrix}$$

그림 5.35 벡터 (x,y,z)에 4번째 좌표 1을 부여한 뒤, 이 행렬을 사용하여 벡터를 (a,b,c)만큼 평행이동

이 행렬은 x좌표를 a만큼, y좌표를 b만큼, z좌표를 c만큼 증가시키므로 벡터 (a,b,c)만큼 평행이동하는 변환이 맞다. 4번째 좌표를 추가하고 이 4×4 행렬을 적용한 다음 4번째 좌표를 삭제하는 작업을 다음의 파이썬 함수 하나로 패키징할 수 있다.

```
def translate_3d(translation):
    def new_function(target):
        a,b,c = translation
        x,y,z = target
        matrix = ((1,0,0,a),
            0,1,0,b),
            (0,0,1,c),
            (0,0,0,1))
        vector = (x,y,z,1)
        x_out, y_out, z_out, _ =\
          multiply_matrix_vector(matrix,vector)
        return (x_out,y_out,z_out)
    return new_function
```

translate_3d 함수는 평행이동 벡터를 받아서 평행이동을 3차원 벡터에 적용하는 새 함수를 리턴한다.

평행이동을 하는 4×4 행렬을 만들어서 다음 줄에서 (x,y,z)를 4번째 좌표가 1인 4차원 벡터로 바꾼다.

4차원 행렬 변환을 수행한다.

마지막으로 찻주전자와 $(2,2,-3)$만큼 평행이동한 찻주전자를 같이 그려보면, 찻주전자가 적절히 이동했음을 관찰할 수 있다. 평행이동된 찻주전자는 위쪽과 오른쪽으로 이동해서, 우리의 시야에서 멀어졌다. matrix_translate_teapot.py를 실행하면 이를 확인할 수 있다. [그림 5.36]과 동일한 이미지를 관찰할 것이다.

그림 5.36 평행이동되지 않은 찻주전자(왼쪽)와 평행이동된 찻주전자(오른쪽)

평행이동을 행렬 연산으로 포장했으므로, 이 연산을 3차원 일차변환과 결합해 한 번에 할 수 있다. 이러한 상황에서 추가된 네 번째 좌표를 시각 t로 해석할 수도 있음은 명확하다. [그림 5.36]의 두 이미지는 일정한 속도로 방향 $(2,2,-3)$으로 이동 중인 찻주전자를 $t=0$일 때와 $t=1$일 때 찍은 스냅숏일 수 있다. 흥미로운 도전문제를 찾고 있다면, 앞의 구현에서 벡터 $(x,y,z,1)$을 좌표 t가 시간의 흐름에 따라 바뀌는 (x,y,z,t) 꼴 벡터로 대체해보기 바란다. $t=0$과 $t=1$일 때 찻주전자는 [그림 5.36]의 프레임과 일치해야 하며, 둘 사이의 시간에는 두 위치 사이에서 부드럽게 움직여야 한다. 이 작동 원리를 알아낸다면 아인슈타인을 따라잡을 수 있다!

지금까지 벡터를 컴퓨터 화면에 렌더링하려는 공간의 점으로써만 생각했다. 이것은 분명히 중요한 용례이지만 벡터와 행렬로 할 수 있는 일의 일부일 뿐이다. 벡터와 일차변환이 일반적으로 어떻게 상호작용하는가에 대한 연구를 **선형대수학**이라고 하는데, 다음 장에서 프로그래머와 관련된 몇 가지 실감나는 사례와 함께 이 주제에 대해 더 넓은 그림을 보여 주겠다.

5.3.5 연습문제

연습문제 풀이

> **연습문제 | 5.26**
>
> 2차원 공룡 그림을 평면 $z=2$로 이동하면 3차원 '마법 같은' 행렬 변환이 제대로 작동하지 않음을 보여라. 대신 어떤 일이 벌어지는가?

연습문제 | 5.27

x방향으로 -2단위만큼, y방향으로 -2단위만큼 평행이동하는 행렬을 만들어라. 이 변환을 공룡 도형에 실행한 결과는 어떠한가?

연습문제 | 5.28

다음과 같은 꼴의 행렬에 3차원 열벡터를 곱해도 열벡터의 z축에 영향을 끼치지 않음을 보여라.

$$\begin{pmatrix} a & b & c \\ d & e & f \\ 0 & 0 & 1 \end{pmatrix}$$

연습문제 | 5.29   미니 프로젝트

평면 $z=1$ 상의 2차원 도형을 $45°$만큼 회전시키고, 크기를 2배만큼 축소하고, 벡터 $(2,2)$만큼 평행이동하는 3×3 행렬을 구하라. 공룡의 꼭짓점들에 이 행렬을 적용해 정상적으로 동작함을 보여라.

연습문제 | 5.30

5.3.3절에 등장한 행렬은 공룡을 $45°$만큼 회전시킨 뒤 $(3,1)$만큼 평행이동한다. 행렬 곱셈을 사용해 반대 순서로 동작하는 행렬을 만들어라.

연습문제 | 5.31

translate_3d와 유사하게 4차원 벡터를 다른 4차원 벡터만큼 평행이동시키는 5×5 행렬을 이용하는 함수 translate_4d를 작성하라. 좌표가 평행이동됨을 보이는 예시를 실행하라.

이전 장에서는 2차원과 3차원의 시각적인 사례를 사용해 벡터 산술과 행렬 산술을 도입할 필요성을 보였다. 앞으로는 계산에 방점을 찍을 것이다. 이 장의 끝부분에서 물리적인 직관 없이 고차원에서 벡터 변환을 계산해봤다. 이러한 계산은 선형대수학의 장점 중 하나이다. 그림으로 그리기엔 너무 복잡한 기하학적 문제들을 풀 수 있는 도구가 되기 때문이다. 다음 장에서 다양한 응용을 살펴볼 것이다.

요약

- 일차변환은 표준 기저 벡터에의 작용으로 정의된다. 표준 기저에 일차변환을 적용하면 결과로 얻는 벡터들은 일차변환을 수행하는 데 필요한 모든 데이터를 포함한다. 임의의 3차원 일차변환을 명시할 때 단지 9개의 수(세 개의 결과 벡터 각각에 대해 세 개의 좌표씩)만 필요하다. 2차원 일차변환의 경우 4개의 수가 필요하다.

- 행렬 표기법을 사용할 때, 직사각형 격자에 위의 수들을 넣어 일차변환을 나타낸다. 표준 기저 벡터에 변환을 적용한 뒤 결과 좌표 벡터를 열벡터로 표현해 나란히 배치하여 행렬을 만들어낸다.

- 행렬이 나타내는 일차변환을 주어진 벡터에 적용한 결과를 계산해낼 때, 행렬을 사용하는 방법을 **행렬과 벡터의 곱셈**이라고 한다. 이 곱셈은 일반적으로 벡터를 튜플이 아니라 위에서 아래 방향으로 좌표의 열벡터로 쓴다.

- 두 정사각행렬을 곱할 수 있으며, 결과 행렬은 원래 두 행렬이 나타내는 일차변환의 합성이다.

- 두 행렬의 곱은 첫 번째 행의 행과 두 번째 행의 열의 내적을 계산하면 된다. 예를 들어 첫 번째 행렬의 i행과 두 번째 행렬의 j행의 내적은 행렬곱의 i행 j열 성분과 동일한 값을 준다.

- 정사각행렬은 일차변환을 나타내기 때문에, 정사각행렬이 아닌 직사각행렬은 특정 차수를 갖는 공간의 벡터를 다른 차수를 갖는 공간의 벡터로 보내는 선형사상을 나타낸다. 즉, 이러한 함수는 벡터합을 벡터합으로 보내고 스칼라곱을 스칼라곱으로 보낸다.

- 행렬의 차원은 해당 선형사상이 입력으로 받는 벡터와 출력하는 벡터의 종류를 알려준다. m개의 행과 n개의 열이 있는 행렬을 m행 n열 행렬(또는 $m \times n$ 행렬)이라고 한다. 이 행렬은 n차원 공간에서 m차원 공간으로의 선형사상을 정의한다.

- 평행이동은 일차함수는 **아니지만** 더 높은 차원에서는 선형사상이 되게 할 수 있다. 이 관찰을 통해 행렬 곱셈으로 (다른 일차변환과 동시에) 평행이동을 할 수 있다.

CHAPTER 6

고차원으로의 일반화

> **이 장의 내용**
> - 일반 벡터에 대한 추상 베이스 클래스를 파이썬에서 구현하기
> - 벡터공간을 정의하고 벡터공간의 유용한 성질을 나열하기
> - 함수, 행렬, 이미지, 음파를 벡터로 나타내기
> - 벡터공간에서 관심 있는 데이터를 포함해 유용한 부분공간 구하기

비록 찻주전자 애니메이션을 만드는 데 관심이 없더라도 벡터, 일차변환, 행렬이라는 부품을 알아두면 유용하다. 사실 이 개념은 **선형대수학**(linear algebra)이라는 수학의 한 분야를 이룰 정도로 유용하다. 선형대수학은 2차원과 3차원 기하학에 대한 모든 것을 일반화해 임의의 차원인 데이터에 대해 연구한다.

여러분은 프로그래머이므로 아이디어를 일반화하는 데 능숙할 것이다. 복잡한 소프트웨어를 작성하다 보면, 비슷한 코드를 계속해서 작성하곤 한다. 어느새 이를 의식하면, 지금까지 보아온 모든 경우를 다루도록 클래스 또는 함수 형태로 코드를 통합할 것이다. 이를 통해 타자량을 줄일 수 있고 코드 구성과 유지 관리 용이성을 개선할 때도 있다. 수학자들도 같은 과정을 거친다. 비슷한 패턴을 반복적으로 만나면 접하는 내용을 명확히 서술하고 정의를 다듬는다.

이 장에서는 **벡터공간**(vector space)을 정의하고자 비슷한 논리를 펼친다. 벡터공간은 벡터처럼 다룰 수 있는 객체의 집합이다. 이 객체란 평면 상의 화살표일 수도 있고, 수로 이루어진 튜플일 수도 있으며, 지금까지 본 것과 완전히 다른 객체일 수도 있다. 예를 들어 [그림 6.1]처럼 이미지를 벡터로 처리하고 일차결합을 구할 수 있다.

그림 6.1 새 그림을 만들어내는 두 그림의 일차결합

벡터공간의 주요 연산은 벡터합과 스칼라곱이다. 이를 통해 산술 부정(negation), 뺄셈, 가중평균 등을 포함한 일차결합을 할 수 있으며, 어떤 변환이 일차변환인지 파악할 수 있다. 이러한 연산은 **차원**(dimension)이라는 단어를 이해하는 데 도움을 준다. 예를 들어 [그림 6.1]에 사용된 이미지는 27만 차원 객체이다! 조만간 차원이 더 높아져서 심지어 무한대의 공간까지 충분히 커버할 수 있겠지만, 우선 이미 알고 있는 2차원 공간과 3차원 공간부터 검토하자.

6.1 우리가 만든 벡터의 정의 확장하기

파이썬은 일반화를 위한 훌륭한 프레임워크인 객체 지향 프로그래밍(Object-oriented Programming, OOP)을 지원한다. 특히 파이썬 클래스는 **상속**(inheritance)을 지원한다. 그래서 기존 부모 클래스의 속성[1]과 동작을 이어받는 새로운 클래스의 객체를 만들 수 있다. 여기서는 2차원 벡터와 3차원 벡터를 일반적인 클래스 객체들의 특수한 사례로 두고 이 클래스의 객체들을 간단히 벡터라고 부르려고 한다. 그러면 [그림 6.2]처럼 부모 클래스에서 동작을 상속하는 다른 개체들도 벡터라고 할 수 있다.

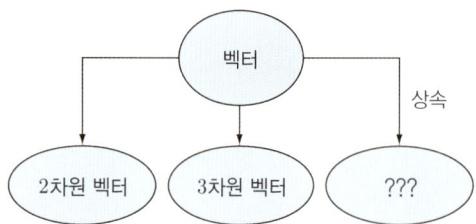

그림 6.2 상속 개념을 사용해 2차원 벡터, 3차원 벡터 및 기타 개체를 벡터의 특별한 경우로 간주하기

---

1 (옮긴이) 파이썬에서는 속성(attribute)과 프로퍼티(property)를 구분하지만 이 책은 속성도 property라고 부르기 때문에 파이썬의 프로퍼티를 의미하는 경우가 아닌 한 속성으로 번역하였다.

객체 지향 프로그래밍을 해본 적이 없거나 파이썬에서 객체 지향 프로그래밍으로 작성된 것을 본 적이 없어도 걱정하지 말자. 이 장에서 다루는 예시는 간단하며, 핵심을 파악할 수 있게 설명하겠다. 미리 파이썬 클래스와 상속에 대해 더 알고 싶다면 [부록 B]를 참고하기 바란다.

6.1.1 2차원 좌표 벡터 클래스 만들기

지금까지 코드로 다룬 2차원 벡터와 3차원 벡터는 좌표(coordinate) 벡터다. 여태까지 본 벡터들은 좌표로 이루어진 수의 튜플로 정의했다. 벡터 산술은 화살표를 사용해 기하학적으로 정의할 수 있지만, 이러한 접근법은 파이썬 코드로 직접 변환할 수는 없다. 2차원 좌표 벡터의 데이터는 x좌표와 y좌표의 순서쌍이다. 튜플은 이러한 데이터를 저장하는 데 유용하지만, 클래스를 사용할 수도 있다. 2차원 좌표 벡터를 나타내는 클래스를 Vec2라고 하자.

```python
class Vec2():
    def __init__(self,x,y):
        self.x = x
        self.y = y
```

벡터는 v = Vec2(1.6,3.8)과 같이 초기화할 수 있으며 벡터의 각 좌표는 v.x와 v.y 같이 쓴다. 이제 2차원 벡터 산술에 필수인 메서드(method), 구체적으로 벡터합과 스칼라곱을 이 클래스에 부여할 수 있다. 벡터합 함수 **add**는 벡터합의 두 번째 벡터를 인자로 받아서 각 좌표가 x좌표끼리, y좌표끼리 더한 합인 새로운 Vec2 객체를 리턴한다.

```python
class Vec2():
    ...            ← 기존 클래스에 추가할 때는 기존 코드가 위치한 부분을
    def add(self, v2):     때때로 ... 으로 표기하겠다.
        return Vec2(self.x + v2.x, self.y + v2.y)
```

Vec2로 벡터합을 하면 다음과 같다.

```
v = Vec2(3,4)         ◁──── x좌표가 3이고 y좌표가 4인 새 Vec2
                            객체 v를 만든다.
w = v.add(Vec2(-2,6)) ◁──── v에 두 번째 Vec2를 더해
                            w라는 새 Vec2 인스턴스를 생성한다.
                            이 연산을 통해 (3,4)+(-2,6)= (1,10)이
                            리턴된다.
print(w.x)            ◁──── w의 x좌표를 출력한다. 결과는 1이다.
```

첫 벡터합 구현과 마찬가지로 이 구현도 기존 객체의 자리에서(in-place) 수행되는 게 아니다. 이 구현은 두 입력 벡터를 수정하지 않고 합을 저장하는 새로운 벡터 객체 Vec2를 생성한다. 스칼라곱도 비슷하게 입력을 스칼라로 받아 새로운, 확대·축소된 벡터를 출력으로 리턴한다.

```
class Vec2():
    ...
    def scale(self, scalar):
        return Vec2(scalar * self.x, scalar * self.y)
```

Vec(1,1).scale(50)은 x좌표와 y좌표 모두 50인 새로운 벡터를 리턴한다. 이제 신경 써야 할 중요한 사항이 있다. 이대로 Vec2(3,4) == Vec2(3,4)와 같은 비교를 출력해보면 False가 나온다. 두 벡터 인스턴스는 동일한 벡터를 나타내기 때문에 문제가 있다. 기본적으로 파이썬은 저장된 값이 아니라 (메모리 상 같은 위치에 있는지 확인하는) 참조(reference)를 통해 인스턴스를 비교한다. 이 문제는 동등성(equality) 메서드를 오버라이딩(overriding)해서 고칠 수 있으며, 이를 통해 Vec2 클래스의 객체들에 대한 == 연산은 파이썬이 다르게 처리한다. 자세한 설명은 [부록 B]에서 확인하기 바란다.

```
class Vec2():
    ...
    def __eq__(self,other):
        return self.x == other.x and self.y == other.y
```

두 2차원 좌표 벡터는 x좌표와 y좌표가 각각 일치하면 두 벡터를 서로 같다(equal)고 하기 때문에, 위 등식에 관한 새 정의는 벡터가 서로 같음을 잘 잡아낸다. 이를 구현해보면 Vec2

(3,4) == Vec2(3,4)임을 확인할 수 있다.

이제 Vec2 클래스는 벡터합과 스칼라곱이라는 기본 벡터 연산도 할 수 있고 그럴듯한 동등성 테스트도 가능해졌다. 이제 클래스의 구문을 개선하는 데 집중해보자.

6.1.2 Vec2 클래스 개선하기

== 연산자의 행동을 변경하였듯이 파이썬 연산자 +와 *가 각각 벡터합과 스칼라곱을 의미하도록 변경할 수도 있다. 이를 **연산자 오버로딩**(operator overloading)[2]이라고 하며 [부록 B]에서 다룬다.

```
class Vec2():
    ...
    def __add__(self, v2):
        return self.add(v2)
    def __mul__(self, scalar):          ← __mul__과 __rmul__ 함수는 각각 스칼라를 왼쪽, 오른쪽에
        return self.scale(scalar)          곱한다고 정의한다. 다만 수학에서는 어느 순서로 곱해도
    def __rmul__(self,scalar):             의미가 같다.
        return self.scale(scalar)
```

이제 간결하게 일차결합을 쓸 수 있다. 예를 들어 3.0 * Vec2(1,0) + 4.0 * Vec2(0,1)은 x좌표가 3.0 y좌표가 4.0인 새로운 객체 Vec2를 준다. 하지만 대화형 세션에서 이를 읽어내기는 힘들다. 파이썬은 Vec2를 보기 좋게 출력하지 않기 때문이다.

```
>>> 3.0 * Vec2(1,0) + 4.0 * Vec2(0,1)
<__main__.Vec2 at 0x1cef56d6390>
```

파이썬은 얻게 된 Vec2 인스턴스의 메모리 주소를 보여주지만 중요한 내용은 아니다. 다행히 __repr__ 메서드를 오버라이딩해서 Vec2 객체의 문자열 표현을 변경할 수 있다.

---

[2] (옮긴이) 파이썬에서 상속을 따로 명시하지 않은 클래스는 객체를 나타내는 object 클래스만을 나타낸다. object 클래스는 __eq__ 메서드의 구현을 이미 가지고 있으므로 Vec2에 __eq__ 메서드를 정의하는 것은 (=의 의미를 재정의한다는 측면에서 연산자 오버로딩이라고 부를 수 있지만) 오버라이딩이라고 부르는 게 정확하다. 반면 object 클래스는 __add__ 메서드를 정의하지 않으므로 오버라이딩이라 쓰면 안 된다.

```
class Vec2():
    ...
    def __repr__(self):
        return "Vec2({},{})".format(self.x,self.y)
```

이 문자열 표현은 Vec2 객체에서 가장 중요한 데이터인 좌표를 보여준다. 이제 Vec2 산술의 결과는 훨씬 더 명확해진다.

```
>>> 3.0 * Vec2(1,0) + 4.0 * Vec2(0,1)
Vec2(3.0,4.0)
```

원래 튜플로 정의한 벡터와 같은 계산이지만 훨씬 낫다. 클래스를 만들면 앞에서 변경한 동등성 메서드처럼 거의 변화 없이 반복적으로 사용하는 보일러플레이트(boilerplate) 코드가 필요하지만, 벡터 산술에 대한 연산자 오버로딩도 가능하다. 또한 별도로 정의한 문자열 표현은 **임의의** 튜플이 아니라 2차원 벡터임을 명확하게 해준다. 이제 3차원 벡터도 자체 클래스로 표현해 구현할 수 있다.

6.1.3 3차원 벡터에서 반복 작업하기

3차원 클래스는 Vec3라고 부를 것인데, 2차원 클래스 Vec2와 비슷하지만 클래스가 정의하는 데이터가 2개의 좌표 대신 3개의 좌표라는 점은 다르다. 좌표를 명시적으로 참조하는 각 메서드에서는 Vec3의 x, y, z값을 적절히 사용하는지 확인해야 한다.

```
class Vec3():
    def __init__(self,x,y,z):
        self.x = x
        self.y = y
        self.z = z
    def add(self, other):
        return Vec3(self.x + other.x, self.y + other.y, self.z + other.z)
    def scale(self, scalar):
        return Vec3(scalar * self.x, scalar * self.y, scalar * self.z)
```

```
        def __eq__(self,other):
            return (self.x == other.x
                    and self.y == other.y
                    and self.z == other.z)
        def __add__(self, other):
            return self.add(other)
        def __mul__(self, scalar):
            return self.scale(scalar)
        def __rmul__(self,scalar):
            return self.scale(scalar)
        def __repr__(self):
            return "Vec3({},{},{})".format(self.x,self.y, self.z)
```

이제 내장된 산술 연산자를 사용하여 파이썬에서 3차원 벡터 산술을 쓸 수 있다.

```
>>> 2.0 * (Vec3(1,0,0) + Vec3(0,1,0))
Vec3(2.0,2.0,0.0)
```

Vec2 클래스와 비슷한 Vec3 클래스는 일반화를 생각할 여지가 있다. 일반화를 하는 방법은 몇 가지가 있지만, 많은 소프트웨어 설계의 선택지들과 마찬가지로 이 결정은 주관적이다. 예를 들어 산술을 단순화하는 데 초점을 맞출 수도 있다. Vec2와 Vec3에 대해 add를 다르게 구현하지 않고, 3장에서 임의 크기의 좌표 벡터를 다루도록 만든 add 함수를 동일하게 사용할 수도 있다. 내부적으로 좌표를 튜플이나 리스트로 저장해서 생성자가 임의 개수의 좌표를 받은 뒤 2차원, 3차원, 또는 임의 차원의 좌표 벡터를 만들 수도 있다. 이렇게 다른 방향으로 가는 가능성을 여러분을 위한 연습문제로 남겨두겠다.

여기서 중점을 둘 일반화는 벡터의 **사용법**이지 동작 원리가 아니다. 이를 통해 코드를 잘 구성하고 벡터의 수학적 정의와 일치하는 멘탈 모델을 얻을 수 있다. 예를 들어 모든 종류의 벡터에 사용할 수 있는 일반적인(generic) average 함수를 작성할 수 있다.

```
def average(v1,v2):
    return 0.5 * v1 + 0.5 * v2
```

이 함수에는 3차원 벡터 또는 2차원 벡터를 삽입할 수 있다. 이를테면 average(Vec2(9.0, 1.0), Vec2(8.0,6.0)) 및 average(Vec3(1,2,3), Vec3(4,5,6)) 모두 올바르고 의미 있는 결과를 준다. 여러 그림에 대해 평균도 낼 수 있다. 일단 이미지에 적합한 클래스를 구현하기만 하면 average(img1, img2)를 작성해 새로운 이미지를 리턴하게 할 수 있다.

이 지점에서 일반화가 얼마나 아름답고 경제적인지 실감날 것이다. average와 같이 일반적인 함수 하나를 매우 다양한 타입의 입력을 주어 사용할 수 있다. 입력에 걸린 유일한 제약조건은 스칼라와 객체의 곱셈과 객체 간 덧셈을 지원할 필요가 있다는 것뿐이다. 산술의 구현은 Vec2 객체, Vec3 객체, 이미지, 또는 다른 종류의 데이터 간에 다르지만, 이러한 데이터 간에 할 수 있는 산술의 종류에는 언제나 중요한 공통점이 있다. 사용하는 산술의 **종류**와 특정 종류의 산술의 **구현**을 분리하면 코드 재사용과 이에 따른 수학 명제들을 살펴볼 수 있다.

수행 방법에 대한 상세를 분리한 채 벡터로 어떤 일을 수행할지 설명하려면 어떻게 하는 게 최선일까? 파이썬에서 추상 베이스 클래스(abstract base class)를 사용해 감을 잡아보자.

6.1.4 벡터 기반 클래스 구축하기

Vec2 또는 Vec3를 이용해 할 수 있는 작업은 다양하다. 새로운 인스턴스를 생성하고 다른 벡터와 더하거나 스칼라와 곱할 수 있고, 다른 벡터와 동등성을 테스트하거나 인스턴스를 문자열로 표현할 수 있다. 이 중에서도 독특한 벡터 연산은 바로 벡터합과 스칼라곱이다. 나머지 연산은 새로 만든 어떠한 파이썬 클래스라도 알아서 포함하기 때문이다. 이를 통해 다음과 같은 Vector 추상 베이스 클래스의 정의를 생각할 수 있다.

```
from abc import ABCMeta, abstractmethod

class Vector(metaclass=ABCMeta):
    @abstractmethod
    def scale(self,scalar):
        pass
    @abstractmethod
    def add(self,other):
        pass
```

abc 모듈에는 **추상 베이스 클래스**(abstract base class)를 정의하는 데 도움이 되는 보조 클래스(helper class), 함수 및 메서드 데코레이터(method decorator)가 포함되어 있다. 추상 베이스 클래스는 그 자체로 인스턴스화되지는 않지만, 이 클래스를 상속받은 클래스들에 대한 일종의 템플릿으로 사용되도록 설계되었다. @abstractmethod 데코레이터는 추상 베이스 클래스에서 구현되지 않은 메서드이므로 자식 클래스가 구현해야 함을 의미한다. 즉, 추상 베이스 클래스에서는 메서드가 선언(declare)만 된 상태이며 정의(define)되어 있지 않다. 예를 들어 v = Vector()와 같은 코드로 벡터를 인스턴스화하려고 시도하면, 다음과 같은 TypeError를 얻는다.

```
TypeError: Can't instantiate abstract class Vector with abstract methods add,
scale
```

이 오류는 구체적인 설명 없이 '그저 벡터'이기만 한 벡터는 실재하지 않으므로 납득이 간다. 벡터가 실재하려면 좌표 리스트, 평면에서의 화살표 등 구체적인 표현이 주어져야 하기 때문이다. 하지만 이 클래스는 추상 베이스 클래스로 여전히 유용하다. 자식 클래스가 필수 메서드를 반드시 가지도록 강제하기 때문이다. 추상 베이스 클래스는 연산자 오버로드처럼 벡터 합과 스칼라곱에만 의존적인 메서드를 장착할 때도 유용하다.

```
class Vector(metaclass=ABCMeta):
    ...
    def __mul__(self, scalar):
        return self.scale(scalar)
    def __rmul__(self, scalar):
        return self.scale(scalar)
    def __add__(self,other):
        return self.add(other)
```

추상 메서드(abstract method)인 scale과 add와는 달리 추상 메서드를 호출하는 위의 함수 구현들은 어떠한 자식 클래스에서도 곧바로 이용할 수 있다. 이제 Vec2와 Vec3가 Vector를 상속받도록 단순화할 수 있으며, Vec2의 새로운 구현을 소개한다.

```python
class Vec2(Vector):
    def __init__(self,x,y):
        self.x = x
        self.y = y
    def add(self,other):
        return Vec2(self.x + other.x, self.y + other.y)
    def scale(self,scalar):
        return Vec2(scalar * self.x, scalar * self.y)
    def __eq__(self,other):
        return self.x == other.x and self.y == other.y
    def __repr__(self):
        return "Vec2({},{})".format(self.x, self.y)
```

이 구현은 반복 작업에서 벗어나게 해 준다! Vec2와 Vec3에서 동일한 메서드는 이제 Vector 클래스에 존재한다. Vec2에 남은 모든 메서드는 2차원 벡터에 특화되어 있으며 Vec3 또는 더 높은 차원의 벡터에서 동작시키려면 수정해야 한다.

Vector 추상 베이스 클래스는 벡터로 할 수 있는 일을 잘 표현한다. 이 추상 베이스 클래스에 유용한 메서드를 추가하면 어떠한 종류의 벡터에서도 유용하게 사용할 수 있다. 예를 들어 Vector 클래스에 다음과 같이 두 메서드를 추가할 수 있다.

```python
class Vector(metaclass=ABCMeta):
    ...
    def subtract(self,other):
        return self.add(-1 * other)
    def __sub__(self,other):
        return self.subtract(other)
```

Vec2에서 따로 수정하지 않아도 곧바로 뺄셈할 수 있다.

```
>>> Vec2(1,3) - Vec2(5,1)
Vec2(-4,2)
```

이 추상 베이스 클래스를 통해 일반 벡터 연산을 쉽게 구현할 수 있게 되었다. 이 클래스는 벡터의 수학적 정의와도 일치한다. 파이썬을 우리말로 전환하여 코드에서 비롯된 추상화가 실제 수학적 정의가 되는 과정을 살펴보자.

6.1.5 벡터공간 정의하기

수학에서는 벡터가 무엇을 할 수 있는지를 바탕으로 벡터를 정의한다. 이는 추상 베이스 클래스 Vector를 정의한 방식과 비슷하다. 여기에 벡터의 첫 (불완전한) 정의를 소개한다.

> **정의** **벡터**는 다른 벡터와 더하고 스칼라를 곱하는 **적절한** 방법을 갖춘 객체이다.

Vec2 또는 Vec3 객체, 아니면 Vector 클래스를 상속받은 어떤 객체도 서로 더할 수 있으며 스칼라를 곱할 수 있기 때문에 벡터이다. 하지만 이 정의는 불완전하다. '적절한'이 무슨 뜻인지 말하지 않아서 정의의 가장 중요한 부분이 빠졌다.

벡터를 연산할 때 이상하게 작동하지 않도록 몇 가지 규칙이 만들어져 있으며, 대다수는 이미 여러분이 예상했을 것이다. 이 규칙을 다 외울 필요는 없다. 새로운 객체가 벡터인지 판단할 때, 이 규칙을 되짚어보기만 하면 된다. 첫 번째 규칙은 덧셈이 우리가 기대하는 대로 잘 동작해야 한다고 언급한다. 구체적인 규칙은 다음과 같다.

① 벡터의 덧셈에서 순서는 중요하지 않다 : 임의의 벡터 v 와 w 에 대해 $v + w = w + v$ 이다.
② 어떤 벡터들을 묶어 더할지는 중요하지 않다 : $u + (v + w)$ 는 $(u + v) + w$ 와 같아야 한다. 이는 $u + v + w$ 의 의미가 모호하지 않다는 뜻이다.

이를 만족하지 않는 사례는 연접(concatenation)을 통해 문자열을 더하는 경우이다. 파이썬에서는 "hot" + "dog"와 같은 합을 계산할 수 있지만, 문자열 자체는 벡터가 아니다. 왜냐하면 두 합 "hot" + "dog"와 "dog" + "hot"은 같지 않아서 규칙 ①을 위반하기 때문이다.

스칼라곱 또한 기대한 대로 잘 작동해야 하며 덧셈과도 호환되어야 한다. 예를 들어 스칼라가 정수인 스칼라곱은 $3v = v + v + v$ 처럼 반복하는 덧셈과 서로 같아야 한다. 구체적인 규칙은 다음과 같다.

③ 벡터에 여러 스칼라를 곱하는 것은 모든 스칼라를 한 번에 곱하는 것과 서로 같아야 한다. a와 b가 스칼라이고 $\mathbf{v}$가 벡터라면 $a \cdot (b \cdot \mathbf{v})$는 $(a \cdot b) \cdot \mathbf{v}$와 서로 같아야 한다.

④ 벡터에 1을 곱하면 변화가 없어야 한다. 즉 $1 \cdot \mathbf{v} = \mathbf{v}$ 이다.

⑤ 벡터가 동일한 스칼라곱끼리는 스칼라곱과 스칼라의 덧셈이 양립해야 한다. 즉, $a \cdot \mathbf{v} + b \cdot \mathbf{v}$는 $(a+b) \cdot \mathbf{v}$와 같아야 한다.

⑥ 스칼라가 동일한 스칼라곱끼리는 스칼라곱과 벡터의 덧셈이 양립해야 한다. 즉, $a \cdot (\mathbf{v} + \mathbf{w})$는 $a \cdot \mathbf{v} + a \cdot \mathbf{w}$와 같아야 한다.

규칙 ③~⑥은 모두 낯설지 않다. 예를 들어 $3 \cdot \mathbf{v} + 5 \cdot \mathbf{v}$는 우리말로 '$\mathbf{v}$를 3개 더한 것과 $\mathbf{v}$를 5개 더한 것의 덧셈'이라고 생각할 수 있다. 물론 $\mathbf{v}$를 8개 더한 것인 $8 \cdot \mathbf{v}$이기에 규칙 ⑤와 일치한다.

이 규칙들로부터 모든 덧셈과 곱셈 연산이 동일하게 만들어져 있지 않다는 점을 알 수 있다. 덧셈과 곱셈 연산을 할 때마다 각 규칙을 만족하는지 검증할 필요가 있다. 규칙 ①~⑥을 모두 만족하는 객체는 분명히 벡터라 부를 수 있다.

벡터공간(vector space)은 규칙 ①~⑥을 모두 만족하는 벡터의 집합이다. 정확한 정의는 다음과 같다.

> **정의** **벡터공간**은 벡터라고 불리는 객체의 집합이다. 규칙 ①~⑥을 따르는 적절한 벡터 합과 스칼라곱 연산을 갖추고 있다. 또한 해당 집합에 포함된 벡터들에 대한 모든 일차결합도 해당 집합에 역시 포함된다는 조건을 만족한다.

집합 [Vec2(1,0), Vec2(5,-3), Vec2(1.1,0.8)]은 덧셈과 곱셈을 적절히 갖추었지만 벡터공간은 아니다. 일차결합 1 * Vec2(1,0) + 1 * Vec2(5,-3)은 결과가 Vec2(6,-3)이지만 집합에 포함되어 있지 않으므로 반례이다. 벡터공간의 한 예시로 모든 2차원 벡터로 이루어진 무한 집합이 있다. 사실 여러분이 접할 벡터공간은 대부분 무한 집합이다. 따라서 수많은 스칼라를 사용하면 수없이 많은 일차결합을 만들어낼 수 있다.

벡터공간이 모든 스칼라곱을 포함해야 한다는 사실로부터 두 가지 결론을 얻는다. 이 결론은 자체로도 매우 중요한 명제들이다. 첫 번째로 벡터공간에서 어떠한 벡터 $\mathbf{v}$를 취하더라도

$0 \cdot v$는 같은 벡터이다. 이 벡터를 **영벡터**(zero vector)라고 부르고 **0**으로 표기한다(수 0과 구분하고자 굵게 표기한다). 임의의 벡터에 영벡터를 더하면 아무런 변화가 없으므로 $0+v=v+0=v$이다. 두 번째로 모든 벡터 v는 역벡터(opposite vector) $-1 \cdot v$를 가지며, 이를 $-v$라고 나타낸다. 규칙 ⑤에 따라 $v+-v=(1+-1) \cdot v=0 \cdot v=0$이다. 모든 벡터에 대해 덧셈을 통해 '그 벡터를 상쇄하는' 벡터가 벡터공간에 존재한다. [연습문제 6.3]에서 Vector 클래스에다가 영벡터와 부호를 바꾸는 함수를 필수 멤버로 추가해 개선할 수 있다.

Vec2 또는 Vec3와 같은 클래스 자체는 집합이 아니지만 클래스가 나타내는 값의 집합을 설명한다. 이러한 문맥에서 Vec2와 Vec3라는 두 클래스는 서로 다른 벡터공간을 나타낸다고 생각할 수 있으며, 각 클래스의 인스턴스는 벡터를 나타낸다. 다음 절에서 벡터공간을 나타내는 클래스를 통해 많은 벡터공간 예시를 살펴볼 것이다. 먼저 방금 다룬 특정한 규칙들을 만족하는지 검증하는 방법부터 살펴보자.

6.1.6 벡터공간 클래스를 단위 테스트하기

추상 베이스 클래스 Vector를 사용하면 벡터가 동작하는 원리를 알 수는 없지만 벡터의 정의를 생각할 순 있었다. 하지만 추상 베이스 클래스에 add라는 추상 메서드를 추가한다고 해도 상속받은 클래스 모두가 덧셈 연산을 구현하는지는 보장할 수 없다.

수학에서는 적절성을 보장하기 위해 **증명**한다. 파이썬과 같이 동적 프로그래밍 언어에서 우리가 할 수 있는 최선은 단위 테스트(unit test)를 작성하는 것이다. 예를 들어 이전 절의 규칙 ⑥을 확인하기 위해 두 벡터와 스칼라 하나를 생성한 뒤 등식이 성립하는지를 확인할 수 있다.

```
>>> s = -3
>>> u, v  = Vec2(42,-10), Vec2(1.5, 8)
>>> s * (u + v) == s * v + s * u
True
```

이런 단위 테스트는 자주 작성하지만 한 가지 예만 확인할 수 있기에 조악한 면이 있다. 이 테스트에 랜덤수를 넣고 작동 여부를 확인해서 강화할 수 있다. 다음은 random.uniform 함수를 사용해 -10과 10 사이에 균등하게 분포한 부동소수점 수를 생성하는 테스트이다.

```
from random import uniform

def random_scalar():
    return uniform(-10,10)

def random_vec2():
    return Vec2(random_scalar(),random_scalar())

a = random_scalar()
u, v = random_vec2(), random_vec2()
assert a * (u + v) == a * v + a * u
```

운이 따르지 않는 한 이 테스트는 AssertionError를 발생시키며 실패할 것이다. 이 책에서 테스트가 실패한 원인인 a, u, v 값은 다음과 같다.

```
>>> a, u, v
(0.17952747449930084,
 Vec2(0.8353326458605844,0.2632539730989293),
 Vec2(0.555146137477196,0.34288853317521084))
```

또한 assert 호출 부분에서 동등성 기호 좌우의 수식은 다음과 같은 값이었다.

```
>>> a * (u + v), a * u + a * v
(Vec2(0.24962914431749222,0.108819233338807299),
 Vec2(0.24962914431749225,0.108819233338073))
```

두 벡터가 다른 이유는 각 성분이 천조 분의 몇 (매우 정말 작은 수) 차이가 있기 때문이다. 이 결과는 수학 계산이 잘못되었다기보단 부동소수점 산술 결과가 정확한 값이 아닌 근삿값임을 의미한다.

이러한 작은 불일치를 무시하기 위해 테스트에 적합한 동등성 개념을 사용할 수 있다. 파이썬의 math.isclose 함수는 두 부동소수점 값이 유의미한 양(기본적으로 10억 분의 1 이상)만큼 차이가 없는지 점검한다. 이 기능을 사용하면 테스트는 연속 100회 통과한다.

```
from math import isclose

def approx_equal_vec2(v,w):
    return isclose(v.x,w.x) and isclose(v.y,w.y)    ◁──┤ x성분, y성분이 (같지 않아도)
                                                        근접한지 테스트한다.

for _ in range(0,100):     ◁──┤ 스칼라와 벡터쌍을 각각 100번 랜덤 생성해서
    a = random_scalar()           테스트를 수행한다.
    u, v  = random_vec2(), random_vec2()
    assert approx_equal_vec2(a * (u + v),
                             a * v + a * u)    ◁──┤ 완전 동등성 체크 대신 새 함수로 대체한다.
```

등식에서 부동소수점 오차를 제거하면 다음과 같이 벡터공간의 규칙 6개를 모두 테스트할 수 있다.

```
def test(eq, a, b, u, v, w):      ◁──┤ 동등성 테스트 함수인 eq를 전달하도록 만든다.
    assert eq(u + v, v  + u)          이렇게 함으로써 test 함수는 인자로 전달된
    assert eq(u + (v + w), (u + v) + w)   벡터 구현이 특정 방식으로 구체화되더라도
    assert eq(a * (b * v), (a * b) * v)    계속 쓸 수 있다.
    assert eq(1 * v, v)
    assert eq((a + b) * v, a * v  + b * v)
    assert eq(a * v  + a * w, a * (v + w))

for i in range(0,100):
    a,b = random_scalar(), random_scalar()
        u,v,w = random_vec2(), random_vec2(), random_vec2()
        test(approx_equal_vec2,a,b,u,v,w)
```

이 테스트는 스칼라와 벡터를 100번 랜덤하게 선택해 6가지 규칙을 모두 만족함을 보여준다. 600번의 무작위 단위 테스트를 통과했다는 것은 Vec2 클래스가 이전 절에서의 성질을 모두 만족한다는 괜찮은 지표다. [연습문제 6.3]에서 zero() 프로퍼티와 산술 부정 연산자를 구현한 뒤에 더 많은 성질을 추가로 테스트할 수 있다.

위의 설정은 전혀 일반적이지 않다. Vec2의 인스턴스를 랜덤하게 생성하고 비교하려면 특별한 함수를 작성해야 했기 때문이다. 대신 test 함수 자체와 이 테스트의 수식들은 완전히 일반적이라는 점이 중요하다. 우리가 테스트하려는 클래스가 Vector를 상속받는 한, a * v

+ a * w와 a * (v + w)와 같은 수식을 실행해 동등성 테스트를 할 수 있다. 이제 벡터로 처리될 수 있는 다른 객체를 탐구하는 과정에서 객체를 테스트하는 방법을 알게 되었다.

6.1.7 연습문제

연습문제 풀이

연습문제 | 6.1

Vector 클래스를 상속받은 Vec3 클래스를 구현하라.

연습문제 | 6.2　미니 프로젝트

Vector를 상속받고, 차원을 나타내는 추상 프로퍼티(abstract property)를 포함한 Coordinate Vector 클래스를 구현하라.

연습문제 | 6.3

Vector 클래스에다가 주어진 벡터공간에 영벡터를 리턴하기 위한 zero 추상 메서드와 산술 부정(negation) 연산자의 구현을 추가하라.

연습문제 | 6.4

Vec3의 덧셈과 스칼라곱 연산이 벡터공간의 성질을 만족하는지 확인하는 단위 테스트를 작성하라.

연습문제 | 6.5

임의의 벡터 v에 대해 $0+v=v$, $0 \cdot v = 0$, $-v+v=0$임을 확인하는 단위 테스트를 추가하라. 여기서 0은 수 0이며 **0**은 영벡터이다.

연습문제 | 6.6

[연습문제 6.1]에서 본 Vec2와 Vec3에는 동등성 메서드가 구현되어 있는데, 웃기게도 Vec2(1,2) == Vec3(1,2,3)는 True를 리턴한다. 파이썬의 덕 타이핑(duck typing)이 너무 관대해서 그렇다! 벡터 동등성을 테스트하기 전에 클래스 종류가 맞아떨어지는지 확인하도록 수정하라.

연습문제 | 6.7

벡터를 스칼라로 나눌 수 있도록 Vector 클래스에 __truediv__ 함수를 구현하라. 0이 아닌 스칼라 scalar에 대해 스칼라의 역수(1.0/scalar)를 곱하는 식으로 벡터를 스칼라로 나눌 수 있다.

6.2 여러 벡터공간 살펴보기

이제 벡터공간이 무엇인지 알았으니 몇 가지 예시를 살펴보자. 각각의 경우는 새로운 종류의 객체를 선택해 Vector를 상속받는 클래스로 구현한다. 이렇게 하면 어떤 종류의 객체이든 덧셈이나 스칼라곱 또는 이외의 벡터 연산을 수행할 수 있다.

6.2.1 모든 좌표 벡터공간 나열해보기

지금까지 Vec2와 Vec3라는 좌표 벡터에 많은 시간을 할애했기 때문에 2차원과 3차원 좌표 벡터에 대해 많은 설명이 필요하진 않을 것이다. 하지만 좌표 벡터의 벡터공간은 **임의** 개수의 좌표를 가진다는 점은 살펴볼 만하다. Vec2인 벡터는 좌표가 2개이고, Vec3인 벡터는 좌표가 3개이며, Vec15 클래스의 벡터는 좌표가 15개일 것이다. 기하학적으로 그릴 방법은 없지만 Vec15 객체는 15차원 공간의 점을 나타낸다.

특수 사례로 단일 좌표로 이루어진 벡터에 해당하는 Vec1 클래스가 있다. 구현은 다음과 같이 한다.

```
class Vec1(Vector):
    def __init__(self,x):
        self.x = x
    def add(self,other):
        return Vec1(self.x + other.x)
    def scale(self,scalar):
        return Vec1(scalar * self.x)
    @classmethod
    def zero(cls):
        return Vec1(0)
    def __eq__(self,other):
        return self.x == other.x
    def __repr__(self):
        return "Vec1({})".format(self.x)
```

단일 수를 클래스로 감싸기 위해 많은 보일러플레이트 코드가 들어갔지만, 새로운 산술은 전혀 없다. 스칼라나 다를 바 없는 객체인 Vec1끼리 더하고 곱하는 것은 객체 내부의 수의 덧셈과 곱셈에 불과하다.

```
>>> Vec1(2) + Vec1(2)
Vec1(4)
>>> 3 * Vec1(1)
Vec1(3)
```

이러한 이유로 Vec1 클래스를 필요로 하는 일은 별로 없을 것이다. 하지만 수 자체가 벡터의 일종임을 알아두어야 한다. 정수, 유리수, 그리고 π와 같은 무리수를 포함한 모든 실수의 집합은 $\mathbb{R}$로 표기하는데, 이 집합 자체가 벡터공간이다. 집합 $\mathbb{R}$은 스칼라와 벡터가 동일한 객체인 특별한 사례이다.

좌표 벡터공간은 $\mathbb{R}^n$으로 표기하는데, 이때 n은 좌표의 개수로 차수에 해당한다. 예를 들어 2차원 평면은 $\mathbb{R}^2$으로 표기하고 3차원 공간은 $\mathbb{R}^3$으로 표기한다. 실수를 스칼라로 사용하는 한, 여러분이 접할 벡터공간은 어떤 $\mathbb{R}^n$이다.[3] 이 때문에 지루하더라도 벡터공간 $\mathbb{R}$을 언

---

[3] 벡터공간이 차수가 유한함을 보장할 수 있을 때에만 맞는 말이다. $\mathbb{R}^\infty$처럼 차수가 무한인 벡터공간도 있는데, 차수가 무한한 벡터공간은 이외에도 더 있다.

급해야 했다. 또 다른 벡터공간으로 **영차원**(zero-demensional) 벡터공간 $\mathbb{R}^0$이 있다. 이 벡터공간은 좌표가 0개인 벡터로 이루어진 집합으로, 좌표가 0개인 벡터는 빈 튜플로 묘사하거나 Vector를 상속해 만든 다음의 Vec0 클래스로 묘사할 수 있다.

```python
class Vec0(Vector):
    def __init__(self):
        pass
    def add(self,other):
        return Vec0()
    def scale(self,scalar):
        return Vec0()
    @classmethod
    def zero(cls):
        return Vec0()
    def __eq__(self,other):
        return self.__class__ == other.__class__ == Vec0
    def __repr__(self):
        return "Vec0()"
```

좌표가 0개라고 해서 그러한 벡터가 없다는 것을 의미하진 않는다. 영차원 벡터는 정확히 한 개 있다. 이는 영차원 벡터 수학이 바보스럽게 보일 정도로 쉽다. 지금까지 다룬 연산의 결과가 언제나 같기 때문이다.

```
>>> - 3.14 * Vec0()
Vec0()
>>> Vec0() + Vec0() + Vec0() + Vec0()
Vec0()
```

이 클래스는 객체 지향 프로그래밍 관점에서 싱글톤(singleton) 클래스와 비슷하다. 수학적 관점에서 모든 벡터공간은 영벡터를 가지고 있으므로 Vec0()을 이 영벡터로 생각할 수 있다.

이제까지 0차원, 1차원, 2차원, 3차원, 그리고 그 이상의 차원에 대한 좌표 벡터를 다루었다. 이제 벡터를 현실에서 접하면 이러한 벡터공간 중 하나로 맞춰볼 수 있을 것이다.

6.2.2 현실에서의 벡터공간 식별하기

1장 예시로 돌아가서 중고 도요타 프리우스의 데이터셋을 살펴보자. 소스 코드에는 카그래프 사이트(https://cargraph.com)에서 일하는 친구 댄 라스본(Dan Rathbone)이 너그럽게 제공한 데이터셋을 불러오는 방법을 소개했다. 자동차 정보를 쉽게 다루기 위해 다음 클래스를 사용해 자동차 정보를 불러왔다.

```python
class CarForSale():
    def __init__(self, model_year, mileage, price, posted_datetime,
                 model, source, location, description):
        self.model_year = model_year
        self.mileage = mileage
        self.price = price
        self.posted_datetime = posted_datetime
        self.model = model
        self.source = source
        self.location = location
        self.description = description
```

CarForSale 객체를 벡터로 간주하면 작업이 용이하다. 예를 들어 프리우스 중고차의 경향을 관찰하고자 일차변환으로 평균화할 수 있다. 그렇다면 이 클래스를 개조해 Vector를 상속받게 해야 한다.

어떻게 해야 두 자동차를 더할 수 있을까? 수치 필드인 model_year, mileage, price는 벡터의 성분처럼 더할 수 있지만, 문자열 속성을 더해봤자 의미가 없다. 기억하겠지만 문자열을 벡터로 볼 수는 없다. 자동차에 대한 산술 결과는 실제 중고차가 아니라 그 속성으로 정의된 **가상의** 자동차이다. 이를 나타내기 위해 모든 문자열 속성을 "(virtual)"로 변경하자. 마지막으로 판매 정보의 게시일과 속성을 더할 수는 없지만 기준점에 대한 시간 간격(time span)로 바꾸어 더할 수는 있다. [그림 6.3]에서 데이터를 수집한 날을 기준점(reference point)으로 해서 판매 정보의 게시일부터 기준점까지의 시간 간격을 각각 구해 더한다. 전체 과정에 대한 코드는 [리스트 6.1]을 살펴보자.

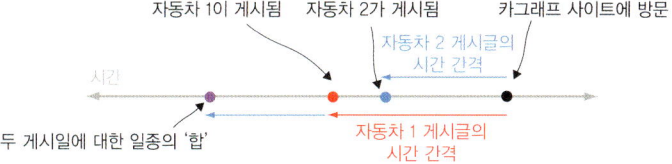

그림 6.3 판매 정보가 게시된 차량들의 타임라인

이 모든 것은 마찬가지로 스칼라곱에도 적용된다. 수치 속성과 게시일과 기준점 간의 시간 간격에는 스칼라를 곱할 수 있다. 하지만 문자열 속성은 더 이상 의미가 없다.

리스트 6.1 필요한 메서드를 구현해서 CarForSale을 Vector처럼 동작하게 하기

```python
from datetime import datetime

class CarForSale(Vector):
    retrieved_date = datetime(2018,11,30,12)     # 카그래프 사이트 데이터셋은 2018년
                                                  # 11월 30일 정오에 취득하였다.
    def __init__(self, model_year, mileage, price, posted_datetime,
                model="(virtual)",
                    source="(virtual)",              # 가상의 자동차 생성을
                location="(virtual)", description="(virtual)"):  # 간단히 하고자 모든
                                                     # 문자열 매개변수는
        self.model_year = model_year                 # 선택적 인자로 둔다.
        self.mileage = mileage                       # 기본값은 "(virtual)"
        self.price = price                           # 이다.
        self.posted_datetime = posted_datetime
        self.model = model
        self.source = source
        self.location = location
        self.description = description
    def add(self, other):
        def add_dates(d1, d2):        # 기준점에서의 시간 간격을 각각 구해
            age1 = CarForSale.retrieved_date - d1    # 더하는 방식으로 게시일을 더하는
            age2 = CarForSale.retrieved_date - d2    # 보조 함수이다.
            sum_age = age1 + age2
            return CarForSale.retrieved_date - sum_age
        return CarForSale(            # 내장된 속성을 더한 뒤 새 객체를 생성하는
            self.model_year + other.model_year,   # 식으로 CarForSale 객체를 더한다.
            self.mileage + other.mileage,
            self.price + other.price,
            add_dates(self.posted_datetime, other.posted_datetime)
```

```
        )
    def scale(self,scalar):                    기준점의 일자를 기준으로 한 시간 간격을 확대·축소해
        def scale_date(d):          ◀──────    날짜와 시간 속성을 확대·축소하는 보조 함수이다.
            age = CarForSale.retrieved_date - d
            return CarForSale.retrieved_date - (scalar * age)
        return CarForSale(
            scalar * self.model_year,
            scalar * self.mileage,
            scalar * self.price,
            scale_date(self.posted_datetime)
        )
    @classmethod
    def zero(cls):
        return CarForSale(0, 0, 0, CarForSale.retrieved_date)
```

소스 코드에서는 샘플 자동차 데이터 리스트를 불러오는 코드를 포함해 클래스 전체 구현을 찾을 수 있다. 자동차의 리스트를 불러오면 벡터 산술을 시도할 수 있다.

```
>>> (cars[0] + cars[1]).__dict__
{'model_year': 4012,
 'mileage': 306000.0,
 'price': 6100.0,
 'posted_datetime': datetime.datetime(2018, 11, 30, 3, 59),
 'model': '(virtual)',
 'source': '(virtual)',
 'location': '(virtual)',
 'description': '(virtual)'}
```

처음 자동차 두 대의 합은 분명히 4012년식(아마도 날 수 있을까?) 프리우스로, 306,000마일을 달렸고 호가는 6,100달러였다. 이 정보는 카그래프 사이트를 본 당일 새벽 3시 59분에 판매용으로 게시되었다. 이 특이한 차는 별로 도움이 되지 않는 것 같지만 다음과 같은 평균은 훨씬 더 의미 있어 보인다.

```
>>> average_prius = sum(cars, CarForSale.zero()) * (1.0/len(cars))
>>> average_prius.__dict__

{'model_year': 2012.5365853658536,
 'mileage': 87731.63414634147,
 'price': 12574.731707317074,
 'posted_datetime': datetime.datetime(2018, 11, 30, 9, 0, 49, 756098),
 'model': '(virtual)',
 'source': '(virtual)',
 'location': '(virtual)',
 'description': '(virtual)'}
```

이 결과는 실제로 의미 있는 정보를 제공한다. 프리우스 중고차는 평균적으로 출시 후 약 6년이 되었고 약 88,000마일을 달렸으며, 약 12,500달러의 호가로 판매된다. 그리고 웹사이트에 접속한 날 아침 9시 49분에 게시되었다. 3부에서는 데이터셋을 벡터로 취급하여 데이터셋으로 학습하는 데 많은 시간을 할애할 것이다.

텍스트 데이터를 무시하면 CarForSale은 벡터처럼 동작한다. 실제로는 호가, 연식, 주행거리, 게시된 날짜 및 시간이라는 차원을 가진 4차원 벡터처럼 동작한다. 게시일은 수가 아니므로 좌표 벡터라고 볼 수는 없다. 수치 데이터가 아니지만 이 클래스는 벡터공간의 성질을 만족한다. (연습문제에서 단위 테스트를 통해 검증할 수 있다.) 따라서 이 클래스의 객체는 벡터에 해당하며, 벡터처럼 조작할 수 있다. 구체적으로 이 객체들은 4차원 벡터이며 CarForSale 객체와 Vec4 객체 간에 일대일 매핑(mapping)을 작성할 수도 있다. (이 또한 연습문제로 둔다.) 다음 예시에서는 좌표 벡터처럼 보이지 않지만 벡터공간의 성질을 만족하는 몇 가지 객체를 살펴보겠다.

6.2.3 함수를 벡터처럼 다루기

수학적 함수는 벡터로 간주할 수 있다. 벡터로 간주할 수 있는 수학적 함수들이 여럿 있는데, 실수 하나를 받아서 실수 하나를 리턴하는 함수를 생각하려고 한다. 함수 f가 실수를 받아서 실수를 리턴한다는 상황을 수학적으로 짧게 적으면 $f: \mathbb{R} \to \mathbb{R}$이다. 파이썬에서는 float 값을 입력해 float 값을 리턴하는 함수로 생각할 수 있다.

2차원 벡터 또는 3차원 벡터와 마찬가지로 함수의 덧셈과 스칼라곱은 시각적으로 또는 대수적으로 수행할 수 있다. 함수는 $f(x) = 0.5 \cdot x + 3$ 또는 $g(x) = \sin(x)$처럼 대수적으로 쓸 수 있으며 그래프로 그려서 시각화할 수도 있다.

소스 코드에 특정 범위의 입력에 대해 [그림 6.4]처럼 함수의 그래프를 그리는 단순한 plot 함수를 작성해두었다. 예를 들어 다음 코드는 -10과 1사이 범위에서 두 함수 $f(x)$, $g(x)$ 모두를 플로팅한다.

```
def f(x):
    return 0.5 * x + 3
def g(x):
    return sin(x)
plot([f,g],-10,10)
```

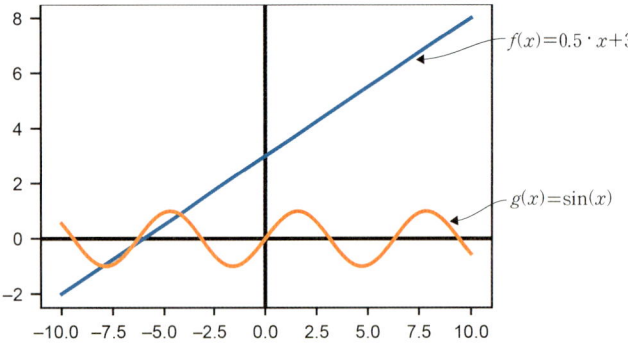

그림 6.4 두 함수 $f(x) = 0.5 \cdot x + 3$과 $g(x) = \sin(x)$의 그래프

두 함수를 정의하는 수식을 더하면 함수의 덧셈을 대수적으로 할 수 있다. 즉 $f + g$는 $(f+g)(x) = f(x) + g(x) = 0.5 \cdot x + 3 + \sin(x)$로 정의되는 함수이다. [그림 6.5]를 보면 $f + g(x)$의 그래프는 x좌표별로 두 함수 $f(x)$와 $g(x)$의 y좌표를 더해서 만든 새로운 점으로 이루어져 있는데, 마치 두 함수를 같이 쌓아올린 느낌이다.

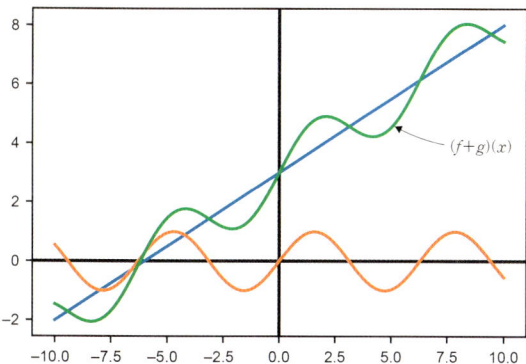

그림 6.5 그래프에 두 함수의 합을 시각화하기

이 합을 구현하려면 함수형 파이썬 코드를 작성할 수 있다. 이 코드는 두 함수를 입력으로 받아서 두 함수의 합을 새로운 함수로 리턴한다.

```
def add_functions(f,g):
    def new_function(x):
        return f(x) + g(x)
    return new_function
```

마찬가지로 함수 수식에 스칼라를 곱해서 함수의 스칼라곱을 수행할 수 있다. 예를 들어 $3g$는 $(3g)(x) = 3 \cdot g(x) = 3 \cdot \sin(x)$으로 정의된다. 이것은 [그림 6.6]처럼 함수 g의 그래프를 y방향으로 3을 배수로 해서 확대하는 효과가 있다.

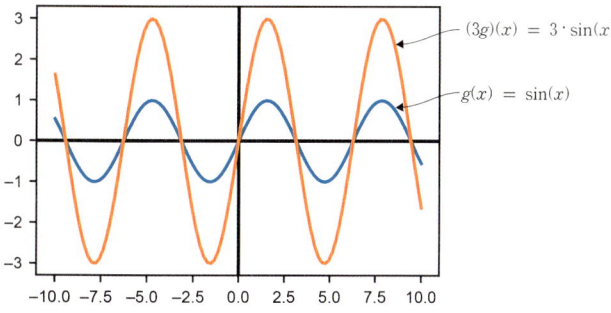

그림 6.6 그래프에 스칼라곱을 시각화하기

Vector를 상속 받은 클래스로 f나 g와 같은 파이썬 함수들을 잘 감쌀 수 있는데, 이는 연습문제로 남겨두겠다. 클래스를 정의한 뒤에는 $3 \cdot f$나 $2 \cdot f - 6 \cdot g$와 같은 함수 산술 수식을 만족스럽게 작성할 수 있다. 심지어 해당 클래스를 콜러블(callable)로 만들 수 있는데, 다시 말해 함수처럼 인자를 받을 수 있는 클래스로 만들어 $(f + g)(6)$과 같은 표현식을 쓸 수 있다. 아쉽게도 함수가 벡터공간의 성질을 만족하는지 판단하는 단위 테스팅은 어려워진다. 랜덤한 함수를 만들거나 두 함수가 같음을 확인하는 작업이 어렵기 때문이다. 두 함수가 같은지 정말로 확인하려면 가능한 모든 단일 입력에 대해 동일한 출력이 리턴되는지를 확인해야만 한다. 테스트가 모든 실수에 대해 이루어지거나 적어도 모든 float 값에 대해 이루어져야 한다!

이제 또 다른 질문이 머릿속에 떠오를 것이다. 함수의 벡터공간의 **차수**(dimension)는 무엇인가? 함수를 고유하게 식별하려면 실수 좌표가 몇 개 필요한가?

Vec3 객체의 각 좌표에 x, y, z라는 변수명을 붙이는 대신 $i = 1$부터 3까지 인덱스를 부여할 수 있다. 마찬가지로 Vec15의 각 좌표에 $i = 1$부터 15까지 인덱스를 부여할 수 있다. 하지만 함수는 정의에 등장하는 수가 무수히 많다. 임의의 x에 대해 $f(x)$라는 함숫값을 정의해야 하기 때문이다. 다시 말해, f의 좌표는 모든 점에서의 f의 값으로 간주할 수 있는데, 이 값은 모든 실수에 대해 인덱스되어야 한다. 이는 함수의 벡터공간이 **무한 차원**(infinite dimensional) 벡터공간임을 의미한다. 무한 차원은 중요한 결론을 도출해내지만, 모든 함수를 포함한 벡터공간을 다루기 어렵게 만든다. 차후에 더 단순한 부분집합 몇 개를 살펴봄으로써 함수의 벡터공간을 살펴보겠다. 지금은 유한 차원의 안락함으로 돌아가 예시 2개를 더 살펴보자.

6.2.4 행렬을 벡터처럼 다루기

$n \times m$ 행렬은 직사각형으로 배열한 $n \cdot m$개 수의 리스트이므로, $n \cdot m$차원 벡터로 취급할 수 있다. 예를 들어 5×3 행렬의 벡터공간과 15차원 좌표 벡터의 벡터공간은 표현 방법이 행렬이거나 좌표인 것만 빼면 똑같다. 표현은 달라도 둘 다 좌표별로 덧셈을 하고 스칼라를 곱할 수 있다. [그림 6.7]은 행렬 덧셈이 어떻게 이루어지는지 보여준다.

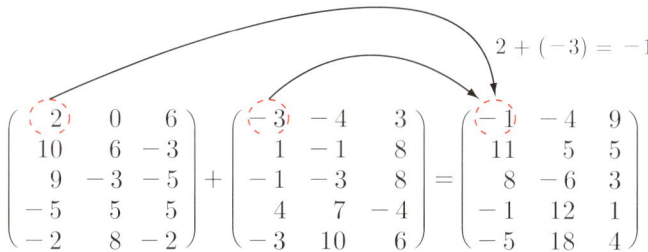

그림 6.7 대응하는 성분끼리 더해서 두 5×3 행렬 더하기

Vector를 상속받은 5×3 행렬에 대한 클래스를 구현하려면 단순히 Vec15 클래스를 구현하는 것보다 더 많은 양을 타이핑해야 한다. 행렬 성분별로 반복할 때 반복문을 두 개 중첩해야 하기 때문이다. 하지만 [리스트 6.2]에서 볼 수 있듯 산술 자체가 더 복잡하지는 않다.

리스트 6.2 벡터로 간주된 5×3 행렬을 표현하는 클래스

```python
class Matrix5_by_3(Vector):
    rows = 5
    columns = 3
    def __init__(self, matrix):
        self.matrix = matrix
    def add(self, other):
        return Matrix5_by_3(tuple(
            tuple(a + b for a,b in zip(row1, row2))
            for (row1, row2) in zip(self.matrix, other.matrix)
        ))
    def scale(self,scalar):
        return Matrix5_by_3(tuple(
            tuple(scalar * x for x in row)
            for row in self.matrix
        ))
    @classmethod
    def zero(cls):
        return Matrix5_by_3(tuple(
            tuple(0 for j in range(0, cls.columns))
            for i in range(0, cls.rows)
        ))
```

영행렬을 생성할 수 있도록 행과 열의 개수를 알아야 한다.

5x3 행렬에 대한 영벡터는 성분이 모두 0인 5x3 행렬이다. 다른 5x3 행렬 M에 영벡터를 더하면 M이 된다.

행렬로 이루어진 다른 벡터공간을 표현하고 싶다면 `Matrix2_by_2` 클래스든 `Matrix99_by_17` 클래스든 마찬가지로 만들면 된다. 이러한 경우에 구현은 대부분 동일하지만 차원이 15가 아니라 $2 \cdot 2 = 4$ 또는 $99 \cdot 17 = 1,683$이 될 것이다. [연습문제 6.15]에서 `Vector`를 상속받으면서, 행 개수와 열 개수를 명시하는 것만 제외하고 모든 데이터를 포함한 `Matrix` 클래스를 만들 수 있다. 그러면 임의의 자연수 M, N에 대해 `MatrixM_by_N` 클래스는 `Matrix`를 상속받을 수 있다.

행렬은 격자 형태로 배치한 수라기보다는 오히려 일차함수를 표현했다고 간주할 수 있기 때문에 흥미롭다. 수의 리스트와 함수의 리스트가 벡터공간의 사례임을 보았기에, 행렬이 수의 리스트이면서 함수의 리스트라는 점에서 벡터임이 명백하다. 행렬 A가 n개의 행과 m개의 열로 이루어졌다면 m차원 공간에서 n차원 공간으로의 일차함수를 나타낸다. 그리고 이 문장을 $A : \mathbb{R}^m \rightarrow \mathbb{R}^n$와 같이 간소화해서 표기할 수 있다.

$\mathbb{R} \rightarrow \mathbb{R}$인 함수의 덧셈과 스칼라곱을 했듯이 $\mathbb{R}^m \rightarrow \mathbb{R}^n$인 함수의 덧셈과 스칼라곱을 할 수 있다. [연습문제 6.9]의 미니 프로젝트에서 행렬이 이 두 가지 의미 모두에서 벡터임을 확인하고자 행렬로 이루어진 벡터공간에 대한 단위 테스트를 실행해볼 수 있다. 이는 격자로 나타낸 수로서 유용하지 않다는 의미가 아니다. 어떤 때에는 행렬을 함수로 생각할 필요가 없다. 예를 들어 이미지를 나타내고자 수의 배열을 활용할 수도 있다.

6.2.5 벡터 연산으로 이미지 조작

컴퓨터 이미지는 색이 칠해진 정사각형인 **픽셀**(pixel)의 배열로 표시된다. 이미지는 보통 높이가 수백 픽셀이고 폭도 수백 픽셀인 사각형이다. 컬러 이미지에서 임의로 주어진 픽셀의 색을 적색(red), 녹색(green), 청색(blue)인 RGB값으로 명시하려면 세 개의 수가 필요하다. 따라서 300×300 픽셀 이미지 하나는 총 $300 \cdot 300 \cdot 3 = 270,000$ 개의 수로 명시된다. 이 크기의 이미지를 벡터로 간주하면 픽셀은 270,000차원 벡터공간에 존재한다!

그림 6.8 필자가 키우는 강아지 멜바의 사진에서 추출한 한 픽셀의 RGB값

파이썬에는 PIL이라고 하는 사실상 표준인 이미지 조작 라이브러리가 있다. 이 라이브러리는 pip에서 **pillow**라는 패키지명으로 배포된다. PIL 라이브러리는 [리스트 6.3]처럼 새로운 클래스 안에서만 사용해 캡슐화를 하므로 깊게 학습할 필요는 없다. 이 ImageVector 클래스는 Vector를 상속받아 300×300 이미지의 픽셀 데이터를 저장할 수 있으며, 덧셈과 스칼라곱을 지원한다.

리스트 6.3 이미지를 벡터로 표현하는 클래스

```
from PIL import Image
class ImageVector(Vector):          ← 예를 들어 300x300 픽셀처럼
    size = (300,300)                    고정된 크기의 이미지를 다룬다.
    def __init__(self,input):
        try:
            img = Image.open(input).\
                  resize(ImageVector.size)    ← 이 생성자는 이미지 파일명을 받는다. PIL로
            self.pixels = img.getdata()          Image 객체를 만들어 300x300 크기로 변경 뒤
        except:                                  getdata() 메서드로 픽셀 리스트를 추출한다.
            self.pixels = input       ← 이 생성자는 픽셀 리스트를
    def image(self):                     바로 받을 수 있다.
        img = Image.new('RGB', ImageVector.size)    ← 이 메서드는 클래스 속성으로 저장된
        img.putdata([(int(r), int(g), int(b))          픽셀을 재구성해 PIL 이미지를 리턴
                     for (r,g,b) in self.pixels])       한다. 표시가 가능한 이미지를 만들
        return img                                      고자 픽셀값은 정수로 변환한다.
    def add(self,img2):      ←
        return ImageVector([(r1+r2,g1+g2,b1+b2)    주어진 이미지와 각 픽셀의 RGB값들을
                     for ((r1,g1,b1),(r2,g2,b2))       더해 벡터합을 수행한다.
                     in zip(self.pixels,img2.pixels)])
    def scale(self,scalar):
        return ImageVector([(scalar*r,scalar*g,scalar*b)    각 픽셀의 RGB값
                     for (r,g,b) in self.pixels])              각각에 주어진
    @classmethod              zero 이미지는 모든 픽셀의                 스칼라를 곱해
    def zero(cls):         ←  RGB값이 모두 0이다.                    스칼라곱을 수행한다.
        total_pixels = cls.size[0] * cls.size[1]
        return ImageVector([(0,0,0) for _ in range(0,total_pixels)])
    def _repr_png_(self):
        return self.image()._repr_png_()
                                        주피터 노트북은 PIL 이미지를 인라인으로
                                        표시해주는데, 객체 내부의 이미지에서 함수
                                        _repr_png_의 구현을 호출하면 된다.
```

PIL 라이브러리를 갖추면 파일명으로 이미지를 불러와서 이미지에 대한 벡터 산술을 수행할 수 있다. 예를 들어 두 그림의 평균은 다음 일차변환으로 계산할 수 있으며 그 결과는 [그림 6.9]와 같다.

```
0.5 * ImageVector("inside.JPG") + 0.5 * ImageVector("outside.JPG")
```

그림 6.9 일차결합으로 구한 멜바의 두 이미지 평균

임의의 `ImageVector` 객체도 유효하지만, 시각적으로 다르게 렌더링되는 RGB 각 색상의 최솟값과 최댓값은 각각 0과 255이다.[4] 이 때문에 파일에서 불러온 임의의 이미지에 산술 부정 연산을 하면 각 픽셀이 최소 밝기 이하로 내려가 검정 이미지가 된다. 마찬가지로 양의 스칼라곱은 대부분의 픽셀이 표시 가능한 최대 밝기를 초과하므로 물 빠진 것처럼 보인다. [그림 6.10]에는 이러한 특성이 표시된다.

---

[4] (옮긴이) 컴퓨터 그래픽스에서는 RGB 각 색상마다 1byte, 즉 8bits를 할당한다. 따라서 0 ~ 255까지의 값을 가진다.

그림 6.10 이미지의 산술 부정 연산과 스칼라곱

시각적으로 흥미로운 변화를 만들려면 모든 색상에 대한 결과가 적합한 밝기 범위 내에 있도록 연산을 수행할 필요가 있다. 영벡터(검은 이미지)와 모든 값이 255인 벡터(하얀 이미지)는 좋은 기준점이다. 예를 들어 완전히 하얀 이미지에서 이미지를 빼면 색상이 반전되는 효과가 있다. [그림 6.11]에서 볼 수 있듯이 하얀 이미지를 나타내는 다음 벡터에서 이미지를 빼면 묘한 색이 다시 칠해진 그림이 나온다.

```
white = ImageVector([(255,255,255) for _ in range(0,300*300)])
```

그림 6.11 하얀 이미지에서 이미지를 빼서 이미지의 색상을 반전하기

벡터 산술은 분명히 일반적인 개념이다. 벡터합과 스칼라곱을 정의하는 개념은 수, 좌표 벡터, 함수, 행렬, 이미지 등 많은 다른 종류의 객체에 적용된다. 관련 없는 영역에 동일한 수학을 적용함에도 이렇게 시각적 결과를 볼 수 있다는 것은 놀라운 일이다. 지금까지의 벡터공간의 예시를 염두에 두고 일반화를 계속 탐구할 것이다.

6.2.6 연습문제

연습문제 풀이

연습문제 | 6.8

Vector 클래스를 상속받은 객체가 아니라 u, v, w라는 float 변숫값에 대해 벡터공간 단위 테스트를 실행하라. 이를 통해 실수가 사실 벡터임을 시연하라.

연습문제 | 6.9   미니 프로젝트

벡터공간 단위 테스트를 실행해서 (텍스트 속성을 무시할 때) CarForSale 객체가 벡터공간을 형성함을 보여라.

연습문제 | 6.10

일변수함수를 생성자의 인자로 받는 클래스 Function(Vector)를 구현하고, 이 클래스에 __call__ 메서드를 구현해서 객체를 함수처럼 다룰 수 있게 만들어라. 또한 해당 구현이 plot([f,g,f+g,3*g],-10,10)을 올바르게 실행함을 보여라.

연습문제 | 6.11   미니 프로젝트

함수의 동등성이 올바로 동작하는지를 테스트하기란 어렵다. 두 함수가 같은지를 테스트하는 함수를 작성할 수 있을지 시도해보라.

연습문제 | 6.12   미니 프로젝트

Function 클래스를 단위 테스트함으로써 함수가 벡터공간의 성질을 만족함을 보여라.

연습문제 | 6.13   미니 프로젝트

$f(x,y) = x+y$와 같은 이변수함수를 저장하는 클래스 Function2(Vector)를 생성하라.

연습문제 | 6.14

9×9 행렬의 벡터공간의 차원을 구하라.
(a) 9   (b) 18   (c) 27   (d) 81

연습문제 | 6.15   미니 프로젝트

Vector를 상속받고 행의 개수와 열의 개수를 나타내는 추상 프로퍼티를 포함한 Matrix 클래스를 구현하라. Matrix 클래스를 초기화할 수 없는 대신 Matrix 클래스를 상속받고 행과 열의 개수를 명시한 Matrix5_by_3 클래스를 만들 수는 있다.

연습문제 | 6.16

Matrix5_by_3 클래스에 대한 단위 테스트를 수행하여 벡터공간의 성질을 따르는지를 시연하라.

연습문제 | 6.17   미니 프로젝트

다음 조건을 만족하는 LinearMap3d_to_5d 클래스를 작성하라. 이 클래스는 Vector를 상속받고 5×3 행렬을 데이터로 사용하며, __call__을 구현해 $\mathbb{R}^3$에서 $\mathbb{R}^5$로의 선형사상처럼 동작한다. LinearMap3d_to_5d 클래스 내부 계산이 Matrix5_by_3과 일치하는지 확인하고, 벡터공간의 성질을 독립적으로 테스트했을 때 통과하는지를 보여라.

연습문제 | 6.18   미니 프로젝트

행렬 곱셈의 문맥에서 Matrix5_by_3 객체와 Vec3 객체를 곱하는 파이썬 함수를 작성하라. 벡터 클래스와 행렬 클래스에 대한 * 연산자를 오버로딩하고 개선해서 벡터 왼쪽에 스칼라 또는 행렬을 곱할 수 있도록 만들어라.

연습문제 | 6.19

ImageVector 클래스에 대한 영벡터를 더해도 임의의 이미지에 시각적으로 변환을 주지 않음을 확인하라.

연습문제 | 6.20

두 이미지를 선택한 뒤 두 이미지의 서로 다른 가중 평균을 10개 출력하라.

> **힌트** 270,000차원 벡터공간의 두 이미지를 연결한 선분 위의 점들이 될 것이다!

연습문제 | 6.21

이미지에 벡터공간의 단위 테스트를 도입해 실행하라. 랜덤한 단위 테스트를 해본 결과는 이미지처럼 보이는가?

6.3 보다 작은 벡터공간 살펴보기

300×300 컬러 이미지의 벡터공간은 무려 27만 차원으로, 이 정도 크기의 어떤 이미지를 특정하려면 그만큼 많은 수를 나열해야 한다는 뜻이다. 데이터양 자체는 문제가 될 만한 수준은 아니지만 영화를 만들기 위해 더 큰 이미지나 많은 양의 이미지, 또는 수천 개의 이미지를 묶으면 데이터는 훨씬 많아질 수 있다.

이 절에서는 벡터공간부터 시작하여, 원래 공간에 있는 흥미로운 데이터를 대부분 보존하면서도 (차수가 더 낮은) 더 작은 벡터공간을 찾아내는 방법을 살펴본다. 이미지를 예로 들면 이미지에 사용된 각 픽셀 수를 줄이거나 이미지를 흑백으로 변환할 수 있다. 결과는 아름답지 않을 수도 있지만 여전히 알아볼 수 있다. 예를 들어 [그림 6.12]의 왼쪽 이미지를 명시하려면 27만 개의 수가 필요하지만, 오른쪽 이미지를 명시하려면 900개의 수만 사용하면 된다.

 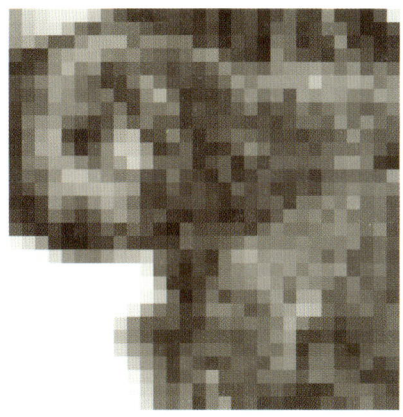

그림 6.12 270,000개의 수로 명시된 이미지(왼쪽)를 900개의 수로 명시된 이미지(오른쪽)로의 변환

오른쪽 그림처럼 보이는 이미지들이 27만 차원 공간 중 900차원인 **부분공간**에 존재한다. 즉 이러한 이미지들이 지금은 27만 차원 이미지 벡터이지만 900개의 좌표만으로 표현되거나 저장될 수 있음을 의미한다. 이것이 **압축**(compression) 연구의 출발점이다. 이 책에서는 압축에 관한 실제 사례를 너무 깊이 살펴보지는 않겠다. 대신 벡터공간의 부분공간을 자세히 살펴보려 한다.

6.3.1 부분공간 식별하기

벡터 부분공간, 또는 간단히 **부분공간**(subspace)이라는 용어는 마치 다른 벡터공간 안에 존재하는 벡터공간처럼 들린다. 이 예시로 3차원 공간에 존재하는 $z=0$인 평면, 즉 2차원 xy평면을 들 수 있겠다. 구체적으로 이 부분공간은 $(x,y,0)$ 꼴 벡터로 이루어져 있다. 이 벡터는 세 개의 성분을 가지므로 사실 3차원 벡터이지만, 평면 위에 놓이는 제약을 가진 부분집합을 형성한다. 때문에 이 집합을 $\mathbb{R}^3$의 2차원 부분공간이라 한다.

> **참고_** 현학적으로 들릴까 걱정이지만, 순서쌍 (x,y)로 구성된 2차원 벡터공간 $\mathbb{R}^2$은 학문적으로 3차원 공간 $\mathbb{R}^3$의 부분공간이라 하지 않는다. (x,y) 꼴의 벡터는 3차원 벡터가 아니기 때문이다. 하지만 이 공간은 벡터 $(x,y,0)$의 집합과 일대일 대응하기 때문에, z좌표가 있든 없든 벡터 산술은 똑같아 보인다. 이러한 이유로 $\mathbb{R}^2$을 $\mathbb{R}^3$의 부분공간이라 불러도 좋다고 생각한다.

3차원 벡터의 모든 부분 집합이 부분공간은 아니다. 오히려 $z=0$인 평면은 벡터 $(x,y,0)$이 자급자족하는 벡터공간을 형성하기 때문에 특별하다. 이 평면에서는 벡터의 일차결합을 어떻게 구성하더라도 평면을 벗어나는 결과를 얻을 수 없기 때문이다. 이는 일차결합의 세 번째 좌표가 언제나 0임을 의미한다. 자급자족하는 부분공간을 수학 용어로 나타내면 이 집합은 일차결합에 **닫혀 있다**(closed)고 한다.

벡터 부분공간이 보통 어떤 모습인지 살펴보기 위해 부분공간에 해당하는 벡터공간의 부분집합을 찾아보자. [그림 6.13]에서 S는 평면 $\mathbb{R}^2$의 점(벡터) 부분집합의 한 예시이다. 평면에서 독립적인 벡터공간을 형성하는 벡터들의 집합에는 무엇이 있을까? [그림 6.13]처럼 평면에 무슨 영역이라도 그려서 그 안에 있는 벡터만 취하면 되는 걸까?

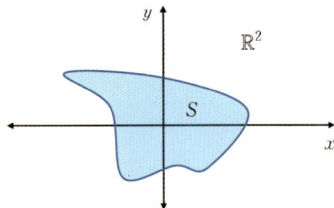

그림 6.13 영역 형태로 적당히 그린 $\mathbb{R}^2$의 부분집합 S

그렇지 않다. [그림 6.13]의 부분집합 S는 x축에 있는 벡터와 y축에 사는 벡터를 포함한다. 이 벡터를 각각 확대·축소하면, 표준 기저 벡터 $\mathbf{e}_1=(1,0)$과 $\mathbf{e}_2=(0,1)$을 얻는다. 이 두 벡터를 이용하면 [그림 6.14]처럼 S에 있는 벡터뿐만 아니라 평면 위 임의의 점에 도달하는 일차결합을 만들 수 있다.

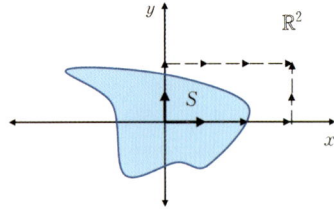

그림 6.14 일차결합이 '탈출'하므로 평면의 부분공간이 될 수 없는 벡터 집합 S

부분공간을 억지로 그려보지 말고 3차원에서 평면을 찾아낸 예시를 흉내내보자. 앞선 예시에는 z좌표가 없었으니 이번에는 $y=0$인 점들을 선택해볼 수 있겠다. 이는 x축 위의 점들로, 모두 $(x,0)$ 꼴이다. 또한 이 꼴의 벡터들을 일차결합하면 [그림 6.15]처럼 무조건 y좌표가 0이다.

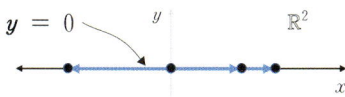

그림 6.15 어떠한 일차결합도 '탈출'할 수 없기에 $\mathbb{R}^2$의 부분공간인 직선 $y=0$

직선 $y=0$은 $\mathbb{R}^2$의 벡터 부분공간이다. 3차원 공간의 2차원 부분공간을 찾아냈을 때와 마찬가지로 2차원 공간의 1차원 부분공간을 찾아냈다. 이와 같은 1차원 공간은 3차원을 가리키는 **공간**(space) 또는 2차원을 가리키는 **평면**(plane)이 아니라 **직선**(line)이라고 부른다. 사실 이 부분공간은 실직선(real number line) $\mathbb{R}$이다.

다음으로 $x=0$이라고 설정해보자. $x=0$과 $y=0$이라고 설정하면 정확히 한 점인 영벡터만 남는다. 이 또한 벡터 부분공간이다! 영벡터의 일차변환을 한 결과가 영벡터이기 때문이다. 이를 1차원 직선, 2차원 평면, 3차원 공간의 **0차원 부분공간**(zero-demensional subspace)이라 한다. 기하학적으로 0차원 부분공간은 점이며, 이 점은 영벡터일 수밖에 없다. 예를 들어 0차원 부분공간에 영벡터가 아닌 v라는 점도 포함되었다면 $0 \cdot \mathbf{v} = 0$도 포함되어야 하고, $3 \cdot \mathbf{v}$나 $-42 \cdot \mathbf{v}$와 같은 수많은 스칼라곱도 포함되어야 해서 모순이다. 이러한 발상을 활용해보자.

6.3.2 단일 벡터로 시작하기

영벡터가 아닌 벡터 v를 포함하는 벡터 부분공간은 (최소한) v의 모든 스칼라곱을 포함한다. 영벡터가 아닌 벡터 v의 모든 스칼라곱의 집합을 기하학적으로 보면 [그림 6.17]에서 볼 수 있듯 원점을 지나는 직선 위에 있다.

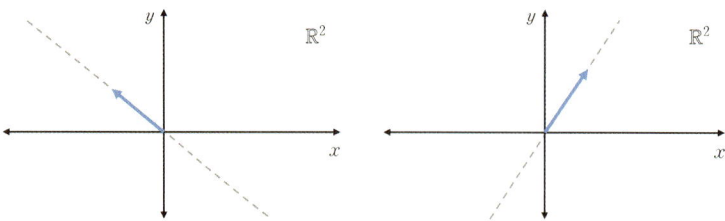

그림 6.16 영벡터가 아닌 벡터의 스칼라곱은 점선으로 표시된 직선 위에 놓여 있다.

원점을 통과하는 이 직선은 각각 벡터공간이다. 직선 위의 벡터끼리 더하거나 확대·축소해서는 직선을 벗어날 수 없다. 이는 3차원에서 원점을 지나는 직선에 대해서도 참이다. 직선의 모든 점의 집합은 단일 3차원 벡터로 만들 수 있는 모든 일차결합의 집합과 같기 때문에 벡터공간을 형성한다. 이 예시는 부분공간을 만드는 일반적인 방법을 알려주는 첫 번째 사례이다. 벡터를 하나 골라 이 벡터로 만들 수 있는 모든 일차결합을 살펴보는 것이다.

6.3.3 더 큰 공간 생성하기

하나 이상의 벡터로 이루어진 집합이 주어질 때, 이 집합에 대한 **생성공간**(span)은 이 집합의 원소로 만든 모든 일차결합의 집합으로 정의된다. 생성공간은 자동으로 벡터 부분공간이다. 앞에서 발견한 내용을 다시 표현하면 단일 벡터 $\mathbf{v}$의 생성(span)은 원점을 지나는 직선이다. 객체를 나열한 뒤 중괄호로 감싸는 방식으로 객체의 집합을 표현한다면 $\mathbf{v}$만을 포함한 집합은 $\{\mathbf{v}\}$이며, 이 집합의 생성공간은 $\text{span}(\{\mathbf{v}\})$으로 표기할 수 있다.

$\mathbf{v}$와 평행하지 않은 다른 벡터 $\mathbf{w}$를 집합에 포함시키면 이 집합이 만든 생성공간은 더 커진다. 이는 단일 직선 방향이라는 제약이 없어지기 때문이다. 두 벡터의 집합 $\{\mathbf{v}, \mathbf{w}\}$의 생성공간은 두 직선 $\text{span}(\{\mathbf{v}\})$, $\text{span}(\{\mathbf{w}\})$를 비롯해 두 벡터 $\mathbf{v}$, $\mathbf{w}$를 포함한 일차결합들을 포함하는데, [그림 6.17]에서 볼 수 있듯이 이 일차결합들은 두 직선 위에 없다.

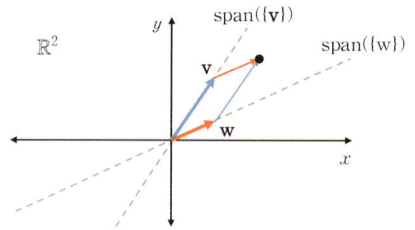

그림 6.17 서로 평행하지 않은 두 벡터의 생성공간

아직 명확하지 않겠지만 여기 주어진 두 벡터의 생성공간은 전체 평면이 된다. 평면에 포함되고 서로 평행하지 않은 두 벡터가 주어져도 이 명제는 참이다. 특히 눈에 띄는 두 벡터는 표준 기저 벡터일 것이다. 임의의 점 (x,y)는 일차결합 $x \cdot (1,0) + y \cdot (0,1)$로 표현할 수 있기 때문이다. $\mathbf{v} = (1,0)$이나 $\mathbf{w} = (1,1)$과 같이 표준 기저 벡터가 아닌 평행하지 않은 두 벡터를 찾아도 이 명제는 참이지만, 계산이 좀 더 많아진다.

$(1,0)$과 $(1,1)$을 잘 일차결합하면 점 $(4,3)$에 도달할 수 있다. y좌표 3에 도달하려면 벡터 $(1,1)$ 세 개를 사용해야 한다. 이는 $(4,3)$이 아니라 $(3,3)$이 되지만 $(1,0)$을 한 개 더해서 x좌표를 정정할 수 있다. 이는 일차결합 $3 \cdot (1,1) + 1 \cdot (1,0)$이며 [그림 6.18]에서 볼 수 있듯이 점 $(4,3)$에 도달한다.

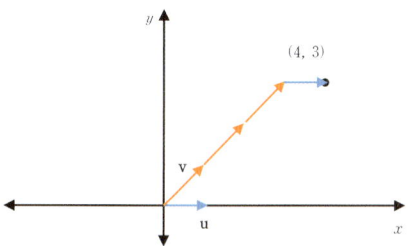

그림 6.18 $(1,0)$과 $(1,1)$의 일차결합으로 임의의 점 $(4,3)$을 얻어내기

영벡터가 아닌 단일 벡터는 2차원 또는 3차원에서 직선을 생성하며, 서로 평행이 아닌 두 벡터는 2차원 평면 전체 또는 3차원 공간에서 원점을 지나는 평면을 생성한다. 3차원 벡터 두 개로 생성한 평면은 [그림 6.19]와 같은 모양일 수 있다.

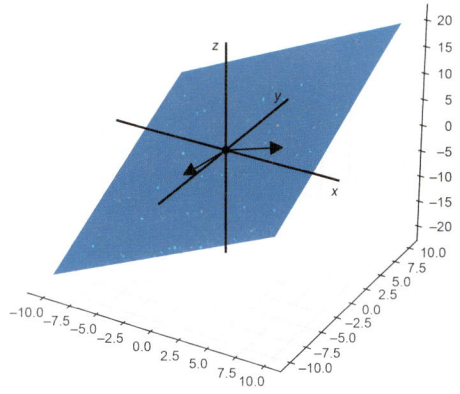

그림 6.19 두 개의 3차원 벡터로 생성된 평면

이 평면은 기울어져 있어서 평면 $z=0$과는 달라 보이며, 세 개의 표준 기저 벡터 중 어떤 것도 포함하지 않는다. 하지만 그럼에도 평면이며 3차원 공간의 벡터 부분공간에 해당한다. 벡터 한 개가 1차원 공간을 생성하고, 서로 평행하지 않은 두 벡터는 2차원 공간을 생성한다. 만약 서로 평행하지 않은 벡터를 새로 추가하면 이 세 개의 벡터는 3차원 공간을 생성할까? [그림 6.20]은 그렇지 않음을 명확하게 보여준다.

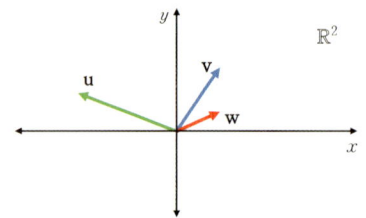

그림 6.20 3차원 공간을 생성할 수 없지만 서로 평행하지 않은 세 벡터

[그림 6.20]에서 세 벡터 u, v, w 중 어떠한 두 벡터도 평행하지 않지만 이 벡터들로 3차원 공간을 생성할 수 없다. 세 벡터가 모두 같은 2차원 평면에 존재하므로 어떠한 일차변환을 수행해도 z좌표를 얻을 수 없기 때문이다. 때문에 '서로 평행한' 벡터의 개념을 잘 일반화할 필요가 있다.

집합에 벡터를 추가한 뒤 고차원 공간을 생성하려면, 새로운 벡터는 기존 벡터의 생성공간에 포함되지 않은 방향을 가리켜야 한다. 평면에서 세 벡터는 언제나 중복성을 갖기 때문이다. [그림 6.21]에서 볼 수 있듯이, 같은 평면 위의 두 벡터 u 와 w 의 일차결합 중 하나는 v 이다.

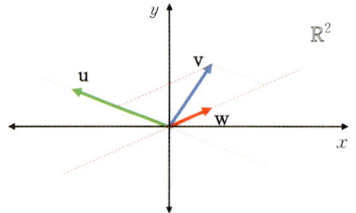

그림 6.21 u, w 의 생성공간보다 절대 크지 않은 u, v, w 의 생성공간

일차독립(linearly independent)은 '서로 평행하지 않다'는 개념을 제대로 일반화했다. 벡터 집합은 집합의 원소 중 하나를 다른 원소들의 일차결합으로 얻을 수 있으면 **일차종속**(linearly dependent)이라고 한다. 서로 평행한 두 벡터는 일차종속인데, 한 벡터가 다른 벡터의 스칼라곱이고 벡터를 바꾸어도 성립하기 때문이다. 마찬가지로 v 를 u, w 의 일차결합으로 만들 수 있기 때문에 세 벡터의 집합 {u,v,w}는 일차종속이다. w를 u, v 의 일차결합으로 만들어낼 수 있으며, u 도 마찬가지이다. 이 개념에 대한 느낌을 잡아야 한다. [연습문제 6.24]에서 세 벡터 (1,0), (1,1), (−1,1) 중 임의의 한 벡터를 다른 두 벡터의 일차결합으로 나타낼 수 있음을 확인해보라.

대조적으로 집합 {u,v}는 **일차독립**이다. u, v 는 서로 평행하지 않으며 한 벡터를 다른 벡터의 스칼라곱으로 나타낼 수 없기 때문이다. 이는 u, v 가 각각 생성한 공간보다 더 큰 공간을 생성함을 의미한다. 마찬가지로 $\mathbb{R}^3$의 표준 기저 $\{e_1, e_2, e_3\}$도 일차독립인 집합이다. 표준 기저 벡터 중 어떤 벡터를 선택해도 다른 두 벡터의 일차결합으로 만들어낼 수 없으며, 세 벡터 모두 3차원 공간을 생성하는 데 필요하다. 이제 차원을 나타내는 벡터공간 또는 부분공간의 성질을 살펴볼 차례이다.

6.3.4 차원이라는 단어 정의하기

질문을 하나 던져보겠다. 다음 3차원 벡터 집합은 일차독립인가?

$$\{(1,1,1), (2,0,-3), (0,0,1), (-1,-2,0)\}$$

이에 답하기 위해 3차원 공간에 이 벡터들을 그려보거나 세 벡터를 선택해 네 번째 벡터가 되는 일차결합을 찾으려고 노력할 수도 있다. 그러나 더 쉬운 답이 있다. 3차원 공간을 완전히 생성하는 데 3개의 벡터만 있으면 되므로 3차원 벡터가 4개 있는 집합은 언제나 중복성을 가진다. 따라서 일차독립이 아니다.

우리는 3차원 벡터가 하나 또는 두 개 있는 집합이 $\mathbb{R}^3$ 전체가 아니라 각각 직선이나 평면을 생성함을 안다. 3은 3차원 공간을 생성하는 벡터의 개수이자 일차독립이 되는 마법의 수이다. 이것이 바로 이 공간을 3차원이라고 부르는 **이유**이다. 3차원 공간은 결국 3개의 독립적인 방향이 있어서 3차원인 것이다.

$\mathbb{R}^3$에서 $\{e_1, e_2, e_3\}$와 같이 벡터공간 전체를 생성하는 일차독립인 벡터 집합을 **기저**(basis)라고 한다. 공간의 어떠한 기저도 벡터의 개수가 같으며, 이 개수를 **차원**(dimension)이라고 한다. 예를 들어 $(1,0)$과 $(1,1)$은 일차독립이며 평면 전체를 생성한다. 따라서 두 벡터는 벡터공간 $\mathbb{R}^2$의 기저의 한 사례이다. 마찬가지로 $(1,0,0)$과 $(0,1,0)$은 일차독립이며 $\mathbb{R}^3$에서 $z=0$인 평면을 생성한다. 이는 2차원 부분공간에 대한 기저이지만 $\mathbb{R}^3$ 전체에 대한 기저는 아니다.

우리는 이미 $\mathbb{R}^2$와 $\mathbb{R}^3$에 대한 '표준 기저'라는 측면에서 **기저**라는 단어를 사용했다. 표준 기저 벡터를 '표준'이라고 부르는 건 그게 매우 자연스러운 선택이기 때문이다. 표준 기저에서는 좌표 벡터를 분해할 때 계산할 필요가 전혀 없다. 각 좌표는 좌표 벡터를 표준 기저 벡터로 분해하였을 때의 각 스칼라에 해당하기 때문이다. 예를 들어 $(3,2)$는 일차변환 $3 \cdot (1,0) + 2 \cdot (0,1)$ 또는 $3 \cdot e_1 + 2 \cdot e_2$를 의미한다.

일반적으로 어느 벡터가 일차독립인지 아닌지를 결정하려면 작업이 필요하다. 어떤 벡터가 다른 벡터들의 일차결합임을 알더라도 그러한 일차결합을 구하고 싶다면 대수학을 동원해야 한다. 다음 장에서는 그 방법을 살펴본다. 이 문제는 선형대수학에서 보편적인 계산 문제에 해당한다. 하지만 그 전에 부분공간을 식별하고 차원을 측정하는 연습을 좀 더 해보자.

6.3.5 함수의 벡터공간에 대한 부분공간 구하기

$\mathbb{R}$에서 $\mathbb{R}$로의 수학적 함수는 무한한 양의 데이터, 즉 무수히 많은 실수 중 임의의 값 하나가 입력으로 주어지면 그 입력에 대한 출력값을 포함한다. 그렇다고 함수를 묘사하는 데 무수히 많은 데이터가 필요한 건 아니다. 예를 들어 일차함수는 실수 2개만 있으면 표현할 수 있다. 일차함수에 관한 일반적인 공식에서 a와 b의 값을 말한다.

$$f(x) = ax + b$$

여기서 a와 b는 임의의 실수이다.[5] 모든 함수에 대한 무한차원 공간에 비해 훨씬 다루기 좋다. 임의의 일차함수는 두 개의 실수로 명시할 수 있으므로 일차함수의 부분공간은 2차원이다.

> **참고**_ 지난 몇 장에 걸쳐서 **일차** 또는 **선형**(linear)이라는 단어를 다양한 문맥에서 사용했다. 여기서 사용한 '일차'는 고등학교 수학에서의 의미이다. **일차함수**(linear function)는 그래프가 직선인 함수를 말한다. 이러한 꼴의 함수는 4장에서 논의했던 의미로는 '일차'가 아니며, 이를 연습문제에서 증명할 수 있다. 이 때문에 **일차** 또는 **선형**이라는 단어를 쓸 때마다 명확하게 전달할 수 있도록 노력하겠다.

이제 Vector를 상속해서 LinearFunction 클래스를 바로 구현할 수 있다. 함수를 내장 데이터로 저장하기보다 각 항의 계수를 의미하는 두 수 a, b를 저장하면 된다. 두 함수의 덧셈은 계수 간의 덧셈으로 이루어질 수 있다. 그 이유는 다음과 같다.

$$(ax + b) + (cx + d) = (ax + cx) + (b + d) = (a + c)x + (b + d)$$

두 계수에 스칼라를 곱하면 함수를 확대·축소할 수 있다. $r(ax + b) = rax + rb$이기 때문

---

[5] (옮긴이) 고등학교 수학에서는 최고차항 a가 0이 아닌 경우만을 일차함수라고 한다. 이차함수에도 최고차항의 계수가 0이 아니라는 조건이 필요하다. 하지만 이 책에서는 문맥에 따라 이 조건을 신경 쓰지 않고 일차함수 또는 이차함수라고 간주하기도 하니 주의하기 바란다.

이다. 마지막으로 영함수 $f(x) = 0$은 일차함수의 일종이며 $a = b = 0$이다. 다음 코드에서 어떻게 구현하는지 살펴보자.

```python
class LinearFunction(Vector):
    def __init__(self,a,b):
        self.a = a
        self.b = b
    def add(self,v):
        return LinearFunction(self.a + v.a, self.b + v.b)
    def scale(self,scalar):
        return LinearFunction(scalar * self.a, scalar * self.b)
    def __call__(self,x):
        return self.a * x + self.b
    @classmethod
    def zero(cls):
        return LinearFunction(0,0,0)
```

plot([LinearFunction (-2,2)],-5,5)를 실행해보면 [그림 6.22]처럼 일차함수 $f(x) = -2x + 2$의 직선 그래프를 얻는다.

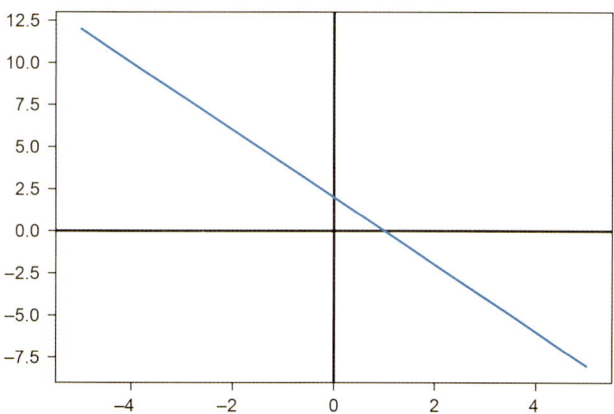

그림 6.22 $f(x) = -2x + 2$를 나타내는 LinearFunction(-2,2)의 그래프

기저를 선정해서 일차함수가 차원이 2인 벡터 부분공간을 형성함을 증명할 수 있다. 두 기저 벡터는 모두 함수이고 일차함수의 전체 공간을 생성할 수 있어야 하며, 일차독립이어야 한

다. 기저 벡터 중 하나가 다른 하나의 스칼라곱이 되어선 안 된다. 그러한 집합 중 하나는 $\{x, 1\}$이다. 구체적으로 쓰면 $\{f(x) = x,\ g(x) = 1\}$이다. 이렇게 명명하면 $ax + b$ 꼴의 함수들은 일차결합 $a \cdot f + b \cdot g$로 나타낼 수 있다.

이 집합은 일차함수의 표준 기저라고 말할 수 있다. $f(x) = x$와 $g(x) = 1$은 분명히 다른 함수이며, 한 함수가 다른 함수의 스칼라곱으로 표현되지 않는다. 이와 대조적으로 두 함수 $f(x) = x$와 $h(x) = 4x$는 한 함수가 다른 함수의 스칼라곱이기 때문에 두 함수의 집합은 일차독립이 아니다. 하지만 우리가 선택할 수 있는 기저로 $\{x, 1\}$만 있는 건 아니다. $\{4x + 1,\ x - 3\}$도 기저의 한 사례이다.

같은 개념을 $f(x) = ax^2 + bx + c$ 꼴 **이차함수**(quadratic function)에도 적용할 수 있다. 이 함수들의 집합은 함수 벡터공간에서 3차원 부분공간을 형성하는데, 기저를 하나 골라보면 $\{x^2,\ x,\ 1\}$이 있겠다. 일차함수는 이차함수 공간의 벡터 부분공간을 형성한다. 이때 x^2 성분은 0이다. 일차함수와 이차함수는 **다항함수**(polynomial function)의 예시로, 다항함수는 x의 거듭제곱들에 대한 일차결합을 말한다. 예를 들어 n차 다항함수는 다음과 같은 꼴이다.

$$f(x) = a_0 + a_1 x + a_2 x^2 + \ldots + a_n x^n$$

x의 계수가 0이 아닌 일차함수와 x^2의 계수가 0이 아닌 이차함수는 각각 **차수**(degree)가 1과 2이다. x의 거듭제곱 중에서 지수의 최댓값이 함수의 차수이기 때문이다. 앞에 등장한 다항식은 차수가 n이고 계수가 총 $n + 1$개 등장한다. 연습문제에서 **임의** 차수의 다항식 공간은 함수 공간의 벡터 부분공간을 형성함을 살펴볼 수 있다.

6.3.6 이미지의 부분공간

`ImageVector` 객체는 27만 개의 수로 표현되기 때문에 표준 기저를 사용해 27만 개의 이미지(벡터)로 이루어진 기저를 구성할 수 있다. 여기서 각 이미지는 이미지를 명시하는 27만 개의 수 중 하나만이 1이고 나머지는 모두 0이다. [리스트 6.4]는 첫 기저 벡터가 어떤 모양인지 보여준다.

리스트 6.4 첫 표준 기저 벡터를 만드는 의사코드(pseudocode)

```
ImageVector([
    (1,0,0), (0,0,0), (0,0,0), ..., (0,0,0),
    (0,0,0), (0,0,0), (0,0,0), ..., (0,0,0),
    ...
])
```

첫 행의 첫 픽셀만 0이 아닌 튜플이다. 여기서 적색 값이 1이다. 다른 픽셀은 모두 RGB 값이 (0,0,0)이다.

두 번째 행은 300개의 검정 픽셀인 (0,0,0)으로 이루어져 있다.

298개 행을 생략했지만 2행과 동일하다. 어떤 픽셀도 색상 값이 없다.

이 단일 벡터는 왼쪽 위의 모서리에 있는 단일 적색 픽셀을 제외하면 검정 픽셀뿐인 이미지로 구성된 1차원 부분공간을 생성한다. 스칼라곱은 이 위치에서 더 밝거나 더 희미한 적색 픽셀이 나타날 수 있지만 다른 픽셀은 켜지지 않는다. 더 많은 픽셀을 보여주려면 더 많은 기저 벡터가 필요하다.

이 27만 개의 기저 벡터들을 적어봤자 얻을 게 별로 없다. 이보다 흥미로운 부분공간을 생성하는 작은 벡터 집합을 찾아보자. 다음은 모든 픽셀이 진한 회색인 단일 ImageVector이다.

```
gray = ImageVector([
    (1,1,1), (1,1,1), (1,1,1), ..., (1,1,1),
    (1,1,1), (1,1,1), (1,1,1), ..., (1,1,1),
    ...
])
```

간결하게 다음과 같이 쓸 수 있다.

```
gray = ImageVector([(1,1,1) for _ in range(0,300*300)])
```

단일 벡터 **gray**로 생성한 부분공간은 부분공간에 속한 벡터를 그려서 그림으로 나타낼 수 있다. [그림 6.23]은 **gray**의 스칼라곱을 보여준다.

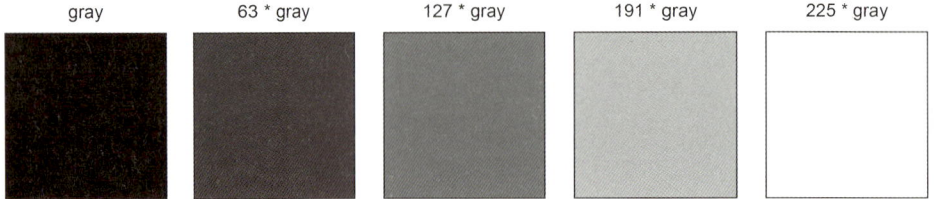

그림 6.23 ImageVector의 인스턴스인 gray로 생성했으며 1차원 이미지 부분공간에 포함된 일부 벡터

이 이미지 집합은 구어적으로 '1차원'이다. 이미지에서 밝기 하나만 변했다.

이 부분공간을 바라보는 다른 방법은 픽셀값을 고찰하는 것이다. 이 부분공간의 모든 이미지는 각 픽셀값이 동일하다. 임의의 픽셀은 적색, 녹색, 청색 좌표로 측정된 색 조합(RGB)을 갖는데 이 모든 조합은 3차원 공간을 이룬다. 회색 픽셀의 집합은 이 3차원 공간에서 [그림 6.24]처럼 1차원 부분공간을 형성한다. 이 집합은 어떤 스칼라 s에 대해 $s \cdot (1,1,1)$이라는 좌표를 갖는 점들을 포함한다.

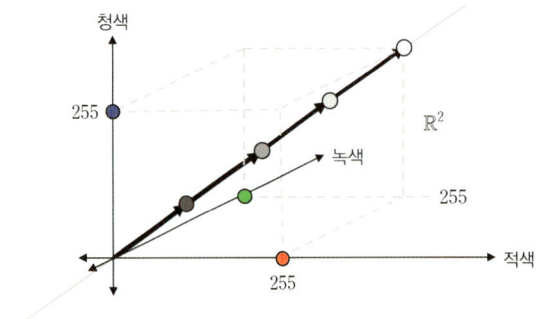

그림 6.24 직선 위에 다양한 밝기를 가진 회색 픽셀들

ImageVector의 기저에 속한 각 이미지는 매우 흐릿한 적색, 녹색, 청색 중 하나의 색을 가진 픽셀 1개를 제외하고 검정색이다. 픽셀 하나 바꾼다고 눈에 띄는 결과가 나오지는 않기에 작지만 더 흥미로운 부분공간을 살펴보자.

탐험해볼 만한 이미지의 부분공간은 잔뜩 있다. 예를 들어 임의의 단색 이미지를 살펴보자.

```
ImageVector([
    (r,g,b), (r,g,b), (r,g,b), ..., (r,g,b),
    (r,g,b), (r,g,b), (r,g,b), ..., (r,g,b),
    ...
])
```

단색 컬러 이미지의 픽셀 자체에는 제약이 없고 이미지에만 모든 픽셀이 동일하다는 제약조건이 하나 있다. 마지막 예로 [그림 6.25]와 같은 낮은 해상도의 흑백 이미지로 구성된 부분공간을 고려할 수 있다.

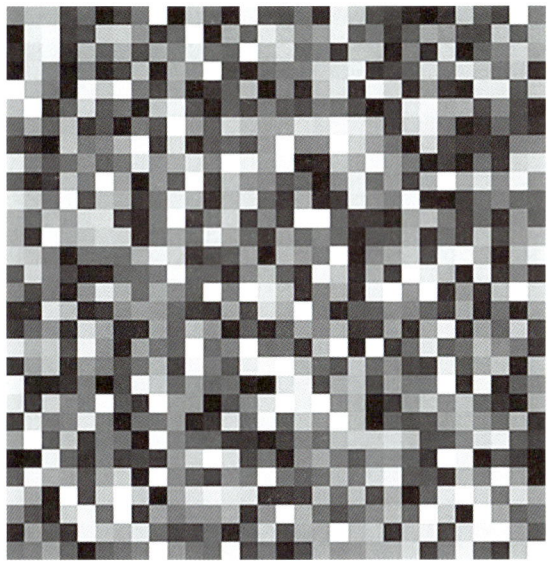

그림 6.25 저해상도 그레이스케일 이미지

각 10×10 픽셀 블록 내의 픽셀 모두 회색값이 동일하므로 30×30 격자처럼 보인다. 이 이미지를 정의하는 수는 겨우 $30 \cdot 30 = 900$개뿐이다. 따라서 이러한 이미지는 27만 차원 이미지 공간의 900차원 부분공간을 정의한다. 데이터가 훨씬 작지만 여전히 인식 가능한 이미지를 만들 수 있다.

이러한 부분공간 상의 이미지는 아무 이미지에서 시작해 10×10 픽셀 블록별로 RGB값을 평균내서 만든다. 이 평균은 밝기 b를 주며, 블록 내의 모든 픽셀을 (b,b,b)로 설정하면 새로운 이미지가 만들어진다. 이러한 절차는 선형사상이라 해서 [그림 6.26]과 같은 결과를 볼 수 있으며, [연습문제 6.40]의 미니프로젝트에서 구현할 수 있다.

 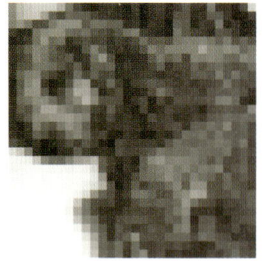

그림 6.26 27만 차원의 이미지를 900차원 부분공간의 이미지로 변환하는 선형사상

오른쪽 사진에서 강아지 멜바는 뚜렷하진 않지만 여전히 알아볼 수 있다. 여기서 주목할 만한 점은 기존 데이터의 0.3%만 있어도 같은 그림임을 알 수 있다는 것이다. 좀 더 개선할 여지가 있겠지만 데이터를 부분공간에 매핑하는 접근법은 보다 생산적인 탐험을 위한 시작점이 된다. 13장에서 오디오 데이터를 이러한 방식으로 압축하는 방법을 살펴보겠다.

6.3.7 연습문제

연습문제 풀이

연습문제 | 6.22

오른쪽 그림과 같이 평면 상의 영역 S가 이 평면의 벡터 부분공간이 될 수 없음을 기하학적으로 논증하라.

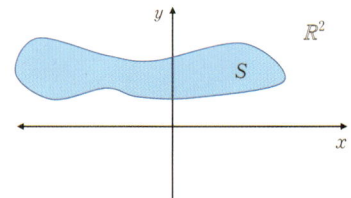

연습문제 | 6.23

$x=0$인 평면 영역이 1차원 벡터공간을 이룸을 보여라.

연습문제 | 6.24

세 벡터 $(1,0)$, $(1,1)$, $(-1,1)$이 일차종속임을 보여라. 한 벡터가 다른 두 벡터의 일차결합으로 나타냄을 보이면 된다.

연습문제 | 6.25

임의의 벡터 (x,y)를 $(1,0)$과 $(1,1)$의 일차결합으로 얻을 수 있음을 보여라.

연습문제 | 6.26

단일 벡터 v가 주어질 때, v의 모든 일차결합의 집합이 v의 모든 스칼라곱의 집합과 같은 이유를 설명하라.

연습문제 | 6.27

원점을 지나지 **않는** 직선이 (평면 또는 3차원 공간의) 벡터 부분공간이 아님을 기하학적으로 설명하라.

연습문제 | 6.28

$\{e_1, e_2, e_3\}$ 중 임의의 두 개 벡터로는 $\mathbb{R}^3$ 전체가 아니라 3차원 공간의 2차원 부분공간만을 생성한다. 이 부분공간에 대해 설명하라.

연습문제 | 6.29

벡터 $(-5,4)$를 $(0,3)$과 $(-2,1)$의 일차결합으로 표현하라.

연습문제 | 6.30 미니 프로젝트

세 벡터 $(1,2,0)$, $(5,0,5)$, $(2,-6,5)$가 일차독립인지 일차종속인지 판단하라.

연습문제 | 6.31

일차함수 $f(x) = ax + b$는 $b = 0$이 아니라면 벡터공간 $\mathbb{R}$에서 $\mathbb{R}$로의 선형사상이 아님을 설명하라.

연습문제 | 6.32

LinearFunction 클래스에 Vec2를 상속하고 __call__ 메서드를 구현하여 다시 만들어라.

연습문제 | 6.33

$f(x) = ax + b$ 꼴 일차함수는 모든 함수로 이루어진 벡터공간의 벡터 부분공간을 만들어냄을 대수적으로 증명하라.

연습문제 | 6.34

모든 3×3 행렬로 이루어진 집합의 기저를 구하라. 이 벡터공간의 차원을 구하라.

연습문제 | 6.35 미니 프로젝트

$ax^2 + bx + c$ 꼴 함수로 이루어진 벡터 부분공간을 나타내는 클래스 QuadraticFunction(Vector)를 구현하라. 그리고 이 부분공간의 기저를 하나 제시하라.

연습문제 | 6.36   미니 프로젝트

$\{4x+1, x-2\}$는 일차함수의 집합에 대한 한 기저라고 주장한 바 있다. $-2x+5$가 두 함수의 일차결합으로 나타낼 수 있음을 보여라.

연습문제 | 6.37   미니 프로젝트

모든 다항함수에 대한 벡터공간은 무한 차원 부분공간이다. 이 벡터공간을 클래스로 구현한 뒤 (무한집합일 게 분명한) 기저 중 하나를 설명하라.

연습문제 | 6.38

[리스트 6.4]에서 27만 차원 이미지 공간에 대한 기저 벡터의 의사코드(pseudocode)를 보여주었다. 두 번째 기저 벡터는 어떤 모양인지 설명하라.

연습문제 | 6.39

모든 픽셀이 주어진 RGB값을 갖도록 단색 ImageVector 객체를 리턴하는 함수 solid_color(r,g,b)를 작성하라.

연습문제 | 6.40   미니 프로젝트

각 성분이 밝기 값인 30×30 행렬로 구현된 30×30 흑백 이미지로부터 ImageVector 객체를 생성하는 선형사상을 작성하라. 그 다음에 300×300 이미지를 입력으로 받아 (RGB값을 평균내어) 각 픽셀 밝기를 계산해 30×30 흑백 이미지를 만들어 대응시키는 선형사상을 구현하라.

요약

- 벡터공간은 2차원 평면과 3차원 공간을 일반화한 개념으로, 벡터합과 스칼라곱을 할 수 있는 객체의 집합이다. 이러한 벡터합과 스칼라곱 연산은 2차원과 3차원의 익숙한 연산을 흉내내고자 (6.1.5절에서 설명한) 특정 방식으로 동작해야 한다.
- 파이썬에서는 서로 다른 자료형의 공통 특징을 추상 베이스 클래스에 가져온 뒤 이 클래스를 상속시킴으로써 일반화할 수 있다.
- 파이썬에서는 벡터 종류에 상관없이 코드에서 동일한 벡터 수학을 쓰는 것처럼 보이게끔 산술 연산자를 오버로딩할 수 있다.
- 벡터합과 스칼라곱은 직관과 일치하는 특정 방향으로 동작할 필요가 있다. 이 동작은 랜덤 벡터를 포함한 단위 테스트를 작성해 검증할 수 있다.
- 중고차와 같은 실세계 객체는 몇 개의 수(좌표)로 묘사할 수 있으므로 벡터로 취급할 수 있다. 이를 통해 '두 자동차의 가중 평균'과 같은 추상적인 개념을 생각할 수 있다.
- 함수는 벡터로 간주할 수 있다. 함수를 정의한 식을 벡터처럼 더하거나 곱할 수 있다.
- 행렬은 벡터로 간주할 수 있다. 그러면 $m \times n$ 행렬의 각 성분은 $(m \cdot n)$차원 벡터의 각 좌표로 나타낼 수 있다. 행렬의 덧셈이나 행렬의 스칼라곱은 연산에 사용된 행렬들이 정의하는 일차함수에 덧셈과 스칼라곱을 수행하는 것과 같은 효과가 있다.
- 정해진 높이와 너비의 이미지는 벡터공간을 이룬다. 이미지는 각 픽셀의 적색, 녹색, 청색 값(RGB)으로 정의된다. 따라서 좌표의 개수(공간의 차수)는 픽셀의 총 개수에 3을 곱한 것으로 정의된다.
- 벡터공간의 부분공간은 벡터공간에 포함된 벡터들의 부분집합이며, 그 자체가 벡터공간이다. 부분공간에 있는 벡터의 일차결합은 부분공간에 머무른다.
- 2차원 또는 3차원에서 원점을 지나는 임의의 직선에 대해 직선 상에 위치한 벡터들의 집합은 1차원 부분공간을 형성한다. 3차원에서 원점을 포함하는 평면은 평면 위에 놓인 벡터들의 집합이 2차원 부분공간을 형성한다.
- 벡터 집합의 생성공간은 해당 벡터로 만들 수 있는 모든 일차결합의 집합이다. 벡터들이 어떤 공간에 있든지 생성공간은 반드시 해당 공간의 부분공간이 된다.
- 벡터 집합은 집합 내 임의의 한 벡터를 집합 내 다른 벡터들의 일차결합으로 만들어낼 수 없을 때 **일차독립**이다. 만들어낼 수 있다면 이 벡터 집합은 **일차종속**이다. 벡터공간(또는 부분공간)을 생성하는 일차독립인 벡터 집합을 해당 공간의 **기저**라고 한다. 주어진 공간에 대해 기저는 항상 동일한 수의 벡터를 갖는다. 그 수로 해당 공간의 차원을 정의한다.
- 다루고자 하는 벡터가 벡터공간에 있다면 부분공간은 종종 유사한 속성을 갖는 데이터로 구성된다. 예를 들어 단색 이미지 벡터의 부분 집합은 부분공간을 형성한다.

CHAPTER 7

연립일차방정식 풀기

> **이 장의 내용**
> - 2차원 비디오 게임에서 객체의 충돌을 탐지하기
> - 직선을 나타내는 방정식을 작성하고 평면에서 직선의 교점을 찾기
> - 3차원 이상에서 연립일차방정식을 그림으로 표현하고 풀기
> - 벡터를 다른 벡터의 일차결합으로 다시 표현하기

대수학이라는 단어를 들으면 아마도 'x에 대한 해를 구할' 필요가 있는 문제들이 떠오를 것이다. 대수학 수업에서는 $3x^2 + 2x + 4 = 0$과 같은 방정식을 푸는 데 상당한 시간을 할애했을 것이다. 이렇게 대수학은 방정식을 참으로 만드는 x의 특정 값 또는 모든 값을 알아내는 학문이다.

선형대수학은 대수학의 한 분야로서 비슷한 유형의 계산 문제를 포함한다. 차이점은 해는 수가 아니라 벡터나 행렬일 수 있다는 것이다. 전통적인 선형대수학 수업에서는 이러한 종류의 문제를 해결하기 위한 많은 알고리즘을 다룬다. 그러나 여러분은 파이썬을 다룰 수 있으니 문제를 인식하는 법과 적절한 라이브러리를 선택하는 법만 배우면 된다.

이제 선형대수학 문제 중 가장 중요한 **연립일차방정식**(system of linear equations)을 다룰 것이다. 이 종류의 문제는 고차원으로 일반화한 직선, 평면 또는 이러한 도형(객체) 간의 교점들을 구하는 것으로 요약할 수 있다. 한 가지 예로 서울과 부산을 서로 다른 시점과 속도로 떠나는 두 대의 열차에 관한 수학 문제가 있다. 하지만 여러분이 철도 운영에 흥미가 있을 것 같진 않으니 좀 더 재미있는 예를 들어보겠다.

이 장에서는 고전 게임인 소행성(Asteroids)[1] 아케이드 게임을 간단하게 리메이크해보자. [그림 7.1]에서 보듯이 플레이어는 우주선을 나타내는 삼각형을 제어하고, 그 주위에 떠 있는 소행성에 레이저를 발사하는데, 소행성은 다각형으로 나타낸다. 플레이어는 우주선이 소행성에 부딪혀 파괴되지 않으려면 소행성을 격추해야 한다.

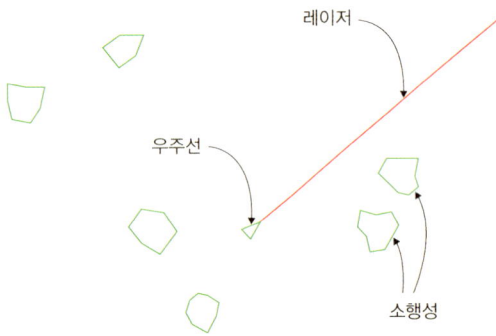

그림 7.1 소행성 아케이드 게임 설정

이 게임의 핵심 동작은 레이저가 소행성을 맞췄는지 결정하는 것이다. 이를 위해서는 레이저 빔을 나타내는 직선이 소행성 외관을 나타내는 선분들과 교차하는지를 알아내야 한다. 이 선들이 교차하면 소행성은 격추된다. 먼저 게임을 설정한 뒤에 게임 내부의 선형대수학 문제를 푸는 법을 살펴보자.

게임을 구현한 후 이 2차원 예제가 3차원 또는 유한개 차원으로 일반화되는 방법을 보여 주겠다. 이 장의 후반부에 조금 더 많은 이론이 등장하지만, 이번 장으로 선형대수학 내용은 끝난다. 아주 깊지는 않지만, 대학 수준의 선형대수학 수업에서 다루는 많은 주요 개념을 소개한다. 이 장을 마친 후 선형대수학 교과서를 파헤치면 세부 내용을 충분히 이해할 수 있다. 하지만 지금은 게임을 만드는 데 집중하자.

---

1 (옮긴이) 1979년에 아타리(Atari)에서 만든 아케이드 게임으로, 아스테로이드 게임이라고도 불린다.

7.1 아케이드 게임 설계하기

이 장에서는 우주선과 소행성을 고정시켜서 소행성 게임을 단순화하겠다. 소스 코드를 보면 소행성이 떠다니도록 설정되어 있음을 볼 수 있다. 소행성을 물리 법칙에 따라 움직이게 하는 방법은 이 책의 2부에서 다룰 것이다. 이제 게임 요소인 우주선, 레이저, 소행성을 모델링한 뒤에 이 요소들을 화면에 렌더링하는 방법을 살펴보자.

7.1.1 게임 모델링하기

이 절에서는 우주선과 소행성들을 다각형으로 표시한다. 그리고 다각형을 벡터 집합으로 모델링한다. 예를 들어 8개의 꼭짓점으로 이루어진 소행성을 [그림 7.2]의 화살표처럼 8개의 벡터로 나타낼 수 있고, 이 벡터들을 연결하여 윤곽선을 그릴 수 있다.

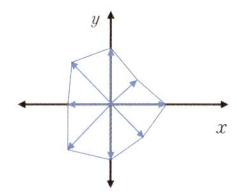

그림 7.2 소행성을 나타내는 변이 8개인 다각형

소행성과 우주선은 우주를 떠돌기 때문에 평행이동하거나 회전하지만 그 모양은 유지되어야 한다. 따라서 다각형의 모양을 나타내는 벡터와 도형의 중심에 해당하는 x, y좌표를 별도로 저장해야 한다. 중심은 시간에 따라 변하기 때문이다. 또한 현재 순간의 객체의 회전 정도를 나타내는 각을 저장하여야 한다. `PolygonModel` 클래스는 모양을 유지하면서도 평행이동이나 회전이동을 할 수 있는 게임 요소(우주선이나 소행성)를 나타낸다. 이 클래스는 소행성의 외곽선을 정의하는 벡터 점들의 집합으로 초기화되며, 도형의 중심에 해당하는 x, y좌표와 회전 정도를 나타내는 각은 모두 초깃값이 0으로 설정되어 있다.

```
class PolygonModel():
    def __init__(self,points):
        self.points = points
        self.rotation_angle = 0
        self.x = 0
        self.y = 0
```

우주선이나 소행성이 움직이면 실제 위치를 구하기 위해 각각 `self.x`와 `self.y`만큼 평행이동하고 self.rotation_angle만큼 회전이동 해야 한다. [연습문제 7.1]에서 PolygonModel에 메서드를 추가해 외곽선을 나타내는 벡터로부터 실제 변환한 벡터를 계산하도록 만들 수 있다.

우주선과 소행성은 정해진 모양으로 자동 초기화되는 PolygonModel의 특별한 경우이다. 예를 들어 우주선은 3개의 점으로 주어지며 모양이 정해진 삼각형이다.

```
class Ship(PolygonModel):
    def __init__(self):
        super().__init__([(0.5,0), (-0.25,0.25), (-0.25,-0.25)])
```

소행성을 이루는 벡터는 랜덤하게 5개에서 9개로 정해지며, 소행성 변의 개수와 같다. 각 벡터의 각은 360°를 균등하게 나누고 각 벡터의 길이는 0.5에서 1.0 사이로 랜덤하다. 이러한 랜덤성은 만들어지는 소행성마다 별도의 특징을 갖도록 한다.

```
class Asteroid(PolygonModel):
    def __init__(self):
        sides = randint(5,9)      ◁──  소행성은 랜덤하게 5개~9개의
        vs = [vectors.to_cartesian((uniform(0.5,1.0), 2*pi*i/sides))  변을 가진다.
                for i in range(0,sides)]   ◁──  변의 길이는 0.5와 1.0 사이에서 랜덤하게
        super().__init__(vs)                    선택된다. 각은 2π/n의 배수인데,
                                                여기서 n은 변의 개수이다.
```

이러한 객체들을 정의했으니 객체를 인스턴스화해서 스크린에 렌더링할 수 있게 해보자.

7.1.2 게임 렌더링하기

게임의 초기 상태를 만들기 위해서는 우주선 1대와 소행성 몇 개가 필요하다. 우주선은 화면 중앙에서 시작하면 되지만 소행성은 화면 위에 랜덤하게 흩뿌려야 한다. 다음과 같이 x방향과 y방향의 범위가 각각 -10부터 10까지인 평면 영역에 나타낼 수 있다.

```
ship = Ship()

asteroid_count = 10
asteroids = [Asteroid() for _ in range(0,asteroid_count)]

for ast in asteroids:
    ast.x = randint(-9,9)
    ast.y = randint(-9,9)
```

소행성 객체를 명시된 수만큼 포함한 리스트를 생성한다. 여기서는 10개이다.

각 객체의 위치를 -10에서 10 사이의 랜덤한 좌표를 가진 점으로 설정해 화면 상에 나타낸다.

이 책에서 가정하는 스크린은 400×400 픽셀 크기이다. 스크린을 렌더링하기 전에 x좌표와 y좌표를 변환해야 한다. OpenGL 대신 PyGame의 내장 2차원 그래픽스를 사용하면 스크린 좌측 상단 픽셀은 좌표가 $(0,0)$이고, 우측 하단 픽셀은 $(400,400)$이다. 이 좌표계는 기존 좌표에 비해 커지는데다 위아래도 바뀌고 평행이동도 해야 하기 때문에 ([그림 7.3]에 나타낸 것처럼) 초기 좌표계를 PyGame의 픽셀로 변환해주는 `to_pixels` 함수를 작성해야 한다.

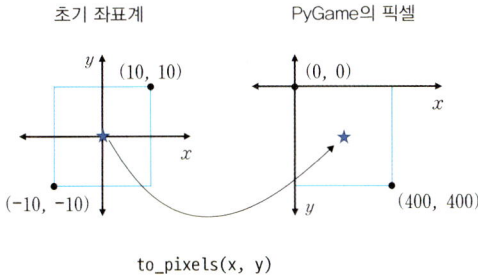

그림 7.3 좌표계의 중심에 위치하는 객체를 PyGame 스크린의 중심에 대응시키는 `to_pixels` 함수

[연습문제 7.2]에 따라 `to_pixels` 함수를 구현한 뒤에는 점들로 정의된 다각형을 PyGame 스크린에 그리는 함수를 작성할 수 있다. 이 함수는 먼저 다각형을 정의하는 변환된(평행이동하고 회전한) 점을 입력으로 받아 픽셀로 변환한다. PyGame 함수를 이용해 픽셀을 그린다.

```
GREEN = (0, 255, 0)
def draw_poly(screen, polygon_model, color=GREEN):
    pixel_points = [to_pixels(x,y) for x,y in polygon_model.transformed()]
    pygame.draw.aalines(screen, color, True, pixel_points, 10)
```

> 주어진 점들을 연결하는 선들을 명시된 PyGame 객체에 그린다.
> True 매개변수는 처음 점과 마지막 점을 연결해 닫힌 다각형을 만든다.

소스 코드에서 전체 게임에 대한 루프(loop)를 보면 알겠지만 이 루프는 기본적으로 프레임이 렌더링될 때마다 우주선과 각 소행성에 대한 `draw_poly`를 호출한다. 그 결과로 PyGame 윈도에는 [그림 7.4]처럼 소행성 지역과 단순한 삼각형 모양의 우주선이 나타난다.

그림 7.4 PyGame 윈도에서 렌더링된 게임

7.1.3 레이저 쏘기

이제 가장 중요한 부분에 들어갈 때다! 우주선이 스스로를 지킬 방법을 만들어주려고 한다. 플레이어는 좌우 방향키를 사용하여 우주선을 조정하고 스페이스 바를 눌러 레이저를 쏠 수 있어야 한다. 레이저 빔은 우주선 끝에서 나와 화면 가장자리까지 뻗어나가야 한다.

우리가 발명한 2차원 세계에서 레이저 빔은 우주선의 **변환된** 끝에서 시작해 우주선이 향하는 방향으로 뻗어나가는 선분이다. 선분이 언제나 화면 끝에 닿도록 충분히 길게 설정하면 된다. 레이저의 선분은 Ship 객체의 상태와 연관되어 있으므로 Ship 클래스에 메서드를 만들어 계산할 수 있다.

```
class Ship(PolygonModel):
    ...
    def laser_segment(self):
        dist = 20. * sqrt(2)
        x,y = self.transformed()[0]
        return ((x,y),
                (x + dist * cos(self.rotation_angle),
                 y + dist * sin(self.rotation_angle)))
```

스크린 상에 그릴 수 있는 가장 긴 선분을 계산하고자 피타고라스 정리를 사용한다.

우주선을 정의하는 점 중 첫 번째 점 (우주선의 끝)의 값을 얻는다.

삼각법을 사용해 [그림 7.5]와 같이 우주선의 끝 (x,y)에서 self.rotation_angle 각도로 dist 단위만큼 떨어진 레이저 빔의 끝점을 구한다.

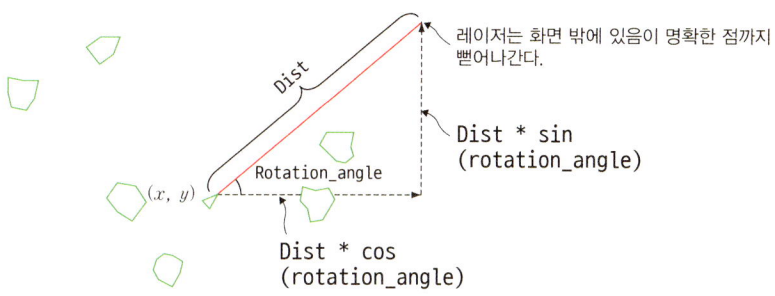

그림 7.5 삼각법을 사용하여 레이저 빔이 끝나는 스크린 밖의 점 구하기

소스 코드에서는 스페이스 바를 누를 때에만 PyGame이 키 입력에 반응해 레이저를 선분으로 그리는 방법을 확인할 수 있다. 마지막으로 플레이어가 레이저를 발사해 소행성을 맞추는 상황을 파악하고 싶을 것이다. 게임 루프가 반복될 때마다 각 소행성이 현재 레이저에 맞았는지 여부를 확인하고자 한다. PolygonModel 클래스에 does_intersect(segment) 메서드를 사용해 이를 수행할 수 있는데, 이 메서드는 입력한 선분이 주어진 PolygonModel의 각 선분과 교차하는지 여부를 계산한다. 해당 메서드의 마지막 부분 코드 일부는 다음과 같다.

```
laser = ship.laser_segment()
keys = pygame.key.get_pressed()
    if keys[pygame.K_SPACE]:
    draw_segment(*laser)

    for asteroid in asteroids:
        if asteroid.does_intersect(laser):
            asteroids.remove(asteroid)
```

우주선의 현재 위치와 방향에 따라 레이저 빔을 나타내는 선분을 계산한다.

어떤 키가 눌렸는지 탐지한다. 스페이스 바가 눌렸다면 (draw_poly와 비슷한) 보조 함수 draw_segment로 스크린에 레이저 빔을 렌더링한다.

각 소행성과 레이저 선분이 교차하는지 확인한다. 교차한다면 해당 소행성을 소행성 리스트에서 제거해서 격추시킨다.

남은 작업은 `does_intersect(segment)` 메서드를 구현하는 것이다. 다음 절에서 이 메서드를 구현하는 데 필요한 수학을 다룬다.

7.1.4 연습문제

연습문제 풀이

연습문제 | 7.1

PolygonModel 객체의 x좌표와 y좌표에 따라 객체가 나타내는 모델의 각 점을 평행이동하고 `rotation_angle` 속성에 따라 회전이동을 한 뒤, 변환된 점들을 리턴하는 `transformed()` 메서드를 PolygonModel에 구현하라.

연습문제 | 7.2

$-10 < x < 10$과 $-10 < y < 10$인 사각형에 있는 점의 x좌표와 y좌표를 입력으로 받아 각각 0에서 400까지 범위의 PyGame 픽셀의 x좌표와 y좌표로 대응시키는 함수 `to_pixels(x,y)`를 작성하라.

7.2 직선의 교점 구하기

레이저 빔이 소행성에 맞았는지 여부를 결정하는 문제에 당면했다. 이 판단을 내리기 위해서 소행성을 정의하는 각 선분을 살피고 소행성이 레이저 빔을 정의하는 선분과 교차하는지 여부를 판단한다. 여기에 사용할 수 있는 알고리즘이 몇 가지 있지만, 지금은 **미지수가 두 개인 연립일차방정식**(system of linear equations in two variables)으로 간주해 이 문제를 해결할 것이다. 기하학적으로 보면 [그림 7.6]처럼 소행성의 변과 레이저 빔으로 정의되는 직선의 교점을 살펴본다는 뜻이다.

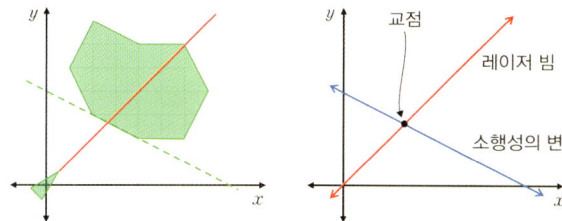

그림 7.6 소행성 변을 맞춘 레이저 빔(왼쪽)에 대응하는 연립일차방정식(오른쪽)

교점의 위치를 알면 두 선분 범위 이내에 교점이 위치하는지 알 수 있다. 만약 그렇다면 두 선분이 충돌해 소행성이 맞았다는 뜻이다. 따라서 먼저 평면 상의 직선에 대한 방정식을 복습하고 직선의 쌍이 교차한 교점을 구하는 방법을 다룬다. 마지막으로 게임에 사용하기 위한 does_intersect 메서드에 대한 코드를 작성한다.

7.2.1 적절한 직선의 방정식 선택하기

6장에서 2차원 평면의 1차원 부분공간이 직선임을 학습했다. 직선이라는 부분공간은 임의로 선택한 한 벡터 **v**에 대한 모든 스칼라곱 $t \cdot \mathbf{v}$로 이루어져 있다. 그러한 스칼라곱 중 하나가 $0 \cdot \mathbf{v}$이기 때문에 부분공간인 직선은 항상 원점을 통과하며, $t \cdot \mathbf{v}$는 임의의 직선에 대한 일반적인 공식이라고 할 수는 없다.

원점을 지나는 직선을 벡터 **u**에 따라 평행이동하면 얼마든지 임의의 직선을 얻을 수 있다. 이 직선의 점은 어떤 스칼라 t에 대해 $\mathbf{u} + t \cdot \mathbf{v}$ 꼴이다. 예를 들어 $\mathbf{v} = (2,-1)$이라 하자. $t \cdot (2,-1)$ 꼴의 점은 원점을 지나는 직선 위에 있다. 직선의 각 점을 벡터 $\mathbf{u} = (2,3)$만큼 평행이동하면, 점들은 이제 $(2,3) + t \cdot (2,-1)$이 되어 [그림 7.7]처럼 원점을 통과하지 않는 직선을 이룬다.

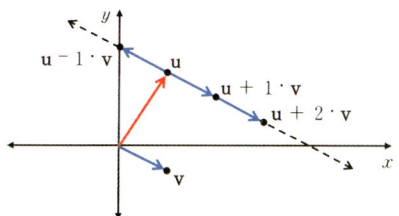

그림 7.7 직선 위에 놓인 두 벡터 $\mathbf{u} = (2,3)$, $\mathbf{v} = (2,-1)$ 그리고 $\mathbf{u} + t \cdot \mathbf{v}$ 꼴 점들

모든 직선은 벡터 u와 v를 고른 뒤 가능한 **모든** 스칼라 배수 t에 대한 점 $u + t \cdot v$의 집합으로 묘사할 수 있다. 이 식은 아마도 익숙한 공식은 아닐 것이다. y좌표를 x좌표에 대한 함수로 구해서 직선을 정의한 게 아니라 x좌표와 y좌표를 다른 **매개변수**(parameter) t의 함수로 두고 직선 위의 점을 얻었기 때문이다. 때때로 $r(t) = u + t \cdot v$라고 나타낸 직선을 볼 텐데, 이는 스칼라인 매개변수 t에 대한 벡터 값을 갖는 함수 r이다. 입력 t는 점 u에서 시작해서 출력 $r(t)$를 얻으려면 v가 몇 단위 필요한지를 나타낸다.

이 공식은 직선 상의 두 점만 있으면 직선에 관한 식을 매우 쉽게 찾을 수 있다는 게 장점이다. 두 점을 u와 w라고 하면 [그림 7.8]에서 볼 수 있듯이 u는 평행이동 벡터이고, w − u는 스칼라곱에 의해 확대·축소되는 벡터이다.

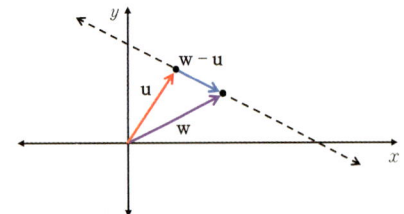

그림 7.8 u와 w가 주어진 경우 두 점을 지나는 직선 $r(t) = u + t \cdot (w - u)$

공식 $r(t) = u + t \cdot v$에도 단점이 있다. [연습문제 7.5]에서 같은 직선을 이러한 꼴로 표현하는 방법이 무수히 많음을 확인할 수 있다. 여분의 매개변수 t가 있어서 방정식을 풀기 어려워지는 문제도 있다. 각각 장점이 있는 몇 가지 다른 공식을 살펴보자.

고등학교에서 배운 직선에 대한 공식 $y = m \cdot x + b$를 떠올려보자. 이 공식은 명시적으로 y좌표를 x좌표의 함수로 나타내기 때문에 유용하다. 이 꼴에서는 직선의 그래프를 그리기 쉽다. x값을 여러 개 집어넣어서 y값을 각각 계산한 뒤, 좌표가 (x, y)인 지점(point)에 점(dot)을 찍는다. 이 공식에는 한계가 있다. $r(t) = (3, 0) + t \cdot (0, 1)$과 같은 수직선을 나타낼 수 없다. 이 식은 $x = 3$인 벡터로 구성된 직선에 해당한다.

이러한 문제를 피하고자 매개변수 방정식 $r(t) = u + t \cdot v$를 계속 사용하겠지만 임의의 직선을 나타낼 수 있으면서도 여분의 매개변수 t가 없는 공식을 얻으면 좋을 것이다. 이러한 공식으로 $ax + by = c$가 있다. 예를 들어 [그림 7.6]에서 [그림 7.8]까지 살펴본 직선은

$x + 2y = 8$로 쓸 수 있다. [그림 7.9]에서 보이듯이 이 직선은 앞의 방정식을 만족하는 평면의 점 (x, y)의 집합이다.

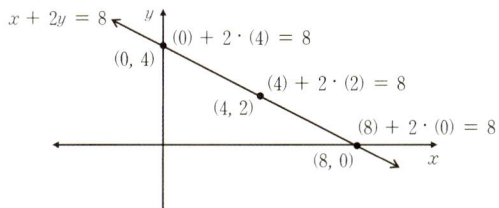

그림 7.9 $x + 2y = 8$을 만족하는 직선 위의 모든 점 (x, y)

$ax + by = c$ 꼴에는 별도의 매개변수가 없으며, 어떤 직선이라도 나타낼 수 있다. 수직선도 나타낼 수 있다. 예를 들어 $x = 3$은 $1 \cdot x + 0 \cdot y = 3$과 같다. 직선을 나타내는 임의의 방정식을 **일차방정식**(linear equation)이라고 하며, 특히 $ax + by = c$라는 방정식을 일차방정식의 **표준형**(standard form)[2]이라고 한다. 표준형은 계산이 편리하기 때문에 이 장에서는 표준형을 주로 사용할 것이다.

7.2.2 직선의 방정식의 표준형 구하기

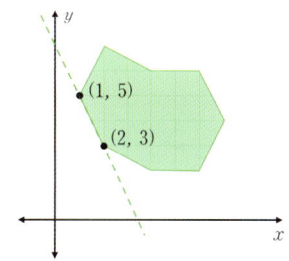

$x + 2y = 8$은 앞서 예시로 든 소행성의 한 선분을 포함한 직선에 대한 방정식이다. 이제 [그림 7.10]처럼 다른 선분도 살펴본 뒤 일차방정식의 표준형을 찾는 방법을 정리할 것이다. 대수학 문제를 풀 준비를 하기 바란다! 단계별로 자세히 설명하겠지만, 다소 읽기 지루하다. 읽지만 말고 연필과 종이를 갖고 차근차근 따라하다 보면 조금 나을 것이다.

벡터 $(1, 5) - (2, 3)$은 $(-1, 2)$이고 직선에 평행하다. 점 $(2, 3)$이 직선 위에 있기 때문에 매개변수를 포함한 직선의 방정식은 $r(t) = (2, 3) + t \cdot (-1, 2)$이다. 직선의 모든 점이 어떤 t에 대해 $(2, 3) + t \cdot (-1, 2)$의 꼴임을 알 때, 이 조건을 어떻게 일차방정식의 표준형으로 다시 쓸 수 있을까?

그림 7.10 소행성의 두 번째 선분을 정의하는 점 $(1, 5)$와 점 $(2, 3)$

---

[2] (옮긴이) 일차방정식의 표준형은 미국 고등학교에서 쓰는 표현으로 국내에서는 거의 쓰지 않는다. 국내 고등학교에서는 보통 $y = ax + b$ 꼴의 식을 '직선의 방정식의 표준형'이라고 한다.

여기서 t를 없애야 한다. $(x,y) = (2,3) + t \cdot (-1,2)$이므로 두 방정식에서 시작할 수 있다.

$$x = 2 - t$$
$$y = 3 + 2t$$

두 방정식의 우변에 동일한 값($2t$)을 남기고 항을 이항하여 새로운 방정식 두 개를 얻을 수 있다.

$$4 - 2x = 2t$$
$$y - 3 = 2t$$

두 식의 좌변이 모두 $2t$와 같기 때문에 서로 같다고 둘 수 있다.

$$4 - 2x = y - 3$$

t가 없어졌다! 이제 x항과 y항을 좌변으로 이항하면 표준형 방정식이 나온다.

$$2x + y = 7$$

이 과정은 그리 어렵지는 않지만, 코드로 전환하려면 좀 더 정확하게 절차를 살필 필요가 있다. 이제 문제를 일반화해서 풀어보자. [그림 7.11]과 같이 두 점 (x_1, y_1), (x_2, y_2)가 있다면, 두 점을 지나는 직선의 방정식은 무엇일까?

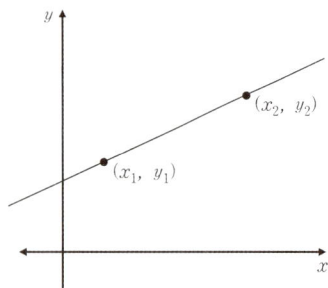

그림 7.11 주어진 두 점을 지나는 직선의 방정식

매개변수를 포함한 직선의 방정식 공식을 사용할 때 직선 위의 점은 다음과 같은 꼴이다.

$$(x,y) = (x_1, y_1) + t \cdot (x_2 - x_1, y_2 - y_1)$$

이 논의에서 x_1, x_2, y_1, y_2는 모두 상수임을 기억하자. 점 (x_1, y_1), (x_2, y_2) 대신 쉽게 (a,b)와 (c,d)라고 부를 수도 있었다. 여기서 변수는 직선에 위치한 점의 좌표를 나타내는 (첨자 없는) x와 y이다. 앞에서와 마찬가지로 두 개의 방정식으로 나눌 수 있다.

$$x = x_1 + t \cdot (x_2 - x_1)$$
$$y = y_1 + t \cdot (y_2 - y_1)$$

x_1과 y_1을 각 방정식의 좌변으로 이항하자.

$$x - x_1 = t \cdot (x_2 - x_1)$$
$$y - y_1 = t \cdot (y_2 - y_1)$$

다음 목표는 두 방정식의 우변을 똑같이 만든 뒤 두 좌변이 서로 같다고 두는 것이다. 첫 번째 방정식의 양변에 $(y_2 - y_1)$을 곱하고 두 번째 방정식의 양변에 $(x_2 - x_1)$을 곱하면 다음과 같다.

$$(y_2 - y_1) \cdot (x - x_1) = t \cdot (x_2 - x_1) \cdot (y_2 - y_1)$$
$$(x_2 - x_1) \cdot (y - y_1) = t \cdot (x_2 - x_1) \cdot (y_2 - y_1)$$

우변이 같으므로 첫 번째 방정식과 두 번째 방정식의 좌변끼리도 서로 같다. 이제 t가 없는 새로운 방정식을 만들 수 있다.

$$(y_2 - y_1) \cdot (x - x_1) = (x_2 - x_1) \cdot (y - y_1)$$

알다시피 우리는 $ax + by = c$ 꼴의 방정식을 원하기 때문에 x항과 y항은 같은 변에 두고 상수항은 다른 변에 두었으면 한다. 가장 먼저 각 변을 전개하자.

$$(y_2 - y_1) \cdot x - (y_2 - y_1) \cdot x_1 = (x_2 - x_1) \cdot y - (x_2 - x_1) \cdot y_1$$

그런 다음 상수항을 우변으로 이동하고 일차항을 좌변으로 이항할 수 있다.

$$(y_2 - y_1) \cdot x - (x_2 - x_1) \cdot y = (y_2 - y_1) \cdot x_1 - (x_2 - x_1) \cdot y_1$$

우변을 전개하면 일부 항이 상쇄되는 것을 볼 수 있다.

$$(y_2 - y_1) \cdot x - (x_2 - x_1) \cdot y = y_2 x_1 - y_1 x_1 - x_2 y_1 + x_1 y_1 = x_1 y_2 - x_2 y_1$$

이제 끝났다! 이 식은 $a = y_2 - y_1$, $b = -(x_2 - x_1) = x_1 - x_2$, $c = x_1 y_2 - x_2 y_1$인 일차방정식의 표준형 $ax + by = c$이다. 두 점 $(x_1, y_1) = (2, 3)$과 $(x_2, y_2) = (1, 5)$를 두며 앞의 예시를 확인해보자.

$$a = y_2 - y_1 = 5 - 3 = 2$$
$$b = -(x_2 - x_1) = -(1 - 2) = 1$$
$$c = x_1 y_2 - x_2 y_1 = 2 \cdot 5 - 3 \cdot 1 = 7$$

예상대로 일차방정식의 표준형이 $2x + y = 7$이다. 이 공식은 믿을 만하다! 마지막으로 레이저가 정의한 직선에 대한 일차방정식의 표준형을 구해보자. 이 레이저는 [그림 7.12]에서 보이듯이 $(2, 2)$와 $(4, 4)$를 지나는 것처럼 보인다.

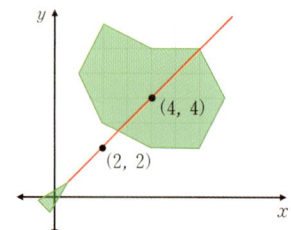

그림 7.12 두 점 $(2, 2)$와 $(4, 4)$를 지나는 레이저

소행성 게임에서 레이저 선분의 정확한 시작점과 끝점을 알고 있다면 유용하다. 공식에 대입해보자.

$$a = y_2 - y_1 = 4 - 2 = 2$$
$$b = -(x_2 - x_1) = -(4 - 2) = -2$$
$$c = x_1 y_2 - x_2 y_1 = 2 \cdot 4 - 2 \cdot 4 = 0$$

이 직선은 $2x - 2y = 0$이며 $x - y = 0$ 또는 단순히 $x = y$라고 말할 수 있다. 레이저가 소행성을 맞췄는지 판단하려면 직선 $x - y = 0$이 소행성을 감싸는 직선인 $x + 2y = 8$, $2x + y = 7$ 등과 교차하는 점을 찾아야 한다.

7.2.3 행렬 표기법을 사용한 일차방정식

관찰할 수 있는 교점에 초점을 맞추자. [그림 7.13]과 같이 앞선 예시에서 레이저는 방정식 $x + 2y = 8$이 나타내는 소행성의 변에 맞았다.

많은 사전 작업을 거쳐, 드디어 첫 번째 연립일차방정식을 만났다. 관례적으로 연립일차방정식은 다음과 같이 격자 모양으로, 변수 x와 y의 열을 맞춰 나타낸다.

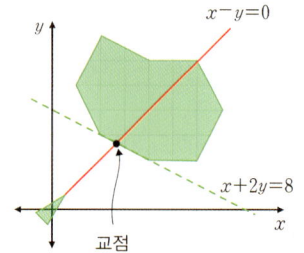

그림 7.13 두 직선 $x - y = 0$과 $x + 2y = 8$이 교차하는 점에서 소행성을 맞추는 레이저

$$x - y = 0$$
$$x + 2y = 8$$

5장에서 이러한 두 방정식을 하나의 행렬 방정식으로 정리하는 법을 배웠다. 한 가지 방법은 열벡터의 일차결합을 작성하는 것이다. 여기서 x와 y는 계수로 생각한다.

$$x \begin{pmatrix} 1 \\ 1 \end{pmatrix} + y \begin{pmatrix} -1 \\ 2 \end{pmatrix} = \begin{pmatrix} 0 \\ 8 \end{pmatrix}$$

또 다른 방법은 이 식을 행렬 곱셈으로 쓰는 것이다. 계수가 x와 y인 두 벡터 $(1,1)$과 $(-1,2)$의 일차결합은 다음의 행렬곱과 동일하다.

$$\begin{pmatrix} 1 & -1 \\ 1 & 2 \end{pmatrix} \begin{pmatrix} x \\ y \end{pmatrix} = \begin{pmatrix} 0 \\ 8 \end{pmatrix}$$

이렇게 써보니 연립일차방정식을 푸는 작업은 행렬 곱셈 문제에서 벡터를 구하는 것처럼 보인다. 그렇다면 위의 2×2 행렬을 A라고 할 때, 행렬 A와 어떤 벡터 (x,y)를 곱해야 $(0,8)$이 나오는가? 어떤 입력을 주어야 일차변환 A의 결과가 [그림 7.14]처럼 $(0,8)$이 나오는지를 알고 싶다.

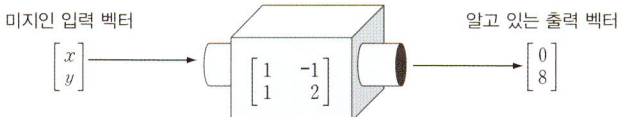

그림 7.14 원하는 출력 벡터를 산출하는 입력 벡터를 찾는 것으로 문제의 틀을 잡기

이렇게 다양한 다른 표현법들은 같은 문제를 새롭게 바라보는 방법을 보여준다. 연립일차방정식을 푸는 문제는 주어진 벡터를 생성하는 일부 벡터의 일차결합을 찾는 문제와 같다. 또한 주어진 출력을 생성하는 일차변환에 대한 입력 벡터를 찾는 문제와도 같다. 따라서 이 모든 문제를 한 번에 해결하는 방법을 살펴보고자 한다.

7.2.4 NumPy로 일차방정식 풀기

$x - y = 0$과 $x + 2y = 8$의 교점을 구하는 것은 행렬 방정식을 만족하는 벡터 (x,y)를 구하는 것과 같다.

$$\begin{pmatrix} 1 & -1 \\ 1 & 2 \end{pmatrix} \begin{pmatrix} x \\ y \end{pmatrix} = \begin{pmatrix} 0 \\ 8 \end{pmatrix}$$

이는 단지 표기법에만 차이가 있을 뿐이지만, 이 꼴로 문제의 틀을 만들면 미리 만들어진 도구를 사용하여 해결할 수 있다. 구체적으로 파이썬의 NumPy 라이브러리에는 선형대수학 모듈이 있어서 이러한 방정식을 푸는 함수가 있다.[3] 다음은 그 예시이다.

```
>>> import numpy as np
>>> matrix = np.array(((1,-1),(1,2)))      ← 행렬을 NumPy 배열 객체로 패키지한다.
>>> output = np.array((0,8))               ← (사실 열벡터로 변형할 필요가 없지만) 출력 벡터를
                                             NumPy 배열로 패키지한다.
>>> np.linalg.solve(matrix,output)         ← numpy.linalg.solve 함수는 행렬과 출력 벡터를 입력
array([2.66666667, 2.66666667])              으로 받아 출력 벡터를 생성하는 입력 벡터를 찾는다.
                                             결과는 (x,y) = (2.66..., 2.66...)이다.
```

NumPy는 교점의 x좌표와 y좌표가 모두 근사적으로 $2\frac{2}{3} = \frac{8}{3}$이라는 결과를 준다. 기하학적으로 관찰하면 맞는 것 같다. 그림을 살펴보면 교점의 두 좌표가 2에서 3 사이의 값처럼 보이기 때문이다. 다음 두 방정식에 이 점을 대입해서 이 점이 두 직선 위에 있는지를 확인할 수 있다.

$$1x - 1y = 1 \cdot (2.66666667) - 1 \cdot (2.66666667) = 0$$
$$1x + 2y = 1 \cdot (2.66666667) + 2 \cdot (2.66666667) = 8.00000001$$

대입해서 얻은 결과 벡터는 $(0,8)$에 충분히 가까우며, 사실 정확한 답이다. 대략 $(8/3, 8/3)$인 해 벡터(solution vector) 또한 앞의 행렬 방정식을 만족한다.

$$\begin{pmatrix} 1 & -1 \\ 1 & 2 \end{pmatrix} \begin{pmatrix} 8/3 \\ 8/3 \end{pmatrix} = \begin{pmatrix} 0 \\ 8 \end{pmatrix}$$

[그림 7.15]에 나타내었듯이 행렬로 정의된 일차변환 기계에 $(8/3, 8/3)$을 벡터로 넣으면 원하는 출력 벡터가 나옴을 확인할 수도 있다.

---

[3] (옮긴이) 여담이지만 파이썬 라이브러리 중 NumPy와 같이 이름의 일부분을 Python의 Py에서 차용할 때, 일반적으로 -Py-를 '파이'로 읽는다. 따라서 NumPy도 '넘피'가 아니라 '넘파이'라고 읽는다. 다만 Jupyter 라이브러리는 예외인데, 목성을 뜻하는 영어 단어 Jupiter의 언어유희이므로 그냥 '주피터'로 읽는다.

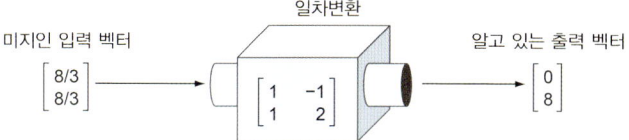

그림 7.15 주어진 일차변환에 벡터 $(8/3, 8/3)$을 전달하면 생성되는 결과 $(0, 8)$

파이썬 함수 numpy.linalg.solve는 행렬과 출력 벡터를 입력으로 받아서 이 입력들이 나타내는 연립일차방정식에 대한 해 벡터를 리턴하는 다른 기계로 생각할 수 있다.

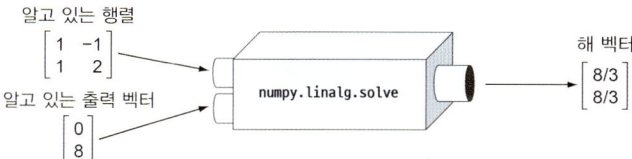

그림 7.16 행렬과 벡터를 입력 받아서 연립일차방정식의 해 벡터를 출력하는 numpy.linalg.solve 함수

행렬 A와 벡터 $\mathbf{w}$로 시작하고 $A\mathbf{v} = \mathbf{w}$인 벡터 $\mathbf{v}$를 찾는 작업은 아마도 선형대수학에서 가장 중요한 계산일 것이다. 그러한 벡터는 A와 $\mathbf{w}$로 대표되는 연립일차방정식에 해를 알려준다. 이러한 작업을 할 수 있는 파이썬 함수가 있으니 지루하게 손으로 수학 문제를 풀 필요가 없다. 이제 파이썬으로 언제 레이저가 소행성에 부딪혔는지를 알아낼 수 있다.

7.2.5 레이저가 소행성을 맞췄는지 판별하기

이제 PolygonModel 클래스에서 does_intersect 메서드만 구현하면 된다. 2차원 게임 세계에 다각형 객체를 나타내는 이 클래스의 각 인스턴스에서, 이 메서드는 입력으로 준 선분과 다각형의 임의의 선분이 교점을 가지면 True를 리턴해야 한다.

이를 구현하려면 몇 가지 보조 함수가 필요하다. 먼저 양 끝점 벡터로 주어진 선분을 일차방정식의 표준형으로 변환해야 한다. 이 절 마지막에서 함수 standard_form을 구현하는 연습 문제를 풀어볼 것이다. 이 함수는 두 개의 입력 벡터를 받고 대응하는 선분이 놓인 직선 $ax + by = c$에 대한 튜플 (a, b, c)를 리턴한다.

다음으로 양 끝점 벡터로 나타낸 두 선분이 주어졌을 때, 두 직선의 교점 위치를 알아내야 한다. 첫 번째 선분의 양 끝점이 $\mathbf{u}_1$과 $\mathbf{u}_2$이고 두 번째 선분의 양 끝점이 $\mathbf{v}_1$과 $\mathbf{v}_2$라고 할 때, 일차방정식의 표준형을 구하고 NumPy에게 전달해서 연립일차방정식을 풀도록 해야 한다. 예를 들면 다음과 같이 구현한다.

```
def intersection(u1,u2,v1,v2):
    a1, b1, c1 = standard_form(u1,u2)
    a2, b2, c2 = standard_form(v1,v2)
    m = np.array(((a1,b1),(a2,b2)))
    c = np.array((c1,c2))
    return np.linalg.solve(m,c)
```

이 함수의 출력은 선분을 포함하는 두 직선이 교차하는 점이다. 하지만 [그림 7.17]처럼 이 점은 선분 위에 있지 않을 수도 있다.

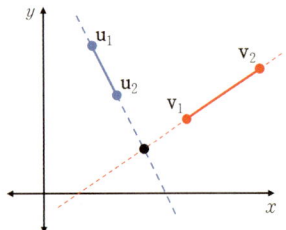

그림 7.17 서로 교차하지 않지만 연장하면 교차하는 두 선분

두 선분이 교차하는지를 판단하려면, 두 양 끝점 쌍 사이에 교점이 있는지를 확인해야 한다. 이는 거리를 측정해 확인할 수 있다. [그림 7.17]에서 교점과 v_1 사이의 거리보다 교점과 v_2 사이의 거리가 더 멀다는 것을 알 수 있다. 마찬가지로 교점과 u_2 사이의 거리가 교점과 u_1 사이의 거리가 더 멀다. 이는 교점이 어느 쪽의 선분에도 없다는 뜻이다. 이 네 개의 거리를 확인하면 두 직선의 교점 (x,y)가 두 선분의 교점인지도 확인할 수 있다.

```
def do_segments_intersect(s1,s2):
    u1,u2 = s1
    v1,v2 = s2
    d1, d2 = distance(*s1), distance(*s2)
```
첫 번째 선분과 두 번째 선분의 길이를 각각 d1, d2로 저장한다.

```
    x,y = intersection(u1,u2,v1,v2)        ← 두 선분이 놓인 두 직선의 교점 (x,y)를 구한다.
    return (distance(u1, (x,y)) <= d1 and
            distance(u2, (x,y)) <= d1 and     선분이 교차하는지 확인하고자 선분의 네 끝점
            distance(v1, (x,y)) <= d2 and     사이에 교점이 놓여있음을 확인하는 작업을
            distance(v2, (x,y)) <= d2)        4번 수행한다.
```

마지막으로 입력 선분과 (변환된) 다각형의 임의의 변에 대해 do_segments_intersect가 True를 리턴하는지 확인하는 does_intersect 메서드를 작성할 수 있다.

```
class PolygonModel():
    ...
    def does_intersect(self, other_segment):
        for segment in self.segments():
            if do_segments_intersect(other_segment,segment):
                return True         ← 다각형의 한 선분이 other_segment와 교차하면
        return False                   이 메서드가 True를 리턴한다.
```

[연습문제 7.13]에서 좌표점이 알려진 소행성과 시작점과 끝점이 알려진 레이저 빔을 만들어 보면 위 구현이 잘 동작함을 확인할 수 있다. 소스 코드에 구현된 does_intersect를 이용해서 소행성을 겨냥한 뒤 격추하기 위해 우주선을 회전시킬 수 있다.

7.2.6 풀 수 없는 연립일차방정식 식별하기

마지막으로 한 가지 주의점을 전달하겠다. 2차원의 모든 연립일차방정식이 해가 있는 것은 아니다! 소행성 게임과 같은 어플리케이션에서는 드물지만, 일부 2차원 연립일차방정식은 유일한 해가 존재하지 않거나 해가 아예 없을 수도 있다. 해가 없는 연립일차방정식을 NumPy에 전달하면 예외가 발생하기 때문에, 이러한 상황을 처리할 필요가 있다.

2차원에서는 두 직선이 평행하지 않으면 어딘가에서 교차한다. [그림 7.18]의 두 직선은 거의 평행하지만 실제로는 평행하지 않으므로 멀리 떨어진 어딘가에서 교차한다.

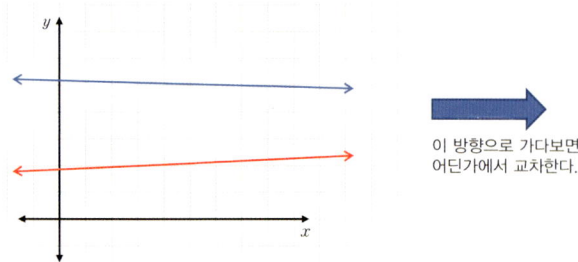

그림 7.18 평행하지 않아서 언젠가 교차하는 두 직선

문제는 두 직선이 실제로 평행할 때 발생한다. 평행 자체가 [그림 7.19]에 보여지듯이 (두 직선이 동일하지 않는 한) 전혀 만나지 않음을 의미하기 때문이다.

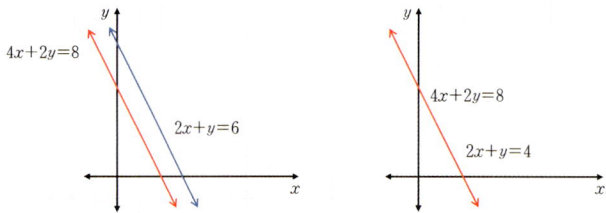

그림 7.19 절대 교차하지 않는 한 쌍의 평행선과, 방정식이 서로 다르지만 사실 같은 직선인 한 쌍의 평행선

[그림 7.19]의 왼쪽 그림은 교점은 전혀 없으며, 오른쪽 그림은 교점이 **무수히**(infinitely) 많다. 직선 상의 모든 점이 교점이다. 두 경우 모두 계산 문제가 발생한다. 우리가 만든 코드는 유일한 결과를 원하기 때문이다. 예를 들어 NumPy로 연립일차방정식 $2x + y = 6$ 및 $4x + 2y = 8$을 풀면 예외가 발생한다.

```
>>> import numpy as np
>>> m = np.array(((2,1),(4,2)))
>>> v  = np.array((6,4))
>>> np.linalg.solve(m,v)
Traceback (most recent call last):
  File "<stdin>", line 1, in <module>
...
numpy.linalg.linalg.LinAlgError: Singular matrix
```

NumPy는 행렬을 오류의 원인이라고 지적한다. 다음 행렬을 살펴보자.

$$\begin{pmatrix} 2 & 1 \\ 4 & 2 \end{pmatrix}$$

이 행렬은 **특이 행렬**(singular matrix)이라고 하며, 연립일차방정식에 유일한 해가 없음을 의미한다. 연립일차방정식은 행렬과 벡터로 정의되는데, 이때의 행렬은 직선이 평행한지의 여부와 연립일차방정식에 유일한 해가 있는지를 충분히 알려줄 수 있다. 영벡터가 아닌 임의의 w를 선택하였을 때, 이 연립일차방정식을 푸는 유일한 v는 존재하지 않는다.

$$\begin{pmatrix} 2 & 1 \\ 4 & 2 \end{pmatrix} \mathbf{v} = \mathbf{w}$$

특이 행렬은 나중에 좀 더 고찰하자. 지금은 두 행벡터 $(2,1)$과 $(4,2)$가 평행이고 두 열벡터 $(2,4)$와 $(1,2)$가 평행이기 때문에 일차종속임을 알 수 있다. 이것은 두 직선이 평행해서 연립일차방정식의 해가 유일하지 않음을 알려주는 중요한 단서이다. 연립일차방정식의 풀이 가능성(solvability)은 선형대수학의 중심 개념 중 하나이다. 사실 일차독립성과 차수의 개념과 밀접하게 관련 있다. 이 장의 마지막 두 절에서 이 부분을 다룰 예정이다.

소행성 게임의 목적을 고려할 때, 평행한 모든 선분은 교차하지 않는다고 가정해서 문제를 단순화할 수 있다. 랜덤한 부동소수점 실숫값을 사용해 게임을 만들었으니, 두 선분이 정확히 평행할 가능성은 거의 없기 때문이다. 비록 레이저가 소행성의 가장자리와 정확히 평행하더라도 스친 것에 불과하므로 플레이어는 소행성을 격추할 수 없다. `do_segments_intersect`를 수정해서 예외를 처리해 False를 기본 결과로 리턴하게끔 할 수 있다.

```
def do_segments_intersect(s1,s2):
    u1,u2 = s1
    v1,v2 = s2
    l1, l2 = distance(*s1), distance(*s2)
    try:
        x,y = intersection(u1,u2,v1,v2)
        return (distance(u1, (x,y)) <= l1 and
                distance(u2, (x,y)) <= l1 and
                distance(v1, (x,y)) <= l2 and
                distance(v2, (x,y)) <= l2)
    except np.linalg.linalg.LinAlgError:
        return False
```

7.2.7 연습문제

연습문제 | 7.3

$u+t \cdot v$가 원점을 지나는 직선일 때 벡터 u와 v에 대해 알 수 있는 것을 설명하라.

연습문제 | 7.4

$v = 0 = (0,0)$이면 $u+t \cdot v$ 꼴의 점은 직선을 나타내는가?

연습문제 | 7.5

특정 직선에 대한 $u+t \cdot v$ 공식은 유일하지 않음이 밝혀졌다. 즉, 서로 다른 u와 v를 선택했는데 같은 직선이 될 수 있다. $(2,2)+t \cdot (-1,3)$을 나타내는 다른 직선을 구하라.

연습문제 | 7.6

임의의 a, b, c값에 대해서 $a \cdot x + b \cdot y = c$가 직선을 나타내는가?

연습문제 | 7.7

직선 $2x+y=3$에 대한 다른 방정식을 찾아서, 특정 직선을 나타내는 방정식 $a \cdot x + b \cdot y = c$을 결정할 때 a, b, c가 유일하지 않음을 보여라.

연습문제 | 7.8

등식 $ax+by=c$는 두 2차원 벡터의 내적을 포함하는 방정식 $(a,b) \cdot (x,y) = c$와 동치이다. 따라서 직선은 주어진 벡터와 내적이 일정한 벡터들의 집합이라고 말할 수 있다. 이 명제를 기하학적으로 설명하라.

연습문제 | 7.9

두 벡터 $(0,7)$과 $(3.5, 0)$ 모두가 방정식 $2x + y = 7$을 만족하는지 확인하라.

연습문제 | 7.10

$(3,0) + t \cdot (0,1)$에 대한 그래프를 그리고, 공식을 사용하여 일차방정식의 표준형으로 변환하라.

연습문제 | 7.11

두 벡터 v_1과 v_2를 입력으로 받아 두 점을 지나는 직선 $ax + by = c$를 찾아주는 파이썬 함수 standard_form을 작성하라.

> **힌트** 구체적으로 함수 standard_form은 상수 튜플 (a,b,c)를 출력해야 한다.

연습문제 | 7.12   미니 프로젝트

do_segments_intersect에서 4번의 거리 검사 각각에 대해, 한 검사는 실패하지만 다른 세 검사를 통과하는 한 쌍의 선분을 찾아라.

연습문제 | 7.13

본문의 레이저 빔이 나타내는 직선과 소행성 사례에서 does_intersect 함수가 True를 리턴함을 확인하라.

> **힌트** 격자선을 이용하여 소행성의 꼭짓점들을 찾아내고 소행성을 나타내는 PolygonModel 객체를 만들어보라.

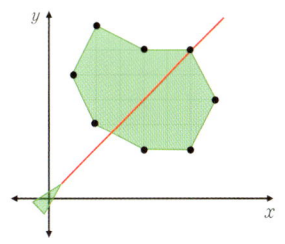

그림 소행성을 맞추는 레이저

> **연습문제 | 7.14**
>
> 현재 PolygonModel 객체가 다른 객체인 other_polygon과 충돌하는지 여부를 판단하는 does_collide(other_polygon) 메서드를 작성하라. 두 객체의 임의의 선분이 교차하는지 확인하도록 만들면 된다. 이 메서드는 소행성이 우주선이나 다른 소행성과 충돌했는지 판단하는 데 도움이 될 수 있다.

> **연습문제 | 7.15**   미니 프로젝트
>
> 다음 연립일차방정식이 유일한 해 v를 가지도록 하는 벡터 w는 존재하지 않는다.
>
> $$\begin{pmatrix} 2 & 1 \\ 4 & 2 \end{pmatrix} \mathbf{v} = \mathbf{w}$$
>
> 이 연립일차방정식이 **무수히** 많은 해를 갖도록 하는 벡터 w를 구하라. 이 연립일차방정식을 만족하는 v가 무수히 많아야 한다.

7.3 고차원으로 일차방정식 일반화하기

이제 최소한으로 동작하는 게임을 만들었으니 시야를 넓혀보자. 아케이드 게임이 아니어도 매우 다양한 문제를 연립일차방정식으로 나타낼 수 있다. 실전에서 쓰이는 일차방정식은 종종 '미지수'인 변수가 x와 y 외에도 더 있다. 그러한 방정식은 2차원보다 큰 공간에서의 점들을 설명한다. 3차원이 넘어가면 상상하기 어렵지만, 3차원은 유용한 멘탈 모델이 될 수 있다. 3차원에서 평면은 2차원에서의 직선에 비유해 생각할 수 있으며, 여러 평면은 여러 일차방정식으로 표현된다.

7.3.1 3차원에서 평면 나타내기

직선과 평면이 유사한 이유를 알고 싶으면 벡터의 내적 측면에서 직선을 생각해보자. 2차원 상에서 방정식 $ax + by = c$는 특정 벡터 (a, b)와 내적할 때 특정 수 c와 같아지는 평면 상의 점 (x, y)들의 집합이다. 그래서 방정식 $ax + by = c$는 방정식 $(a, b) \cdot (x, y) = c$와 같다. 이전 연습문제에서 이 식을 기하학적으로 해석하는 법이 어렵게 느껴졌다면 여기서 살펴보자.

만약 2차원에 어떤 점과 (영벡터가 아닌) 어떤 벡터가 있을 때, 해당 벡터와 수직이면서 해당 점을 지나는 직선은 [그림 7.20]에 나타나 있듯이 유일하다.

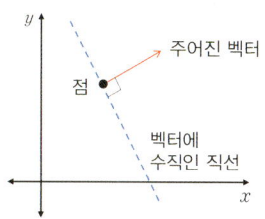

그림 7.20 주어진 점을 지나고 주어진 벡터에 수직인 유일한 직선

주어진 점을 (x_0, y_0)이라고 하고 주어진 벡터를 (a, b)라고 두면, 어떤 점 (x, y)가 직선 위에 있는지를 판정하는 기준을 작성할 수 있다. 구체적으로 (x, y)가 직선 위에 있다면 [그림 7.21]에서 볼 수 있듯이 $(x - x_0, y - y_0)$는 직선과 평행하며, 따라서 (a, b)와 수직이다. 수직인 두 벡터의 내적은 0이기 때문에 다음 문장과 동치이다.

$$(a, b) \cdot (x - x_0, y - y_0) = 0$$

이 내적을 전개하고 정리하면 다음과 같다.

$$a(x - x_0) + b(y - y_0) = 0$$
$$ax + by = ax_0 + by_0$$

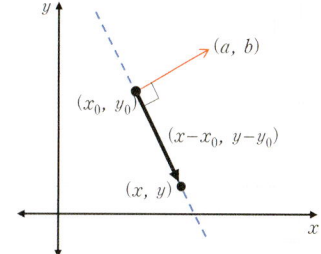

그림 7.21 직선에 평행으로 (a, b)에 수직인 벡터 $(x - x_0, y - y_0)$

위 방정식의 우변은 어떤 상수를 나타내므로 c라고 바꾸어 적을 수 있다. 이는 직선의 방정식의 일반적인 꼴인 $ax + by = c$를 만들어낸다. 이것이 바로 공식 $ax + by = c$를 기하학적으로 쉽게 해석하는 방법이다. 이 해석을 3차원으로 일반화할 수도 있다.

3차원에 점과 벡터가 주어졌을 때, 해당 점을 지나면서 해당 벡터와 수직인 평면은 **유일하다**. 해당 벡터가 (a, b, c)이고 해당 점이 (x_0, y_0, z_0)인 경우, 벡터 (x, y, z)가 평면에 있다면 $(x - x_0, y - y_0, z - z_0)$는 (a, b, c)와 수직 관계에 있다고 결론지을 수 있다. [그림 7.22]는 이러한 논리를 보여준다.

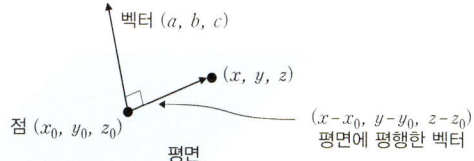

그림 7.22 벡터 (a, b, c)와 수직이면서 점 (x_0, y_0, z_0)를 지나는 평면

따라서 평면 상의 모든 점은 벡터 (a,b,c)에 수직인 벡터를 알려주며, 벡터 (a,b,c)에 수직인 모든 벡터는 평면의 한 점을 알려준다. 이러한 수직 관계는 두 벡터의 내적으로 표현할 수 있는데, 이 평면 상의 모든 점 (x,y,z)는 다음 식을 만족한다.

$$(a,b,c) \cdot (x-x_0, y-y_0, z-z_0) = 0$$

이 식을 전개하면 다음과 같다.

$$ax + by + cz = ax_0 + by_0 + cz_0$$

방정식의 우변이 상수이므로 3차원에 존재하는 모든 평면은 $ax + by + cz = d$ 꼴 방정식을 갖는다고 결론지을 수 있다. 3차원에서 계산할 문제는 이러한 평면들이 교차하는 점을 결정하거나, 위와 같은 일차방정식 여러 개가 동시에 만족하는 (x,y,z)의 값을 찾는 것이다.

7.3.2 3차원에서 연립일차방정식 풀기

평면에서 평행하지 않은 두 직선은 정확히 한 점에서 교차한다. 그러면 3차원에서 여러 평면이 교차하는 점도 하나뿐일까? 교차하는 두 평면을 그려보면 평행하지 않은 평면이 여러 점에서 교차할 수 있다. 실제로 [그림 7.23]은 평행하지 않은 두 평면이 교차할 때 무수히 많은 교점으로 이루어진 **직선**(line)이 존재함을 보여준다.

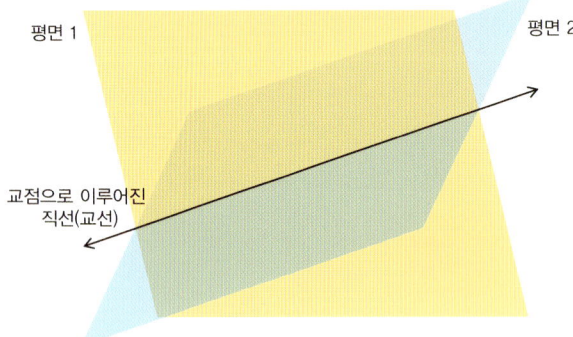

그림 7.23 직선을 따라 교차하며 평행하지 않은 두 평면

교점으로 이루어진 이 직선과 평행하지 않은 세 번째 평면을 추가하면 유일한 교점을 구할 수 있다. [그림 7.24]는 세 평면 중 두 평면을 선택하면 각각의 쌍이 직선을 이루며 교차하고, 이 직선들이 한 점에서 만남을 보여준다.

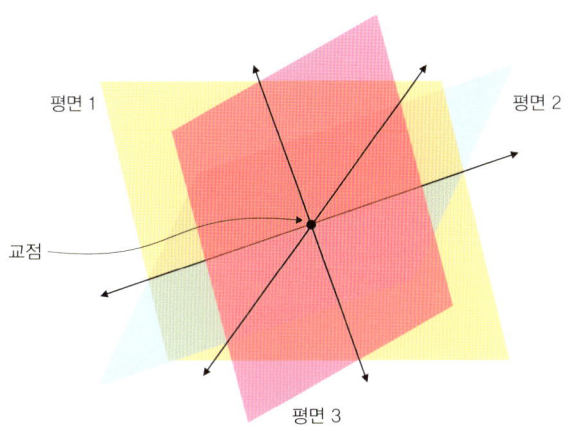

그림 7.24 평행하지 않은 두 평면끼리 이룬 세 교선의 교점

이 점을 대수적으로 찾으려면 변수가 3개인 일차방정식 3개를 모두 만족하는 공통해를 구해야 한다. 이때 일차방정식 각각은 $ax + by + cz = d$ 꼴이며 평면 하나를 나타낸다. 세 방정식으로 이루어진 연립일차방정식은 다음과 같은 꼴이다.

$$a_1 x + b_1 y + c_1 z = d_1$$
$$a_2 x + b_2 y + c_2 z = d_2$$
$$a_3 x + b_3 y + c_3 z = d_3$$

각 평면은 a_i, b_i, c_i, d_i라는 네 개의 수로 결정되는데, 여기서 $i = 1, 2, 3$이다. i는 각 평면을 가리키는 인덱스이다. 연립일차방정식에서는 이름을 붙일 변수가 너무 많기 때문에 이와 같이 아래 첨자를 도입하면 좋다. 12개의 수는 평면이 교차하는 점 (x, y, z)가 하나라도 존재한다면 구할 만한 개수이다. 이 연립일차방정식을 행렬 방정식으로 변환해서 풀어보자.

$$\begin{pmatrix} a_1 & b_1 & c_1 \\ a_2 & b_2 & c_2 \\ a_3 & b_3 & c_3 \end{pmatrix} \begin{pmatrix} x \\ y \\ z \end{pmatrix} = \begin{pmatrix} d_1 \\ d_2 \\ d_3 \end{pmatrix}$$

예를 들어 세 평면이 다음 방정식으로 주어진다고 하자.

$$x + y - z = -1$$
$$2y - z = 3$$
$$x + z = 2$$

소스 코드에서 Matplotlib을 사용해 이 평면을 플로팅하는 방법을 볼 수 있다. [그림 7.25]는 그 결과를 보여준다.

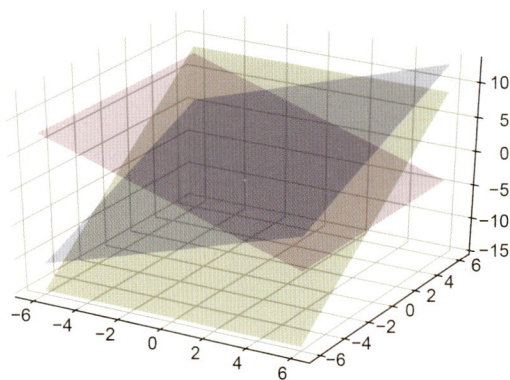

그림 7.25 Matplotlib을 사용해 표시한 세 평면

관찰하기 쉽지는 않지만 여기 어딘가에 세 평면이 교차한다. 교점을 찾으려면 세 개의 일차방정식을 동시에 만족시키는 x, y, z값이 필요하다. 다시 한 번 연립일차방정식을 행렬 꼴로 변환하고 NumPy를 사용하여 풀 수 있다. 이 연립일차방정식과 동등한 행렬 방정식은 다음과 같다.

$$\begin{pmatrix} 1 & 1 & -1 \\ 0 & 2 & -1 \\ 1 & 0 & 1 \end{pmatrix} \begin{pmatrix} x \\ y \\ z \end{pmatrix} = \begin{pmatrix} -1 \\ 3 \\ 2 \end{pmatrix}$$

행렬과 벡터를 파이썬의 NumPy 배열로 변환하면 해 벡터를 빠르게 찾을 수 있다.

```
>>> matrix = np.array(((1,1,-1),(0,2,-1),(1,0,1)))
>>> vector = np.array((-1,3,2))
>>> np.linalg.solve(matrix,vector)
array([-1., 3., 3.])
```

이는 세 평면이 모두 교차하는 점 (x,y,z)가 $(-1,3,3)$이며 이 점이 세 개의 일차방정식을 동시에 만족함을 알려준다.

계산은 NumPy로 쉽게 할 수 있었지만 3차원에서 연립일차방정식을 시각화하는 게 더 어렵다. 3차원을 넘어서면 연립일차방정식을 시각화하기 어렵지만 여전히 기계적으로 풀 수 있다. 차수에 상관없이 직선이나 평면에 비유할 수 있는 객체를 **초평면**(hyperplane)이라고 하는데, 우리가 풀고자 하는 문제는 여러 개의 초평면이 교차하는 지점을 구하는 것으로 요약된다.

7.3.3 대수적으로 초평면 학습하기

정확히 말하면 n차원에서의 초평면은 미지수인 변수를 n개 가진 일차방정식의 해이다. 직선은 2차원에서의 1차원 초평면이고, 평면은 3차원에서의 2차원 초평면이다. 4차원에서 일차방정식의 표준형은 다음과 같은 꼴이다.

$$aw + bx + cy + dz = e$$

이 방정식의 해 (w,x,y,z)의 집합은 4차원에서의 3차원 초평면이라는 영역을 형성한다. 3차원이라는 관형어를 사용할 때에는 주의해야 한다. '4차원에서의 3차원 부분공간'과 유사하다고 생각할 수 있지만 3차원 초평면이 언제나 $\mathbb{R}^4$에서의 3차원 벡터 부분공간은 아니기 때문이다. 2차원에서도 마찬가지이다. 2차원에서 원점을 지나는 직선은 $\mathbb{R}^2$의 벡터 부분공간이지만, 원점을 지나지 않는 직선은 벡터 부분공간이 아니기 때문이다. 하지만 3차원 초평면은 벡터 부분공간이든 아니든 간에 3차원이라고 부를 수 있다. 해집합 내의 한 점에서 시작해 어느 해에라도 도달할 수 있는 일차독립인 방향이 3개 있기 때문이다. 이는 임의의 평면을 탐구하려면 일차독립인 방향이 2개 필요한 것과 마찬가지이다. 이 부분을 이해했는지 확인할 수 있도록 [연습문제 7.17]에 미니 프로젝트를 포함하였다.

고차원에서 일차방정식을 쓰다 보면 좌표와 계수를 나타낼 문자가 모자랄 위험이 있다. 이는 아래 첨자로 인덱스를 붙인 문자를 사용하여 해결한다. 예를 들어 4차원에서 일차방정식의 표준형을 다음과 같이 쓸 수 있다.

$$a_1 x_1 + a_2 x_2 + a_3 x_3 + a_4 x_4 = b$$

여기서 계수는 a_1, a_2, a_3, a_4이며, 4차원 벡터는 좌표가 (x_1, x_2, x_3, x_4)이다. 마찬가지로 10차원에서 일차방정식을 다음과 같이 쉽게 나타낼 수 있다.

$$a_1x_1 + a_2x_2 + a_3x_3 + a_4x_4 + a_5x_5 + a_6x_6 + a_7x_7 + a_8x_8 + a_9x_9 + a_{10}x_{10} = b$$

항을 합하는 패턴이 명확하면 줄임표($\cdots$)를 사용해 공간을 절약할 수 있다. 위 식은 $a_1x_1 + a_2x_2 + \cdots + a_{10}x_{10} = b$라고 쓸 수도 있다. 또 다른 간결한 표기법으로 합 기호를 그리스 문자 $\sum$ (sigma, 시그마)로 나타낸다. 인덱스 i의 범위가 $i=1$에서 $i=10$까지일 때 $a_i x_i$ 꼴인 항들을 합한 결과가 어떤 수 b와 같다고 명시하고 싶을 때, 다음과 같이 간략히 쓸 수 있다.

$$\sum_{i=1}^{10} a_i x_i = b$$

이 방정식은 앞의 방정식과 의미가 같다. 단지 더 간결하게 표기했을 뿐이다. 차원의 수 n에 관계없이 일차방정식의 표준형은 형태가 동일하다.

$$a_1x_1 + a_2x_2 + ... + a_n x_n = b$$

n차원에서 m개의 연립일차방정식을 나타낼 때에는 인덱스가 더 많이 필요하다. 등호 좌변에 나열된 상수들은 a_{ij}라고 쓴다. 여기서 아래 첨자 i는 가리키는 방정식이 몇 번째인지를 나타내며 아래 첨자 j는 해당 상수가 몇 번째 좌표(x_j)와 곱해졌는지를 나타낸다. 예를 들어 n차원에서 m개의 연립일차방정식은 다음과 같이 쓸 수 있다.

$$a_{11}x_1 + a_{12}x_2 + ... + a_{1n}x_n = b_1$$
$$a_{21}x_1 + a_{22}x_2 + ... + a_{2n}x_n = b_2$$
$$...$$
$$a_{m1}x_1 + a_{m2}x_2 + ... + a_{mn}x_n = b_m$$

3번째 방정식부터 $m-1$번째 방정식은 줄임표를 사용하여 생략했다. 방정식은 m개이고 각 방정식의 좌변에는 상수가 n개 존재하므로 a_{ij} 꼴의 상수는 총 mn개가 있다. 우변에는 m개의 상수 $b_1, b_2, ..., b_m$이 각 방정식에 1개씩 등장한다.

앞의 연립일차방정식을 (미지수인 변수의 개수에 해당하는) 차수 및 방정식 개수와 무관하게 일차방정식처럼 표현할 수도 있다. n개의 미지수와 m개의 일차방정식으로 이루어진 연립일차방정식은 [그림 7.26]처럼 행렬로 다시 쓸 수 있다.

$$\begin{pmatrix} a_{11} & a_{12} & \cdots & a_{1n} \\ a_{21} & a_{22} & \cdots & a_{2n} \\ \vdots & \vdots & \ddots & \vdots \\ a_{m1} & a_{m2} & \cdots & a_{mn} \end{pmatrix} \begin{pmatrix} x_1 \\ x_2 \\ \vdots \\ x_n \end{pmatrix} = \begin{pmatrix} b_1 \\ b_2 \\ \vdots \\ b_m \end{pmatrix}$$

그림 7.26 행렬 꼴로 나타낸, m개의 일차방정식과 n개의 미지수를 가진 연립일차방정식

7.3.4 차원, 방정식과 해의 개수 세기

2차원과 3차원에서 해가 없는 연립일차방정식 또는 해가 유일하지 않은 연립일차방정식이 있을 수 있음을 살펴보았다. 그렇다면 미지수가 n개이고 방정식이 m개인 연립일차방정식이 풀 수 있는 문제인지 어떻게 알 수 있을까? 다시 말해 n차원에서 m개의 초평면이 유일한 교점을 갖는지 어떻게 알 수 있을까? 이 장의 마지막 절에서 깊이 논의하겠지만, 바로 도출할 수 있는 중요한 결론이 하나 있다.

2차원에서는 두 직선이 한 점에서 교차할 수 있다. 두 직선의 위치 관계에 따라 다르겠지만 교차하지 않을 수도 있고 교차할 수도 있다. 이 명제를 대수학적으로 나타내면 '변수가 2개이고 방정식이 2개인 연립일차방정식은 유일한 해를 가질 수 있다.'가 된다.

3차원에서는 세 평면이 한 점에서 교차할 수 있다. 항상 그런 것은 아니지만 3차원에서 점을 명시할 때 평면(일차방정식)은 최소 3개가 필요하다. 평면이 두 개뿐이라면 가능한 해가 적어도 1차원 공간인데, 이 1차원 공간은 교점으로 이루어진 교선이다. 대수학적으로 2차원에서 유일한 해를 얻으려면 일차방정식이 2개는 필요하고 3차원에서 유일한 해를 얻으려면 일차방정식이 3개 필요하다. 일반적으로 n차원에서 유일한 해를 얻으려면 일차방정식이 n개 필요하다.

4차원 좌표를 (x_1, x_2, x_3, x_4)라고 할 때의 예시를 살펴보자. 이 예시는 극도로 단순하지만 매우 구체적이라서 유용하게 쓸 수 있다. 첫 번째 일차방정식을 $x_4 = 0$이라 하자. 이 일차방정식의 해는 3차원 초평면으로 $(x_1, x_2, x_3, 0)$ 꼴 벡터들로 이루어져 있다. 이 초평면은 명백히 해로 이루어진 3차원 공간이며 기저가 $(1,0,0,0), (0,1,0,0), (0,0,1,0)$인 $\mathbb{R}^4$의 벡터 부분공간임을 보일 수 있다.

두 번째 일차방정식을 $x_2 = 0$이라 하자. 이 일차방정식의 해 자체는 역시 3차원 초평면이다. 두 3차원 초평면의 교집합은 2차원 공간이며, $(x_1, 0, x_3, 0)$ 꼴 벡터들로 이루어져 있고 두 방정식을 모두 만족한다. 이를 그림으로 표현할 수 있다면 4차원 공간에 존재하는 2차원 공간일 것이다. 구체적으로 이 교집합은 $(1,0,0,0)$과 $(0,0,1,0)$으로 생성된 평면이다.

이 자체로 초평면을 정의하는 일차방정식 $x_1 = 0$을 추가하면 세 방정식을 모두 만족하는 해는 이제 1차원 공간이 된다. 이 1차원 공간의 벡터는 4차원에서 직선 위에 있으며 $(0, 0, x_3, 0)$ 꼴이다. 이 직선은 x_3이고, $\mathbb{R}^4$의 1차원 부분공간이다.

마지막으로 네 번째 일차방정식 $x_3 = 0$을 덧붙이면 유일한 해는 $(0,0,0,0)$으로 영차원 벡터공간이다. $x_4 = 0$, $x_2 = 0$, $x_1 = 0$, $x_3 = 0$이라는 각각의 명제는 사실 일차방정식이지만 단순히 해 $(x_1, x_2, x_3, x_4) = (0,0,0,0)$ 자체를 설명한다. 단일 점 $(0,0,0,0)$으로 이루어진 영차원 공간을 얻을 때까지 방정식을 추가할 때마다 해공간의 차원은 하나씩 감소한다.

만약 다른 방정식을 선택한다면 각 단계가 이렇게까지 명확하게 보이진 않을 것이다. 매번 추가되는 초평면이 해공간의 차원을 1씩 줄이는지 확인해야 할 것이다. 예를 들어 $x_1 = 0$과 $x_2 = 0$에서 시작했다고 하자. 해집합은 2차원 공간으로 줄어들지만, 변수가 섞인 다른 방정식 $x_1 + x_2 = 0$을 추가했다면 해공간에는 아무런 영향이 없다. x_1과 x_2가 이미 0으로 제약되었기 때문에 방정식 $x_1 + x_2 = 0$을 자동으로 만족한다. 따라서 세 번째 방정식은 해집합에 해의 구체성을 추가로 부여하지 않는다.

첫 번째 예시에서 3개의 일차방정식을 만족하는 4차원은 $1(= 4 - 3)$차원 해공간을 남겨주었다. 하지만 두 번째 예시에서 3개의 일차방정식은 덜 구체적인 2차원 해공간을 묘사한다. 마찬가지로 n차원(n개의 미지수인 변수)에 n개의 일차방정식이 있다면 유일한 해인 영차원 해공간이 있을 수도 있지만 언제나 그렇지는 않다. 일반적으로 말하면 n차원을 다룰 때 m개의 일차방정식이 가져다주는 해공간의 가장 낮은 차수는 $n - m$이다. 이때 이 연립일차방정식은 **독립**(independent)이라고 한다.

공간의 각 기저 벡터는 일차결합에 추가될 때마다 공간에서 우리가 움직일 수 있는 독립적인 방향을 새로 부여한다. 공간에서 독립인 방향을 때때로 **자유도**(degrees of freedom)라고 한다. 예를 들어 z방향은 평면에 갇혀 있던 우리에게 3차원이라는 더 넓은 공간으로 갈 '자유'를 준다. 이에 반하여 (어떤 연립일차방정식에) 추가되더라도 독립인 일차방정식은 모두 일종의 제약이다. 자유도를 1만큼 줄이고 해공간을 제약해서 차수를 낮추기 때문이다. 독립인 자유도의 개수(차원)가 독립인 제약조건의 개수(일차방정식)와 같으면 자유도는 없으며 유일한 점만 남는다.

이는 선형대수학에서 주요하게 다루는 철학적인 논점이며, 미니 프로젝트에서 더 탐구할 수 있다. 이 장의 마지막 절에서 독립인 방정식의 개념과 (일차)독립인 벡터들의 개념을 연결하겠다.

7.3.5 연습문제

연습문제 | 7.16

$(5,4)$를 지나고 $(-3,3)$에 수직인 직선의 방정식을 구하라.

연습문제 | 7.17 미니 프로젝트

4차원에서 두 개의 일차방정식으로 구성된 연립일차방정식을 생각해보자.

$$x_1 + 2x_2 + 2x_3 + x_4 = 0$$
$$x_1 - x_4 = 0$$

이 연립일차방정식의 해가 4차원의 벡터 부분공간을 이루는지 대수적으로 설명하라.

연습문제 | 7.18

점 $(1,1,1)$을 지나고 벡터 $(1,1,1)$에 수직인 평면을 나타내는 일차방정식의 표준형을 구하라.

연습문제 | 7.19 미니 프로젝트

3차원 점 3개를 입력으로 받아서 점이 놓인 평면방정식의 표준형을 리턴하는 파이썬 함수를 작성하라. 예를 들어 방정식의 표준형이 $ax + by + cz = d$이면 함수는 튜플 (a,b,c,d)를 리턴한다.

힌트 주어진 세 벡터 중 임의의 두 벡터의 차는 평면과 평행하다. 따라서 벡터의 차를 두 개 구해서 외적하면 평면과 수직이 될 것이다.

연습문제 | 7.20

다음 행렬 방정식에서 상수 a_{ij}와 방정식의 개수, 미지수가 각각 몇 개인지 구하라. 줄임표를 쓰지 않고 전체 행렬 방정식과 전체 연립일차방정식을 써보라.

$$\begin{pmatrix} a_{11} & a_{12} & \cdots & a_{17} \\ a_{21} & a_{22} & \cdots & a_{27} \\ \vdots & \vdots & \ddots & \vdots \\ a_{51} & a_{52} & \cdots & a_{57} \end{pmatrix} \begin{pmatrix} x_1 \\ x_2 \\ \vdots \\ x_7 \end{pmatrix} = \begin{pmatrix} b_1 \\ b_2 \\ \vdots \\ b_5 \end{pmatrix}$$

연습문제 | 7.21

합을 축약하는 기호를 사용하지 않고 일차방정식 $\sum_{i=1}^{3} x_i = 1$을 써보라. 이 일차방정식의 해집합을 기하학적으로 설명하라.

연습문제 | 7.22

세 평면 중 어느 둘도 평행하지 않고 세 평면의 교점이 한 개가 아닐 때, 세 평면의 개형을 그려라. 방정식을 구해서 그려도 좋다.

연습문제 | 7.23

m개의 일차방정식과 n개의 미지수인 변수가 있다고 하자. 다음의 m, n값에 대해 유일한 해가 존재하는지 여부를 판단하라.

(a) $m=2$, $n=2$
(b) $m=2$, $n=7$
(c) $m=5$, $n=5$
(d) $m=3$, $n=2$

연습문제 | 7.24

교집합이 단일 점, 직선, 평면인 경우를 각각 만족하는 세 평면을 구하라.

연습문제 | 7.25

5차원에서 연립일차방정식 $x_5 = 3$, $x_2 = 1$, $x_4 = -1$, $x_1 = 0$, $x_1 + x_2 + x_3 = -2$의 해를 파이썬을 사용하지 않고 구하라. NumPy로 답을 확인하라.

연습문제 | 7.26 미니 프로젝트

어느 차원에서도 항등사상으로 동작하는 항등행렬이 있다. n차원 항등행렬 I와 임의의 벡터 $\mathbf{v}$를 곱한 결과가 동일한 벡터 $\mathbf{v}$이다. 즉, $I\mathbf{v} = \mathbf{v}$이다. 그러면 연립일차방정식 $I\mathbf{v} = \mathbf{w}$는 해가 뻔하다는 뜻이다. $\mathbf{v}$의 답 중 하나는 $\mathbf{v} = \mathbf{w}$이다. 이 미니 프로젝트의 발상은 연립일차방정식 $A\mathbf{v} = \mathbf{w}$에서 시작해서 이 식의 양변에 $(BA) = I$가 되는 다른 행렬 B를 곱하는 것이다. 만약 그러한 B가 있다면 $(BA)\mathbf{v} = B\mathbf{w}$이므로 $I\mathbf{v} = B\mathbf{w}$, 즉 $\mathbf{v} = B\mathbf{w}$임을 알게 된다. 다시 말해 $A\mathbf{v} = \mathbf{w}$라는 연립일차방정식과 앞의 조건을 만족하는 적절한 행렬 B가 있을 때 이 연립일차방정식의 해는 바로 $B\mathbf{w}$이다. 이 행렬 B를 A의 **역행렬**(inverse matrix)이라고 한다.

7.3.2절에서 푼 연립일차방정식을 다시 보자.

$$\begin{pmatrix} 1 & 1 & -1 \\ 0 & 2 & -1 \\ 1 & 0 & 1 \end{pmatrix} \begin{pmatrix} x \\ y \\ z \end{pmatrix} = \begin{pmatrix} -1 \\ 3 \\ 2 \end{pmatrix}$$

주어진 행렬의 역행렬을 리턴하는 NumPy 함수 `numpy.linalg.inv(matrix)`를 사용해서 연립일차방정식 좌변에 있는 행렬의 역행렬을 구하라. 그 뒤 연립일차방정식의 양변에 이 역행렬을 곱해서 해를 구하라. Numpy의 연립일차방정식 풀이 프로그램(solver)이 준 결과와 구한 해를 비교하라.

힌트 계산을 더 단순하게 하고 싶다면 NumPy의 내장 행렬 곱셈 루틴인 `numpy.matmul`을 사용할 수도 있다.

7.4 연립일차방정식을 풀어서 기저 바꾸기

벡터의 일차독립 개념은 일차방정식의 독립 개념과 분명히 연관되어 있다. 이 연결고리는 연립일차방정식의 풀이법이 다른 기저로 벡터를 다시 표현하는 것과 동치라는 점에서 비롯한다. 2차원에서 이 의미를 탐구해보자. 벡터의 좌표를 $(4,3)$과 같이 쓴다는 것은 암묵적으로 이 벡터를 표준 기저 벡터의 일차결합으로 나타내는 것이다.

$$(4,3) = 4\mathbf{e}_1 + 3\mathbf{e}_2$$

6장에서 $\mathbf{e}_1 = (1,0)$과 $\mathbf{e}_2 = (0,1)$로 구성된 표준 기저 외에도 다른 기저를 사용할 수 있음을 배웠다. 예를 들어 두 벡터 $\mathbf{u}_1 = (1,1)$과 $\mathbf{u}_2 = (-1,1)$은 $\mathbb{R}^2$의 기저를 구성한다. 임의의 2차원 벡터는 $\mathbf{e}_1$과 $\mathbf{e}_2$의 일차결합으로 쓸 수 있으므로 $\mathbf{u}_1$과 $\mathbf{u}_2$의 일차결합으로도 쓸 수 있다. 다음 식이 참이 되게 하는 c, d는 있지만 어떤 값이어야 참이 되는지는 바로 알 수는 없다.

$$c \cdot (1,1) + d \cdot (-1,1) = (4,2)$$

[그림 7.27]은 이를 시각적으로 나타낸다.

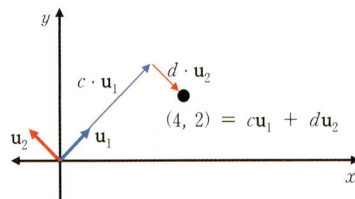

그림 7.27 $(4,2)$를 $\mathbf{u}_1 = (1,1)$과 $\mathbf{u}_2 = (-1,1)$의 일차결합으로 나타내기

일차결합이라는 측면에서 위의 방정식은 다음 행렬 방정식과 동일하다.

$$\begin{pmatrix} 1 & -1 \\ 1 & 1 \end{pmatrix} \begin{pmatrix} c \\ d \end{pmatrix} = \begin{pmatrix} 4 \\ 2 \end{pmatrix}$$

이 또한 연립일차방정식이다! 이 경우 값을 모르는 벡터가 (x,y)가 아닌 (c,d)로 표기되었을 뿐이며, 행렬 방정식에 숨겨진 일차방정식은 $c-d=4$와 $c+d=2$이다. $\mathbf{u}_1$과 $\mathbf{u}_2$의 서로 다른 일차결합을 정의하는 벡터 (c,d)는 2차원 공간을 구성하지만, 두 방정식을 동시에 만족하는 벡터는 오직 하나뿐이다.

임의로 선택된 순서쌍 (c,d)는 서로 다른 일차결합을 정의한다. 예를 들어 $(c,d)=(3,1)$을 살펴보자. 벡터 $(3,1)$은 $\mathbf{u}_1$과 $\mathbf{u}_2$이 존재하는 벡터공간과 같은 벡터공간에 존재하지 않는다. 이 벡터는 순서쌍의 좌표가 (x,y)가 아니라 (c,d)인 벡터공간에 있으며, 각 순서쌍은 $\mathbf{u}_1$과 $\mathbf{u}_2$의 서로 다른 일차결합을 묘사하기 때문이다. 따라서 점 $(c,d)=(3,1)$은 원래 2차원 공간에서 특정 일차변환을 묘사한다. 실제로 $3\mathbf{u}_1+1\mathbf{u}_2$는 [그림 7.28]처럼 점 $(x,y)=(2,4)$를 가리킨다.

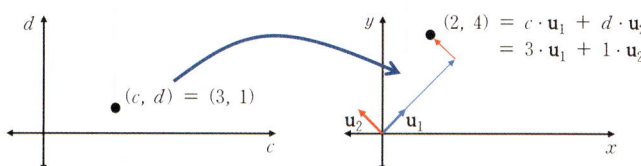

그림 7.28 2차원 공간의 한 점 $(c,d)=(3,1)$이 나타내는 일차결합 $3\mathbf{u}_1+1\mathbf{u}_2=(2,4)$

앞에서 $(4,2)$를 $\mathbf{u}_1$과 $\mathbf{u}_2$의 일차결합으로 만들려고 했던 것을 떠올려보자. 따라서 이 결과는 우리가 찾던 일차결합이 아니다. $c\mathbf{u}_1+d\mathbf{u}_2$가 $(4,2)$와 같아지려면 $c-d=4$이고 $c+d=2$를 만족시켜야 한다.

이제 cd평면에 연립일차방정식을 그려보자. 점 $(3,-1)$이 $c+d=2$와 $c-d=4$를 모두 만족함을 알 수 있다. [그림 7.29]에서 살펴볼 수 있듯이 $\mathbf{u}_1$과 $\mathbf{u}_2$의 일차결합으로 $(4,2)$를 도출하는 스칼라 쌍을 알 수 있다.

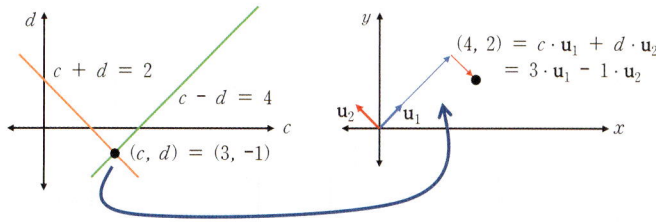

그림 7.29 $c+d=2$와 $c-d=4$를 모두 만족하는 점 $(c,d)=(3,-1)$

이제 두 종류의 기저 벡터 쌍을 각각 사용해서 $(4,2)$를 일차결합으로 나타낼 수 있다. 즉 $(4,2) = 4\mathbf{e}_1 + 2\mathbf{e}_2$이고 $(4,2) = 3\mathbf{u}_1 - 1\mathbf{u}_2$로 쓸 수 있다. 여러분도 알다시피 좌표 $(4,2)$는 정확히 일차결합 $4\mathbf{e}_1 + 2\mathbf{e}_2$의 스칼라(계수)를 가리킨다. 축을 다르게 설정했다면 $\mathbf{u}_1$과 $\mathbf{u}_2$도 표준 기저가 될 수 있었을 것이다. 그러면 벡터는 $3\mathbf{u}_1 - \mathbf{u}_2$이고 좌표는 $(3,-1)$이라고 이야기했을 것이다. 좌표는 기저의 선택에 의해서 결정된다는 점을 강조하기 위해 '이 벡터는 표준 기저에서 좌표가 $(4,2)$이다.'라고 말할 수 있지만, 이 벡터는 $\mathbf{u}_1$과 $\mathbf{u}_2$로 이루어진 기저에서 좌표가 $(3,-1)$이라고도 말할 수 있다.

다른 기저에 대해 벡터의 좌표를 구하는 문제는 연립일차방정식의 해를 계산하는 문제를 변장시켜놓은 한 사례이다. 이 사례는 모든 연립일차방정식을 이와 같이 기저를 바꾸어 좌표를 구하는 문제로 볼 수 있다는 뜻이므로 중요하다. 이제 그 의미를 이해하기 위해 다른 3차원 예시를 살펴보자.

7.4.1 3차원 예제 풀어보기

우선 3차원 연립일차방정식을 만든 뒤에 이 예시를 해석하자. 2×2 행렬과 2차원 벡터 대신에 다음 3×3 행렬과 3차원 벡터에서 시작할 수 있다.

$$\begin{pmatrix} 1 & -1 & 0 \\ 0 & -1 & -1 \\ 1 & 0 & 2 \end{pmatrix} \begin{pmatrix} x \\ y \\ z \end{pmatrix} = \begin{pmatrix} 1 \\ 3 \\ -7 \end{pmatrix}$$

여기서 3차원 벡터를 구해야 한다. 다시 말해 이 벡터를 특정하는 세 수를 구할 필요가 있다. 행렬 곱셈을 해보면 이 행렬 방정식을 세 개의 식으로 쪼갤 수 있다.

$$1 \cdot x - 1 \cdot y + 0 \cdot z = 1$$
$$0 \cdot x - 1 \cdot y - 1 \cdot z = 3$$
$$1 \cdot x + 0 \cdot y + 2 \cdot z = -7$$

이 연립일차방정식은 3개의 미지수가 있고 3개의 일차방정식으로 이루어졌으며 $ax + by + cz = d$가 3차원 일차방정식의 표준형임에 유의한다. 7.3.1절에서는 3차원 일차방정식을 기하학적으로도 살펴보았음을 기억하기 바란다. 일차방정식의 표준형은 2차원에서 직선이지만 3차원에서는 평면을 의미한다.

이제 이 연립일차방정식을 계수가 정해지지 않은 일차결합으로 바라보자. 앞에서 등장한 행렬 방정식은 다음과 동치이다.

$$x\begin{pmatrix}1\\0\\1\end{pmatrix} + y\begin{pmatrix}-1\\-1\\0\end{pmatrix} + z\begin{pmatrix}0\\-1\\2\end{pmatrix} = \begin{pmatrix}1\\3\\-7\end{pmatrix}$$

이 방정식을 푸는 문제는 다음 질문에 답하는 것과 같다. $(1,0,1)$, $(-1,-1,0)$, $(0,-1,2)$의 일차결합 중 벡터 $(1,3,-7)$을 형성하는 일차결합은? 이 문제는 2차원 예시보다 상상하기 어렵고 손으로 답을 구하기도 힘들다. 다행히 우리는 NumPy가 미지수가 3개인 연립일차방정식을 처리할 수 있다는 사실을 알고 있으니 다음과 같이 NumPy의 연립일차방정식 풀이 프로그램에 3×3 행렬과 3차원 벡터를 입력으로 전달하기만 하면 된다.

```
>>> import numpy as np
>>> w = np.array((1,3,-7))
>>> a = np.array(((1,-1,0),(0,-1,-1),(1,0,2)))
>>> np.linalg.solve(a,w)
array([ 3., 2., -5.])
```

따라서 위 연립일차방정식의 해는 $x=3$, $y=2$, $z=-5$이다. 다시 말해 이 값들은 우리가 기대하는 일차결합을 형성하는 계수에 해당한다. 이제 벡터 $(1,3,-7)$은 기저가 $(1,0,1)$, $(-1,-1,0)$, $(-0,-1,2)$일 때 좌표가 $(3,2,-5)$임을 알 수 있다.

이 이야기는 고차원에서도 마찬가지이다. 이론적으로 가능한 상황이라면 어떤 벡터를 다른 벡터의 일차결합으로 쓸 수 있으며, 연립일차방정식을 풀어야 할 수 있다. 하지만 언제나 벡터를 일차결합으로 쓸 수 있는 건 아니다. 마찬가지로 모든 연립일차방정식이 유일한 해를 갖는 것도 아닌데다 해가 없는 경우조차 있다. 결론적으로 벡터 집합이 기저를 이루는지에 대한 질문은 연립일차방정식이 유일한 해를 갖는가에 대한 질문과 계산 측면에서 동등하다.

이 심오한 연결고리는 선형대수학에 초점을 맞춘 1부를 마무리하기에 좋은 소재이다. 이 책 전체에서 선형대수학에 대한 퍼즐 조각을 더 찾을 수 있다. 선형대수학은 2부의 핵심 주제인 미분적분학과 결합하면 더 유용하게 될 것이다.

7.4.2 연습문제

연습문제 | 7.27

벡터 $(5,5)$를 $(10,1)$과 $(3,2)$의 일차결합으로 나타내는 방법을 설명하라.

연습문제 | 7.28

벡터 $(3,0,6,9)$를 네 벡터 $(0,0,1,1)$, $(0,-2,-1,-1)$, $(1,-2,0,2)$, $(0,0,-2,1)$의 일차결합으로 나타내라.

요약

- 2차원 비디오 게임에서 모델 객체는 선분으로 구성한 다각형 모양으로 만들 수 있다.
- 두 벡터 u와 v가 있을 때, 임의의 실수 t에 대하여 u+tv 꼴의 점은 어떤 직선 위에 있다. 사실 이 식을 이용해 어떠한 직선도 묘사할 수 있다.
- a와 b 중 적어도 하나가 0이 아닌 실수 a,b,c가 주어졌을 때, $ax+by=c$를 만족하는 평면의 점 (x,y)는 어떤 직선 위에 있다. 이를 직선의 방정식의 **표준형**이라고 한다. 또한 어떠한 직선도 a,b,c를 적절히 고르면 표준형으로 나타낼 수 있다. 직선의 방정식을 **일차방정식**이라고 한다.
- 평면에서 두 선의 교점을 구하는 것은 두 개의 일차방정식을 동시에 만족시키는 (x,y)를 구하는 것과 같다. 각 해가 주어진 일차방정식을 모두 만족시켜야 할 때, 그러한 일차방정식의 집합을 **연립일차방정식**이라고 한다.
- 2차원에서 방정식이 2개인 연립일차방정식을 푸는 것은 주어진 2×2 행렬과 어떤 벡터를 곱해야 주어진 벡터가 되는지를 구하는 것과 동치이다.
- NumPy에는 `numpy.linalg.solve`라는 내장 함수가 있는데, 이 함수는 행렬과 벡터를 입력으로 받아서 그에 대응하는 연립일차방정식을 풀 수 있는 경우에 한해 자동으로 해를 구한다.
- 어떤 연립일차방정식은 풀 수 없다. 예를 들어 두 직선이 평행하면 교점이 없거나 (두 직선이 같은 직선이라) 교점이 무한히 많을 수 있다. 이는 두 직선의 방정식을 동시에 만족하는 (x,y)값이 없음을 의미한다. 이러한 연립일차방정식을 나타내는 행렬을 **특이 행렬**이라고 한다.
- 3차원에서의 평면은 2차원에서의 직선과 유사하다. 3차원에서의 평면은 $ax+by+cz=d$ 꼴의 방정식을 만족하는 점 (x,y,z)의 집합이다.
- 3차원에서 평행하지 않은 두 평면은 무수히 많은 점에서 교차하며, 구체적으로 이 점들의 집합은 3차원에서 1차원 직선을 형성한다. 세 평면은 교점이 유일할 수도 있다. 이 예는 평면을 나타내는 세 개의 일차방정식으로 이루어진 연립일차방정식을 풀면 된다.
- 2차원에서의 직선과 3차원에서의 평면은 **초평면**의 특수한 사례이다. 초평면은 n차원에서 하나의 일차방정식의 해인 점들의 집합이다.
- n차원에서는 적어도 n개의 일차방정식이 있어야 대응하는 연립일차방정식이 유일한 해를 가진다. 정확히 n개의 일차방정식이 있고 대응하는 연립일차방정식이 유일한 해를 가지면 이 연립일차방정식을 **독립**이라고 한다.
- 벡터를 주어진 벡터 집합의 일차결합으로 나타내는 문제는 연립일차방정식의 해를 구하는 것과 계산 측면에서 동치이다. 일차결합에 사용된 벡터 집합이 해당 공간의 기저에 해당한다면, 이 문제는 언제나 풀 수 있다.

Part II

미분적분학과 물리 시뮬레이션
Calculus and Physical Simulation

- 8장 변화율 이해하기
- 9장 움직이는 물체 시뮬레이션하기
- 10장 기호 수식 다루기
- 11장 힘의 장 시뮬레이션하기
- 12장 물리계 최적화하기
- 13장 푸리에 급수로 음파 분석하기

이 책의 2부에서는 미분적분학을 개략적으로 살펴본다. 대체로 미분적분학은 연속적인 변화에 대한 학문이기 때문에 우리는 다양한 양의 변화율을 어떻게 측정할 것인지, 그리고 이러한 변화율이 우리에게 무엇을 말해줄 수 있는지에 대해 많은 이야기를 할 것이다.

미분적분학은 개념이 낯설어서라기보다는 많은 대수학이 필요해서 어렵다는 불평이 쏟아진다. 자동차를 소유하거나 운전해 본 적이 있다면 비율과 누적값이라는 개념을 직관적으로 이해할 수 있다. 속도계는 시간의 경과에 따른 이동 거리의 **비율**(rate)을 측정하는 반면에 주행거리계(odometer)는 주행 거리를 측정한다. 어느 정도까지는 속도계와 주행거리계의 측정값은 서로 대응해야 한다. 만약 속도계가 일정 기간에 더 높은 값을 나타낸다면 주행거리계는 더 많이 증가해야 하고, 그 반대의 경우도 마찬가지일 것이다.

미분적분학에서는 각 시간에 대한 누적값을 주는 함수가 있다면, 그 변화율도 마찬가지로 시간에 대한 함수로 계산할 수 있다. '누적' 함수를 입력하면 '비율' 함수를 리턴하는 이 연산을 **미분**(differentiation)이라고 한다. 마찬가지로 비율 함수를 주면 이에 대응하는 누적함수를 재구성할 수 있는데, 이것이 **적분**(integration)이라고 하는 연산이다. 우리는 8장 전부를 투자해 이러한 변환이 개념적으로 타당함을 확인하면서, 이 개념을 측정된 유체의 부피(누적 함수)와 유체의 유량(대응하는 비율 함수)에 적용한다. 9장에서는 이러한 발상을 고차원으로 확장한다. 비디오 게임 엔진에서 움직이는 물체를 시뮬레이션하려면 좌표별로 속도와 위치의 관계를 고려해야 한다.

8장과 9장에서 미분적분학을 개념적으로 이해하고 나면 10장에서는 그 메커니즘을 다룰 것이다. 여러분이 예전에 들었던 미분적분학 수업보다는 더 즐거우리라 생각한다. 수학 공식은 대부분 파이썬이 처리해줄 것이기 때문이다. 우리는 수식을 작은 컴퓨터 프로그램처럼 모델링할 것이다. 이를 파싱하고 변환해서 해당 수식에 미분과 적분을 적용해 **도함수**(derivative)와 **적분 결과**(integral)를 구할 수 있다. 따라서 10장은 코드를 이용해 수학을 하는 다른 접근법을 보여주며, 이 방법을 **기호 프로그래밍**(symbolic programming)이라고 한다.

11장은 다차원 미분적분학으로 되돌아온다. 속도계의 속력이나 파이프에 흐르는 유체의 유량은 시간이 나타내는 시점에 따라 그 값이 바뀌는 시간에 대한 함수지만, 공간상의 위치에 따라 그 값이 바뀌는 공간에 대한 함수로도 생각할 수 있다. 예를 들어 중력의 세기를 2차원 함수로 나타내면 7장의 비디오 게임에 꽤 흥미로운 물리적 성질을 추가할 수 있다. 공간에 대한 함수에서 중요한 미분적분학 연산으로 그라디언트(gradient)가 있다. 그라디언트는 함수가 공간상에서 함숫값이 가장 높은 비율로 증가하는 방향을 알려준다. 그라디언트는 비율로 측정되기에 도함수를 벡터로 표현했다고 볼 수 있다.

12장에서는 함수를 **최적화**(optimize)하거나 가장 큰 출력을 리턴하는 입력을 찾을 때 그라디언트를 활용한다. 그라디언트 벡터의 방향을 따라가면 증가 추세에 따라 더 큰 출력을 얻고 결국 함수의 극댓값 중 하나에 수렴한다.

13장에서는 미분적분학을 활용하는 완전히 다른 응용을 다룬다. 적분은 함수 그래프의 기하학적인 특성을 잘 보여준다고 밝혀졌다. 특히 두 함수의 곱을 적분하면 두 함수의 그래프가 얼마나 비슷한지 알 수 있다. 우리는 이를 음파의 분석에 적용할 것이다. **음파**(sound wave)는 소리를 기술하는 함수의 그래프로 소리가 큰지 부드러운지, 음의 높이(pitch)가 높은지 낮은지 등을 알려준다. 음파를 여러 음조(musical note)와 비교해보면, 음파가 포함하는 음조를 알아낼 수 있다. 음파를 함수로 생각함으로써 **푸리에 급수**(Fourier series)라는 중요한 수학 개념에 접근할 수 있다.

1부에 비하면 2부는 주제를 잡다하게 다루는 느낌이 없지 않지만, 두 가지 주제만큼은 꼭 주목하자. 첫 번째는 함수의 변화율이라는 개념이다. 특정한 점에서 함수의 증가 또는 감소 여부는 현재 점의 값보다 더 큰 값이나 더 작은 값을 찾는 법을 제시한다. 두 번째는 '함수를 입력으로 받아 함수를 출력하는 연산'이라는 발상이다. 미분적분학에서는 여러 질문에 대한 답이 함수 형태로 나타나곤 한다. 이 두 발상은 3부에서 머신러닝 응용의 핵심이 될 것이다.

CHAPTER 8

변화율 이해하기

> **이 장의 내용**
> - 수학적 함수의 평균변화율 계산하기
> - 특정 점에서의 순간변화율 근사하기
> - 변화율 그 자체가 변화하는 것을 나타내기
> - 변화율로부터 원래 함수를 재구축하기

이 장에서는 미분적분학에서 가장 중요한 개념인 도함수와 적분을 소개한다. 두 개념 모두 함수를 입력으로 받아 동작하는 연산이다. **미분**(differentiation)은 함수를 입력으로 받아 해당 함수의 변화율을 측정한 다른 함수를 제공한다. **적분**(integration)은 미분과 반대로 작용한다. 즉, 적분은 변화율을 나타내는 함수를 입력으로 받아 원래의 누적값을 측정하는 함수를 준다.

필자는 석유 생산을 위한 데이터 분석 업무를 해왔으므로 예시도 여기서 가져오겠다. [그림 8.1]과 같이 유정에서 석유를 퍼낸 뒤 파이프를 통해 탱크로 흘려보내는 펌프가 설치된 상황을 상상해보자. 파이프에는 유체의 유량을 연속적으로 측정하는 유량계가 장착되어 있으며, 탱크에는 탱크 안 유체의 높이를 탐지하여 내부에 저장된 석유 부피를 보고하는 센서가 장착되어 있다.

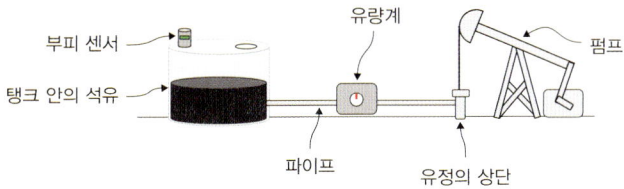

그림 8.1 유정에서 석유를 퍼낸 뒤 탱크에 펌프질하는 펌프의 개요도

부피 센서로 측정하면 탱크 내 석유의 부피를 시간에 대한 함수로 알려주며, 유량계로 측정하면 한 시간 동안 탱크로 유입되는 부피를 시간에 대한 함수로 알려준다. 이 예시에서 부피는 누적값이고 유량은 그 변화율이다.

이 장에서는 크게 2가지 문제를 해결한다. 첫 번째로 방금 살핀 예시에서는 시간의 흐름에 따라 누적된 부피를 알고 있을 때, 도함수를 이용하여 시간에 대한 함수로 유량을 계산한다. 두 번째로 시간에 대한 함수로 유량이 주어질 때, 적분을 이용하여 시간의 흐름에 따라 탱크 안에 누적된 석유 부피를 계산하는 정반대의 과제를 수행한다. [그림 8.2]는 이 과정을 보여준다.

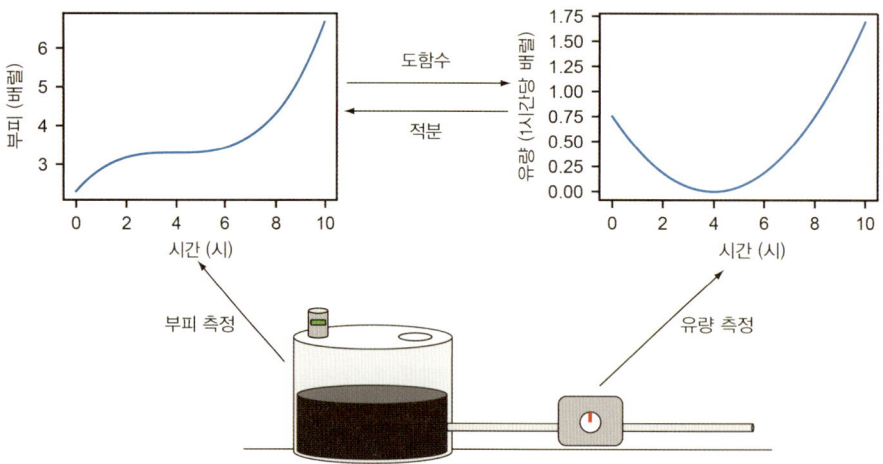

그림 8.2 도함수를 이용해 부피로부터 시간에 따른 유량을 구하고, 적분을 이용해 유량으로부터 시간에 따른 부피를 구하기

부피 함수를 입력으로 받아 임의 시간에 대한 유량을 알려주는 새 파이썬 함수를 리턴하는 get_flow_rate(volume_function)이라는 함수를 작성할 것이다. 다음으로 두 번째 함수로 get_volume(flow_rate_function)을 작성할 것인데, 이 함수는 유량함수를 입력으로 받아 시간에 따른 부피를 알려주는 파이썬 함수를 리턴한다. 여러분이 변화율을 고찰할 수 있게끔 몸풀기 문제로 작은 예시를 몇 가지 섞어서 제시하겠다.

미분적분학은 발상이 그다지 복잡하지도 않고 이색적이지도 않지만, 지루한 대수학을 많이 요구해서 평판이 나쁜 편이다. 이 때문에 이 장에서는 새로운 발상을 소개하는 데에 중점을 두고 새로운 기법을 잔뜩 소개하진 않을 것이다. 여기에서 소개하는 예시는 대부분 7장에서 다룬 일차함수와 관련된 수학만 알면 이해할 수 있다. 이제 시작하자!

8.1 부피로 평균 유량 계산하기

우선 시간에 따른 탱크 내 유체의 부피를 알고 있고, 이를 volume이라는 파이썬 함수에 코드화했다고 가정해보자. 이 함수는 미리 정의된 시작점 이후로 흐른 시간을 1시간 단위로 인자로 받은 뒤, 탱크 내 석유의 부피를 배럴(bbl로 약칭) 단위로 측정한 양을 리턴한다. 대수학보다는 발상에 초점을 맞추고자 volume 함수의 공식은 설명하지 않겠다. 공식이 알고 싶다면 소스 코드를 확인하자. 지금 할 일은 volume 함수를 호출해 플로팅하는 것이다. 플로팅해보면 [그림 8.3]과 같은 결과를 볼 수 있다.

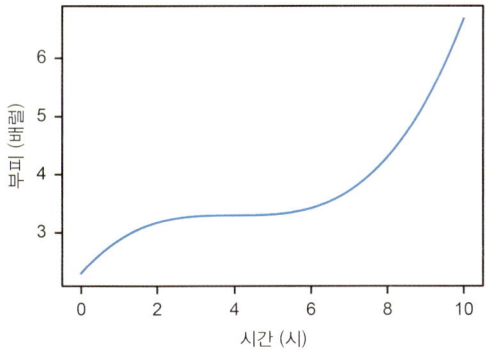

그림 8.3 시간에 따른 탱크 내의 석유의 부피를 나타내는 volume 함수의 플롯

임의의 시점에서 탱크로 유입되는 유량을 구하려는 중이니 첫걸음마를 위해 직관적인 방법으로 계산해보자. 이 예에서는 average_flow_rate(v, t1, t2) 함수를 작성해보려고 한다. 이 함수는 부피 함수 v, 시간 구간(time interval)의 시점 t1, 시간 구간의 종점 t2를 입력으로 받아 해당 구간 동안 탱크로 유입되는 **평균 유량**(average flow rate)을 수로 리턴한다. 즉, 이 함수는 탱크로 유입된 시간당 총 배럴 수를 알려준다.

8.1.1 average_flow_rate 함수 구현하기

'시간당 배럴(barrels per hour)'에서 **당**(per)이란 단어는 답을 구할 때 나눗셈을 할 것임을 알려준다. 평균 유량은 총 부피의 변화를 경과 시간으로 나눈 값으로 계산한다.

$$\text{평균 유량} = \frac{\text{부피의 변화}}{\text{경과 시간}}$$

시간 단위로 측정된 시점 t_1과 종점 t_2 사이의 경과 시간은 $t_2 - t_1$이다. 시간에 대한 함수로 부피를 나타내는 함수 $V(t)$가 있을 때, 총 부피의 변화는 t_2일 때의 부피에서 t_1일 때의 부피를 뺀 $V(t_2) - V(t_1)$이다. 이를 통해 부피로 다룰 수 있는 식을 구체적으로 얻는다.

$$t_1 \text{에서 } t_2 \text{까지 평균 유량} = \frac{V(t_2) - V(t_1)}{t_2 - t_1}$$

바로 여러 문맥에서 변화율을 이러한 방법으로 계산한다. 예를 들어 자동차를 운전할 때 속력은 시간에 대한 이동한 거리의 변화율이다. 한 번 운전할 때 평균 속력을 계산하려면 마일 단위로 여행한 총 거리를 시간 단위로 측정한 경과 시간으로 나누어야 한다. 그리고 그 결과는 시간당 마일(mph)로 나타난다. 여행 거리와 경과 시간을 알려면 운전 시점과 종점에서 시계와 주행거리계를 확인해야 한다.

평균 유량 공식은 부피 함수 V와 시점 t_1, 종점 t_2에 따라 달라지며 이 요소들은 대응하는 파이썬 함수에 전달할 파라미터이다. 함수의 본체는 수학 공식을 파이썬으로 바로 번역한 것이다.

```
def average_flow_rate(v,t1,t2):
    return (v(t2) - v(t1))/(t2 - t1)
```

이 함수는 간단하지만 예제로 계산할 가치가 있을 만큼 중요하다. ([그림 8.3]에 플로팅되어 있고 소스 코드에도 포함된) volume 함수를 사용해서 4시 측정값과 9시 측정값 사이에 탱크로 흘러간 평균 유량을 알고 싶다고 하자. 이 경우 t1=4이고 t2=9이다.

이제 시점에서의 부피와 종점에서의 부피를 구해보고자 각 시점에서 volume 함수를 계산해 볼 수 있다.

```
>>> volume(4)
3.3
>>> volume(9)
5.253125
```

계산을 간단히 하기 위해 반올림하면 두 부피의 차는 5.25배럴 − 3.3배럴 = 1.95배럴이 며, 총 경과 시간은 9시 − 4시 = 5시간이다. 따라서 탱크로 흘러간 평균 유량은 약 1.95 배럴을 5시간으로 나눈 0.39배럴/시이다. average_flow_rate 함수를 이용하면 계산이 맞음을 확인할 수 있다.

```
>>> average_flow_rate(volume,4,9)
0.390625
```

이로써 함수의 변화율을 구하는 첫 번째 기본 예제를 마친다. 그리 나쁘지 않았을 것이다! 더 흥미로운 예시로 넘어가기 전에 부피 함수의 의미를 해석하는 데 시간을 조금 더 써보자.

8.1.2 할선으로 평균 유량 그리기

시간에 따른 부피의 평균변화율을 생각하는 또 다른 유용한 방법은 부피의 그래프를 살펴보는 것이다. 평균 유량을 계산한 부피 그래프의 두 점(point)에 초점을 맞추자. [그림 8.4]에서 점들은 그래프에 점(dot)으로 표시되는데, 이 점들을 통과하는 직선을 그었다. 이와 같은 그래프에서 두 점을 통과하는 선을 **할선**(secant line)이라고 한다.

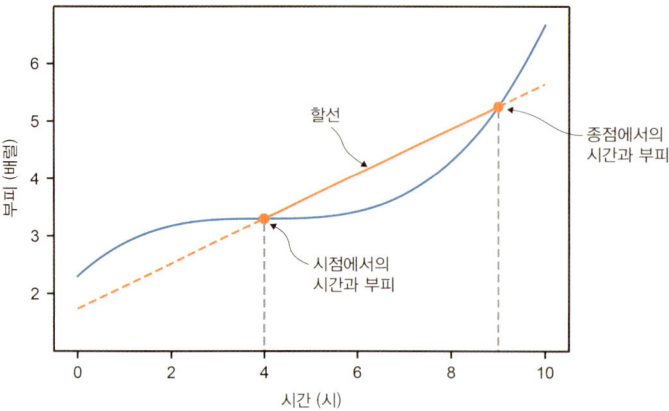

그림 8.4 부피 그래프의 시점과 종점을 연결하는 할선

보다시피 그래프는 9시 측정값이 4시 측정값보다 높다. 탱크의 석유 부피가 이 기간에 늘었기 때문이다. 이로 인해 시점과 종점을 연결한 할선의 기울기는 우상향(upward)이다. 할선의 기울기는 **정확히** 무엇이 해당 시간 구간에서 평균 유량인지 나타낸다.

그 이유는 다음과 같다. 직선 위의 서로 다른 두 점이 주어지면 기울기는 수직 좌표에서의 변화량을 수평 좌표에서의 변화량으로 나눈 값이다. 지금은 수직 좌표가 $V(t_1)$에서 $V(t_2)$로 변화하였기에 변화량은 $V(t_2) - V(t_1)$이며, 수평 좌표는 t_1에서 t_2로 변화하였기에 변화량은 $t_2 - t_1$이다. 그러면 기울기는 $(V(t_2) - V(t_1))$을 $(t_2 - t_1)$으로 나눈 것인데, 이는 [그림 8.5]에서도 볼 수 있듯이 평균 유량과 정확히 같은 계산과정이다.

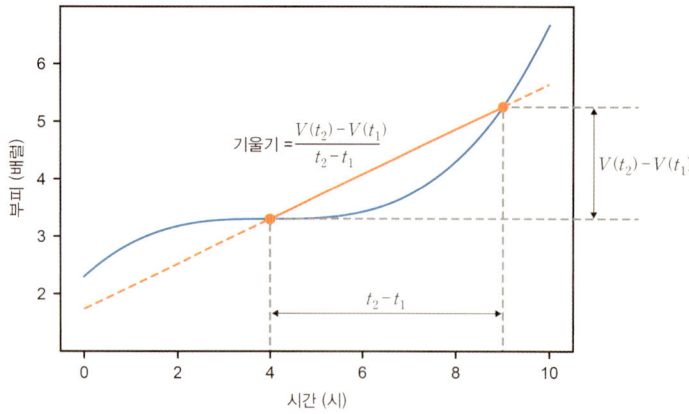

그림 8.5 volume 함수의 평균변화율에서와 같은 방법으로 할선의 기울기를 계산한다.

앞으로 함수의 평균변화율을 알아내기 위해 그래프에 할선을 그려볼 수 있다.

8.1.3 음의 변화율

할선이 **음**(negative)의 기울기를 가지는 경우도 간단히 언급해보겠다. [그림 8.6]은 또 다른 `volume` 함수의 그래프를 나타내는데, 이 책의 소스 코드에서 `decreasing_volume`으로 구현되어 있음을 확인할 수 있다. 이 그림은 시간에 따라 감소하는 탱크의 부피를 플로팅한 것이다.

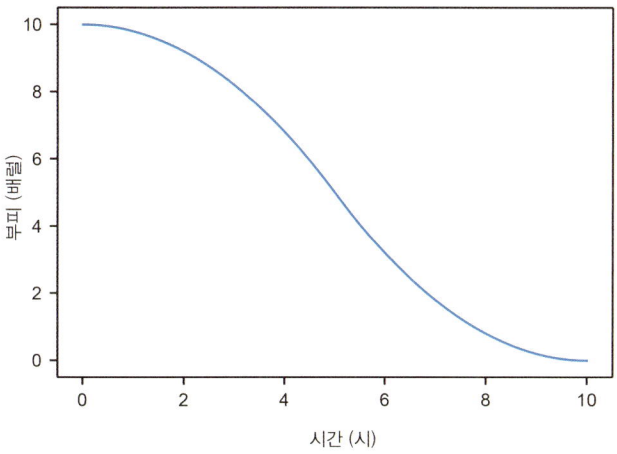

그림 8.6 다른 volume 함수에서는 탱크의 부피가 시간에 따라 감소한다.

탱크에 들어온 석유가 땅으로 흘러나갈 거라 기대하긴 어려우므로 이 예시는 앞선 예시와 들어맞지 않는다. 하지만 할선이 우하향(downward)할 수 있음을 보여주고 있다. 예를 들어 $t = 0$에서 $t = 4$까지 살펴보자. [그림 8.7]에서 볼 수 있듯이 이 시간 구간에서 부피의 변화량은 -3.2배럴이다.

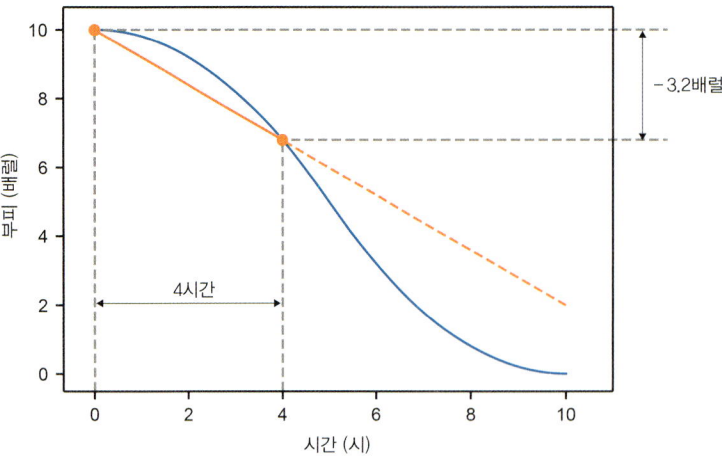

그림 8.7 음의 기울기를 갖는 할선을 정의하는 그래프상의 두 점

이 경우 할선의 기울기는 −3.2배럴을 4시간으로 나눈 −0.8배럴/시이다. 이는 탱크로 들어오는 석유의 변화율이 −0.8배럴/시임을 의미한다. 조금 더 와닿는 표현으로 말하면 석유가 탱크를 **떠나는**(leaving) 비율이 0.8배럴/시이다. volume 함수가 증가하든 감소하든 관계없이 average_flow_rate 함수는 잘 동작한다. 이 경우에 결과는 다음과 같다.

```
>>> average_flow_rate(decreasing_volume,0,4)
-0.8
```

평균 유량을 측정하는 함수를 갖추었으니 다음 절에서는 한 단계 더 나아가 시간에 따라 유량이 어떻게 변화하는지를 이해해보자.

8.1.4 연습문제

연습문제 풀이

> **연습문제 | 8.1**
>
> 정오에 주행거리계가 77,641마일일 때 도로 여행을 시작해서 오후 4시 30분에 주행거리계가 77,905마일일 때 도로 여행을 끝냈다고 하자. 여행 중 평균 속력을 구하라.

연습문제 | 8.2

함수 f(x)와 두 값 x1, x2를 입력으로 받아 시간에 따른 할선을 나타내는 새 함수를 리턴하는 파이썬 함수 secant_line(f,x1,x2)를 작성하라. 예를 들어 line = secant_line(f,x1,x2)를 실행하면 line(3)은 $x = 3$에서 할선의 y값을 줄 것이다.

연습문제 | 8.3

[연습문제 8.2]의 코드를 사용해 주어진 두 점을 지나는 함수 f의 할선을 플로팅하라.

8.2 시간에 따른 평균 유량 플로팅하기

이 장의 큰 목표 중 하나는 부피 함수로부터 유량함수를 복원하는 것이다. 시간에 대한 함수로서의 유량을 구하려면 탱크의 부피가 얼마나 빠르게 변하는지를 각기 다른 점에서 답할 수 있어야 한다. 우선, [그림 8.8]에서 유량은 시간에 따라 변하고 있음을 볼 수 있다. 부피 그래프에서 각 할선이 서로 다른 기울기를 가지고 있기 때문이다.

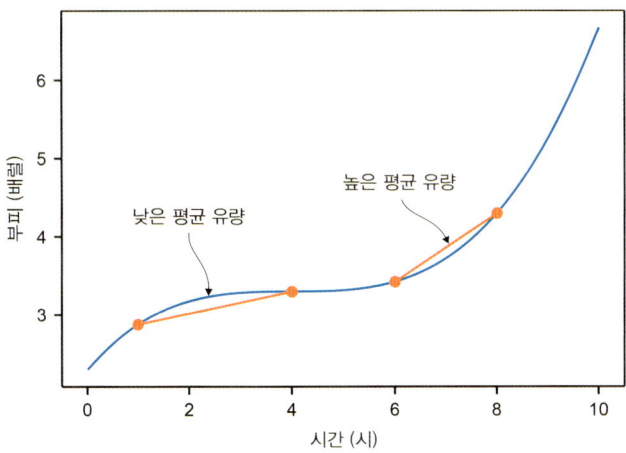

그림 8.8 부피 그래프에서 각 할선이 기울기가 다르다는 점은 유량이 변화하고 있음을 나타낸다.

이 절에서는 시간 함수로서의 유량을 구하는 중이므로,[1] 시간 구간별로 평균 유량을 계산한다. 10시간에 해당하는 구간을 길이가 일정하고 작은 구간 여러 개로(예를 들어 1시간짜리 구간 10개로) 나누어 각 구간별로 평균 유속을 계산한다.

이 작업을 interval_flow_rates(v,t1,t2,dt)라는 함수로 패키징한다. 이때 v는 부피 함수이고 t1과 t2는 각각 시점과 종점이며, dt는 작은 시간 구간의 길이이다. 이 함수는 시간 및 유량을 순서쌍으로 해서 만든 목록을 리턴한다. 예를 들어 10시간을 1시간 구간으로 나누면 결과는 다음과 같아야 한다.

```
[(0,...), (1,...), (2,...), (3,...), (4,...), (5,...), (6,...), (7,...),
 (8,...), (9,...)]
```

여기서 각 ...은 해당 시간에서의 유량으로 대체된다. 이 순서쌍들을 얻은 뒤에는 산점도(scatter plot)로 나타내고 이 장의 앞부분에 등장한 유량함수와 같이 그려서 비교할 수 있다.

8.2.1 시간 구간별 평균 유량 구하기

interval_flow_rates()를 구현하는 첫 단계로, 각 시간 구간에 대한 시점을 구할 필요가 있다. 이는 시점 t1에서 종점 t2까지 구간의 길이 dt만큼 증가하는 시간값 리스트를 구하는 것을 의미한다. 파이썬의 NumPy 라이브러리에는 이를 구해주는 arange라는 편리한 함수가 있다. 예를 들어 구간의 시점을 0시부터 10시까지 0.5시간의 증가 간격으로 구하면 다음과 같다.

```
>>> import numpy as np
>>> np.arange(0,10,0.5)
array([0. , 0.5, 1. , 1.5, 2. , 2.5, 3. , 3.5, 4. , 4.5, 5. , 5.5, 6. ,
       6.5, 7. , 7.5, 8. , 8.5, 9. , 9.5])
```

여기서 종점인 10시는 리스트에 포함되지 않음에 유의하자. 지금은 매 0.5시간 구간에 대한

---

1 (옮긴이) 시간 구간을 가리키는 두 점을 입력으로 받아 계산하는 평균 유량은 한 점을 입력으로 받아 계산하는 '순간' 유량이 아니다.

시점을 나열하는 중이고, $t = 10$에서 $t = 10.5$까지 0.5시간 구간은 우리가 고려하는 모든 시간 구간의 일부가 아니기 때문이다.

각 구간의 시점에 dt를 더하면 해당 구간의 종점을 리턴한다. 예를 들어 앞의 리스트에서 3.5시에 시작하는 구간은 $3.5 + 0.5 = 4.0$시에 끝난다. interval_flow_rates 함수를 구현하려면 각 구간에서 average_flow_rate 함수를 사용해야 한다. 완성된 함수는 다음과 같다.

```python
def interval_flow_rates(v,t1,t2,dt):
    return [(t,average_flow_rate(v,t,t+dt))
            for t in np.arange(t1,t2,dt)]
```

매 구간의 시점 t에 대해, t에서 t+dt까지 평균 유량을 구한다. (t와 대응하는 유량의 순서쌍 리스트를 얻고자 한다.)

volume 함수에 0시와 10시를 각각 시점과 종점으로 전달하고 구간의 길이를 1시간으로 하면 시간별로 평균 유량을 나타내는 리스트를 얻는다.

```
>>> interval_flow_rates(volume,0,10,1)
[(0, 0.578125),
 (1, 0.296875),
 (2, 0.109375),
 (3, 0.015625),
 (4, 0.015625),
 (5, 0.109375),
 (6, 0.296875),
 (7, 0.578125),
 (8, 0.953125),
 (9, 1.421875)]
```

이 리스트를 살펴보면 몇 가지 사항을 알 수 있다. 시간별로 탱크에 흘러들어온 석유의 평균 유량은 항상 양수인데, 이는 각 시간에서 평균 유량이 해당 시간 동안 탱크에 흘러들어온 석유의 누적량[2]과 같기 때문이다. 유량은 약 3시에서 4시 근처에 최솟값까지 감소하며 이후에는 종점에서 최댓값이 될 때까지 증가한다. 그래프로 플로팅해보면 더 명확해진다.

---

2 (옮긴이) 값은 같지만 평균 유량의 단위는 배럴/시간이고 석유 누적량의 단위는 배럴이다.

8.2.2 시간 구간별 평균 유량 플로팅하기

Matplotlib의 scatter 함수를 사용하면 빠르게 시간에 따른 유량을 플로팅할 수 있다. 이 함수는 그래프에 점들의 집합을 플로팅하는데, 수평 좌표의 리스트와 수직 좌표의 리스트를 순서대로 주면 된다. 이제 시간별 리스트와 유량별 리스트를 각각 하나씩 뽑아야 한다. 각각 10개의 수로 이루어진 두 리스트를 뽑았다면 함수에 전달해야 한다. 이 과정을 반복하지 않으려면 함수 하나로 만들면 된다.

```
def plot_interval_flow_rates(volume,t1,t2,dt):
    series = interval_flow_rates(volume,t1,t2,dt)
    times = [t for (t,_) in series]
    rates = [q for (_,q) in series]
    plt.scatter(times,rates)
```

plot_interval_flow_rates(volume,0,10,1)을 호출하면 interval_flow_rates로 생성된 데이터의 산점도를 생성한다. [그림 8.9]는 0시에서 10시까지 1시간씩 증가하면서 volume 함수를 플로팅한 결과를 보여준다.

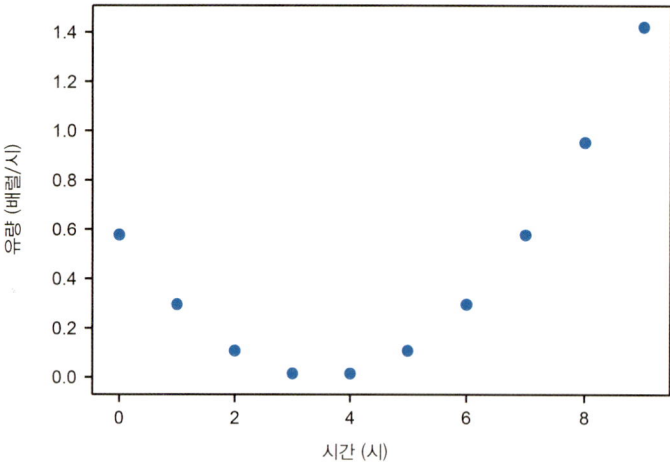

그림 8.9 매시간에 대한 평균 유량 플롯

이 그래프는 데이터로 관찰한 내용을 확인해준다. 즉, 약 3시에서 4시 근처에 최솟값까지 감소하며 그 이후로는 최댓값에 해당하는 약 1.5배럴/시가 될 때까지 증가한다. 평균 유량과 실제 유량함수와 비교해보자. 다시 강조하지만 시간 함수로서의 유량 공식은 신경 쓰지 않았으면 좋겠다. 이 책의 소스 코드에 산점도와 같이 실제 유량함수를 플로팅할 수 있는 `flow_rate` 함수를 포함했다. [그림 8.10]을 참고하자.

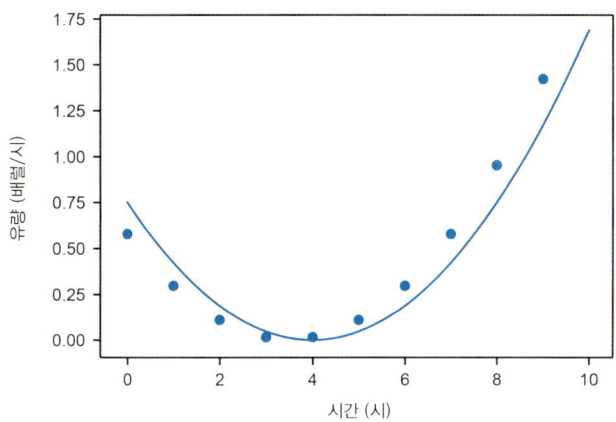

그림 8.10 매시간별 평균 유량의 플롯 (점)과 시간당 실제 유량 (매끄러운 곡선)

두 플롯은 같은 상황을 설명하지만 잘 맞아떨어지지 않는다.[3] 이 차이점은 각 점이 평균 유량을 측정한 것이지만 `flow_rate` 함수는 각 시간 점에서 유량의 **순간**(instantaneous) 값을 보여준다는 점에서 기인한다.

이게 무슨 뜻인지 이해가 어렵다면 도로 여행 문제([연습문제 8.1] 참고)를 다시 생각해보자. 만약 한 시간에 60마일을 갈 수 있다면, 평균 속력은 60 mph이다. 하지만 속도계가 한 시간 내내 정확히 60 mph를 가리키는 건 어렵다. 뻥 뚫린 도로에서라면 어느 시점엔 **순간 속력**(instantaneous speed)이 70 mph일 수 있지만, 꽉 막힌 도로에서는 50 mph로 감속해야 할 수 있다.

마찬가지로 송유관의 유량계는 해당 시간의 평균 유량과 일치해야 하는 건 아니다. 하지만

---

3 (옮긴이) 사실 각 점의 x좌표를 각 구간의 시점으로 설정해 평균 유량을 플로팅했기 때문이다. 구간의 끝점 대신 구간의 중점을 사용한다면, 점과 곡선이 일치하는 것처럼 보인다. 중학교 과학 시간에 시간기록계의 타점 기록으로 평균 속력을 나타내 본 경험을 떠올리면 더 쉽게 이해할 수 있을 것이다. 다만 확대해서 보면 약간의 오차가 발생하는데, 이 오차가 저자가 설명하려는 차이점이다.

시간 구간의 간격을 작게 할수록 두 그래프가 더욱 합치해 감을 확인할 수 있다. [그림 8.11]에 유속 함수의 플롯과 함께 평균 유속의 플롯을 20분 간격(1/3시간)으로 나타냈다.

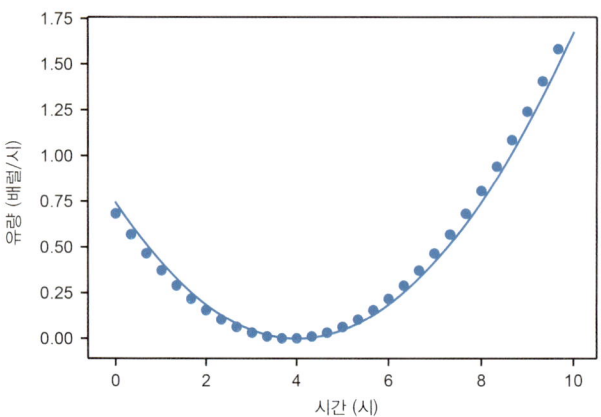

그림 8.11 시간에 따른 유량과 비교한 20분 간격의 평균 유량의 그래프

평균 유량은 아직도 순간 유량과 완벽히 일치하진 않지만 훨씬 비슷해졌다. 다음 절에서는 간격을 줄일수록 순간 유량과 더욱 일치한다는 발상을 사용해 평균 유량과 순간 유량 간의 차이가 감지할 수 없을 정도가 되도록 극히 작은 구간에 대한 유량을 계산할 것이다.

8.2.3 연습문제

연습문제 풀이

연습문제 | 8.4

시간에 따른 decreasing_volume의 유량을 0.5시간 간격으로 평균 유량을 플로팅하라. 평균 유량이 가장 작은 구간은 언제인지 구하라. 즉, 탱크에서 석유가 빠져나가는 속도가 가장 빠른 시간 구간을 구하라.

연습문제 | 8.5

부피가 시간에 대한 일차함수인 linear_volume_function을 작성한 뒤, 이 상황에서는 시간에 따른 평균 유량이 일정함을 보여주는 플롯을 그려라.

8.3 순간 유량 근사하기

시간 구간의 간격을 계속 줄여나가면서 volume 함수에 대한 평균변화율을 계산해보면 각 순간에서 변화율을 측정한 값에 점점 다가간다. 하지만 특정 순간에 부피의 평균변화율을 측정한다는 말은 순간이 시점과 종점이 같은 구간이라고 볼 수 있다는 점에서 문제에 직면한다. 시간 t일 때 평균 유량에 대한 공식은 다음과 같이 쓸 수 있다.

$$t\text{일 때의 평균 유량} = \frac{V(t) - V(t)}{t - t} = \frac{0}{0}$$

대수학에서 0을 0으로 나누는 건 정의되지 않으므로 이 방법은 효과가 없다. 여기서부터는 대수학이 아닌 미분적분학으로 논증을 펼칠 필요가 있다. 미분적분학에서는 이렇게 정의되지 않는 나눗셈 문제를 회피해서 함수의 순간변화율을 나타내는 함수인 **도함수**(derivative)가 있고, 이를 구하는 연산은 **미분**(differentiation)이다.

이 절에서는 미분적분학에서 부피 함수의 **도함수**라고 부르는 '순간 유량함수'가 왜 잘 정의된(well-defined) 함수인지, 이 함수의 근삿값을 어떻게 구하는지 설명하려고 한다. 이후 부피 함수 v와 시점 t를 입력으로 받아 탱크로 흘러드는 석유의 순간 유량의 근삿값을 리턴하는 함수인 instantaneous_flow_rate(v,t)를 작성할 것이다. 함수의 결과는 시간당 배럴 수를 나타내는데, 순간 유량함수의 값과 일치해야 한다.

이 작업을 마치면 두 번째 함수인 get_flow_rate_function(v)를 작성하는데, 이 함수는 instantaneous_flow_rate()를 커링(currying)한다. 이 함수의 인자는 부피 함수이고, 시간을 입력으로 받으면 순간 유량을 리턴하는 함수를 리턴한다. 이 함수를 통해 이 장의 첫 번째 주요 목표인 '부피 함수로부터 이 함수에 대응하는 유량함수를 생성한다'를 달성할 수 있다.

8.3.1 작은 할선의 기울기 구하기

코딩을 시작하기 전에 먼저 '순간 유량'이 타당한 표현임을 보여주려 한다. 이를 위해 [그림 8.12]처럼 특정 시점 주변의 부피 그래프를 확대해서 함수의 모양을 살펴보자. $t = 1$시인 시점을 선택해 이 주변의 작은 범위를 살펴볼 것이다.

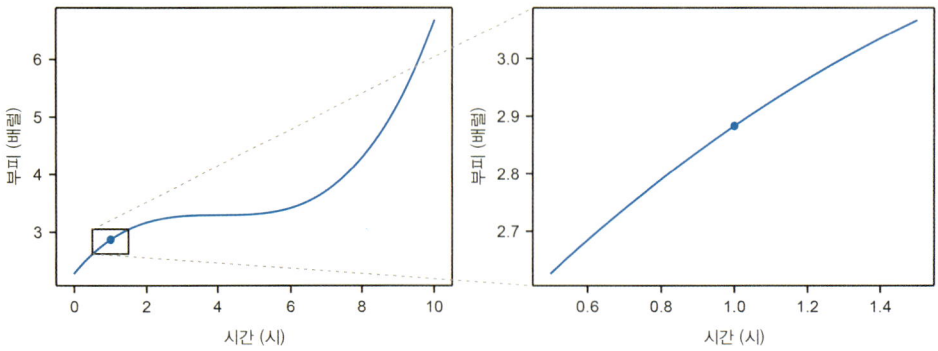

그림 8.12 $t = 1$시 전후에 해당하는 1시간 범위를 확대해보기

굽어 보이던 부피 그래프가 이렇게 작은 시간 구간에서 더는 거의 굽어 보이지 않는다. 이 말은 그래프의 경사도(steepness)가 10시간 범위에서는 변동이 심했지만 1시간 범위에서는 덜하다는 뜻이다. [그림 8.13]과 같이 할선을 몇 개 그려보고 각 할선의 기울기가 상당히 비슷함을 확인하는 방법으로 측정할 수 있다.

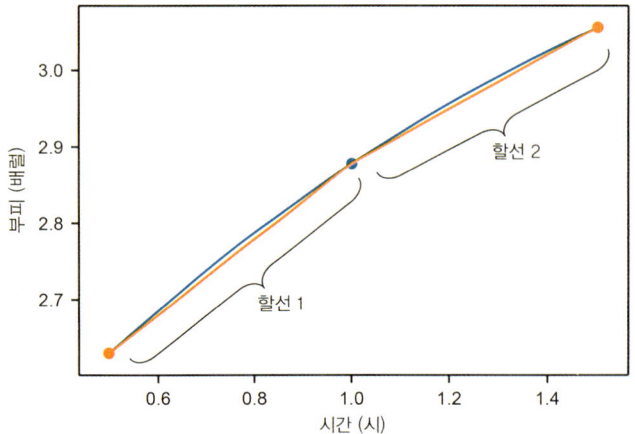

그림 8.13 $t = 1$시 주변의 두 할선은 기울기가 유사하다. 이 시간 구간 동안에는 유량이 크게 변하지 않는다.

더 확대하면 그래프의 경사도는 점점 더 일정해 보인다. 0.9시에서 1.1시 사이의 구간까지 확대하면 부피 그래프는 거의 직선이다. 이 간격에 대한 할선을 그리면 [그림 8.14]처럼 그래프가 가까스로 할선 위에 있음을 볼 수 있다.

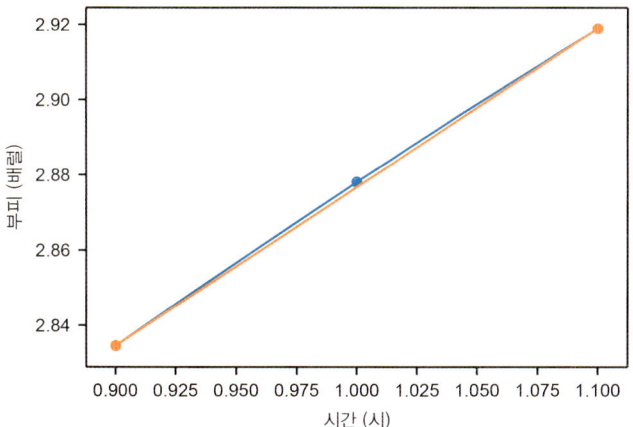

그림 8.14 부피 그래프는 $t = 1$ 전후의 더 작은 구간에서는 거의 직선처럼 보인다.

마지막으로 $t = 0.99$시와 $t = 1.01$시 사이 범위로 확대하면 부피 그래프는 [그림 8.15]에서 볼 수 있듯이 직선과 구별할 수 없다. 이 상황이면 할선은 직선처럼 보이는 함수의 그래프와 정확히 겹친 것처럼 보인다.

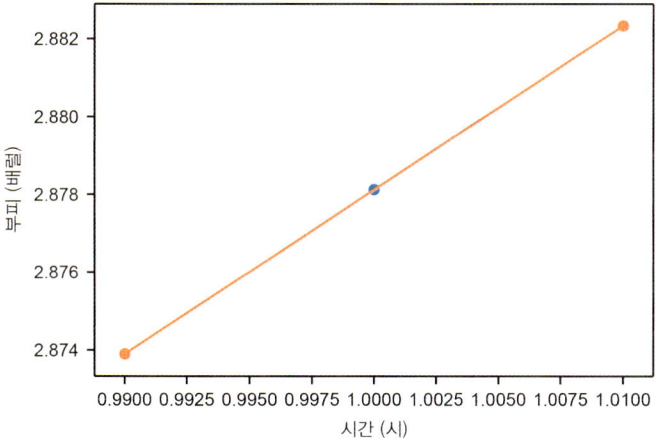

그림 8.15 더 가까이 확대하면 눈으로는 부피 그래프와 직선을 구분할 수 없다.

계속 확대하면 그래프가 계속 직선처럼 보인다. 그래프가 이 점에서 실제 **직선**인 건 아니지만, 확대할수록 더욱 직선에 가깝게 보인다. 미분적분학 이론을 전개하는 과정에서 할 수 있는 논리적 비약 중 하나는 임의의 점에서 부피 그래프와 같은 매끈한 그래프를 가장 잘 근사하는 직선이 하나 있다는 것이다. 점점 작아지는 구간의 할선의 기울기가 특정한 값으로 **수렴**(converge)함을 보여주는 계산은 다음과 같다. 실제로 이 계산은 그래프를 '가장' 잘 근사하는 직선의 기울기에 다가가고 있음을 시사한다.

```
>>> average_flow_rate(volume,0.5,1.5)
0.42578125
>>> average_flow_rate(volume,0.9,1.1)
0.4220312499999988
>>> average_flow_rate(volume,0.99,1.01)
0.42187656249998945
>>> average_flow_rate(volume,0.999,1.001)
0.42187501562509583
>>> average_flow_rate(volume,0.9999,1.0001)
0.42187500015393936
>>> average_flow_rate(volume,0.99999,1.00001)
0.4218750000002602
```

마지막 계산 결과에 등장한 6개의 0이 매우 드문 우연의 일치가 아니라면, 이 계산이 다가가는 수는 0.421875배럴/시이다. 따라서 $t = 1$시인 점에서 부피 함수를 가장 잘 근사하는 직선의 기울기가 0.421875라는 결론을 내릴 수 있다. [그림 8.16]과 같이 그래프를 다시 축소하면 부피 함수를 가장 잘 근사하는 직선의 모습을 살펴볼 수 있다.

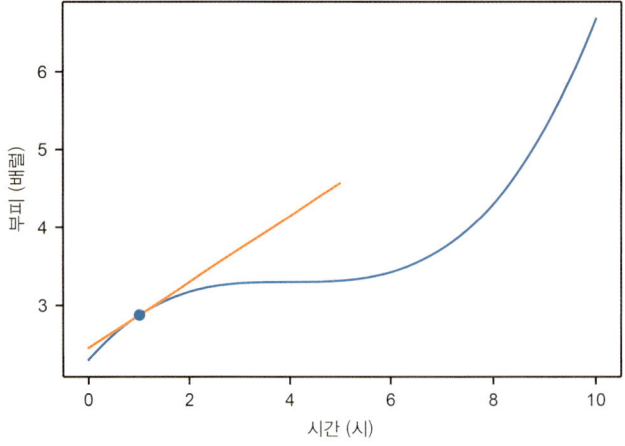

그림 8.16 기울기가 0.421875인 직선은 $t = 1$시에서 부피 함수를 가장 잘 근사하는 직선이다.

이 직선은 부피 그래프에 대한 점 $t=1$에서의 **접선**(tangent line)이라고 하며, 해당 점에서 부피 그래프에 딱 붙어있다는 점에서 특별하다. 접선은 부피 그래프를 가장 잘 근사하는 직선이다. 따라서 접선의 기울기는 그래프의 순간 기울기를 잘 측정한 것으로 볼 수 있으며, $t=1$일 때의 순간 유량이다. 놀랍게도 소스 코드에서 제공한 `flow_rate` 함수는 우리가 할선의 구간을 점점 작게 하는 방식으로 구했던 그 값과 정확히 같은 값을 준다.

```
>>> flow_rate(1)
0.421875
```

함수가 접선을 가지려면 '매끈(smooth)'해야 한다. 이 절의 마지막에 등장하는 미니 프로젝트에서 매끈하지 않은 함수가 접선을 가지는지 확인해볼 수 있으며, 이 경우엔 가장 잘 근사하는 직선은 없음을 알 수 있다. 특정 점에서 함수의 그래프에 대한 접선을 구할 수 있으면 접선의 기울기는 **해당 점에서 함수의 미분계수**(derivative of the function at the point)[4]라고 한다. 예를 들어 $t=1$인 점에서 부피 함수의 미분계수는 0.421875(배럴/시)이다.

8.3.2 순간 유량함수 만들기

부피 함수의 순간변화율을 계산하는 방법을 살펴보았으니, 이제 `instantaneous_flow_rate` 함수를 구현할 준비가 되었다. 앞에서 보여준 진행 과정을 자동화하는 데에는 큰 장애물이 하나 있다. 바로 파이썬은 몇 개의 작은 할선의 기울기를 '살펴볼' 수 없어서 기울기가 어느 값으로 수렴하는지를 알 수 없다는 점이다. 이를 해결하기 위해 구간의 크기를 줄여가며 정해진 자릿수에서 할선의 기울기 값 변화가 잦아들 때까지 할선의 기울기를 계산해볼 수 있다.

예를 들어 구간의 크기는 직전 단계의 10분의 1로 줄이면서 단계마다 할선의 기울기를 계속 구해나가기로 하고, 이 값을 10진수로 나타낼 때 소수점 아래 4자리가 안정화될 때까지 반복한다고 정할 수 있다. 다음 표는 그렇게 구한 기울기를 보여준다.

---

4 (옮긴이) 우리나라 고등학교 교과서에서는 특정 점에서 도함수의 함숫값을 미분계수(differential coefficient)라고 정의한다. 그러나 미국에서는 도함수와 도함수의 함숫값을 모두 derivative라고 정의하며, differential coefficient라는 용어는 고전적인 교재에서나 발견할 수 있다. 여러분이 혼란 없이 학습할 수 있도록 문맥에 따라 미분계수와 도함수를 적절히 혼용하겠다.

할선의 구간	할선 기울기
0.5 ~ 1.5	0.42578125
0.9 ~ 1.1	0.4220312499999988
0.99 ~ 1.01	0.42187656249998945
0.999 ~ 1.001	0.42187501562509583

마지막 두 행에서 기울기는 소수점 아래 4자리가 일치하므로(두 수의 차이가 10^{-4} 미만이므로) 마지막 결과를 0.4219로 반올림하고 이를 계산 결과라고 정할 수 있다. 이 결과는 정확한 결과인 0.421875과는 다르지만, 소수점 아래 4자리까지는 믿을 만한 근삿값이다. 근삿값의 자릿수를 정하는 방식을 알았으므로, 해당 작업을 마칠지를 결정할 수 있는 수단이 생겼다. 만약 단계를 수없이 반복해도 특정 자릿수에 수렴하지 않는다면 이 함수를 가장 잘 근사하는 직선은 없고, 따라서 해당 점에서의 미분계수는 없다고 할 수 있다. 다음은 이러한 과정을 파이썬으로 옮겨 적은 것이다.

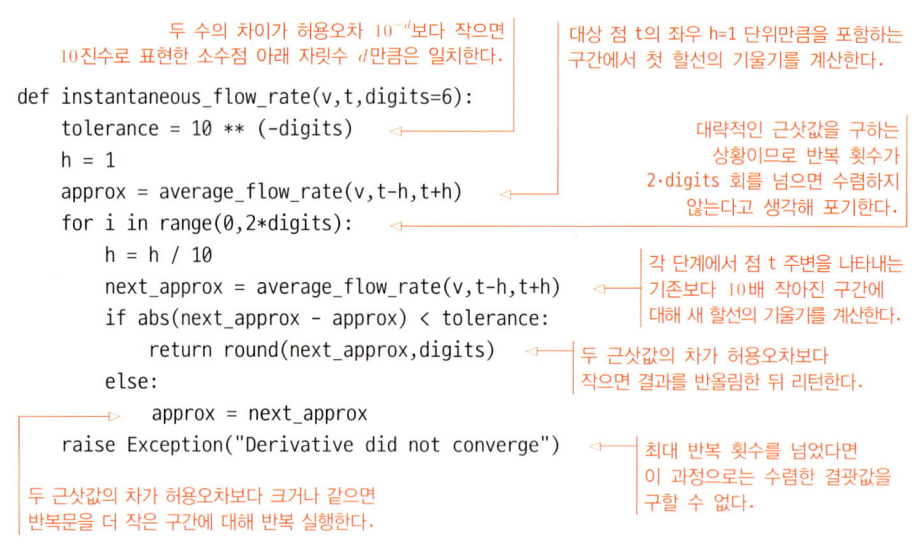

기본 정밀도를 임의로 소수점 아래 6자리로 선택했을 때, 이 함수는 1시인 점에서의 순간 유량에 관한 앞선 결과와 일치한다.

```
>>> instantaneous_flow_rate(volume,1)
0.421875
```

이제 어떠한 시점에서도 순간 유량을 계산할 수 있게 되었다. 이는 유량함수의 완전한 데이터를 확보했다는 뜻이다. 이제 순간 유량을 플로팅하여 소스 코드로 제공한 `flow_rate` 함수와 일치하는지를 확인해보자.

8.3.3 순간 유량함수의 커링과 플로팅

소스 코드에 있는 `flow_rate` 함수처럼 시간 변수를 입력으로 받아서 유량을 리턴하는 함수를 만들어내려면 앞의 `instantaneous_flow_rate` 함수를 커링할 필요가 있다. 커링을 적용한 함수는 부피 함수 (v)를 입력으로 받아서 유량함수를 리턴한다.

```
def get_flow_rate_function(v):
    def flow_rate_function(t):
        instantaneous_flow_rate(v,t)
    return flow_rate_function
```

`get_flow_rate_function(v)` 함수의 출력은 소스 코드의 `flow_rate` 함수와 같은 함수여야 한다. 확인 차원에서 두 함수를 10시간에 대해 플로팅할 수 있는데, 실제로 [그림 8.17]은 두 그래프의 차이를 구분할 수 없음을 보여준다.

```
plot_function(flow_rate,0,10)
plot_function(get_flow_rate_function(volume),0,10)
```

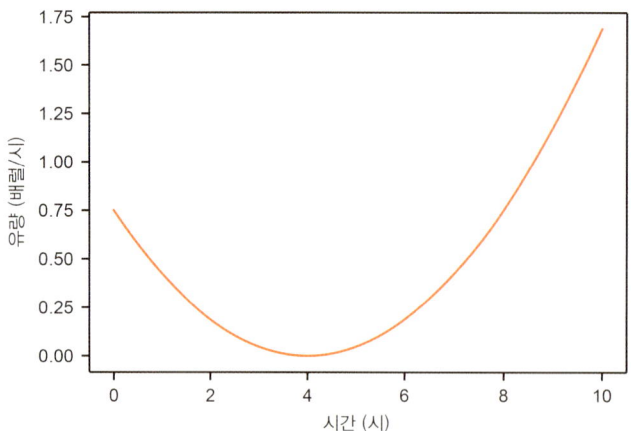

그림 8.17 flow_rate 함수와 get_flow_rate 함수를 플로팅해보면 서로 구분하지 못한다.

이제 8장의 첫 번째 주요 목표인 부피 함수로부터 유량함수를 생성하는 작업을 완료했다. 이 장 초반에서 언급했듯이 이 과정을 수학 분야에서는 (입력 함수인 부피 함수를) **미분한다**(differentiate)고 하거나 **도함수를 취한다**(taking a derivative)고 한다.

컴퓨팅 분야에서는 미분 연산을 종종 도함수라고 부르기도 한다.[5] volume과 같은 함수가 주어질 때 임의의 주어진 점에서 순간변화율을 알려주는 함수를 해당 함수에 대한 **도함수**라고 한다. 도함수는 (충분히 매끄러운) 한 함수를 입력으로 받아서 해당 함수의 변화율을 측정한 다른 함수를 리턴하는 연산으로 간주할 수 있다. [그림 8.18]을 참고하라. 이 경우 유량함수는 부피 함수의 도함수라고 하는 것이 옳다.

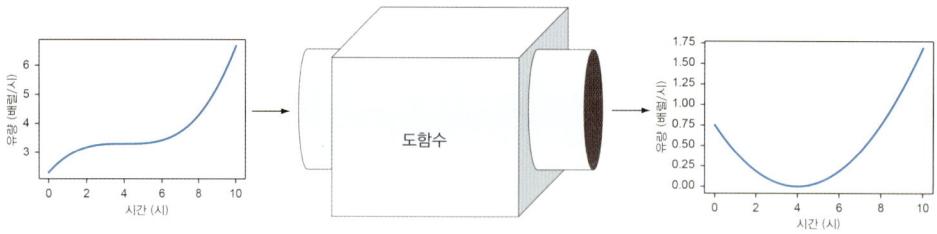

그림 8.18 함수를 입력으로 받아 입력 함수의 변화율을 측정한 다른 함수를 리턴하는 기계로 간주할 수 있다.

---

5 (옮긴이) APL(함수형 프로그래밍 언어)의 창시자이자 ACM 튜링상 수상자인 케네스 E. 아이버슨(Kenneth E. Iverson)은 1979년에 APL 국제 학술대회에서 스칼라 함수를 입력으로 받아 (수학 분야의) 도함수를 구하는 '도함수 연산자'를 발표한 바 있다.

도함수는 모든 점에서 접선을 가질 만큼 충분히 매끄러운 **임의의** 함수 $f(x)$에 대해 작용하는 일반적인 절차이다. 함수 f의 도함수는 f'이라고 나타내며('f 프라임'이라고 읽는다), 따라서 $f'(x)$는 x에 대한 f의 순간변화율을 의미한다. 예를 들어 $f'(5)$는 $x=5$에서 $f(x)$의 미분계수를 나타내며 $x=5$에서 f의 접선의 기울기를 측정한 것이다. 함수의 도함수는 다음 표현들도 보편적으로 사용된다.

$$f'(x) = \frac{df}{dx} = \frac{d}{dx}f(x)$$

여기서 df와 dx는 f와 x의 무한소적(무한히 작게 만든 구간에서) 변화량을 나타내며, 두 변화량의 몫은 무한히 작게 만든 구간에서 할선의 기울기를 알려준다. 세 가지 표기법 중에서 마지막은 d/dx가 $f(x)$에 적용한 연산의 일종으로 보이기 때문에 유용하다. 많은 상황에서 d/dx와 같이 단독으로 쓰이는 **도함수 연산자**(derivative operator)를 보게 될 것이다. 특히 이 연산자는 'x에 대한 도함수를 취하는 연산'을 의미한다. [그림 8.19]는 이러한 표기법이 어떻게 서로 맞물리는지 도식화하여 보여준다.

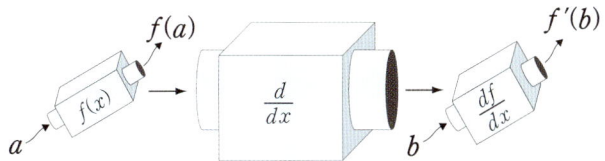

그림 8.19 함수를 입력으로 받아서 새로운 함수를 리턴하는 연산으로 본 'x에 대한 도함수'

이 책의 나머지 부분에서 도함수를 계속 사용하지만, 당장은 도함수의 역연산인 적분으로 넘어가자.

8.3.4 연습문제

> **연습문제 | 8.6**
>
> volume 함수의 그래프가 0.999시에서 1.001시까지 구간에서는 직선이 **아님**을 확인하라.

연습문제 | 8.7

$t=8$에서 부피 그래프의 접선 기울기를 근삿값으로 구하라. $t=8$ 주변의 구간이 점점 작아질 때의 할선 기울기를 계산하면 된다.

연습문제 | 8.8

파이썬으로 정의된 다음 sign 함수는 $x=0$에서 미분계수를 갖지 않음을 확인하라.

```
def sign(x):
    return x / abs(x)
```

8.4 부피 변화량 근사하기

이제부터는 8장의 두 번째 주요 목표에 초점을 맞출 것이다. 유량함수를 알고 있을 때 부피 함수를 복원하는 문제 말이다. 이는 도함수를 구하는 과정을 뒤집은 것인데, 함수의 변화율을 알고 있다고 가정한 뒤 원래 함수를 복원하는 작업과 같기 때문이다. 미분적분학에서는 이 과정을 **적분**(integration)이라고 한다.

부피 함수의 복원 작업은 몇 가지 예시로 나누어 소개하고자 한다. 각 예시를 통해 적분이 어떻게 동작하는지 감을 잡을 수 있다. 첫 번째 예시로, 일정 시간 동안 탱크 안 유체의 부피 변화를 구하는 데 사용하는 두 파이썬 함수를 작성해보자.

첫 번째 함수는 `brief_volume_change(q,t,dt)`라고 둘 것이다. 이 함수는 유량함수 q와 시간 t, 그리고 작은 시간 폭(duration of time)에 해당하는 `dt`를 입력으로 받고 시간 t에서 시간 t+dt까지 부피의 변화량을 근삿값으로 리턴한다. 이 함수는 시간 구간이 매우 짧아서 유량이 그다지 변하지 않는 상황을 가정해 변화량을 계산해낸다.

두 번째 함수는 `volume_change(q,t1,t2,dt)`라고 할 것이다. 첫 번째 함수 이름과 비교하면 알 수 있듯이 근삿값이 아니라 실제 임의의 시간 구간에서 부피의 변화량을 계산할 때 사용한다. 입력 인자는 유량함수 q, 시점 t1, 종점 t2, 작은 시간 폭 dt이다. 이 함수는 시간 구간을 시간 폭 dt만큼의 증가량으로 쪼개는데, 쪼개진 구간 각각은 brief_volume_change 함수를 사용할 정도로 작다. volume_change 함수가 리턴하는 총 부피의 변화량은 작은 시간 구간들에서 각 부피 변화량의 합이다.

8.4.1 작은 시간 구간 동안의 부피 변화량 구하기

brief_volume_change 함수를 뒷받침하는 근거를 이해하고자, 자동차 속도계에 관한 익숙한 예시로 돌아가 보자. 운전 중에 속도계를 흘낏 보았더니 정확히 60mph였다고 하면, 앞으로 2시간 운전한다면 2시간에 60mph를 곱한 120마일을 이동한다고 예측할 수 있다. 이러한 예측은 운이 좋으면 실현될 수도 있지만, 속도 제한이 올라갈 수도 있고 고속도로를 벗어나 차를 주차할 수도 있기에 실현되지 않을 수도 있다. 요점은 속도계를 흘낏 본다고 해서 장기간 운전한 거리를 예측하는 데 도움이 되지 않는다는 것이다.

반면에 속도계에서 60mph라는 값을 본 직후 이 값으로 딱 **1초** 동안 여행한 거리를 계산한다면 아마 매우 정확한 결과를 얻을 것이다. 1초 동안에 속력이 변해봤자 크게 변하지 않을 것이기 때문이다. 1초는 1시간의 1/3,600에 불과하며, 60mph에 1/3,600시간을 곱하면 1/60마일, 즉 88피트[6]를 얻는다. 브레이크나 가속페달을 급하게 밟지 않았다면 이 결과는 아마 적절한 추정값일 것이다.

유량과 부피로 돌아가서 유량이 거의 일정해질 정도로 충분히 짧은 시간 폭에 대해 부피의 변화량을 구해보자. 시간 구간에 대한 유량은 해당 시간 구간의 평균 유량에 근사하며, 따라서 우리의 첫 식을 적용할 수 있다.

$$\text{유량} \approx \text{평균 유량} = \frac{\text{부피의 변화량}}{\text{경과 시간}}$$

이 식을 다시 써보면 부피 변화량의 근삿값을 구할 수 있다.

$$\text{부피의 변화량} \approx \text{유량} \times \text{경과 시간}$$

small_volume_change 함수는 가정에 따른 이 공식을 파이썬 코드로 변환한 것에 불과하다. 유량함수 q가 주어지면 입력 시간 t에서의 유량을 q(t)로 구할 수 있고, 여기에 시간 폭 dt를 곱하기만 하면 부피의 변화량을 얻는다.

---

[6] (옮긴이) 미터로 환산하면 약 26.8224m이다.

```
def small_volume_change(q,t,dt):
    return q(t) * dt
```

부피 함수와 유량함수 모두를 가지고 있으므로 이 근삿값이 얼마나 정확한지 확인해볼 수 있다. 예상한 대로 전체 시간 구간을 입력하면 그다지 정확하지 않다.

```
>>> small_volume_change(flow_rate,2,1)
0.1875
>>> volume(3) - volume(2)
0.109375
```

이 근삿값은 실제 값에서 약 70% 차이가 난다. 비교 차원에서 시간 구간의 길이가 0.01시간일 때의 근삿값을 구해보면 정확한 편임을 알 수 있다. 실제 부피의 변화량과 오차가 1% 이내이다.

```
>>> small_volume_change(flow_rate,2,0.01)
0.001875
>>> volume(2.01) - volume(2)
0.0018656406250001645
```

작은 시간 구간에서 부피의 변화량을 근사하는 좋은 방법을 얻었으니, 이 근삿값들을 모아서 좀 더 긴 구간에서 부피의 변화량을 구해볼 수 있다.

8.4.2 시간을 작은 시간 구간으로 쪼개기

함수 volume_change(q,t1,t2,dt)를 구현하고자 t1에서 t2까지 시간을 폭이 dt인 구간들로 나눌 수 있다. 문제를 단순하게 만들기 위해 dt는 t2 - t1이라는 시간을 나머지 없이 정수개 구간으로 쪼개는 값을 가진다고 가정한다.

각 구간의 시점을 얻기 위해 다시 한번 NumPy의 arange 함수를 사용할 수 있다. 함수 호출 np.arange(t1,t2,dt)는 t1에서부터 시작해 dt씩 증가시키면서 t2가 될 때까지 시간값들을 구해 배열로 준다. 이 배열의 각 시간값 t에 대해서, 이 시간값에 연이어 등장하는 시간 구간 동안 부피의 변화량을 small_volume_change로 구할 수 있다. 마지막으로 구간 전체에 대한 부피의 총변화량을 구하고자 각 결괏값을 더할 필요가 있다. 이는 대략 한 줄로 끝난다.

```
def volume_change(q,t1,t2,dt):
    return sum(small_volume_change(q,t,dt)
                for t in np.arange(t1,t2,dt))
```

이 함수를 사용하면 0시부터 10시까지 시간을 시간 폭이 0.1시간인 100개의 시간 구간으로 나눌 수 있으며 각 구간 동안 부피의 변화량을 구해 더할 수 있다. 그 결과는 실제 부피의 변화량과 소수점 아래 1자리까지 일치한다.

```
>>> volume_change(flow_rate,0,10,0.1)
4.32890625
>>> volume(10) - volume(0)
4.375
```

시간을 다음과 같이 더 작은 간격으로 나눌수록 결과는 더욱 좋아진다.

```
>>> volume_change(flow_rate,0,10,0.0001)
4.3749531257812455
```

도함수를 취하는 과정과 마찬가지로 간격을 점점 더 작게 만들수록 결과가 예상 정답에 수렴할 것이다. 변화율로부터 특정 시간 구간에서 함수의 전체 변화량을 계산하는 것을 **정적분**(definite integral)이라고 한다. 정적분의 정의는 8.5절로 미루고 지금은 정적분을 그리는 방법에 초점을 맞추자.

8.4.3 유량 그래프에서 부피 변화량 그리기

별로 정확한 결과를 주지 않을 게 뻔하지만, 10시간짜리 구간을 1시간짜리 구간으로 쪼개보겠다. 유량 그래프에 10개의 점이 나타나는데 각 구간의 시점은 0시, 1시, 3시, ..., 9시이다. [그림 8.20]은 그래프에서 각 점을 표시하여 보여준다.

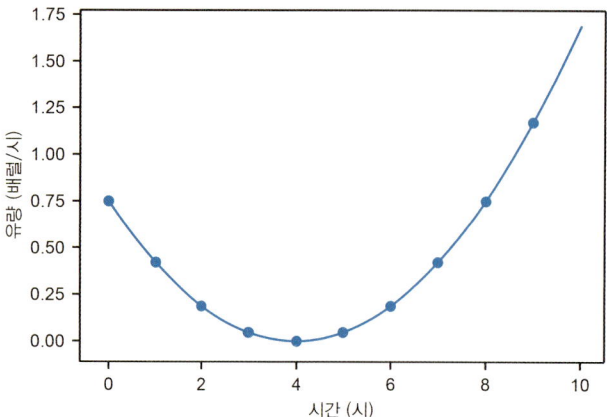

그림 8.20 volume_change(flow_rate,0,10,1)을 계산할 때 사용되는 점들의 플롯

우리가 생각한 계산법에서는 각 구간에서 유량이 일정하게 유지된다고 가정했지만, 이 상황은 그렇지 않음을 알 수 있다. 각 구간 내에서 유량은 눈에 띌 정도로 변화한다. 따라서 우리의 가정하에서는 좀 다른 유량함수를 다루는 것처럼 보이는데, 이 함수의 그래프는 각 시간 동안은 상수함수 그래프이다. [그림 8.21]은 원래 그래프와 함께 이러한 그래프의 모습을 보여준다.

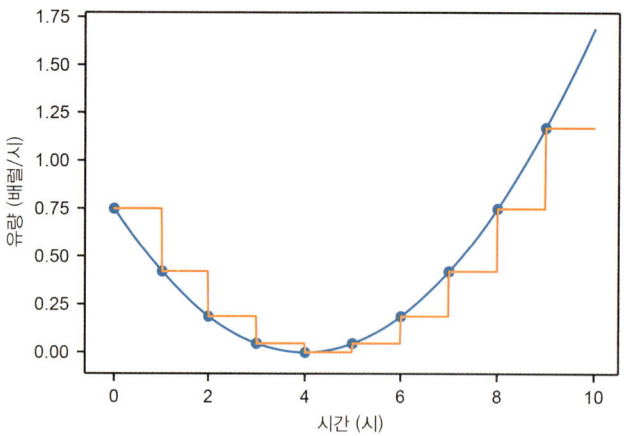

그림 8.21 구간별로 유량이 일정하다고 가정하면 이 함수의 그래프는 아래로 내려가다가 위로 올라가는 계단 모양이다.

각 구간에서 (계단 그래프에서 칸의 높이에 해당하는) 유량에 (계단 그래프에서 칸의 폭에 해당하는) 경과 시간 1시간을 곱해보자. 이렇게 계산한 값인 각 부피의 변화량은 각 칸이 나타내는 가상의 사각형 넓이이다. [그림 8.22]는 각 사각형을 채워 보여주고 있다.

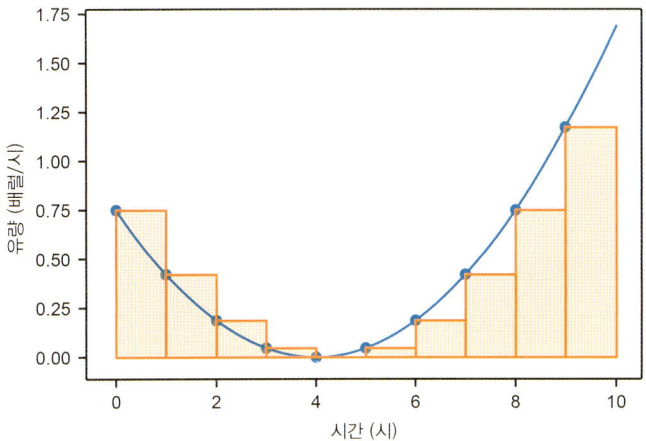

그림 8.22 10개의 직사각형 넓이의 합으로 나타낸 부피의 총변화량

시간 구간을 더 작게 만들면 결괏값이 개선됨을 볼 수 있다. 시각적으로는 그래프를 감싸는 사각형을 그래프에 더욱 가까워지도록 더 많이 그려 넣는 것과 같다. [그림 8.23]은 폭이 각각 1/3시간(20분)인 30개의 구간 간격으로 만든 사각형들과 폭이 각각 0.1시간인 100개의 구간 간격으로 만든 사각형들을 보여준다.

이 그림들로부터 구간(dt)이 작아지고 계산 결과(volume_change(flow_rate,0,10,dt))가 실제 부피변화(volume(10)-volume(0))에 다가갈수록 유량 그래프 아래의 공간을 채우기 위해 사각형들이 점점 더 가까워짐을 볼 수 있다. 여기서 주어진 시간 구간 내에 유량 그래프 하단의 넓이는 같은 시간 구간동안 탱크 내부에서 순증가한 부피와 **(근사적으로) 같음**을 알 수 있다.

그래프 아래의 넓이를 근사하는 사각형 넓이의 합을 **리만합**(Riemann sum)이라고 한다. 훨씬 더 얇은 직사각형으로 만든 리만합은 그래프 아래의 넓이에 수렴하는데, 더 작은 구간에 대한 할선이 접선의 기울기에 수렴하는 것과 대략 비슷하다. 리만합과 정적분의 수렴성은 차후 다시 설명하겠지만, 일단 시간에 따른 부피를 구하는 문제로 넘어가 보자.

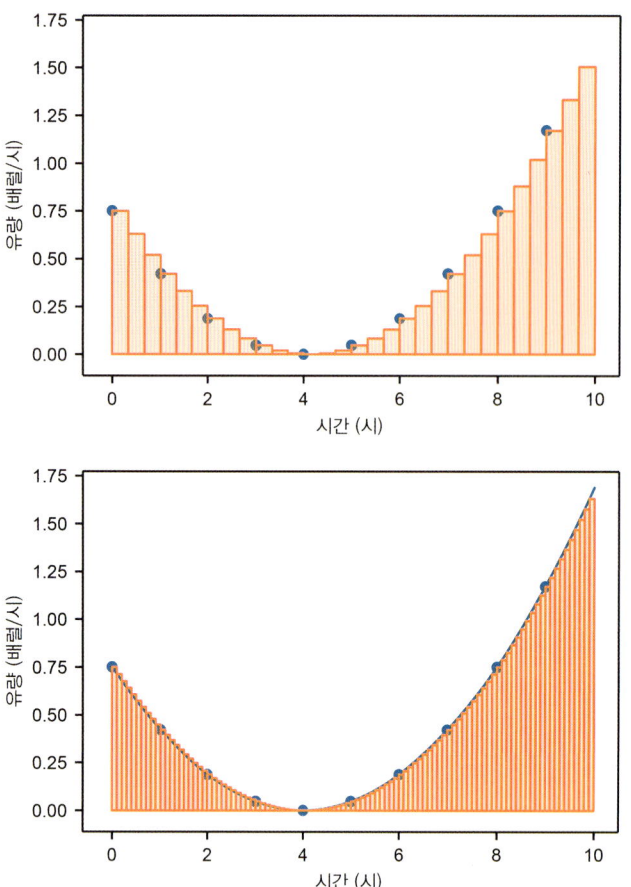

그림 8.23 [그림 8.20]에 나타난 유량 그래프를 덮는 30개 직사각형의 넓이 합(위쪽)과 100개 직사각형의 넓이 합(아래쪽)으로 살펴보는 부피의 변화량

8.4.4 연습문제

연습문제 | 8.9

처음 6시간 동안 탱크에 주입된 석유량과 마지막 4시간 동안 탱크에 주입된 석유량을 각각 근사적으로 구하라. 두 구간 중 주입된 석유량이 더 많은 구간을 구하라.

8.5 시간에 따른 부피 플로팅하기

8.4절에서는 유량을 이용해 주어진 시간 구간 동안에 부피 **변화량**(change)의 근삿값을 구할 수 있었다. 하지만 목표는 특정 시점에 탱크 안 유체의 **총** 부피를 얻는 것이다.

여러분을 헷갈리게 하는 질문 하나를 던져보겠다. 석유가 3시간 동안 1.2배럴/시로 일정한 유량으로 탱크에 흘러 들어갈 때, 3시간 뒤 탱크 안의 석유 부피는 얼마나 될까? 정답은 알 수 없다. 3시간 구간의 시점에서 탱크 안의 석유 부피를 모르기 때문이다. 만약 이 값을 알고 있다면 정답을 쉽게 구할 수 있다. 예를 들어 3시간 구간의 시점에 석유가 0.5배럴 있었다고 하면 3시간 동안 3.6배럴이 주입되므로 3시간 구간의 종점에서는 탱크에 석유가 0.5 + 3.6 = 4.1배럴 담겨 있을 것이다. 즉, 0시일 때 초기 부피에다가 임의의 시간 T시일 때 부피의 변화량을 더하면 T시의 총 부피를 구할 수 있다.

이 절의 마지막 예시에서는 이러한 발상을 코드로 전환해 부피 함수를 approximate_volume (q,v0,dt,T)라고 재구축한다. 이 함수는 유량 q, 탱크 안 석유의 초기 부피 v0, 작은 시간 폭 dt, 시간 T를 입력으로 받는다. 이 함수의 출력은 T시에서 탱크 안 석유의 총 부피의 근삿값인데, 이 값은 초기 부피 v0에 0시부터 T시까지 부피의 변화량을 더한 것이다.

approximate_volume(q,v0,dt,T) 함수를 구현한 뒤에는 이 함수를 커링해서 approximate_volume_function(q,v0,dt)라는 함수를 얻는다. 이 함수는 시간에 대한 함수로 부피의 근삿값을 알려주는 함수를 생성한다. approximate_volume_function에 의해 리턴되는 함수는 부피 함수이며, 비교를 위해 원래 부피 함수와 같이 플로팅할 수 있다.

8.5.1 시간에 따른 부피 구하기

우리가 사용할 기본 공식은 다음과 같다.

$$T시일 \ 때 \ 부피 = (0시일 \ 때 \ 부피) + (0시에서 \ T시까지 \ 부피의 \ 변화량)$$

위의 합에서 첫 번째 항인 '0시일 때 탱크 안 석유의 부피'는 미리 주어져야 한다. 유량함수 만으로는 이를 알아낼 방법이 없기 때문이다. 첫 번째 항을 안다면 volume_change 함수를 사용해서 0시에서 T시까지 부피를 구할 수 있다. 이를 구현하는 명령어는 다음과 같다.

```
def approximate_volume(q,v0,dt,T):
    return v0 + volume_change(q,0,T,dt)
```

이 함수를 커링하고자 앞의 세 인자를 파라미터로 받고 마지막 파라미터 T를 입력으로 받는 새 함수를 리턴하는 함수를 다음과 같이 정의할 수 있다.

```
def approximate_volume_function(q,v0,dt):
    def volume_function(T):
        return approximate_volume(q,v0,dt,T)
    return volume_function
```

이 함수는 `flow_rate` 함수로부터 플로팅할 수 있는 부피 함수를 직접 생성한다. 소스 코드에서 제공한 `volume` 함수에서는 volume(0)이 2.3인데, 해당 값을 v0값으로 사용하자. dt값을 0.5로 설정해두면 부피의 변화량을 폭이 0.5시간(30분)인 구간들에 대해 계산한다는 뜻이 된다. [그림 8.24]를 통해 원래 부피 함수 대비 이 함수가 어떤 모양으로 플로팅되는지 살펴볼 수 있다.

```
plot_function(approximate_volume_function(flow_rate,2.3,0.5),0,10)
plot_function(volume,0,10)
```

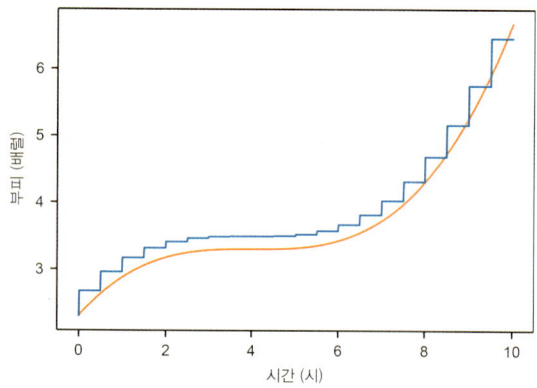

그림 8.24 원래 volume 함수(매끈한 선)와 approximate_volume_function 함수(계단 모양 선)의 출력값

좋은 소식은 원래 부피 함수와 상당히 비슷한 출력을 얻었다는 것이다! 하지만 approximate_volume_function이 생성한 결과는 들쭉날쭉하며 0.5시간마다 계산한 모양이 되었다. 이 결과가 0.5라는 dt값에 의한 것임을 추측할 수 있다. 또한 dt값을 줄이면 더 나은 근삿값을 얻을 수 있음을 알게 된다. 실제로 이 추측은 맞다. 그래프가 이렇게 되는 이유를 정확히 이해하기 위해 부피의 변화량이 실제로 어떻게 계산되는지, 이를 왜 작은 폭의 구간이 근삿값을 개선하는지를 자세히 알아보자.

8.5.2 부피 함수에 대한 리만합 그리기

어느 시점에서든지 approximate_volume_function이 계산하는 탱크 안 석유의 부피는 탱크 안 석유의 초기 부피에다가 해당 시점까지 부피의 변화량을 더한 것이다. $t = 4$시라고 하면 그러한 부피를 다음과 같이 식으로 나타낼 수 있다.

$$4시일\ 때\ 부피 = (0시일\ 때\ 부피) + (0시에서\ 4시까지\ 부피의\ 변화량)$$

이 합의 결과는 그래프상에서 4시에 대응하는 점이다. 임의의 다른 시점에서의 값 또한 같은 방법으로 계산할 수 있다. 위 예시에서 합은 0시일 때 값인 2.3배럴에 0시에서 4시까지 부피의 변화량인 리만합을 더한 것이다. 이 리만합은 0~4시 사이의 0.5시간 폭을 가진 8개 사각형의 합이다. 그 결과는 [그림 8.25]와 같이 약 3.5배럴이다.

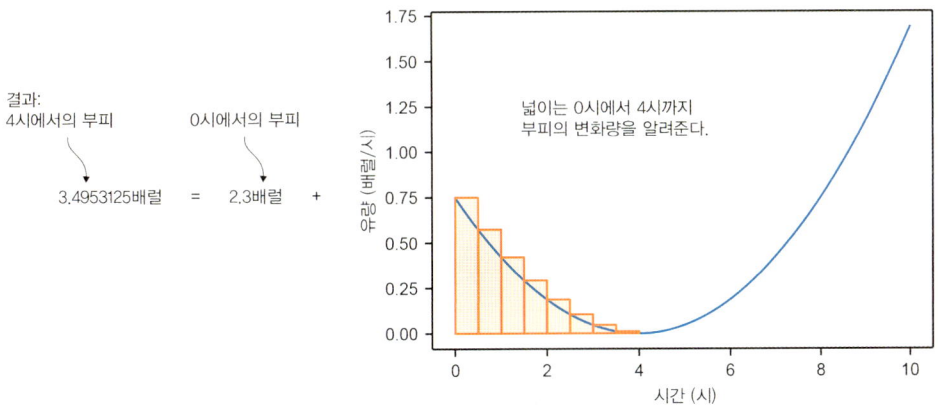

그림 8.25 리만합을 사용해 4시에서의 탱크 안 석유 부피 계산하기

임의의 다른 시점에서도 똑같은 작업을 할 수 있다. 예를 들어 [그림 8.26]은 8시간 범위에서의 결과를 보여준다.

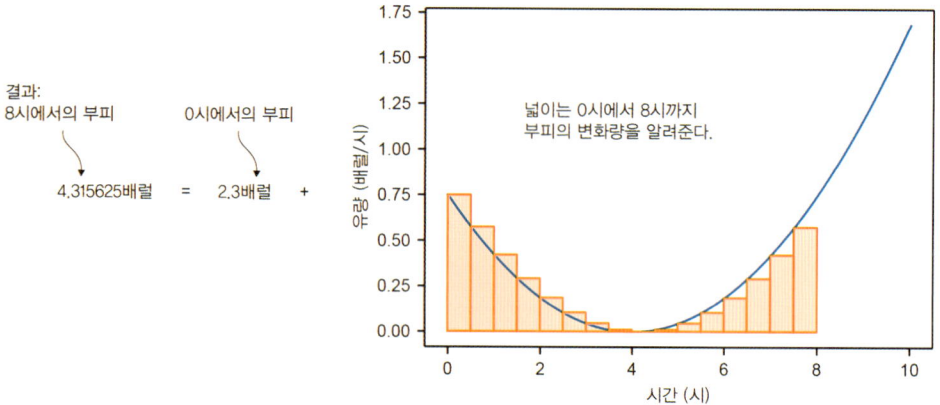

그림 8.26 리만합을 사용해 8시에서의 탱크 안 석유 부피 계산하기

이번에는 정답이 약 4.32배럴이다. 이 답을 구하려면 8/0.5 = 16개의 직사각형 넓이를 더해야 한다. 이렇게 구한 두 값은 [그림 8.27]처럼 우리가 만든 그래프에서 두 점으로 나타난다.

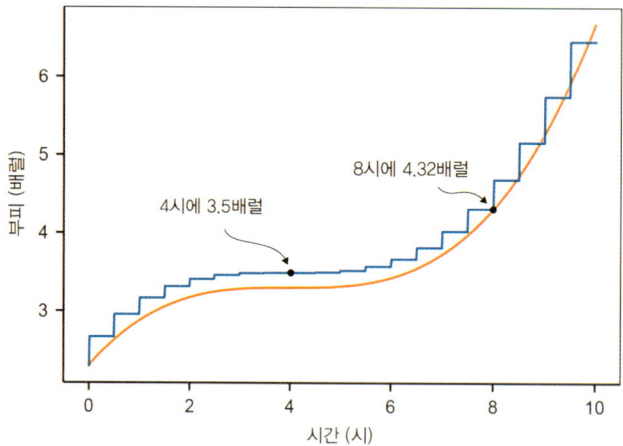

그림 8.27 대략적인 부피 그래프에 표시된 두 계산 결과

두 경우 모두 0에서 특정 시점까지 정수 개의 시간 간격을 사용해 구했다. 이러한 그래프를 만들려면 파이썬 코드로 매시간 또는 0.5시간마다 대응하는 여러 리만합을 계산하여야 하며, 그 사이에 모든 점도 플로팅해야 한다.

dt값이 0.5시간이면 0.5로 나누어떨어지지 않는 시점인 3.9시에서 이러한 코드를 이용해 부피의 근삿값을 구할 수 있을까? `volume_change(q,t1,t2,dt)` 함수를 구현하는 식으로 돌아가 보자. 부피를 계산할 때 `np.arange(t1,t2,dt)`가 주는 각 구간의 시점으로 직사각형의 넓이를 구했던 부분에서 수정해야 한다. 예를 들어 dt 값이 0.5시간일 때 0시에서 3.9시까지 부피의 변화량을 구한다면 각 직사각형의 시점은 다음과 같다.

```
>>> np.arange(0,3.9,0.5)
array([0. , 0.5, 1. , 1.5, 2. , 2.5, 3. , 3.5])
```

이에 따라 폭이 0.5시간인 직사각형을 8개 모두 그리면 3.9시를 넘어버리지만, 기존의 구현은 8개 모두의 넓이를 계산한다! 제대로 하려면 마지막 구간의 폭을 0.4시간으로 줄여야 한다. 이는 8번째 구간이 7번째 구간의 종점인 3.5시에서 시작해 3.9시까지만 지속됨을 의미한다. 이 절의 마지막에서는 원한다면 `volume_change` 함수가 마지막 구간의 폭을 줄여 계산하도록 업데이트할 수 있다. 지금은 이러한 실수를 무시하겠다.

8.5.1절에서 dt값인 사각형 폭을 줄이면 결과가 더 정확해짐을 살펴보았다. 마지막 구간에서 결과를 다소 과장하더라도 그래프가 잘 맞아떨어지도록 더 작은 직사각형을 사용한다면 오차를 줄일 가능성이 있어 보인다. 예를 들어 폭이 0.5시간인 구간을 이용하면 3.9시가 아니라 3.5시까지나 4.0시까지 리만합을 계산해야 하지만 폭이 0.1시간인 구간을 이용하면 3.9시까지 빈틈없이 리만합을 계산할 수 있다.

8.5.3 근삿값 개선하기

dt값을 더 작게, 즉 사각형 크기를 작게 해서 근삿값이 개선되는지 실제로 연습해보자. dt=0.1시간일 때의 근삿값은 다음과 같다. [그림 8.28]에 그 결과를 나타냈다. 그래프의 계단들이 거의 보이지 않을 정도로 사각형이 작아졌으며 그래프는 폭이 0.5시간인 구간일 때보다 실제 부피 그래프에 가까워졌다.

```
plot_function(approximate_volume_function(flow_rate,2.3,0.1),0,10)
plot_function(volume,0,10)
```

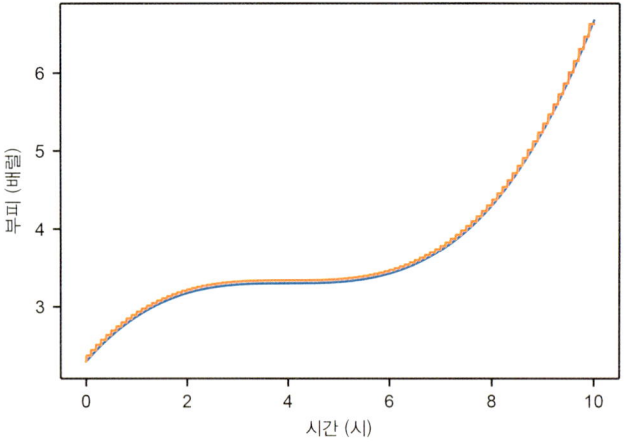

그림 8.28 dt = 0.1시간일 때 그래프는 거의 일치한다.

dt=0.01시간처럼 시간 간격을 훨씬 작게 가져가면 두 그래프는 차이를 거의 구분할 수 없다. [그림 8.29]에서 확인하자.

```
plot_function(approximate_volume_function(flow_rate,2.3,0.01),0,10)
plot_function(volume,0,10)
```

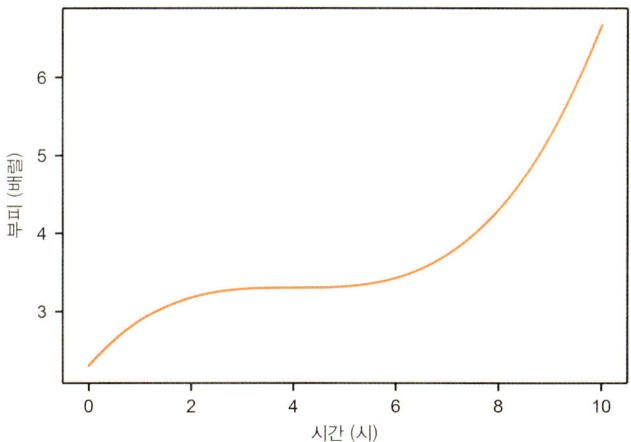

그림 8.29 0.01시간 간격이면 approximate_volume_function의 그래프는 실제 volume 함수와 구별할 수 없다.

두 그래프가 정확히 일치하는 것처럼 보이더라도 이 근사 함수가 얼마나 정확한지에 대해 의문이 들 수 있다. dt값을 작게 해서 approximate_volume_function의 그래프를 그려보면 모든 점에서 실제 부피 그래프에 점점 가까워진다. 이를 각 근삿값이 실제 부피 값에 **수렴**(converge)하는 중이라고 말할 수 있다. 하지만 단계별로 관찰하면 근삿값이 여전히 실제 부피 측정값과 일치하지 않을 수도 있다.

이제 각 점에서 부피를 (우리가 허용 가능한 오차 범위 내에서) 임의의 정확도만큼 구하는 방법을 설명하겠다. 바로 임의의 시점 t에 대해 출력값이 허용 가능한 오차 값보다 더 큰 변화를 하지 않을 때까지 dt를 계속 줄여가면서 volume_change(q,0,t,dt)를 재계산하는 것이다. 함수의 미분계수의 근삿값이 안정화될 때까지 반복해서 계산하던 작업과 상당히 비슷해 보인다.

```
def get_volume_function(q,v0,digits=6):
    def volume_function(T):
        tolerance = 10 ** (-digits)
        dt = 1
        approx = v0 + volume_change(q,0,T,dt)
        for i in range(0,digits*2):
            dt = dt / 10
            next_approx = v0 + volume_change(q,0,T,dt)
```

8.5 시간에 따른 부피 플로팅하기 _ **363**

```
            if abs(next_approx - approx) < tolerance:
                return round(next_approx,digits)
            else:
                approx = next_approx
        raise Exception("Did not converge!")
    return volume_function
```

예를 들어 부피 $v(1)$은 정확히 2.878125배럴인데, 필요한 수준의 정확도로 이 결괏값의 추정값을 구할 수 있다. 만약 소수점 이하 3자리 정확도로 알고 싶다면 다음과 같이 계산할 수 있다.

```
>>> v = get_volume_function(flow_rate,2.3,digits=3)
>>> v(1)
2.878
```

한편 소수점 이하 6자리 정확도가 필요하다면 실제 정답을 구할 수 있다.

```
>>> v = get_volume_function(flow_rate,2.3,digits=6)
>>> v(1)
2.878125
```

이 코드를 직접 실행해보면 두 번째 계산을 수행할 때 시간이 상당히 걸림을 알 수 있다. 이 정도의 정확도로 답을 내려면 수백만 개의 작은 부피의 변화량으로 이루어진 리만합을 수행해야 하기 때문이다. 유량함수로부터 부피의 근삿값을 임의의 정확도로 계산하는 사례는 아마 실제로 볼 일이 없겠지만, 이 예시는 **dt**값이 작아지면 작아질수록 부피의 근삿값이 volume 함수의 실젯값으로 수렴한다는 점을 잘 설명한다. 수렴하는 실젯값을 유량함수의 **적분**(integral)이라고 한다.

8.5.4 정적분과 부정적분

8.5.2절과 8.5.3절에서 유량함수를 **적분하여** 부피 함수를 얻었다. 도함수를 취하는 것과 마찬가지로 적분은 함수를 다루는 일반적인 절차 중 하나이다. 변화량을 나타내는 임의의 함수를 적분하면 이에 대응하는 누적값을 알려주는 함수를 얻는다. 예를 들어 자동차의 속력이 시간에 대한 함수임을 안다면, 자동차의 속력을 적분하여 시간에 대한 함수인 누적 여행 거리를 얻을 수 있다. 이 절에서는 정적분과 부정적분이라는 두 가지 적분을 살펴보겠다.

정적분은 도함수로부터 어떤 구간에서 함수의 총변화량을 알려준다. 정적분을 명시하려면 적분할 함수와 (앞의 예시에서) 시간에 해당한 시점의 값과 종점의 값을 인자로 주어야 한다. 정적분은 누적 변화량에 해당하는 수 하나를 출력한다. 예를 들어 $f(x)$가 우리가 관심 있는 함수이고 $f'(x)$가 $f(x)$에 대한 도함수라고 하자. $x=a$에서 $x=b$까지 f의 누적 변화량은 $f(b)-f(a)$이며 이는 $f'(x)$에 정적분을 취하면 구할 수 있다. [그림 8.30]을 참고하라.

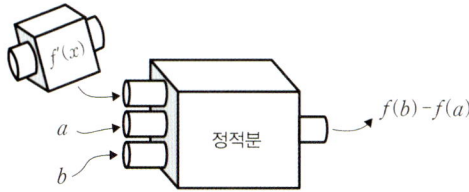

그림 8.30 정적분은 함수의 변화율(도함수)과 명시된 구간을 입력으로 받아서 해당 구간에서 함수의 누적 변화량을 복원한다.

미분적분학에서는 $x=a$에서 $x=b$까지 $f'(x)$의 정적분을 다음과 같이 나타낸다.

$$\int_a^b f'(x)dx$$

이 정적분의 결과는 $f(b)-f(a)$이다.[7] 기호 $\int$ 은 적분 기호이며, a와 b는 **적분한계**(bounds of integration), $f'(x)$는 적분할 함수,[8] dx는 적분이 x에 대해 취해지는 상황임을 나타낸다.

---

[7] (옮긴이) 수학에서는 미분적분학의 기본정리(The fundamental theorem of Calculus)라고 부른다. 이름에서도 알 수 있듯이 미분적분학에서 가장 중요한 정리이다. 여기서 핵심은 적분(연산)은 미분(연산)의 역연산이라는 것이다.

[8] (옮긴이) 피적분함수(integrand)라고도 한다.

volume_change 함수는 정적분의 근삿값을 주며, 8.4.3절에서 보았듯이 유량함수 아래 넓이의 근삿값을 주기도 한다. 실제로 주어진 구간에서 주어진 함수의 정적분은 해당 구간에 그려진 함수의 그래프 아래 면적과 같다. 실제로 접하는 함수 대부분은 그래프의 성질이 괜찮아서 그래프 하단의 넓이를 계속 얇아지는 사각형으로 근사할 수 있고, 그 근삿값은 특정 값으로 수렴할 것이다.

정적분을 이해했으니 부정적분을 살펴보자. **부정적분**(indefinite integral)은 함수의 도함수를 입력으로 받아서 원래 함수를 복원한다. 예를 들어 $f'(x)$가 $f(x)$의 도함수임을 알고 있다고 하자. $f(x)$를 복원하려면 $f'(x)$의 부정적분을 구해야 한다.

중요한 점은 도함수 $f'(x)$ 자체만으로 원래 함수 $f(x)$를 재구성하기에 충분하지 않다는 데 있다. 정적분을 계산하는 get_volume_function에서 이미 살펴봤듯이 $f(0)$과 같은 $f(x)$의 초깃값을 하나는 알고 있어야 한다. 초깃값 $f(0)$을 알고 있다면 $f(x)$ 값은 $f(0)$과 정적분을 더해서 구할 수 있다. 앞에서 봤듯이 다음이 성립한다.

$$f(b) - f(a) = \int_a^b f'(x)dx$$

따라서 임의의 $f(x)$ 값도 다음과 같이 구할 수 있다.

$$f(x) - f(0) = \int_0^x f'(t)dt$$

여기서 f'의 인자에 다른 변수 t를 사용했음에 주의하자. 변수명 x가 적분한계에 등장하기 때문이다. 함수 $f(x)$의 부정적분은 다음과 같이 쓸 수 있다.

$$f(x) = \int f'(x)dx$$

이 식은 정적분처럼 보이지만 적분한계가 명시되어 있지 않다. 예를 들어 $g(x) = \int f(x)dx$ 라고 하면 $g(x)$는 $f(x)$의 **역도함수**(antiderivative)라고 부른다. 역도함수는 유일하지 않다. 사실 임의로 선택할 수 있는 초깃값 $g(0)$에 따라 동일한 $f(x)$를 도함수로 가지는 여러 $g(x)$가 존재한다.

짧은 시간 동안 알아야 할 용어들이 많았다. 이 용어들은 2부 나머지에서 계속 볼 수 있다. 앞으로 미분과 적분을 사용해 함수와 함수의 변화율을 상호 변환하는 문제를 계속 다룰 것이다.

요약

- 함수 $f(x)$의 평균변화율은 x의 어떤 구간에서 f의 변화량을 그 구간의 길이로 나눈 값이다. 예를 들어 $x=a$에서 $x=b$까지 $f(x)$의 평균변화율은 다음과 같다.

$$\frac{f(b)-f(a)}{b-a}$$

- 함수의 평균변화율은 **할선**의 경사도로 나타낼 수 있다. 할선은 함수의 그래프의 두 점을 지나는 직선이다.

- 매끄러운 함수의 그래프를 확대하면 직선과 구분하기 어렵다. 함수와 구분할 수 없는 그러한 선을 해당 범위에서 함수에 가장 가까운 직선이라고 하며, 이 직선의 기울기를 함수의 **미분계수**라고 한다.

- 어떤 점을 포함하는 구간을 계속 작게 만들면, 그러한 구간에서 할선의 기울기는 미분계수를 근사하는 데 쓰일 수 있다. 이 값은 해당 점에서 함수의 순간변화율의 근삿값이다.

- 함수의 **도함수**는 모든 점에서 순간변화율을 알려주는 또 하나의 함수이다. 함수의 도함수를 플로팅해 보면 시간에 따른 변화율을 관찰할 수 있다.

- 함수의 도함수로부터 시간에 따른 함수의 변화량을 구할 수 있다. 변화량을 구하려면 구간을 잘게 나누어 각 구간에서 함수의 변화율이 상수가 된다고 가정하면 된다. 만약 구간이 충분히 작다면 변화율은 근사적으로 상수이며, 변화율의 합은 총변화량을 나타낸다. 이 총변화량은 도함수 정적분의 근삿값이다.

- 함수의 초깃값을 알고 여러 구간에 대한 변화율의 정적분을 취하면 함수를 재구성할 수 있다. 이를 함수의 **부정적분**이라고 한다.

CHAPTER 9

움직이는 물체 시뮬레이션하기

이 장의 내용
- 코드로 뉴턴 운동 법칙을 구현하여 움직임을 사실적으로 시뮬레이션하기
- 속도 및 가속 벡터 계산하기
- 오일러 방법을 사용하여 움직이는 물체의 위치를 근사적으로 구하기
- 움직이는 물체의 정확한 궤적을 미분적분학으로 구하기

7장의 소행성 게임은 동작하긴 했지만 우리가 게임을 해보고 싶다는 느낌은 별로 들지 않았다. 이 게임을 더욱 재미있게 만들려면 소행성이 실제로 움직일 필요가 있다! 또한 플레이어가 움직이는 소행성을 피할 수 있으려면 우주선도 움직이거나 방향을 조종할 수 있도록 해야 한다.

소행성 게임에서 움직임을 구현하고자 8장에서 다룬 여러 미분적분학 개념들을 사용한다. 이번에 다룰 값은 소행성과 우주선의 x좌표와 y좌표이다. 소행성을 움직이려면 위치를 나타내는 좌푯값이 시시각각 달라져야 한다. 따라서 이 좌표들을 각각 시간에 대한 함수 $x(t)$와 $y(t)$로 둘 수 있다. 시간에 대한 위치 함수의 도함수는 **속도**(velocity)라고 하며, 시간에 대한 속도 함수의 도함수는 **가속도**(acceleration)라고 한다. 위치 함수가 2개이므로 속도 함수도 2개이고 가속도 함수도 2개이다. 이로써 속도와 가속도도 벡터로 생각할 수 있다.

우리의 첫 번째 목표는 소행성들을 움직이는 것이다. 이를 위해 소행성에 랜덤하게 선택된 등속 함수(속도가 일정한 함수)를 설정할 것이다. 이후 **오일러 방법**(Euler's method)이라는 알고리즘을 사용해 각 속도 함수를 '실시간으로' 적분해서 프레임별로 소행성의 위치를 얻는다. 오일러 방법은 8장에서 다룬 적분과 수학적으로 유사하지만 게임을 실행하는 중에도 동작할 수 있는 알고리즘이라는 장점이 있다.

다음으로 플레이어가 우주선을 제어할 수 있도록 만들 것이다. 키보드에서 위쪽 방향키를 누르면 우주선은 현재 진행 방향으로 가속해야 한다. '가속한다'라는 말은 $x(t)$와 $y(t)$ 각각의 도함수의 도함수가 0이 아님을 의미한다. 이러면 속도도 변하고 위치도 변한다. 다시 말하지만 실시간으로 가속도 함수와 속도 함수를 적분하려고 오일러 방법을 사용하는 것이다.

오일러 방법은 적분의 근삿값을 구하는 방법에 불과하지만 소행성 게임에 응용할 때에는 8장에서 등장한 리만합과 유사한 역할을 한다. 오일러 방법으로 시간에 따른 소행성과 우주선의 실제 위치를 계산할 수 있으며, 오일러 방법으로 얻은 결과와 정답을 간단히 비교해보면서 9장을 마무리할 것이다.

9.1 속도가 고정된 움직임을 시뮬레이션하기

일상 대화에서 사용하는 **속도**(velocity)라는 단어는 **속력**(speed)과 동의어이다. 하지만 수학과 물리학에서 속도는 특별한 의미를 지닌다. 다시 말해 속도는 속력과 이동 방향이라는 두 가지 개념을 동시에 포함한다. 따라서 우리는 속도라는 개념에 주목하고 속도를 일종의 벡터로 간주할 것이다.

여기서는 소행성 객체 각각에 등속 벡터, 즉 상수 두 개로 이루어진 순서쌍 (v_x, v_y)를 랜덤하게 부여해서 이 벡터가 시간에 대한 소행성 위치의 도함수라고 보겠다. 다시 말하면 $x'(t) = v_x$, $y'(t) = v_y$이다. 이러한 정보를 코드화하면 게임이 실행 중일 때 이 속도벡터에 따라 소행성이 움직이도록 게임 엔진을 수정할 수 있다.

이 게임은 2차원 게임이므로 위치의 순서쌍과 속도의 순서쌍을 다루어야 한다. 따라서 설명하면서 $x(t)$와 $y(t)$를 위치 함수 순서쌍이라 부르고 $x'(t)$와 $y'(t)$를 속도 함수 순서쌍이라고 부르겠다. 각각을 **벡터 값**(vector-valued) 함수 $\mathbf{s}(t) = (x(t), y(t))$, $\mathbf{v}(t) = (x'(t), y'(t))$로 쓰기도 할 것이다. 이러한 표기법은 $\mathbf{s}(t)$와 $\mathbf{v}(t)$가 시간값을 입력으로 받아 벡터를 리턴하는 함수임을 나타낸 것에 불과하다. 이 경우에는 각각 해당 시간의 위치와 속도를 나타낼 뿐이다.

기존에 만들어둔 소행성 클래스에는 x성분과 y성분으로 나타낸 위치벡터가 이미 포함되어 있지만, 이제는 x방향과 y방향으로 얼마나 빠르게 이동하는지를 나타내는 속도벡터도 포함해야 한다. 이 작업이 바로 프레임별로 이동하는 소행성을 얻기 위한 첫 단계이다.

9.1.1 소행성에 속도 부여하기

각 소행성에 속도벡터를 부여하려면 PolygonModel 객체에 벡터의 두 성분 vx와 vy를 속성으로 추가할 수 있다(소스 코드에서 9장에 포함된 asteroids.py에 있다).

```
class PolygonModel():
    def __init__(self,points):         ◁── 처음 4개 속성은 7장에서의
        self.points = points               원 클래스 구현과 동일하다.
        self.angle = 0
        self.x = 0
        self.y = 0
        self.vx = 0    ◁── vx와 vy 속성은 v_x=x'(t)와 v_y=y'(t)의 현재 값을 저장한다.
        self.vy = 0         기본값은 0으로 설정되어 있는데, 객체가 움직이지 않음을 의미한다.
```

다음으로 소행성이 불규칙하게 움직이도록 소행성의 속도 성분에 랜덤 값을 부여하자. Asteroid 생성자 아래에 두 줄을 추가하면 된다.

```
class Asteroid(PolygonModel):
    def __init__(self):               ◁── 이 줄까지는 7장에서 변경된 내용이 없다.
        sides = randint(5,9)              랜덤 위치의 꼭짓점으로 만든 다각형으로
        vs = [vectors.to_cartesian((uniform(0.5,1.0), 2 * pi * i / sides))
              for i in range(0,sides)]
        super().__init__(vs)   ◁
        self.vx = uniform(-1,1)   ◁── 마지막 두 줄에서 x속도와 y속도는
        self.vy = uniform(-1,1)        -1과 1 사이의 랜덤 값으로 설정된다.
```

여러분도 기억하겠지만 도함수가 음의 값이면 함수는 감소하고 도함수가 양의 값이면 함수는 증가한다. x속도와 y속도가 양수이거나 음수일 수 있다는 것은 x위치와 y위치가 증가하거나 또는 감소함을 의미한다. 다시 말해 소행성이 좌우 또는 상하로 움직인다는 뜻이다.

9.1.2 소행성이 움직이도록 게임 엔진 업데이트하기

이제 속도에 따라 위치를 갱신해야 한다. 우주선이나 소행성, 혹은 다른 PolygonModel 객체든 간에 속도 성분 v_x와 v_y는 위치 성분 x와 y를 어떻게 갱신해야 할지 알려준다.

프레임이 다음 프레임으로 전환되는 동안 시간이 Δt 만큼 흘렀다면 x는 $v_x \cdot \Delta t$로, y는 $v_y \cdot \Delta t$로 갱신한다.[1] 이 방법은 유량이 거의 변화하지 않을 때 부피의 작은 변화량을 구하는 근삿값 계산 방법과 동일하다. 이 경우엔 속도가 실제로 일정하므로 속도와 경과 시간을 곱하면 위치의 변화량이고, 근삿값이라기보다는 실제 변화량이다.

이 식을 바탕으로 객체의 위치를 갱신하는 `move` 메서드를 `PolygonModel` 클래스에 추가할 수 있다. 이 클래스에는 경과 시간을 저장하는 속성이 따로 없지만 위의 갱신 공식에서 경과 시간이 필요하므로 (밀리초 단위의) 경과 시간을 메서드에 전달하자.

```
class PolygonModel():
    ...
    def move(self, milliseconds):
        dx, dy = (self.vx * milliseconds / 1000.0,
                  self.vy * milliseconds / 1000.0)
        self.x, self.y = vectors.add((self.x,self.y),
                                     (dx,dy))
```

> x위치의 변화량을 dx라고 하고 y위치의 변화량을 dy라고 한다. 소행성 속도와 초단위 경과 시간을 곱해서 두 변화량을 계산할 수 있다.

> 변화량 dx, dy를 위치에 더해 이번 프레임에서의 움직임을 처리 완료한다.

위 메서드는 오일러 방법 알고리즘을 간단히 적용한 첫 번째 사례이다. 이 알고리즘은 하나 이상의 함숫값(여기서는 위치 $x(t)$와 $y(t)$ 및 도함수 $x'(t) = v_x$와 $y'(t) = v_y$)을 계속 유지하며, 매 타임스텝마다 도함수에 따라 함수를 갱신한다. 도함수가 일정하면 이 방법은 완벽하게 작동하지만, 도함수가 계속 변하더라도 여전히 쓸 만한 근삿값을 계산하는 방법이다. 우주선의 움직임에 관심을 돌릴 때가 되면 속도 변화도 다룰 수 있도록 오일러 방법을 개선할 것이다.

9.1.3 화면에 소행성 유지하기

게임을 더 재미있게 만들기 위해 작은 특징 하나를 더 추가할 수 있다. 랜덤 속도로 움직이는 소행성은 어떤 점에서 스크린 밖으로 벗어난다. 소행성을 스크린 영역 내에 있도록 하려면 두 좌표를 최솟값 -10과 최댓값 10 사이에 있도록 만드는 로직을 포함할 수 있다. 예를 들어 x 속성이 10에서 10.1로 증가하면, 20을 빼서 -10과 10 사이의 값인 −9.9가 되도록

---

[1] 기호 Δ는 대문자로 표기한 그리스 문자 델타(delta)로, 변수의 변화량을 나타낼 때 사용한다.

만들 수 있다. 이 작업은 스크린의 우측에서 좌측으로 소행성을 '텔레포트' 시키는 효과가 있다. 이러한 게임 동작은 물리학과는 무관하지만 [그림 9.1]처럼 게임을 실행하는 중에 소행성을 계속 유지시켜서 플레이어가 게임에 집중하도록 만든다.

텔레포트 코드는 다음과 같다.

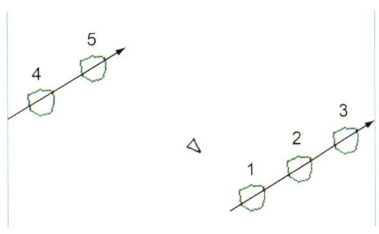

그림 9.1 스크린에 떠도는 객체가 스크린 영역을 벗어나려고 하면 '텔레포트' 시켜서 -10에서 10 사이의 좌푯값을 유지하는 상황

```
class PolygonModel():
    ...
    def move(self, milliseconds):
        dx, dy = (self.vx * milliseconds / 1000.0,
                  self.vy * milliseconds / 1000.0)
        self.x, self.y = vectors.add((self.x,self.y),
                                     (dx,dy))
        if self.x < -10:
            self.x += 20
        if self.y < -10:
            self.y += 20
        if self.x > 10:
            self.x -= 20
        if self.y > 10:
            self.y -=20
```

← x<-10이면 소행성은 스크린 좌측을 벗어나므로 x위치에 20단위를 더해 스크린 우측으로 텔레포트 시킨다.

← y<-10이면 소행성은 스크린 하단을 벗어나므로 y위치에 20단위를 더해 스크린 상단으로 텔레포트 시킨다.

마지막으로 스크린에서 움직이는 모든 소행성에 대해 move 메서드를 호출할 필요가 있다. 이를 위해 다음 라인들을 그림이 그려지기 직전의 게임 루프에 추가해야 한다.

```
milliseconds = clock.get_time()
for ast in asteroids:
    ast.move(milliseconds)
```

← 지난 프레임 이후 밀리초가 얼마만큼 경과했는지 확인한다.

← 모든 소행성을 호출해 각 소행성의 속도에 따라 위치를 갱신한다.

책에는 인쇄된 그림만 있어 확인하긴 어렵지만 코드를 실행해보면 스크린 영역 안에서 소행성들이 각각 랜덤 방향으로 랜덤한 것처럼 이동함을 볼 수 있다. 하지만 특정 소행성에 주목해보면 랜덤으로 움직이지 않았음을 알 수 있다. 소행성의 위치는 [그림 9.2]처럼 매 초마다 같은 방향으로 같은 거리만큼 변화하기 때문이다.

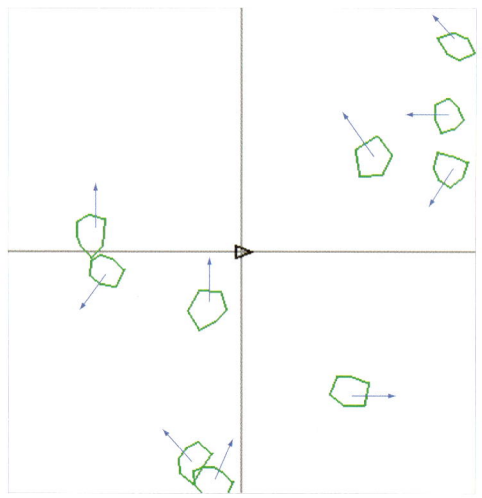

그림 9.2 앞에 등장한 코드를 추가해 실행하면 각 소행성이 랜덤하지만 일정한 속도로 이동한다.

소행성들이 움직이기 시작했으므로 우주선은 위험에 처했다. 소행성들을 피하려면 우주선을 움직여야 한다. 그러나 우주선을 일정한 속력으로 옮기기만 하면 우주선을 구하지 못할 수 있다. 어느 지점에서는 소행성과 마주칠 수 있기 때문이다. 플레이어는 속도를 바꿔가며 우주선을 움직여야 한다. 즉, 속력과 방향을 변경해야 한다. 이제 속도의 변화인 **가속**을 시뮬레이션하는 방법을 살펴보자.

9.1.4 연습문제

연습문제 풀이

연습문제 | 9.1

소행성의 속도벡터가 $\mathbf{v} = (v_x, v_y) = (-3, 1)$ 이라고 하자. 다음 중에서 소행성이 스크린에서 이동하는 방향을 구하라.

(a) 우상향 (b) 좌상향 (c) 좌하향 (d) 우하향

9.2 가속도 시뮬레이션하기

우주선에 로켓 연료를 태워 추진하는 스러스터(thruster)를 장착했다고 상상해보자. 이를테면 [그림 9.3]과 같이 가스가 팽창하며 우주선을 이동 방향으로 밀어내는 상황이다.

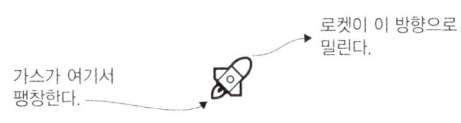

그림 9.3 로켓의 추진 방식 개략도

로켓이 스러스터를 점화하면 우주선이 현재 진행 방향을 유지하며 일정한 가속도로 가속한다고 하자. 가속도는 속도의 도함수라고 정의하였으므로 일정한 가속도는 시간에 대해 x방향과 y방향으로 속도를 일정 비율로 변화시킨다. 가속도가 영벡터가 아니라면 속도 v_x와 v_y는 상수가 아니다. 이제 속도는 시간에 따라 변화하는 함수인 $v_x(t)$와 $v_y(t)$이다. 가속도가 일정하다고 가정하면 $v'_x(t) = a_x$, $v'_y(t) = a_y$를 만족하는 두 수 a_x, a_y가 존재한다. 가속도는 벡터로 $\mathbf{a} = (a_x, a_y)$라고 표기한다.

이제 우리는 파이썬 상의 우주선에 a_x와 a_y를 나타내는 2개의 속성을 부여한 뒤, 해당 값에 따라 우주선을 가속하고 스크린 안에서 이동하도록 만들어야 한다. 플레이어가 아무런 키도 누르지 않으면 우주선은 두 방향에서 가속도가 0이다. 플레이어가 위쪽 화살표 키를 누르면 가속도가 갱신되어 (a_x, a_y)는 우주선의 진행 방향과 같으면서 영벡터가 아닌 벡터가 되어야 한다. 플레이어가 위쪽 화살표 키를 계속 누르면 우주선의 속도와 위치 모두가 현실감 있게 변화하며, 이에 따라 프레임별로 우주선이 움직인다.

9.2.1 우주선 가속화하기

우주선은 진행 방향과 무관하게 같은 비율로 가속되는 것처럼 보이면 좋을 듯하다. 이 말은 스러스터가 점화되는 중에는 벡터 (a_x, a_y)의 크기가 고정되어야 한다는 뜻이다. 시행착오를 거쳐 가속도 크기가 3이면 우주선을 적당히 조종할 만하다는 결론을 내렸다. 이 상수를 게임 코드에 삽입하자.

```
acceleration = 3
```

게임 안에서 거리 단위를 미터로 가정하면 이 값은 3미터 매 초 제곱(meters per second per second, 단위는 m/s/s)을 나타낸다. 우주선이 정지 상태일 때 플레이어가 위쪽 화살표 키를 계속 누르면 우주선은 매 초 3m/s만큼 속력이 증가하면서 진행 방향으로 이동한다. PyGame은 밀리초 단위로 동작하기 때문에 속도의 변화량은 매 초 0.003m/s, 즉 0.003미터 매 초 매 밀리초라고 할 수 있다.

이제 위쪽 화살표 키를 누른 상태에서 가속도벡터 $\mathbf{a} = (a_x, a_y)$를 계산하는 방법을 알아보자. 우주선이 x축을 기준으로 반시계방향으로 회전한 정도를 나타내는 회전각도(rotation angle) θ에 따라 진행할 때, 삼각법을 사용해 $|\mathbf{a}| = 3$인 가속도벡터의 수직 성분과 수평 성분을 구해야 한다. [그림 9.4]처럼 사인과 코사인의 정의를 이용하면 수평 성분은 $|\mathbf{a}| \cdot \cos(\theta)$이고 수직 성분은 $|\mathbf{a}| \cdot \sin(\theta)$이다. 다시 말해 가속도벡터는 두 성분의 순서쌍 $(|\mathbf{a}| \cdot \cos(\theta), |\mathbf{a}| \cdot \sin(\theta))$로 표현할 수 있다. 2장에서 작성한 from_polar 함수를 사용하면 가속도의 크기와 방향을 이용해 수평 성분과 수직 성분을 구할 수도 있다.

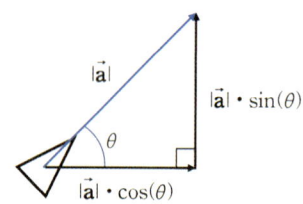

그림 9.4 삼각법을 사용해 가속도벡터의 크기와 방향으로부터 두 성분 구하기

게임 루프가 반복될 때마다 우주선을 이동시키기 전에 속도를 갱신해야 한다. 경과 시간 Δt 동안 v_x의 변화량은 $a_x \cdot \Delta t$이고 v_y의 변화량은 $a_y \cdot \Delta t$이다. 코드에서는 우주선의 vx 속성과 vy 속성에 속도의 변화량을 더해주어야 한다.

```
while not done:
    ...
    if keys[pygame.K_UP]:
        ax = acceleration * cos(ship.rotation_angle)
        ay = acceleration * sin(ship.rotation_angle)
        ship.vx += ax * milliseconds/1000
        ship.vy += ay * milliseconds/1000
    ship.move(milliseconds)
```

- 위쪽 화살표 키가 눌렸는지 탐지한다.
- 가속도의 고정된 크기와 우주선의 진행 방향을 바탕으로 a_x, a_y값을 계산한다.
- x속도와 y속도에 각각 $a_x \cdot \Delta t$, $a_y \cdot \Delta t$만큼 더해 갱신한다.
- 갱신한 속도를 이용해 위치를 갱신하여 우주선을 이동시킨다.

이게 전부다![2] 여러분이 위쪽 화살표를 누르면 추가된 코드로 인해 우주선이 가속할 것이다. 왼쪽·오른쪽 화살표 키로 우주선을 회전시키는 코드도 비슷한데, 소스 코드에는 포함되어 있지만 여기서 다루진 않겠다. 왼쪽·오른쪽·위쪽 화살표 키의 기능을 구현했다면, 소행성을 피하고 싶을 때 어느 방향으로라도 우주선을 가속할 수 있다.

이 예시는 **이계도함수**(second derivative)가 $x''(t) = v'_x(t) = a_x$ 및 $y''(t) = v'_y(t) = a_y$ 일 때 오일러 방법을 심화 적용한 것이다. 각 타임스텝에서 속도를 먼저 갱신한 뒤에, move 메서드에서 갱신된 속도를 사용해 위치를 갱신한다. 이것으로 이 장에서의 게임 프로그래밍을 마무리하겠다. 다음 절에서는 오일러 방법을 깊게 살펴보고 이 방법이 움직임을 얼마나 잘 근사하는지를 평가할 것이다.

9.3 오일러 방법 깊게 살펴보기

오일러 방법에서 핵심은 (위치와 같은) 특정한 양의 초깃값과 (속도와 가속도와 같은) 그러한 양의 도함수를 나타낸 식에서 시작한다. 도함수는 이 양을 갱신하는 방법을 알려준다. 예시를 따라가면서 어떻게 이러한 방법을 수행할 수 있는지 단계별로 하나씩 검토해보자.

어떤 객체가 $t = 0$시에 위치 $(0,0)$에 있고, 초기 속도가 $(1,0)$이며 가속도가 $(0,0.2)$로 일정하다고 하자.[3] 초기 속도는 양의 x방향을 가리키고 가속도는 양의 y방향을 가리킨다. 이는 객체가 곧바로 오른쪽으로 움직이기 시작하지만 시간이 흐르면서 위쪽으로 움직인다는 것을 의미한다.

이번에 할 일은 오일러 방법을 사용해 위치벡터의 값을 $t = 0$에서 $t = 10$까지 2초마다 구하는 것이다. 먼저 손으로 구해본 뒤 파이썬으로 같은 계산을 해볼 것이다. 위치 값을 얻은 뒤에는 xy평면에 그려서 우주선의 이동 경로를 나타내보자.

---

[2] (옮긴이) 이 게임에는 아직 고쳐야 할 부분들이 많이 있다. 예를 들면 감속 기능이 따로 없으므로 우주선의 속도를 줄이고 싶으면 진행 방향을 180° 회전해서 가속해야 한다. 또한 위쪽 화살표 키를 누른 상태에서만 속도가 변화하기 때문에, 누르던 키를 떼고 진행 방향을 변경하더라도 우주선은 같은 방향으로 전진한다! 좀 더 현실성 있는 게임을 만들어 보고 싶다면 직접 코드를 수정해보아도 좋겠다.

[3] 이 절에서는 내용에 집중할 수 있도록 단위를 생략하겠다. 여러분은 각 수치에 적합한 초, 미터, 초당 미터 등의 단위를 떠올리면서 보면 된다.

9.3.1 오일러 방법 직접 해보기

우리는 계속 위치, 속도, 가속도를 모두 시간에 대한 함수로 간주하고 있다. 임의의 주어진 시간에 대해 객체가 위치, 속도, 가속도에 대한 벡터 값을 가진다고 본다. 위치, 속도, 가속도는 이 순서대로 벡터 값 함수 $\mathbf{s}(t)$, $\mathbf{v}(t)$, $\mathbf{a}(t)$로 표현한다. 이때 $\mathbf{s}(t) = (x(t), y(t))$, $\mathbf{v}(t) = (x'(t), y'(t))$, $\mathbf{a}(t) = (x''(t), y''(t))$이다. 시간 $t = 0$에서의 초깃값은 다음 표로 주어진다.

t	$\mathbf{s}(t)$	$\mathbf{v}(t)$	$\mathbf{a}(t)$
0	(0,0)	(1,0)	(0,0.2)

소행성 게임에서 PyGame은 각각의 위치를 계산할 때마다 경과한 시간을 밀리초로 알려주었다. 이 예시에서는 작업을 빠르게 끝내기 위해서 $t = 0$에서 $t = 10$까지 시간을 2초씩 증가시키면서 위치를 재구성할 것이다. 이 작업을 하는 표는 다음과 같다.

t	$\mathbf{s}(t)$	$\mathbf{v}(t)$	$\mathbf{a}(t)$
0	(0,0)	(1,0)	(0,0.2)
2			(0,0.2)
4			(0,0.2)
6			(0,0.2)
8			(0,0.2)
10			(0,0.2)

가속도가 일정하다고 가정했기 때문에 가속도 열을 미리 채워두었다. $t = 0$에서 $t = 2$로 넘어가는 2초 동안에 무슨 일이 일어날까? 속도는 가속도에 따라 변화한다. 속도를 나타내는 식에서 그리스 문자 Δ(delta, 델타)는 구간에서 변수의 변화량을 나타낸다. Δt는 시간의 변화량이며 예시에 등장한 5개 구간에서 $\Delta t = 2$초이다. 따라서 시각이 2일 때 속도 성분은 다음과 같다.

$$v_x(2) = v_x(0) + a_x(0) \cdot \Delta t = 1 + 0 = 1$$
$$v_y(2) = v_y(0) + a_y(0) \cdot \Delta t = 0.2 + 2 = 0.4$$

시각 $t=2$일 때 속도의 벡터 값은 $\mathbf{v}(2) = (v_x(2), v_y(2)) = (1, 0.4)$이다. 위치도 같이 변하는데, 속도 $\mathbf{v}(0)$에 따라[4] 다음과 같이 결정된다.

$$x(2) = x(0) + v_x(0) \cdot \Delta t = 0 + 1 \cdot 2 = 2$$
$$y(2) = y(0) + v_y(0) \cdot \Delta t = 0 + 0 \cdot 2 = 0$$

갱신된 위치 값은 $\mathbf{s} = (x, y) = (2, 0)$이다. 이제 표의 2행을 얻는다.

t	$\mathbf{s}(t)$	$\mathbf{v}(t)$	$\mathbf{a}(t)$
0	(0,0)	(1,0)	(0,0.2)
2	(2,0)	(1,0.4)	(0,0.2)
4			(0,0.2)
6			(0,0.2)
8			(0,0.2)
10			(0,0.2)

$t=2$에서 $t=4$까지 가속도는 일정하므로 속도는 $\mathbf{a} \cdot \Delta t = (0, 0.2) \cdot 2 = (0, 0.4)$만큼 증가해 $\mathbf{v}(4) = (1, 0.8)$로 갱신된다. 위치는 속도 $\mathbf{v}(2)$에 따라 다음과 같아진다.

$$\Delta \mathbf{s} = \mathbf{v}(2) \cdot \Delta \mathrm{t} = (1, 0.4) \cdot 2 = (2, 0.8)$$

따라서 위치는 $\mathbf{s}(4) = (4, 0.8)$로 증가한다. 이제 표의 3행까지 채웠고, 두 번째로 이동한 위치까지 계산했다.

t	$\mathbf{s}(t)$	$\mathbf{v}(t)$	$\mathbf{a}(t)$
0	(0,0)	(1,0)	(0,0.2)
2	(2,0)	(1,0.4)	(0,0.2)
4	(4,0.8)	(1,0.8)	(0,0.2)
6			(0,0.2)
8			(0,0.2)
10			(0,0.2)

---

[4] (옮긴이) 주의 깊게 봤다면 여러분은 9.2.1절 코드와 이 계산 순서가 미묘하게 다름을 알 수 있을 것이다. 9.2.1절에서는 가속도를 반영해 먼저 속도를 갱신한 뒤 (갱신 전 속도가 아니라) 갱신 후 속도로 위치를 계산했기 때문이다. 이상하게 보일 수 있지만 지금은 가속도와 속도 관계를 올바르게 적용했고, 9.2.1절은 결과를 쉽게 구현할 수 있도록 고려했다고 생각하면 된다.

이 작업을 반복하면 언젠간 표를 모두 채울 수 있다. 그러나 아무리 봐도 파이썬이 대신 해주는 게 나을 것 같다. 이 작업을 파이썬에게 맡기기 전에 잠시 고민해보자. 이 표를 채울 때까지 꽤 많은 산수를 했는데, 혹시 가정 중에 의심 가는 게 있었는가? 힌트를 하나 주자면 식 $\Delta s = v \cdot \Delta t$는 다소 올바르지 않다. 때문에 이 표에 기록된 위치는 근사적으로 볼 때만 맞다. 어떤 설명을 얼버무렸기에 이렇게 되었는지 잘 모르겠다면 걱정하지 말라. 위치벡터를 그래프에 플로팅해보면 명확해질 것이다.

9.3.2 파이썬에서 오일러 방법 알고리즘 구현하기

파이썬으로 오일러 방법을 구현하기란 그리 어렵지 않다. 먼저 시간, 위치, 속도, 가속도의 초깃값을 설정한다.

```
t = 0
s = (0,0)
v = (1,0)
a = (0,0.2)
```

이외에도 우리가 관찰하려는 순간인 0, 2, 4, 6, 8, 10초를 값으로 명시해야 한다. 이 값을 직접 나열하기보단 '$t = 0$에서 시작하고 각 타임스텝의 길이가 $\Delta t = 2$이며 타임스텝을 총 5개 관찰하면 된다.'는 사실을 활용할 수 있다.

```
dt = 2
steps = 5
```

마지막으로 시간, 위치, 속도를 매 타임스텝마다 갱신해야 한다. 여기에서 타임스텝별로 위치를 추후 활용할 수 있도록 배열에 저장할 수 있다.

```
from vectors import add, scale
positions = [s]
for _ in range(0,5):
```

```
t += 2
s = add(s, scale(dt,v))    ◁── 위치의 변화량 Δs = v · Δt 를 현재 위치 s에 더해
                                위치를 갱신한다(2장에서 쓴 scale, add 함수 사용).

v = add(v, scale(dt,a))    ◁── 속도의 변화량 Δv = a · Δt 를
positions.append(s)             현재 속도 v에 더해 속도를 갱신한다.
```

이 코드를 실행하면 위치 목록은 시각 $t = 0, 2, 4, 6, 8, 10$일 때 벡터 s의 값 6개로 채워진다. 위치 값을 구했으니 플로팅해서 객체의 움직임을 그려보자. 2장과 3장에서 사용한 그리기 모듈을 사용해 2차원으로 플로팅하면 예측한 대로 객체가 처음에 오른쪽으로 이동하다가 위로 향함을 알 수 있다. 플로팅하는 파이썬 코드는 다음과 같으며 이 코드가 생성한 플롯은 [그림 9.5]와 같다.

```
from draw2d import *
draw2d(Points2D(*positions))
```

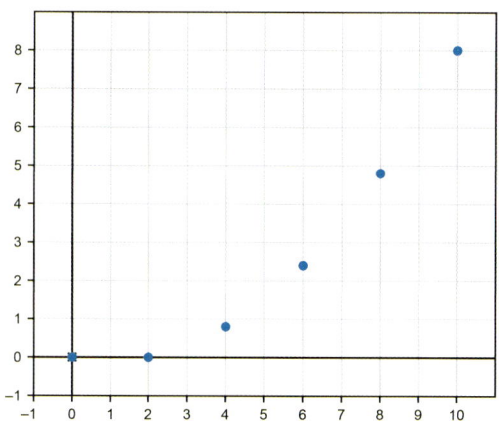

그림 9.5 오일러 방법으로 계산한 객체의 시간별 궤적을 나타내는 점들

앞의 근사에서, 객체는 5개 시간 구간에서 각기 다른 속도로 선분 위를 움직이는 것처럼 보인다([그림 9.6]).

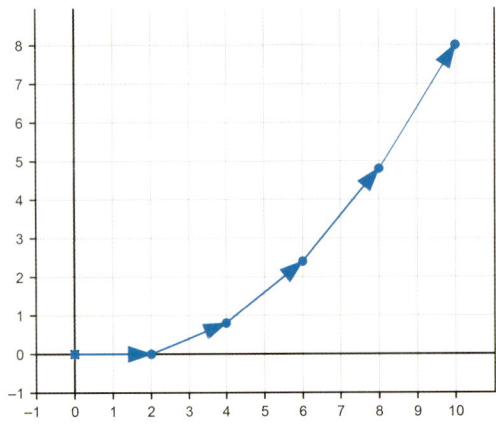

그림 9.6 궤도의 점을 선분으로 연결하는 5개의 변위 벡터

객체는 주어진 시간 내내 가속 중이기에 직선이 아니라 부드러운 곡선 위를 이동하고 있으리라 생각했을 수 있다. 지금은 오일러 방법을 간단한 상황에서 구현했으므로, 근사 방법이 정말 괜찮은지 판단하기 위해 다른 파라미터로 다시 실행해보겠다.

9.4 작은 타임스텝으로 오일러 방법 실행하기

이번에는 타임스텝(time step)을 두 배 늘려 `dt = 1`과 `steps = 10`으로 설정한 뒤 다시 계산해보자. 여전히 10초 동안의 움직임을 시뮬레이션하지만, [그림 9.7]과 같이 경로는 선분 10개로 바뀌었으며 이를 따라 모델링한다.

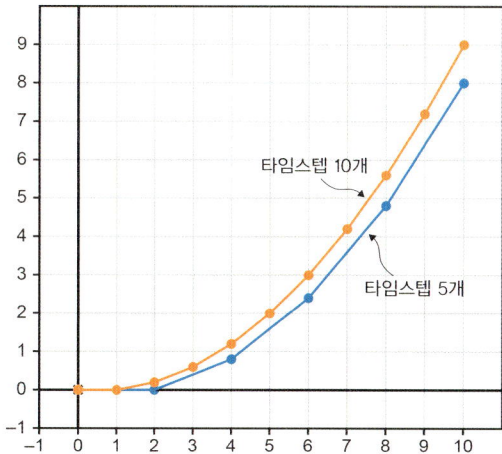

그림 9.7 오일러 방법은 초깃값이 같더라도 타임스텝 개수를 다르게 설정하면 다른 결과를 도출한다.

타임스텝을 100개(`dt=0.1`)로 설정하여 다시 실행해보면 동일한 10초임에도 [그림 9.8]처럼 다른 궤적이 나온다.

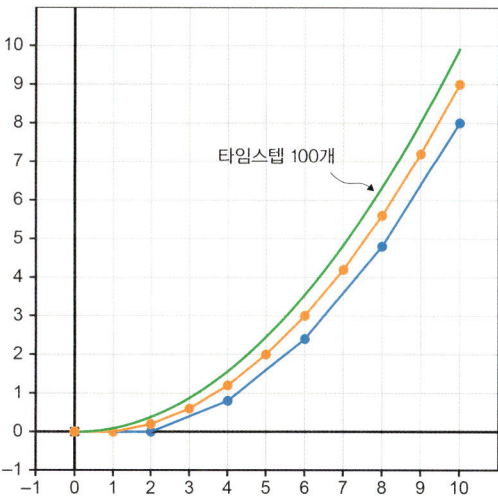

그림 9.8 타임스텝을 5개, 10개, 100개로 설정할 때마다 다른 궤적을 얻는다. 타임스텝이 100개인 경우, 이 궤적은 점이 충분히 많으므로 따로 그리지 않았다.

같은 방식으로 세 가지 계산을 수행했음에도 왜 다른 결과를 얻는가? 타임스텝이 많아질수록 y좌표가 더 커지는 것처럼 보인다. 처음 2초를 자세히 살펴보면 문제를 이해할 수 있다.

타임스텝을 5개 사용한 근사 방법에서는 가속이 되지 않았다. 아직도 객체가 x축을 따라 이동 중이었다. 타임스텝을 10개 사용한 근사 방법에서는 객체가 속도를 한 번 바꿀 기회를 얻어서 x축보다 위쪽에 위치한다. 마지막으로 타임스텝을 100개 사용한 근사 방법에서는 $t=0$과 $t=1$ 사이에

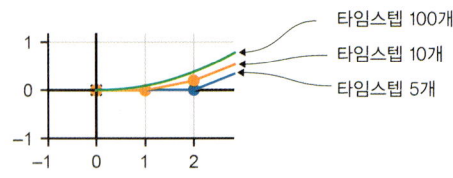

그림 9.9 처음 2초 동안 타임스텝을 100개 사용한 근사가 속도를 가장 빈번하게 갱신했기 때문에 위치가 가장 많이 변화한다.

서만 속도를 19번 갱신했다. 따라서 이때 속도 증가량이 가장 많음을 알 수 있다. [그림 9.9]를 참고하자.

이 상황이 바로 9.3.2절 마지막에서 지적한 부분이다. 식 $\Delta s = v \cdot \Delta t$는 속도가 상수일 때만 들어맞는다. 시간 구간을 작게 하면 각 구간의 속도가 그다지 변하지 않기에, 오일러 방법이 좋은 근삿값을 준다. 이를 확인하려면 dt를 매우 작은 값으로 두고 타임스텝을 수많이 만들어 실행하면 된다. 예를 들어 0.1초인 타임스텝이 100개 있으면 마지막 위치는 다음과 같다.

```
(9.99999999999998, 9.900000000000006)
```

0.0001초인 타임스텝이 100,000개 있으면 마지막 위치는 다음과 같다.

```
(9.999999999990033, 9.999899999993497)
```

마지막 위치의 정확한 값은 $(10.0, 10.0)$이다. 오일러 방법에 타임스텝을 더 많이 주고 근삿값을 계산할수록 결과는 이 값에 **수렴**하는 것처럼 보인다. $(10.0, 10.0)$이 정확한 값인지 궁금하겠지만 일단 믿는 수밖에 없다. 10장에서 적분을 정확하게 하는 법을 증명해볼 것이다. 그때까지 채널 고정!

9.4.1 연습문제

연습문제 풀이

연습문제 | 9.2   미니 프로젝트

일정하게 가속하는 객체에 대한 오일러 방법을 자동화하는 함수를 만들어라. 이 함수에 가속도벡터, 초기 속도벡터, 초기 위치벡터를 주고, 필요하다면 다른 파라미터도 제공하라.

연습문제 | 9.3   미니 프로젝트

9.4절 계산에서 각 시간 구간의 끝점에서 속도의 y성분을 갱신하다 보니 위치벡터의 y좌표를 실제보다 낮게 추정했다. 매 시간 구간의 시작점에서 속도를 갱신하도록 하면 시간에 따른 y위치를 실제보다 더 높게 추정함을 보여라.

연습문제 | 9.4   미니 프로젝트

던져진 야구공이나 발사된 총알, 또는 공중을 나는 스노보더와 같이 임의의 발사체에는 모두 지구를 향하는 가속도벡터 9.81 m/s/s가 영향을 미친다. 평면의 x축을 평평한 대지라고 생각하고 y축의 양의 방향을 지구를 벗어나는 방향이라고 할 때, 이 가속도벡터는 (0, 9.81)로 표현된다. 어떤 사람이 위치 $x=0$에 서서 대략 어깨 높이로 야구공을 던진다고 하면 야구공의 초기 위치를 (0, 1.5)라고 할 수 있다. 초기 속력이 30 m/s이고 x축의 양의 방향과 20°로 야구공을 던졌을 때, 야구공의 궤적을 오일러 방법으로 시뮬레이션하라. 야구공이 대지에 떨어지기 전에 x축의 양의 방향으로 얼마나 멀리 나아갔는지 근사적으로 구하라.

연습문제 | 9.5   미니 프로젝트

[연습문제 9.4]의 프로젝트에서 초기 속력 30 m/s는 그대로 두자. 초기 위치를 (0,0)으로 바꾸고 초기 속도를 여러 각도로 바꾸어가며 오일러 방법을 재실행해보라. 야구공을 x축의 양의 방향에서 몇 도(°)로 던져야 야구공이 가장 멀리 나아갈지 구하라.

연습문제 | 9.6   미니 프로젝트

3차원 공간에서 움직이는 객체의 초기 속도가 $(1,2,0)$이고 가속도벡터는 $(0,-1,1)$로 일정하다고 하자. 이 객체가 원점에서 움직이기 시작할 때, 10초 후 위치를 구하라. 3장에서 사용한 그리기 함수를 써서 3차원 궤적을 플로팅하라.

요약

- 속도는 시간에 대한 위치의 도함수이다. 속도는 위치 함수 각각의 도함수로 이루어진 벡터이다. 2차원에서 위치 함수가 $x(t)$와 $y(t)$로 주어지면 **위치벡터**를 함수 $\mathbf{s}(t) = (x(t), y(t))$로 표현할 수 있으며 속도벡터는 함수 $\mathbf{v}(t) = (x'(t), y'(t))$로 표현할 수 있다.

- 비디오 게임에서 각 프레임별로 위치를 갱신하여 일정 속도로 움직이는 객체를 애니메이션으로 만들 수 있다. 프레임 간의 시간을 측정한 뒤, 이 값을 객체의 속도에 곱하면 해당 프레임 동안 위치의 변화량을 구할 수 있다.

- 가속도는 시간에 대한 속도의 도함수이다. 가속도는 속도 함수 각각의 도함수를 성분으로 갖는 벡터이며 $\mathbf{a}(t) = (v_x'(t), v_y'(t))$로 표현할 수 있다.

- 비디오 게임에서 가속 중인 객체를 시뮬레이션하려면 매 프레임마다 위치와 더불어 속도도 갱신해야 한다.

- 시간에 대해 어떤 양이 변화하는 비율을 알고 있다면 해당 양의 값 그 자체를 수많은 작은 시간 구간별로 해당 양의 변화량을 계산해서 구할 수 있다. 이를 **오일러 방법**이라고 한다.

CHAPTER 10

기호 수식 다루기

> **이 장의 내용**
> - 대수식을 자료구조로 모델링하기
> - 대수식을 분석, 변환, 계산하는 코드를 작성하기
> - 함수를 정의하는 수식을 조작해 그 도함수를 구하기
> - 파이썬 함수를 작성해 도함수 식을 계산하기
> - SymPy 라이브러리를 사용하여 적분식을 계산하기

8장과 9장의 모든 코드 예제와 연습문제를 해봤다면 미분적분학에서 가장 중요한 두 가지 개념인 도함수와 적분은 꽉 잡았을 것이다. 처음엔 주어진 점에서 함수의 도함수를 근사하는 법을 배웠고, 할선의 구간을 점점 줄여가며 그 기울기를 구함으로써 근사할 수 있었다. 이후 함수의 적분을 근사하는 법을 배웠고, 그래프 아래의 넓이를 폭이 작은 직사각형으로 채워 추정함으로써 근사할 수 있었다. 마지막으로 벡터에 대한 미적분을 하는 법도 배웠고 각 좌표에 미적분 연산만 하면 되었다.

8장과 9장에서 설명한 내용들로 대학 미분적분학 두 학기용 수업에서 배워야 할 가장 중요한 개념들이 전달되었길 바란다. 이렇게 대담한 소망을 내비칠 수 있는 이유는 바로 파이썬을 활용함으로써 미분적분학 수업에서 가장 품이 많이 드는 수식 계산을 생략했기 때문이다. 이러한 작업을 하면 $f(x) = x^3$과 같은 함수식이 주어질 때 도함수 $f'(x)$의 **정확한**(exact) 식을 알아낼 수 있다. 방금 경우는 답이 간단한데, [그림 10.1]에 나타내었듯 $f'(x) = 3x^2$이다.

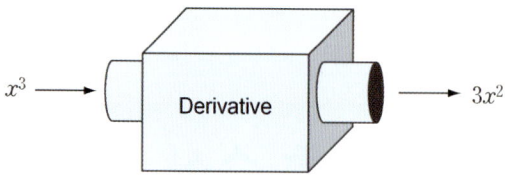

그림 10.1 함수 $f(x) = x^3$의 도함수는 $f'(x) = 3x^2$이라는 정확한 식을 가진다.

도함수를 구해야 하는 식들은 무수히 많으며 모든 함수의 도함수를 암기할 수는 없다. 그로 인해 미분적분학 수업에서는 미분과 적분에 관한 법칙을 학습하고, 이 법칙들로 함수를 도함수로 변환하는 방법을 체계적으로 익힌다. 하지만 프로그래머에게는 도함수를 변환하는 방법이 그렇게 유용한 건 아니다. 정확한 도함수 식을 알고 싶다면 **컴퓨터 대수 시스템**(computer algebra system)이라는 특별한 도구를 사용하면 된다.

10.1 컴퓨터 대수 시스템으로 정확한 도함수 구하기

대표적인 컴퓨터 대수 시스템 중 하나는 매스매티카(Mathematica)인데, 울프럼 알파 웹사이트 https://www.wolframalpha.com/에서 매스매티카 엔진을 온라인으로 무료 사용할 수 있다. 필자의 경험상 어떤 도함수의 정확한 식을 구하려면 울프럼 알파를 이용하는 게 제일 좋다. 예를 들어 16장에서 신경망을 구축할 때, 다음 함수의 도함수를 알아야 한다.

$$f(x) = \frac{1}{1 + e^{-x}}$$

$f(x)$의 도함수를 구하려면 울프럼 알파 웹사이트에 접속한 뒤 [그림 10.2]와 같은 입력란에 함수식을 넣으면 된다. 매스매티카에는 수학 공식을 자체 구문으로 입력해야 하지만 다행히 울프럼 알파는 여러분이 입력하는 간단한 식 대부분을 이해한다(파이썬 구문조차도!).

그림 10.2 울프럼 알파 웹사이트의 입력란에 함수 입력하기

Enter↵ 키를 누르면 매스매티카 엔진이 도함수를 포함해 함수에 관한 여러 사실을 계산한다. 페이지를 아래로 스크롤하면 [그림 10.3]과 같이 $f(x)$의 도함수 식이 나타난다.

Derivative   Approximate form   ☑ Step-by-step solution

$$\frac{d}{dx}\left(\frac{1}{1+e^{-x}}\right) = \frac{e^{-x}}{(1+e^{-x})^2}$$

그림 10.3 울프럼 알파는 함수의 도함수 식을 계산하여 보여준다.

함수 $f(x)$에 대해 임의의 x값에 대한 변화율은 다음 식으로 주어진다.

$$f'(x) = \frac{e^{-x}}{(1+e^{-x})^2}$$

만약 여러분이 '도함수'와 '순간 변화율'의 개념을 이해한다면, 울프럼 알파에 공식을 입력하는 기술은 미분적분학 수업에서 배울 다른 어떤 기술보다도 더 중요하다. 미분적분학 수업을 무시하려는 건 아니다. 도함수를 직접 구하면서 특정 함수의 행동에 대해 알 수 있는 것이 많다. 단지 전문 소프트웨어 개발자 입장에서는 울프럼 알파처럼 무료 도구를 사용할 수 있는 상황에서 특정 함수의 도함수나 적분을 유도할 필요가 전혀 없다는 뜻이다.

그렇긴 하지만 여러분 내면의 호기심쟁이가 "울프럼 알파는 어떻게 저걸 해내지?"라고 물을 지도 모른다. 여러 점에서 그래프의 기울기를 근사적으로 구해서 도함수를 대략 추정하는 방법도 있겠지만, 정확한 식을 구하는 것과는 별개이다. 울프럼 알파는 입력을 받은 식을 제대로 번역하고 대수적 조작으로 변형한 뒤 새 식을 출력해낸다. 수가 아니라 식 자체를 다루는 접근법을 **기호 프로그래밍**(symbolic programming)이라고 한다.

필자의 실용주의자 자아는 "그냥 울프럼 알파만 쓰세요."라고 말하고 싶어 하지만 수학 덕후 자아는 도함수와 적분을 직접 구하는 방법을 가르쳐 주길 원하기 때문에 그 차이 정도는 구분해보려고 한다. 우리는 파이썬에서 대수식을 직접 조작하는 기호 프로그래밍을 해서 궁극적으로 대수식의 도함수 식을 알아낸다. 작업은 대부분 컴퓨터가 대신 해주겠지만 여러분은 도함수 식을 어떻게 구하는지 배우는 게 좋다.

10.1.1 파이썬에서 기호 대수 하기

먼저 파이썬에서 식을 어떻게 표현하고 조작하는지 보여주겠다. 다음과 같은 수학 함수가 있다고 하자.

$$f(x) = (3x^2 + x)\sin(x)$$

파이썬에서 위 식은 보통 다음과 같이 나타낸다.

```
from math import sin
def f(x):
    return (3*x**2 + x) * sin(x)
```

이 파이썬 코드는 $f(x)$의 값을 쉽게 계산할 수 있게 해주지만, 식에 **관한** 사실을 알아내는 방법을 제공하진 않는다. 예를 들어 다음과 같은 질문을 해볼 수 있다.

- 이 식은 변수 x에 관한 식인가?
- 이 식은 삼각함수를 포함하는가?
- 이 식은 나눗셈 연산을 포함하는가?

우리는 이 질문들을 보고 답이 각각 '예, 예, 아니요'임을 재빨리 판단할 수 있다. 하지만 이 질문에 답하는 파이썬 프로그램을 작성하는, 간단하고 신뢰할 만한 방법은 없다. 예를 들어 3번째 질문을 파이썬으로 확인해 본다고 하자. 함수 f를 입력으로 받아 그 정의에 나눗셈 연산을 쓰면 true를 리턴하는 함수 contains_division(f)는 작성할 순 있겠으나 구축하기 어렵다.

식에 관한 사실을 알아내면 어떻게 유용하게 쓸 수 있는지 사례를 들어보자. 대수 법칙을 적용하려면 어떤 연산이 등장하고, 어떤 순서로 작용하는지 알아야 한다. 예를 들어 함수 $f(x)$는 $\sin(x)$와 어떤 다항식의 곱임을 알기에 [그림 10.4]에 시각화된 것처럼 전개(expanding)할 수 있다.

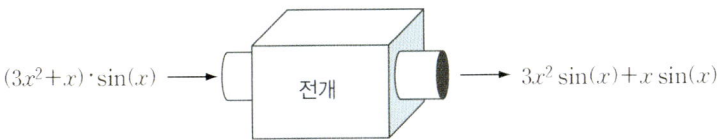

그림 10.4 $(3x^2 + x)\sin(x)$는 합의 곱이기 때문에 전개할 수 있다.

우리의 전략은 대수식을 그대로 파이썬 코드로 번역하기 보다는 자료구조로 모델링하는 것이다. 그러면 조작하기 쉬워진다. 기호적으로 함수를 조작할 수 있으면, 미분적분학에서 사용하는 법칙을 자동화할 수 있다.

간단한 식으로 표현되는 함수는 대부분 도함수 식도 간단하다. 예를 들어 x^3의 도함수는 $3x^2$이다. 즉 임의의 x 값에서도 $f(x) = x^3$의 도함수는 $3x^2$이다. 이 장을 마무리할 즈음이면, 여러분은 대수식을 입력으로 받아 도함수 식을 리턴하는 파이썬 함수를 작성할 수 있을 것이다. 대수식에 대한 자료구조는 변수, 수, 합, 차, 곱, 몫, 거듭제곱, 그리고 사인이나 코사인 같은 특수 함수를 나타낼 수 있다. 생각해보면 이러한 몇 개의 부품으로 엄청나게 다양한 식을 표현할 수 있고, [그림 10.5]처럼 모든 식에 대해 도함수를 구할 수 있다.

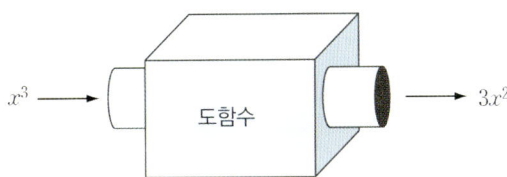

그림 10.5 함수 식을 입력으로 받아 도함수 식을 리턴하는 도함수 함수

파이썬 코드에서의 함수 대신에 자료구조로 식을 모델링하는 것부터 시작해보자. 그 뒤에 몸풀기 차원에서 변수에 수를 대입해보거나 합의 곱을 전개하는 등의 일들을 자료구조를 통해 간단히 계산해볼 수 있다. 그러고 나면 식의 도함수를 구하는 몇 가지 미분법을 살펴보고 파이썬에서 도함수 함수를 작성해 기호 자료구조에서 자동적으로 도함수 연산을 수행하겠다.

10.2 대수식 모델링하기

함수 $f(x) = (3x^2 + x)\sin(x)$에 잠시 집중해서 이 함수를 어떻게 조각낼지 살펴보자. 이 함수는 변수 x, 수, 덧셈, 곱셈, 거듭제곱, 그리고 특수 함수 $\sin(x)$와 같이 많은 부품을 포함하고 있어서 예제로 좋다. 일단 이 함수를 개념적인 조각들로 쪼개는 전략을 세운 뒤, 파이썬 자료구조로 번역하자. 이 자료구조는 "(3*x**2 + x) * sin(x)"과 같은 문자열 표현과는 대비되는 개념으로, 함수의 **기호적**(symbolic) 표현이라고 한다.

먼저 f가 이 함수에 임의로 붙여진 이름임을 관찰할 수 있다. 예를 들어 이 식의 우변은 뭐라고 부르든 간에 같은 방식으로 전개된다. 이 때문에 함수를 정의하는 우변의 식인 $(3x^2 + x)\sin(x)$에만 집중하면 된다. 이를 등호($=$)를 반드시 포함해야 하는 등식과 대비해 수식이라고 한다. **수식**(expression)[1]이란 유효한 방법에 따라 결합된 수학 기호(숫자, 문자, 연산 등)의 집합이다. 따라서 우리의 첫 목표는 각 기호를 모델링하고, 파이썬에서 수식을 구성하는 유효한 방법을 모델링하는 것이다.

10.2.1 수식을 여러 조각으로 나누기

대수식들을 작은 수식으로 나누어서 모델링해볼 수 있다. 수식 $(3x^2 + x)\sin(x)$를 수학적으로 의미 있게 쪼개는 방법은 단 하나 있는데, 이는 [그림 10.6]과 같이 $(3x^2 + x)$와 $\sin(x)$의 곱으로 보는 것이다.

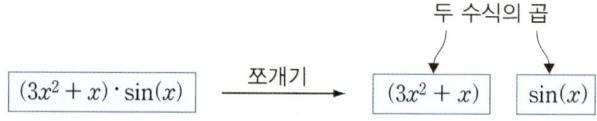

그림 10.6 대수식을 두 개의 작은 식으로 쪼개는 의미 있는 방법

이와 달리 이 수식을 덧셈 기호를 중심으로 쪼갤 수는 없다. [그림 10.7]처럼 덧셈 기호를 기준으로 왼쪽과 오른쪽 식을 이해해볼 수는 있는데, 결과가 원래 수식과 동등하진 않다.

---

1 (옮긴이) 저자는 expression을 등호나 부등호를 제외해서 정의하는 수식(mathematical expression)의 의미로 쓰고 있기에 수식으로 번역한다. 하지만 이 장과 관련된 분야(컴퓨터 대수, 함수형 프로그래밍)에서는 표현식이라는 용어가 좀 더 자연스럽긴 하다. 덧붙여, 한국 교육과정에서는 일반적으로 등식이나 부등식도 수식에 포함한다.

그림 10.7 원래 수식이 $3x^2$과 $x \cdot \sin(x)$의 합이 아니므로 덧셈 기호를 기준으로 수식을 쪼개면 안 된다.

수식 $3x^2 + x$는 $3x^2$과 x의 합으로 쪼갤 수 있다. 마찬가지로 연산 순서의 관습을 따르면 $3x^2$은 $3x$ 전체의 제곱이 아니라 3과 x^2의 곱임을 알 수 있다.

이 장에서는 2개 (또는 그 이상의) 대수식을 입력으로 받아 나란히 붙임으로써 새롭고 더 큰 대수식을 만들어내는 용도로 곱셈과 덧셈과 같은 연산을 생각할 것이다. 마찬가지로 연산자는 기존 대수식을 작은 대수식으로 쪼갤 수 있는 유효한 기능을 지닌다.

이와 같이 작은 객체를 큰 객체로 합치는 함수를 함수형 프로그래밍 용어로 컴비네이터(combinator)라고 한다. 다음에 $(3x^2+x) \cdot \sin(x)$에 어떤 컴비네이터가 나타났는지 소개하였다.

- $3x^2$은 수식 3과 수식 x^2의 **곱**(product)이다.
- x^2은 **거듭제곱**(power)의 한 사례다. 수식 x에 다른 수식 2를 거듭제곱수로 한다.
- 수식 $\sin(x)$는 **함수 적용**(function application)의 한 사례이다. 수식 $\sin$과 수식 x가 있을 때 새 수식 $\sin(x)$를 만들 수 있다.

변수 x, 수 2, $\sin$ 함수는 더 분해할 수 없다. 이를 컴비네이터와 구분하기 위해 **원소**(element)라고 부르겠다. $(3x^2+x)\sin(x)$는 지금 기호들의 뭉치에 불과하지만, 기호들이 특정 방식으로 결합하면 수학적인 의미가 생김을 깨달을 수 있다. 이 개념을 잡기 위해, 원소를 어떻게 구성하여 수식을 만드는지 시각화해보자.

10.2.2 수식 트리 만들기

3, x, 2, $\sin$ 이라는 원소들은 덧셈, 곱셈, 거듭제곱, 함수 적용과 같은 컴비네이터와 합쳐서 수식 $(3x^2+x)\sin(x)$ 전체를 재구성하기에 충분하다. 만들어내려는 구조를 단계에 따라 그려보자. 처음 조립할 구조는 x^2인데, x와 2를 거듭제곱(power) 컴비네이터로 결합하여 만든다.

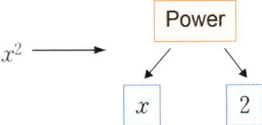

그림 10.8 수식 x^2을 표현하기 위해 x와 2를 거듭제곱 컴비네이터로 결합하기

다음 단계는 곱(product) 컴비네이터로 x^2과 수 3을 결합해 수식 $3x^2$을 만든다.

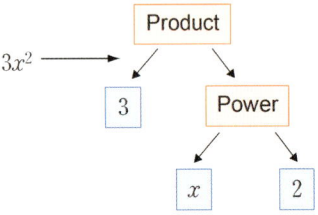

그림 10.9 숫자 3과 거듭제곱 x^2을 결합해 곱 $3x^2$을 모델링하기

이 구조는 두 단계로 되어 있다. 곱 컴비네이터에 입력되는 수식 중 하나는 그 자체로 컴비네이터이다. 수식의 항을 더 많이 더할수록 단계가 더 깊어진다. 다음 단계는 [그림 10.10]처럼 합(sum) 컴비네이터를 사용해 원소 x와 $3x^2$을 더한다. 이 단계가 바로 덧셈 연산이다.

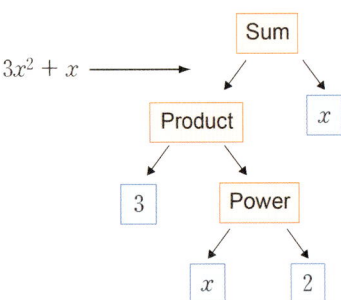

그림 10.10 $3x^2 + x$를 구하고자 수식 $3x^2$에 원소 x를 합 컴비네이터로 결합하기

마지막으로 함수 적용(apply) 컴비네이터를 사용해 x에 $\sin$을 적용한 뒤, 곱(product) 컴비네이터를 사용해 $\sin(x)$와 앞에서 만든 식을 결합해야 한다.

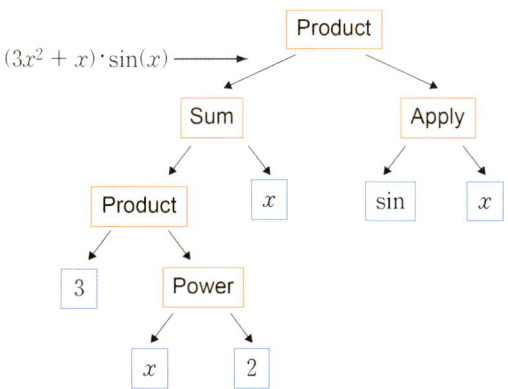

그림 10.11 원소와 컴비네이터로 $(3x^2 + x)\sin(x)$를 만드는 법을 보여주는 완성 그림

우리가 만든 구조를 **트리**(tree)로 인식할 수 있다. 트리의 루트(root)는 루트에서 뻗어 나온 두 가지(branch)인 Sum과 Apply로 이루어진 곱 컴비네이터이다. 트리의 아래 방향으로 가면 나타나는 각 컴비네이터는 리프(leaf, 더 이상 가지가 없는 부분)에 해당하는 원소들에 도달할 때까지 트리에 가지를 추가한다. 원소에 해당하는 수, 변수, 이름이 붙은 함수와 컴비네이터에 해당하는 연산으로 만들어진 임의의 대수식은 그 구조를 드러내는 하나의 구별되는 트리에 대응한다. 다음으로 이 트리를 파이썬으로 만들어야 한다.

10.2.3 수식 트리를 파이썬 언어로 번역하기

앞의 트리를 파이썬으로 만들어내면, 수식을 자료구조로 표현한다는 우리의 목표를 달성할 수 있다. 각 원소와 컴비네이터를 나타내는 파이썬 클래스는 [부록 B]에서 다룰 것이다. 우리는 이 클래스들이 더 많은 기능을 가지도록 점차 개선할 것이다. 이 책의 내용을 따라가려면 10장의 진행 단계별로 주피터 노트북도 따라가는 게 좋다. 아니면 파이썬 스크립트 파일 expressions.py 내의 보다 완전한 구현으로 넘어갈 수도 있다.

이 수식 트리를 구현할 때 컴비네이터는 모든 입력을 보유하는 컨테이너(container)로 모델링한다. 예를 들어 x를 제곱한 x^2은 밑(base) x와 거듭제곱인 2라는 두 개의 데이터 조각을 보유한다. 거듭제곱 수식을 표현하는 파이썬 클래스는 다음과 같다.

```
class Power():
    def __init__(self,base,exponent):
        self.base = base
        self.exponent = exponent
```

이 경우에는 수식 x^2을 표현하고자 Power("x",2)라고 쓸 수 있다. 하지만 문자열과 수를 그대로 사용하기보다는 수와 변수를 나타내는 특별한 클래스를 만들겠다. 다음을 보자.

```
class Number():
    def __init__(self,number):
        self.number = number

class Variable():
    def __init__(self,symbol):
        self.symbol = symbol
```

이 작업은 불필요한 오버헤드로 보일 수 있지만, 변수 x를 나타내는 Variable("x")와 일반적인 문자열 "x"를 구분할 수 있으므로 유용할 것이다. 이 세 개의 클래스를 사용해 수식 x^2을 다음과 같이 모델링할 수 있다.

```
Power(Variable("x"),Number(2))
```

각 컴비네이터는 결합 시 쓰이는 모든 수식에 대한 데이터를 저장하는, 적절한 이름이 붙은 클래스로 구현할 수 있다. 예를 들어 곱 컴비네이터는 함께 곱해야 하는 두 수식을 저장하는 클래스라고 할 수 있다.

```
class Product():
    def __init__(self, exp1, exp2):
        self.exp1 = exp1
        self.exp2 = exp2
```

곱 $3x^2$은 다음 컴비네이터를 사용하여 표현할 수 있다.

```
Product(Number(3),Power(Variable("x"),Number(2)))
```

필요한 클래스를 몇 가지 더 학습하고 나면 앞으로 $(3x^2 + x) \cdot \sin(x)$를 비롯해 수많은 수식을 모델링할 수 있다. (Sum 컴비네이터는 입력 받을 수 있는 수식 개수에 제한이 없음을 유의하기 바란다. 사실 Product 컴비네이터도 같은 작업을 할 수 있었다. 하지만 10.3절에서 도함수를 계산할 때 코드를 단순하게 하고자 Product 컴비네이터 입력 개수를 2개로 제한하였다.)

```
class Sum():
    def __init__(self, *exps):      ◁──┤ 입력하는 항의 개수에 제한이 없으므로
        self.exps = exps                │ 2개 이상의 수식을 모두 더할 수 있다.

class Function():      ◁──┤ ("sin"과 같이) 함수의 이름을 나타내는
    def __init__(self,name):          │ 문자열을 저장한다.
        self.name = name

class Apply():      ◁──┤ 함수와 함수에 적용할 인자를 저장한다.
    def __init__(self,function,argument):
        self.function = function
        self.argument = argument

f_expression = Product(      ◁──┤ 공백을 추가해 수식의 구조를
                Sum(                │ 조금 더 보기 쉽게 하였다.
                    Product(
                        Number(3),
                        Power(
                            Variable("x"),
                            Number(2))),
                    Variable("x")),
                Apply(
                    Function("sin"),
                    Variable("x")))
```

위 식은 수식 $(3x^2+x)\sin(x)$를 충실하게 표현한 것이다. 이 파이썬 객체를 보면 다른 게 아니라 대수식을 나타냄을 알 수 있다. 다음과 같은 식을 살펴보자.

```
Apply(Function("cos"),Sum(Power(Variable("x"),Number("3")), Number(-5)))
```

이 식을 주의 깊게 읽으면 수식 $\cos(x^3+(-5))$를 의미함을 알 수 있다. 10.2.4절 연습문제에서 대수식을 파이썬으로 번역하고 그 반대 작업도 연습할 것이다. 수식의 전체 표현을 타이핑하는 건 지루할 수 있다. 다행히도 그 표현을 한 번만 코드화하면 수작업은 더 이상 없다. 다음 절에서 수식 자료구조에 자동으로 연산을 수행하는 파이썬 함수의 작성법을 살펴볼 것이다.

10.2.4 연습문제

연습문제 풀이

연습문제 | 10.1

여러분은 $\ln(x)$라고 표기하는 **자연 로그**(natural logarithm) 함수를 본 적이 있을 것이다. 앞 절에서 묘사한 원소와 컴비네이터를 사용해 수식 $\ln(y^z)$을 트리로 그려라.

연습문제 | 10.2

[연습문제 10.1]의 수식을 파이썬 코드로 번역하되 자연로그는 파이썬 함수 `math.log`로 계산한다고 가정하라. 이 수식을 파이썬 함수로 작성하고 원소와 컴비네이터로 만든 자료구조로도 작성하라.

연습문제 | 10.3

`Product(Number(3), Sum(Variable("y"),Variable("z")))`로 표현되는 수식을 구하라.

연습문제 | 10.4

한 수식을 다른 수식으로 나누는 나눗셈(Quotient) 컴비네이터를 구현하라. 다음 식을 나눗셈 컴비네이터를 이용해 나타내라.

$$\frac{a+b}{2}$$

연습문제 | 10.5

한 수식과 다른 수식의 뺄셈을 나타내는 차(Difference) 컴비네이터를 구현하라. $b^2 - 4ac$를 이 컴비네이터로 표현하라.

연습문제 | 10.6

수식에 음의 기호를 붙이는 부정(Negative) 컴비네이터를 구현하라. 예를 들어 $x^2 + y$의 부정은 $-(x^2 + y)$이다. 새로운 컴비네이터를 사용해 코드로 수식 $-(x^2 + y)$를 나타내어라.

연습문제 | 10.7

제곱근을 나타내는 Sqrt라는 함수를 추가하고 이 함수를 사용해 다음 수식을 코드화하라.

$$\frac{-b \pm \sqrt{b^2 - 4ac}}{2a}$$

연습문제 | 10.8   미니 프로젝트

Expression이라는 추상 베이스 클래스를 만들어 모든 원소와 컴비네이터가 상속받도록 하라. 예를 들어 class Variable()은 class Variable(Expression)이다. 그 뒤, 파이썬 산술 연산자 +, -, *, /을 Expression 객체를 생성하도록 오버로딩하라. 예를 들어 코드 2*Variable("x")+3은 Sum(Product(Number(2),Variable("x")),Number(3))이다.

10.3 기호 수식 동작하게 하기

지금까지 공부했던 함수 $f(x) = (3x^2 + x)\sin(x)$에 대해, 10.1.1절에서 이 식을 계산하는 파이썬 함수를 작성했다.

```
def f(x):
    return (3*x**2 + x)*sin(x)
```

이 파이썬 함수는 주어진 입력값 x에 대한 출력값을 리턴한다는 점에서만 유용하다. 파이썬 값 f는 f가 입력에 의존하는지, 삼각함수를 포함하는지, 또는 f를 정의하는 수식을 대수적으로 전개하면 어떤 모습일지 등등 10.1.1절에서 꺼낸 질문에 특별히 프로그래밍적으로 쉽게 대답할 수는 없다. 그러나 이제 수식을 원소 및 컴비네이터로 만들어진 파이썬 자료구조로 번역하고 나면 이 모든 질문에 답할 수 있다.

10.3.1 수식 내의 모든 변수 찾기

수식을 입력으로 받아 수식 안의 서로 다른 변수 리스트를 리턴하는 함수를 작성해보자. 예를 들어 $h(z) = 2z + 3$은 입력 변수 z를 사용해 정의되지만, $g(x) = 7$은 변수를 포함하지 않는다. 이제 파이썬 함수 distinct_variables를 작성할 것인데, 이 함수는 (임의의 원소 또는 컴비네이터) 수식을 입력으로 받아 변수들을 포함하는 파이썬 집합을 리턴한다.

수식이 z 또는 7 같은 원소라면 답은 간단하다. z는 서로 다른 변수가 한 개뿐이고, 7은 변수가 하나도 없다. 따라서 함수 $h(z)$는 이 논리에 따라 동작할 것이라 기대한다.

```
>>> distinct_variables(Variable("z"))
{'z'}
>>> distinct_variables(Number(3))
set()
```

$y \cdot z + x^2$과 같이 여러 컴비네이터로 만들어진 수식이라면 상황이 더 복잡해진다. 우리는 쉽게 모든 변수가 y, z, x라고 읽을 수 있지만, 파이썬은 이 수식에서 변수를 추출할 수 있을

까? 이 수식은 사실 $y \cdot z$와 x^2의 합을 나타내는 컴비네이터이다. 이 합의 첫 번째 수식은 y와 z를 포함하지만 두 번째 수식은 x와 z를 포함한다. 최종적으로 이 합은 두 수식에 들어간 모든 변수를 포함한다.

이러한 분석을 통해 재귀적인 해법을 써야 함을 알 수 있다. 특정 컴비네이터에 대한 distinct_variables는 이 컴비네이터가 포함한 각 수식에 대한 distinct_variables를 모은 것과 같다. 이를 반복하면 마지막에는 변수가 1개인 변수와 변수가 0개인 수까지 도달한다. distinct_variables 함수를 구현하려면 유효한 수식을 만드는 모든 원소와 컴비네이터를 다룰 필요가 있다.

```python
def distinct_variables(exp):
    if isinstance(exp, Variable):
        return set(exp.symbol)
    elif isinstance(exp, Number):
        return set()
    elif isinstance(exp, Sum):
        return set().union(*[distinct_variables(exp) for exp in exp.exps])
    elif isinstance(exp, Product):
        return distinct_variables(exp.exp1).union(distinct_variables(exp.exp2))
    elif isinstance(exp, Power):
        return distinct_variables(exp.base).union(distinct_variables(exp.exponent))
    elif isinstance(exp, Apply):
        return distinct_variables(exp.argument)
    else:
        raise TypeError("Not a valid expression.")
```

이 코드는 좀 복잡해 보이지만, 가능한 원소 또는 컴비네이터별로 한 줄씩 나열한 하나의 if/else 문에 불과하다. 코딩 스타일로 따지면 각 원소와 컴비네이터 클래스별로 distinct_variables 메서드를 추가하는 게 더 나을 수 있으나, 이렇게 단일 코드로 나열하면 논리를 파악하기 쉽다. 여러분도 예상했겠지만 f_expression은 변수 x 하나뿐이다.

```python
>>> distinct_variables(f_expression)
{'x'}
```

트리 자료구조에 익숙하다면 이것이 식 트리의 재귀 순회임을 알 것이다. 이 함수가 완료될 때쯤에는 대상 수식에 포함된 모든 수식인 트리 안의 모든 노드에 대해 `distinct_variables`를 호출한다. `distinct_variables`로 확실히 모든 변수를 살펴보고 또 우리가 예상한 정확한 답을 얻을 수 있다. 10.3.4절 연습문제에서 수 또는 함수를 구하기 위해 유사한 방법을 사용할 수 있다.

10.3.2 수식의 값 구하기

이제, 함수 $f(x)$를 표현하는 2가지 표현을 얻었다. 하나는 파이썬 함수 `f`로, 입력값 x에 대한 함숫값을 구하는 데 쓰인다. 다른 하나는 $f(x)$를 정의하는 수식의 구조를 묘사하는 트리 자료구조이다. 이 표현에 추가 작업을 조금 수행하면 구조를 묘사할 뿐만 아니라 $f(x)$를 계산할 때에도 쓸 수 있다는 장점이 있다.

예를 들어 $x = 5$에서 함수 $f(x)$의 값을 구하는 의미는 기계적으로 본다면 식에 등장하는 모든 x에 5라는 값을 대입한 뒤 산술을 수행한 결과를 얻는 것이다. 수식이 $f(x) = x$라면 $x = 5$를 대입해서 $f(5) = 5$를 얻는다. $g(x) = 7$은 조금 다른 이야기인데, x 위치에 5를 대입해도 효과가 없다. 우변에 x가 전혀 없으므로 $g(5)$는 그냥 7이다.

파이썬에서 수식을 계산하는 코드는 그저 모든 변수를 찾으려고 작성했던 코드와 비슷하다. 각 수식에 등장하는 변수의 집합을 찾아내는 대신, 수식을 이루는 각 부분 수식을 계산해야 한다. 그러면 컴비네이터가 결과를 결합하는 법을 알려줌으로써 전체 수식의 값을 구할 수 있다.

우리에게 필요한 초기 데이터는 대입할 변수와 변수에 넣을 값이다. $z(x,y) = 2xy^3$과 같이 변수 2개가 등장하는 수식은 계산하려면 $x = 3$과 $y = 2$처럼 값이 2개 필요하다. 컴퓨터 과학 용어로는 **변수 바인딩**(variable binding)이라고 한다. 이를 통해 y^3이라는 부분 수식은 $(2)^3$이라고 바꾸어 계산할 수 있으며 8과 같다. 다른 부분 수식은 $2x$이며, $2 \cdot (3) = 6$으로 계산된다. 이 두 결과를 Product 컴비네이터로 결합하면 전체 수식의 값은 6과 8의 곱인 48이다.

이제 이 절차를 앞의 예제와는 좀 다른 스타일로 번역하겠다. 계산 함수를 별도로 만들지 않고 수식을 나타내는 각 클래스에 `evaluate` 메서드를 추가할 것이다. 이를 강제하기 위해,

추상 메서드 evaluate를 포함하는 추상 베이스 클래스인 Expression을 만들고 각 수식이 이 클래스를 상속하도록 한다. 파이썬에서의 추상 베이스 클래스는 6장에서 다룬 Vector 클래스 작업과 [부록 B]의 개요를 되짚어보기 바란다. 다음은 evaluate 메서드를 포함한 Expression 추상 베이스 클래스이다.

```
from abc import ABC, abstractmethod

class Expression(ABC):
    @abstractmethod
    def evaluate(self, **bindings):
        pass
```

식에 둘 이상의 변수가 포함될 수 있기 때문에, 변수 바인딩을 키워드 인수로 전달할 수 있도록 설정했다. 예를 들어 바인딩 {"x":3,"y":2}는 x에 3을, y에 2를 대입함을 의미한다. 키워드 인수로 전달하도록 했기 때문에 수식을 계산할 때 구문 측면에서 장점이 있다. z가 수식 $2xy^3$을 나타내면 구현을 완료한 뒤에 다음과 같이 실행할 수 있기 때문이다.

```
>>> z.evaluate(x=3,y=2)
48
```

아직까지는 추상 클래스만을 만들었을 뿐이다. 이제 각 수식 클래스가 Expression을 상속하도록 만들 필요가 있다. 예를 들어 Number 인스턴스는 스스로 (7과 같은) 수를 나타내는 유효한 수식이다. 주어진 변수 바인딩과 상관없이 수는 자체 값으로 계산한다.

```
class Number(Expression):
    def __init__(self,number):
        self.number = number
    def evaluate(self, **bindings):
        return self.number
```

예를 들어 Number(7).evaluate(x=3,y=6,q=-15)를 계산하거나 다른 바인딩에 대한 계산을 하더라도 객체에 내재된 수 7을 리턴한다.

변수의 처리도 간단하다. Variable("x")라는 수식을 보면, 바인딩을 참고해서 변수 x를 어느 수로 설정해야 할지 정하면 된다. 구현을 완료한 뒤에는 Variable("x").evaluate(x=5)를 수행해서 결과 5를 얻는다. x에 대한 바인딩을 찾을 수 없다면 이 계산은 완료되지 않으므로 예외를 발생시킬 필요가 있다. Variable 클래스의 정의를 개선하면 다음과 같다.

```
class Variable(Expression):
    def __init__(self,symbol):
        self.symbol = symbol
    def evaluate(self, **bindings):
        try:
            return bindings[self.symbol]
        except:
            raise KeyError("Variable '{}' is not bound.".format(self.symbol))
```

위의 원소들을 다룰 수 있게 되었으니 컴비네이터에 집중해보자. (그 자체로 Expression의 일종인 Function 객체는 고려하지 않았음에 유의하라. 이는 사인 함수 같은 함수가 단독으로 동작하는 수식이 아니기 때문이다. Function 객체는 Apply 컴비네이터의 문맥에서 인자가 주어져야만 계산이 가능하다.) Product와 같은 컴비네이터에 대해 이 식을 계산하는 법칙은 간단하다. 곱에 포함된 두 수식을 계산한 뒤 각 결과를 곱하면 된다. 곱을 수행할 때 치환은 필요하지 않지만 Variable을 포함한 경우를 고려해 두 부분 수식에 바인딩을 전달할 것이다.

```
class Product(Expression):
    def __init__(self, exp1, exp2):
        self.exp1 = exp1
        self.exp2 = exp2
    def evaluate(self, **bindings):
        return self.exp1.evaluate(**bindings) * self.exp2.evaluate(**bindings)
```

evaluate 메서드를 포함하도록 개선된 세 개의 클래스를 사용함으로써 이제 변수, 수, 곱으로 이루어진 임의의 수식도 계산할 수 있다. 다음은 그 예시이다.

```
>>> Product(Variable("x"), Variable("y")).evaluate(x=2,y=5)
10
```

마찬가지로 Sum, Power, Difference, Quotient 컴비네이터(및 연습문제에서 만들 다른 컴비네이터)에 evaluate 메서드를 추가할 수 있다. 부분 수식을 계산하고 나면 컴비네이터의 이름이 전체 결과를 얻는 데 사용할 연산을 말해준다.

Apply 컴비네이터는 약간 다르게 동작하기 때문에 주의를 기울여야 한다. sin이나 sqrt와 같은 함수 이름을 동적으로 살핀 뒤, 그 값을 계산하는 법을 알아내야 한다. 이를 해내는 몇 가지 방법이 있지만 알려진 함수의 딕셔너리를 Apply 클래스의 데이터로 보관하는 방식을 선택하겠다. 첫 단계로, 계산을 할 때 이름이 부여된 함수를 3개 인식할 수 있도록 만들어 보자.

```
_function_bindings = {
    "sin": math.sin,
    "cos": math.cos,
    "ln": math.log
}
class Apply(Expression):
    def __init__(self,function,argument):
        self.function = function
        self.argument = argument
    def evaluate(self, **bindings):
        return
_function_bindings[self.function.name](self.argument.evaluate(**bindings))
```

나머지 evaluate 메서드는 직접 작성해 보거나 이 책의 소스 코드에서 찾아볼 수 있다. 모든 메서드를 구현하면 10.1.3절의 f_expression을 계산할 수 있다.

```
>>> f_expression.evaluate(x=5)
-76.71394197305108
```

여기서 결과는 중요하지 않다. 중요한 것은 일반 파이썬 함수 $f(x)$가 주는 값과 같은 결과가 나온다는 사실이다.

```
>>> f(5)
-76.71394197305108
```

우리의 Expression 객체는 evaluate 함수를 갖추었기에 대응하는 일반 파이썬 함수와 같은 계산을 할 수 있다.

10.3.3 수식 전개하기

이외에도 수식 자료구조를 이용해서 할 수 있는 일은 많다. 수식을 여러 방식으로 조작하는 여러 파이썬 함수를 직접 만드는 건 연습문제에서 다뤄보겠다. 여기서는 10.1.1절에서 언급한 수식의 전개를 더 보여줄 것이다. 전개는 임의의 합을 거듭제곱하거나 다른 수식과 곱해서 수행할 수 있다.

이와 관련된 대수학 법칙은 덧셈과 곱셈에 대한 **분배법칙**(distributive property)이다. 이 규칙은 $(a+b) \cdot c$는 $ac+bc$와 같고 비슷하게 $x(y+z) = xy+xz$임을 알려준다. 예를 들어 수식 $(3x^2+x)\sin(x)$를 전개한 꼴은 $3x^2\sin(x) + x\sin(x)$라고 한다. 이 법칙을 여러 번 적용해서 보다 복잡한 수식을 전개할 수도 있다. 예를 들어 다음과 같은 식도 전개할 수 있다.

$$\begin{aligned}(x+y)^3 &= (x+y)(x+y)(x+y) \\ &= x(x+y)(x+y) + y(x+y)(x+y) \\ &= x^2(x+y) + xy(x+y) + yx(x+y) + y^2(x+y) + y(x+y) \\ &= x^3 + xy^2 + xy^2 + xy^2 + yx^2 + yx^2 + yx^2 + yx + yx + yx + yy^3 \\ &= x^3 + 3x^2y + 3y^2x + y^3\end{aligned}$$

보다시피 $(x+y)^3$과 같은 짧은 수식이라도 전개하다 보면 쓰느라 고생할 수도 있다. 이 수식을 전개하면서 결과를 조금 단순화하였다. 예를 들면 xyx 또는 xxy가 x^2y로 똑같이 보이도록 곱을 다시 정리했다. 곱셈은 순서와 상관없기에 이 작업이 가능하다. 그런 다음 동류항(like term)을 **묶어서** 단순화하였다. x^2y와 y^2x가 똑같은 게 3개씩 있었으므로 묶어서 $3x^2y$와

$3y^2x$가 되었다. 다음 예제에서 전개를 하는 법만 살펴볼 것이며, 단순화는 연습문제로 구현하면 된다.

이 작업은 Expression 추상 베이스 클래스에 expand 추상 메서드를 추가하면서 시작한다.

```
class Expression(ABC):
    ...
    @abstractmethod
    def expand(self):
        pass
```

식이 변수나 수라면 이미 전개가 끝났다. 이러한 경우엔 expand 메서드는 객체 자체를 리턴한다. 예를 들면 다음과 같다.

```
class Number(Expression):
    ...
    def expand(self):
        return self
```

합으로 표현된 식은 이미 전개되었다고 볼 수도 있지만 합의 각 항은 전개되지 않았을 수 있다. 예를 들어 $5 + a(x+y)$는 첫 번째 항 5가 이미 전개된 합이지만, 두 번째 항 $a(x+y)$는 전개되지 않았다. 합을 전개하려면 각 항을 전개한 뒤 더해야 한다.

```
class Sum(Expression):
    ...
    def expand(self):
        return Sum(*[exp.expand() for exp in self.exps])
```

함수 적용에도 같은 절차를 하면 된다. Apply 함수 자체는 전개할 수 없지만 인자는 전개할 수 있다. 이를 통해 $\sin(x(y+z))$와 같은 수식을 $\sin(xy + xz)$로 전개할 수 있다.

```
class Apply(Expression):
    ...
    def expand(self):
        return Apply(self.function, self.argument.expand())
```

곱이나 거듭제곱 전개가 좀 어렵다. 이때에는 수식 구조가 완전히 뒤바뀐다. 예를 들어 $a(b+c)$는 변수와 두 변수의 합을 곱했다. 이를 전개하면 $ab+ac$인데, 두 변수끼리 곱한 것 두 개를 합한 것이다. 분배법칙을 구현하려면 다음 3가지 경우를 다룰 수 있어야 한다. 바로 곱의 첫 번째 항이 합인 경우, 두 번째 항이 합인 경우, 둘 다 합이 아닌 경우이다. 마지막 경우는 전개할 필요가 없다.

```
class Product(Expression):
    ...
    def expand(self):
        expanded1 = self.exp1.expand()          # 곱의 두 항을 전개한다.
        expanded2 = self.exp2.expand()
        if isinstance(expanded1, Sum):          # 곱의 첫 번째 항이 Sum이면
            return Sum(*[Product(e,expanded2).expand()   첫 번째 항의 각 항과 곱의
                                                        두 번째 항을 곱하는 Product
                         for e in expanded1.exps])      를 구한 뒤 그 결과에 대해
        elif isinstance(expanded2, Sum):                전개(expand) 메서드를 호출
            return Sum(*[Product(expanded1,e)           한다. 곱의 두 번째 항이 Sum일
                                                        수 있기 때문이다.
                         for e in expanded2.exps])
        else:                                   # 곱의 두 번째 항이 Sum이면
                                                # 곱의 첫 번째 항에다 두 번째 항의
                                                # 각 항을 곱한다.
            return Product(expanded1,expanded2)
#   두 항 모두 Sum이 아니면
#   분배법칙을 호출할 필요가 없다.
```

위의 모든 메서드를 구현하면 expand 함수를 테스트할 수 있다. __repr__을 적절히 구현하면([연습문제 10.12] 참고), 주피터 또는 대화식 파이썬 세션에서 결과를 명확하게 보여주는 문자열 표현을 볼 수 있다. expand 함수는 $(a+b)(x+y)$를 $ax+ay+bx+by$로 제대로 전개한다.

```
Y = Variable('y')
Z = Variable('z')
A = Variable('a')
B = Variable('b')

>>> Product(Sum(A,B),Sum(Y,Z))
Product(Sum(Variable("a"),Variable("b")),Sum(Variable("x"),Variable("y")))
>>> Product(Sum(A,B),Sum(Y,Z)).expand()
Sum(Sum(Product(Variable("a"),Variable("y")),Product(Variable("a"),
Variable("z"))),Sum(Product(Variable("b"),Variable("y")),
Product(Variable("b"),Variable("z"))))
```

그리고 $(3x^2 + x)\sin(x)$는 제대로 $3x^2\sin(x) + x\sin(x)$로 전개된다.

```
>>> f_expression.expand()
Sum(Product(Product(3,Power(Variable("x"),2)),Apply(Function("sin"),Variable("x"
))),Product(Variable("x"),Apply(Function("sin"),Variable("x"))))
```

지금까지 단순 산술이 아니라 대수 계산을 수행하는 파이썬 함수를 몇 개 작성해보았다. (**기호 프로그래밍** 또는 구체적으로 **컴퓨터 대수**라고 하는) 이러한 종류의 프로그래밍을 응용하는 다양한 사례들이 있으며, 이 책에서 그 모두를 다룰 수는 없다. 다음 연습문제에서 몇 가지 응용 연습을 해보고, 우리가 이 연습을 시작한 가장 중요한 이유인 도함수를 구하는 예제로 넘어가 보겠다.

10.3.4 연습문제

연습문제 | 10.9

주어진 수식이 특정 변수를 포함하는지 여부를 확인하는 함수 contains(expression, variable)을 작성하라.

연습문제 | 10.10

수식을 인자로 받아서 (sin이나 ln과 같이) 이름이 붙은 함수를 리턴하는 함수 `distinct_functions`를 작성하라.

연습문제 | 10.11

수식을 입력으로 받아 Sum을 포함하고 있으면 True를, 그렇지 않으면 False를 리턴하는 함수 `contains_sum`을 작성하라.

연습문제 | 10.12   미니 프로젝트

Expression 클래스 객체를 대화형 세션에서 읽기 쉽게 나타내도록 Expression 클래스의 `__repr__` 메서드를 작성하라.

연습문제 | 10.13   미니 프로젝트

레이텍(LaTeX) 언어를 사용해 수식을 코드화하는 법을 알고 있다면 Expression 클래스에 주어진 수식을 나타내는 LaTeX 코드를 리턴하는 `_repr_latex_` 메서드를 작성하라. 메서드를 추가한 뒤에는 주피터에서 수식 글꼴로 잘 렌더링된 결과를 살펴볼 수 있다.

```
In [41]:  1  Product(Power(Variable("x"),Number(2)),Apply(Function("sin"),Variable("y")))
Out[41]: $x^2 \sin(y)$
```

`_repr_latex_` 메서드를 추가하면 주피터가 REPL(Read-eval-print loop)에 따라 멋지게 수식을 렌더링해준다.

연습문제 | 10.14   미니 프로젝트

수식을 나타내는 파이썬 코드를 생성하는 메서드를 작성하라. 파이썬의 `eval` 함수를 사용해 실행가능한 파이썬 함수로 변환하라. 그 결과를 `evluate` 메서드의 결과와 비교하라. 예를 들어

Power(Variable("x"),Number(2))는 수식 x^2을 나타내며 파이썬 코드 x**2를 생성한다. 파이썬의 eval 함수를 사용해 이 코드를 실행해서 그 결과와 evluate 메서드의 결과가 얼마나 맞아떨어지는지 보여라.

10.4 함수의 도함수 구하기

모두가 그런 건 아니지만 함수의 도함수는 대수식으로 명확하게 표현되기도 한다. 예를 들어 $f(x) = x^3$이면 임의의 점 x에서 순간변화율을 측정한 도함수는 $f'(x) = 3x^2$이다. 이러한 공식을 알고 있다면 할선으로 접근했을 때 생기는 수치적 문제 없이도 $f'(2) = 12$와 같은 정확한 결과를 구할 수 있다.

고등학교나 대학교에서 미분적분학을 배웠다면 도함수를 구하는 연습을 굉장히 많이 했을 것이다. 이 작업은 창의성을 요하지 않으며 지루할 수도 있다. 그러니 미분법은 짧게 다루고 나머지는 파이썬이 구해줄 수 있도록 초점을 맞추자.

10.4.1 거듭제곱의 도함수

미분적분학을 아예 모르더라도 일차함수 $f(x) = mx + b$의 도함수는 찾을 수 있다. 이 직선 위의 임의의 할선의 기울기는 할선의 간격이 얼마든지 간에 직선의 기울기 m과 같기 때문이다. 따라서 $f'(x)$는 x에 의존하지 않는다. 구체적으로 $f'(x) = m$이라고 할 수 있다. 일차함수 $f(x)$는 입력 x에 대해 변화율이 일정하므로 도함수는 상수함수일 것이다. 상수 b는 직선의 기울기에 영향을 미치지 않으므로 도함수에 등장하지 않는다.

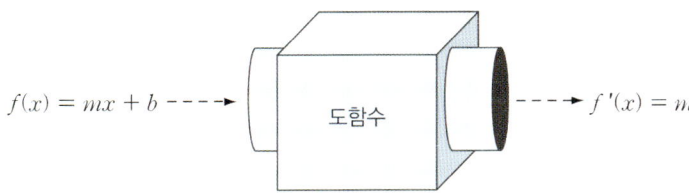

그림 10.12 일차함수의 도함수는 상수함수이다.

이차함수의 도함수는 일차함수이다. 예를 들어 $q(x) = x^2$의 도함수는 $q'(x) = 2x$이다. $q(x)$의 그래프를 플로팅해보면 알 수 있다. $q(x)$의 기울기는 음수에서 시작해 점점 증가하다가 $x = 0$ 이후에는 결국 양수가 된다. 함수식 $q'(x) = 2x$는 이 정성적 설명과 일치한다.

다른 예로 x^3의 도함수가 $3x^2$임을 보여준 바 있다. 이러한 사실들은 'x의 거듭제곱 꼴인 함수 $f(x)$에 도함수를 취하면 차수가 하나 낮은 어떤 함수를 얻는다.'의 특수한 경우이다. 구체적으로 보면 [그림 10.13]은 ax^n 꼴 함수의 도함수가 nax^{n-1}임을 보여준다.

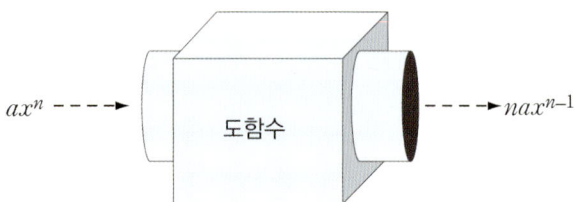

그림 10.13 거듭제곱 꼴의 도함수 : x의 거듭제곱 꼴인 함수 $f(x)$의 도함수를 취하면 차수가 하나 낮은 함수를 리턴한다.

구체적으로 보면 함수 $g(x) = 5x^4$은 $a = 5$이고 $n = 4$인 ax^n 꼴이다. 도함수는 nax^{n-1}이므로 $4 \cdot 5 \cdot x^{4-1} = 20x^3$이다. 9장에서 다룬 (파이썬으로 작성된) 수치적인 도함수와 이 도함수를 같이 플로팅해서 검산해볼 수 있다. 두 그래프는 정확히 맞아떨어져야 한다.

일차함수 또한 상수를 무시하면 $f(x) = mx^1$라는 x의 거듭제곱 꼴이다. **거듭제곱의 미분법** (power rule)을 마찬가지로 적용할 수 있으며, mx^1은 $x^0 = 1$이므로 도함수가 $1 \cdot mx^0$이다. 기하학적 관점에서 b라는 상수를 더해주든 말든 도함수는 변하지 않는다. 그래프가 위아래로 움직이지만 기울기는 변화하지 않기 때문이다.

10.4.2 변환된 함수의 도함수

함수에 상수를 더해도 도함수는 변하지 않는다. 예를 들어 x^{100}의 도함수는 $100x^{99}$이며, $x^{100} - \pi$의 도함수 또한 $100x^{99}$이다. 하지만 함수를 특정한 방법으로 수정하면 **도함수도 변한다**. 예를 들어 함수 앞에 음의 부호를 붙이면 그래프가 거꾸로 뒤집히며 그래프의 할선도 거꾸로 뒤집힌다. 뒤집히기 전에 할선의 기울기가 m이었다면, 뒤집힌 뒤에는 $-m$이다. [그림 10.14]에서 보이듯이 x에서의 변화량은 동일하지만 $y=f(x)$에서의 변화량이 반대 방향이 되었기 때문이다.

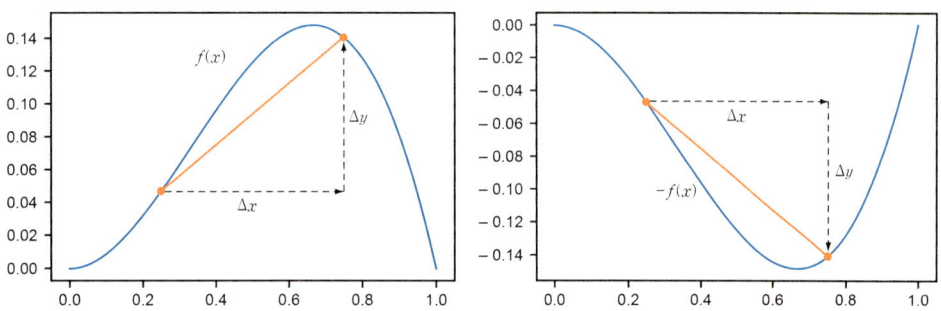

그림 10.14 $f(x)$의 모든 할선에 대해 해당 할선과 동일한 x구간을 갖는 $-f(x)$의 할선은 기울기가 반대이다.

도함수가 할선의 기울기에 의해 결정되므로, 원래 함수에 음의 부호가 붙은 함수 $-f(x)$의 도함수는 원래 함수의 도함수에 음의 부호가 붙은 $-f'(x)$이다. 도함수가 $+10x$인 $5x^2$와 비교하였을 때, $f(x)=-5x^2$이면 $a=-5$이고 $f'(x)=-10x$란 사실에 들어맞는다. 달리 보자면 함수에 -1을 곱하면 도함수에도 -1을 곱해야 한다.

이는 임의의 상수에 대해서도 참임이 밝혀졌으며, 이를 스칼라곱에 대한 미분법이라 한다. $f(x)$에 4를 곱해서 $4f(x)$를 얻었을 때, [그림 10.15]는 새 함수가 모든 점에서 4배 더 가파르므로 그 도함수는 $4f'(x)$임을 보여준다.

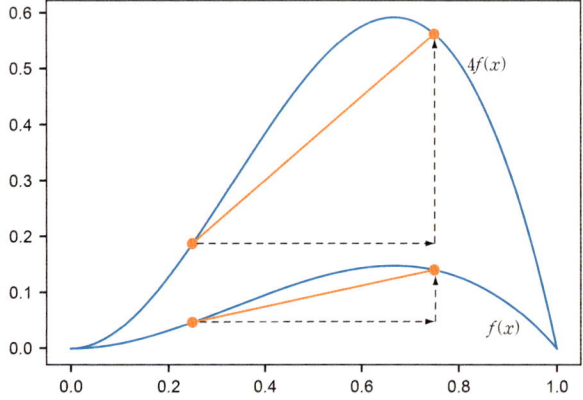

그림 10.15 함수에 4를 곱하면 모든 할선도 4배 더 가파르다.

이 결과는 앞에서 보여준 거듭제곱의 미분법과도 일치한다. x^2의 도함수가 $2x$임을 알기에, $10x^2$의 도함수가 $20x$이라거나 $-3x^2$의 도함수가 $-6x$인 것도 알 수 있다. $\sin(x)$의 도함수가 $\cos(x)$라는 사실을 안다면 $1.5 \cdot \sin(x)$의 도함수가 $1.5 \cdot \cos(x)$임을 바로 이해할 수 있다.

마지막으로 두 함수를 더하는 중요한 변환을 알아보자. [그림 10.16]은 두 함수 f와 g에 대해 $f(x) + g(x)$의 그래프이다. 여기서 임의의 할선에 대한 수직 변화량은 해당 구간에서 f와 g에서의 수직 변화량의 합과 같다.

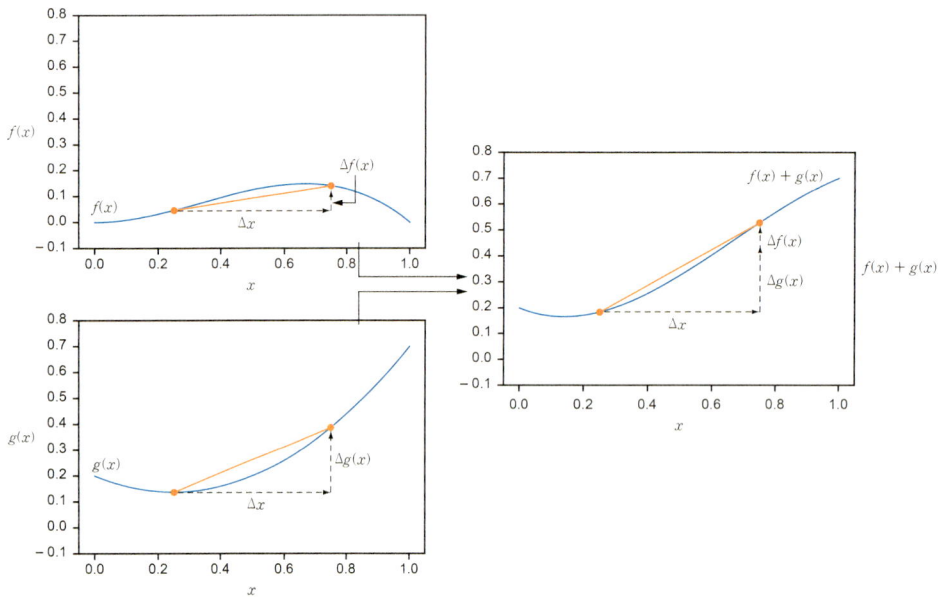

그림 10.16 어떤 x구간에서 $f(x)$의 수직 변화량은 해당 구간에서 $f(x)$의 수직 변화량과 $g(x)$의 수직 변화량의 합이다.

각 항의 도함수를 독립적으로 취해 더하면 공식이 된다. x^2의 도함수가 $2x$이고 x^3의 도함수가 $3x^2$이므로, $x^2 + x^3$의 도함수는 $2x + 3x^2$이다. 합의 미분법은 $mx + b$의 도함수가 m인 이유를 더 정확히 알려준다. 각 항의 도함수가 각각 m과 0이므로, 전체 식에 대한 도함수가 $m + 0 = m$이다.

10.4.3 몇몇 특수한 함수의 도함수

세상에는 ax^n 꼴 또는 그 꼴로 이루어진 항의 합으로 표현할 수 없는 함수가 많다. 예를 들어 삼각함수, 지수함수, 로그함수 등이 있겠다. 이러한 함수들의 도함수는 미분적분학 수업에서 체계적으로 배우면 족하다. 이 책의 목표에서는 벗어나므로 생략하겠다. 이 책에서 도함수를 취하는 방법을 배우고 나면 여러분은 실무에서 해당 문제를 풀 능력을 갖출 것이다. [표 10.1]에 다른 중요한 함수들에 대한 도함수를 간단히 나열하겠다.

표 10.1 일부 기본 도함수

함수명	공식	도함수
사인 함수	$\sin(x)$	$\cos(x)$
코사인 함수	$\cos(x)$	$-\sin(x)$
자연지수함수	e^x	e^x
밑이 a인 지수함수 ($a>0, a \neq 1$인 실수)	a^x	$\ln(a) \cdot a^x$
자연로그함수	$\ln(x)$	$\dfrac{1}{x}$
밑이 a인 로그함수 ($a>0, a \neq 1$인 실수)	$\log_a x$	$\dfrac{1}{\ln(a) \cdot x}$

앞에서 살펴본 미분법과 함께 이 표를 사용해서 복잡한 함수의 도함수를 알 수 있다. 예를 들어 $f(x) = 6x + 2\sin(x) + 5e^x$라고 하자. 첫 번째 항의 도함수는 거듭제곱의 미분법을 쓰면 6이다. $\sin(x)$의 도함수는 $\cos(x)$이므로 두 번째 항의 도함수는 $2\cos(x)$이다. 마지막으로 e^x의 도함수는 (매우 특별한 경우로!) 자기 자신이다. 따라서 $5e^x$의 도함수는 $5e^x$이다. 모든 항을 합한 도함수는 $f'(x) = 6 + 2\cos(x) + 5e^x$이다.

지금껏 다룬 미분법인 거듭제곱의 미분법(10.4.1절), [표 10.1]의 미분법, 그리고 합과 스칼라 곱에 대한 미분법**만** 이용해서 도함수를 구해야 함에 주의하자. 만약 $g(x) = \sin(\sin(x))$라는 함수가 있다면, 사인 함수 미분법을 대입해서 $g'(x) = \cos(\cos(x))$라고 쓰고 싶어질 수 있다. 하지만 틀렸다! 두 함수의 곱 $e^x \cos(x)$의 도함수가 $-e^x \sin(x)$라고 추론해서도 안 된다. 함수가 덧셈이나 뺄셈이 아닌 다른 방법으로 결합되었다면 결합된 식의 도함수를 구하는 새로운 미분법이 필요하다.

10.4.4 곱의 미분법과 합성함수의 미분법

$f(x) = x^2 \sin(x)$를 살펴보자. 이 함수는 $g(x) = x^2$과 $h(x) = \sin(x)$라는 두 함수의 곱 $f(x) = g(x) \cdot h(x)$라고 쓸 수 있다. 이미 경고한 바와 같이 $f'(x)$는 $g'(x) \cdot h'(x)$가 아니다. 다행히도 유용한 공식이 있는데, **곱의 미분법**이라고 한다.

> **곱의 미분법(product rule)**
>
> $f(x)$를 다른 두 함수 g와 h의 곱, 즉 $f(x) = g(x) \cdot h(x)$라고 나타낼 수 있다면 $f(x)$의 도함수는 다음과 같다.
>
> $$f'(x) = g'(x) \cdot h(x) + g(x) \cdot h'(x)$$

$f(x) = x^2 \sin(x)$에 곱의 미분법을 적용해보자. 여기서 $g(x) = x^2$, $h(x) = \sin(x)$이므로 $g'(x) = 2x$, $h'(x) = \cos(x)$이다. 이 식들을 곱의 미분법 공식에 대입하면 $f'(x) = 2x \sin(x) + x^2 \cos(x)$가 나온다. 그게 전부다!

이 곱의 미분법은 10.4.1절 거듭제곱의 미분법과 양립한다. x^2을 곱 $x \cdot x$라고 바꾸어 쓰면, 곱의 미분법은 도함수가 $1 \cdot x + x \cdot 1 = 2x$임을 알려준다.

또 다른 중요한 법칙으로는 $f(x) = \ln(\cos(x))$와 같은 합성함수의 도함수를 취하는 방법이 있다. 이 함수는 $f(x) = g(h(x))$ 꼴로, $g(x) = \ln(x)$이고 $h(x) = \cos(x)$이다. 이 함수의 위치에 각 도함수를 끼워 넣으면 $-1/\sin(x)$이 나오지만, 이렇게 계산하면 안 된다. 실제 정답은 더 복잡하기 때문이다. $f(x) = g(h(x))$ 꼴의 함수에 대한 미분법은 **합성함수의 미분법**이라고 한다.[2]

> **합성함수의 미분법(chain rule)**
>
> $f(x)$가 어떤 두 함수 g와 h에 대해 합성함수 $f(x) = g(h(x))$으로 표현할 수 있다면, $f(x)$의 도함수는 다음과 같다.
>
> $$f'(x) = h'(x) \cdot g'(h(x))$$

---

[2] (옮긴이) 고등학교에서는 chain rule을 합성함수의 미분법이라 표현하지만, 대학교에서는 보편적으로 chain rule을 그대로 번역해 **연쇄 법칙**이라 나타낸다.

[표 10.1]을 확인해보면 $g'(x) = 1/x$이고 $h'(x) = -\sin(x)$이다. 이 식들을 합성함수의 미분법 공식에 대입하면 다음 결과를 얻는다.

$$f'(x) = h'(x) \cdot g'(h(x)) = -\sin(x) \cdot \frac{1}{\cos(x)} = -\frac{\sin(x)}{\cos(x)}$$

$\sin(x)/\cos(x) = \tan(x)$임을 기억하고 있다면, $\ln(\cos(x))$의 도함수가 $-\tan(x)$라고 보다 간결하게 쓸 수도 있다. 10.4.5절 연습문제에서 곱의 미분법과 합성함수의 미분법을 더 연습해보자. 도함수 계산 예시를 더 보고싶다면 미분적분학 교과서를 아무거나 펼쳐봐도 좋다. 이 책에 소개한 미분법 공식이 참인지 거짓인지 살펴볼 필요는 없다. 도함수 공식의 결과와 8장에서 구한 파이썬으로 작성한 도함수를 구하는 함수의 결과가 같은지 확인해야 한다. 다음 절에서 미분법을 코드로 변환하는 법을 보여주겠다.

10.4.5 연습문제

연습문제 풀이

연습문제 | 10.15

$f(x) = x^5$의 도함수가 $f'(x) = 5x^4$임을 (8장에서 배운 도함수를 사용해) 순간변화율을 근사한 도함수와 공식으로 구한 도함수 $f'(x) = 5x^4$를 함께 플로팅해서 보여라.

연습문제 | 10.16   미니 프로젝트

6장에서 한 것처럼, 벡터공간으로서 일변수함수들의 모임을 생각해보자. 앞에서 다룬 미분법을 이용하여 도함수 연산자가 이 벡터공간의 일차변환임을 설명하라. 구체적으로는 모든 점에서 도함수가 존재하는 함수로만 제한한다.

연습문제 | 10.17   미니 프로젝트

몫 $f(x)/g(x)$의 미분법 공식을 구하라.

> **힌트** $\frac{f(x)}{g(x)} = f(x) \cdot \frac{1}{g(x)} = f(x) \cdot g(x)^{-1}$이 성립함을 활용하자.
> 거듭제곱의 미분법은 지수가 음수일 때도 성립한다. 예를 들어 x^{-1}의 도함수는 $-x^{-2} = -\frac{1}{x^2}$이다.

연습문제 | 10.18

$\sin(x) \cdot \cos(x) \cdot \ln(x)$의 도함수를 구하라.

연습문제 | 10.19

세 함수 f, g, h의 각 도함수를 각각 f', g', h'이라고 표기하기로 하자. x에 대한 $f(g(h(x)))$의 도함수를 구하라.

10.5 도함수 취하는 과정 자동화하기

도함수를 구하는 몇 가지 법칙만 배웠을 뿐이지만 무수히 많은 함수를 다룰 수 있게 되었다. 함수가 함수의 덧셈, 함수의 곱셈, 변수의 거듭제곱, 합성함수, 삼각함수, 지수함수로 이루어져 있기만 하면 합성함수의 미분법, 곱의 미분법 등을 사용해 도함수를 알아낼 수 있다.

이는 우리가 파이썬으로 대수식을 만들 때 사용했던 접근법과 유사하다. 함수를 만들어낼 가능성은 무한히 많지만, 함수를 구성하는 조각들은 모두 같은 집합에서 비롯하고 조합하는 방법도 손에 꼽을 정도로 제한적이다. 도함수를 취하는 방법을 자동화하려면, 원소나 컴비네이터 등의 표현 가능한 수식을 도함수를 취하는 적절한 법칙과 대응시킬 필요가 있다. 그 최종 결과는 수식을 하나 입력으로 받아 도함수를 나타내는 새로운 수식을 리턴하는 파이썬 함수가 된다.

10.5.1 기호 수식의 도함수 구하는 법 구현하기

앞에서와 마찬가지로 도함수를 Expression 클래스를 상속받은 각 클래스에서 메서드로 구현하고자 한다. 상속받은 모든 클래스가 이 메서드를 갖게 하고자, 이 추상 베이스 클래스에 추상 메서드를 추가한다.

```
class Expression(ABC):
    ...
```

```
@abstractmethod
def derivative(self,var):
    pass
```

이 메서드는 어떤 변수에 대해 도함수를 취하는지를 나타내는 매개변수 var를 입력으로 받는다. 예를 들어 $f(y) = y^2$은 y에 대한 도함수를 취할 수 있다. ax^n과 같은 수식이 조금 까다로운데, 여기서는 먼저 a와 n은 상수라고 하고 x만 변수라고 하자. 이러한 관점에서는 도함수가 nax^{n-1}이다. 하지만 이 함수를 $f(a) = ax^n$와 같이 a에 대한 함수로 보면 도함수는 x^n인데, 상수인 x를 상수 n번만큼 거듭제곱한 것이다. 앞의 함수를 n에 대한 함수 $f(n) = ax^n$으로 간주하면 $f'(n) = a\ln(n)x^n$으로 다른 결과를 얻는다. 혼동을 피하고자, 앞으로의 논의에서는 모든 수식을 변수 x에 대한 함수로 간주할 것이다.

가장 쉬운 예는 Number 객체나 Variable 객체와 같은 원소인 경우이다. Number의 경우, 도함수는 전달된 변수에 상관없이 언제나 수식 0이다.

```
class Number(Expression):
    ...
    def derivative(self,var):
        return Number(0)
```

$f(x) = x$의 도함수를 취한 결과는 $f'(x) = 1$인데, 이는 이 직선의 기울기를 나타낸다. $f(x) = c$에서는 c가 인자가 아니라 상수이므로 도함수는 0이다. 이러한 논리로 어떤 변수의 도함수는 도함수를 취하는 변수가 해당 변수일 때에만 1이고 다른 경우엔 0이다.

```
class Variable(Expression):
    ...
    def derivative(self, var):
        if self.symbol == var.symbol:
            return Number(1)
        else:
            return Number(0)
```

도함수를 취하기 가장 쉬운 컴비네이터는 Sum이다. Sum 함수의 도함수는 단순히 각 항의 도함수의 합이기 때문이다.

```
class Sum(Expression):
    ...
    def derivative(self, var):
        return Sum(*[exp.derivative(var) for exp in self.exps])
```

이러한 메서드를 구현한 뒤에는 간단한 예제들을 실행시킬 수 있다. 예를 들어 수식 Sum(Variable("x"),Variable("c"),Number(1))은 $x + c + 1$을 나타내며, 이 수식을 x의 함수로 간주하면 x에 대한 도함수를 취할 수 있다.

```
>>> Sum(Variable("x"),Variable("c"),Number(1)).derivative(Variable("x"))
Sum(Number(1),Number(0),Number(0))
```

위의 실행 결과는 x에 대한 $x + c + 1$의 도함수가 $1 + 0 + 0$임을 알려주며, 이는 1과 같다. 결과가 투박하게 보고되긴 했지만 적어도 바른 답임을 알 수 있다.

0을 더한 것과 같이 불필요한 항을 제거하는 단순화(`simplify`) 메서드를 작성하는 [연습문제 10.20]을 해보길 권장한다. 도함수를 계산하는 과정에도 수식을 단순화하는 논리를 추가할 수 있지만 지금은 그러한 걱정은 별도로 해두고 도함수를 구하는 데에만 집중하는 게 낫다. 이러한 자세로 나머지 컴비네이터도 다루어보자.

10.5.2 곱의 미분법과 합성함수의 미분법 구현하기

곱의 미분법은 남은 컴비네이터 중에서 가장 구현하기 쉽다. 곱셈을 이루는 두 수식이 주어질 때, 이 도함수는 두 수식과 두 수식의 도함수로 정의된다. 곱이 $g(x) \cdot h(x)$라면 도함수가 $g'(x) \cdot h(x) + g(x) \cdot h'(x)$임을 기억해야 한다. 이는 두 곱의 합을 결과로 리턴하는 다음의 코드로 번역할 수 있다.

```
class Product(Expression):
    ...
    def derivative(self,var):
        return Sum(
            Product(self.exp1.derivative(var), self.exp2),
            Product(self.exp1, self.exp2.derivative(var)))
```

다시 말하지만 이 코드는 정확한 (하지만 단순화하진 않은) 결과를 준다. 예를 들어 x에 대한 cx의 도함수는 다음과 같다.

```
>>> Product(Variable("c"),Variable("x")).derivative(Variable("x"))
Sum(Product(Number(0),Variable("x")),Product(Variable("c"),Number(1)))
```

결과는 $0 \cdot x + c \cdot 1$을 나타내며, 이는 물론 c이다.

이제 Sum 컴비네이터와 Product 컴비네이터가 도함수를 취할 수 있게 만들었으니 Apply를 살펴보자. $\sin(x^2)$과 같이 응용한 함수의 도함수를 취하려면 사인 함수의 도함수 **및** 합성함수의 미분법을 동시에 코드로 작성해야 하는데, 괄호 안의 x^2 때문이다.

먼저 몇 가지 특수 함수의 도함수를 플레이스홀더(placeholder) 변수를 사용해 코드화한다. 여기서 플레이스홀더 변수는 실제 사용할 변수가 들어갈 자리임을 표시하되, 계산 시에 사용하는 실제 심볼(x나 y)을 기재해 혼동하지 않도록 적당히 이름 붙인 임시 변수이다. 이에 따라 각 도함수는 플레이스홀더 변수를 포함하는 Expression 객체로 정의된다. 이 도함수들은 함수 이름이 주어지면 도함수의 Expression 객체로 매핑하는 딕셔너리(dictionary)로 저장되었다.

```
_var = Variable('placeholder variable')

_derivatives = {
    "sin": Apply(Function("cos"), _var),
    "cos": Product(Number(-1), Apply(Function("sin"), _var)),
    "ln": Quotient(Number(1), _var)
}
```

실제 사용할 수 있는 임의의 심볼(x 또는 y 등)과 혼동되지 않도록 설계된 플레이스홀더 변수를 생성한다.

사인의 도함수가 코사인임을 기록하되, 플레이스홀더 변수를 사용한 수식으로 코사인을 표현한다.

다음 단계는 `Apply` 클래스에 `derivative` 메서드를 추가하는 것으로, 이 메서드는 `_derivatives` 딕셔너리로부터 올바른 도함수를 찾아내서 합성함수의 미분법을 적절히 적용한다. $g(h(x))$의 도함수가 $h'(x) \cdot g'(h(x))$임을 기억해 내라. 예를 들어 $\sin(x^2)$은 $g(x) = \sin(x)$이고 $h(x) = x^2$이다. 먼저 사인의 도함수를 얻고자 딕셔너리로 가보면, 플레이스홀더 변수에 대한 코사인 함수를 얻는다. 합성함수의 미분법에서 $g'(h(x))$ 항을 얻기 위해 플레이스홀더에 $h(x) = x^2$을 대입할 필요가 있다. 여기서 변수의 모든 인스턴스를 수식으로 교체하는 대입(substitute) 함수가 필요하다. 이 책의 소스 코드에서 구현을 살펴볼 수 있다. `Apply`에 대한 `derivative` 메서드는 다음과 같이 만들 수 있다.

```python
class Apply(Expression):
    ...
    def derivative(self, var):
        return Product(
                self.argument.derivative(var),
                _derivatives[self.function.name].substitute(_var,
                                                            self.argument))
```

합성함수의 미분법 공식 h'(x)·g'(h(x))에서의 h'(x)를 리턴한다.

합성함수의 미분법 공식에서 g'(h(x))에 해당하는데, _derivatives 딕셔너리에서 g'을 찾아 h(x)를 대입한다.

예를 들어 $\sin(x^2)$에 대한 도함수를 구하면 다음과 같다.

```
>>> Apply(Function("sin"),Power(Variable("x"),Number(2))).derivative(x)
Product(Product(Number(2),Power(Variable("x"),Number(1))),Apply(Function("cos"),
Power(Variable("x"),Number(2))))
```

말 그대로 결과는 $(2x^1) \cdot \cos(x^2)$으로 번역되며, 합성함수의 미분법이 올바로 적용되었다.

10.5.3 거듭제곱의 미분법 구현하기

마지막으로 처리해야 하는 수식은 거듭제곱(Power) 컴비네이터이다. `Power` 클래스에 대한 `derivative` 메서드에 추가할 필요가 있는 미분법은 총 3개이다. 첫 번째는 거듭제곱의 미분법으로, n이 상수일 때 x^n의 도함수가 nx^{n-1}이다. 두 번째는 밑 a이 상수지만 지수는 변할 수 있는 함수 a^x의 도함수이다. x에 대한 a^x의 도함수는 $\ln(a) \cdot a^x$이다.

마지막으로 $\sin(x)^8$ 또는 $15^{\cos(x)}$처럼 밑이나 지수 중 하나에 수가 아닌 수식이 포함된 경우가 있을 수 있으므로 합성함수의 미분법을 처리해야 한다. x^x이나 $\ln(x)^{\sin(x)}$와 같이 밑과 지수가 **모두** 수가 아닌 수식인 또 다른 경우도 있을 수 있다. 수년간 미분을 해보았지만 실제 프로그래밍 작업에서 이러한 경우가 나타나는 경우는 본 적이 없으므로 생략하고 예외를 발생시키겠다.

x^n, $g(x)^n$, a^x, $a^{g(x)}$ 모두 파이썬에서 Power(expression1, expression2) 꼴로 표현되므로 어떤 규칙을 사용할지를 체크해야 한다. 지수가 수이면 x^n의 미분법을 적용하며, 밑이 수이면 a^x의 미분법을 사용한다. 두 경우 모두에 기본적으로 합성함수의 미분법을 사용한다. 마지막으로 x^n은 $f(x)^n$에서 $f(x) = x$인 특별한 경우로 처리한다. 코드는 다음과 같다.

```python
class Power(Expression):
    ...
    def derivative(self,var):
        if isinstance(self.exponent, Number):
            power_rule = Product(
                Number(self.exponent.number),
                Power(self.base, Number(self.exponent.number - 1)))
            return Product(self.base.derivative(var),power_rule)
        elif isinstance(self.base, Number):
            exponential_rule = Product(
                Apply(Function("ln"),
                Number(self.base.number)
            ),
            self)
            return Product(
                self.exponent.derivative(var),
                exponential_rule)
        else:
            raise Exception(
            "can't take derivative of power {}".format(
            self.display()))
```

지수가 수이면 거듭제곱의 미분법을 사용한다.

$f(x)^n$의 도함수는 합성함수의 미분법에 따라 $f'(x) \cdot nf(x)^{n-1}$이므로 $f'(x)$를 인수로 곱한다.

밑이 수인지 확인해서 수이면 지수함수의 미분법을 사용한다.

$a^{f(x)}$의 도함수 역시 합성함수의 미분법에 따라 $f'(x)$를 인수로 곱한다.

밑과 지수 모두가 수가 아닌 경우엔 예외를 발생시킨다. 이 마지막 컴비네이터를 구현하면 도함수 계산기가 완성된다! 이제 원소와 컴비네이터로 이루어진 (거의) 모든 수식을 다룰 수 있게 되었다. 이 도함수 계산기를 10.1.1절에서 살펴본 수식 $(3x^2+x)\sin(x)$로 테스트하면 다음과 같이 장황하지만 정확한 결과를 얻을 수 있다.

$$(0 \cdot x^2 + 3 \cdot 1 \cdot 2 \cdot x^1 + 1) \cdot \sin(x) + (e \cdot x^2 + x) \cdot 1 \cdot \cos(x)$$

이는 $(6x+1)\sin(x)+(3x^2+x)\cos(x)$로 단순화할 수 있으며, 이 결과는 곱의 미분법과 거듭제곱의 미분법을 올바로 사용하였음을 보여준다. 이 장에 들어와서 파이썬으로 산술법과 대수법을 모두 배웠다. 이제 파이썬으로 미적분도 할 수 있다고 말할 수 있다! 마지막 절에서는 파이썬에서 기호적으로 적분을 취하는 법에 대해 떠들 것인데, 바로 사용할 수 있는 파이썬 라이브러리인 SymPy를 사용한다.

10.5.4 연습문제

연습문제 풀이

연습문제 | 10.20

우리의 코드는 어떤 수식 $f(x)$에 대해 $c \cdot f(x)$ 또는 $f(x) \cdot c$ 꼴의 곱을 다룰 수 있다. 두 경우 모두 도함수는 $c \cdot f'(x)$이다. 그런데 곱의 미분법 공식에 대입할 때 c를 미분하고 $f(x)$를 곱한 $f(x) \cdot 0 = 0$은 필요가 없다. 곱의 도함수를 취하는 코드를 수정하여 결과가 0인 항을 포함하지 않고 나올 수 있도록 처리하라.

연습문제 | 10.21

제곱근 함수를 특수 함수에 대한 딕셔너리에 추가해서 자동적으로 도함수를 취할 수 있도록 만들어라.

힌트 제곱근 x는 $x^{1/2}$이다.

10.6 기호적으로 함수 적분하기

8장과 9장에서 배운 또 다른 미분적분학 연산은 바로 적분이다. 도함수가 함수를 입력으로 받아 변화율을 묘사하는 함수를 리턴하는 반면, 적분은 그 반대로 동작한다. 변화율로부터 원래 함수를 재구성하는 것이다.

10.6.1 역도함수로 보는 적분

예를 들어 $y = x^2$일 때, 도함수는 x에 대한 y의 순간변화율이 $2x$임을 말해준다. 부정적분은 $2x$에서 시작하여 'x에 대한 어떤 함수가 $2x$라는 순간변화율을 가질까?'라는 질문에 답한다. 이러한 이유로 부정적분을 **역도함수**(antiderivative)라고도 한다.

x에 대한 $2x$의 부정적분 중 하나는 x^2이지만, $x^2 - 6$이나 $x^2 + \pi$도 답이 될 수 있다. 상수항에 대한 도함수는 0이므로 부정적분은 결과가 유일하지 않다. 전체 여행 중에 자동차 속도계의 값을 알고 있다고 하더라도 여행 시 차의 시작점이나 끝점을 알려주진 않는다. 이러한 이유로 x^2은 $2x$의 **한**(an) 역도함수라고 하지 **유일한**(the) 역도함수라고 하지는 않는다.

(상수가 뭔지 모르지만) **특정** 역도함수나 **특정** 부정적분에 대해 말하고 싶다면 값을 명시하지 않은 상수를 더해서 $x^2 + C$처럼 나타내야 한다. 이 C를 적분상수(constant of integration)라고 하는데, 미분적분학 수업에서 악명이 높다. 적분상수가 장식으로 보일 수도 있으나 적분에서 중요한 개념이다. 만약 시험에 적분상수를 빼고 제출했다면 대부분 감점당할 것이다.

도함수를 구하는 연습을 충분히 했다면 몇몇 부정적분은 명확하게 답을 알 수 있다. 예를 들어 x에 대한 $\cos(x)$의 적분은 다음과 같다.

$$\int \cos(x)dx$$

이 결과는 $\sin(x) + C$이다. 임의의 상수 C에 대해 $\sin(x) + C$의 도함수가 $\cos(x)$이기 때문이다. 거듭제곱의 미분법을 머릿속에 생생하게 그릴 수 있다면 다음 적분을 풀 수 있을 것이다.

$$\int 3x^2 dx$$

$3x^2$은 x^3에 거듭제곱의 미분법을 적용하면 얻는 식이므로 $3x^2$의 부정적분은 다음과 같다.

$$\int 3x^2 dx = x^3 + C$$

더 어려운 부정적분도 있다. 다음을 보자.

$$\int \tan(x) dx$$

이 적분은 명확한 답이 보이지 않는다. 정답을 찾으려면 하나 이상의 미분법을 역으로 적용해야 한다. 미분적분학 수업에서는 이같이 까다로운 적분 결과를 구하는 방법을 배운다. 더 골치 아픈 건 몇몇 적분은 구할 수 **없다**는 점이다. 적분을 구할 수 없는 유명한 함수로 $f(x) = e^{x^2}$이 있는데, 부정적분 결과를 나타내는 함수를 새로 만들어내지 않는 한 적분 결과를 식으로 나타내기란 불가능하다. 미분적분학 수업에서나 할 법한 적분 계산 연습으로 여러분을 고문하기보다는 여러분이 파이썬에서 적분을 다룰 수 있도록 미리 만들어진 라이브러리의 integrate 함수 사용법을 보여주겠다.

10.6.2 SymPy 라이브러리 소개

SymPy(**Sym**bolic **Py**thon) 라이브러리는 기호 수학을 위한 오픈 소스 파이썬 라이브러리이다. SymPy는 우리가 만든 것과 비슷하게 수식 자료구조를 자체적으로 가지고 있지만, 연산자 오버로딩을 통해 일반적인 파이썬 코드처럼 보이도록 되어 있다. 다음은 우리가 작성했던 것과 비슷하게 보이는 SymPy 코드의 예시이다.

```
>>> from sympy import *
>>> from sympy.core.core import *
>>> Mul(Symbol('y'),Add(3,Symbol('x')))
y*(x + 3)
```

Mul, Symbol, Add 생성자는 각각 우리가 만든 Product, Variable, Sum 생성자를 대체하며, 결과도 유사하다. SymPy는 짧게 쓰는 것도 지원한다. 다음처럼 쓰면 동등한 수식 자료구조를 생성한다.

```
>>> y = Symbol('y')
>>> x = Symbol('x')
>>> y*(3+x)
y*(x + 3)
```

자료구조로 대입과 도함수 취하기도 가능함을 확인할 수 있다.

```
>>> y*(3+x).subs(x,1)
4*y
>>> (x**2).diff(x)
2*x
```

물론 SymPy는 우리가 이 장에서 만든 것보다 훨씬 더 강력한 라이브러리이다. 살펴보면 알겠지만 수식은 자동으로 단순화된다.

SymPy를 소개하는 이유는 기호 적분 함수가 강력함을 보여주기 위함이다. $3x^2$과 같은 수식의 부정적분을 다음과 같이 구할 수 있다.

```
>>> (3*x**2).integrate(x)
x**3
```

이는 $\int 3x^2 dx = x^3 + C$가 성립함을 알려준다.

다음 몇 장에 걸쳐서 도함수와 적분을 더 다룰 것이다.

10.6.3 연습문제

연습문제 | 10.22

$f(x) = 0$의 부정적분을 구하라. SymPy로 구한 답을 확인하되 SymPy가 적분상수를 자동으로 포함하지 않음을 주의하라.

연습문제 | 10.23

$x\cos(x)$의 부정적분을 구하라.

힌트 $x\sin(x)$의 도함수를 살펴보라. SymPy로 정답을 확인하라.

연습문제 | 10.24

x^2의 부정적분을 구하라. SymPy로 정답을 확인하라.

요약

- 대수식을 코드의 문자열이 아닌 자료구조로 모델링하면 프로그램을 작성해 수식에 관한 더 많은 질문에 답할 수 있다.
- 코드에서 대수식을 모델링하는 자연스러운 방법은 **트리**로 표현하는 것이다. 트리의 노드는 독립적인 수식인 원소(변수와 수)와 두 개 이상의 식을 하위 트리로 포함하는 컴비네이터(합, 곱 등)로 구분할 수 있다.
- 수식 트리를 재귀 순회하면 '어떤 변수가 수식에 포함되었는가?'와 같이 수식에 관한 질문에 답할 수 있다. 수식을 계산하거나 단순화할 수도 있고, 다른 언어로 번역할 수도 있다.
- 함수를 수식으로 정의할 수 있다면 도함수 수식으로 변환할 때 몇 가지 법칙을 적용할 수 있다. 그 중에서도 곱의 미분법과 합성함수의 미분법은 각각 수식의 곱에 대한 도함수와 합성함수의 도함수를 취하는 법을 알려준다.
- 파이썬 수식 트리의 각 컴비네이터에 대응하는 미분법을 프로그래밍하면 도함수 수식을 자동으로 구하는 파이썬 함수를 얻을 수 있다.
- SymPy는 파이썬 코드로 대수식을 다룰 수 있는 강력한 파이썬 라이브러리이다. 이 라이브러리는 단순화, 대입, 도함수를 구하는 함수를 내장했으며 함수의 부정적분 공식을 알려주는 기호 적분 함수도 내장한다.

CHAPTER 11

힘의 장 시뮬레이션하기

이 장의 내용
- 스칼라장과 벡터장을 사용해 중력과 같은 힘을 모델링하기
- 그라디언트를 사용해 힘 벡터를 계산하기
- 파이썬에서 함수의 그라디언트 취하기
- 소행성 게임에 중력 추가하기
- 고차원에서 그라디언트를 계산하고 벡터장 다루기

방금 소행성 게임 속 우주에 재앙이 발생했다! 화면 중앙에 블랙홀(black hole)이 나타났다! [그림 11.1]처럼 이 게임에 블랙홀이라는 새로운 객체가 등장하자 우주선과 모든 소행성은 화면 중심을 향해 중력으로 인한 인력(引力, 끌어당기는 힘)을 느끼게 된다. 이 상황은 게임을 더욱 어렵게 만들며, **힘의 장**(force field)을 이해해야 한다는 새로운 수학 과제도 던져준다.

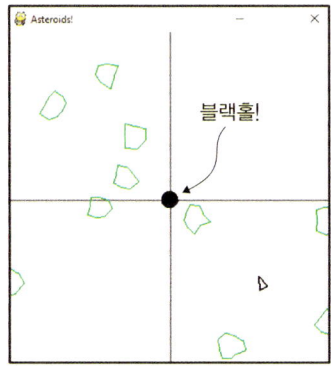

그림 11.1 오 이런, 블랙홀이라니!

중력은 거리를 두고 작용하는 힘의 예시로 친숙한데, 여기서 거리를 두고 작용한다는 말은 객체에 닿지 않아도 중력으로 인한 인력을 느낄 수 있음을 의미한다. 예를 들어 여러분은 10,000미터 상공에서 비행 중인 비행기에서도 여전히 멀쩡하게 걸어 다닐 수 있는데, 왜냐하면 공중에 지구가 우리를 끌어당기고 있기 때문이다. 자기력과 정전기도 거리를 두고 작용하는 힘으로 친숙한 다른 예시이다. 물리학에서는 자석이나 정전기가 대전된 풍선과 같은 이러한 힘의 원천이 주변에 보이지 않는 힘의 장을 생성한다고 상상한다. 지구의 중력이 만든 힘의 장, 즉 지구의 중력장 어디에서도 객체는 지구를 향한 인력을 느낀다.

이 장에서 주요 코딩 과제는 소행성 게임에 중력장을 추가하는 것이다. 그 뒤에는 일반적인 측면에서 수학을 다룬다. 즉, 힘의 장은 **벡터장**이라는 수학 함수로 모델링된다. 벡터장은 종종 **그라디언트**라는 미적분 연산의 결과물로 나타나는데, 그라디언트는 3부에서 다루는 기계학습 예제들에서 중요한 도구이다.

이 장의 수학 및 코드는 그리 어렵지 않지만 익숙해져야 할 새로운 개념들이 많이 있다. 이 장을 본격적으로 파고들기 전에 개략적으로 개념을 잡아주고자 한다.

11.1 벡터장으로 중력 모델링하기

벡터장(vector field)은 공간의 모든 점에 벡터를 할당한다. **중력장**(gravitational field)은 어떤 점에서 중력이 얼마만큼의 세기로 어떤 방향으로 당기는지를 말해주는 벡터장이다. 여러 점을 선택하고 각 점에 할당된 벡터를 해당 점에서 시작하는 화살표로 그려서 벡터장을 시각화할 수 있다. 예를 들어 소행성 게임의 블랙홀에 의해 발생하는 중력장은 [그림 11.2]처럼 보일 수 있다.

[그림 11.2]는 우리가 직관적으로 중력에 대해 알고 있는 바와 일치한다. 블랙홀 주위의 모든 화살표는 중력을 향한다. 그래서 이 지역에 놓인 물체는 블랙홀을 향해 당겨지는 느낌을 받는다. 블랙홀에 가까워질수록 중력이 강하기 때문에 화살이 길다.

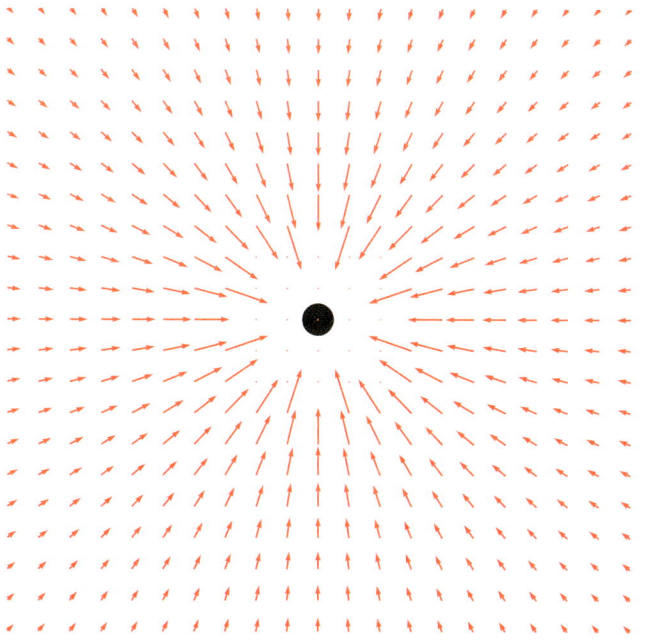

그림 11.2 소행성 게임의 블랙홀에 의해 생성된 중력장 그리기

이 장에서 우리가 가장 먼저 할 일은 중력장을 함수로 모델링하는 것인데, 이 함수에 우주에서 한 점을 입력으로 주면 그 점에서 객체가 느낄 중력의 크기와 방향을 알려준다. 파이썬에서 2차원 벡터장은 한 점을 나타내는 2차원 벡터를 입력으로 받아 그 점에 작용하는 힘에 해당하는 2차원 벡터를 리턴하는 함수이다.

이 함수를 만들고 나면 소행성 게임에 중력장을 추가할 것이다. 우리가 만든 함수는 우주선과 소행성들이 위치에 따라 어떤 중력을 느끼는지, 다시 말해 우주선과 소행성들의 가속도 크기와 방향을 알려줄 것이다. 일단 가속 기능을 구현하면 소행성 게임의 객체들이 블랙홀을 향해 가속하는 모습을 볼 수 있다.

11.1.1 위치에너지 함수로 중력 모델링하기

중력장을 모델링한 뒤, **위치에너지**(potential energy)라고 알려진 거리를 두고 작용하는 힘을 나타내는 새로운 멘탈 모델을 살펴볼 것이다. 위치에너지는 운동으로 변환될 준비가 된 저장된 에너지로 생각할 수 있다. 예를 들어 [그림 11.3]처럼 활과 화살은 처음에 위치에너지가 없지만 시위를 당기면 위치에너지를 얻는다. 시위를 놓으면 이 에너지는 운동으로 변환된다.

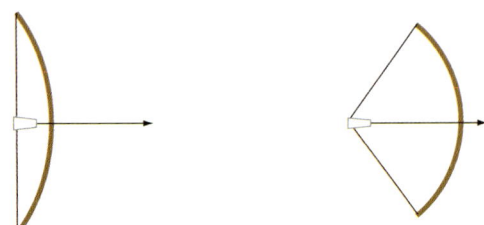

그림 11.3 왼쪽 그림에서 활은 위치에너지가 없다. 오른쪽 그림에는 활에 위치에너지가 축적되어 있어서 화살을 움직일 준비가 되어 있다.

블랙홀로부터 벗어나려는 우주선은 가상의 활시위를 당기는 상황에 놓여 있다고 생각할 수 있다. 우주선을 블랙홀에서 당겨낼수록 우주선에 더 많은 위치에너지가 축적되고, 당기던 우주선을 놓으면 우주선은 더 빨리 나아가게 된다. 우리는 게임 세계에서 객체의 2차원 위치벡터를 입력으로 받아 그 위치에서 위치에너지를 측정한 수를 리턴하는 별도의 파이썬 함수 형태로 위치에너지를 모델링할 것이다. 공간의 모든 점에 (벡터가 아닌) 수를 할당하는 것을 **스칼라장**(scalar field)라고 한다.

위치에너지 함수를 알고 있다면, 스칼라장을 시각화해서 보여주고자 Matplotlib의 여러 시각화 방법을 사용할 수 있다. **히트맵**(heatmap)은 시각화 방법의 주요 예시 중 하나인데, 히트맵에서는 2차원 공간 각 점에서 스칼라장의 값을 [그림 11.4]처럼 색상으로 구분해서 보여준다.

[그림 11.4]의 히트맵에서는 우주선이 블랙홀에서 멀리 떨어져 있을수록 색상이 더욱 밝아지는데, 이는 위치에너지가 더 크다는 뜻이다. 위치에너지를 나타내는 스칼라장은 중력을 나타내는 벡터장과는 다른 수학 모델이지만 같은 물리 현상을 나타낸다. 두 모델은 **그라디언트**라는 연산을 통해 수학적으로 연결된다.

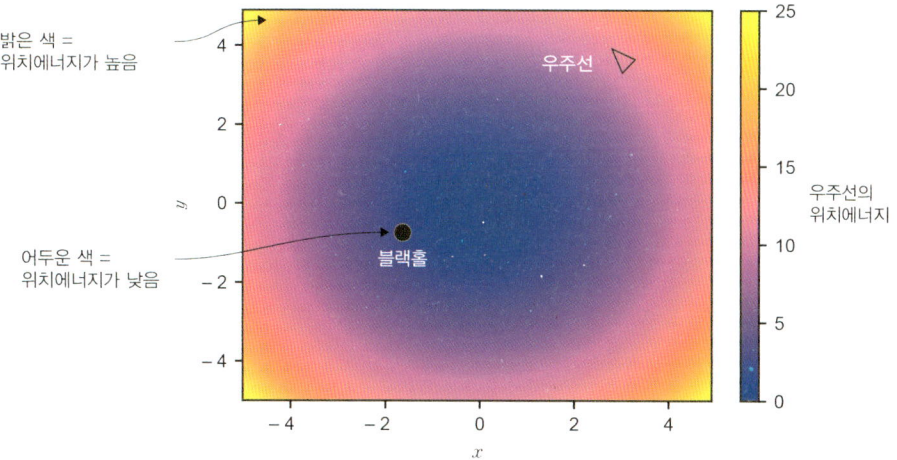

그림 11.4 위치에너지 값이 높으면 밝은 색상을 사용하는 위치에너지 히트맵

스칼라장의 그라디언트는 벡터장인데, 스칼라장에서 가장 가파르게 증가하는 방향과 크기를 알려준다. 앞의 예시에서는 블랙홀로부터 멀어질수록 위치에너지가 증가하므로, 위치에너지의 그라디언트는 모든 점에서 바깥을 향하는 벡터장이다. 위치에너지 히트맵에 그라디언트 벡터장을 겹쳐 그린 [그림 11.5]는 화살표가 위치에너지가 증가하는 방향을 가리킨다.

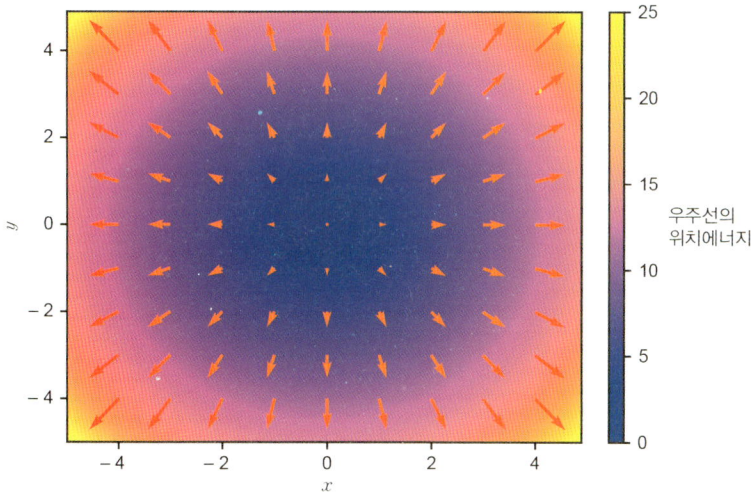

그림 11.5 위치에너지 함수를 나타낸 히트맵에 각 점에서의 그라디언트(벡터장)를 중첩해서 그렸다.

[그림 11.5]의 그라디언트 벡터장은 화살표가 반대 방향을 가리키고 크기가 역전된다는 점을 제외하면 블랙홀의 중력장과 유사하게 보인다. 위치에너지 함수로부터 중력장을 얻으려면, 그라디언트를 취한 뒤 마이너스 부호를 추가하여 힘의 장 벡터의 방향을 반전시켜야 한다. 이 장의 마지막 부분에서는 도함수를 사용해 스칼라장의 그라디언트를 계산할 것이며, 이를 통해 중력에 대한 위치에너지 모델을 힘의 장 모델로 변환할 수 있다.

이제 이 장이 어떻게 흘러가는지 갈피를 잡았을 테니 파고들기만 하면 된다. 먼저 벡터장을 자세히 살펴보고 벡터장을 파이썬 함수로 변환하는 법을 알아보자.

11.2 중력장 모델링하기

벡터장은 공간의 모든 점에 벡터를 할당한 것이다. 예를 들어 어떤 벡터장은 소행성 게임의 모든 위치에 대해 중력 벡터를 할당할 수 있다. 우리는 2차원의 모든 점에 2차원 벡터를 할당하는 2차원 벡터장만을 중점적으로 살펴볼 것이다. 이때 제일 먼저 할 일은 2차원 벡터를 입력으로 받아서 2차원 벡터를 출력으로 리턴하는 파이썬 함수로 벡터장의 구체적인 표현을 만드는 것이다. 소스 코드에 `plot_vector_field`이라는 함수를 준 바 있는데, 벡터장을 나타내는 함수를 인자로 받은 뒤 이 함수에 2차원상의 수많은 점들을 입력해 얻은 출력 벡터들을 그려내는 함수이다.

그런 뒤에 소행성 게임에 블랙홀을 추가하는 코드를 작성한다. 목표를 명확하게 알기 위해 블랙홀이란 [그림 11.6]처럼 단순히 주변의 모든 물체에 인력을 가하는 검은 원을 의미한다고 하자.

이러한 동작을 가능케 하고자 `BlackHole` 클래스를 구현하고 함수의 형태로 이 블랙홀에 대한 중력장을 정의한 뒤, 게임 루프를 갱신하여 우주선과 소행성이 뉴턴 운동 법칙에 따라 중력을 받아 움직이게 할 것이다.

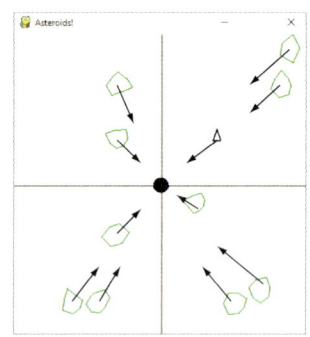

그림 11.6 소행성 게임의 블랙홀은 그림에 있는 검은 원으로, 게임 상의 모든 객체는 블랙홀로 향하는 인력을 느낀다.

11.2.1 벡터장 정의하기

먼저 벡터장을 표기하는 방법을 다뤄보겠다. 2차원 평면에서 벡터장은 두 좌표 x와 y를 나타내는 벡터를 입력으로 받는 함수 $\mathbf{F}(x,y)$이다. 이 함수는 점 (x,y)에서 벡터장 값에 해당하는 별도의 2차원 벡터를 리턴한다. 굵은 글씨로 쓴 $\mathbf{F}$는 리턴값이 벡터임을 강조하며, $\mathbf{F}$를 벡터 값 함수라고 할 수 있다. 벡터장에서 입력은 평면 상의 점으로, 출력은 화살표로 이해한다. [그림 11.7]은 벡터장 $\mathbf{F}(x,y) = (-2y, x)$에 대한 도식을 보여준다.

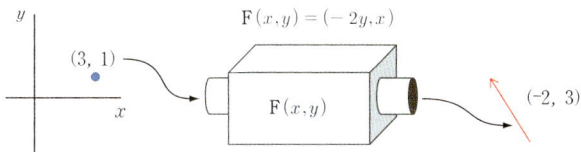

그림 11.7 벡터장 $\mathbf{F}(x,y) = (-2y, x)$는 점 $(3,1)$을 입력으로 받아서 화살표 $(-2,3)$을 출력한다.

출력 벡터는 입력 벡터로 주어진 평면 상의 점에서 시작하는 화살표로 그린다. [그림 11.8]처럼 출력 벡터는 입력 벡터에 **붙는다**.

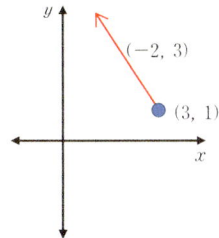

그림 11.8 벡터 $(-2,3)$을 점 $(3,1)$에 붙이기

F 값을 여러 개 계산하고 각 점에 붙은 화살표들을 그려서 벡터장을 그려볼 수 있다. [그림 11.9]는 세 점 $(-2,2), (-1,-2), (3,-2)$와 해당 점에서 F 값을 나타내는 화살표가 그려져 있다. 결과는 각각 $(-4,-2), (4,-1), (4,3)$이다.

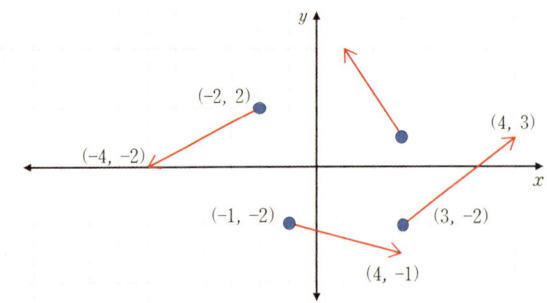

그림 11.9 세 점에 붙은 화살표로 표현한 벡터장 $F(x,y) = (-2y, x)$

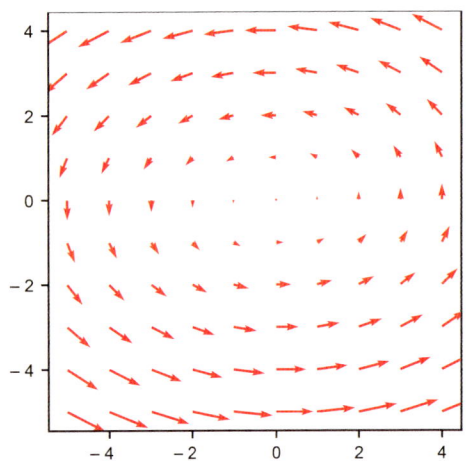

그림 11.10 점 (x,y)에서 나오는 벡터들을 플로팅한 벡터장 $F(x,y)$를 Matplotlib으로 생성하였다.

화살표를 더 많이 그리면 화살표가 겹치면서 그림을 알아보기 어려워진다. 이를 피하려면 보통 벡터의 길이를 상수 배수로 축소하면 된다. Matplotlib을 기반으로 작성한 래퍼 함수 `plot_vector_field`를 소스 코드에 포함해두었으니, 벡터장을 시각화할 때 다음과 같이 사용할 수 있다. 아래 코드를 실행하면 [그림 11.10]처럼 벡터장 $F(x,y)$가 원점을 중심으로 반시계 방향으로 회전하는 것을 볼 수 있다.

```
def f(x,y):
    return (-2*y, x)

plot_vector_field(f, -5,5,-5,5)
```
첫 인자는 벡터장이며, 나머지 인자로 플롯의 x축 좌우 경곗값과 y축 상하 경곗값을 순서대로 쓴다.

힘을 벡터장으로 모델링하는 방법은 물리학에서 배우는 큰 발상 중 하나이다. 곧바로 주목할 예제는 단순화된 중력 모델이다.

11.2.2 간단한 힘의 장 정의하기

여러분도 알고 있겠지만 중력은 힘의 원천에 가까워질수록 강해진다. 예를 들어 태양의 중력이 지구보다 훨씬 강하지만 여러분은 지구에 훨씬 가깝게 있으므로 지구의 중력만을 느낄 수 있다. 다만 문제를 단순화하는 차원에서 대학 물리학에서 다루는 현실적인 중력장 모델을 사용하진 않을 것이다. 이를 대신해서 벡터장 $\mathbf{F}(\mathbf{r}) = -\mathbf{r}$ 을 사용하려 한다. 평면이라면 $\mathbf{F}(x,y) = (-x,-y)$ 이다. 코드로 작성하면 다음과 같으며 [그림 11.11]은 벡터장을 플롯에 나타낸다.

```
def f(x,y):
    return (-x,-y)

plot_vector_field(f,-5,5,-5,5)
```

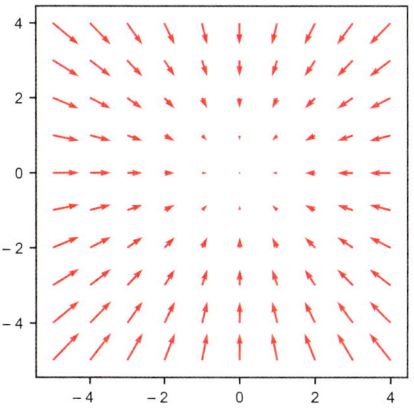

그림 11.11 벡터장 $\mathbf{F}(x,y) = (-x,-y)$의 시각화

이 벡터장은 어디에서나 원점을 향한다는 점에서 현실적인 중력장과 비슷하지만 멀리 갈수록 강해진다는 특징이 있다. 이러한 특징은 시뮬레이션한 객체가 탈출 속도에 도달해 화면에서 완전히 사라지게 만들 수 없음을 보장한다. 객체가 어느 경로로 가더라도, 결국 힘의 장이 너무 커져서 객체가 느려지다가 원점을 향해 되돌아가는 지점에 도달하기 때문이다. 소행성 게임에 이러한 블랙홀 중력장을 구현해서 확인해보자.

11.3 소행성 게임에 중력 추가하기

소행성 게임의 블랙홀은 원점에서의 같은 거리만큼 떨어진 꼭짓점 20개로 만든 Polygon Model 객체로, 거의 원 모양이다. 블랙홀의 중력으로 인한 인력의 강도는 하나의 수로 나타낼 것인데, 이를 블랙홀의 중력이라고 부르겠다. 이 수는 블랙홀의 생성자에 전달된다.

```
class BlackHole(PolygonModel):
    def __init__(self,gravity):
        vs = [vectors.to_cartesian((0.5, 2 * pi * i / 20))
                for i in range(0,20)]
        super().__init__(vs)
        self.gravity = gravity
```

PolygonModel로 BlackHole의 꼭짓점들을 정의한다.

BlackHole 클래스의 꼭짓점 20개는 원점에서 0.5단위만큼 떨어져 있으며 꼭짓점 간의 각도는 간격이 동일하므로 블랙홀이 거의 원형을 이룸에 주의하라. 다음 줄을 추가해보자.

```
black_hole = BlackHole(0.1)
```

gravity가 0.1인 BlackHole 객체를 생성하는데, 이 객체는 기본적으로 원점에 위치한다. [그림 11.12]처럼 블랙홀을 화면에 나타내려면 게임 루프를 반복할 때마다 그려야 한다. 다음 코드에서는 블랙홀의 내부를 (적절히) 검정색으로 채우기 위해 draw_poly 함수에 fill 키워드 인자를 추가하였다.

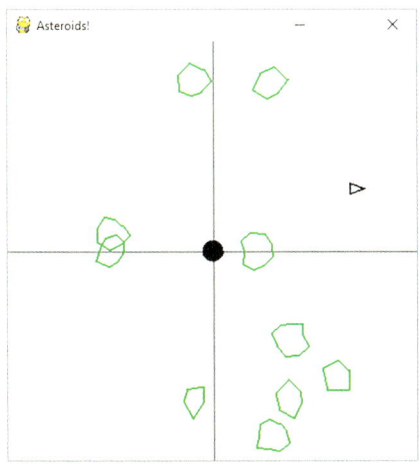

그림 11.12 게임 화면 중앙에 블랙홀 표시하기

```
draw_poly(screen, black_hole, fill=True)
```

블랙홀로 만든 중력장은 원점을 향하는 벡터장 $\mathbf{F}(x,y) = (-x,-y)$를 바탕으로 만들 것이다. 블랙홀 중심이 (x_{bh}, y_{bh})에 있을 때, 벡터장 $\mathbf{g}(x,y) = (x_{bh} - x, y_{bh} - y)$는 (x,y)에서 (x_{bh}, y_{bh})를 향하는 방향을 가리킨다. 이는 점 (x,y)에 붙어 있는 화살표, 즉 해당 점에서 벡터장의 벡터가 블랙홀 중심을 향하고 있음을 의미한다. 이 힘의 장의 강도를 블랙홀 중력에 따라 확대하거나 축소하기 위해 벡터장의 벡터에 중력값을 곱하면 다음과 같다.

```
def gravitational_field(source, x, y):
    relative_position = (x - source.x, y - source.y)
    return vectors.scale(- source.gravity, relative_position)
```

이 함수에서 source는 BlackHole 클래스의 객체이고, x속성과 y속성은 PolygonModel 클래스에 포함되는 객체로써 그 중심을 나타내며, gravity 속성은 BlackHole의 생성자에 전달된 값이다. 이와 동등한 힘의 장을 수학 표기법으로 나타내면 다음과 같이 쓸 수 있다.

$$\mathbf{g}(x,y) = G_{bh} \cdot (x - x_{bh}, y - y_{bh})$$

여기서 G_{bh}는 블랙홀을 위해 추가한 gravity 속성을 나타내며, (x_{bh}, y_{bh})는 블랙홀 중심의 위치를 나타낸다. 다음 단계로 이 중력장을 사용해 객체의 움직임을 정하면 된다.

11.3.1 게임 객체가 중력을 받도록 하기

앞의 벡터장이 중력장으로 사용될 때에는 위치 (x,y)에 있는 객체의 힘이 아니라 객체의 단위 질량당 힘을 알려줌을 주의하자. 즉, 질량이 m인 객체에 가해지는 전체 힘은 $F(x,y) = m \cdot g(x,y)$이다. 만약 이 힘이 객체가 받는 유일한 힘이라면, 뉴턴 제2 운동 법칙을 사용해 가속도를 알아낼 수 있다.

$$a = \frac{F_{net}(x,y)}{m} = \frac{m \cdot g(x,y)}{m}$$

가속도를 나타내는 식의 마지막 변은 분자와 분모 모두에 질량 m이 있으므로 약분된다. 이제 중력장 벡터가 중력으로 인한 가속도벡터와 동일함을 알았다. 즉, 객체의 질량은 객체의 가속도와 아무런 상관이 없다. 현실적인 중력장에서도 이 결과가 동일하게 성립하는데 지구 표면 근처에서 질량이 서로 다른 객체들이 모두 동일한 9.81 m/s^2의 가속도로 낙하하는 이유이다. 게임 루프가 한 번 반복할 때의 경과시간이 Δt일 때, 우주선 또는 소행성의 속도 변화량은 위치 (x,y)에 의해 다음 식으로 결정된다.

$$\Delta v = a \cdot \Delta t = g(x,y) \cdot \Delta t$$

이제 게임 루프가 반복되는 부분에 우주선 및 각 소행성의 속도를 갱신하는 코드를 추가해야 한다. 코드를 구성하는 방법에는 몇 가지가 있지만, 물리적인 부분은 모두 `PolygonModel` 객체의 `move` 메서드에 캡슐화하기로 한다. 일전에 스크린 밖으로 날아간 객체를 반대쪽으로 텔레포트 시켰음을 기억해두자. 여기서 전역 변수인 `bounce` 플래그를 추가해야 하는데, 이 플래그는 객체를 스크린의 각 변에서 텔레포트 시킬지 튕겨 나오도록 할지를 나타낸다. 이 플래그는 객체가 텔레포트하면 갑자기 다른 중력장이 바로 변해버리기 때문에 추가한다. 중력장이 변하는 것보단 객체가 대신 튕겨 나오는 게 물리적으로 이해하기 좋다. 그렇게 만든 새 `move` 메서드는 다음과 같다.

```python
def move(self, milliseconds,
        thrust_vector, gravity_source):
    tx, ty = thrust_vector
    gx, gy = gravitational_field(gravity_source, self.x, self.y)
    ax = tx + gx
    ay = ty + gy
    self.vx += ax * milliseconds/1000
    self.vy += ay * milliseconds/1000

    self.x += self.vx * milliseconds / 1000.0
    self.y += self.vy * milliseconds / 1000.0

    if bounce:
        if self.x < -10 or self.x > 10:
            self.vx = - self.vx
        if self.y < -10 or self.y > 10:
            self.vy = - self.vy
    else:
        if self.x < -10:
            self.x += 20
        if self.y < -10:
            self.y += 20
        if self.x > 10:
            self.x -= 20
        if self.y > 10:
            self.y -=20
```

- move 메서드에 파라미터로 추진체에 의한 힘을 나타내는 벡터, 즉 추진력(thrust_vector)과 중력의 원천(블랙홀)의 위치를 전달하되, 추진력은 (0,0)으로 둘 수 있다.
- 여기서 알짜힘은 추진력 벡터와 중력 벡터의 합이다. mass = 10이라고 가정하면 가속도는 추진력과 중력장에 의한 중력의 합이다.
- 이전과 마찬가지로 $\Delta v = a \cdot \Delta t$ 를 사용해 속도를 갱신한다.
- 이전과 마찬가지로 $\Delta s = v \cdot \Delta t$ 를 사용해 위치벡터를 갱신한다.
- 전역 변수인 bounce 플래그가 참이면, 화면의 좌우 경계를 벗어나려는 객체의 속도를 x 성분만 부호 반전하고, 화면의 상하 경계를 벗어나려는 객체의 속도를 y 성분만 부호 반전한다.
- bounce 플래그가 거짓이면, 이전과 마찬가지로 화면을 벗어나려는 객체를 텔레포트한다.

이제 남은 일은 이 move 메서드를 게임 루프 상에서 우주선 및 각 소행성에 대해 호출하는 것이다.

```python
while not done:
    ...
    for ast in asteroids:
        ast.move(milliseconds, (0,0), black_hole)

    thrust_vector = (0,0)
```

- 각 소행성에 대해 추진력 벡터를 영벡터로 설정해 move 메서드를 호출한다.
- 우주선의 추진력 벡터도 기본값은 (0,0)이다.

```
if keys[pygame.K_UP]:          위쪽 화살표 키 또는 아래쪽 화살표 키를 누르면 우주선의 진행 방향 및
    thrust_vector=vectors.to_cartesian((thrust, ship.rotation_angle))   미리 정해진 thrust 스칼라값을 사용해 thrust_vector를 계산한다.

elif keys[pygame.K_DOWN]:
    thrust_vector=vectors.to_cartesian((-thrust, ship.rotation_angle))

ship.move(milliseconds, thrust_vector, black_hole)   우주선에 대한
                                                     move 메서드를 호출하여
                                                     우주선이 움직이게 한다.
```

이제 게임을 실행하면 객체들이 블랙홀로 빨려 들어가기 시작한다. 우주선도 초기 속도가 영벡터지만 똑바로 빨려 들어감을 살펴볼 수 있다. [그림 11.13]은 우주선의 가속을 타임랩스 촬영(time-lapse photography) 또는 등간격 촬영으로 보여준다.

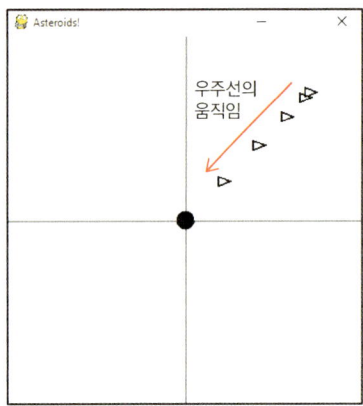

그림 11.13 우주선은 초기 속도가 0에서 시작해 블랙홀에 빨려 들어간다.

추진력 없이 초기 속도를 설정하면 우주선은 [그림 11.14]처럼 타원 또는 찌그러진 원 모양의 궤적을 그리며 블랙홀을 공전하기 시작한다.

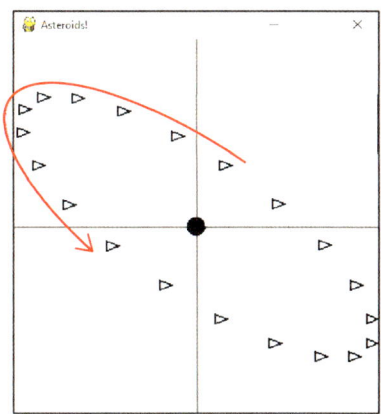

그림 11.14 초기 속도를 블랙홀과 수직 방향으로 두면 우주선은 타원 궤도를 그리기 시작한다.

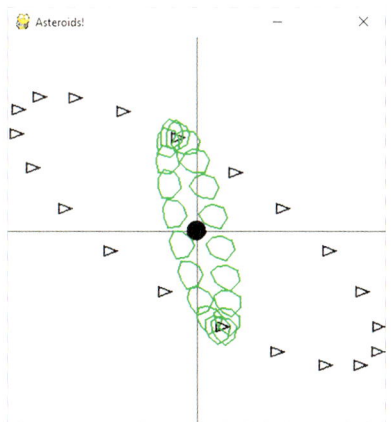

그림 11.15 블랙홀 주변을 도는 타원 궤도 상의 소행성

블랙홀의 중력 외에 어떤 힘도 받지 않은 객체는 곧바로 빨려 들어가거나 타원 궤도로 진입한다. [그림 11.15]는 우주선과 같이 랜덤하게 초기화된 소행성을 보여준다. 소행성의 궤적은 다른 타원을 이룬다.

소행성을 모두 집어넣어 보자. 11개의 객체가 동시에 가속되면서 게임이 훨씬 더 흥미로워질 것이다.

11.3.2 연습문제

연습문제 | 11.1

벡터장 $(-2-x, 4-y)$의 모든 벡터가 어디를 향하는지 설명하라. 벡터장을 플로팅해서 정답이 맞는지 확인해보라.

연습문제 | 11.2 미니 프로젝트

각각 중력이 0.1인 블랙홀 두 개가 각각 $(-3,4)$와 $(2,1)$에 위치한다고 하자. 중력장은 $\mathbf{g}_1(x,y) = 0.1 \cdot (-3-x, 4-y)$이고 $\mathbf{g}_2(x,y) = 0.1 \cdot (2-x, 1-y)$이다. 두 블랙홀로 인한 총 중력장 $\mathbf{g}(x,y)$의 공식을 계산하라. 그 결과가 블랙홀이 하나 있는 경우와 같은가? 만약 그렇다면 이유를 설명하라.

연습문제 | 11.3 미니 프로젝트

소행성 게임에 블랙홀을 두 개 추가한 뒤 각 블랙홀이 다른 블랙홀의 중력을 받도록 만들어라. 이 두 블랙홀이 소행성과 우주선에 중력을 가하는 동안 움직이도록 만들어라.

11.4 위치에너지 도입하기

우리가 만든 중력장에서 우주선과 소행성의 행동을 관찰했으니 **위치에너지**를 사용해서 우주선 및 소행성의 행동을 묘사하는 두 번째 모델을 만들어보자. 소행성 게임에서는 이미 블랙홀이 잘 동작하도록 만들었으니 이제 이러한 구현의 밑바탕이 되는 수학에 대한 시야를 넓히고자 한다. 중력장을 포함하는 개념인 벡터장은 그라디언트라는 미적분 연산의 결과이며, 이 책의 나머지 장에서 핵심 도구로 사용되기 때문이다.

기본 발상은 다음과 같다. 중력을 모든 점에 대한 힘 벡터로 보고 원천이 객체를 끌어당긴다고 상상하기보다, 중력장에 있는 객체를 사발 안을 굴러다니는 구슬로 생각한다. 구슬은 앞뒤로 구를 수 있지만, 굴러가는 동안에는 사발의 밑바닥으로 언제나 '끌려간다'. 위치에너지 함수는 기본적으로 이 사발의 모양을 정의한 것이다. [그림 11.16]의 가운데 이미지처럼 사발의 모양을 간단히 살펴볼 수 있다.

우리는 위치에너지를 점 (x,y)를 입력으로 받아 점 (x,y)에서의 중력 위치에너지를 나타내는 수 하나를 리턴하는 함수로 작성할 것이다. 사발에 비유하면 특정 점에서 사발의 높이 같은 것이라 할 수 있다. 파이썬으로 위치에너지 함수를 구현한 뒤에는 3가지 방법으로 시각화를 할 수 있다. [그림 11.16]에 나타냈듯이 첫 번째는 이 장의 서두에서 살펴본 히트맵이며, 두 번째는 3차원 그래프이며, 세 번째는 등고선도이다.

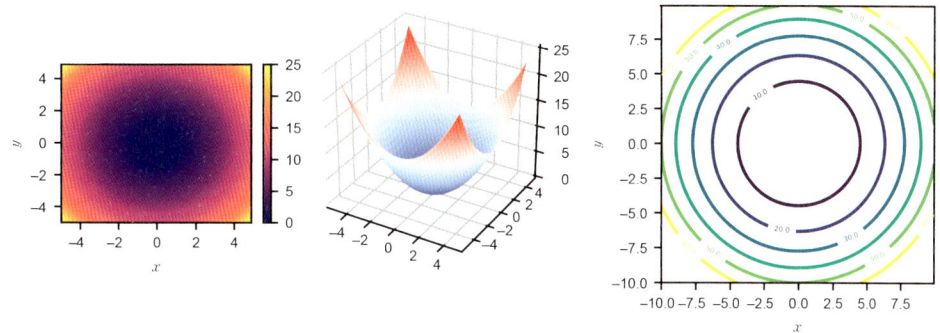

그림 11.16 스칼라장을 나타낸 3가지 그림: 히트맵, 3차원 그래프, 등고선도

이러한 시각화는 앞으로 위치에너지 함수를 그리는 데 도움이 될 것이다.

11.4.1 위치에너지 스칼라장 정의하기

스칼라장은 벡터장처럼 점 (x,y)를 입력으로 받는 함수로 생각할 수 있다. 이 함수의 출력은 벡터가 아닌 스칼라이다. 스칼라장을 정의하는 함수를 $U(x,y) = \frac{1}{2}(x^2 + y^2)$라 해보자. [그림 11.17]은 2차원 벡터를 이 함수에 대입했을 때 출력 결과가 $U(x,y)$에 대한 식으로 결정되는 특정한 스칼라값임을 보여준다. $(x,y) = (3,1)$이면 $U(x,y)$ 값은 $\frac{1}{2} \cdot (3^2 + 1^2) = 5$이다.

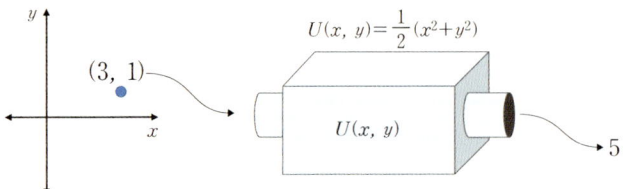

그림 11.17 스칼라장은 함수의 일종으로 평면 상의 점을 입력으로 받아 대응하는 수를 생성한다.

함수 $U(x,y)$는 벡터장 $\mathbf{F}(x,y) = (-x, -y)$에 대응하는 위치에너지 함수임을 보일 수 있다. 수학적으로 설명하려면 몇 가지 작업을 더 해야겠지만, 스칼라장 $U(x,y)$를 그려봄으로써 그 내용을 살펴보자.

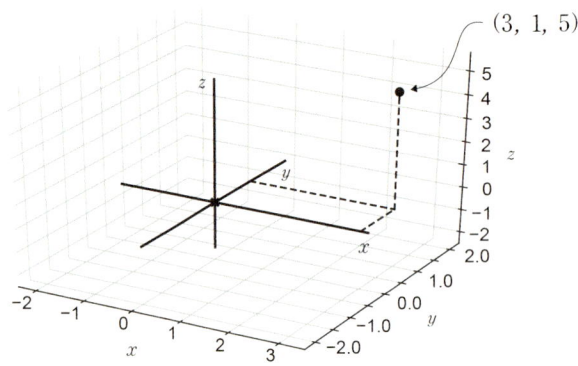

그림 11.18 $U(x,y) = \frac{1}{2}(x^2+y^2)$의 한 점을 플로팅하려면 $(x,y) = (3,1)$을 대입한 결과 $U(3,1) = 5$를 z좌표로 사용하면 된다.

$U(x,y)$를 그릴 때 [그림 11.18]과 같이 3차원 플롯을 그리는 방법이 있다. 이때, $U(x,y)$는 $z = U(x,y)$를 만족하는 점 (x,y,z)로 이루어진 표면이다. 예를 들어 $U(3,1) = 5$이므로 xy평면의 점 $(3,1)$ 위에 있는 z좌표가 5인 점을 플로팅하면 된다.

3차원에서 각 (x,y) 값에 대해 점을 플로팅하면 스칼라장 $U(x,y)$를 나타내는 전체 표면을 얻는데, 스칼라장이 평면에서의 위치에 따라 어떻게 변화하는지 파악할 수 있다. 소스 코드에는 스칼라장을 정의하는 함수와 x경계 및 y경계를 입력으로 받아 스칼라장을 나타내는 3차원 점의 표면을 그려내는 `plot_scalar_field` 함수를 찾을 수 있다.

```
def u(x,y):
    return 0.5 * (x**2 + y**2)

plot_scalar_field(u, -5, 5, -5, 5)
```

스칼라장을 시각화하는 방법에는 여러 가지가 있지만 [그림 11.19]와 같이 함수 $U(x,y)$ 의 그래프를 그려 시각화할 수 있다.

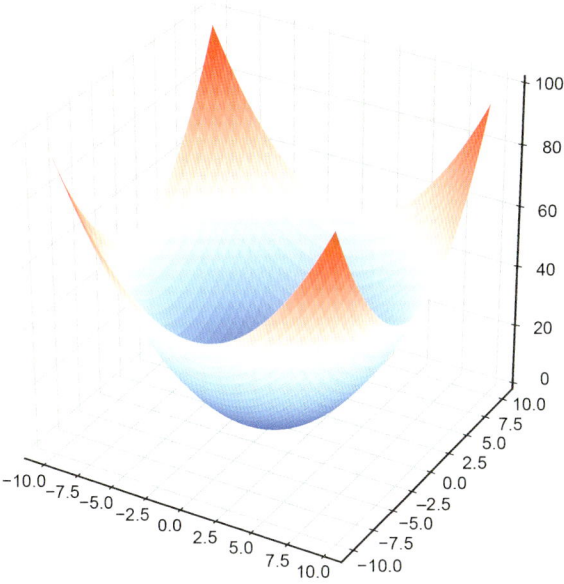

그림 11.19 위치에너지의 스칼라장 $U(x,y) = \frac{1}{2}(x^2+y^2)$ 의 그래프

이 그림은 이전에 비유한 '사발'이다. 이 위치에너지 함수는 벡터장 $\mathbf{F}(x,y) = (-x, -y)$ 이라는 중력 모델과 동등함을 보일 수 있다. 11.5절에서 그 이유를 정확히 살펴볼 예정이지만 지금은 원점 $(0,0)$ 으로부터의 거리가 증가할수록 위치에너지가 증가함을 확인해보자. 원점에서 퍼져나가는 모든 방향에서 그래프 높이는 증가하며, 이는 U 값이 증가함을 의미한다.

11.4.2 스칼라장을 히트맵으로 플로팅하기

스칼라 함수는 히트맵을 그려서 시각화할 수도 있다. $U(x,y)$값을 z좌표가 아니라 색상표(color scheme)에 따라 시각화하면 된다. 이 방법으로 2차원을 벗어나지 않고 스칼라장을 플로팅할 수 있다. [그림 11.20]처럼 측면에 색상 범례를 포함하면 플롯의 점 (x,y)의 색상으로부터 (x,y)의 스칼라값을 근사적으로 살펴볼 수 있다.

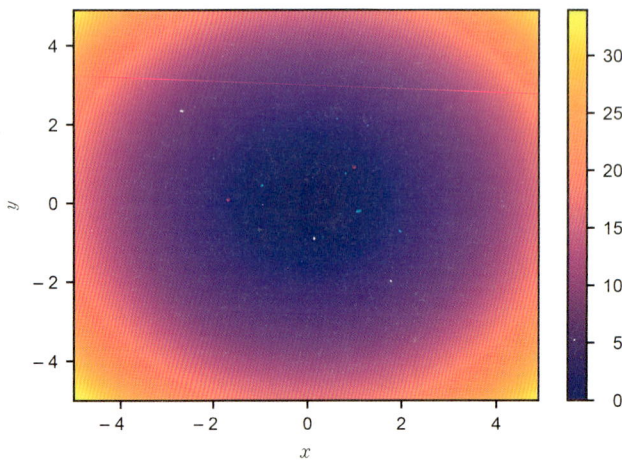

그림 11.20 함수 $U(x,y)$의 히트맵

[그림 11.20]에 있는 플롯의 중심 $(0,0)$에 가까우면 색상은 점점 어두워지며, $U(x,y)$값이 점점 작아짐을 의미한다. 플롯의 가장자리를 향할수록 색상이 점점 밝아지며, $U(x,y)$값은 점점 커짐을 의미한다. 소스 코드에서 `scalar_field_heatmap` 함수를 사용해 위치에너지 함수를 플로팅할 수 있다.

11.4.3 스칼라장을 등고선도로 플로팅하기

히트맵과 유사한 것이 **등고선도**(contour map)이다. 등고선도는 지형의 고도를 보여주는 지형도의 한 형식으로, 학교에서 사회 시간에 등고선도를 본 적이 있을 것이다. 등고선도는 고도가 같은 여러 경로로 이루어져 있다. 지도에 나타난 한 경로를 따라 걸어가면 오르막도 내리막도 없음을 알 수 있다. [그림 11.21]에 유사한 방식으로 $U(x,y)$에 대한 등고선도를 나타냈다. xy평면에서 $U(x,y)$가 각각 10, 20, 30, 40, 50, 60인 경로를 보여준다.

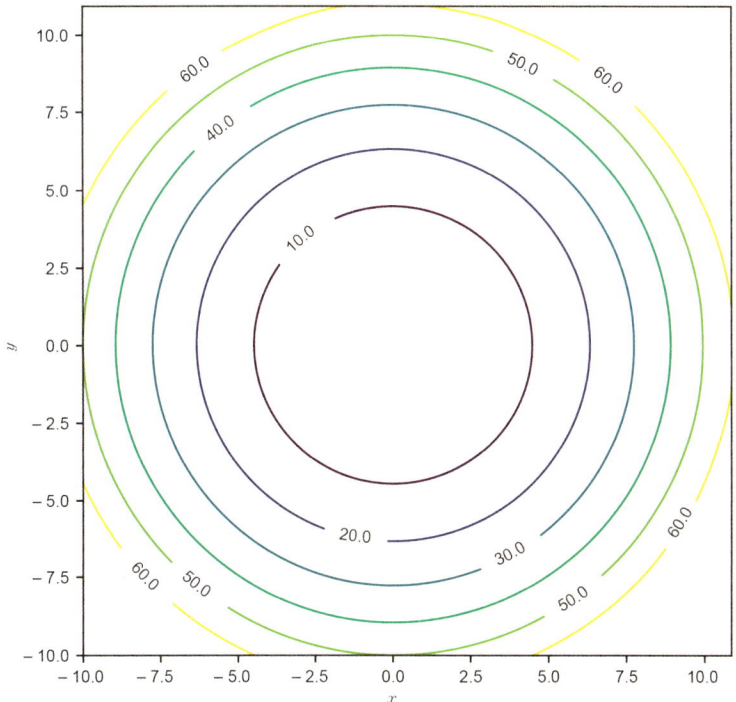

그림 11.21 $U(x,y)$ 값이 일정한 곡선을 나타낸 $U(x,y)$의 등고선도

이 등고선도는 등고선이 모두 원을 이루며, 바깥으로 갈수록 서로 가까워진다. 이는 원점에서 멀어질수록 $U(x,y)$가 점점 가파름(경사도가 증가함)을 의미한다고 해석할 수 있다. 예를 들어 $U(x,y)$는 10에서 20으로 증가하는 데 필요한 거리보다 30에서 40으로 증가하는 데 걸리는 거리가 짧다. 소스 코드에서 scalar_field_contour 함수를 사용해 스칼라장 U를 등고신도로 플로팅할 수 있다.

11.5 그라디언트로 에너지와 힘 연결하기

경사도(steepness) 개념은 중요하다. 위치에너지 함수의 경사도는 물체가 현재 상태에 정지해 있을 때 해당 방향으로 이동하도록 만들기 위해 필요한 에너지 소모량을 알려준다. 이미 예상했겠지만 주어진 방향으로 움직일 때 필요한 소모량은 객체에 작용하는 힘에 대한 **정반대 방향의** 척도이다. 이 절의 나머지 부분에서는 이 문장을 정확하고 정량적으로 다룰 것이다.

앞에서 언급했듯이 그라디언트는 위치에너지와 같은 스칼라장을 입력으로 받아 중력장과 같은 벡터장을 생성하는 연산이다. 평면의 모든 위치 (x,y)에서 그라디언트 벡터장은 스칼라장이 가장 빠르게 증가하는 방향을 향한다. 이 절에서는 스칼라장 $U(x,y)$의 그라디언트를 취하는 방법을 학습한다. 이때 U의 도함수를 x에 대해 취하고, 별도로 y에 대해서도 U의 도함수를 취해야 한다. 우리가 다룬 위치에너지 함수 $U(x,y)$의 그라디언트는 $-\mathbf{F}(x,y)$임을 보일 수 있는데, 이때 $\mathbf{F}(x,y)$는 소행성 게임에서 구현한 중력장이다. 추후 그라디언트를 폭넓게 활용할 것이다.

11.5.1 단면으로 경사도 측정하기

함수 $U(x,y)$를 시각화하는 방법이 하나 더 있다. 이 방법은 다양한 점에서의 경사도를 쉽게 살펴볼 수 있다. 특정한 점 $(x,y)=(-5,2)$에 초점을 맞추자.

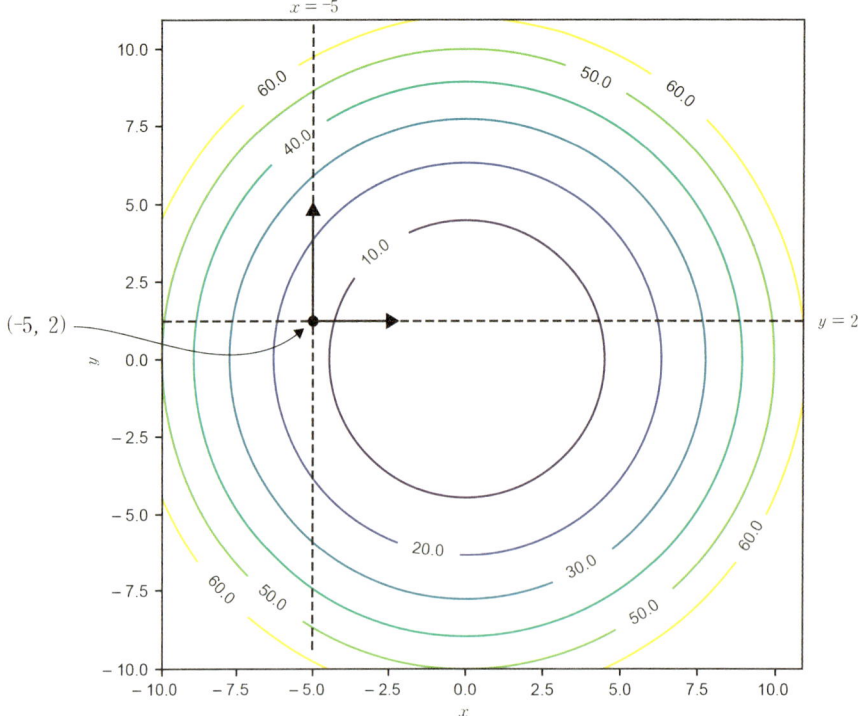

그림 11.22 $(-5,2)$에서 $+x$ 방향과 $+y$ 방향으로 $U(x,y)$값 탐색하기

[그림 11.22]와 같은 등고선도에서는 이 점이 $U = 10$과 $U = 20$인 등고선 사이에 위치해 있는데, 실제로 $U(-5, 2) = 14.5$이다. $+x$ 방향으로 이동하면 $U = 10$인 등고선과 만나며, $+x$ 방향을 따라가면 U가 감소함을 의미한다. $+y$ 방향으로 이동하면 $U = 20$인 등고선과 만나며, $+y$ 방향으로 이동하면 U가 증가함을 의미한다.

[그림 11.22]는 $U(x, y)$의 경사도가 방향에 따라 달라짐을 보여준다. 이를 나타내고자 $U(x, y)$의 단면을 플로팅할 수 있는데, 예를 들어 $x = -5$인 경우와 $y = 2$인 경우를 볼 것이다. **단면**(cross section)이란 x값 또는 y값을 고정해서 $U(x, y)$의 그래프를 잘라낸 것이다. 예를 들어 [그림 11.23]은 $x = -5$에서 $U(x, y)$의 단면이 평면 $x = -5$로 잘라낸 $U(x, y)$의 그래프임을 보여준다.

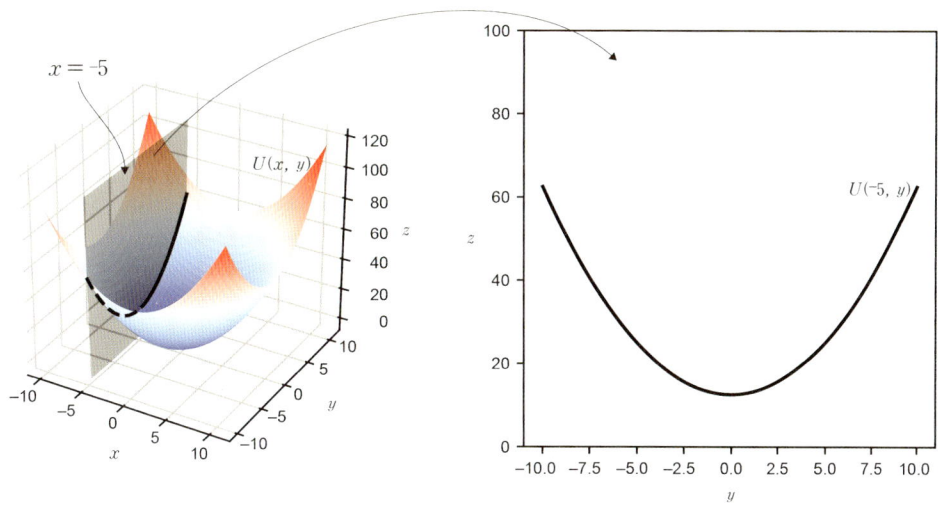

그림 11.23 $x = -5$에서 $U(x, y)$의 단면

4장에서 다룬 함수형 프로그래밍의 개념을 빌리자. U에 부분적으로 $x = -5$만 적용해서 y라는 수 하나를 받아 U값을 리턴하는 함수를 얻을 수 있다. y 값이 일정한 경우의 단면 또한 찾을 수 있는데, $y = 2$에서 $U(x, y)$의 단면은 평면 $y = 2$로 잘라낸 $U(x, y)$의 그래프이다. [그림 11.24]는 $U(x, y)$에 부분적으로 $y = 2$를 적용한 함수의 그래프이다.

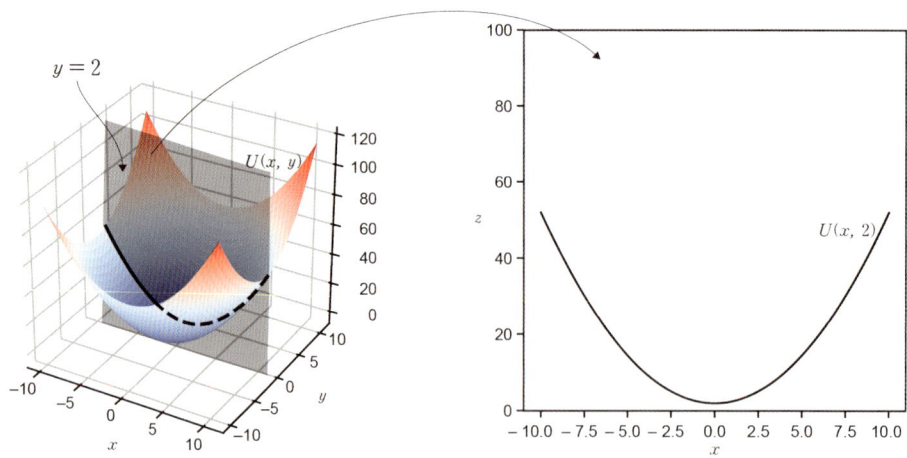

그림 11.24 $y=2$에서 $U(x,y)$의 단면

이 두 개의 단면을 합쳐 보면 U가 $(-5,2)$에서 x방향 및 y방향으로 움직일 때 어떻게 변화하는지를 알 수 있다. [그림 11.25]를 보자. $x=-5$일 때 $U(x,2)$의 기울기는 음수인데, $(-5,2)$에서 $+x$ 방향으로 움직일 때 U가 감소한다. 마찬가지로 $y=2$일 때 $U(-5,y)$의 기울기는 양수인데, $(-5,2)$에서 $+y$방향으로 움직일 때 U가 증가한다.

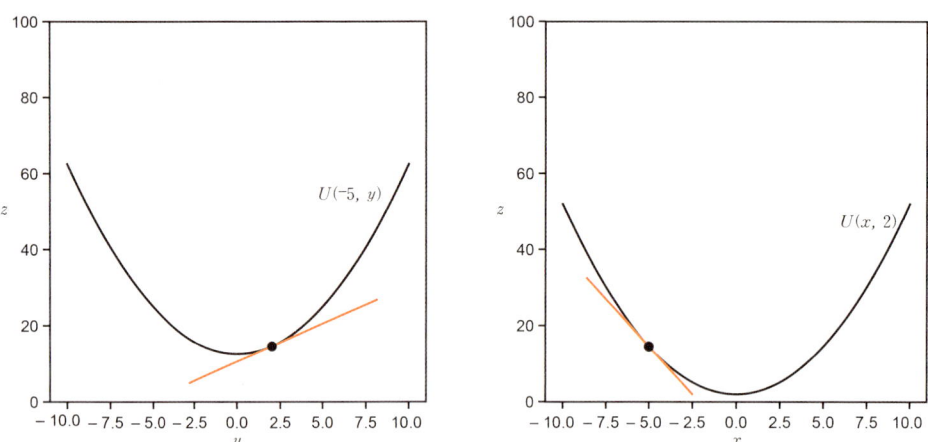

그림 11.25 두 단면은 $U(x,y)$가 $+y$ 방향으로는 증가하고 $+x$ 방향으로는 감소함을 보여준다.

이 점에서 스칼라장 $U(x,y)$의 유일한 기울기를 찾을 수는 없지만 x방향의 기울기와 y방향의 기울기라고 부를 만한 것은 찾아냈다. 이러한 값들을 U의 **편미분계수**(partial derivative)라고 한다.

11.5.2 편도함수 계산하기

여러분은 기울기를 구할 때 필요한 모든 것을 알고 있다. $U(-5,y)$와 $U(x,2)$는 각각 일변수함수로, 작은 할선들의 기울기를 계산하며 미분계수를 근사할 수 있다.

예를 들어 점 $(-5,2)$에서 x에 대한 $U(x,y)$의 편미분계수는 $x=-5$에서 $U(x,2)$의 기울기를 구하면 얻을 수 있다. 점 $(x,y)=(-5,2)$에서 x방향을 따라갈 때 $U(x,y)$가 얼마나 빠르게 변화하는지를 알고 싶다는 뜻이다. 이는 다음과 같은 기울기 계산 공식의 Δx에 작은 값을 대입해서 근사적으로 알아낼 수 있다.

$$\frac{U(-5+\Delta x, 2) - U(-5, 2)}{\Delta x}$$

수식을 사용해 편미분계수를 정확히 계산할 수도 있다. $U(x,y) = \frac{1}{2}(x^2 + y^2)$이므로 $U(x, 2) = \frac{1}{2}(x^2 + 2^2) = \frac{1}{2}(x^2 + 4) = 2 + (x^2/2)$이다. 거듭제곱의 미분법을 사용하면 x에 대한 $U(x,2)$의 도함수는 $0 + 2x/2 = x$이다. $x=-5$일 때 편미분계수는 -5이다.

기울기를 근사해서 도함수를 구하는 방법과 기호 대수로 도함수를 구하는 방법 모두 변수 y가 등장하지 않음에 주목하라. y에 상수 2를 대입했기 때문인데, 이는 x방향의 편미분계수를 생각할 때 y가 변화하지 않으므로 예상할 수 있는 결과이다. 편미분계수를 기호적으로 계산하는 일반적인 방법은 (x와 같은) 한 기호만을 변수로 보고 (y와 같은) 다른 모든 기호는 모두 상수로 간주해 도함수를 취하는 것이다.

이 방법을 사용하면 x에 대한 $U(x,y)$의 편도함수는 $\frac{1}{2}(2x+0) = x$이며, y에 대한 $U(x,y)$의 편도함수는 $\frac{1}{2}(0+2y) = y$이다. 다만 함수 $f(x)$의 도함수를 나타낼 때 선호한 표기법인 $f'(x)$는 편도함수로 확장하기 어렵다. 편도함수를 취할 때 서로 다른 변수에 대해 도함수를 취할 수 있기 때문에, 변수로 보려는 기호를 명시해야 할 필요가 있다. $f'(x)$라는 도함수를 나타내는 표기법이 하나 더 있다.

$$f'(x) \equiv \frac{df}{dx}$$

두 표기법이 동등함을 나타내고자 ≡ 기호를 사용했으며, 두 표기법은 같은 개념을 나타낸다. 이 표기법은 기울기 식 $\Delta f/\Delta x$를 연상시키지만, dx와 dx는 각각 f와 x의 값의 **미소**(infinitesimal) 변화량을 나타낸다. df/dx라는 표기법은 $f'(x)$와 같은 뜻이지만 도함수를 x에 대해 취했음이 보다 명확해진다. $U(x,y)$와 같은 함수의 편도함수를 구할 때에는, x나 y 중 하나에 대한 도함수를 취한다. 이때 **전미분**(total derivative)이라고 하는 일반적인 미분법이 아님을 나타내고자, d를 다른 모양으로 바꾸어 사용한다. 따라서 x와 y에 대한 $U(x,y) = \frac{1}{2}(x^2+y^2)$의 편도함수는 각각 다음과 같이 쓸 수 있다.

$$\frac{\partial U}{\partial x} = x \text{이고} \quad \frac{\partial U}{\partial y} = y$$

이번에는 함수 $q(x,y) = x\sin(xy) + y$의 편도함수를 구해보자. x에 대한 도함수를 취하려면 y를 상수로 간주하고 곱의 미분법과 합성함수의 미분법을 사용해야 한다. x에 대한 편도함수는 다음과 같다.

$$\frac{\partial q}{\partial x} = \sin(xy) + xy\cos(xy)$$

y에 대한 편도함수를 취하려면 x를 상수로 간주하고 합성함수의 미분법과 합의 미분법을 사용해야 한다.

$$\frac{\partial q}{\partial y} = x^2\cos(xy) + 1$$

편도함수는 각각 $U(x,y)$와 같은 함수가 특정 점에서 어떻게 변하는지를 부분적으로 알려줄 뿐이다. 전체적으로 어떻게 변하는지 알기 위해 편도함수를 합쳐보겠다. 이는 일변수함수에 대한 전미분과 유사하다.

11.5.3 그라디언트로 그래프의 경사도 구하기

$U(x,y)$ 그래프의 점 $(-5,2)$ 주변을 확대하면 [그림 11.26]과 같다. 임의의 매끄러운 함수 $f(x)$는 x값의 범위를 충분히 작게 하면 직선으로 보이듯이, 매끄러운 스칼라장의 그래프는 xy평면의 범위를 충분히 작게 하면 평면처럼 보인다.

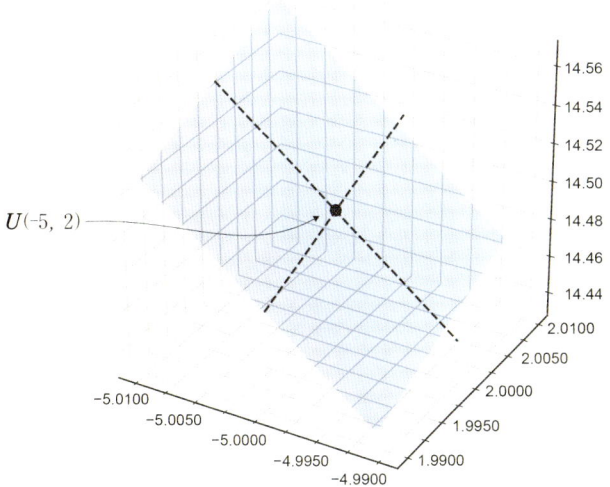

그림 11.26 가까이에서 보면 $(x,y)=(-5,2)$ 근방에서 $U(x,y)$의 그래프의 영역은 평면처럼 보인다.

도함수 df/dx가 주어진 점에서 $f(x)$를 근사하는 직선의 기울기를 알려주듯이, 편미분계수 $\partial U/\partial x$와 $\partial U/\partial y$는 주어진 점에서 $U(x,y)$를 근사하는 평면에 대한 정보를 준다. [그림 11.26]의 두 점선은 해당 점에서 $U(x,y)$의 x단면과 y단면을 보여준다. 이 범위에서 각 단면은 근사적으로 직선이며, xz평면 및 yz평면에서 각 기울기는 편미분계수 $\partial U/\partial x$와 $\partial U/\partial y$에 근사한다.

아직 증명하진 않았지만, $(-5,2)$ 근방에서 $U(x,y)$를 가장 잘 근사하는 평면이 **존재한다**고 하자. 그러면 $U(x,y)$와 평면을 구분할 수 없기에 [그림 11.26]에서의 그래프를 잠시 평면으로 간주할 수 있다. 이때 두 편미분계수는 x방향과 y방향에서 얼마나 기울어져 있는지를 알려준다. 평면에는 사실 앞의 두 방향보다 더 나은 두 방향이 있다. 먼저, 고도가 상승하거나 하강하지 않고 걸어갈 수 있는 평면 상의 방향이 있다. 다시 말해, xy평면과 평행한 평면 상의 직선이 있다. $(-5,2)$에서 $U(x,y)$를 근사한 평면에서는 [그림 11.27]에 나타낸 것과 같이 $(2,5)$ 방향에 해당한다.

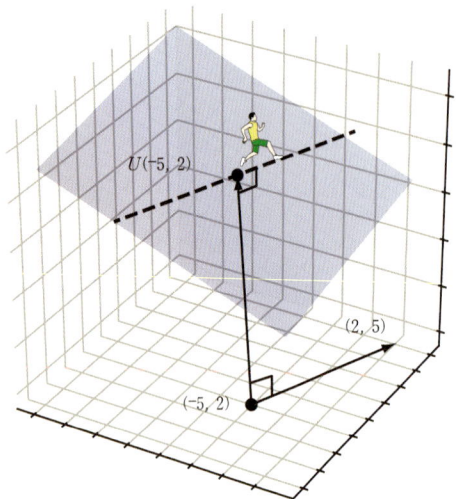

그림 11.27 $(x,y) = (-5,2)$에서 $(2,5)$ 방향으로 $U(x,y)$를 따라 걸으면 고도가 상승하거나 하강하지 않는다.

[그림 11.27]의 보행자는 이 방향으로 걸을 때 현재의 고도에서 올라가거나 내려가지 않기 때문에 편안할 것이다. 만약 보행자가 왼쪽으로 90° 회전하면, 경사도가 가장 가파른 방향으로 오르막길을 걸을 것이다. 그것이 $(2,5)$에 수직인 방향 $(-5,2)$이다.

이렇게 가장 가파른 상승 방향(steepest ascent direction)[1]은 주어진 점에서 U의 각 편미분계수가 각 성분인 벡터이다. 이를 증명 없이 예만 들어 설명했지만, 이 명제는 참이다. 함수 $U(x,y)$에 대해 편미분계수의 벡터를 **그라디언트**(gradient)라고 하며 ∇U라고 표기한다. 그라디언트는 주어진 점에서 U의 가장 가파른 상승 방향과 크기를 알려준다.

$$\nabla U(x,y) = \left(\frac{\partial U}{\partial x}, \frac{\partial U}{\partial y} \right)$$

편도함수에 대한 수식을 알고 있으므로 함수 U에 대해 $\nabla U(x,y) = (x,y)$라고 할 수 있다. U의 그라디언트를 나타내는 함수 ∇U는 평면의 모든 점에 벡터를 할당하므로 사실 벡터장이다! [그림 11.28]에서 알 수 있듯이 ∇U의 플롯은 모든 점 (x,y)에서 각 점에서의 방향이 $U(x,y)$의 그래프가 오르막인지, 또한 얼마나 가파른지를 보여준다.

---

1 (옮긴이) 가장 급격한 경사를 가진 직선을 상상한 뒤 함숫값이 상승하는 방향이라는 의미로, 최급상승(最急上乘) 방향이라고도 한다.

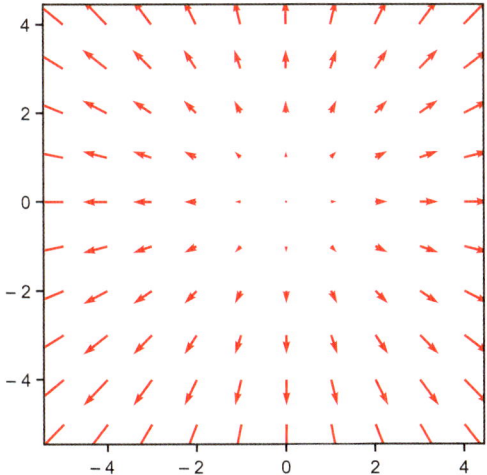

그림 11.28 그라디언트 ∇U는 임의의 점 (x, y)에서 U의 그래프가 가장 가파르게 상승하는 방향과 크기를 알려주는 벡터장이다.

그라디언트는 스칼라장을 벡터장과 연결시키는 한 방법이다. 그리고 위치에너지와 힘의 장 사이의 연결고리를 제공하기도 한다.

11.5.4 그라디언트로 위치에너지로부터 힘의 장 구하기

그라디언트는 스칼라장에 대해 일반적인 미분을 가장 잘 유비추리한 결과물이다. 스칼라장에서 가장 가파른 상승 방향을 구하거나, x방향 또는 y방향을 따라갈 경우의 기울기를 구하거나, 함수를 가장 잘 근사하는 평면을 구하는 데 필요한 모든 정보를 가지고 있다. 하지만 물리적으로는 가장 가파른 상승 방향을 궁금해하지 않는다. 사실 자연에서 자연스럽게 위로 이동하는 객체는 존재하지 않기 때문이다.

아무런 힘이 가해지지 않는다면 소행성 게임의 우주선도, 사발에서 굴러다니는 공도 위치에너지가 더 높은 지역을 향해 나아가도록 하는 힘을 느끼지 못한다. 이미 논의한 바와 같이, 이 객체들이 더 많은 위치에너지를 얻으려면 별도의 힘을 가하거나 운동 에너지를 희생해야 한다. 그러한 이유로 위치에너지에 의해 객체가 느끼는 힘을 올바르게 설명하면 위치에너지의 그라디언트를 부호 반전했다고 해야 하며, 이 방향은 가장 가파른 **상승**(ascent) 방향이 아니라 가장 가파른 **하강**(descent) 방향을 가리킨다. $U(x, y)$가 위치에너지의 스칼라장을 나타낸다면 이 에너지와 연관된 힘의 장 $\mathrm{F}(x,y)$는 다음과 같이 계산할 수 있다.

$$\mathrm{F}(x,y) = -\nabla U(x,y)$$

새로운 예를 들어보자. 다음과 같은 위치에너지 함수에 의해 생성되는 힘의 장은 어떠한가?

$$V(x,y) = 1 + y^2 - 2x^2 + x^6$$

이 함수를 플로팅해보면 함수의 어떻게 동작하는지 감을 잡을 수 있다.

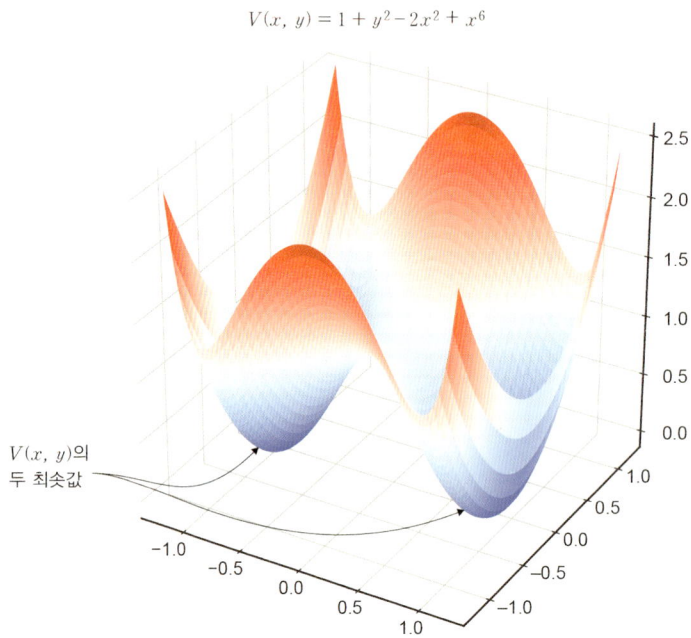

그림 11.29 3차원으로 나타낸 위치에너지 함수 $V(x,y)$

[그림 11.29]는 이 위치에너지 함수가 최솟값을 두 군데에서 가지고 두 점 사이에 솟아난 부분이 있는, 두 개의 사발 모양임을 보여준다. 이 위치에너지 함수와 연관된 힘의 장은 어떤 모양인가? 이를 알려면 V에 음의 그라디언트를 취해야 한다.

$$\mathrm{F}(x,y) = -\nabla V(x,y) = -\left(\frac{\partial V}{\partial x}, \frac{\partial V}{\partial y}\right)$$

y를 상수 취급해서 x에 대한 V의 편도함수를 구하면 1과 y^2 항은 결과에 영향을 끼치지

않는다. 그렇다면 편도함수는 x에 대해 $-2x^2 + x^6$의 도함수를 구한 $-4x + 6x^5$이다.

y에 대한 V의 편도함수를 구할 땐 x를 상수 취급한다. 이때 결과에 영향을 끼치는 항은 오직 y^2뿐이고, 도함수는 $2y$이다. 따라서 $V(x,y)$의 음의 그라디언트는 다음과 같다.

$$\mathbf{F}(x,y) = -\nabla V(x,y) = (4x - 6x^5, -2y)$$

[그림 11.30]은 이 벡터장을 그림으로 나타낸 것으로 힘의 장이 위치에너지가 가장 낮은 두 점을 향하고 있음을 보여준다. 이 힘의 장을 받는 객체는 두 점의 인력을 받는 경험을 한다.

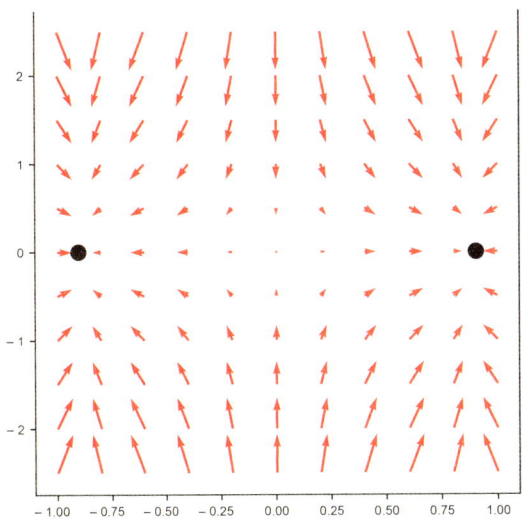

그림 11.30 위치에너지 함수 $V(x,y)$와 연관된 힘의 장을 나타내는 벡터장 $-\nabla V(x,y)$의 플롯이다. 두 점을 향해 인력이 작용하고 있다.

위치에너지의 음의 그라디언트는 저장된 에너지를 방출하는 방향이자 자연이 선호하는 방향이다. 객체는 자연적으로 위치에너지가 최소화되는 상태를 향해 움직인다. 후속 장에서 살펴보겠지만 그라디언트는 스칼라장의 최적 값을 구하는 데 중요한 도구이다. 이 책의 3부에서는 특정 머신러닝 알고리즘이 '학습'이라는 과정을 흉내 내기 위해 최적 값을 탐색할 때 음의 그라디언트를 어떻게 활용하는지를 보여줄 것이다.

11.5.5 연습문제

연습문제 | 11.4

$y=1$일 때 $h(x,y)=e^y\sin(x)$의 단면을 플로팅하라. 그리고 $x=\pi/6$일 때 $h(x,y)$의 단면을 플로팅하라.

연습문제 | 11.5

[연습문제 11.4]에 등장한 함수 $h(x,y)$의 편도함수를 구하라. 또한 이 함수의 그라디언트를 구하라. 마지막으로 $(x,y)=(\pi/6,1)$에서의 그라디언트 값을 구하라.

연습문제 | 11.6

$(-5,2)$는 $(2,5)$에 수직임을 증명하라.

연습문제 | 11.7 미니 프로젝트

$z=p(x,y)$를 점 $(-5,2)$에서 $U(x,y)$를 가장 잘 근사하는 평면의 방정식이라고 하자. $p(x,y)$의 수식을 (밑바닥에서부터!) 구한 뒤, p에 포함되고 xy평면과 평행하며 $(-5,2)$를 지나는 직선을 구하라. 이 직선은 [연습문제 11.6]에 따라 벡터 $(2,5,0)$과 평행해야 한다.

요약

- 벡터장은 벡터를 입력으로 받아 벡터를 출력하는 함수이다. 구체적으로, 벡터장은 공간의 모든 점에 화살표 벡터를 할당했다고 상상할 수 있다.
- 중력은 벡터장으로 모델링할 수 있다. 공간의 어느 지점에서든 벡터장의 값은 객체가 중력에 의해 당겨질 때 방향과 강도를 알려준다.
- 벡터장에서 객체의 움직임을 시뮬레이션하려면 객체의 위치를 사용하여 해당 위치에서 힘의 장의 세기와 방향을 계산해야 한다. 힘의 장의 값은 객체에 작용하는 힘을 알려주며, 뉴턴 제2 운동 법칙은 최종적인 가속도를 알려준다.
- **위치에너지**는 움직임을 만들어낼 수 있는 잠재력을 가진 저장된 에너지이다. 힘의 장에서 객체에 대한 위치에너지는 객체가 있는 위치에 따라 결정된다.
- 위치에너지는 스칼라장으로 모델링할 수 있다. 즉 공간의 모든 점에 수를 할당하는데, 할당하는 수는 해당 점에서 객체가 가질 수 있는 위치에너지 양이다.
- 스칼라장을 2차원에 나타내는 방법으로는 3차원 표면 만들기, 히트맵 그리기, 등고선도 그리기, 그래프의 단면 2개 그리기 등 여러 가지가 있다.
- 스칼라장의 편도함수는 좌표에 대한 스칼라장의 값의 변화율을 알려준다. 예를 들어 $U(x,y)$가 2차원에서 스칼라장이면 x와 y에 대한 편도함수를 각각 생각할 수 있다.
- 편도함수는 스칼라장의 단면의 도함수와 같다. 다른 변수를 상수로 간주해 한 변수에 대한 편미분계수를 계산할 수 있다.
- 스칼라장 U의 그라디언트는 각 좌표에 대한 U의 편도함수를 성분으로 갖는 벡터이다. 그라디언트는 U에서 경사가 가장 가파른 상승 방향을 향하며, 이는 U가 가장 급격하게 증가하는 방향을 말한다.
- 힘의 장에 대응하는 위치에너지 함수의 음의 그라디언트는 해당 점에서 힘의 장의 벡터 값을 알려준다. 이는 객체가 더 낮은 위치에너지를 갖는 영역을 향해 밀려감을 의미한다.

CHAPTER 12

물리계 최적화하기

이 장의 내용
- 발사체 시뮬레이션을 만들고 시각화하기
- 도함수를 사용해 함수의 최댓값 최솟값 구하기
- 매개변수로 시뮬레이션 튜닝하기
- 시뮬레이션에 입력 매개변수 공간을 시각화하기
- 경사상승법을 구현해 다변수함수를 최대화하기

2부부터 소행성 게임에 관한 물리 시뮬레이션에 초점을 맞추었다. 이 물리 시뮬레이션은 간단하면서도 재미있는데다 여기에서 더 응용하면 훨씬 더 중요하고 돈벌이가 된다. 화성에 로켓을 보내거나, 다리를 건설하거나, 유정을 시추하는 등 거대한 공학적 위업을 달성하려면 실제로 시도해보기 전에 안전한지, 성공적인지, 예산에 맞출 수 있는지를 아는 것이 중요하다. 이러한 프로젝트에는 최적화하려는 정량적 대상이 있다. 예를 들어 로켓의 이동 시간을 최소화하거나, 다리를 건설하는 데 필요한 콘크리트 양이나 비용을 최소화하거나, 유정에서 생성되는 석유의 양을 최대화하고 싶을 수 있다.

이러한 최적화를 배우고자 대포에서 발사된 포탄같이 간단한 발사체 예에 초점을 맞출 것이다. 포탄이 매번 같은 속도로 대포에서 발사될 때, 발사 각도는 궤적을 결정한다.

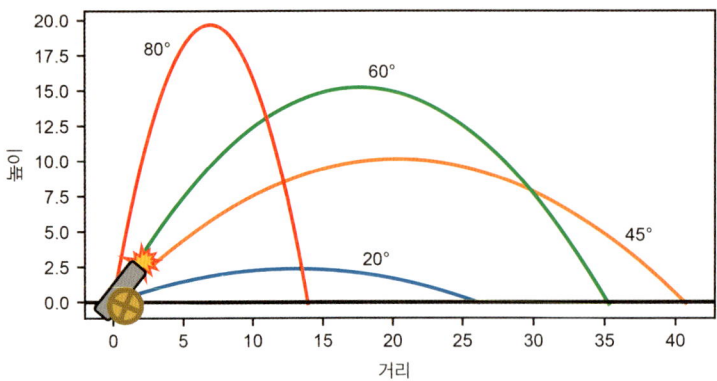

그림 12.1 4가지 발사 각도에서 발사된 포탄의 궤적

[그림 12.1]에서 볼 수 있듯이 4개의 다른 발사 각도는 4개의 다른 궤적을 생성한다. 이 가운데 45°로 발사하면 포탄을 가장 멀리 보내고, 80°로 발사하면 포탄을 가장 높이 보낸다. 이 결과들은 0°에서 90° 사이의 가능한 모든 경우 중 몇 가지에 불과하므로 최선의 결과를 얻었는지 확신할 수 없다. 따라서 목표를 대포의 사거리를 최적화하는 발사 각도를 찾아내기 위해 가능한 발사 각도의 사거리를 체계적으로 탐색하는 것으로 잡는다.

이를 위해 우선 포탄 시뮬레이터를 만든다. 이 시뮬레이터는 발사 각도를 입력으로 받아서 (9장에서 다룬) 오일러 방법을 실행하여 포탄이 지면에 닿을 때까지 순간순간 움직임을 시뮬레이션하고, 시간에 따른 포탄의 위치 리스트를 출력하는 파이썬 함수이다. 이 결과로부터 포탄의 최종 수평 위치를 추출하는데, 이 위치는 탄착점 또는 사거리에 해당한다. 이러한 단계를 종합하여 발사 각도를 입력하면 [그림 12.2]에서처럼 해당 각도에서 포탄의 사거리를 리턴하는 함수를 구현한다.

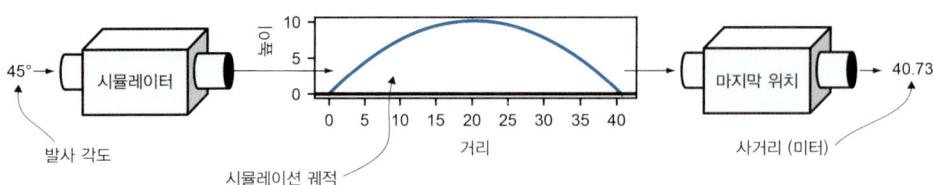

그림 12.2 시뮬레이터를 이용해 발사체 사거리 계산하기

이 모든 로직을 발사 각도의 함수로 포탄의 사거리를 계산하는 단일 파이썬 함수 `landing_position`으로 캡슐화하면, 사거리를 최대화하는 발사 각도를 찾는 문제를 고민할 수 있다. 이를 풀어내는 두 가지 방법이 있는데, 첫 번째 방법은 [그림 12.3]처럼 사거리 대 발사 각도를 나타내는 그래프를 그려서 사거리가 가장 큰 값을 찾는다.

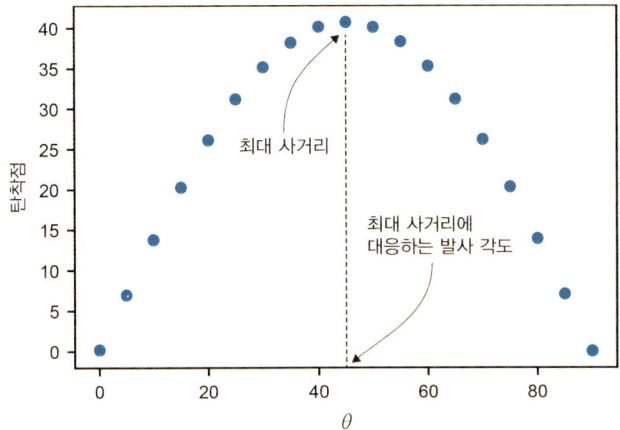

그림 12.3 사거리 대비 발사 각도 플롯을 살펴보면 최대 사거리를 만들어내는 발사 각도의 근삿값을 알 수 있다.

최적의 발사 각도를 찾을 수 있는 두 번째 방법은 시뮬레이터를 제쳐두고 발사 각도 θ의 함수로서 발사체의 사거리 $r(\theta)$에 대한 수식을 찾는 것이다. 이 수식은 시뮬레이션과 같은 결과를 도출해야 하지만, 수학 공식이기 때문에 10장의 미분법으로 도함수를 취할 수 있다. 발사 각도에 대한 탄착점의 도함수는 발사 각도가 조금 증가했을 때 사거리의 증가 정도를 알려준다. 어떤 각도에서는 수확 체감의 법칙(diminishing returns)이 성립한다. 즉, 발사 각도를 증가시키면 사거리가 감소하며 최적값을 지나쳤음을 알 수 있다. 이 각도가 되기 전에 $r(\theta)$의 도함수는 순간적으로 0이며, 이 지점에서 θ값은 사거리의 최댓값이다.

2차원 시뮬레이션에 대한 두 가지 최적화 기법을 모두 사용해 몸을 푼 뒤 조금 더 어려운 3차원 시뮬레이션을 시도해보려 한다. 이때 대포를 발사할 때의 상향 각도와 더불어 측면 각도도 제어할 수 있다. 대포 둘레를 따라 지형의 고도가 다르다면, 측면각도는 포탄이 지면에 닿기까지의 거리에 영향을 줄 것이다. [그림 12.4]를 보자.

이 예제를 다루기 위해 두 개의 입력 각도 θ와 ϕ를 받아서 탄착점을 출력하는 함수 $r(\theta,\phi)$

를 만들어보자. 문제는 대포의 사거리를 최대화하는 순서쌍 (θ, ϕ)를 구하는 것이다. 이 예제를 통해 **경사상승법**(gradient ascent)이라는 세 번째 방법이자 가장 중요한 최적화 기법을 다룰 수 있다.

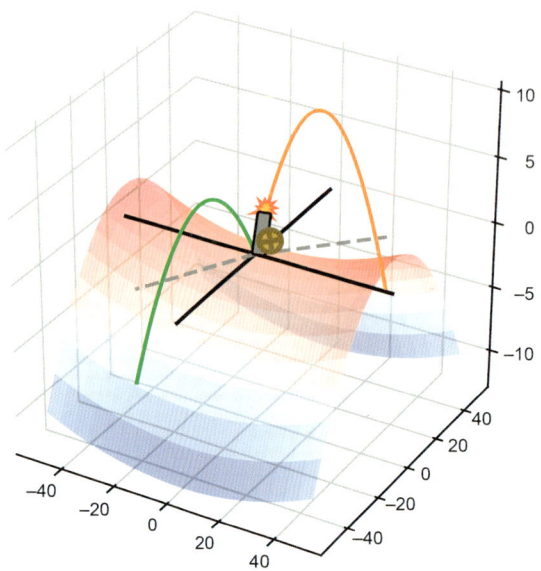

그림 12.4 지형이 고르지 않은 곳에서 대포를 발사하면 방향에 따라 포탄의 사거리에도 영향을 미칠 수 있다.

지난 장에서 배웠듯이 점 (θ, ϕ)에서 $r(\theta, \phi)$의 그라디언트는 r이 가장 빠르게 증가하는 방향을 향하는 벡터이다. 앞으로 `gradient_ascent`라는 파이썬 함수를 작성할 텐데, 이 함수는 최적화를 할 함수와 시작점을 입력으로 받아서 최적값에 도달할 때까지 더 높은 값을 찾기 위해 그라디언트를 사용한다.

최적화라는 수학 분야는 매우 넓다. 이 책에서는 최적화 중 몇 가지 기본 방법을 설명하고자 한다. 여기서 다룰 모든 함수는 매끄럽다고 가정하므로 지금까지 배운 많은 미분적분학 도구를 활용할 수 있다. 또한 이 장에서 최적화를 다루는 여정을 따라 이 책의 3부로 넘어가는 머신러닝 알고리즘에서 컴퓨터 '지능'을 최적화하기 위한 기틀을 다진다.

12.1 포물선 운동 시뮬레이션 테스트하기

첫 번째 할 일은 포탄의 비행 경로를 계산하는 시뮬레이터를 만드는 것이다. 시뮬레이터는 trajectory라는 파이썬 함수이다. 이 함수는 발사 각도와 제어하고자 하는 몇몇 매개변수를 입력으로 받아서 지면에 충돌할 때까지 시간에 따른 포탄의 위치를 리턴한다. 이 시뮬레이션을 만들기 위해 9장에서 학습한 오일러 방법으로 돌아간다.

시간을 조금씩 증가시켜 객체를 움직이며 오일러 방법으로 시뮬레이션할 수 있다. 각 순간에서 포탄의 위치와 속도(위치의 도함수), 가속도를 안다. 속도와 가속도는 다음 순간에서 위치의 변화량을 근사시키므로 포탄이 지면에 부딪칠 때까지 이 과정을 반복한다. 이 진행 과정에서 각 단계별로 포탄의 시각과 x, y 위치를 저장한 뒤 trajectory 함수의 결과로 출력한다.

마지막으로 trajectory 함수에서 돌려 받은 결과를 입력으로 받아서 하나의 수치적 특성을 하나 측정하는 함수를 몇 개 작성할 것이다. landing_position, hang_time, max_height는 각각 포탄의 사거리, 체공 시간, 최고점에서의 높이를 알려준다. 각 함수는 추후 최적화의 대상이 될 값에 해당한다.

12.1.1 오일러 방법으로 시뮬레이션 만들기

첫 2차원 시뮬레이션을 다룰 때 수평 방향은 x방향, 수직 방향은 z방향이라고 부르겠다. 그렇게 하면 나중에 다른 수평 방향을 추가하더라도 각 방향 명칭을 바꿀 필요가 없을 것이다. 또한 [그림 12.5]와 같이 포탄이 발사되는 각도를 θ라고, 포탄의 초기 속도를 v 라고 한다.

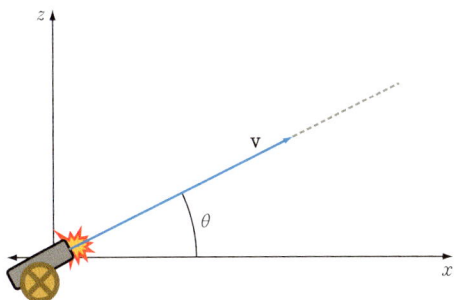

그림 12.5 포물선 운동 시뮬레이션에 등장하는 변수

이동 중인 객체의 속력 v는 속도벡터의 크기로 정의하므로 $v = |\mathbf{v}|$이다. 발사 각도 θ가 주어질 때, 포탄 속도의 x성분과 z성분은 각각 $v_x = |\mathbf{v}| \cdot \cos(\theta)$와 $v_z = |\mathbf{v}| \cdot \sin(\theta)$이다. 포탄이 시각 $t = 0$에 대포의 포신(barrel)을 떠날 때 (x, z) 좌표는 $(0, 0)$이라고 가정하는데, 발사 높이는 조정할 수 있도록 했다. 오일러 방법을 사용한 기본 시뮬레이션 코드는 다음과 같다.

```python
def trajectory(theta,speed=20,height=0,          # 추가 입력 : 타임스텝 dt, 중력장 강도 g,
               dt=0.01,g=-9.81):                 # 각도 theta (도 단위)
    vx = speed * cos(pi * theta / 180)           # 입력 각도를 도에서 라디안으로 바꾼 뒤, 속도의
    vz = speed * sin(pi * theta / 180)           # 초기 x성분과 z성분을 계산한다.
    t,x,z = 0, 0, height                         # 시뮬레이션하는 동안 모든 시간, x위치, z위치 값을
    ts, xs, zs = [t], [x], [z]                   # 저장하는 리스트를 초기화한다.
    while z >= 0:                                # 포탄이 지면 위에 있는 경우에만
        t += dt                                  # 시뮬레이션을 실행한다.
        vz += g * dt                             # 시간, z속도, 위치를 갱신함. x방향으로 작용하는
        x += vx * dt                             # 힘이 없으므로, x속도는 변경하지 않는다.
        z += vz * dt
        ts.append(t)
        xs.append(x)
        zs.append(z)                             # 대포의 움직임을 나타내는
    return ts, xs, zs                            # t, x, z값의 리스트를 리턴한다.
```

이 책의 소스 코드에서 `plot_trajectories` 함수를 찾을 수 있는데, 이 함수는 `trajectory` 함수를 실행한 출력 결과를 하나 이상 입력으로 주면 Matplotlib의 `plot` 함수로 전달해서 각 포탄의 경로를 나타내는 곡선을 그린다. 예를 들어 [그림 12.6]은 발사 각도가 45°인 경우를 플로팅한 뒤 발사 각도가 60°인 경우를 플로팅한 것을 보여주는데, 다음 코드를 사용해 만든다.

```python
plot_trajectories(
    trajectory(45),
    trajectory(60))
```

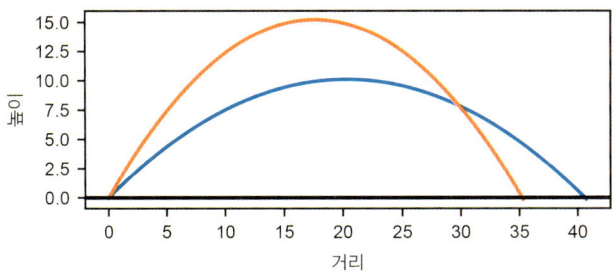

그림 12.6 발사 각도가 45° 및 60°인 결과를 나타내는 plot_trajectories 함수의 출력

발사 각도가 45°이면 사거리가 더 멀고, 발사 각도가 60°이면 최대 높이가 더 높음을 이미 본 바 있다. 이러한 특성을 최적화하기 위해 이 특성을 궤적에서 측정할 수 있어야 한다.

12.1.2 궤적의 특성 측정하기

궤적을 플로팅할 때에는 궤적의 전체 출력을 저장하는 게 유용하지만, 가장 중요한 수 하나에 초점을 맞추고 싶을 때도 있다. 예를 들어 발사체의 사거리는 궤적의 마지막 x좌표로, 포탄이 지면에 닿기 직전의 x위치를 말한다. 다음의 함수는 (시간, x위치, z위치의 리스트와 열을 맞춘) trajectory 함수의 결과를 입력으로 받아 사거리 또는 탄착점을 추출하는 함수이다. 입력 궤적 traj에서 traj[1]은 x좌표의 리스트에 해당하고, traj[1][-1]은 이 리스트의 마지막 성분이다.

```
def landing_position(traj):
    return traj[1][-1]
```

사거리는 발사체의 궤적에서 관심이 가는 주요 척도이지만 다른 특성도 측정할 수 있다. 예를 들어 체공 시간(포탄이 공중에 머무는 시간)이나 최대 높이를 알고 싶을 수 있다. 시뮬레이션한 궤적으로부터 이러한 특성을 측정하는 다른 파이썬 함수를 만드는 건 쉬운데, 이를테면 다음과 같이 할 수 있다.

```
def hang_time(traj):
    return traj[0][-1]
```
체공 시간, 즉 발사체가 지면에 닿을 때의 시계에 표시된 시간은 마지막 시간값과 같다.

```
def max_height(traj):
    return max(traj[2])
```
최대 높이는 z위치 중 최댓값인데, z위치의 리스트는 궤적 출력 결과 중 세 번째 리스트에 해당한다.

이러한 척도들의 최적값을 찾아내기 위해 매개변수(발사각도)가 척도에 어떠한 영향을 미치는지 살펴볼 필요가 있다.

12.1.3 서로 다른 발사각 살펴보기

trajectory 함수는 발사 각도(launch angle)를 입력으로 받아 체공 시간 동안 전체 시간 데이터 및 포탄의 위치 데이터를 생성한다. landing_position과 같이 척도를 계산하는 함수는 이 데이터를 입력으로 받아 수 하나를 생성한다. [그림 12.7]처럼 두 함수를 합성하면 발사 각도에 대한 탄착점 함수를 얻는데, 이때 시뮬레이션의 다른 모든 속성은 상수로 가정한다.

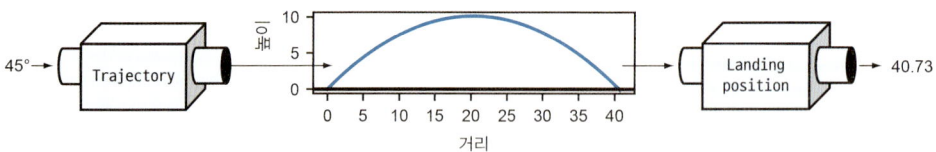

그림 12.7 발사 각도의 함수로 나타낸 탄착점

발사 각도가 탄착점에 미치는 효과를 알아보려면 [그림 12.8]처럼 발사 각도를 여러 다른 값으로 바꾸어가며 얻은 탄착점을 플롯으로 나타내면 된다. 이를 위해서는 theta를 여러 다른 값으로 바꾸어가며 합성함수 landing_position(trajectory(theta))를 계산해야 하며 이 결과들을 Matplotlib의 scatter 함수에 전달한다. 여기서는 range(0,95,5)를 발사 각도로 사용하겠다. 이는 0부터 90까지 5씩 증가하는 각에 해당한다.

```
import matplotlib.pyplot as plt
angles = range(0,90,5)
landing_positions = [landing_position(trajectory(theta))
                     for theta in angles]
plt.scatter(angles,landing_positions)
```

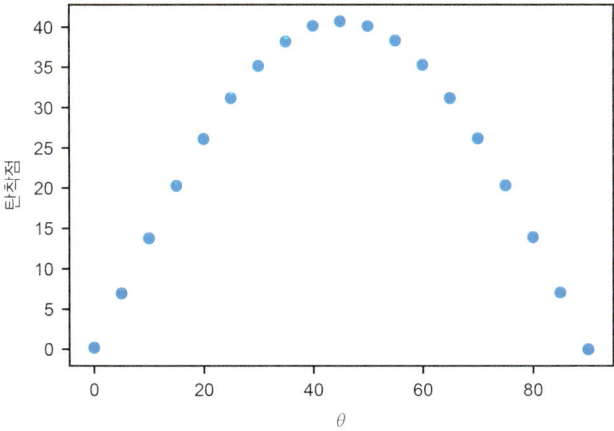

그림 12.8 여러 발사 각도에 대한 탄착점 대 대포의 발사 각도 플롯

이 플롯에서 최적값을 추측할 수 있다. 발사 각도가 45°일 때 탄착점이 최대화되며, 대략 발사 위치에서 40m를 조금 넘은 거리의 위치에 해당한다. 이 경우에 45°가 탄착점을 최대화하는 **정확한** 각도임이 밝혀졌다. 다음 절에서 시뮬레이션 없이 미분적분학만 사용해 최댓값임을 확인한다.

12.1.4 연습문제

연습문제 풀이

연습문제 | 12.1

초기 높이 0에서 50° 각도로 대포를 발사했을 때, 대포의 도달거리를 구하라. 발사각도가 130°일 때 발사할 경우 대포의 도달거리를 구하라.

연습문제 | 12.2   미니 프로젝트

1초가 지날 때마다 궤적 그래프에 큰 점을 그리도록 plot_trajectories 함수를 개선하라. 이를 통해 플롯에서 시간이 얼마나 흘렀는지 관찰할 수 있다.

연습문제 | 12.3

각이 0°와 180° 사이일 때 발사 각도 대 체공 시간에 대한 산점도를 그려라. 체공 시간이 최대가 되는 발사 각도를 구하라.

연습문제 | 12.4 미니 프로젝트

주어진 θ값 집합에 대해 임의의 척도를 계산한 결과를 플로팅해주는 함수 plot_trajectory_metric을 작성하라. 예를 들어 다음 함수는 발사 각도가 10°, 20°, 30°일 때 탄착점 대 발사 각도의 산점도를 만들어낸다.

```
plot_trajectory_metric(landing_position,[10,20,30])
```

추가로 plot_trajectory_metric에서 받은 키워드 인자를 함수 내부에서 trajectory 함수를 호출할 때 전달하도록 만들어라. 이렇게 하면 다른 시뮬레이션 매개변수로 테스트를 재실행할 수 있기 때문이다. 예를 들어 다음 코드는 같은 종류의 플롯을 그리지만 초기 발사 높이가 10m인 시뮬레이션을 플로팅한다.

```
plot_trajectory_metric(landing_position,[10,20,30], height=10)
```

연습문제 | 12.5 미니 프로젝트

초기 발사 높이가 10m일 때 포탄의 사거리가 가장 커지는 발사 각도의 근삿값을 구하라.

12.2 최적 사거리 계산하기

미분적분학을 이용해 대포의 최대 사거리와 최대 사거리를 만드는 발사 각도를 계산할 수 있다. 사실 미적분을 별도로 두 번 적용해야 한다. 처음엔 발사 각도 θ에 대한 함수로 사거리 r을 알려주는 정확한 수식을 구해야 한다. 이 수식을 구하려면 계산이 많이 필요하지만 모든 단계를 안내할테니 걱정하지 말라. 아니면 함수 $r(\theta)$의 최종 형태로 넘어가서 다음 내용을 읽어도 된다.

그 뒤에 도함수를 사용해 함수 $r(\theta)$의 최댓값과 이 때의 각도 θ를 구하는 기법을 보여준다.

도함수 $r'(\theta)$가 0인 θ값은 $r(\theta)$가 최댓값인 θ값이기도 하다. 지금은 왜 이런 결과가 성립하는지 명확해 보이지 않지만, $r(\theta)$의 그래프를 살펴보고 기울기의 변화를 연구해보면 명확해질 것이다.

12.2.1 발사각의 함수로 발사체의 사거리 구하기

포탄이 이동한 수평 거리는 사실 계산이 꽤 간단하다. 속도의 x성분 v_x가 비행 중에 계속 일정하기 때문이다. 체공 시간이 Δt일 때, 발사체는 총 거리 $r = v_x \cdot \Delta t$만큼 이동한다. 따라서 발사 후 경과 시간 Δt의 정확한 값을 구하는 문제가 중요하다.

체공 시간은 시간에 따른 발사체의 z위치와 관련이 있다. 이를 함수 $z(t)$라고 하자. 초기 높이 0에서 포탄이 발사되면 $z(t) = 0$이 되는 첫 번째 시점은 발사 시점인 $t = 0$이다. $z(t) = 0$이 되는 두 번째 시점은 우리가 찾으려는 체공 시간이다. [그림 12.9]는 $\theta = 45°$일 때 시뮬레이션에서 $z(t)$의 그래프를 나타낸다. 이 그림은 앞에서 본 궤적 그림과 거의 다르지 않지만, 이제는 수평축(t)이 시간을 나타낸다.

```
trj = trajectory(45)
ts, zs = trj[0], trj[2]
plt.plot(ts,zs)
```

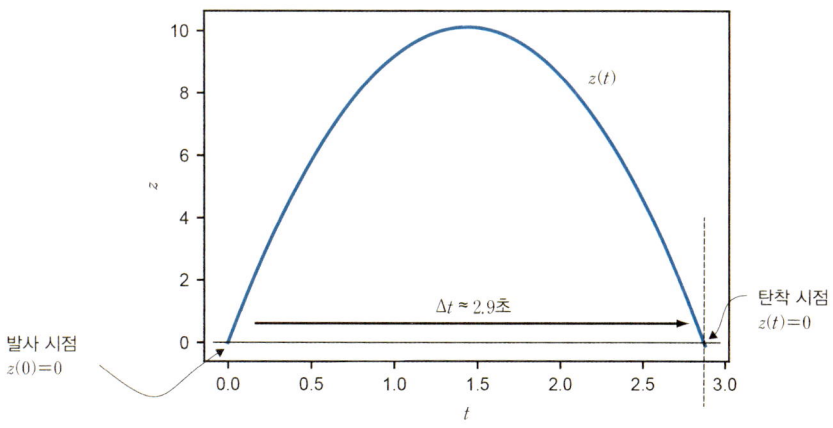

그림 12.9 발사체가 $z(0) = 0$일 때 발사 시점과 탄착 시점을 보여주는 $z(t)$의 플롯. 체공 시간이 약 2.9초이다.

가속도는 중력으로 인해 $z''(t) = g = -9.81$이다. 또한 초기 z속도가 $z'(0) = |\mathbf{v}| \cdot \sin(\theta)$이고 초기 z위치가 $z(0) = 0$이다. 위치 함수 $z(t)$를 복구하려면 가속도 $z''(t)$를 두 번 적분하면 된다. 첫 번째 적분은 속도를 준다.

$$z'(t) = z'(0) + \int_0^t g d\tau = |\mathbf{v}| \cdot \sin(\theta) + gt$$

두 번째 적분은 위치를 준다.

$$z(t) = z(0) + \int_0^t z'(\tau) d\tau = \int_0^t |\mathbf{v}| \cdot \sin(\theta) + g\tau d\tau = |\mathbf{v}| \cdot \sin(\theta) \cdot t + \frac{g}{2} t^2$$

[그림 12.10]처럼 플로팅해서 이 수식이 시뮬레이션과 일치하는지 확인할 수 있다. 이 결과는 시뮬레이션과 거의 구분할 수 없다.

```
def z(t):
    return 20*sin(45*pi/180)*t + (-9.81/2)*t**2

plot_function(z,0,2.9)
```

적분 $z(t)$의 결과를 바로 번역한 파이썬 코드이다.

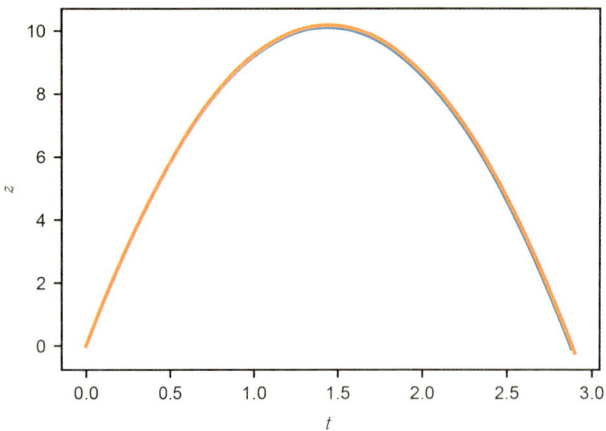

그림 12.10 시뮬레이션 결괏값 위에 정확한 함수 $z(t)$를 플로팅

초기 속도 $|\mathbf{v}| \cdot \sin(\theta)$를 v_z라고 간단히 표기하면 $z(t) = v_z t + gt^2/2$이다. $z(t) = 0$을 만족하는 t값을 구하고 싶은데, 이 값은 포탄의 총 체공 시간이다. 고등학교에서 이차함수와 이차방정식에 대해 학습한 내용을 되짚어보겠다. 방정식 $at^2 + bt + c = 0$의 해(t)를 구하려면 a, b, c값을 다음과 같이 이차방정식의 **근의 공식**(quadratic formula)에 대입하면 된다.

$$t = \frac{-b \pm \sqrt{b^2 - 4ac}}{2a}$$

이차방정식 $at^2 + bt + c = 0$은 두 번 참이 될 수 있다. 즉 발사체가 $z = 0$와 맞닿은 순간이 두 번일 수 있다. 기호 $\pm$는 해당 위치에 + 또는 - 중 하나를 사용하면 두 개의 서로 다른 (하지만 유효한) 답을 구할 수 있음을 알려준다.

$z(t) = v_z t + gt^2/2 = 0$에서 $a = g/2$, $b = v_z$, $c = 0$이다. 이를 공식에 대입하면 다음을 얻는다.

$$t = \frac{-v_z \pm \sqrt{v_x^2}}{g} = \frac{-v_z \pm v_z}{g}$$

$\pm$를 +(플러스)라고 두면 결과는 $t = (-v_z + v_z)/g = 0$이다. $t = 0$일 때 $z = 0$인데, 이는 $z = 0$에서 포탄이 출발함을 확인해주는 적합성 확인(sanity check) 역할을 한다. 우리가 관심 있는 해는 $\pm$를 -(마이너스)로 둘 때이다. 이 경우, 대입한 결과는 $t = (-v_z - v_z)/g = -2v_z/g$이다.

결과가 맞는지 확인해보자. 시뮬레이션처럼 초기 속도를 20m/s로 두고 발사 각도를 $45°$로 두면, 초기 z 속도는 $-2 \cdot (20 \cdot \sin(45°))/-9.81 \approx 2.88$이다. 이는 그래프에서 본 2.9초라는 결과와 상당히 일치한다.

이 결과로 체공 시간이 $\Delta t = -2v_z/g = -2|\mathbf{v}|\sin(\theta)/g$로 계산됨을 확신할 수 있다. 이때의 사거리는 $r = v_x \cdot \Delta t = |\mathbf{v}|\cos(\theta) \cdot \Delta t$이므로, 사거리 r을 발사 각도 θ의 함수로 나타낼 때의 완전한 수식은 다음과 같다.

$$r(\theta) = -\frac{2|\mathbf{v}|^2}{g}\sin(\theta)\cos(\theta)$$

[그림 12.11]처럼 여러 각에 대해 시뮬레이션한 탄착점과 위 식을 같이 플로팅하면 두 결과가 일치함을 확인할 수 있다.

```
def r(theta):
    return (-2*20*20/-9.81)*sin(theta*pi/180)*cos(theta*pi/180)

plot_function(r,0,90)
```

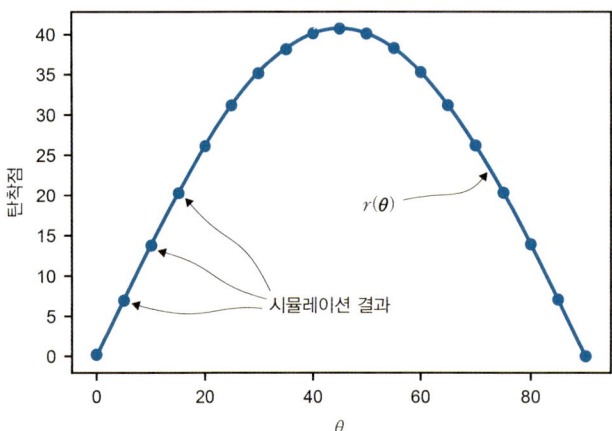

그림 12.11 발사체의 사거리를 발사 각도 $r(\theta)$에 대한 함수로 계산한 결과.

함수 $r(\theta)$의 수식을 알면 시뮬레이터를 반복해서 실행하는 것보다 더 큰 장점이 있다. 첫째, 시뮬레이션으로 얻은 각도뿐만 아니라 **모든** 발사 각도에서 대포의 사거리를 알려준다. 둘째, 오일러 방법을 수백 번 반복하는 것보다 이 함수를 계산하는 게 훨씬 덜 비싸다. 이러한 장점은 더 복잡한 시뮬레이션에서 더 큰 차이를 만든다. 덧붙여 이 함수는 근삿값이 아니라 정확한 결괏값을 준다. 마지막으로 함수 $r(\theta)$가 매끄럽기 때문에 도함수를 취할 수 있다. 이를 통해 발사체의 사거리가 발사 각도에 대해 어떻게 변화하는지 이해할 수 있다.

12.2.2 최대 사거리 구하기

[그림 12.12]에서 $r(\theta)$의 그래프를 살펴보면 도함수 $r'(\theta)$의 모양을 예상할 수 있다. 발사 각도를 0에서부터 증가시키면 사거리가 한동안 증가하지만 증가 비율은 감소한다. 결과적으

로 발사 각도가 증가하다 보면 사거리가 감소하기 시작한다.

여기서 관찰해야 할 핵심은 $r'(\theta)$가 양수이면 사거리가 θ에 대해 증가한다는 점이다. 또한 도함수 $r'(\theta)$가 0을 지나 음수가 되면 사거리는 θ에 대해 감소한다. (도함수가 0인) 이 각도에서 정확히 함수 $r(\theta)$는 최댓값을 얻는다. 이를 시각화해서 보면 [그림 12.12]에 있는 $r(\theta)$의 그래프는 기울기가 0일 때 최댓값에 도달한다.

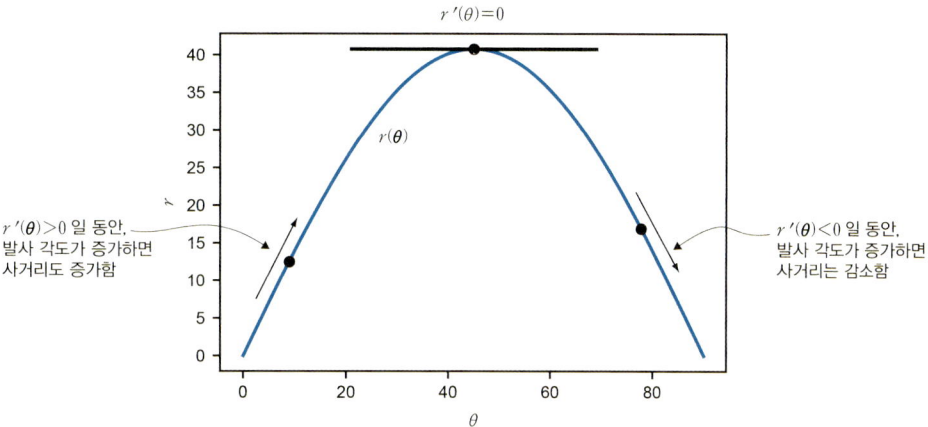

그림 12.12 $r(\theta)$의 그래프는 도함수가 0일 때, 즉 그래프의 기울기가 0일 때 최댓값에 도달한다.

기호적으로 $r(\theta)$의 도함수를 취하고, 이 도함수가 0이 되는 0°에서 90° 사이의 각을 구할 때, 이 각이 앞의 그래프에서 최댓값을 만드는 약 45°와 일치해야 한다. r에 대한 수식은 다음과 같다.

$$r(\theta) = -\frac{2|\mathbf{v}|^2}{g}\sin(\theta)\cos(\theta)$$

$-2|\mathbf{v}|^2/g$은 θ에 대해 일정하므로 $\sin(\theta)\cos(\theta)$에 곱의 미분법을 적용하기만 하면 된다. 결과는 다음과 같다.

$$r'(\theta) = \frac{2|\mathbf{v}|^2}{g}(\cos^2(\theta) - \sin^2(\theta))$$

식에서 $-$ 기호를 제거했음에 주의하라. 여기서 $\sin^2(\theta)$는 $(\sin(\theta))^2$을 의미한다. 도함수 $r'(\theta)$값은 식 $\cos^2(\theta) - \sin^2(\theta)$가 0일 때 0이다. (다시 말해 상수는 무시할 수 있다.)

이 식이 0이 되는 각도를 알아내는 방법에는 여러 가지가 있는데 그 중에서도 삼각함수 항등식 $\cos(2\theta) = \cos^2(\theta) - \sin^2(\theta)$를 사용하면 문제가 훨씬 단순해진다. 이제 $\cos(2\theta) = 0$인 각을 찾으면 되기 때문이다.

코사인 함수는 π의 임의의 정수배에 $\pi/2$를 더한 각, 다시 말해 180°의 임의의 정수배에 90°를 더한 각 (즉, 90°, 270°, 430° 등)에서 0이다. 2θ가 이 값들이라면 θ는 이 값들의 절반인 45°, 135°, 215° 등이다.

이 중에서 두 가지 흥미로운 결과를 얻을 수 있다. 첫 번째는 $\theta = 45°$로 $\theta = 0°$와 $\theta = 90°$ 사이의 해인데, 우리가 예상하기도 했고 찾고자 하던 값이다. 두 번째 흥미로운 해는 135°로 반대 방향에서 45°로 포탄을 발사하는 것과 마찬가지이다. [그림 12.13]을 보자.

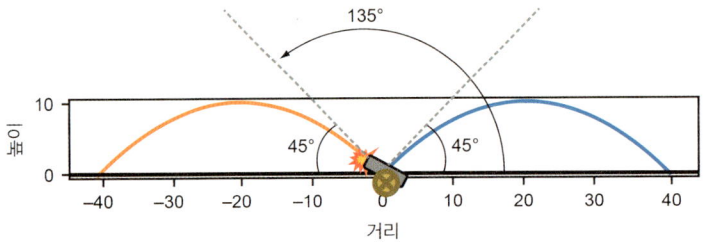

그림 12.13 이 모델에서 포탄을 135°로 쏘는 것은 반대 방향 45°에서 쏘는 것과 같다.

45°와 135° 각도에서 결과 범위는 다음과 같다.

```
>>> r(45)
40.774719673802245
>>> r(135)
-40.77471967380224
```

두 각도는 모두 다른 매개변수가 모두 동일할 때, 포탄이 가장 멀리 가는 두 극단점이다. 발사 각도 45°는 탄착점의 값이 최대이며 발사 각도 135°는 탄착점의 값이 최소이다.

12.2.3 최대 최소 식별하기

$45°$일 때의 최대 탄착점과 $135°$일 때의 최소 탄착점의 차이를 살펴보기 위해 $r(\theta)$의 플롯을 확장할 수 있다. [그림 12.14]를 보면 알겠지만 도함수 $r'(\theta)$가 0이 되는 점들이라서 이 두 각도를 찾았다.

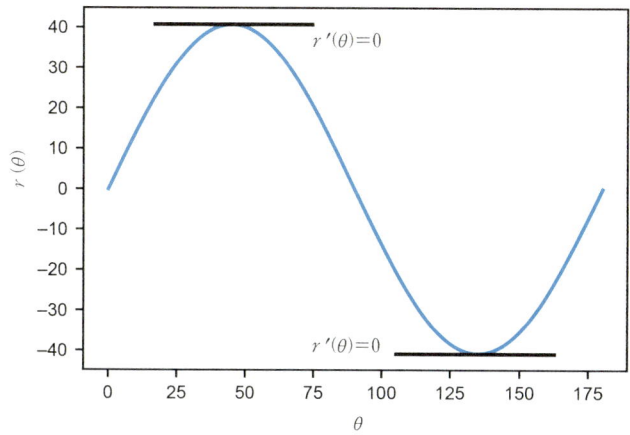

그림 12.14 발사 각도 $\theta = 45°$와 $\theta = 135°$는 $r'(\theta) = 0$이 되는 0과 180 사이의 두 값이다.

매끄러운 함수는 **최댓값**(maximum value)[1]을 가지는 점에서 언제나 도함수가 0이지만, 그 역은 언제나 참은 아니다. 도함수가 0이더라도 최댓값이 아닌 경우도 있다. [그림 12.14]에서 $\theta = 135°$인 점은 도함수가 0이더라도 함수의 **최솟값**(minimum value)이다.

게다가 함수의 전반적인 모습에도 주의를 기울여야 한다. 소위 **극대**(local maximum) 또는 **극소**(local minimum)인 점에서도 도함수가 0이 될 수 있다. 함수를 대략적으로 볼 때 최댓값이나 최솟값으로 보이지만, 실제로는 다른 곳에 **전역 최댓값**(global maximum value) 또는 **전역 최솟값**(global minimum value)이 있기도 하다. [그림 12.15]는 고전 예시인 $y = x^3 - x$이다. x의 범위를 $-1 < x < 1$로 두고 그래프를 확대하면 도함수가 0인 지점이 두 곳이며 하나는 최대, 다른 하나는 최소로 보인다. 그래프를 축소하면 두 점 모두 전체 함수의 최댓값이나 최솟값이 아니다. 함수가 양쪽 끝에서 무한대로 가기 때문이다.

---

[1] (옮긴이) 고등학교에서는 전역 최댓값만을 최댓값이라고 학습하였다. 그러나 다수의 영어 교재를 포함해 이 책에서는 극댓값과 전역 최댓값을 모두 최댓값이라고 표현하기도 하니 주의하자.

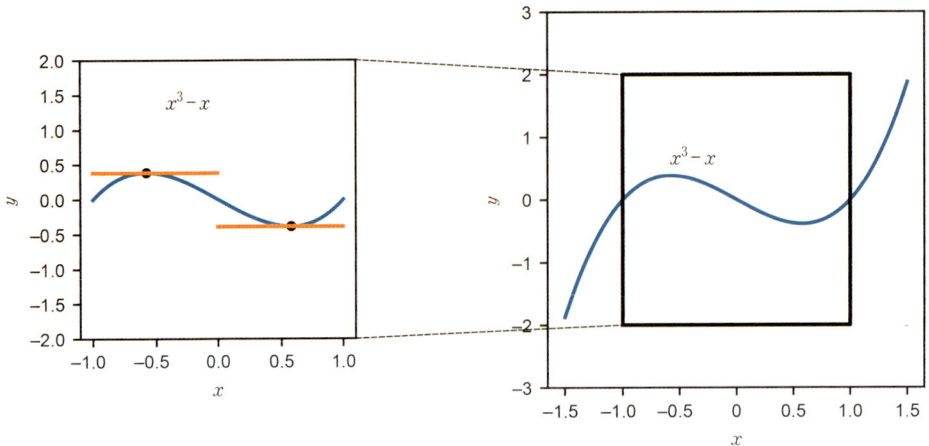

그림 12.15 두 점은 각각 극대, 극소이지만 두 점 모두 함수의 최대, 최소는 아니다.

게다가 도함수가 0인 점인데 극대도 극소도 아닌 경우가 있다. 예를 들어 [그림 12.16]과 같이 함수 $y = x^3$은 $x = 0$에서 도함수가 0이다. 이 점에서는 함수 x^3이 순간적으로 증가를 멈춘다.

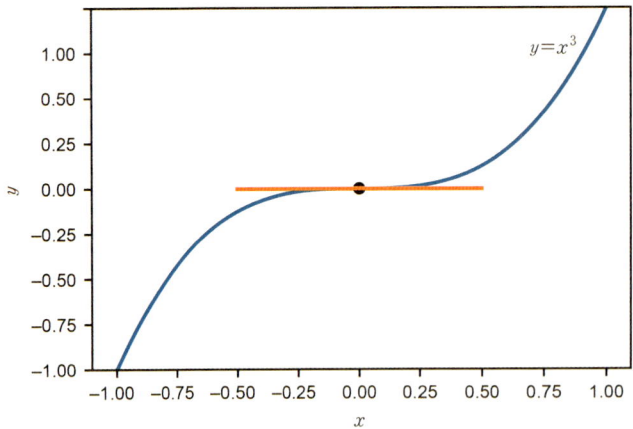

그림 12.16 $y = x^3$은 $x = 0$에서 도함수가 0이지만, 이 점의 함숫값은 최댓값도 최솟값도 아니다.

도함수가 0인 점이 최소인지, 최대인지, 아니면 최소도 최대도 아닌지, 혹은 최대·최소와 극대·극소를 구분하는 법 등등 기술적인 부분은 언급하지 않겠다. 대신 최적값을 구했다고 확신하기 전에 함수의 특성을 완전히 이해할 필요가 있다. 이를 염두에 두고 훨씬 복잡한 함수와 이 함수를 최적화할 새로운 방법을 다루어보자.

12.2.4 연습문제

연습문제 | 12.6

발사 각도 θ에 대한 경과 시간 식 Δt를 사용해 포탄의 체공 시간을 최대화하는 각도를 구하라.

연습문제 | 12.7

$\sin(x)$의 도함수가 $x = 11\pi/2$에서 0인지 확인하라. 이 점에서 $\sin(x)$는 최댓값을 갖는지 최솟값을 갖는지 판정하라.

연습문제 | 12.8

$f(x) = x^3 - x$가 극댓값과 극솟값을 갖는 점을 구하라. 해당 점에서 함숫값을 구하라.

연습문제 | 12.9   미니 프로젝트

이차함수 $q(x) = ax^2 + bx + c \ (a \neq 0)$의 그래프는 **포물선**(parabola)으로 하나의 최댓값 또는 하나의 최솟값을 갖는 아치(arch) 모양이다. 수 a, b, c를 사용해 $q(x)$가 최대 또는 최소가 되는 x값을 구하라. 이 점이 언제 최대 또는 최소가 되는지 설명하라.

12.3 시뮬레이션 개선하기

시뮬레이터가 복잡해질수록 시뮬레이터의 동작을 관장하는 매개변수가 늘어난다. 처음에 다룬 대포는 발사 각도 θ가 유일한 매개변수였다. 대포의 사거리를 최적화할 때에도 일변수함수 $r(\theta)$를 다루었다. 이 절에서는 3차원에서 대포를 발사하므로 대포의 사거리를 최적화하고자 두 개의 발사 각도를 매개변수로 간주한다.

12.3.1 다른 차원 추가하기

먼저 시뮬레이션에 y차원을 추가하자. 이제 xy평면의 원점에 대포를 설치하고 발사 각도가 θ일 때 z방향을 향해 포탄을 쏘아 올리는 상황을 상상할 수 있다. 새로운 시뮬레이터에서는 각 θ 외에도 ϕ(phi, 피)라고 하는 두 번째 각을 제어할 수 있다. 이 각은 [그림 12.17]처럼 대포를 $+x$방향을 기준으로 측면으로 회전한 정도를 측정한다.

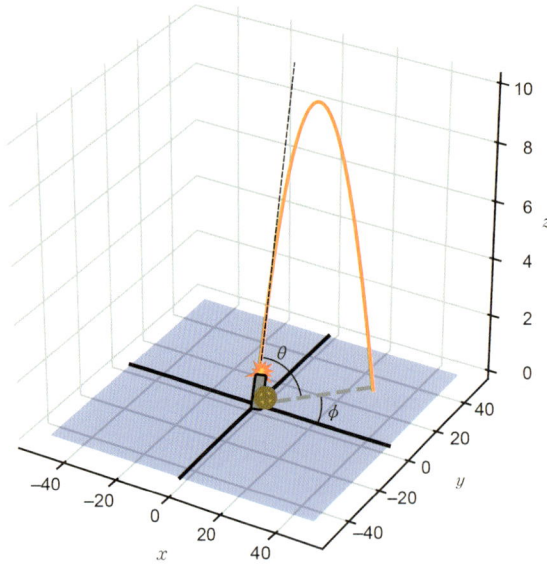

그림 12.17 3차원에서 발사하는 대포. 두 각도 θ와 ϕ가 대포의 발사 방향을 결정한다.

3차원에서 대포를 시뮬레이션하려면 y방향에서의 움직임을 추가해야 한다. z방향에서의 물리학도 완전히 동일하지만, 수평 속도가 각도 ϕ에 따라 x방향과 y방향으로 나누어진다. 앞

에서 초기 속도의 x성분은 $v_x = |\mathbf{v}|\cos(\theta)$이지만, 여기에서는 $\cos(\phi)$를 인수로 곱해서 $v_x = |\mathbf{v}|\cos(\theta)\cos(\phi)$이다. 중력은 y방향으로 작용하지 않으므로 시뮬레이션 과정에서 v_y를 갱신할 필요는 없다. 갱신된 궤적 함수는 다음과 같다.

```python
def trajectory3d(theta,phi,speed=20,
                 height=0,dt=0.01,g=-9.81):     # 측면 각도 φ는 시뮬레이션의 입력 매개변수이다.
    vx = speed * cos(pi*theta/180)*cos(pi*phi/180)
    vy = speed * cos(pi*theta/180)*sin(pi*phi/180)    # 초기 y속도를 계산한다.
    vz = speed * sin(pi*theta/180)
    t,x,y,z = 0, 0, 0, height
    ts, xs, ys, zs = [t], [x], [y], [z]    # 시뮬레이션 동안 시간, x위치, y위치, z위치의 값을 저장한다.
    while z >= 0:
        t += dt
        vz += g * dt
        x += vx * dt
        y += vy * dt    # 반복할 때마다 y위치를 갱신한다.
        z += vz * dt
        ts.append(t)
        xs.append(x)
        ys.append(y)
        zs.append(z)
    return ts, xs, ys, zs
```

이 새로운 시뮬레이션이 성공하였을 때, 이 시뮬레이션의 결과로 사거리를 최대화하는 각도 θ가 바뀌지는 않을 것이라 예상할 수 있다. 발사체를 $+x$방향이든, $-x$방향이든, xy평면 상의 임의의 방향이든 간에 수평 위의 45°에서 발사체를 발사하면 발사체는 같은 거리만큼 나아간다. 이는 ϕ가 이동 거리에 영향을 주지 않음을 뜻한다. 이제 지형을 조정해 발사 지점 주변의 고도를 바꿔보겠다. 그러면 이동 거리는 변화한다.

12.3.2 대포 주변의 지형 모델링하기

대포 주변에 언덕과 계곡이 있으면 목표 지점에 따라 포탄의 체공시간이 달라진다. 평면 $z=0$을 기준으로 고도는 모든 점 (x,y)에 대해 수를 리턴하는 함수로 모델링할 수 있다. 다음은 모든 점 (x,y)의 고도가 0인 평지를 나타낸다.

```
def flat_ground(x,y):
    return 0
```

우리가 사용할 또 다른 함수는 두 계곡 사이의 능선이다.

```
def ridge(x,y):
    return (x**2 - 5*y**2) / 2500
```

이 능선의 원점에서 x축의 양의 방향 또는 음의 방향을 따라가면 지면이 위를 향해 기울어져 있는데, y축의 양의 방향 또는 음의 방향을 따라가면 지면이 아래를 향해 기울어져 있다(이를 확인하기 위해 $x = 0$일 때와 $y = 0$일 때 이 함수의 단면을 플로팅해볼 수 있다.)

발사체를 시뮬레이션하는 장소가 평지이든 능선이든 간에, 이제는 시뮬레이션 종료 시점이 발사체 고도가 0일 때가 아니라 발사체가 지면에 닿았을 때가 되도록 **trajectory3d** 함수를 개조해야 한다. 이를 위해 지면을 정의하는 고도 함수를 키워드 인자로 전달하되, 기본값을 평지 함수로 설정하여야 한다. 또한 발사체가 공중에 있는지를 판정하는 부분도 수정해야 한다. 함수에서 수정한 부분만 보여주면 다음과 같다.

```
def trajectory3d(theta,phi,speed=20,height=0,dt=0.01,g=-9.81,
                 elevation=flat_ground):
    ...
    while z >= elevation(x,y):
        ...
```

이 소스 코드에는 `plot_trajectories_3d`라는 함수도 포함되어 있는데, **trajectory3D**의 결과와 특정 지면을 같이 플로팅해준다. 시뮬레이션이 잘 작동하는지 확인하고자 포탄을 내리막으로 발사할 때 궤적이 $z = 0$ 아래에서 끝나는지, 오르막으로 발사할 때 궤적이 $z = 0$ 위에서 끝나는지 관찰할 수 있다. [그림 12.18]을 보자.

```
plot_trajectories_3d(
    trajectory3d(20,0,elevation=ridge),
    trajectory3d(20,270,elevation=ridge),
    bounds=[0,40,-40,0],
    elevation=ridge)
```

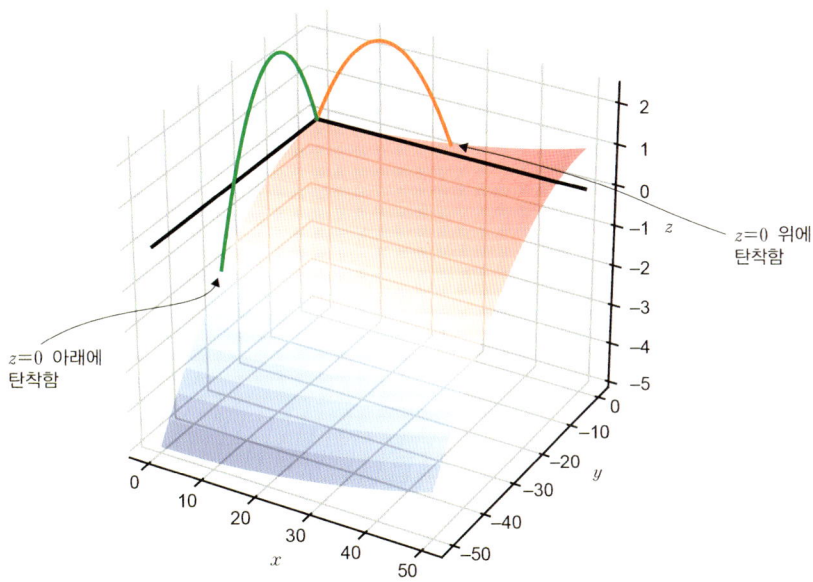

그림 12.18 내리막으로 발사한 발사체는 $z = 0$ 아래에 탄착하며, 오르막으로 발사한 발사체는 $z = 0$ 위에 탄착한다.

굳이 추측하면 대포의 최대 사거리는 오르막이 아닌 내리막 방향에서 얻는다고 보는 게 맞다. 내리막 방향으로 가면 포탄이 더 아래로 떨어지므로 시간과 이동거리가 더 늘어나기 때문이다. 45°는 지면이 평지라고 가정하여 도출된 값이므로 최적 사거리를 주는 수직 발사 각도 θ는 불분명하다. 따라서 발사체의 사거리 r을 θ와 ϕ에 대한 함수로 작성할 필요가 있다.

12.3.3 3차원에서 사거리 수식 구하기

새로 만든 3차원 시뮬레이션에서 포탄을 발사하더라도 포탄의 궤적은 어떤 수직면에 놓여 있다. 그렇기에 각도 ϕ가 주어질 때 대포가 발사된 방향으로 자른 지형의 단면만 다루면 된다. 예를 들어 포탄이 각도 $\phi = 240°$로 발사되었다면 원점에서 $240°$에 위치한 xy평면 상의 직선을 따라 놓인 점 (x, y)의 지형값만 생각한다. 이는 [그림 12.19]처럼 궤적에 의해 드리워진 그림자의 점에서만 지형의 고도를 생각하는 것과 같다.

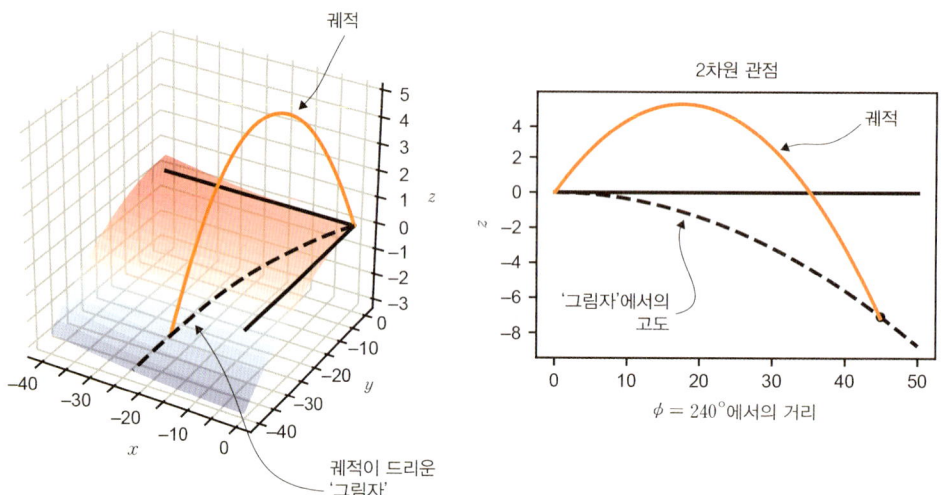

그림 12.19 발사체가 날아가는 평면에서 지형의 고도만 생각한다. 이는 발사체 궤적의 그림자가 그리는 궤적이다.

목표는 그림자 궤적이 존재하는 평면에서 모든 계산을 해내는 것이다. 이때 xy평면의 x값과 y값을 좌표로 사용하기보단 궤적의 점에 대응되는 xy평면 상의 점과 원점 간의 거리 d를 좌표로 사용한다. 어느 거리에 다다르면 포탄의 궤적과 지형의 고도의 z값이 같아져서 포탄이 멈춘다. 이때의 거리가 수식 형태로 구하려는 사거리[2]이다.

발사체의 높이를 z라고 부르기로 하자. 발사체의 높이를 시간 함수로 보았을 때, 이 높이는 2차원 예제와 동일하다.

$$z(t) = v_z \cdot t + \frac{1}{2}gt^2$$

여기서 v_z는 초기 속도의 z성분이다. x위치와 y위치도 간단히 시간에 대한 함수 $x(t) = v_x t$와 $y(t) = v_y t$로 주어지는데, x방향이나 y방향으로는 어떠한 힘도 작용하지 않기 때문이다.

---

2 (옮긴이) 이 사거리를 대학 물리학 교과서에서는 '수평 도달 거리' 또는 '수평 이동 거리'라고 한다.

능선에서 고도는 x 위치와 y 위치에 대한 함수인 $(x^2 - 5y^2)/2500$로 주어졌다. $B = 1/2500$ $= 0.0004$이고 $C = 5/2500 = 0.002$라고 할 때, 이 능선의 고도는 $h(x,y) = Bx^2 - Cy^2$ 이라고 쓸 수 있다. 시간 t일 때 발사체 바로 아래 지형의 고도를 알고 있으면 유용하기 때문에, 일단 시간에 대한 능선의 고도를 $h(t)$라고 하자. 우리는 시간 t에 임의의 점에 위치한 발사체 아래에 있는 능선의 고도 h값을 계산할 수 있다. 발사체의 x와 y의 위치가 각각 $v_x t$, $v_y t$이고 그 점에서 고도는 $h(v_x t, v_y t) = Bv_x^2 t^2 - Cv_y^2 t^2$이기 때문이다.

시간 t일 때 지면 위 발사체의 고도는 $z(t)$와 $h(t)$의 차다. 발사체가 지면에 닿는 시간은 이 두 값의 차가 0일 때로, $z(t) - h(t) = 0$을 만족하는 시간 t이다. $z(t)$와 $h(t)$의 정의를 이 조건에 대입하자.

$$\left(v_z \cdot t + \frac{1}{2}gt^2\right) - (Bv_x^2 t^2 - Cv_y^2 t^2) = 0$$

이 식을 $at^2 + bt + c = 0$ 꼴로 변형한다.

$$\left(\frac{g}{2} - Bv_x^2 + Cv_y^2\right)t^2 - v_z t = 0$$

이때 $a = g/2 - Bv_x^2 + Cv_y^2$, $b = v_z$, $c = 0$이다. 이차방정식의 근의 공식을 사용해 t를 구하자. $c = 0$이므로 식은 훨씬 간단하다.

$$t = \frac{-b \pm \sqrt{b^2 - 4ac}}{2a} = \frac{-b \pm b}{2a}$$

이 식에서 +연산자를 선택하면 $t = 0$이고, 발사체는 발사 시점에 지면에 있음을 알 수 있다. −연산자를 선택하면 $t = (-b-b)/2a = -b/a$인데, 이 흥미로운 해는 발사체가 착지하는 시간을 나타낸다. a와 b에 관한 식을 이 식에 대입하면 착지 시간 식을 얻는다.

$$t = \frac{-v_z}{\frac{g}{2} - Bv_x^2 + Cv_y^2}$$

발사체가 착지하는 시간이 t일 때 궤적에 대응하는 xy평면 상의 점과 원점 간의 거리는 $\sqrt{x(t)^2 + y(t)^2}$이다. 정리하면 $\sqrt{(v_x t)^2 + (v_y t)^2} = t\sqrt{v_x^2 + v_y^2}$이다. $\sqrt{v_x^2 + v_y^2}$은 초기 속도를 분해해서 얻은 xy평면에 평행한 성분이며, 이 값을 v_{xy}라고 하겠다. 그러면 착지 시간까지 이동한 거리는 다음과 같다.

$$d = \frac{-v_z \cdot v_{xy}}{\frac{g}{2} - Bv_x^2 + Cv_y^2}$$

이 수식에 있는 모든 수는 상수이거나 초기 속력 $v = |\mathbf{v}|$와 발사 각도 θ와 ϕ를 통해 계산할 수 있다. 파이썬으로 번역하는 작업은 (지루할 정도로) 간단하지만 착지 시간까지 이동한 거리를 어떻게 θ와 ϕ의 함수로 바라볼 수 있는지가 명확해진다.

```python
B = 0.0004      ◁─── 능선의 모양, 발사 각도,
C = 0.005            중력 가속도에 관한 상수
v = 20
g = -9.81

def velocity_components(v,theta,phi):   ◁─── 초기 속도의 x성분, y성분, z성분을
    vx = v  * cos(theta*pi/180) * cos(phi*pi/180)   구하는 보조 함수
    vy = v  * cos(theta*pi/180) * sin(phi*pi/180)
    vz = v  * sin(theta*pi/180)
    return vx,vy,vz
                                        (xy평면과 평행한)
def landing_distance(theta,phi):        초기 속도의 수평 성분
    vx, vy, vz = velocity_components(v, theta, phi)
    v_xy = sqrt(vx**2 + vy**2)   ◁───────────────── a와 b는 상수
    a = (g/2) - B * vx**2 + C * vy**2
    b = vz
    landing_time = -b/a   ◁─── 착지 시간에 대한 이차방정식의 해 -b/a
    landing_distance = v_xy * landing_time   ◁─── 수평 이동 거리
    return landing_distance
```

이 수평 이동 거리는 수평 속도에 경과 시간을 곱한 것이다. [그림 12.20]처럼 시뮬레이션으로 얻은 궤적과 함께 이 점을 플로팅해보면, 탄착점에 대한 값과 오일러 방법으로 행한 시뮬레이션 결과가 일치함을 확인할 수 있다.

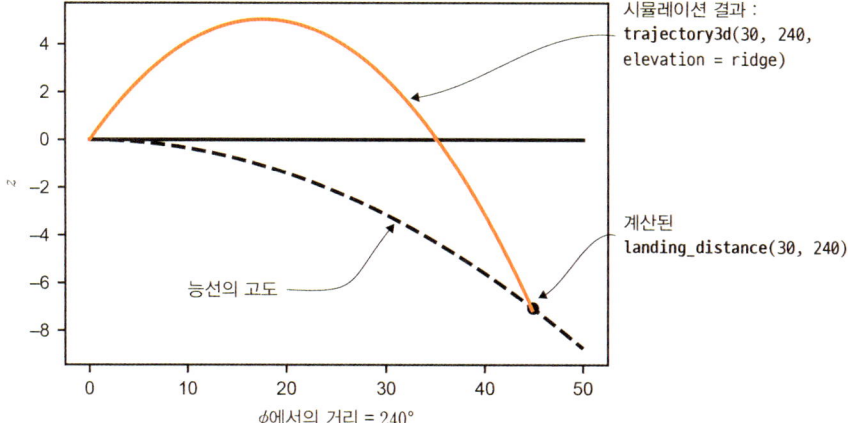

그림 12.20 $\theta = 30°$와 $\phi = 240°$일 때 시뮬레이션 결과와 계산을 통해 얻은 탄착점 비교하기

발사 각도 θ와 ϕ에 대한 대포의 사거리 함수 $r(\theta, \phi)$를 얻었으므로 이 사거리 함수를 최적화하는 각도를 구하는 데 집중할 수 있다.

12.3.4 연습문제

연습문제 풀이

연습문제 | 12.10

$|\mathbf{v}| = v$가 포탄의 초기 속도라고 할 때, 초기 속도벡터의 크기가 v와 같은지 확인하라. 즉, 벡터 $(v\cos\theta\cos\phi, v\cos\theta\sin\phi, v\sin\theta)$의 길이가 v임을 나타내라.

힌트 사인, 코사인의 정의와 피타고라스 정리에 의해 모든 x에 대해 $\sin^2 x + \cos^2 x = 1$이다.

연습문제 | 12.11

고도가 $Bx^2 - Cy^2$인 능선에서 포탄의 사거리를 θ과 ϕ의 함수로 명시적으로 나타내라. 이 식에 등장하는 상수에는 B, C 외에도 초기 발사 속도 v와 중력가속도 g가 있다.

연습문제 | 12.12 미니 프로젝트

포탄과 같은 객체가 공중에서 빠르게 움직이면 **항력**(drag force)이라 하는 공기로 인한 마찰력을 경험한다. 항력은 객체를 이동 방향과 반대로 밀어낸다. 항력은 포탄의 크기나 모양, 공기의 밀도 등 다양한 요인에 의해 결정되지만 상황을 단순하게 만들기 위해 다음과 같이 작용한다고 가정하자. $\mathbf{v}$가 임의의 점에서 포탄의 속도벡터라면 항력 $\mathbf{F}_d$는 다음과 같다.

$$\mathbf{F}_d = -\alpha \mathbf{v}$$

여기서 α(alpha, 알파)는 공중에서 특정 객체가 받는 항력의 세기를 나타낸다. 항력은 속도에 비례하는데, 이는 객체가 속도를 올리면 더 많은 항력을 받음을 의미한다. 포탄 시뮬레이션에서 항력에 관한 매개변수 drag를 어떻게 삽입할지를 정해서 항력이 포탄을 느리게 만듦을 보여라.

12.4 경사상승법으로 사거리 최적화하기

능선 지형에서 두 발사 각도 θ와 ϕ로 대포를 발사하고 나머지 발사 매개변수는 기본값으로 둔다는 가정을 계속 이어가자. 이 경우 함수 $r(\theta, \phi)$는 두 발사 각도에 따른 대포의 사거리를 알려준다. 두 발사 각도가 사거리에 끼치는 영향을 질적으로 판별하려면, 함수 r을 플로팅해 볼 수 있다.

12.4.1 발사 매개변수 대비 사거리 플로팅하기

11장에서 이변수함수를 그리는 몇 가지 방법을 보여주었다. 필자는 $r(\theta, \phi)$를 플로팅할 때 히트맵을 선호한다. 히트맵은 [그림 12.21]처럼 2차원에서 한 방향으로 θ를 변화시키고 다른 방향으로 ϕ를 변화시킨 뒤, 두 발사 각도에 대응하는 발사체 사거리를 색으로 나타낸다.

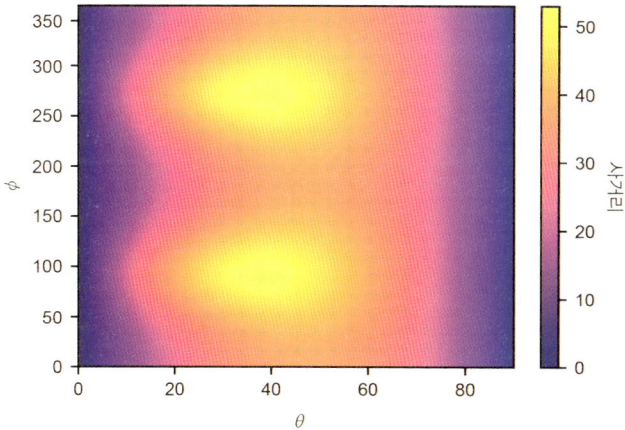

그림 12.21 두 발사 각도 θ와 ϕ의 함수로 나타낸 대포의 사거리에 대한 히트맵

이 2차원은 θ와 ϕ를 좌표로 갖는 추상 공간이다. 즉, 이 직사각형은 우리가 모델링한 3차원 세계의 2차원 단면을 그린 그림이 아니다. 오히려 두 매개변수가 변함에 따라 사거리 r이 어떻게 변하는지 보여주는 편리한 방법이다.

[그림 12.22]의 그래프에서 밝은 값은 더 높은 사거리를 나타내며, 가장 밝은 점이 두 개 있는 것처럼 보인다. 이 두 점에서 대포의 최대 사거리를 얻는다.

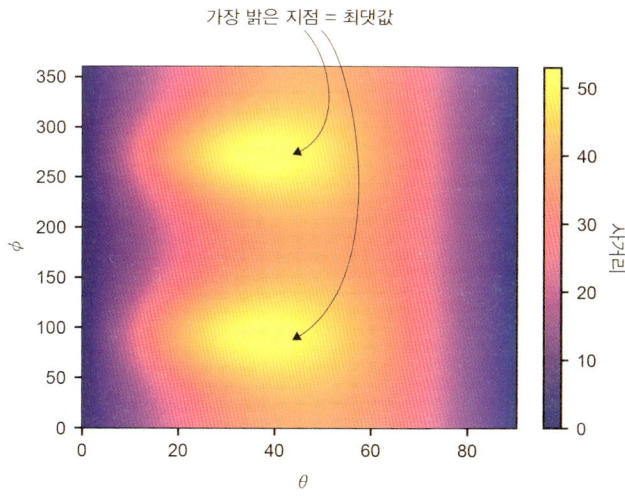

그림 12.22 발사체의 사거리가 최대일 때 가장 밝은 지점이 발생한다.

이러한 지점은 $\theta = 40°$, $\phi = 90°$와 $\theta = 40°$, $\phi = 270°$ 주변에서 발생한다. 두 가지 ϕ값이 능선의 내리막 방향을 나타낸다는 점에서 일리가 있다. 다음 목표는 사거리를 최대화하는 θ와 ϕ의 정확한 값을 구하는 것이다.

12.4.2 사거리 함수의 그라디언트

최댓값을 구할 때 일변수함수의 도함수를 사용했듯이 함수 $r(\theta,\phi)$의 최댓값을 구할 때 그라디언트 $\nabla r(\theta,\phi)$를 사용할 것이다. 매끄러운 일변수함수 $f(x)$에 대해 f가 최댓값을 가질 때 $f'(x) = 0$임을 보았다. 이 점에서 $f(x)$의 그래프가 순간적으로 평평해지며 $f(x)$의 기울기가 0임을 나타낸다. 보다 정확하게는 해당 점에서 $f(x)$를 가장 잘 근사하는 선의 기울기가 0이다. 유사하게 $r(\theta,\phi)$의 3차원 플롯을 [그림 12.23]처럼 그려보면 이 함수는 최대점에서 평평함을 관찰할 수 있다.

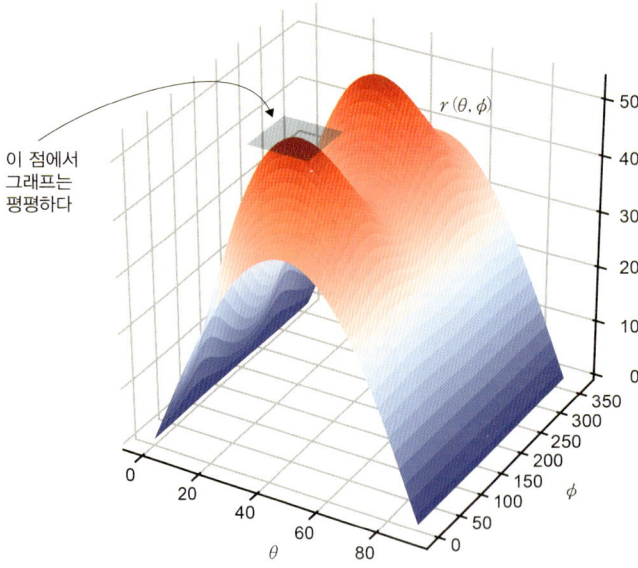

그림 12.23 $r(\theta,\phi)$의 그래프는 최대점에서 평평하다.

이 의미를 명확히 해보자. $r(\theta,\phi)$는 매끄러운 함수이므로 이 함수를 가장 잘 근사하는 평면이 존재한다. θ와 ϕ 방향에서 이 평면의 기울기는 각각 편도함수 $\partial r/\partial \theta$와 $\partial r/\partial \phi$로 주어진다. 평면은 두 편도함수가 모두 0일 때에만 평평한데, 이는 $r(\theta,\phi)$의 그래프도 해당 점에서 평평함을 의미한다.

r의 편도함수가 r의 그라디언트 성분으로 정의되므로 편도함수가 평평할 조건은 $\nabla r(\theta, \phi) = 0$과 동등하다. 이러한 조건을 만족하는 점을 구하려면 $r(\theta, \phi)$에 대해 그라디언트를 취한 뒤 0이 되는 θ값과 ϕ값을 구해야 한다. 편도함수를 취하고 방정식을 풀려면 많은 과정이 필요하지만 번뜩이는 아이디어가 필요하진 않다. 따라서 연습문제로 남겨두겠다. 다음으로 **근사적인**(approximate) 그라디언트를 사용해 최대점을 향하는 그래프의 기울기를 따라가는 방법을 보여주겠다. 대수학이 많이 필요하진 않다.

다음 내용을 다시 한번 짚고 가자. 그래프에서 그라디언트가 0이 되는 점이 최대점은 아니다. [그림 12.24]를 보면 $r(\theta, \phi)$의 그래프가 평평하며 그라디언트가 0인 점이 두 최댓값 사이에 위치해 있는데, 이 점은 최대점이 아니다.

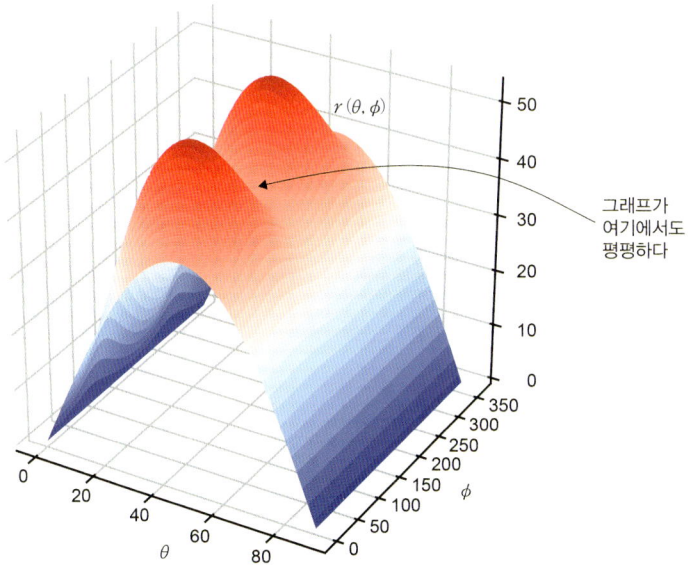

그림 12.24 $r(\theta, \phi)$의 그래프가 평평한 점 (θ, ϕ). 이 점에서 그라디언트는 0이지만 함수는 최댓값을 갖지 않는다.

이 점은 최악의 방향인 $\phi = 180°$로 발사하였을 때, 가장 가파른 오르막 방향이라는 점에서 최선인 각도 θ를 알려준다. 이러한 점을 **안장점**(saddle point)이라고 하는데, 안장점에서 함수는 한 변수에 대해서는 최대이지만 동시에 다른 변수에서는 최솟값이다. 이 이름은 [그림 12.24]와 같이 그래프가 안장 모양이라는 점에서 비롯했다.

이 책에서 최대나 최소, 안장점, 그라디언트가 0이 되는 점을 구분하는 법은 상세히 다루지 않겠지만 주의하라. 차원이 높아질수록 그래프가 평평해지는 훨씬 이상한 경우가 존재한다.

12.4.3 그라디언트로 오르막 방향 구하기

복잡한 함수 $r(\theta, \phi)$의 편도함수를 기호적으로 취하는 방법 대신에 편미분계수를 근사적으로 구할 수 있다. 이렇게 얻은 그라디언트의 방향은 임의의 주어진 점에서 함수를 가장 빠르게 증가시키는 방향이다. 해당 방향을 따라 새 점으로 가면 오르막(uphill)으로 이동하기 때문에 최댓값을 향한다. 이러한 과정을 **경사상승법**이라고 하며 이 방법을 파이썬으로 구현할 것이다.

첫 번째 단계는 임의의 점에서 그라디언트 값을 근사적으로 구하는 것이다. 9장에서 소개했듯이 작은 할선의 기울기를 취하는 방법을 사용하겠다. 그때 사용한 함수들은 다음과 같다.

```
def secant_slope(f,xmin,xmax):          ← xmin과 xmax 사이의 x값에서
    return (f(xmax) - f(xmin)) / (xmax - xmin)    f(x)의 할선 기울기를 구한다.

def approx_derivative(f,x,dx=1e-6):     ← 근사적인 미분계수는 $x - 10^{-6}$과
    return secant_slope(f,x-dx,x+dx)      $x + 10^{-6}$ 사이의 할선이다.
```

한 점 (x_0, y_0)에서 함수 $f(x,y)$의 근사적인 편미분계수를 구하려면 $x = x_0$으로 고정한 뒤 y에 대한 도함수를 취하거나 $y = y_0$으로 고정한 뒤 x에 대한 도함수를 취하면 된다. 다시 말해 (x_0, y_0)에서 편미분계수 $\partial f/\partial x$는 $x = x_0$일 때 x에 대한 도함수 $f(x, y_0)$의 값이다. 마찬가지로 편미분계수 $\partial f/\partial y$는 $y = y_0$일 때 y에 대한 도함수 $f(x_0, y)$의 값이다. 이 그라디언트는 다음 편미분계수의 벡터(파이썬에서는 튜플 자료형)에 해당한다.

```
def approx_gradient(f,x0,y0,dx=1e-6):
    partial_x = approx_derivative(lambda x: f(x,y0), x0, dx=dx)
    partial_y = approx_derivative(lambda y: f(x0,y), y0, dx=dx)
    return (partial_x,partial_y)
```

파이썬에서 함수 $r(\theta,\phi)$는 함수 landing_distance로 코드화되었기에, 이 함수의 그라디언트를 나타내는 landing_distance_gradient라는 특별한 함수를 만들 수 있다.

```
def landing_distance_gradient(theta,phi):
    return approx_gradient(landing_distance, theta, phi)
```

이 함수는 일반적인 그라디언트와 마찬가지로 벡터장을 정의한다. 공간의 모든 점에 벡터를 부여한다. 이 함수는 임의의 점 (θ,ϕ)에서 r이 가장 가파르게 증가하는 (방향을 나타내는) 벡터를 알려준다. [그림 12.25]는 landing_distance_gradient의 플롯을 $r(\theta,\phi)$의 히트맵 위에 나타내었다.

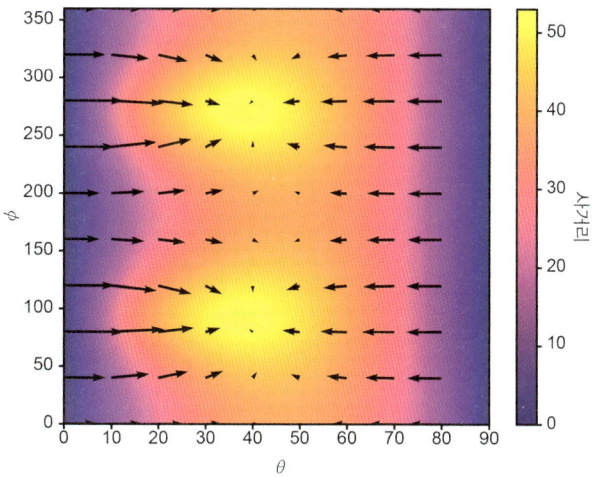

그림 12.25 함수 $r(\theta,\phi)$의 히트맵 위에 나타낸 그라디언트 벡터장 $\nabla r(\theta,\phi)$의 플롯. 각 화살표는 r이 증가하는 방향을 향하며, 히트맵의 밝은 지점을 향한다.

플롯을 [그림 12.26]처럼 확대하면 그라디언트의 화살표들이 함수의 최대점으로 수렴하는 게 훨씬 명확하게 보인다.

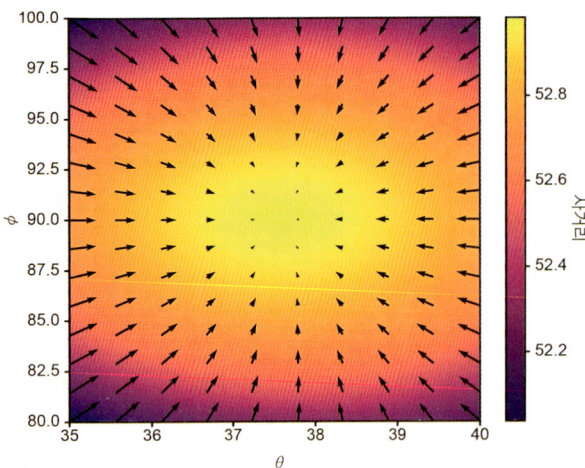

그림 12.26 최댓값 중 하나인 $(\theta, \phi) = (37.5°, 90°)$ 근방에서 [그림 12.25]와 동일한 플롯

다음 단계는 **경사상승법** 알고리즘을 구현하는 것으로, 이 알고리즘은 임의로 선택한 점 (θ, ϕ)에서 시작해서 어떤 최댓값에 도달할 때까지 그라디언트 장을 따라간다.

12.4.4 경사상승법 구현하기

경사상승법 알고리즘은 최적화하려는 함수와 탐색을 시작할 시작점을 입력으로 받는다. 시작점에서 그라디언트를 계산한 뒤 그 값을 시작점에 더하는 방식으로 알고리즘을 구현할건데, 이렇게 얻은 새 점은 원래 점에서 그라디언트 방향으로 약간 이동한다. 이 과정을 반복하면 최댓값에 더 가까운 점들로 점점 이동한다.

결과적으로 어떤 최대점에 다가가면 그래프의 어떤 고원에 도달하므로 그라디언트는 0에 가까워진다. 그라디언트가 0에 가까워지면 더 이상 올라갈 곳이 없으므로 알고리즘은 종료되어야 한다. 그래서 이 알고리즘에 **허용오차**(tolerance)를 전달해야 한다. 이 값은 과정에 따라 계산하는 그라디언트의 최솟값에 해당한다. 만약 그라디언트가 허용오차보다 작아지면 그래프가 평평해졌다고 확신할 수 있으며, 함수의 어떤 최대점에 도달한 것이다. 경사상승법 알고리즘은 다음과 같이 구현한다.

```
def gradient_ascent(f,xstart,ystart,tolerance=1e-6):
    x = xstart          ← (x,y)값을 입력값으로 설정한다.
    y = ystart
    grad = approx_gradient(f,x,y)   ← 현재 (x,y)값에서 오르막을 향하는 방향을 알려준다.
    while length(grad) > tolerance:    ← 그라디언트가 최소 길이보다 긴
        x += grad[0]    ← (x,y)를 (x,y) + ∇f(x,y)로   경우에만 새 점으로 나아간다.
        y += grad[1]      갱신한다.
        grad = approx_gradient(f,x,y)   ← 새 점에서 그라디언트를 갱신한다.
    return x,y    ← 더 올라갈 곳이 없으면 x값과 y값을 리턴한다.
```

$(\theta, \phi) = (36°, 83°)$를 시작점으로 두고 코드를 테스트하면 최대점에 잘 근접한 것처럼 보인다.

```
>>> gradient_ascent(landing_distance,36,83)
(37.58114751557887, 89.99992616039857)
```

이 결과는 희망적이다! [그림 12.27]의 히트맵에는 시작점 $(\theta, \phi) = (36°, 83°)$에서 대략 $(\theta, \phi) = (37.58°, 90.00°)$에 해당하는 새 위치로 이동한 결과가 나타나 있다. 해당 점은 가장 밝은 점으로 보인다.

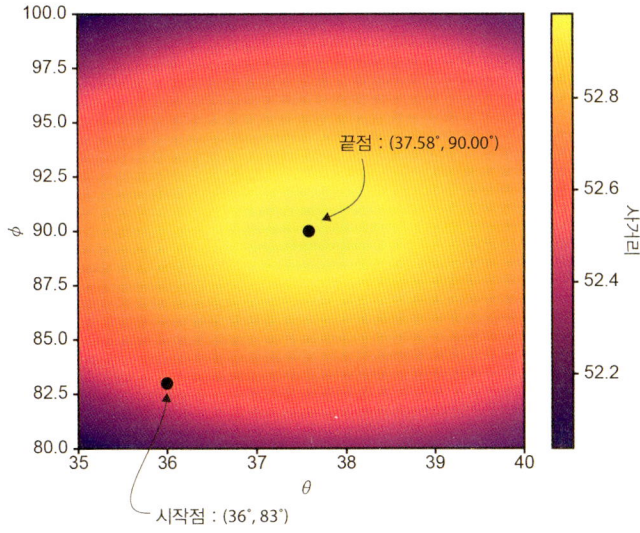

그림 12.27 경사상승법의 시작점과 끝점

알고리즘의 작동 원리를 더 잘 파악하기 위해 $\theta\phi$평면을 통해 경사상승법의 궤적을 추적할 수 있다. 이는 오일러 방법을 반복하면서 시간과 위치 값을 추적한 방법과 유사하다.

```
def gradient_ascent_points(f,xstart,ystart,tolerance=1e-6):
    x = xstart
    y = ystart
    xs, ys = [x], [y]
    grad = approx_gradient(f,x,y)
    while length(grad) > tolerance:
        x += grad[0]
        y += grad[1]
        grad = approx_gradient(f,x,y)
        xs.append(x)
        ys.append(y)
    return xs, ys
```

이를 구현한 뒤에 다음과 같이 실행해보자.

```
gradient_ascent_points(landing_distance,36,83)
```

경사상승법의 각 단계에서 θ값과 ϕ값으로 이루어진 두 리스트를 얻는다. 각 리스트에는 855개의 수가 있는데, 이는 경사상승법이 종료할 때까지 855단계가 걸림을 의미한다. 히트맵에서 θ, ϕ 점을 플로팅하면 [그림 12.28]과 같고, 경사상승법 알고리즘이 그래프를 상승하는 경로를 볼 수 있다.

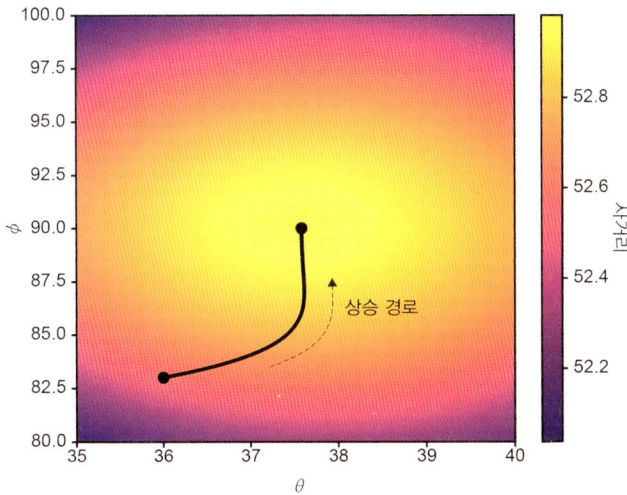

그림 12.28 경사상승법 알고리즘이 사거리 함수의 최댓값에 도달하는 경로

최댓값은 2개이므로 시작점의 선택에 따라 경로와 도달점이 달라진다는 점에 주의하라. $\phi = 90°$에 가까운 점에서 시작하면 앞에서 구한 최대점에 도달하겠지만, $\phi = 270°$에 가까운 점에서 시작하면 경사상승법 알고리즘은 [그림 12.29]처럼 다른 최대점에 도달한다.

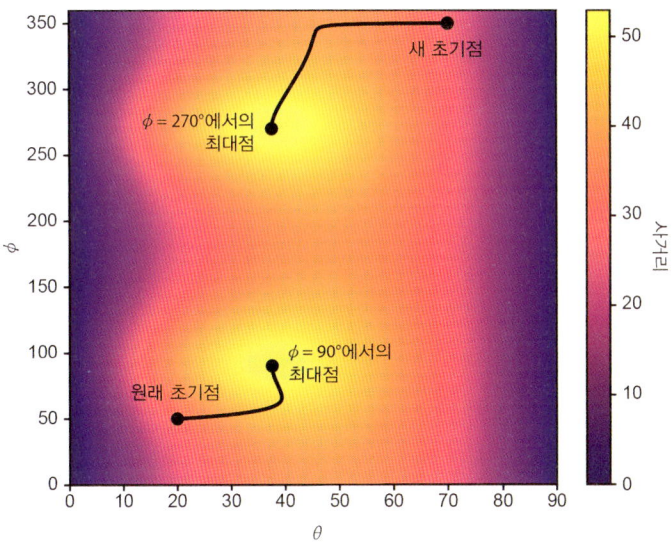

그림 12.29 경사상승법 알고리즘은 다른 점에서 시작하면 다른 최댓값을 구할 수 있다.

발사 각도 (37.58°, 90°)와 (37.58°, 270°)는 **둘 다** 함수 $r(\theta, \phi)$를 최대화하므로 대포의 최대 사거리를 산출하는 발사 각도이다. 그 사거리는 약 53m이다.

```
>>> landing_distance(37.58114751557887, 89.99992616039857)
52.98310689354378
```

그리고 [그림 12.30]에 나타냈듯이 관련 궤도를 플로팅할 수 있다.

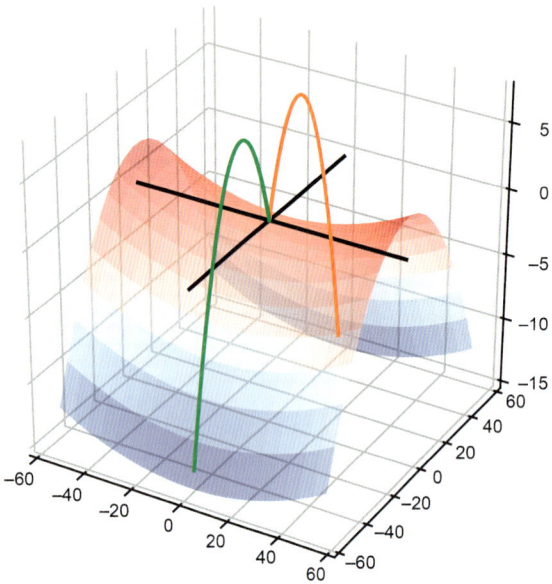

그림 12.30 사거리가 최대인 대포의 궤적

앞으로 머신러닝 응용을 몇 가지 살펴보면서 그라디언트로 함수를 최적화하는 방법을 계속 살펴볼 것이다. 구체적으로는 경사상승법과 짝을 이루는 **경사하강법**(gradient descent)을 사용할 것이다. 경사하강법은 그라디언트의 **반대**(opposite) 방향에서 매개변수 공간을 탐색해 함수의 최솟값을 구하며, 오르막이 아니라 내리막을 따라 이동한다. 경사상승법과 경사하강법은 자동적으로 수행할 수 있기 때문에 기계가 스스로 문제에 대한 최적해를 학습하는 방법을 얻는다.

12.4.5 연습문제

연습문제 풀이

연습문제 | 12.13

히트맵에서 점 20개를 무작위로 선택한 뒤 경사상승법 경로를 동시에 플로팅하라. 모든 경로는 두 개의 최대점 중 하나에서 끝나야 한다.

연습문제 | 12.14   미니 프로젝트

편도함수 $\partial r/\partial \theta$, $\partial r/\partial \phi$를 기호적으로 구해서 그라디언트 $\nabla r(\theta,\phi)$를 수식으로 나타내라.

연습문제 | 12.15

$r(\theta,\phi)$의 그라디언트가 0이지만 함수가 최대화되지 않는 $r(\theta,\phi)$ 위의 점을 구하라.

연습문제 | 12.16

경사상승법으로 (36,83)에서 원점에 도달할 때까지 몇 번의 단계가 필요한지 답하라. 그라디언트 값을 그대로 더해 다음 점으로 이동하지 말고, 그라디언트의 1.5배를 더할 때 더 적은 단계로 도달함을 보여라. 각 단계에서 더 멀리 이동하면 어떤 일이 벌어지는지 설명하라.

연습문제 | 12.17

r을 θ와 ϕ의 함수로 보고 시뮬레이션한 결과를 직접 사용해 gradient_ascent를 실행하면 벌어지는 일을 설명하라.

요약

- 오일러 방법을 사용하는 과정에서 시간과 위치를 모두 기록하면, 움직이는 객체의 궤적을 시뮬레이션 할 수 있다. 최종 위치나 경과 시간과 같은 궤적에 대한 정보도 계산할 수 있다.

- 대포의 발사 각도와 같은 시뮬레이션의 매개변수를 다르게 주면 포탄의 사거리와 같은 결과가 달라질 수 있다. 사거리를 최대화하는 발사 각도를 구하려면 사거리를 발사 각도에 대한 함수 $r(\theta)$로 작성하면 도움이 된다.

- 매끄러운 함수 $f(x)$의 최댓값은 도함수 $f'(x)$가 0일 때 발생한다. 하지만 $f'(x) = 0$일 때 최댓값일 수도 있고 최솟값일 수도 있으며 함수 f가 변화를 잠시 멈춘 때일 수도 있기에 주의해야 한다.

- 수직 발사 각도 θ와 수평 발사 각도 ϕ에 대한 사거리 함수 r과 같은 이변수함수를 최적화할 때에는 모든 가능한 입력 (θ, ϕ)의 2차원 공간을 탐색하여 최적값을 도출하는 순서쌍을 알아내야 한다.

- 매끄러운 이변수함수 $f(x,y)$의 최댓값과 최솟값은 **두 편미분**이 모두 0인 곳, 즉 $\partial f/\partial x = 0$, $\partial f/\partial y = 0$인 경우에 발생하곤 한다. 이를 정의상 $\nabla f(x,y) = 0$이라 두기도 한다. 편미분이 모두 0인 점은 한 변수에 대해 함수를 최대화하지만 다른 변수에 대해 함수를 최소화하는 **안장점**일 수도 있다.

- 경사상승법 알고리즘은 2차원 상에서 임의로 선택한 한 점에서 시작해 그라디언트 $\nabla f(x,y)$의 방향으로 이동해나가면서 함수 $f(x,y)$의 최댓값을 근사적으로 구한다. 그라디언트는 함수 f에서 가장 가파르게 증가하는 방향을 향하므로, 경사상승법 알고리즘은 f값을 증가시키는 (x, y) 점들을 구한다. 경사상승법 알고리즘은 그라디언트가 0에 가까울 때 종료된다.

CHAPTER **13**

푸리에 급수로 음파 분석하기

이 장의 내용
- 파이썬과 PyGame으로 음파를 정의하고 재생하기
- 정현 함수를 재생 가능한 악보로 변환하기
- 음파를 함수로써 더해서 두 소리를 결합하기
- 악보를 살펴보기 위해 음파 함수를 푸리에 급수로 분해하기

2부의 대부분을 미적분을 사용해 움직이는 물체를 시뮬레이션하는 데 주력해 왔다. 이 장에서는 오디오 데이터라는 완전히 다른 응용을 보여줄 것이다. 디지털 오디오 데이터는 컴퓨터로 표현한 **음파**(sound wave)이며, 음파는 기압이 반복적으로 변화하며 귀가 소리로 인식한 것이다. 음파를 함수로 생각하면 벡터처럼 더하거나 확대·축소할 수 있으며, 음파가 나타내는 소리의 종류를 파악하고자 적분을 활용할 수도 있다. 음파를 탐구하려면 앞에서 학습한 선형대수학과 미분적분학 내용을 결합해야 한다.

음파에 관한 물리학을 깊게 다룰 생각은 없지만, 기초 수준에서 원리를 이해할 정도로 학습하는 건 좋다. 우리가 소리로 인식하는 것은 기압 그 자체가 아니라 고막을 진동시키는 기압 변화이다. 활로 바이올린의 현을 키면 현이 진동한다. 진동하는 현은 주변 공기의 압력을 급격하게 변화시키며, 압력의 변화는 공기를 통해 음파 형태로 전파되어 귀에 도달한다. 이때 고막은 일정 속도로 진동하며, 소리를 지각할 수 있다. [그림 13.1]은 이 과정을 개략적으로 나타낸다.

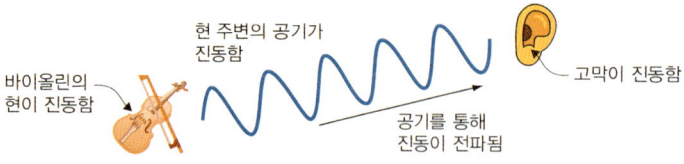

그림 13.1 바이올린 소리가 고막에 도달하는 개략도

디지털 오디오 파일은 시간에 대한 진동을 묘사하는 함수로 볼 수 있다. 오디오 소프트웨어는 이 함수를 번역하고 함수에 따라 스피커가 진동하도록 지시하는데, 스피커 주변의 공기가 비슷한 모양의 음파를 생성한다. 우리는 함수가 나타내는 소리에 관심을 가지기보단 [그림 13.2]가 나타내듯이 함수가 시간에 따라 기압 변화를 나타낸다는 정도만 알고 있으면 된다.

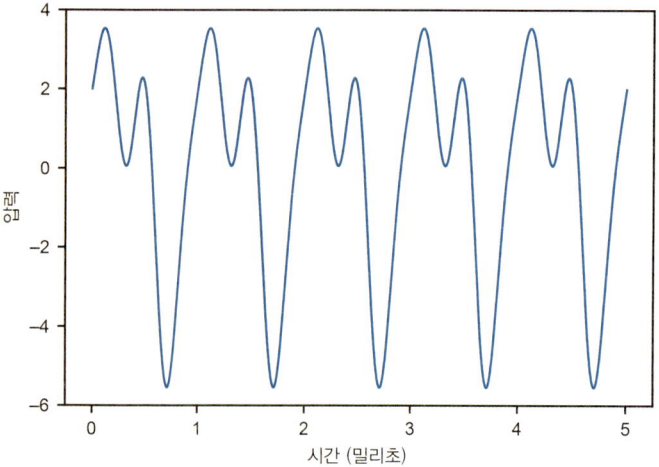

그림 13.2 음파를 시간에 따른 기압을 표현한 함수로 느슨히 해석하기

음표가 나타내는 흥미로운 소리 또한 [그림 13.2]처럼 패턴이 반복되는 음파로 나타낼 수 있다. 이 함수가 스스로 반복하는 속도를 **주파수**(frequency)라고 하는데, 음표가 나타내는 소리의 고저를 알려준다. 음질 또는 **음색**(timbre, TAM-ber라고도 발음한다)은 바이올린, 트럼펫, 음성과 같이 패턴이 반복하는 모양에 따라 달라진다.

13.1 음파를 결합하고 분해하기

이 장에서는 함수를 연산해보고 실제로 파이썬으로 소리를 재생할 것이다. 이때 기존 음파를 결합해 새 음파를 만드는 작업과 복잡한 음파를 간단한 음파들로 분해하는 작업 두 가지가 주요하다. 예를 들어 여러 음표를 결합해 하나의 화음(chord)을 만들고, 화음을 분해해 음표들을 살펴볼 수 있다.

이러한 작업을 하기 전에 음파와 음표라는 기본 구성 요소를 다룰 필요가 있다. 파이썬을 사용해 음파를 나타내는 수열을 스피커에 출력할 실제 소리로 변환하는 방법부터 보여주겠다. 함수에 대응하는 소리를 만들기 위해, 해당 함수의 그래프에서 몇몇 y값을 추출하고 배열(array) 형태로 오디오 라이브러리에 전달한다. 이러한 작업을 **샘플링**(sampling)이라 하며, [그림 13.3]에서 확인할 수 있다.

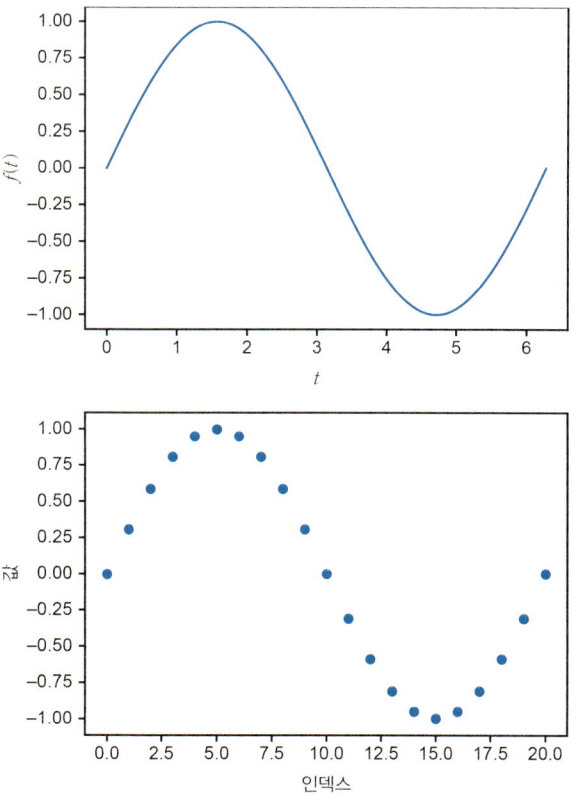

그림 13.3 함수 $f(t)$의 그래프(위)로부터 오디오 라이브러리에 보내고자 일부 샘플링한 y값(아래)

우리가 사용할 주요 음파 함수는 **주기함수**(periodic function)인데, 주기함수의 그래프는 같은 모양이 반복되어 만들어진다. 구체적으로는 **정현 함수**(sinusoidal function)를 사용한다. 정현 함수란 자연스럽게 들리는 음표를 생성하는 사인 함수와 코사인 함수를 포함하는 주기 함수의 집합이다. 정현 함수를 샘플링해서 수열을 만들고 음표를 재생하는 파이썬 함수를 만들 것이다.

개별 음표를 만들면 여러 음표를 합쳐서 화음 또는 다른 복잡한 소리를 만드는 파이썬 코드를 작성할 것이다. 각 음파를 정의하는 함수를 더하면 된다. 몇 개의 음표를 합쳐서 화음을 만들고, 수십 개의 음표를 합쳐서 꽤 흥미롭고 음색이 다른 소리를 생성할 수 있음을 살펴볼 것이다.

마지막으로 [그림 13.4]처럼 음파를 나타내는 함수를 분해해서 각 음파를 만드는 (순수한) 음표와 음량의 곱의 합으로 표현할 것이다. 이렇게 합으로 분해한 것을 **푸리에 급수**(Fourier series, FOR-ee-yay라고도 발음한다)라고 한다. 푸리에 급수를 구성하는 음파를 알고 있으면 이를 합쳐서 원래의 소리를 얻을 수 있다.

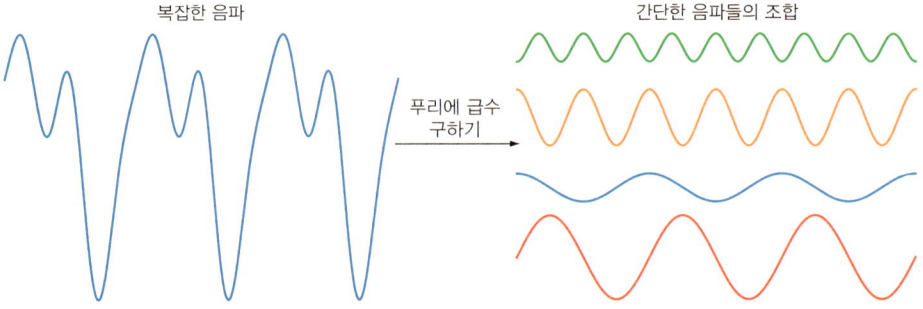

그림 13.4 푸리에 급수를 사용해 음파 함수를 간단한 음파 함수의 조합으로 분해

푸리에 급수를 구하는 과정은 수학적으로 보면 어떤 함수를 사인 함수와 코사인 함수의 합(구체적으로는 일차결합)으로 나타내는 것이다. 이 과정과 푸리에 급수의 변형은 역사상 아주 중요한 알고리즘 중 하나이다. 푸리에 급수는 MP3 압축과 같이 일반적으로도 응용하기도 하고 최근에 노벨상을 수상한 중력파 탐지와 같이 더 거창하게 응용할 수도 있다.

음파를 그래프로 살펴보는 것과 스피커에서 나오는 소리를 실제로 듣는 건 별개의 일이다. 먼저 소음을 만들어보자!

13.2 파이썬으로 음파 재생하기

파이썬에서 소리를 재생하기 위해 여러분도 접한 바 있는 PyGame 라이브러리를 살펴보겠다. 이 라이브러리에는 수 배열을 입력으로 받아서 소리를 재생하는 함수가 있다. 먼저 파이썬에서 랜덤한 수열을 만들고 PyGame으로 이 수열을 번역해 소리를 재생하는 코드를 작성한다. 이 시점에서 소리는 아름다운 음악이라기보다는 그저 (기술 용어로) **소음**(noise)일 테지만, 어디선가에서는 시작해야 하니까 견뎌야 한다.

소음을 만든 뒤엔 완전히 랜덤은 아니고 패턴이 반복되는 수열에 대해 같은 과정을 실행하여, 조금 더 매력적인 소리를 만들 것이다. 이는 다음 절에서 주기함수를 샘플링해 반복적인 수열을 얻는 기반이 된다.

13.2.1 소리를 처음으로 만들어보기

PyGame에 소리를 나타내는 수 배열을 전달하기 전에 이 수들을 어떻게 번역해야 할지 PyGame에게 알려줘야 한다. 오디오 데이터에 관한 기술적 세부사항이 있으므로 PyGame이 이를 어떻게 다루는지 설명해 주겠다. 하지만 이 장의 나머지에서 그 세부사항이 그다지 중요하진 않을 것이다.

여기에서는 CD 품질 오디오에서 통용되는 관례를 따라 샘플링 레이트(sampling rate)라고도 하는 샘플링 주파수(sampling frequency)[1]를 44,100Hz로 설정한다. 이러한 설정에서 오디오 데이터는 1초당 44,100개 성분을 가지는 배열로 나타나며, 각 성분은 (−32,768과 32,767 사이의 값을 가지는) 16비트 정수이다. 이 수들은 각 타임스텝에서 소리의 강도를 나타내며, 1초당 타임스텝은 44,100번 있다. 이는 6장에서 이미지를 표현하는 방식과 다르지 않다. 픽셀의 밝기를 알려주는 값의 배열 대신, 각 시간마다 음파의 강도를 알려주는 값의 배열을 가질 뿐이다. 추후에는 이 수들을 음파 그래프에서 각 점들의 y좌표로 얻겠지만, 지금은 **어떤** 소음을 만들기 위해 랜덤하게 추출할 것이다.

또한 단일 음파만을 재생하는 단일 **채널**(channel)을 사용하는데, 왼쪽 스피커와 오른쪽 스피커에서 출력할 서로 다른 두 음파를 동시에 생성하는 **스테레오**(stereo) 오디오와는 대비된다.

---

[1] (옮긴이) 샘플링 주파수가 높을수록 1초에 표현할 수 있는 신호의 모양을 보다 복잡하게 만들 수 있기 때문에, 샘플링 주파수는 신호의 시간축 해상도를 나타낸다고 볼 수 있다.

또한 소리의 비트 심도도 설정해야 한다. 주파수[2]가 이미지의 해상도와 유사한 것처럼 **비트 심도**(bit depth)는 허용되는 픽셀 색상의 수와 비슷하며, 비트 심도가 높으면 소리 강도의 범위가 더 세밀하다는 뜻이다. 픽셀 색상은 0에서 255 사이의 수 3개로 나타냈지만, 한순간의 소리 강도는 단일 16비트 수로 나타낸다. 매개변수를 이처럼 선택하였다면, 이 코드의 첫 번째 단계는 PyGame을 임포트(import) 하고 이 소리 라이브러리를 초기화하는 것이다.

```
>>> import pygame, pygame.sndarray
>>> pygame.mixer.init(frequency=44100,
                      size=-16,
                      channels=1)
```

-16은 비트 심도가 16이자, 입력이 −32,768에서 32,767 사이의 부호가 있는 16비트 정수임을 나타낸다.

가장 간단한 예로 시작하자. −32,768에서 32,767 사이 임의의 정수 44,100개로 이루어진 Numpy 배열을 만들어 1초에 해당하는 오디오를 생성한다. NumPy의 `randint` 함수를 사용하면 한 줄로 해낼 수 있다.

```
>>> import numpy as np
>>> arr = np.random.randint(-32768, 32767, size=44100)
>>> arr
array([-16280, 30700, -12229, ..., 2134, 11403, 13338])
```

이 배열을 음파로 해석하기 위해 산점도 그래프에 처음 몇 개의 값을 플로팅하자. 이러한 정숫값 배열을 빠르게 플로팅할 수 있도록 이 책의 소스 코드에 `plot_sequence` 함수를 포함하였다. `plot_sequence(arr,max=100)`을 실행하면 이 배열에서 처음 100개 값에 대한 그림을 그릴 수 있다. [그림 13.5]처럼 매끄러운 함수에서 샘플링한 수와 비교하면 이 수들은 마구잡이로 퍼져있다.

---

[2] (옮긴이) 여기에서 주파수는 (정현파를 정의할 때 등장한 주파수나 특정 수열을 반복해서 만든 음파의 주파수 개념이 아닌) 샘플링 주파수를 가리킨다. 오디오를 다루는 많은 문헌에서 샘플링 주파수를 간단히 주파수라고 부른다. 마찬가지로 다음 코드에 나타난 `frequency` 인자도 샘플링 주파수를 나타낸다.

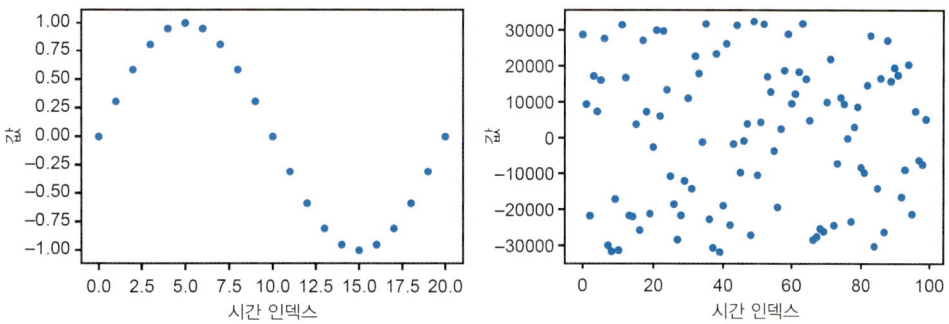

그림 13.5 음파의 샘플값(왼쪽) 대 랜덤 값(오른쪽)

이 점들을 연결해서 해당 기간에 정의된 함수로 나타낼 수 있다. [그림 13.6]은 점을 연결해서 나타낸 수 배열의 그래프인데, 값은 각각 처음 100개와 441개이다. 이 데이터는 완전히 랜덤하므로 특별히 흥미롭진 않다. 하지만 우리가 연주할 첫 음파이다.

44,100개의 값은 1초짜리 소리를 정의하므로 [그림 13.6]의 아래 그림에서 441개의 값은 100분의 1초짜리 소리를 정의한다. 이제 라이브러리를 호출해서 소리를 재생할 수 있다.

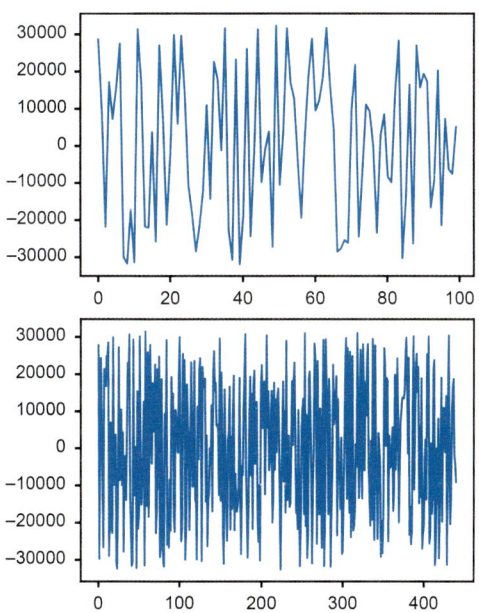

그림 13.6 함수를 정의하도록 연결한 처음 100개 값(위)과 441개 값(아래)

> **참고** 다음 파이썬 코드를 실행하기 전에 스피커 볼륨을 확인하자. 우리가 처음 만든 소리는 그다지 즐겁지 않은 데다, 귀를 다치고 싶지 않을 것이다!

소리를 재생하려면 다음을 실행하면 된다.

```
sound = pygame.sndarray.make_sound(arr)
sound.play()
```

마치 라디오를 방송국 주파수에 맞추지 않으면 나오는 일정한 음을 1초 동안 들을 수 있다. 이처럼 시간에 따른 랜덤 값으로 이루어진 음파는 **백색 소음**(white noise)이라고 한다.

백색 소음은 오직 볼륨만 조정할 수 있다. 사람의 귀는 압력의 변화에 반응한다. 음파가 커질수록 압력의 변화도 커져서 인지하는 소리도 더 크게 들린다. 백색 소음이 여러분에게 불쾌할 정도로 컸다면, 더 작은 값으로 소리 데이터를 생성해서 조용한 음을 만들 수 있다. 예를 들어 −10,000에서 10,000까지 범위의 수로 백색 소음을 생성해보자.

```
arr = np.random.randint(-10000, 10000, size=44100)
sound = pygame.sndarray.make_sound(arr)
sound.play()
```

이 소리는 더 조용하기만 할 뿐 처음에 재생한 백색 소음과 거의 같다. 음파의 크기(loudness)는 함숫값이 얼마나 큰가에 따라 달라지는데, 이 척도를 음파의 **진폭**(amplitude)이라고 한다. 이 경우 값은 평균값 0을 기준으로 10,000단위 범위에서 변하므로, 진폭은 10,000이라고 할 수 있다. 누군가는 백색 소음으로 마음에 안정을 얻는다지만 우리에게는 흥미롭진 않다. 더욱 흥미로운 소리인 음표의 음을 생성해보자.

13.2.2 음표 재생하기

음표의 음을 들으면 우리의 귀는 백색 소음의 랜덤성과는 대조적인 진동 패턴을 탐지한다. 패턴이 분명한 44,100개 수열을 조합하면 어떤 음이 생성된다. 10,000을 50번 반복한 뒤

−10,000을 50번 반복하는 것부터 시작하자. 우리가 들을 수 있을 정도로 음파의 진폭을 크게 만들기 위해 10,000을 선택했다. [그림 13.7]은 다음 코드 스니펫(code snippet)에서 리턴된 처음 100개 수를 플롯해서 보여준다.

```
form = np.repeat([10000,-10000],50)
plot_sequence(form)
```
리스트의 각 값을 명시된 횟수만큼 반복한다.

이 100개의 항이 있는 수열을 441번 반복하면 값을 총 44,100개 얻으므로 1초에 해당하는 오디오를 정의한다. 이때 사용하는 간편한 NumPy 함수로 `tile`이 있는데, 명시된 횟수만큼 주어진 배열을 반복한다.

```
arr = np.tile(form,441)
```

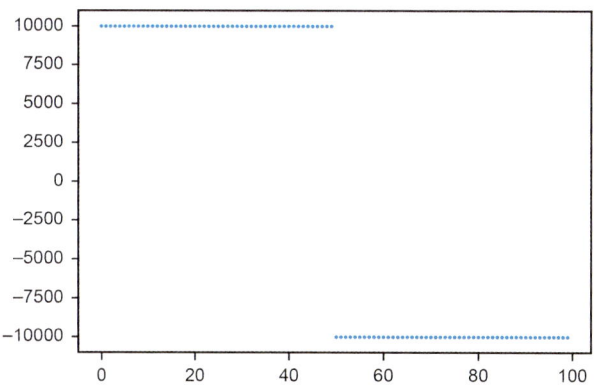

그림 13.7 10,000을 50번 반복한 뒤, −10,000을 50번 반복한 수열의 플롯

[그림 13.8]은 '점'들을 연결한, 배열의 처음 1,000개 값의 플롯을 보여준다. 이 플롯에서 50번마다 10,000과 −10,000을 왔다 갔다 하는 것을 볼 수 있다. 이는 이 패턴이 100번마다 반복됨을 의미한다.

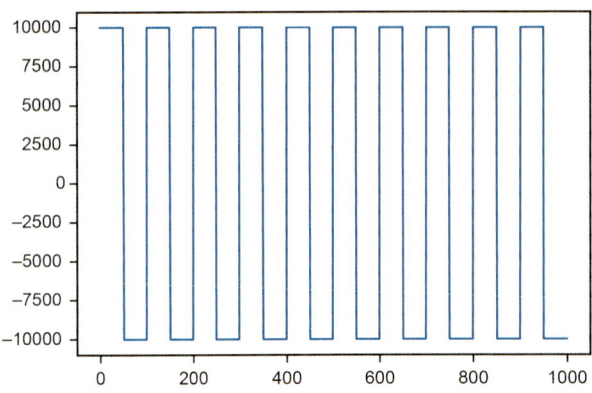

그림 13.8 44,100개의 수 중 처음 1,000개에 대한 플롯은 반복 패턴을 보여준다.

이 파형은 그래프가 90°로 날카로운 모서리를 가지고 있어서 **사각파**(square wave)라고 한다. 참고로 수직선이 나타난 건 Matplotlib이 이웃한 인덱스의 모든 점을 연결하기 때문이다. Matplotlib은 이 수열에서 이웃한 10,000인 점과 −10,000인 점을 연결하지만 수열 자체에는 10,000과 −10,000 사이의 값이 없다. 수열에는 오직 10,000인 점과 −10,000인 점만 등장한다.

앞에서 샘플링 주파수를 44,100Hz로 설정했기 때문에 44,100개의 수는 1초를 나타낸다. 그래서 [그림 13.8]에 표현된 1,000개의 수는 1/44.1 = 0.023초짜리 오디오를 나타낸다. 다음 코드를 사용해 이 소리 데이터를 재생하면 분명한 음표가 생성된다. 이 음은 음이름이 A[3]인 음(옥타브까지 표현하면 A4)에 가깝다. 13.2.1절에서 사용한 play() 메서드를 사용해 이 음을 들을 수 있다.

```
sound = pygame.sndarray.make_sound(arr)
sound.play()
```

100개의 수로 이루어진 수열의 반복 빈도(지금은 초당 441회 반복)는 이 수열을 반복해 만든 음파의 **주파수**라고 한다. 음파의 주파수는 **음높이**(pitch)라 부르는 음의 소리가 높게 들리는지 낮게 들리는지를 정한다. 반복 빈도는 Hz라고 축약 표기하는 **헤르츠**(hertz) 단위로 측정

---

3 (옮긴이) 음이름은 (절대적인) 음높이에 따라 붙인다. 한국에서는 A에 대응하는 음이름이 '가'이다.

하는데, 441Hz는 초당 441회라는 의미이다. 음높이 A는 보편적으로 440Hz라 정하지만, 441도 아주 비슷하다. 편리하게도 CD의 샘플링 레이트(sampling rate)인 초당 44,100번은 441로 나누어떨어진다.

주기함수는 흥미로운 음파를 만들어낸다. 주기함수는 [그림 13.8]의 사각파처럼 정해진 구간마다 함숫값이 반복된다. 사각파에서 반복되는 수열은 100개의 수로 이루어져 있으며, 441번 반복하면 1초에 44,100개의 수로 이루어진 오디오가 된다. 이 반복 빈도는 441Hz로, 0.0023초마다 반복된다는 뜻이다. 우리의 귀는 이 반복 빈도를 탐지해서 음표의 음을 특정한다. 다음 절에서는 여러 주파수에서 가장 중요한 주기함수인 사인 함수와 코사인 함수에 대응하는 소리를 재생한다.

13.2.3 연습문제

연습문제 풀이

연습문제 | 13.1

음 A는 1초에 441번 반복한다. 이번에는 1초에 350번 반복하는 음 F(한국 음이름 '바')의 패턴을 생성하라.

13.3 정현파를 소리로 변환하기

사각파로 재생한 소리는 음표의 음이라고 알아들을 수 있지만, 자연스럽지는 않다. 자연에서는 사물이 사각파로 진동하지 않기 때문이다. 진동은 종종 **사인곡선적**(sinusoidal)으로 나타난다. 이 진동을 측정해 그래프로 그리면 사인 함수나 코사인 함수 그래프와 비슷한 결과가 나온다. 사인 함수나 코사인 함수는 수학적으로도 자연스러우므로 이 함수들을 우리가 만들 음악의 구성 요소로 활용할 것이다. 이러한 함수가 나타내는 음을 샘플링하고 PyGame에 전달하면 사각파와 **정현파**(sinusoidal wave)[4]의 차이를 알 수 있다.

---

4 (옮긴이) 사인곡선적 파동이라고 번역하면 너무 길고, 사인파라고 번역하면 sine wave와 구분할 수 없다. 많은 문헌에서는 사인을 한문으로 옮긴 정현(正弦)을 사용해 정현파라고 부른다. 정현 함수 $y = A\sin(2\pi ft + \phi)$도 사인 함수 $y = \sin(t)$와 구분해서 사용한다.

13.3.1 정현 함수로 오디오 만들기

정현 함수의 일종인 사인 함수와 코사인 함수는 본질적으로 주기함수이다. 이 함수에 입력하는 값은 각으로 해석되기 때문이다. 각을 $360°$ 또는 2π 라디안만큼 회전시키면 시작점으로 돌아오므로 사인 함수와 코사인 함수는 값이 계속 반복된다. 따라서 $\sin(t)$와 $\cos(t)$는 [그림 13.9]처럼 2π마다 그래프가 반복된다.

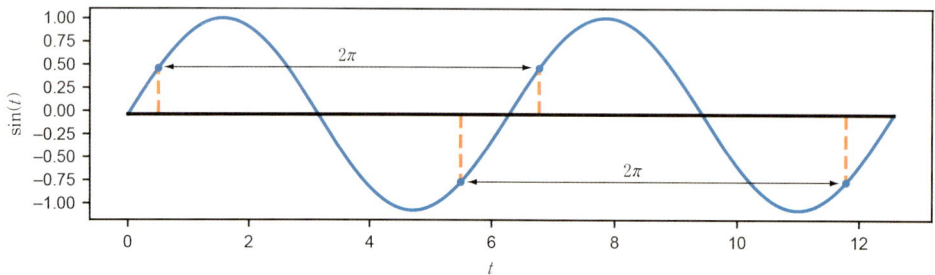

그림 13.9 함수 $\sin(t)$는 2π마다 같은 값을 반복한다.

이러한 반복 간격을 주기함수의 **주기**(period)라고 하며, 사인 함수와 코사인 함수의 주기는 모두 2π이다. [그림 13.10]은 사인 함수의 그래프이며 0과 2π 사이의 모양과 2π와 4π 사이의 모양, 4π와 6π 사이의 모양이 똑같다.

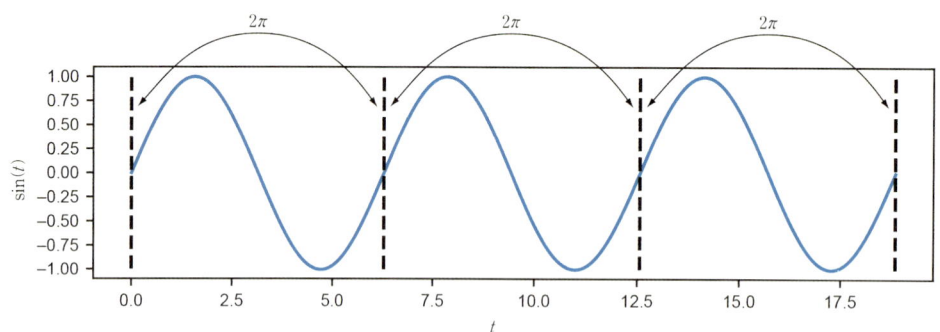

그림 13.10 사인 함수는 주기가 2π인 주기함수이므로, 사인 함수의 그래프는 2π 구간마다 같은 모양이 같다.

코사인 함수는 사인 함수의 그래프를 왼쪽으로 $\pi/2$만큼 평행이동한 그래프라는 점만 다르며, 2π마다 그래프가 똑같이 반복된다. [그림 13.11]을 보자.

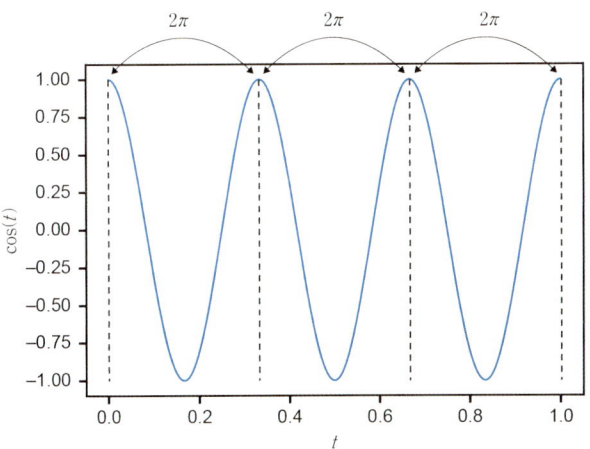

그림 13.11 코사인 함수의 그래프는 사인 함수의 그래프를 왼쪽으로 평행이동한 것이다.

오디오가 2π초마다 1번씩 반복된다는 건 주파수가 $1/2\pi \mathrm{Hz}(\fallingdotseq 0.159\mathrm{Hz})$임을 의미하는데, 이 값은 너무 낮아서 귀로 그 차이를 감지할 수 없다. 16비트 오디오에서는 진폭 1.0도 매우 작음을 확인할 수 있다. 이 문제를 해결하기 위해 파이썬 함수 make_sinusoid(frequency, amplitude)를 작성한다. 이 함수는 주파수와 진폭이 더 좋아지도록 사인 함수를 수직이나 수평으로 확대·축소한다. 주파수가 $441\mathrm{Hz}$이고 진폭이 $10{,}000$이면 들을 수 있는 음파를 나타낼 것이다.

이 함수를 만든 뒤, 같은 간격으로 추출한 $44{,}100$개 함숫값을 PyGame에 전달한다. 이처럼 함숫값을 추출하는 과정을 **샘플링**이라고 하는데, 샘플링을 수행하는 파이썬 함수 sample(f, start,end,count)를 곧 작성할 것이다. 이 함수는 $f(t)$값을 명시된 개수인 count만큼 얻는데, t값의 범위는 start와 end 사이이다. 우리가 원하는 정현 함수를 얻은 뒤에는 sample(sinusoid,0,1, 44100)을 실행해 $44{,}100$개 샘플로 이루어진 배열을 PyGame에 전달하고, 정현파 소리를 들을 수 있다.

13.3.2 정현 함수의 주파수 바꾸기

첫 번째 예시로 사인 함수와 그래프가 비슷하고 $t=0$과 $t=1$ 사이에서 그래프가 두 번 반복하는, 주파수가 2인 정현 함수를 생성해보자. 사인 함수의 주기는 2π이므로 사인 함수가 두 번 반복되려면 시간이 4π만큼 소요된다. [그림 13.12]를 보자.

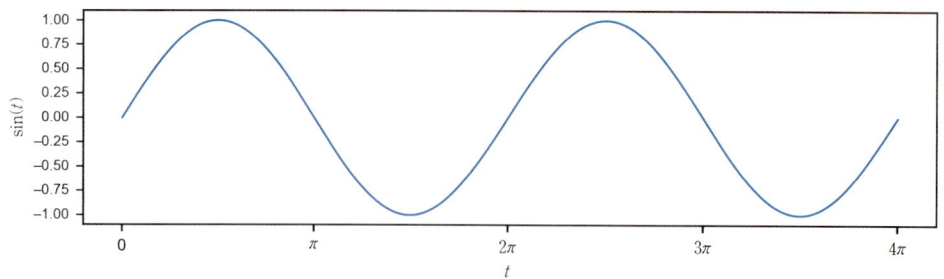

그림 13.12 사인 함수는 $t = 0$과 $t = 4\pi$ 사이에서 두 번 반복된다.

사인 함수 그래프를 두 주기만큼 얻으려면 사인 함수에 0부터 4π까지의 값을 입력한다. 그런데 지금은 입력할 변수 t가 0에서 1 사이 값이기를 원한다. 이러한 결과를 얻으려면 함수 $\sin(4\pi t)$를 사용한다. $t = 0$에서 $t = 1$이 될 때까지 사인 함수에 0에서 4π 사이의 모든 값이 입력되기 때문이다. [그림 13.13]에서 $\sin(4\pi t)$의 플롯은 [그림 13.12]의 그래프와 똑같이 생겼지만, 두 주기만큼의 사인 함수가 처음 1.0단위에 눌려 있다.

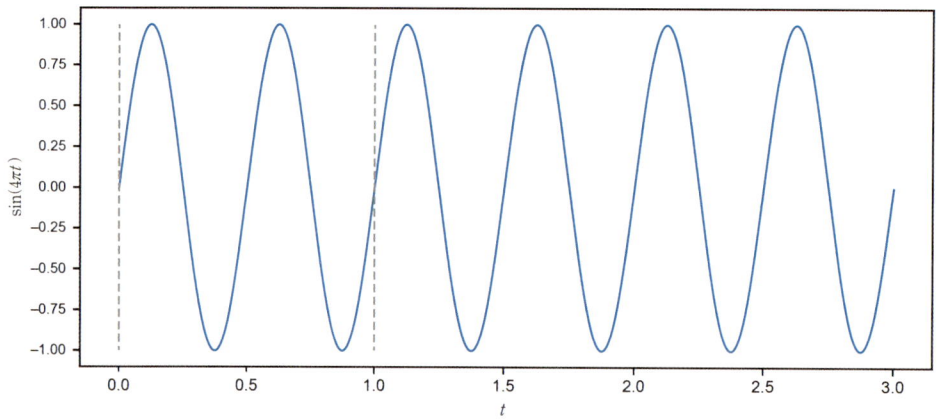

그림 13.13 $\sin(4\pi t)$의 그래프는 사인곡선적인데, t가 1단위 증가할 때마다 두 번 반복된다는 점에서 주파수가 2이다.

함수 $\sin(4\pi t)$의 주기는 2π가 아니라 $1/2$이며, 따라서 '눌림 인자'가 4π이다. 사인 함수의 원래 주기는 2π였지만, 새 함수의 주기는 원래 주기에서 4π배 축소되었다. 일반적으로 임의의 상수 k에 대해 $f(t) = \sin(kt)$ 꼴 함수의 주기는 k배만큼 축소된 $2\pi/k$이다. 이 함수의 주파수는 사인 함수의 원래 주파수인 $1/(2\pi)$에 k를 곱한 $k/2\pi$로 늘어난다.

주파수가 441인 정현 함수를 얻을 때 곱해야 할 적절한 k값은 $441 \cdot 2 \cdot \pi$이다. 이 값은 주파수가 다음과 같이 441로 만든다.

$$\frac{441 \cdot 2 \cdot \pi}{2\pi} = 441$$

이 정현 함수의 진폭을 늘리는 건 비교적 간단하다. 앞의 사인 함수에 상수 인수를 곱하면 곱한 인수 배만큼 진폭이 증가한다. 이를 바탕으로 `make_sinusoid` 함수를 정의할 수 있게 되었다.

```
def make_sinusoid(frequency,amplitude):    ┤리턴될 정현 함수 f(t)를 정의한다.
    def f(t):
        return amplitude * sin(2*pi*frequency*t)    ┤입력 t에 2·π와 주파수를 곱한 뒤,
    return f                                         이 사인 함수의 출력에 진폭을 곱한다.
```

예를 들어 주파수가 5이고 진폭이 4인 정현 함수를 만든 뒤 [그림 13.14]처럼 $t = 0$에서 $t = 1$까지 플로팅하여 확인할 수 있다.

```
>>> plot_function(make_sinusoid(5,4),0,1)
```

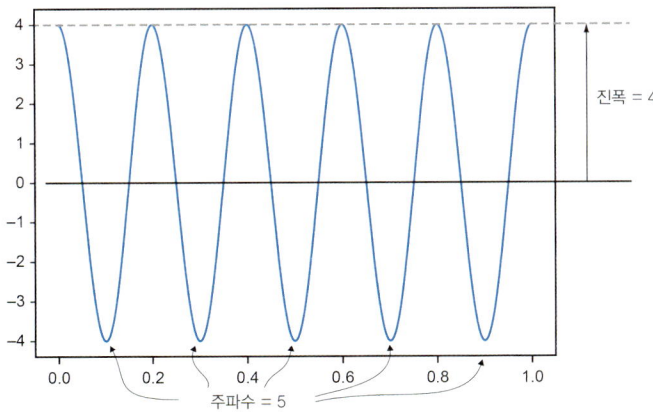

그림 13.14 `make_sinusoid(5,4)`의 그래프는 높이(진폭)이 4이고 $t = 0$에서 $t = 5$까지 동안 5번 반복하므로 주파수가 5이다.

이제 make_sinusoid(441,8000)의 결과로 얻은 주파수가 441 Hz이고 진폭이 8,000인 음파 함수를 다룬다.

13.3.3 음파의 샘플링과 재생하기

앞 절에서 언급한 음파를 재생하려면 PyGame에서 재생 가능한 수 배열을 샘플링으로 얻어야 한다. 먼저 다음과 같이 설정하자.

```
sinusoid = make_sinusoid(441,8000)
```

$t=0$에서 $t=1$까지 정의된 sinusoid 함수가 재생하려는 1초짜리 음파를 나타내자. 0과 1 사이의 t값을 일정 간격으로 44,100개 추출하면 함숫값은 sinusoid(t) 값에 대응할 것이다.

주어진 구간에서 일정 간격의 수를 제공하는 NumPy 함수인 np.arange를 사용할 수 있다. 예를 들어 np.arange(0,1,0.1)은 0부터 시작하고 1보다는 작은 10개의 수를 주는데, 이 수들은 0.1단위로 간격이 일정하다.

```
>>> np.arange(0,1,0.1)
array([0. , 0.1, 0.2, 0.3, 0.4, 0.5, 0.6, 0.7, 0.8, 0.9])
```

우리는 0과 1 사이의 시간값을 44,100개 사용할 것이므로, 간격을 1/44100단위로 일정하게 만들자.

```
>>> np.arange(0,1,1/44100)
array([0.00000000e+00, 2.26757370e-05, 4.53514739e-05, ...,
       9.99931973e-01, 9.99954649e-01, 9.99977324e-01])
```

이 배열의 각 성분을 앞의 정현 함수에 적용하면 새 NumPy 배열을 얻는다. NumPy 함수 np.vectorize(f)는 파이썬 함수 f를 입력으로 받아 배열의 **모든** 성분에 해당 함수 연산을 같게 적용해주는 새 함수를 만들어낸다. 따라서 np.vectorize(sinusoid) (arr)은 배열의 모든 성분에 정현 함수를 적용해준다.

함수의 샘플링 절차가 거의 끝났다. 마지막으로 앞의 결과를 NumPy 배열에 **astype** 메서드를 사용해 16비트 정숫값으로 변환한다. 이 모든 작업을 합치면, 다음과 같이 일반적인 샘플링 함수를 만든다.

```
def sample(f,start,end,count):
    mapf = np.vectorize(f)
    ts = np.arange(start,end,(end-start)/count)
    values = mapf(ts)
    return values.astype(np.int16)
```

- 함수의 입력은 샘플링할 함수 f, 범위의 시작(start)과 끝(end), 샘플링 값 개수이다.
- Numpy 배열에 적용할 수 있도록 f 형태를 만든다.
- 함수에 입력할 값을 주어진 범위에서 일정한 간격으로 생성한다.
- NumPy 배열의 모든 값에 함수를 적용한다.
- 결과 배열을 16비트 정숫값으로 변환해 리턴한다.

다음 함수를 추가하면 441 Hz 정현파의 소리를 들을 수 있다.

```
sinusoid = make_sinusoid(441,8000)
arr = sample(sinusoid, 0, 1, 44100)
sound = pygame.sndarray.make_sound(arr)
sound.play()
```

이 소리를 441 Hz 사각파와 함께 재생하면 같은 음이 나온다. 정확하게 말하면 두 소리는 음높이가 같다. 그러나 두 소리의 음질은 꽤 다르다. 정현파의 소리가 훨씬 부드럽다. 옛날 비디오 게임 소리보다는 플루트 소리처럼 들린다. 이러한 소리의 음질을 **음색**이라고 한다.

이 장의 남은 부분에서는 정현파의 조합으로 만든 음파에 초점을 둔다. 어떠한 모양의 음파도 정현파를 적절히 조합해서 근사할 수 있으며, 따라서 원하는 음색에 가깝게 만들 수 있음이 밝혀졌다.

13.3.4 연습문제

연습문제 풀이

연습문제 | 13.2

탄젠트 함수 $\tan(t) = \sin(t)/\cos(t)$를 플로팅하라. 이 함수의 주기를 구하라.

연습문제 | 13.3

$\sin(3\pi t)$의 주파수를 구하라. 이 함수의 주기를 구하라.

연습문제 | 13.4

주파수가 5인 $\cos(kt)$에 대하여 k값을 구하라. 함수 $\cos(kt)$를 0에서 1 범위에서 플로팅하고 이 그래프가 5번 반복됨을 보여라.

13.4 음파를 결합해 새 음파 만들기

여러분은 6장에서 함수를 벡터처럼 다룰 수 있음을 배웠다. 함수를 더하거나 스칼라곱을 해 새 함수를 만들 수 있다. 음파를 정의하는 함수의 일차결합을 만들면 새롭고 흥미로운 소리를 만들 수 있다.

파이썬에서 두 음파를 결합하는 가장 간단한 방법은 두 음파를 모두 샘플링한 다음 두 배열의 대응하는 값끼리 더해서 새 음파를 만드는 것이다. 먼저 서로 다른 주파수를 가진 샘플링된 음파를 더하는 파이썬 코드를 작성할 것인데, 결과는 마치 기타의 여러 현을 동시에 칠 때처럼 화음으로 들릴 것이다.

그렇게 한 뒤에 좀 어렵지만 놀라운 예시를 들어보려 한다. 바로 일차결합으로 서로 다른 주파수를 가진 수십 개의 정현파를 더하는 것이다. 그 결과는 앞에서 살펴본 사각파와 비슷하게 보이고 들린다.

13.4.1 샘플링된 음파를 더해 화음 만들기

NumPy 배열은 파이썬에서 보통의 + 연산자를 사용해 더할 수 있어서, 샘플링된(sampled) 음파를 쉽게 더할 수 있다. NumPy가 각 배열의 값들을 짝을 맞추어 더해 새로운 배열을 만드는 예는 다음과 같다.

```
>>> np.array([1,2,3]) + np.array([4,5,6])
array([5, 7, 9])
```

두 개의 샘플링된 음파를 이 연산으로 더하면 두 소리를 동시에 재생하는 것 같은 소리가 된다. 다음 두 샘플은 441Hz인 정현파 샘플과 551Hz인 정현파 샘플인데, 두 번째 샘플의 주파수는 첫 번째 샘플 주파수의 약 5/4이다.

```
sample1 = sample(make_sinusoid(441,8000),0,1,44100)
sample2 = sample(make_sinusoid(551,8000),0,1,44100)
```

PyGame이 한 샘플을 재생한 뒤 다음 샘플을 재생하도록 요청하면, 두 소리는 거의 동시에 재생된다. 다음 코드를 실행해보면 다른 음 2개로 이루어진 화음을 들을 수 있다. 마지막 두 줄 중에서 한 줄만 실행하면 2개의 개별 음 중 하나만 들린다.

```
sound1 = pygame.sndarray.make_sound(sample1)
sound2 = pygame.sndarray.make_sound(sample2)
sound1.play()
sound2.play()
```

이제 NumPy로 두 샘플 배열을 더해 새 배열을 만들고 PyGame에서 재생해보자. sample1과 sample2를 더하면 길이가 44,100인 새 배열이 만들어지며, 각 성분은 sample1과 sample2의 성분을 더한 것이다. 결과는 앞에서 재생한 소리와 똑같이 들린다.

```
chord = pygame.sndarray.make_sound(sample1 + sample2)
chord.play()
```

13.4.2 두 음파의 합 그리기

두 음파의 합의 그래프가 어떤 모양인지 살펴보자. 다음은 sample1(441Hz)과 sample2(551Hz)의 처음 400개 점을 나타낸 것이다. [그림 13.15]에서 sample1은 네 번의 주기로 이루어져 있지만, sample2는 다섯 번의 주기로 이루어져 있다.

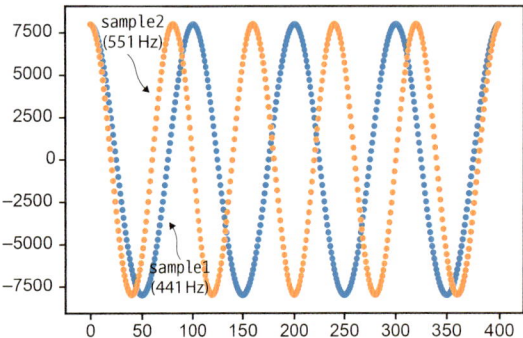

그림 13.15 sample1과 sample2의 첫 400개 점의 플롯

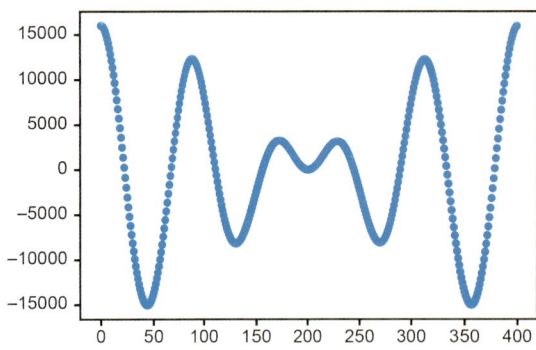

그림 13.16 두 음파의 합 sample1 + sample2를 플로팅했다.

sample1과 sample2가 두 정현파에서 만들어졌는데도 그 합이 정현파를 만들어내지 않음이 놀라울 수도 있다. 수열 sample1 + sample2의 진폭은 요동치는 음파를 따라가는 것 같다. [그림 13.16]은 두 음파의 합을 보여준다.

합이 왜 이런 모양으로 나타나는지 자세히 살펴보자. 합의 85번째 점 근처에서 두 음파는 크기가 크고 양의 값이므로 그 합도 큰 양의 값이다. 350번째 점 근처에서 두 음파는 크기가 크지만 음의 값이므로 그 합도 큰 음의 값이다. 두 음파가 정렬되어 굴곡이 맞아떨어지면 음파의 합은 더욱 커지는데(소리도 마찬가지다) 이를 **보강 간섭**(constructive interference)이라고 한다.

[그림 13.17]에는 두 음파의 값이 반대일 때(즉 200번째 점에서) 흥미로운 결과가 관찰된다. 구체적으로 sample1은 크기가 크고 양의 값이지만 sample2는 크기가 크고 음의 값이다. 두 음파 자체는 0에 전혀 가깝지 않으나 합은 0에 가까워진다. 이처럼 두 음파가 서로를 상쇄할 때, **상쇄 간섭**(destructive interference)이라고 한다.

두 음파는 주파수가 다르므로 보강 간섭과 상쇄 간섭이 번갈아 일어나며 서로 들락날락한다. 결론적으로 음파의 합은 정현파가 아니라 시간에 따라 진폭이 변화하는 것처럼 보인다. [그림 13.17]은 두 그래프를 나란히 보여주면서 두 샘플과 그 합 간의 관계를 보여준다. 보다시피 더해진 두 정현파의 상대적인 주파수가 결과 그래프의 모양에 영향을 준다. 이제 수십 개의 정현 함수의 일차결합을 만드는 더 극단적인 예시를 보여주겠다.

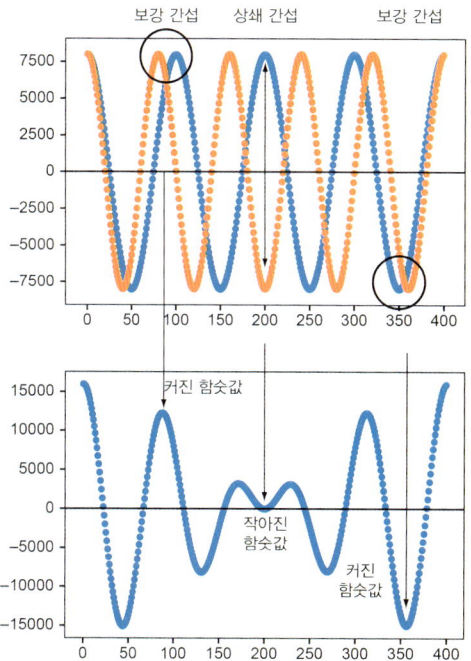

그림 13.17 보강 간섭인 곳에서 음파 합의 절댓값은 크며 상쇄 간섭인 곳에서 음파 합의 절댓값은 작다.

13.4.3 정현 함수의 일차결합 만들기

주파수가 서로 다른 정현 함수 집합부터 시작하겠다. 다음과 같이 시작하는 (원하는 개수만큼) 사인 함수의 리스트를 만들어보자.

$$\sin(2\pi t), \sin(4\pi t), \sin(6\pi t), \sin(8\pi t), \ldots$$

이 함수들은 주파수가 각각 1, 2, 3, 4, …이다. 마찬가지로 다음과 같은 코사인 함수의 리스트를 생각해보면, 이 함수들의 주파수는 각각 1, 2, 3, 4, …이다.

$$\cos(2\pi t), \cos(4\pi t), \cos(6\pi t), \cos(8\pi t), \ldots$$

여기에서 주파수가 서로 다른 정현 함수들이 필요할 만큼 많다면, 정현 함수들의 일차결합을 취해 매우 다양한 모양을 만들어낼 수 있을지가 핵심이다. 후에 살펴볼 이유로 인해서 이 일차결합에는 상수 함수 $f(x) = 1$도 포함한다. 가장 높은 주파수를 N이라고 하면 사인 함수, 코사인 함수, 상수 함수로 만들 수 있는 가장 일반적인 일차결합은 [그림 13.18]과 같다.

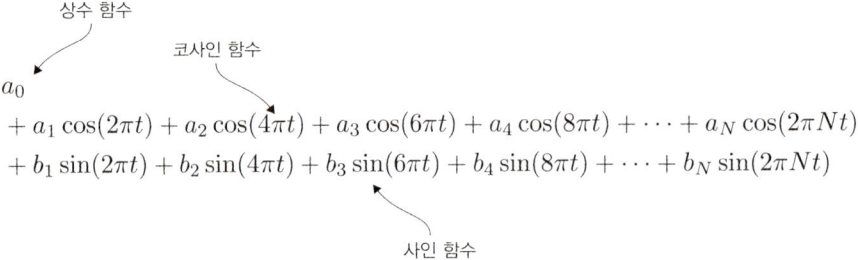

그림 13.18 일차결합에 등장하는 사인 및 코사인 함수

이 일차결합은 푸리에 급수의 일종으로, 그 자체로 변수 t에 대한 함수이기도 하다. 이 일차결합은 상수항 a_0, 코사인 함수의 계수 a_1부터 a_N, 사인 함수의 계수 b_1부터 b_N이라는 $2N+1$개의 수에 의해 명시된다. 이 함숫값은 주어진 t값을 모든 사인 함수와 코사인 함수에 대입한 뒤 그 결과로 이루어진 일차결합을 계산하면 된다. 이를 파이썬으로 해보자. 이를 통해 여러 푸리에 급수를 시험해볼 수 있다.

`fourier_series` 함수는 단일 상수인 a_0와 계수 $a_1, \ldots, a_N$을 포함하는 리스트 a, 그리고 $b_1, \ldots, b_N$을 포함하는 리스트 b를 입력으로 받는다. 이 함수는 두 배열의 길이가 달라도 명시되지 않은 계수를 0으로 처리해서 동작한다. 사인의 주파수와 코사인의 주파수는 1부터 시

작지만 파이썬에서 자연수는 0부터 세기 때문에, 각 배열의 인덱스 n의 계수에 대응하는 주파수는 $(n+1)$임에 주의하자.

```
def const(n):
    return 1

def fourier_series(a0,a,b):
    def result(t):
        cos_terms = [an*cos(2*pi*(n+1)*t)
            for (n,an) in enumerate(a)]
        sin_terms = [bn*sin(2*pi*(n+1)*t)
            for (n,bn) in enumerate(b)]
        return a0*const(t) + \
            sum(cos_terms) + sum(sin_terms)
    return result
```

- 임의의 입력에 대해 1을 리턴하는 상수 함수를 만든다.
- 모든 코사인 항과 각 항에 대응하는 상수를 곱해 리스트를 만든다.
- 모든 사인 항과 각 항에 대응하는 상수를 곱해 리스트를 만든다.
- 상수 계수 a_0와 상수 함수 (1)의 값을 곱한 뒤 앞의 두 리스트와 함께 모두 더한다.

다음 코드는 $b_4 = 1$와 $b_5 = 1$로 두고 나머지 상수는 0으로 둔 뒤 위의 함수를 호출한 예시이다. 이 일차결합은 매우 짧은 푸리에 급수 $\sin(8\pi t) + \sin(10\pi t)$인데, 이 급수의 플롯은 [그림 13.19]에 나타내었다. 두 항의 주파수 비가 $4:5$이기 때문에, 이 일차결합의 결과는 앞에서 그린 그래프 [그림 13.17]과 비슷하게 보여야 한다.

```
>>> f = fourier_series(0,[0,0,0,0,0],[0,0,0,1,1])
>>> plot_function(f,0,1)
```

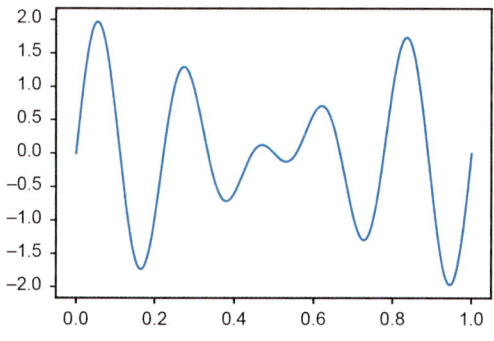

그림 13.19 푸리에 급수 $\sin(8\pi t) + \sin(10\pi t)$의 그래프

이 코드는 파이썬 함수가 잘 작동하는지 확인할 수 있는 좋은 테스트이지만, 아직 푸리에 급수의 힘을 보여주진 않는다. 항이 더 많은 푸리에 급수를 시도해보자.

13.4.4 정현 함수로 익숙한 함수 만들기

상수항도 코사인 항도 없지만 더 많은 사인 항을 포함한 푸리에 급수를 만들어 보자. 구체적으로 $b_1, b_2, b_3, \ldots$ 에 대한 다음 수열값을 사용한다.

$$b_1 = \frac{4}{\pi}, \quad b_2 = 0$$

$$b_3 = \frac{4}{3\pi}, \quad b_4 = 0$$

$$b_5 = \frac{4}{5\pi}, \quad b_6 = 0$$

$$b_7 = \frac{4}{7\pi}, \quad \ldots$$

모든 짝수 n에 대해 $b_n = 0$이고 모든 홀수 n에 대해 $b_n = 4/(n\pi)$로 두자. 이는 원하는 만큼 많은 항을 가진 푸리에 급수를 만들 기반이 된다. 예를 들어 0이 아닌 첫 번째 항은 $\frac{4}{\pi}\sin(2\pi t)$이며 다음 항을 더하면 이 급수는 다음과 같다.

$$\frac{4}{\pi}\sin(2\pi t) + \frac{4}{3\pi}\sin(6\pi t)$$

코드로 작성하면 다음과 같다. [그림 13.20]에는 첫 번째 항의 그래프와 처음 두 항을 더한 함수의 그래프를 동시에 플로팅했다.

```
>>> f1 = fourier_series(0,[],[4/pi])
>>> f3 = fourier_series(0,[],[4/pi,0,4/(3*pi)])
>>> plot_function(f1,0,1)
>>> plot_function(f3,0,1)
```

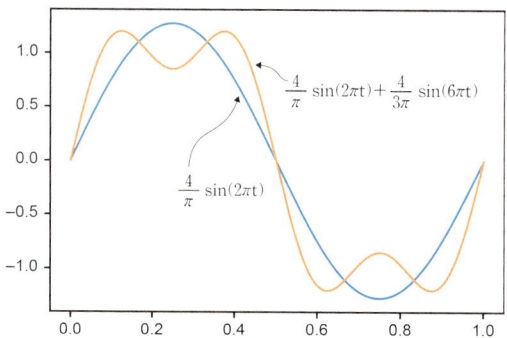

그림 13.20 푸리에 급수의 첫 번째 항과 처음 두 항의 합의 플롯

리스트 컴프리헨션을 사용해서 사용 계수 b_n으로 이루어진 훨씬 긴 리스트를 만들어내면, 이 리스트로 프로그래밍해서 푸리에 급수를 구성할 수 있다. 이때 코사인 계수의 리스트는 비워두는데, 모든 a_n값이 0으로 설정된다.

```
b = [4/(n * pi)
     if n%2 != 0 else 0 for n in range(1,10)]
f = fourier_series(0,[],b)
```

홀수 n에 대해 $b_n = 1/(n\pi)$, 짝수 n에 대해 $b_n = 0$을 나열한다.

이 리스트의 범위는 $1 \leq n < 10$이므로 0이 아닌 계수는 b_1, b_3, b_5, b_7, b_9이다. 이 항들로 인해 이 푸리에 급수의 그래프는 [그림 13.21]과 같다.

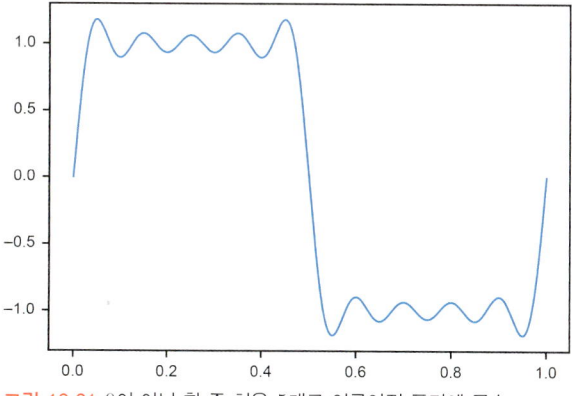

그림 13.21 0이 아닌 항 중 처음 5개로 이루어진 푸리에 급수

그림을 보면 보강 간섭과 상쇄 간섭이 흥미로운 패턴을 만든다! $t = 0$과 $t = 1$ 주변에서는 모든 사인 함수가 동시에 증가하지만 $t = 0.5$ 주변에서는 모든 사인 함수가 동시에 감소한다. 이 부근에서는 보강 간섭의 효과가 우세하지만 다른 영역에서는 보강 간섭과 상쇄 간섭이 번갈아 나타나면서 그래프가 상대적으로 평평하다. [그림 13.22]처럼 n의 범위를 19까지 늘리면 0이 아닌 항이 10개 등장하고, 효과는 더욱 두드러진다.

```
>>> b = [4/(n * pi) if n%2 != 0 else 0 for n in range(1,20)]
>>> f = fourier_series(0,[],b)
```

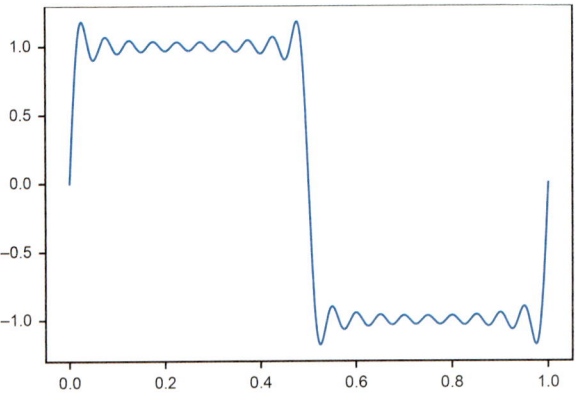

그림 13.22 0이 아닌 항 중 처음 10개로 이루어진 푸리에 급수

n의 범위를 99까지 늘리면 사인 함수의 합이 50개가 된다. 이 함수는 값이 갑작스럽게 널뛰는 것 외에는 거의 평평하다. [그림 13.23]을 보자.

```
>>> b = [4/(n * pi) if n%2 != 0 else 0 for n in range(1,100)]
>>> f = fourier_series(0,[],b)
```

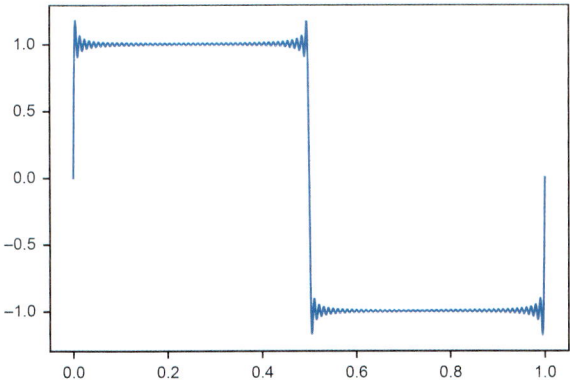

그림 13.23 99개의 항을 가진 푸리에 급수의 그래프는 0, 0.5, 1.0에서의 큰 움직임 외에는 거의 평평하다.

그림을 축소해보면 이 푸리에 급수가 이 장의 초반에서 플로팅했던 사각파와 점점 가까워지는 것을 알 수 있다. [그림 13.24]를 보라.

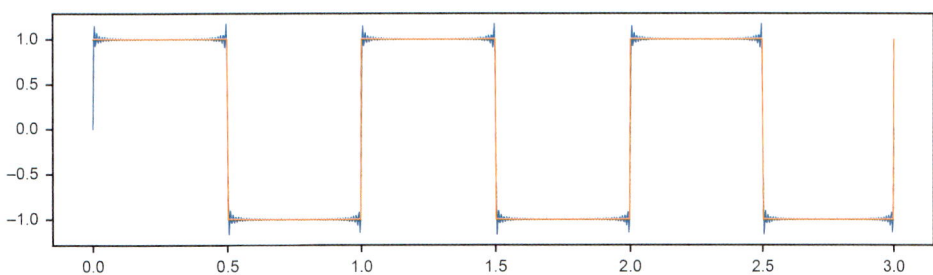

그림 13.24 0이 아닌 항 중 처음 50개를 가져와 만든 푸리에 급수는 이 장에서 처음 만난 함수인 사각파와 유사하다.

우리는 정현 함수의 일차결합으로 사각파 함수를 근사했다. 이런 작업은 직관적이진 않다! 푸리에 급수에 등장하는 정현파는 둥글고 매끄럽지만 사각파는 평평하고 들쭉날쭉하기 때문이다. 우리는 이 근사 결과를 리버스 엔지니어링하는 법, 즉 임의의 주기함수로부터 이 함수를 근사하는 푸리에 급수의 계수를 구하는 방법을 보여주면서 이번 장을 마무리할 것이다.

13.4.5 연습문제

연습문제 | 13.5 미니 프로젝트

앞의 사각파 푸리에 급수를 수정해서 주파수를 441Hz로 만들고, 이를 샘플링해 모양만 사각파가 아님을 확인하라. 이 샘플링 결과는 사각파와 마찬가지인 소리를 내야 한다.

13.5 음파를 푸리에 급수로 분해하기

우리의 마지막 목표는 사각파와 같은 임의의 주기함수를 입력으로 받아, 정현 함수의 일차결합으로 주기함수(또는 주기함수를 근사하는 함수)를 나타내는 법을 이해하는 것이다. 이는 임의의 음파를 순수한 음의 조합으로 쪼개는 작업이다. 처음에는 화음을 정의하는 음파를 살펴보고 화음을 구성하는 음을 특정할 것이다. 더 나아가 대화 소리, 개 짖는 소리, 자동차 엔진 소리 등 임의의 소리를 일정한 음으로 쪼갤 수 있다. 이러한 결과의 이면에는 몇 가지 우아한 수학적 발상이 있다. 이제 이 발상을 이해할 때 필요한 배경지식을 모두 갖추었다.

함수를 푸리에 급수로 분해하는 과정은 1부에서 벡터를 기저 벡터의 일차결합으로 나타내는 것과 유사하다. 비유하자면 이렇다. 함수의 벡터공간에서 사각파와 같은 어떤 함수에 관심을 두고 있다고 하자. 이때, 우리가 사용할 기저를 함수 $\sin(2\pi t), \sin(4\pi t), \sin(6\pi t), \ldots$ 의 집합이라고 하자. 13.3절에서 우리는 사각파를 다음과 같이 시작하는 일차결합으로 근사할 수 있었다.

$$\frac{4}{\pi}\sin(2\pi t) + \frac{4}{3\pi}\sin(6\pi t) + \cdots$$

함수의 무한 차원 공간에서 기저 벡터 중 두 개의 벡터 $\sin(2\pi t)$와 $\sin(6\pi t)$를 수직인 두 방향으로 상상하고, 나머지 기저 벡터들로 다른 방향을 표현할 수 있다고 하자. 이때, 사각파는 $\sin(2\pi t)$ 방향으로 길이가 $4/\pi$인 성분과 $\sin(6\pi t)$ 방향으로 길이 $4/3\pi$인 성분을 가진다. 사각파를 이 기저로 나타낼 때, 두 성분은 [그림 13.25]처럼 무수히 많은 좌표 리스트 중에서 처음 두 좌표를 나타낸다.

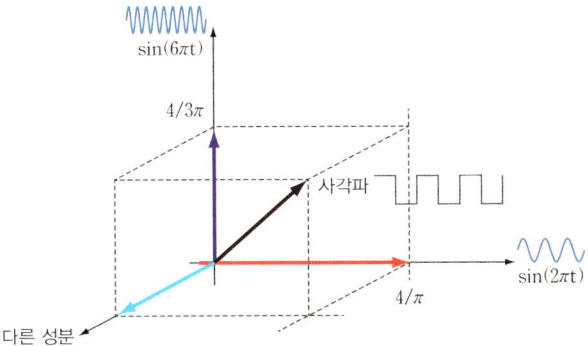

그림 13.25 사각파는 $\sin(2\pi t)$ 방향에서 길이 $4/\pi$인 성분과 $\sin(6\pi t)$ 방향에서 길이가 $4/(3\pi)$인 성분을 가진 함수 공간의 벡터라고 생각할 수 있다. 사각파는 이 두 성분 외에도 무수히 많은 성분을 가지고 있다.

우리는 주기가 1인 주기함수 f와 원하는 계수의 개수 N을 입력으로 받는 `fourier_coefficients(f,N)`을 작성할 수 있다. 이 함수는 상수 함수 및 $1 \leq n < N$인 모든 함수 $\cos(2n\pi t)$와 $\sin(2n\pi t)$를 함수 벡터공간의 각 방향으로 간주해 각 방향에서 f의 성분을 구한다. 이 함수는 상수 함수를 나타내는 **푸리에 계수**(Fourier coefficient) a_0, 푸리에 계수의 리스트 $a_1, a_2, ..., a_N$, 푸리에 계수의 리스트 $b_1, b_2, ..., b_N$을 결과로 리턴한다.

13.5.1 내적으로 벡터 성분 찾기

6장에서 2차원 벡터와 3차원 벡터 연산과 비슷하게 함수의 벡터합과 스칼라곱을 다룬 바 있다. 그리고 벡터에 대한 내적과 비슷하게 함수에 대한 내적이 필요하다. 우리가 일반적으로 써온 벡터에 대한 내적(dot product)은 **일반화된 내적**(inner product)의 한 사례로 볼 수 있는데,[5] 사실 두 벡터가 정렬한 정도를 스칼라로 측정하면서도 곱 연산의 성질을 만족하는 방법을 모두 내적이라고 부를 수 있기 때문이다.

잠시 3차원으로 돌아가 내적을 사용해서 3차원 벡터의 성분을 구하는 법을 보인 뒤, 같은 방법으로 정현 함수를 기저로 사용해서 함수의 성분을 구할 것이다. 표준 기저 벡터 $\mathbf{e}_1 = (1,0,0), \mathbf{e}_2 = (0,1,0), \mathbf{e}_3 = (0,0,1)$의 방향에 따라 벡터 $\mathbf{v} = (3,4,5)$의 성분을 구하는 문제를 생각해보자. 이런 질문의 답은 너무나 뻔하다. 성분이 각각 3, 4, 5니까 말이다.

---

5 (옮긴이) 고등학교와 대학교에서 으레 점곱과 내적을 구분하지 않아 이 책에서도 굳이 구분하지는 않았다. 원문은 점곱(dot product)과 내적(inner product)을 구분하였다.

좌표 (3,4,5)가 의미하는 바이기도 하고!

여기서는 내적을 다른 방식으로 사용해서 $\mathbf{v} = (3,4,5)$의 성분을 구하는 법을 보여주겠다. 이미 답을 알고 있으니 쓸데없어 보일 수 있지만, 함수 벡터에서 유용한 방법이다. 각 표준 기저 벡터와 $\mathbf{v}$를 내적하면 각 성분 하나를 얻는다.

$$\mathbf{v} \cdot \mathbf{e}_1 = (3,4,5) \cdot (1,0.0) = 3+0+0 = 3$$
$$\mathbf{v} \cdot \mathbf{e}_2 = (3,4,5) \cdot (0,1,0) = 0+4+0 = 4$$
$$\mathbf{v} \cdot \mathbf{e}_3 = (3,4,5) \cdot (0,0,1) = 0+0+5 = 5$$

위 내적은 $\mathbf{v}$를 표준 기저의 일차결합 $\mathbf{v} = 3\mathbf{e}_1 + 4\mathbf{e}_2 + 5\mathbf{e}_3$로 만들어준다. 하지만 주의하라. 이 방법은 우리가 사용한 내적이 거리와 각도에 관련된 정의와 맞아떨어지기 때문에 동작할 뿐이다. 구체적으로는, 서로 다른 임의의 두 표준 기저 벡터는 수직이며 그 내적은 0이다.

$$\mathbf{e}_1 \cdot \mathbf{e}_2 = \mathbf{e}_2 \cdot \mathbf{e}_3 = \mathbf{e}_3 \cdot \mathbf{e}_1 = 0$$

그리고 같은 두 표준 기저 벡터의 내적은 기저 벡터의 길이 1을 도출한다.

$$\mathbf{e}_1 \cdot \mathbf{e}_1 = \mathbf{e}_2 \cdot \mathbf{e}_2 = \mathbf{e}_3 \cdot \mathbf{e}_3 = |\mathbf{e}_1|^2 = |\mathbf{e}_2|^2 = |\mathbf{e}_3|^2 = 1$$

내적 결과를 보면 각 표준 기저 벡터가 다른 표준 기저 벡터 방향에서의 성분을 전혀 포함하지 않는다. 여기에서 각 표준 기저 벡터는 자기 방향에서의 성분이 1이다. 따라서 함수의 성분을 계산하는 내적을 만들려면 사용하는 기저가 이렇게 바람직한 성질들을 만족시켜야 한다. 다시 말해 $\sin(2\pi t), \cos(2\pi t)$ 등과 같은 기저 함수에서 서로 다른 두 함수를 어떻게 선택하더라도 모두 수직이며 각 함수의 길이는 1이어야 한다. 이제 함수에 대한 내적을 만든 뒤 이러한 성질을 만족하는지 확인하겠다.

13.5.2 주기함수의 내적 정의하기

$f(t)$와 $g(t)$가 $t = 0$에서 $t = 1$까지 정의된 두 함수이고, 이 함수들이 t의 한 단위마다 반복된다고 가정하자.[6] f와 g의 내적을 $\langle f, g \rangle$라고 표기하고 정적분을 사용해 다음과 같이 정의할 수 있다.

---

6 (옮긴이) 수학적으로는 이 함수들의 주기가 1이라고 가정한다.

$$\langle f,g \rangle = 2 \cdot \int_0^1 f(t)g(t)dt$$

이 내적의 정적분을 (8장처럼) 리만합으로 근사해서 파이썬 코드로 구현해보자. 그러면 이 내적이 익숙한 내적처럼 동작하는지에 대한 감을 잡을 수 있다. 다음에 나타낸 것처럼 이 리만합은 기본값으로 1,000개의 타임스텝을 가진다.

```
def inner_product(f,g,N=1000):
    dt = 1/N          ◁──┤ dt 크기는 초깃값으로 1/1000 = 0.001이다.
    return 2*sum([f(t)*g(t)*dt
                  for t in np.arange(0,1,dt)])  ◁──┤ 매 타임스텝마다 적분에 더해지는 값은
                                                   │ $f(t)g(t)dt$이다. 내적의 정의식에
                                                   │ 따라, 적분 결과에는 2가 곱해진다.
```

벡터의 내적과 마찬가지로 이 적분 근사는 두 입력 벡터에서 얻은 값끼리 곱한 뒤 합한 것이다. 벡터의 내적이 좌표의 곱의 합이었던 것과 달리, 이 적분 근사는 함숫값의 곱의 합이라는 게 다르다. 함숫값을 무수히 많은 좌표의 집합으로 간주하면 이 내적은 이러한 좌표들에 대한 일종의 '무한 차원 내적'이라고 생각할 수 있다.

이 내적을 좀 다루어보자. 편의상 기저의 n번째 사인 함수와 n번째 코사인 함수를 만들어내는 파이썬 함수를 정의한 뒤 inner_product 함수로 이 함수들을 테스트한다. 이 함수들은 13.3.2절에서 등장한 make_sinusoid 함수를 단순화한 버전에 가깝다.

```
def s(n):     ◁──┤ s(n)은 정수 n을 입력으로 받아 함수 $\sin(2n\pi t)$를 리턴한다.
    def f(t):
        return sin(2*pi*n*t)
    return f
def c(n):     ◁──┤ c(n)은 정수 n을 입력으로 받아 함수 $\cos(2n\pi t)$를 리턴한다.
    def f(t):
        return cos(2*pi*n*t)
    return f
```

두 3차원 벡터 $(1,0,0)$과 $(0,1,0)$을 내적하면 0을 리턴하는데, 두 벡터가 수직임을 확인해

준다. 이 내적은 기저 함수에서 선택한 임의의 두 함수가 (근사적으로) 서로 수직임을 보여준다. 다음을 살펴보자.

```
>>> inner_product(s(1),c(1))
4.2197487366314734e-17
>>> inner_product(s(1),s(2))
-1.4176155163484784e-18
>>> inner_product(c(3),s(10))
-1.7092447249233977e-16
```

내적이 리턴한 수들은 0에 극히 가까우므로 $\sin(2\pi t)$와 $\cos(2\pi t)$, $\sin(2\pi t)$와 $\sin(4\pi t)$, $\cos(6\pi t)$와 $\cos(20\pi t)$가 수직임을 확인해준다. 여기서 다루지는 않겠지만 실제 적분 공식을 사용해서 임의의 정수 n과 m에 대해 다음이 참임을 **증명**(prove)할 수 있다.

$$\langle \sin(2n\pi t), \cos(2m\pi t) \rangle = 0$$

또한 임의의 서로 다른 정수 n과 m에 대하여 다음 두 식이 성립한다.

$$\langle \sin(2n\pi t), \sin(2m\pi t) \rangle = 0$$
$$\langle \cos(2n\pi t), \cos(2m\pi t) \rangle = 0$$

이 결과를 다시 말하면 서로 다른 모든 정현 기저 함수는 내적 관점에서 수직이다. 각 정현 기저 함수는 다른 정현 기저 함수의 방향에 대한 성분을 포함하지 않는다. 이제 내적 관점에서 각 기저 벡터들이 각자의 방향에 대해 1이라는 성분을 가짐을 확인해야 한다. 실제로 오차 범위 내에서 참임을 확인할 수 있다.

```
>>> inner_product(s(1),s(1))
1.0000000000000002
>>> inner_product(c(1),c(1))
0.9999999999999999
>>> inner_product(c(3),c(3))
1.0
```

여기서 다루진 않겠지만 적분 공식을 이용하면 임의의 정수 n에 대해 다음 두 식이 성립한다.

$$\langle \sin(2n\pi t), \sin(2n\pi t) \rangle = 1$$
$$\langle \cos(2n\pi t), \cos(2n\pi t) \rangle = 1$$

마지막으로 상수 함수를 논의에 포함하여 정리할 필요가 있다. 이제 푸리에 급수에 상수항을 넣어야 하는 이유를 설명할 수 있다. 상수 함수는 함수의 기저를 완성하는 데 필요하다. 상수 함수를 포함하지 않는다면 3차원 공간의 기저에서 e_2를 생략하고 e_1와 e_3으로 문제를 푸는 것과 마찬가지다. 생략해보면 알겠지만, 그러한 기저 벡터로는 간단히 만들 수 없는 함수들이 생긴다.

임의의 상수 함수는 기저에 있는 모든 사인 함수와 코사인 함수에 수직이다. 하지만 상수 함수의 방향에서 성분이 1이 되도록 상수 함수의 값을 정해야 한다. 즉, 파이썬 함수 const(t)를 구현하려면 inner_product(const,const)가 1을 리턴하도록 해야 한다. 이러한 결과를 얻도록 하는 const의 올바른 값은 $1/\sqrt{2}$ 임을 보일 수 있다(이 값이 맞는지 뒤에 나오는 연습문제에서 확인할 수 있다).

```
from math import sqrt

def const(n):
    return 1 /sqrt(2)
```

이렇게 정의한 상수 함수가 앞에서 요구한 성질을 올바로 만족하는지 확인할 수 있다.

```
>>> inner_product(const,s(1))
-2.2580204307905138e-17
>>> inner_product(const,c(1))
-3.404394821604484e-17
>>> inner_product(const,const)
1.0000000000000007
```

이제 주기함수의 푸리에 계수를 구하는 데 필요한 도구는 모두 갖췄다. 또한 푸리에 계수는 우리가 정의한 기저에서 함수의 성분에 지나지 않음을 알게 되었다.

13.5.3 푸리에 계수를 찾는 함수 작성하기

3차원 예제에서 벡터 v와 기저 벡터 e_i의 내적을 구하면 e_i 방향에서 v의 성분을 얻음을 보았다. 주기함수 f에 대해서도 같은 과정을 진행해보자.

$n \geq 1$에 대한 계수 a_n은 기저 함수 $\cos(2n\pi t)$의 방향에서 f의 성분을 알려준다. 이 계수는 f와 기저 함수의 내적으로 계산된다.

$$a_n = \langle f, \cos(2n\pi t) \rangle \quad (단, \ n \geq 1)$$

마찬가지로 모든 푸리에 계수 b_n은 기저 함수 $\sin(2n\pi t)$의 방향에서 f의 성분을 알려주며, 다음과 같은 내적으로 계산할 수 있다.

$$b_n = \langle f, \sin(2n\pi t) \rangle$$

마지막으로 수 a_0는 f와 상수 함수의 내적이며, 값은 $1/\sqrt{2}$이다. 지금까지 본 푸리에 계수는 모두 이미 작성해 둔 파이썬 함수로 계산할 수 있기에 우리가 작성해야 할 함수인 fourier_coefficients(f,N)에서는 합치기만 하면 된다. 이 함수의 첫 인자는 해석할 함수이며, 두 번째 인자는 해석할 때 필요한 사인 항의 최대 개수이자 코사인 항의 최대 개수를 나타낸다는 것을 기억하자.

```
def fourier_coefficients(f,N):
    a0 = inner_product(f,const)
    an = [inner_product(f,c(n))
          for n in range(1,N+1)]
    bn = [inner_product(f,s(n))
          for n in range(1,N+1)]
    return a0, an, bn
```

상수항 a_0는 f와 상수 기저 함수의 내적이다.

$1 \leq n < N+1$에 대해, 계수 a_n은 f와 $\cos(2n\pi t)$의 내적이다.

$1 \leq n < N+1$에 대해, 계수 b_n은 f와 $\sin(2n\pi t)$의 내적이다.

적합성 확인(sanity check) 차원에서 푸리에 급수를 이 함수에 전달하면 급수의 본래 계수를 돌려받아야 한다. 예를 들면 다음과 같은 결과가 나온다.

```
>>> f = fourier_series(0,[2,3,4],[5,6,7])
>>> fourier_coefficients(f,3)
(-3.812922200197022e-15,
 [1.9999999999999887, 2.999999999999999, 4.0],
 [5.000000000000002, 6.000000000000001, 7.0000000000000036])
```

참고_ 함수 fourier_series의 정의를 생각하면 const(n)이 $f(t)=1$을 리턴하는 게 자연스러울 것 같은데 왜 $f(t)=1/\sqrt{2}$ 을 리턴해야 하는지 의문을 품었을 수 있다. 처음 const(n)이 $f(t)=1$을 리턴한다고 수정하면. 다음과 같이 상수항의 계수가 이상하게 나온다.

```
>>> g = fourier_series(1,[2,3,4],[5,6,7])
>>> fourier_coefficients(g,3)
(1.999999999999995,
 [2.0, 2.999999999999999, 4.0],
 [4.999999999999994, 6.000000000000009, 7.0])
```

상수항이 0이 아닌 경우에도 입력과 출력이 일치하려면 const 함수를 $f(t)=1$이 아니라 $f(t)=1/\sqrt{2}$ 이 되도록 개선해야 한다. [연습문제 13.8]을 참고하라.

이제 푸리에 계수의 계산을 자동화하였으니 흥미롭게 생긴 주기함수들의 푸리에 근사를 만들어보면서 우리의 탐험을 마무리하겠다.

13.5.4 사각파의 푸리에 계수 구하기

직전 절에서 사각파에 대한 푸리에 계수는 n이 홀수일 때의 계수 b_n을 제외하면 모두 0이었다. 이는 푸리에 급수가 n이 홀수일 때의 함수 $\sin(2n\pi t)$의 일차결합으로 만들어짐을 알려준다. 그 때에는 n이 홀수일 때 이 계수를 $b_n = 4/(n\pi)$라고 두었는데, 왜 그렇게 설정해야 했는지는 설명하지 않았다. 이제 그 이유를 살펴볼 수 있다.

사각파가 t가 한 단위 증가할 때마다 반복되게 하려면 파이썬에서 t % 1의 값을 사용하면 된다. 이 식은 t의 소수부(fractional part)를 계산해준다. 예를 들어 2.3 % 1은 0.3이고 0.3 % 1도 0.3인데, t % 1을 사용해 작성된 함수는 자동적으로 주기가 1인 주기함수이다. 사각파는 t % 1 < 0.5일 때 +1을 값으로 갖고 나머지 경우 -1을 값으로 갖는다.

```
def square(t):
    return 1 if (t%1) < 0.5 else -1
```

이 사각파의 푸리에 계수 중 처음 10개를 살펴보자. 다음을 실행해보자.

```
a0, a, b = fourier_coefficients(square,10)
```

이때 a_0, a의 성분, b의 짝수 번째 성분이 모두 작음을 알 수 있다. 한편, 파이썬 배열은 0부터 인덱스가 부여되기 때문에 b_1, b_3, b_5 등의 값이 파이썬에서 **b[0]**, **b[2]**, **b[4]**, ... 임에 주의해야 한다. 이제 각 값을 비교해보면 예상한 값에 가까움을 알 수 있다.

```
>>> b[0], 4/pi
(1.273235355942202, 1.2732395447351628)
>>> b[2], 4/(3*pi)
(0.4244006151333577, 0.4244131815783876)
>>> b[4], 4/(5*pi)
(0.2546269646514865, 0.25464790894703254)
```

우리는 이미 이러한 계수를 가진 푸리에 급수가 사각파 그래프를 잘 근사함을 보았다. 이제까지 본 적 없는 예제 함수를 2개 살펴보고, 함수와 푸리에 급수를 같이 플로팅해서 근사가 잘 되는지 확인한 뒤 이 절을 마치기로 하자.

13.5.5 다른 파형의 푸리에 계수 구하기

사각파 그래프 외에 푸리에 급수로 표현할 수 있는 다른 함수를 생각해보자. [그림 13.26]은 **톱니파**(sawtooth wave)라고 하는 흥미로운 모양의 새 파형(waveform)을 보여준다.

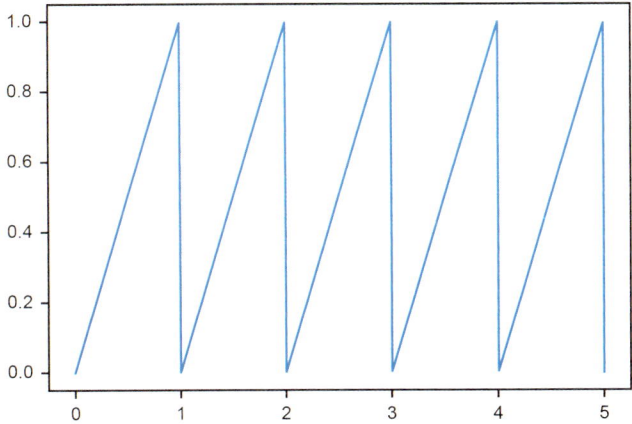

그림 13.26 5주기에 걸쳐 플로팅된 톱니파

$t = 0$에서 $t = 1$까지 구간에서 톱니파는 함수 $f(t) = t$와 동일하며, 이를 한 단위마다 반복한다. 파이썬 함수로 톱니파는 다음과 같이 간단하게 정의한다.

```
def sawtooth(t):
    return t%1
```

최대 10개의 사인 항과 코사인 항으로 구성된 푸리에 급수 근사를 살펴보려면 우리가 만든 푸리에 급수 함수에 푸리에 계수를 바로 대입하면 된다. 이를 [그림 13.27]처럼 톱니파 그래프와 같이 플로팅해보면 잘 들어맞음을 볼 수 있다.

```
>>> approx = fourier_series(*fourier_coefficients(sawtooth,10))
>>> plot_function(sawtooth,0,5)
>>> plot_function(approx,0,5)
```

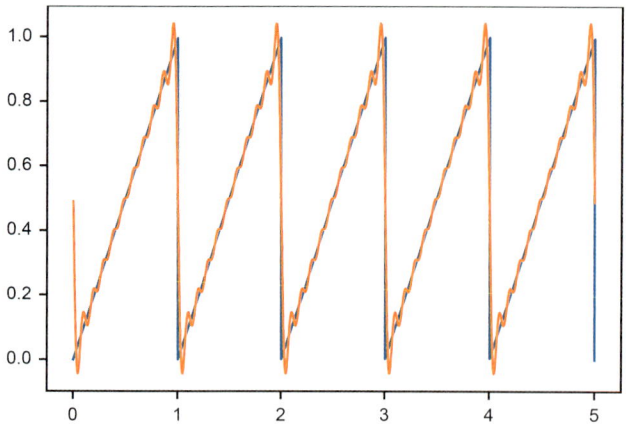

그림 13.27 [그림 13.26]의 원래 톱니파와, 톱니파를 푸리에 급수로 근사한 함수의 플롯

다시 말하지만 매끄러운 함수인 사인파와 코사인파를 일차결합하기만 해도 가장자리가 날카로운 함수에 이렇게까지 근접할 수 있다니 놀라울 뿐이다. 이 함수는 상수항의 계수 a_0가 0이 아니다. 톱니파의 모든 값이 0보다 크거나 같지만 사인 함수와 코사인 함수가 모두 음수일 수 있으므로 그럴 수밖에 없다.

마지막 예제로 이 책의 소스 코드에서 speedbumps(t)라고 정의한 함수를 살펴보자. [그림 13.28]은 이 함수의 그래프를 보여준다.

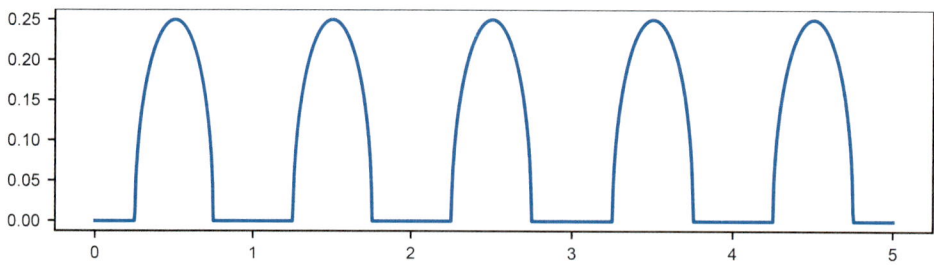

그림 13.28 평평한 구간과 둥근 돌기가 번갈아 등장하는 speedbumps(t) 함수

이 함수의 구현은 중요하지 않다. 코사인 함수의 계수는 0이 아니지만 사인 함수의 계수는 모두 0이라는 점이 흥미롭다. 항을 10개만 사용해도 괜찮게 근사할 수 있다. [그림 13.29]는 a_0와 코사인 항 10개로 이루어진 푸리에 급수의 그래프를 보여준다(계수 b_n은 모두 0이다).

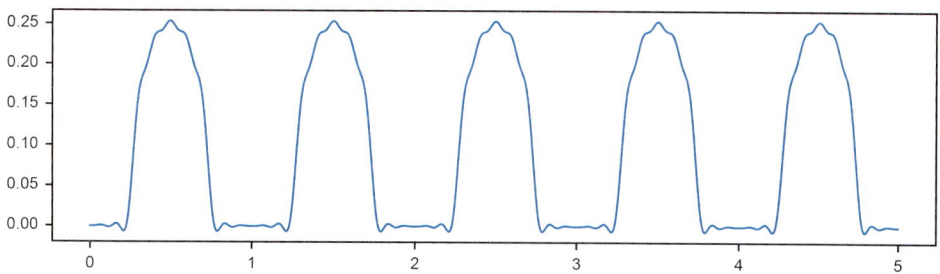

그림 13.29 상수항과 처음 10개의 코사인 항으로 이루어진 speedbumps(t) 함수의 푸리에 급수

이 근사를 그래프로 표시해보니 약간 흔들려 보이지만 이 파형을 소리로 변환하면 이러한 푸리에 급수도 아주 훌륭하다. 이제 모든 모양의 음파를 그 음파에서 얻은 푸리에 계수의 리스트로 변환할 수 있으므로 오디오 파일을 효율적으로 저장하고 전송할 수 있다.

13.5.6 연습문제

연습문제 | 13.6

벡터 $\mathbf{u}_1 = (2,0,0), \mathbf{u}_2 = (0,1,1), \mathbf{u}_3 = (1,0,-1)$는 $\mathbb{R}^3$의 기저를 형성한다. 벡터 $\mathbf{v} = (3,4,5)$에 대해 세 내적 $a_1 = \mathbf{v} \cdot \mathbf{u}_1, a_2 = \mathbf{v} \cdot \mathbf{u}_2, a_3 = \mathbf{v} \cdot \mathbf{u}_3$를 계산하라. $\mathbf{v}$가 $a_1\mathbf{u}_1 + a_2\mathbf{u}_2 + a_3\mathbf{u}_3$와는 같지 **않음**을 보여라. 같지 않은 이유를 설명하라.

연습문제 | 13.7   미니 프로젝트

$f(t)$가 상수 함수 $f(t) = k$라고 하자. 적분식을 포함한 내적을 사용해 $\langle f, f \rangle = 1$이 되도록 하는 k값을 구하라. (이미 $k = 1/\sqrt{2}$이어야 한다고 말했지만, 스스로 도출해보라!)

연습문제 | 13.8

상수 기저 함수로 $f(t) = 1$ 대신 $f(t) = 1/\sqrt{2}$를 사용하도록 fourier_series를 수정하라.

연습문제 | 13.9 미니 프로젝트

주파수가 441Hz인 톱니파를 재생해 본 뒤 그 주파수에서 연주한 사각파 및 사인파 파동과 비교하라.

요약

- 음파는 공기를 통해 귀로 전파되며, 시간에 따른 기압의 변화를 나타낸다. 우리는 음파를 소리로 인식한다. 음파는 시간에 따른 기압 변화를 대략 나타내는 함수로 표현할 수 있다.

- PyGame을 비롯해 디지털 오디오 시스템은 대부분 **샘플링된** 오디오를 사용한다. 오디오 시스템은 음파를 정의하는 수학적인 함수를 사용하는 대신 일정 간격마다 측정된 함숫값 배열을 사용한다. CD 오디오는 보통 1초짜리 오디오에 $44,100$개 값을 사용한다.

- 음파의 모양이 랜덤하면 소음처럼 들리지만 모양이 일정한 간격으로 반복되면 잘 정의된 음표의 음으로 들린다. 어떤 구간 동안의 값을 반복하는 함수는 **주기함수**라고 한다.

- 사인 함수와 코사인 함수는 주기함수로, 그 그래프는 **사인곡선적**이라고 불리는 곡선 모양을 반복한다.

- 사인과 코사인은 2π단위마다 값을 반복한다. 이 단윗값을 **주기**라고 한다. 주기함수의 **주파수**는 주기의 역수로, 사인과 코사인의 주파수는 $1/(2\pi)$이다.

- $\sin(2n\pi t)$ 또는 $\cos(2n\pi t)$ 꼴 함수는 주파수가 n이다. 높은 주파수를 가진 음파 함수는 높은 음높이의 음을 만들어낸다.

- 주기함수의 최대 높이를 **진폭**이라고 한다. 사인 또는 코사인 함수에 어떤 수를 곱하면 함수의 진폭과 해당 음파의 음량이 증가한다.

- 두 소리를 동시에 재생한 효과를 내려면 그에 상응하는 음파를 정의하는 함수끼리 더해서 새로운 함수와 새로운 음파를 만들면 된다. 일반적으로 기존 음파를 임의로 일차결합하면 새로운 음파를 만든다.

- 여러 n값에 대한 $\sin(2n\pi t)$ 및 $\cos(2n\pi t)$ 꼴의 함수와 상수 함수의 일차결합을 **푸리에 급수**라고 한다. 푸리에 급수는 매끄러운 사인 함수와 코사인 함수로 만들어졌지만 임의의 주기함수를 잘 근사할 수 있다. 심지어 사각파와 같이 가장자리가 날카로운 함수도 잘 근사한다.

- 상수 함수, 여러 주파수에서의 사인 함수, 코사인 함수를 주기함수의 벡터공간의 기저로 생각할 수 있다. 주어진 함수를 가장 잘 근사하는 이 기저 벡터의 일차결합의 각 성분을 **푸리에 계수**라고 한다.

- 2차원 벡터나 3차원 벡터를 표준 기저 벡터와 내적하면 기저 벡터 방향의 성분을 구할 수 있다.

- 주기함수와 사인 함수의 특별한 내적 또는 주기함수와 코사인 함수의 특별한 내적을 취해 해당 주기함수와 연관된 성분을 구할 수 있다. 주기함수의 내적은 주어진 구간(이 책에서는 0과 1 사이이다)에서 취한 정적분이다.

Part III

머신러닝 응용
Machine Learning Application

14장 함수를 데이터에 피팅하기
15장 로지스틱 회귀 분석을 통한 데이터 분류
16장 신경망 훈련하기

3부에서는 머신러닝 알고리즘을 구현하기 위해 여러분이 배운 함수, 벡터, 미분적분학을 응용한다. 머신러닝에 대해 과장된 이야기도 많이 들리기에 머신러닝이 실제 무엇을 의미하는지 정확하게 알아두어야 한다. 머신러닝(machine learning)은 지능적으로 일을 해줄 컴퓨터 프로그램의 작성법을 연구하는 **인공지능**(artificial intelligence, AI) 분야의 일부이다. 컴퓨터를 상대로 게임해본 적이 있다면 여러분은 이미 인공지능과 교류한 적이 있다. 대전 상대인 컴퓨터는 대개 상대를 파괴하거나 압도하고 이기는 데 도움이 되는 일련의 규칙으로 프로그래밍 되어 있다.

머신러닝으로 분류되는 알고리즘은 자율적이고(autonomously) 지능적으로 동작하면서도 경험으로 배울 수 있다. 다시 말하면 더 많은 데이터가 주어질수록 당면한 과제를 더욱 잘 수행한다. 14장~16장에서는 **지도 학습**(supervised learning)이라는 머신러닝의 특정 종류에 초점을 맞춘다. 지도 학습 알고리즘을 작성했다면 입력과 입력에 대응하는 출력을 쌍으로 하는 훈련 데이터셋(training data sets)을 이 알고리즘에 주는데, 이 알고리즘은 새로운 입력을 살펴서 스스로 출력을 올바르게 낼 수 있어야 한다. 이러한 의미에서 머신러닝 알고리즘을 훈련한 결과는 특정한 입력 데이터를 가지고 특정한 판단을 출력하도록 효과적으로 매핑하는 새로운 수학 함수이다.

14장에서는 **선형회귀**(linear regression)라는 간단한 지도 학습 알고리즘을 다루고 이를 주행거리에 따른 중고차 가격 예측에 사용한다. 훈련 데이터셋은 중고차의 주행거리와 가격으로 이루어진다. 선형회귀 알고리즘은 가격 산출 방법을 모르는 상태로 주행거리에 따라 가격을 매기는 방법을 배운다. 선형회귀 알고리즘은 주행거리 x와 가격 p의 순서쌍인 (x,p)를 입력으로 받아 이 입력을 가장 잘 근사하는 일차함수를 구해서 학습한다. 이는 2차원에서 입력으로 받은 모든 점 (x,p)에 가장 가까운 직선의 방정식을 구하는 것과 같다. 우리가 해야 할 일은 대부분 '가장 가까운'이란 어구의 의미를 알아내는 데 있다!

15장과 16장에서는 **분류**(classification)라는 다른 종류의 지도 학습 문제를 다룬다. 임의의 수치 데이터(점으로 표현)를 입력으로 받아 참·거짓이나 선다형 문제에 답하고자 한다. 15장에서는 2가지 차종에 대한 주행거리와 가격 데이터를 살펴볼 수 있는 알고리즘을 만드는데, 이후 이 알고리즘은 새로운 데이터의 차종을 식별할 것이다. 다시 말하지만 훈련 데이터셋의 값에 '가장 가까운' 함수를 구하는 것과 같다. 따라서 우리는 참·거짓 문제에 답하는 함수에서 '가까움'을 정의해야 한다.

16장에서는 더 어려운 분류 문제를 다룬다. 입력 데이터셋은 손글씨로 0부터 9까지 작성한 이미지로, 이때 기대 출력은 쓰인 숫자이다. 6장에서 살폈듯이 이미지는 많은 데이터로 만들어진다. 이러한 복잡한 데이터를 다루려면 **다층 퍼셉트론**(multilayer perceptron)이라는 특별한 수학 함수를 사용한다. 이는 **인공 신경망**(artificial neural network)의 한 종류로 요즘 머신러닝 알고리즘으로 많이 논의되곤 한다.

3부는 특히 머신러닝을 이해하기 쉽도록 설명했다. 이 책의 내용만 다룬다고 해서 머신러닝 전문가가 되진 않지만, 해당 주제를 더 찾아볼 수 있는 확실한 토대를 구축하길 바란다. 마법을 부려 사람 수준의 직감을 컴퓨터에 채워 넣을 수 있는 것은 아니다. 그보다는 파이썬으로 실제 데이터를 처리하고 지금까지 보아온 수학을 창조적으로 적용하려 한다.

CHAPTER **14**

함수를 데이터에 피팅하기

> **이 장의 내용**
> - 함수가 데이터셋을 얼마나 가깝게 모델링하는지 측정하기
> - 상수에 의해 특정되는 함수 공간 탐색하기
> - 경사하강법을 사용해 '피팅(fitting)' 품질 최적화하기
> - 여러 종류의 함수로 데이터셋 모델링하기

2부에서 배운 미분적분학 기법은 좋은 특성을 가진(well-behaved) 함수에 적용되어야 했다. 도함수가 존재하려면 함수는 충분히 매끄러워야 하며, 정확한 미분계수나 또는 적분값을 계산하려면 해당 함수의 수식이 간단해야 했다. 실세계 데이터를 다룰 때는 대부분 운이 좋지 않다. 무작위성이나 측정 오류를 고려하면 실무에서 완전히 매끄러운 함수를 접할 일이 거의 없다. 이 장에서는 지저분한 데이터를 사용해 간단한 함수로 모델링하는 작업인 **회귀**(regression)를 다룬다.

앞으로 실제 데이터셋을 가지고 차례차례 설명하려 한다. 이 데이터셋은 카그래프 사이트(https://cargraph.com)에 판매 등록된 중고차 740대로 구성했다. 차종은 토요타 프리우스이며, 모두 웹사이트에 보고된 주행거리와 판매가가 부여됐다. 이 데이터를 산점도로 플로팅한 [그림 14.1]은 주행거리가 증가함에 따라 가격이 하락하는(가치가 떨어지는) 경향이 있음을 보여준다. 이제 중고 프리우스 가격이 주행거리가 증가함에 따라 어떻게 변하는지 설명하는 간단한 함수를 고안해보자.

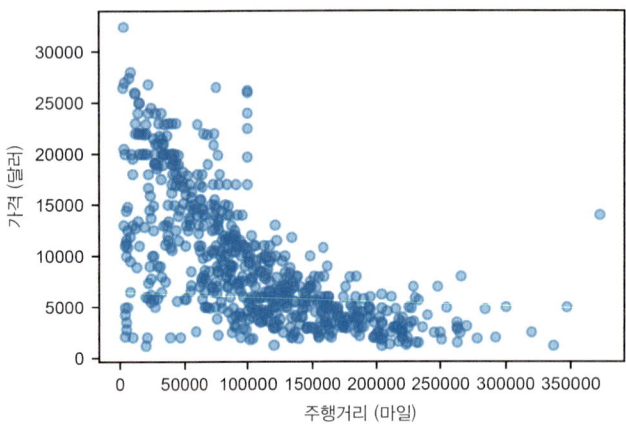

그림 14.1 카그래프 사이트에 판매 등록된 중고 토요타 프리우스의 가격 대 주행거리 플롯

이 모든 점을 지나는 매끄러운 함수는 보통 그래프로 그릴 수 없으며, 혹시나 그릴 수 있다고 하더라도 그래프 모양이 터무니없다. 이 점들 중 상당수가 **이상치**(outlier)에 해당하며 아마 오류를 포함할 것이다. [그림 14.1]에 따르면 사실상 신차인데 5,000달러도 안 되는 상황이 있다. 이외에도 중고차 가격에 영향을 끼치는 다른 요소가 분명히 있다. 주행거리만 가지고 가격을 정확히 매길 수 있다고 기대하면 안 된다.

다만 이 데이터의 추세에 근접한 함수를 구할 순 있다. 함수 $p(x)$는 주행거리 x를 입력으로 받아 주행거리에 해당하는 일반적인 프리우스 가격을 리턴한다. 이 함수를 구하려면 어떤 함수가 이를 해낼 수 있을지 **가설**(hypothesis)을 세워야 한다. 가장 간단한 예시인 일차함수에서 시작한다.

7장에서 일차함수를 여러 형태로 살펴봤지만 이 장에서는 $p(x) = ax + b$ 꼴로 나타내겠다. 여기서 x는 주행거리, p는 가격, a와 b는 함수의 모양을 결정하는 수이다. a와 b를 선택하면 함수 $p(x)$는 프리우스의 주행거리를 입력으로 받아 [그림 14.2]처럼 가격을 예측하는 가상의 기계가 된다.

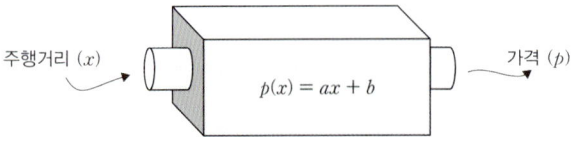

그림 14.2 주행거리 x로부터 가격 p를 예측하는 일차함수의 개략도

이때 a는 직선의 기울기이고 b는 $x = 0$일 때 함숫값이다. $a = -0.05$, $b = 20000$인 일차 함수의 그래프는 [그림 14.3]처럼 20,000달러로 시작하여 주행거리가 1마일 증가할 때마다 0.05달러씩 감소하는 직선이다.

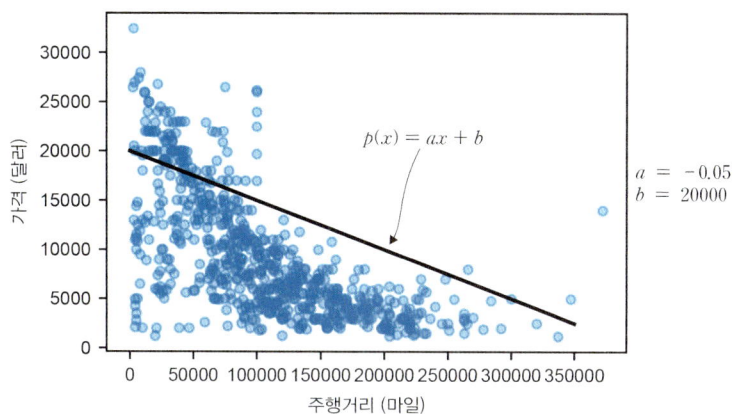

그림 14.3 $p(x) = ax + b$ 꼴 함수를 사용하여 주행거리를 기준으로 프리우스의 가격 예측하기

예측 함수를 이렇게 선택하면 새 프리우스의 가격은 20,000달러이고 마일당 0.05달러의 비율로 가치가 하락함을 의미한다. 이 값들은 정확할 수도 있고 정확하지 않을 수도 있다. 값이 정확하지 않다고 믿을만한 이유가 있는데, 바로 이 직선 그래프는 데이터 대부분과 근접하지 않기 때문이다. $p(x)$가 데이터의 경향을 가능한 잘 따르도록 a, b값을 구하는 작업을 **선형회귀**(linear regression)라고 한다. 가장 좋은 값으로 구한 $p(x)$는 **최적합 직선**(line of best fit)이라 한다.

$p(x)$가 실제 데이터에 근접하려면 주행거리가 증가할수록 예측 가격이 감소하도록 기울기 a를 음수로 가정하는 게 타당해 보인다. 그러나 이러한 가정을 할 필요가 없다. 원시 데이터에서 직접 알아내는 알고리즘을 작성할 것이기 때문이다. 이 점이 바로 회귀가 머신러닝 알고리즘의 간단한 예시인 이유이다. 회귀를 통해 원시 데이터만으로 추세를 추론한 뒤 새 데이터 포인트(data point)[1]에 대해 예측할 수 있다.

---

1 (옮긴이) 데이터 포인트는 데이터 (또는 데이터의 일부)를 공간 상의 하나의 점(또는 그 좌표)으로 표현한 것이다.

알고리즘에 부과하는 제약조건은 알고리즘이 일차함수를 구해야 한다는 한 가지뿐이다. **일차함수**는 감가상각률(rate of depreciation)이 상수라고 가정한다. 다시 말해 처음 1,000마일 동안 가치 손실이 100,000마일에서 101,000마일 사이의 가치 손실과 같다고 가정한다. 통념상 이는 옳지 않은데, 사실 자동차는 출고되는 순간 가치가 상당 부분 하락하기 때문이다. 여기에서의 목표는 완벽한 모델이 아니라 적절하게 동작하면서도 간단한 모델을 찾는 데 있다.

가장 먼저 a, b가 선택된 일차함수 $p(x)$가 주행거리만으로 중고 프리우스 가격을 잘 예측하는지 측정해야 한다. 이를 위해 **비용 함수**(cost function)를 파이썬으로 작성하겠다. 이 함수는 함수 $p(x)$를 입력으로 받아 이 직선이 원시 데이터와 얼마나 멀리 떨어져 있는지 나타내는 수를 리턴한다. 이후 비용 함수를 사용하면 임의의 a, b에 대한 함수 $p(x) = ax + b$가 데이터셋에 얼마나 적합한지 측정할 수 있다. 임의의 순서쌍 (a,b)마다 일차함수가 하나씩 존재하므로, 이 작업을 이 순서쌍에 대한 2차원 공간을 탐색하고 이 순서쌍이 나타내는 일차함수를 계산하는 것으로 볼 수 있다.

[그림 14.4]는 양수 a, b를 선택하면 위를 향하는 직선이 나옴을 보여준다. 이 직선이 가격 함수를 의미한다면 자동차는 주행할수록 가치가 늘어난다는 뜻인데, 실제로는 그럴 수 없다.

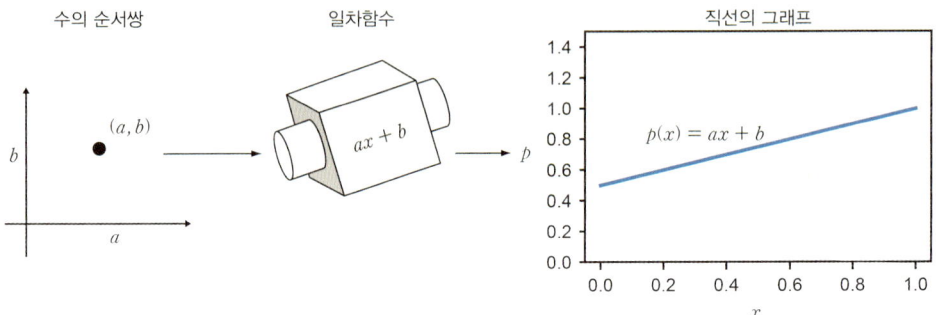

그림 14.4 수의 순서쌍 (a,b)는 직선의 그래프를 플로팅하는 일차함수를 정의한다. a가 양의 값이면 그래프는 오른쪽 위를 향한다.

우리가 만들 비용 함수는 이와 같은 직선을 실제 데이터와 비교해서 큰 수를 리턴하는데, 이 수는 직선이 데이터에 얼마나 떨어져 있는지를 나타낸다. 직선이 데이터에 가까울수록 비용은 감소하며 더 잘 들어맞는다.

우리는 비용 함수를 작게 만들기만 하는 a, b값이 아니라 비용 함수를 **정말로** 가장 작게 만드는 a, b값이 필요하다. 두 번째로 작성할 함수는 linear_regression인데 a, b의 최적값을 자동으로 찾아준다. 즉, 최적합 직선을 알려준다. 이 함수를 구현하려면 임의의 a, b값에 대한 비용 함수를 만들고 경사하강법(12장 참고)을 사용해 비용 함수를 최소화한다. 먼저 함수가 데이터셋에 얼마나 잘 들어맞는지 측정하는 비용 함수를 파이썬으로 구현하며 시작하자.

14.1 함수의 적합도 측정하기

이제 비용 함수를 작성하려고 한다. 이 비용 함수는 중고차 데이터셋을 비롯해 임의의 데이터셋에서도 동작하도록 만들 것이다. 그러면 비용 함수를 (임의로 만든) 더욱 간단한 데이터셋에도 테스트할 수 있으며, 비용 함수가 어떻게 동작하는지 살펴볼 수 있다. 이를 염두에 둔 비용 함수는 두 개의 입력을 받는 파이썬 함수이다. 입력 중 하나는 테스트하려는 파이썬 함수 $f(x)$이며 다른 입력은 순서쌍 (x,y)의 집합으로 테스트하려는 데이터셋이다. 중고차 예시에서 $f(x)$는 임의의 주행거리에 대해 달러 단위의 비용을 알려주는 일차함수이며, (x,y)는 데이터셋에서 확보한 주행거리와 가격의 실제 값이다.

비용 함수는 $f(x)$값이 올바른 y값과 얼마나 떨어져있는지 측정하는 수 하나를 출력한다. 모든 x에 대해 $y = f(x)$이면 이 함수는 데이터에 완벽하게 들어맞으므로 비용 함수는 0을 리턴한다. 실제로는 함수가 모든 데이터 포인트와 정확히 일치할 수는 없으므로, 어떤 양수를 리턴할 것이다. 비용 함수를 두 종류로 작성하고 비교함으로써 비용 함수가 어떻게 동작하는지 감을 잡을 수 있다.

- sum_error : 데이터셋의 모든 (x,y)값에 대해 $f(x)$와 y의 거리를 합한다.
- sum_square_error : 데이터셋의 모든 (x,y)값에 대해 $f(x)$와 y의 거리의 제곱을 합한다.

실무에서 보편적으로 사용되는 함수는 sum_square_error이다. 이유는 곧 소개한다.

14.1.1 함수와의 거리 측정하기

이 책의 소스 코드에는 임의로 만든 데이터셋 test_data가 수록되어 있다. 이 데이터셋은 파이썬으로 작성된 (x,y)값의 리스트인데, x값의 범위는 -1에서 1 사이이다. y값은 점이 직선 $f(x) = 2x$에 의도적으로 가깝게 놓이도록 선택했다. [그림 14.5]는 직선을 같이 그린 test_data 데이터셋의 산점도를 보여준다.

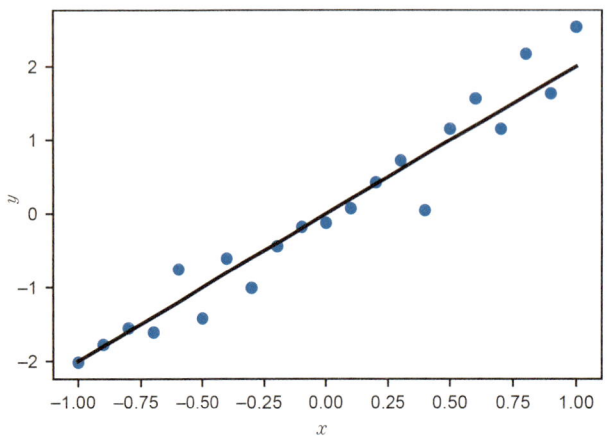

그림 14.5 직선 $f(x) = 2x$에 의도적으로 가깝도록 랜덤하게 생성된 데이터셋

$f(x) = 2x$가 데이터셋에 가깝다는 것은 $2x$가 데이터셋의 임의의 x값에 대한 y값을 매우 잘 추측한다는 뜻이다. 예를 들어 다음 점은 데이터셋의 실제 값이다.

$$(x,y) = (0.2, 0.427)$$

$x = 0.2$만 알고 있을 때, $f(x) = 2x$는 $y = 0.4$라고 예측했을 것이다. 실제 값과 예측 값의 차이의 절댓값 $|f(0.2) - 0.4|$는 오차의 크기를 알려 주는데, 약 0.027이다.

실제 y값과 함수 $f(x)$가 예측한 값 간의 차이를 나타내는 오차 값(error value)은 실제 (x,y) 점에서 f의 그래프까지 수직 방향의 거리로 나타낼 수 있다. [그림 14.6]은 수직 방향의 선분으로 그려진 오차 거리를 보여준다.

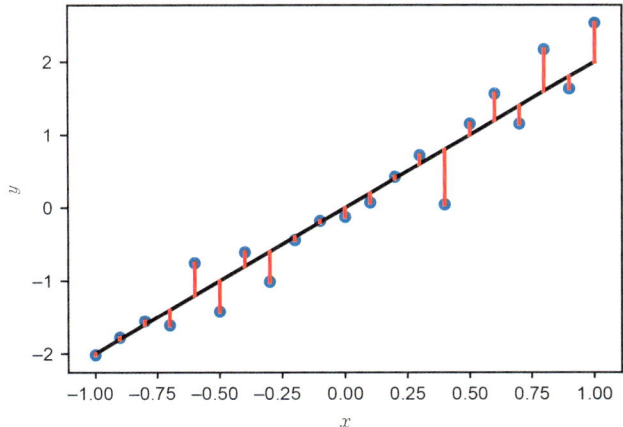

그림 14.6 오차 값은 함수 $f(x)$와 실제 y값 사이의 차이이다.

이러한 오차 중 일부는 다른 오차보다 작다. 여기서 함수의 적합도(quality of fit)를 어떻게 계량할 수 있는가? 앞의 그림을 [그림 14.7]처럼 명백히 부적합한 함수 $g(x) = 1 - x$의 그래프와 비교해보자.

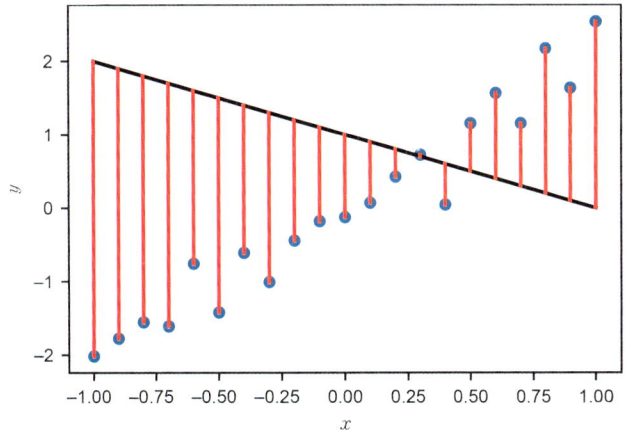

그림 14.7 오차 값이 큰 함수 그림

$g(x) = 1 - x$는 점 하나와 아주 가깝지만 오차의 합은 훨씬 크다. 이러한 이유로 모든 오차를 더하는 비용 함수를 먼저 작성해볼 수 있다. 오차의 합이 크면 데이터에 덜 적합하고, 오차의 합이 작으면 데이터에 더 적합함을 의미한다. 이 함수는 단순히 각 (x, y)에 대해 반복

적으로 $f(x)$와 y 간의 차이의 절댓값을 구하고, 결과를 합해서 구현한다.

```
def sum_error(f,data):
    errors = [abs(f(x) - y) for (x,y) in data]
    return sum(errors)
```

이 함수를 테스트하기 위해 $f(x)$와 $g(x)$를 다음과 같은 코드로 변환할 수 있다.

```
def f(x):
    return 2*x

def g(x):
    return 1-x
```

예상대로 $f(x) = 2x$의 총 오차는 $g(x) = 1 - x$보다 작다.

```
>>> sum_error(f,test_data)
5.021727176394801
>>> sum_error(g,test_data)
38.47711311130152
```

여기서 정확한 출력값은 중요하지 않다. 두 값을 비교하는 게 중요하다. $f(x)$의 오차합이 $g(x)$의 오차합보다 작으므로 주어진 데이터에 $f(x)$가 더 적합하다고 결론내릴 수 있다.

14.1.2 오차 제곱의 합 구하기

sum_error 함수는 직선에서 데이터까지의 거리를 측정하는 가장 명확한 방법일 수 있지만 실제로는 모든 오차의 제곱을 합한 비용 함수를 사용한다. 이러한 데에는 몇 가지 타당한 이유가 있다. 간단하게는 거리의 제곱 함수는 매끄러워서 도함수를 사용하여 함수를 최소화할 수 있지만 절댓값 함수는 매끄럽지 않아서 모든 곳에서 도함수를 구할 수 있진 않기 때문이다.

[그림 14.8]처럼 함수 $|x|$와 x^2의 그래프는 둘다 x가 0에서 더 멀어질 때 더 큰 값을 리턴하지만, x^2만이 $x=0$에서 매끄러우며 해당 점에서 도함수가 존재한다.

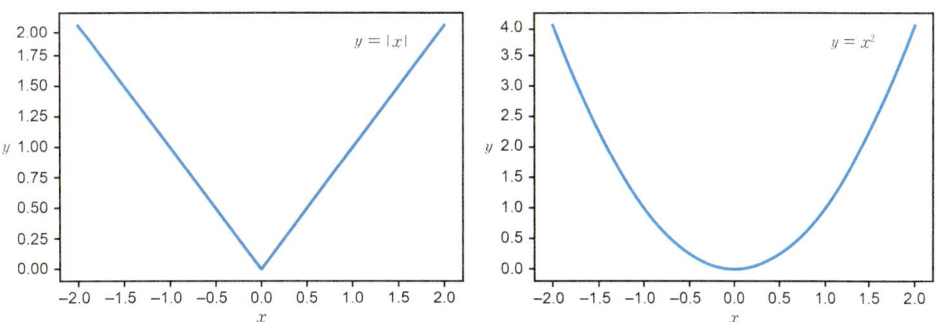

그림 14.8 $y=|x|$의 그래프는 $x=0$에서 매끄럽지 않지만 $y=x^2$의 그래프는 매끄럽다.

sum_squared_error 함수는 $f(x)$가 주어질 때, 모든 순서쌍 (x,y)를 살펴서 $(f(x)-y)^2$ 값을 비용에 더한다. 이 구현은 sum_error와 크게 다른 것 같지 않다. 오차에 절댓값을 취하는 대신 제곱할 뿐이다.

```
def sum_squared_error(f,data):
    squared_errors = [(f(x) - y)**2 for (x,y) in data]
    return sum(squared_errors)
```

이 비용 함수도 시각화할 수 있다. 점과 함수의 그래프 간의 수직 거리를 정사각형 한 변의 길이로 보면 된다. 각 정사각형의 넓이는 해당 데이터 포인트의 제곱 오차이며, 모든 정사각형의 총면적은 sum_squared_error의 결과이다.

[그림 14.9]에서 모든 정사각형의 총면적은 **test_data**와 $f(x)=2x$ 간의 제곱 오차의 합을 나타낸다. (정사각형이 정사각형처럼 안 보이는 이유는 x의 척도 단위와 y의 척도 단위가 달라서 그렇다!)

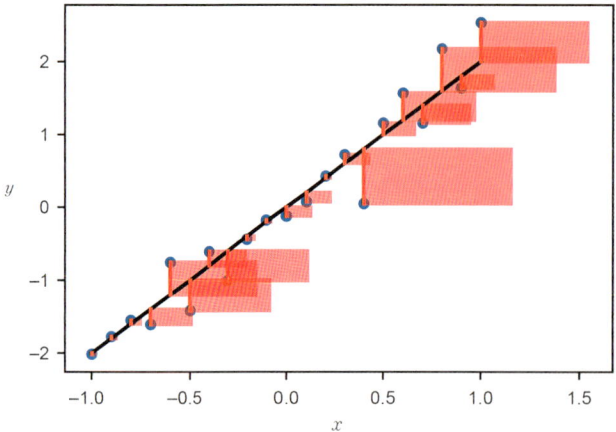

그림 14.9 함수와 데이터셋 간의 제곱 오차의 합

[그림 14.9]의 그래프에서 어떤 y값이 다른 값보다 2배 떨어져 있다면 해당 값은 제곱 오차의 합을 4배 증가시킨다. 이러한 비용 함수를 선호하는 여러 이유 중 하나는 적합도가 낮을 때 더 적극적으로 패널티를 주기 때문이다.

실제로 [그림 14.10]에서 볼 수 있듯이 $h(x) = 3x$에서는 제곱이 더 커진다.

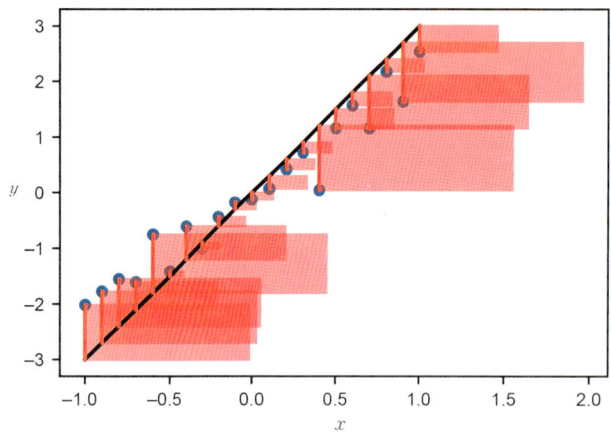

그림 14.10 테스트 데이터에 대한 $h(x) = 3x$의 sum_squared_error 그림

$g(x) = 1 - x$의 제곱 오차는 그릴 의미가 없다. 정사각형들이 너무 커서 전체 그림 영역을 채우고 상당 부분이 서로 겹치기 때문이다. 하지만 다음에서 볼 수 있듯이 $f(x)$와 $g(x)$의 sum_squared_error값의 차이는 sum_error값의 차이보다 훨씬 급격하다.

```
>>> sum_squared_error(f,test_data)
2.105175107540148
>>> sum_squared_error(g,test_data)
97.1078879283203
```

[그림 14.8]에서 보듯이 $y = x^2$의 그래프는 매끄럽고 a, b값을 바꿔가며 직선을 움직이면 비용 함수도 '매끄럽게' 변화함이 밝혀졌다. 따라서 sum_squared_error를 비용 함수로 계속 사용할 것이다.

14.1.3 자동차 가격 함수에 대한 비용 구하기

프리우스의 주행거리가 늘어나면 판매 가격이 얼마나 하락하는지 경험적으로 추측하고 시작하자. 프리우스 모델의 평균 판매 가격은 대략 25,000달러 정도 된다고 여겨진다. 계산을 단순화하기 위해 처음 만든 모델은 125,000마일 주행할 경우 판매 가격이 0달러라고 가정한다. 마일당 평균 0.2달러 비율로 가치가 하락한다.

이 상황은 주행거리 x에 대한 프리우스의 가격 p는 초기 가격 25,000달러에서 $0.2x$달러를 제한 금액으로 책정되며 $p(x) = ax + b$ 꼴인 일차함수라는 뜻이다. 이때 $a = -0.2$, $b = 25000$이므로 $p(x)$는 다음과 같다.

$$p(x) = -0.2x + 25000$$

카그래프 데이터 옆에 함수 $p(x)$의 그래프를 표시해서 모습을 살펴보자. 이 장의 소스 코드에서 플로팅하기 위한 데이터와 파이썬 코드를 찾을 수 있다.

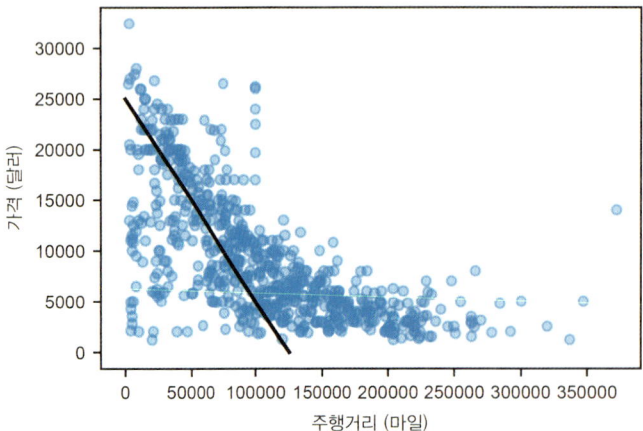

그림 14.11 가설로 설정한 감가상각 함수와 같이 플로팅한 중고 프리우스의 주행거리 대 가격 산점도

그림을 보면 125,000마일을 주행한 차의 가격이 0달러라는 추측과 데이터가 맞지 않는다. 앞서 추측한 감가상각률이 너무 높았음을 의미할 수 있다. 이번에는 감가상각률을 마일당 0.1달러로 적용해보자. 가격 p는 다음과 같다.

$$p(x) = -0.1x + 25000$$

이것도 완벽하지는 않다. [그림 14.12]의 그래프를 살펴보면 이 함수가 자동차 가격을 상당수 과대평가함을 알 수 있다.

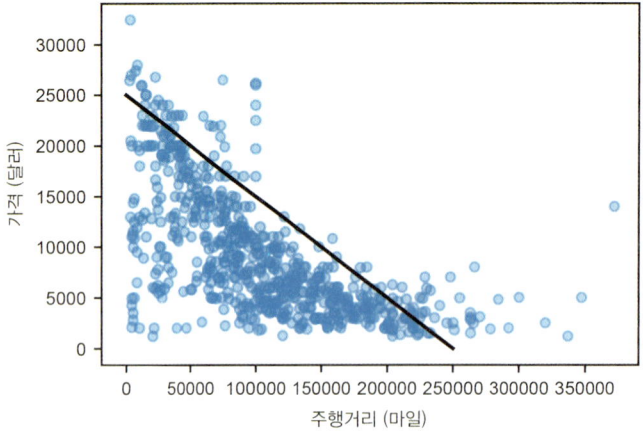

그림 14.12 감가상각률을 마일당 0.1달러로 가정한 다른 함수 플로팅하기

25,000달러로 가정했던 초기 가격도 실험해볼 수 있다. 자동차는 출고하는 순간 바로 가치가 상당히 떨어지기 때문에 25,000달러는 주행거리가 아주 짧은 중고차에 대해 과대평가일 수 있다. 출고하자마자 자동차의 가치가 10% 하락한다고 하면, 주행거리가 0일 때 가격이 22,500달러라고 두어야 결과가 더 나은 것 같다. [그림 14.13]을 보자.

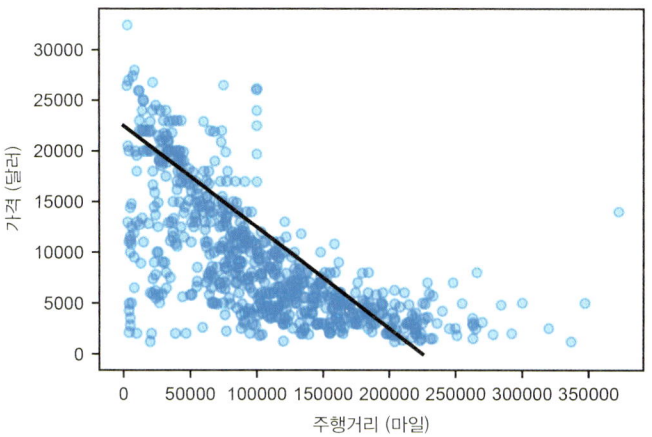

그림 14.13 중고차의 초기 가격을 22,500달러로 두고 테스트하기

데이터에 가장 적합한 일차함수가 무엇인지 추측하는 데 많은 시간을 할애할 수 있지만, 추측이 개선되는지 확인하려면 비용 함수를 사용해야 한다. sum_squared_error 함수를 사용하면 경험을 통한 추측들 중 데이터에 가장 가까운 추측을 알 수 있다. 다음은 파이썬 코드로 변환한 3가지 가격 함수이다.

```
def p1(x):
    return 25000 - 0.2 * x

def p2(x):
    return 25000 - 0.1 * x

def p3(x):
    return 22500 - 0.1 * x
```

sum_squared_error 함수는 입력으로 함수 및 데이터를 나타내는 수의 순서쌍 리스트를 받는다. 여기서는 리스트에 들어갈 순서쌍으로 주행거리와 가격의 순서쌍을 사용한다.

```
prius_mileage_price = [(p.mileage, p.price) for p in priuses]
```

세 개의 가격 함수 각각에 대해 sum_squared_error를 사용해보면 데이터에 대한 각 함수의 적합도를 비교할 수 있다.

```
>>> sum_squared_error(p1, prius_mileage_price)
88782506640.24002
>>> sum_squared_error(p2, prius_mileage_price)
34723507681.56001
>>> sum_squared_error(p3, prius_mileage_price)
22997230681.560013
```

적합도는 각각 대략 887억, 347억, 229억으로 큰 값이다. 다시 말하지만 값 자체가 중요한 게 아니라 상대적인 크기가 중요하다. 마지막 값이 가장 작으므로 p3는 세 가격 함수 중 가장 적합하다고 결론내릴 수 있다. 가격 함수를 만드는 과정이 경험에 의존했기 때문에 계속 추측하면서 비용을 더 낮춘 일차함수를 구할 수도 있었을 것이다. 앞으로는 추측과 확인을 반복하기보단 가능한 일차함수 공간을 체계적으로 탐색하는 방법을 살펴볼 것이다.

14.1.4 연습문제

연습문제 풀이

연습문제 | 14.1

직선 위에 놓인 데이터 포인트 집합을 만들어서 해당 일차함수에 대해 두 비용 함수 sum_error와 sum_squared_error가 모두 0을 리턴함을 시연하라.

> **연습문제 | 14.2**
>
> 두 일차함수 $x + 0.5$와 $2x - 1$의 비용 함수 값을 계산하라. 어느 함수가 test_data에 상대적인 제곱 오차 합이 더 작은지 구하라. 또한 두 일차함수의 적합도를 설명하라.

> **연습문제 | 14.3**
>
> p1, p2, p3보다 데이터 적합도가 높은 일차함수 p4를 구하라. 비용 함수가 p1, p2, p3일 때보다 작음을 보여서 적합도가 더 높음을 확인하라.

14.2 함수의 공간 살펴보기

방금까지 $p(x) = ax + b$ 꼴 가격 함수를 추측하며 마무리했다. 이때 x는 중고 프리우스의 주행거리, p는 해당 차의 예측 가격이다. a, b값을 선택할 때마다 얻은 함수 $p(x)$를 그려보면 어떤 선택이 나은지를 따질 수 있다. 비용 함수는 함수가 데이터와 얼마나 가까운지를 눈대중이 아니라 제대로 측정하는 방법을 제공한다. 이 절의 목표는 비용 함수를 가능한 한 작게 만드는 a, b값을 선택하는 과정을 체계화하는 데 있다.

적합도가 더 높은 함수를 직접 찾아야 하는 [연습문제 14.3]을 풀어보았다면 a, b **둘 다** 동시에 조정하는 작업이 어려운 문제임을 알아차렸을 거다. 6장에서 다루었듯이 $p(x) = ax + b$와 같은 함수의 전체 집합은 2차원 벡터공간을 형성한다. 따라서 함수를 추측하고 확인하는 작업은 비용 함수가 감소하기만 바라며 다양한 방향에 있는 2차원 점들을 맹목적으로 고르는 것과 다를 바 없다.

이제 일차함수를 정의하는 매개변수 a, b에 대해 sum_squared_error 비용 함수를 그려서 가능한 일차함수의 2차원 공간을 이해해보고자 한다. 구체적으로 비용 함수를 $p(x)$ 하나를 정의하는 두 매개변수 a, b에 대한 함수라고 보고 [그림 14.14]처럼 플로팅해본다.

플로팅해볼 실제 함수는 a, b를 입력으로 받아서 수 하나를 리턴한다. 이때 리턴하는 수는 함수 $p(x) = ax + b$의 비용이다. 두 수 a, b가 **계수**(coefficient)이므로 이 함수를 coefficient_cost(a,b)라고 부르겠다. 이런 함수는 히트맵(12장 참고)을 사용하여 플로팅한다.

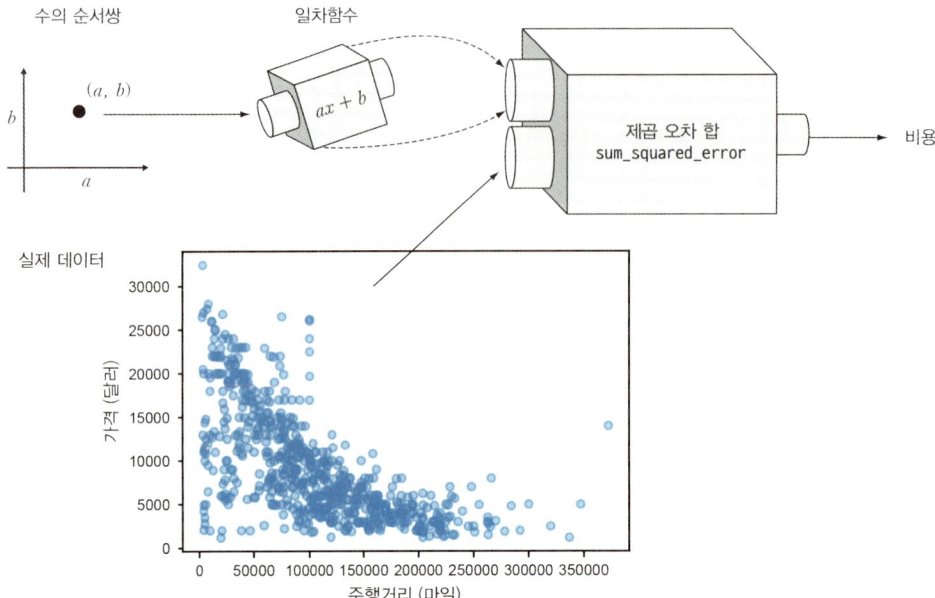

그림 14.14 한 쌍의 수 (a,b)는 일차함수를 정의한다. 이 함수와 고정된 실제 데이터를 비교하면 하나의 수로 비용을 얻을 수 있다.

몸풀기 차원으로 함수 $f(x) = ax$를 앞에서 사용한 test_data 데이터셋에 피팅해보자. test_data는 데이터 포인트가 그다지 많지 않고, 조율할 매개변수가 하나뿐이라서 쉽다. 일차함수 $f(x) = ax$는 b값이 0으로 고정되어 있다. 이러한 함수의 그래프는 원점을 지나는 직선이므로 계수 a가 기울기를 제어한다. 탐색할 차원이 1차원뿐이니 제곱 오차의 합 대비 a값을 플로팅할 수 있는데, 이는 일반적인 함수 그래프이다.

14.2.1 원점을 지나는 직선에 대한 비용 그리기

앞서 본 바와 같이 test_data 데이터셋을 사용하고 $f(x) = ax$ 꼴 함수에 대한 sum_squared_error를 계산하자. 매개변수 a(기울기)를 입력으로 받아서 $f(x) = ax$의 비용을 리턴하는 함수 test_data_coefficient_cost를 작성한다. 입력 a의 값으로 함수 f를 만든 뒤, 이 함수와 test_data를 sum_squared_error 비용 함수에 전달한다.

```
def test_data_coefficient_cost(a):
    def f(x):
        return a * x
    return sum_squared_error(f,test_data)
```

각 함숫값은 기울기 a값에 대응하며, 따라서 이 함숫값은 test_data와 함께 플로팅한 직선의 비용을 알려준다. [그림 14.15]는 몇 가지 a값의 산점도와 해당 값에 대응하는 직선들을 그린 것이다. 기울기가 $a = -1$일 때 표시해두었는데, 여기서 비용이 가장 많이 들고 직선은 가장 부적합하다.

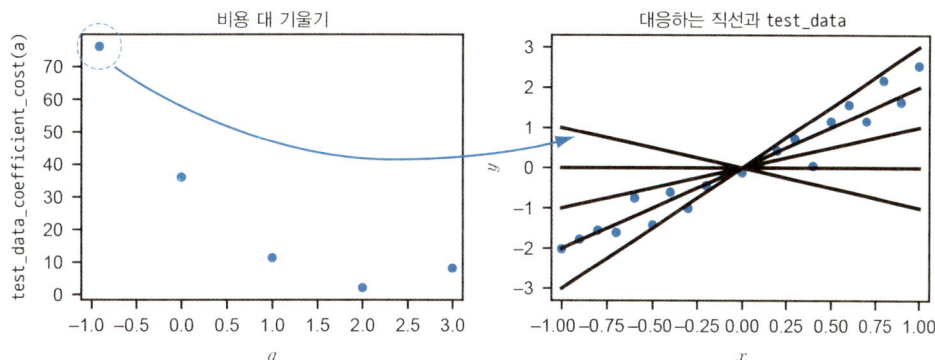

그림 14.15 여러 기울기 값 a에 대한 비용과 각 기울기에 대응하는 직선

test_data_coefficient_cost 함수는 a값 범위에 대해 플로팅할 수 있는 매끄러운 함수임을 알 수 있다. [그림 14.16]의 그래프는 $a = 2$ 주변에서 비용이 최솟값에 도달할 때까지 감소하다가 최솟값에 도달한 뒤부터 증가한다.

[그림 14.16]의 그래프는 비용이 가장 낮은 직선이자 원점을 지나는 직선을 알려준다. 바로 이 직선이 기울기가 대략 2인 **최적합 직선**이다(정확한 값은 곧 구한다). 중고차 데이터에 가장 적합한 일차함수를 구하기 위해 차원을 하나 더 추가한 공간에서 비용 함수를 살펴보자.

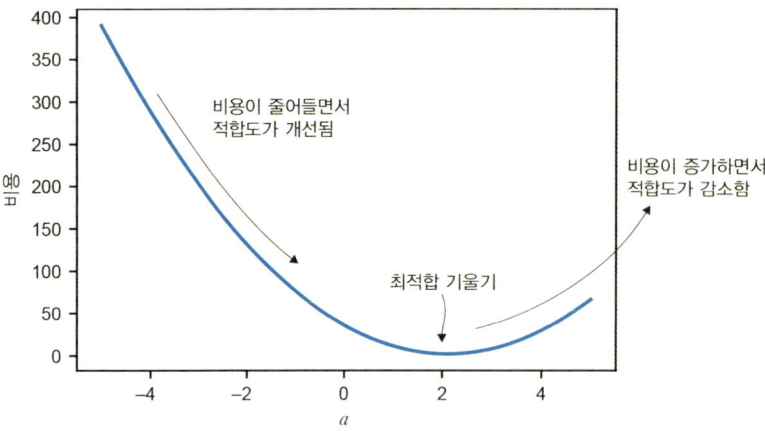

그림 14.16 여러 기울기 값에 대한 적합도를 보여주는 비용 대 기울기 a의 그래프

14.2.2 모든 일차함수의 공간

지금은 sum_squared_error를 이용해 주행거리에 기반한 중고 프리우스의 가격을 예측하는 $p(x) = ax + b$ 꼴 일차함수를 찾고 있다. 계수 a, b를 다양하게 선택할 때 함수가 가까운 정도를 평가하려면 자동차 데이터에 따라 먼저 $p(x) = ax + b$에 대한 제곱 오차 합을 구해주는 함수 coefficient_cost(a,b)를 작성해야 한다. 이 함수는 test_data_coefficient_cost와 비슷하지만 매개변수가 2개이며 다른 데이터셋을 사용한다는 점이 다르다.

```
def coefficient_cost(a,b):
    def p(x):
        return a * x + b
    return sum_squared_error(p,prius_mileage_price)
```

계수의 순서쌍 (a,b)에 대한 2차원 공간을 떠올려보자. 공간의 각 순서쌍은 서로 다른 후보함수 $p(x)$를 알려주며 이 함수를 가격 데이터와 비교하며 살펴볼 수 있다. [그림 14.17]은 ab평면 위의 두 점과 가격 대 주행거리 그래프에 나타낸 대응 직선을 보여준다.

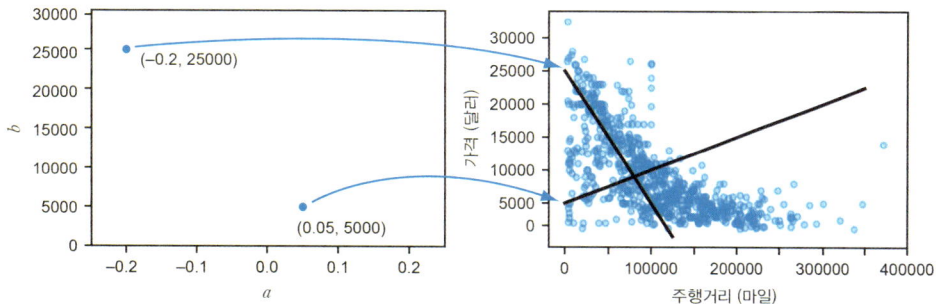

그림 14.17 서로 다른 순서쌍 (a,b)는 각기 다른 가격 함수에 대응한다.

모든 순서쌍 (a,b)와 순서쌍에 대응하는 함수 $p(x) = ax + b$에 대해 sum_squared_error 함수를 계산할 수 있다. coefficient_cost 함수는 계산을 한 번에 해준다. 이를 이용해 [그림 14.18]처럼 ab평면의 모든 점에 대한 비용을 계산해 히트맵으로 플로팅할 수 있다.

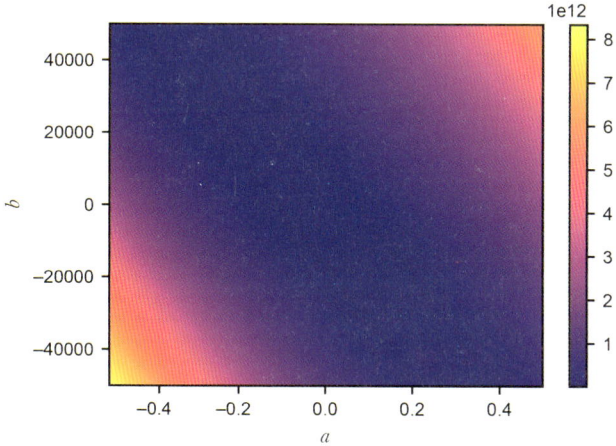

그림 14.18 a, b값에 대한 히트맵으로 나타낸 일차함수의 비용

히트맵을 보면 (a,b)의 위치가 극단적일 때 비용 함수의 값이 크다. 이 히트맵은 가운데가 가장 어둡지만 비용 함수의 최솟값이 존재하는지, 어디서 최솟값인지 시각적으로 명확하지 않다. 다행히도 ab평면에서 비용 함수가 최소화되는 점을 구하는 방법이 있다. 바로 경사하강법이다.

14.2 함수의 공간 살펴보기 _ 565

14.2.3 연습문제

연습문제 풀이

> **연습문제 | 14.4**
>
> 점 $(3,4)$와 원점을 지나는 직선의 방정식을 구하라. 단, 함수를 $f(x) = ax$라고 두고 한 점밖에 없는 데이터셋에 따른 제곱 오차 합을 최소화하는 함수를 찾는 방식으로 구하라.

> **연습문제 | 14.5**
>
> 주행거리에 대한 스포츠카 가격을 모델링하기 위해 계수가 $(a, b) = (-0.4, 80000)$인 일차함수 $f(x) = ax + b$를 사용한다고 하자. 시간에 따라 자동차의 가치가 어떻게 떨어지는지 서술하라.

14.3 경사하강법을 사용해 최적합 직선 구하기

12장에서는 $f(x, y)$ 꼴의 매끄러운 함수를 최대화하는 경사상승법 알고리즘을 사용했다. 이 알고리즘은 $f(x, y)$값을 가능한 한 최대로 만드는 x, y값을 구한다. 이를 변형해서 `gradient_descent` 함수를 구현할 수 있다(이 책의 소스 코드에서 확인하자). 12장의 `gradient_ascent`와 비교해보면 반복문에서 x, y값에 그라디언트 값을 더하는 게 아니라 (조심스럽게 탐색하기 위해 그라디언트 값을 일단 0.01배로 축소한 뒤) 뺀다. 경사하강법은 경사상승법과 달리 경사가 가장 낮아지는 방향(경사가 가장 커지는 방향과 반대 방향)으로 나아가야 하기 때문이다. 이제 `gradient_descent` 함수를 구현했으므로 최소화하고자 하는 함수를 파이썬으로 작성해 `gradient_descent` 함수에 전달하면 `gradient_descent` 함수는 주어진 함수를 최소화하는 입력을 자동으로 구한다.

이제 $p(x) = ax + b$의 비용을 가능한 한 최소화하는, 다시 말해 파이썬 함수 `coefficient_cost(a,b)`를 최소화하는 a, b값을 구하려고 한다. `coefficient_cost`를 `gradient_descent` 함수에 넣어주면 $p(x) = ax + b$가 최적합 직선이 되도록 하는 순서쌍 (a,b)를 얻는다. 그러한 a, b값을 사용해서 직선 $ax + b$를 플로팅하고, 이 직선이 데이터에 잘 들어맞음을 시각적으로 확인할 수 있다.

14.3.1 데이터를 다시 스케일링하기

경사하강법을 적용하기 전에 다루어야 할 자잘한 세부 사항이 하나 있다. 우리가 다룰 수들은 크기가 서로 다르고 차이도 크게 난다. 감가상각률은 0과 −1 사이이고, 가격은 만 단위 수이며, 비용 함수는 수 조 단위의 결과를 리턴한다. 따로 명시하지 않으면 도함수는 dx 값을 10^{-6}이라 두고 근삿값을 구한다. 이렇게 다루는 수의 크기가 상당히 차이 나기 때문에 경사하강법을 그대로 실행하면 수치 오차 문제를 겪을 것이다.

> **참고_** 이 책의 목표는 수학 개념을 적용하는 방법을 보여주는 것이지, 수치 문제를 제대로 다루는 코드를 작성하는 게 아니다. 지금은 사용 중인 데이터를 재구성해서 이 문제를 해결하고, 앞으로는 수치 문제를 자세히 언급하지 않겠다.

데이터셋을 살펴보며 형성한 직관에 따라 최적합 직선을 만드는 a, b의 경곗값을 보수적으로 알아낼 수 있다. a는 감가상각률이므로 최적합 직선의 값은 0.5(마일당 50센트)보다는 클 것이다. b는 주행거리가 0마일일 때 프리우스의 가격이므로 여유 있게 5만 달러보다 작게 잡을 수 있다.

새 변수 c와 d를 $a = 0.5 \cdot c$와 $b = 50{,}000 \cdot d$가 되도록 정의하면, c와 d의 절댓값이 각각 1보다 작을 때 a, b의 절댓값은 각각 0.5와 50,000보다 작게 된다. 이보다 작은 a, b값에서는 비용 함수가 10^{13}보다 클 수 없다. 따라서 비용 함수를 10^{13}으로 나누고 c와 d에 대한 식으로 표현하면, 입력과 출력 모두가 절댓값 기준으로 0에서 1 사이인 새로운 비용 함수를 얻는다.

```
def scaled_cost_function(c,d):
    return coefficient_cost(0.5*c,50000*d)/1e13
```

출력값의 범위가 축소된 이 비용 함수를 최소화하는 c, d값을 구하면 $a = 0.5 \cdot c$와 $b = 50000 \cdot d$로부터 원래 비용 함수를 최소화하는 a, b값을 구할 수 있다.

이러한 접근법은 어찌 보면 임기응변식이다. 데이터를 수치상으로 더 잘 다루는 방법으로 스케일링이 있으며 데이터를 확대·축소하는 더욱 과학적인 방법이라 할 수 있다. 그중 하나는 15장에서 다룬다. 이 주제를 더 배우고 싶다면 머신러닝 문헌에서 **특징 스케일링**(feature scaling)이라는 과정을 살펴봐도 좋다. 일단은 앞선 절차를 통해 경사하강법 알고리즘에 넣을 수 있는 함수를 구했다.

14.3.2 최적합 직선 구하기 및 플로팅하기

최적화할 함수 scaled_cost_function은 $|c|<1$이고 $|d|<1$인 어떤 점 (c, d)에서 최솟값을 가진다고 기대할 수 있다. 최적값 c와 d는 원점에 상당히 근접했을 테니 경사하강법 알고리즘을 $(0, 0)$에서 시작해볼 수 있다. 다음 코드는 최솟값을 구해주는데, 실행하는 컴퓨터 종류에 따라 실행 시간이 상당히 걸릴 수 있다.

```
c,d = gradient_descent(scaled_cost_function,0,0)
```

실행하면 다음과 같이 c값과 d값을 구해준다.

```
>>> (c,d)
(-0.12111901781176426, 0.31495422888049895)
```

a와 b를 구하려면 각 변수에 맞는 인수를 곱해주면 된다.

```
>>> a = 0.5*c
>>> b = 50000*d
>>> (a,b)
(-0.06055950890588213, 15747.711444024948)
```

마침내 원하는 계수를 얻었다. 이 값들을 적절히 반올림하면 다음 가격 함수가 자동차 데이터셋 전체에 대해 제곱 오차의 합을 (근사적으로) 최소화하는 일차함수라고 할 수 있다.

$$p(x) = -0.0606 \cdot x + 15700$$

이 함수는 평균적으로 주행거리가 0인 프리우스의 가격이 15,700달러이고 감가상각률은

1마일당 6센트 이상임을 의미한다. [그림 14.19]는 그래프에서 이 최적합 직선의 모양을 나타낸다.

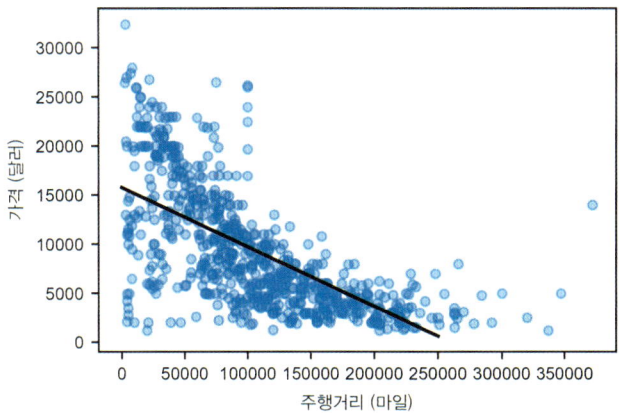

그림 14.19 차량 가격 데이터의 최적합 직선

이 직선은 앞에서 살펴본 일차함수 $p_1(x)$, $p_2(x)$, $p_3(x)$보다 더 적합하거나, 그렇지 않더라도 비등하게 적합해 보인다. 비용 함수로 측정하면 이 함수가 데이터에 더 적합함을 확신할 수 있다.

```
>>> coefficient_cost(a,b)
14536218169.403479
```

비용 함수를 최소화하는 최적합 직선을 자동으로 찾아내었다는 점에서, 우리의 알고리즘이 주행거리를 기반으로 프리우스의 가치를 매기는 법을 '배웠다'고 말할 수 있다. 이로써 이 장의 주요 목표를 달성했다.

최적합 직선을 얻기 위해 선형회귀를 계산하는 방법은 여러 가지가 있고, 이에 최적화된 파이썬 라이브러리들도 다양하게 있다. 어떤 방법을 쓰더라도 제곱 오차의 합을 최소화하는 동일한 일차함수를 도출할 것이다. 이 책에서는 경사하강법을 사용했다. 1장과 2장에서 다룬 많은 개념을 응용하는 주요 사례이기도 하거니와, 경사하강법은 일반화하기에도 매우 좋다. 이 장의 마지막 절에서는 회귀 관점에서 경사하강법을 쓰는 다른 응용을 보여줄 것이며 15장과 16장에서도 경사하강법과 회귀를 사용할 것이다.

14.3.3 연습문제

연습문제 풀이

연습문제 | 14.6

경사하강법을 사용해서 **test_data** 데이터셋에 가장 적합한 일차함수를 구하라. 여러분이 구한 함수는 $2x+0$에 가깝겠지만 완전히 같진 않을 텐데, 데이터가 해당 직선 주변에서 랜덤하게 생성되었기 때문이다.

14.4 비선형함수 피팅하기

지금까지 해온 작업 중에서는 $p(x)$가 **반드시** 일차함수(선형함수)여야 하는 단계는 없었다. 일차함수는 단순하므로 좋은 선택지이지만, 두 상수로 특정할 수 있는 일변수함수로 확장해도 같은 방법을 적용할 수 있다. 예를 들어 자동차 데이터에 대해 제곱 오차 합을 최소화하는 $p(x) = qe^{rx}$ 꼴 중에서 최적합인 지수함수를 구해보자. 이 식에서 e는 특정 상수인 $2.71828...$이므로 최적합은 q, r값을 찾은 뒤 구한다.

14.4.1 지수함수의 증감 이해하기

지수함수의 동작(behavior)을 간단히 복습해보자. 인자 x가 지수 부분에 있으면 $f(x)$는 지수함수이다. 예를 들어 $f(x) = 2^x$은 지수함수이지만 $f(x) = x^2$은 지수함수가 아니다. 사실 $f(x) = 2^x$은 지수함수 중에서 가장 익숙하다. 자연수 x에 대해 2^x값은 2를 x번 곱한 것이다. [표 14.1]은 2^x 값의 일부를 보여준다.

표 14.1 지수함수 2^x의 값

x	0	1	2	3	4	5	6	7	8	9
2^x	1	2	4	8	16	32	64	128	256	512

x제곱하는 양수를 **밑**(base)이라고 한다. 2^x의 밑은 2이다. 밑이 1보다 크면 x가 증가할 때 지수함수는 증가한다. 하지만 밑이 1보다 작으면 x가 증가할 때 지수함수는 감소한다. [표 14.2]에 나타냈듯이 x가 1씩 늘어나면 $(1/2)^x$은 절반이 된다.

표 14.2 지수함수 $(1/2)^x$ 의 값

x	0	1	2	3	4	5	6	7	8	9
$(1/2)^x$	1	0.5	0.25	0.125	0.0625	0.03125	0.015625	0.0078125	0.00390625	0.001953125

이를 **지수적으로 감쇠한다**(exponential decay)고 하는데, 앞서 다룬 중고차 감가상각 모델에 더욱 적합하다. 지수적 감쇠는 x 값이 매번 고정 간격으로 늘어날 때 함숫값이 일정 비율로 감소함을 의미한다. 이러한 모델에 따르면 프리우스는 50,000마일마다 가치가 절반으로 줄어들고, 100,000마일을 주행하면 가치가 초기 가격의 1/4로 하락함을 의미한다.

직관적으로 지수적 감쇠는 감가상각을 모델링하기에 더 좋다. 오래 주행해도 튼튼한 차는 운전만 가능하다면 어느 정도 가치가 있다. 이와 달리 기존의 선형 모델은 오랜 시간이 지나면 자동차의 가치가 음수가 될 것이라고 제안한다. [그림 14.20]을 보자.

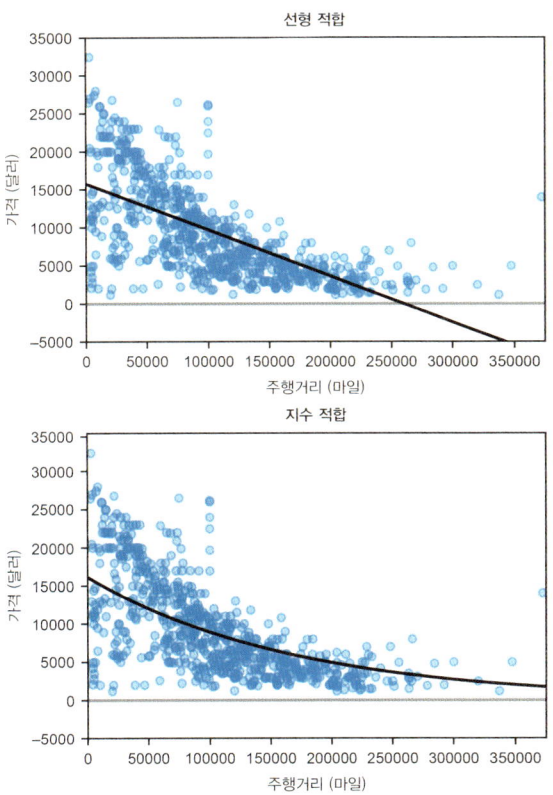

그림 14.20 지수 모델에서는 주행거리에 관계없이 양수 가격을 예측하지만, 선형 모델에서는 음수 가격을 예측하기도 한다.

우리가 사용할 수 있는 지수함수는 $p(x) = qe^{rx}$ 꼴이며 밑 $e = 2.71828...$는 고정값이고 r, q는 조정할 수 있는 계수이다. 밑 e가 자의적으로 보이거나 불편하다고 생각할 수 있지만, e^x이 표준 지수함수이므로 여기에 익숙해지는 게 좋다. 지수적 감소를 하면 r값은 음수이다. 한편 $e^{r \cdot 0} = e^0 = 1$이므로 $p(0) = qe^{r \cdot 0} = q$이다. 즉 q는 일차함수를 사용한 선형 모델과 마찬가지로 주행거리가 0일 때 프리우스 가격을 모델링한다. 상수 r은 감가상각률을 결정한다.[2]

14.4.2 최적합 지수함수 구하기

공식 $p(x) = qe^{rx}$을 염두에 두고 최적합 지수함수를 구하기 위해 직전 절에서 다룬 방법을 다시 사용한다. 먼저 계수 q와 r을 입력으로 받아서 이 계수에 대응하는 함수의 비용을 리턴하는 함수를 작성한다.

```
def exp_coefficient_cost(q,r):
    def f(x):
        return q*exp(r*x)         ← 파이썬의 exp 함수는
    return sum_squared_error(f,prius_mileage_price)     지수함수 $e^x$을 계산한다.
```

다음으로 각각 초기 가격과 감가상각률을 의미하는 계수 q와 r의 범위를 적절히 설정한다. q는 선형 모델의 b값과 비슷할 거라 예상할 수 있는데, q와 b 모두 주행거리가 0인 자동차의 가격을 나타내기 때문이다. 여유를 두고 q의 범위를 0달러에서 30,000달러로 둘 것이다.

감가상각률을 제어하는 r값은 이해하기도 어렵고 범위를 정하기도 까다롭다. r값이 음수이면, 식 $p(x) = qe^{rx}$은 x가 $-1/r$ 단위만큼 늘어날 때마다 가격이 **인수**(factor) e배만큼 감소함을 의미한다. 여기서 e배 감소한다는 것은 $1/e (\approx 0.36)$을 곱한 값이 됨을 의미한다. [연습문제 14.7]을 참고하라.

---

[2] (옮긴이) 본문에서도 다시 나오지만, 선형 모델의 감가상각률은 'x가 1만큼 늘어날 때마다 가격에서 빼는 수 그 자체'를 의미하고 지수 모델의 감가상각률은 'x가 1만큼 늘어날 때마다 가격에 곱해지는 인수가 e^r임'을 의미한다. 따라서 두 감가상각률은 이름만 같을 뿐 직접적인 연관성이 없다.

한편 중고차 가격이 초기 가격의 $1/e$ 배, 즉 36% 가 되려면 (보수적으로 잡아서) 적어도 10,000마일은 주행해야 한다고 하자. 이는 가장 이른 시점에서 $r = 10^{-4}$ 임을 알려준다. 또한 r의 크기가 작아지면 감가상각률을 속도로 비유할 때 함수의 진행이 더 느려진다. 이렇게 q와 r의 범위를 특정했으니 이 함수를 다시 스케일링할 방법을 알 수 있다. 이렇게 스케일링한 함수의 비용을 10^{11} 으로 나누면[3] 여전히 작은 값이 유지된다. 다음은 이렇게 축소된 비용 함수를 구현한 것으로, [그림 14.21]은 이 비용 함수의 출력을 나타낸 히트맵이다.

```
def scaled_exp_coefficient_cost(s,t):
    return exp_coefficient_cost(30000*s,1e-4*t) / 1e11

scalar_field_heatmap(scaled_exp_coefficient_cost,0,1,-1,0)
```

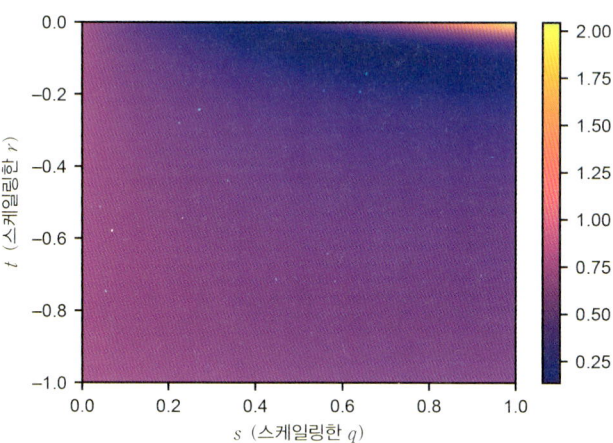

그림 14.21 q값과 r값을 스케일링해서 각각 s와 t라고 부를 때, 함수의 비용

[그림 14.21]의 히트맵 상단에 있는 어두운 부분은 t값이 작고 s값이 0에서 1 중간의 어디쯤 있을 때에 비용이 최소가 됨을 보여준다. 이 스케일링된 비용 함수를 경사하강법 알고리즘에 대입해보자. 경사하강법 함수는 이 비용 함수를 최소화하는 s값과 t값을 출력하며, 이 값에 적용된 스케일링 과정을 되돌려서 q와 r을 얻을 수 있다.

---

3 (옮긴이) 재조정한 함수의 비용이 너무 커지지 않고 일정 범위가 되도록 임의의 큰 값 10^{11} 으로 나누어 축소한 것이다.

```
>>> s,t = gradient_descent(scaled_exp_coefficient_cost,0,0)
>>> (s,t)
(0.6235404892859356, -0.07686877731125034)
>>> q,r = 30000*s,1e-4*t
>>> (q,r)
(18706.214678578068, -7.686877731125035e-06)
```

이는 주행거리 측면에서 프리우스 가격을 가장 잘 예측하는 지수함수가 근사적으로 다음 함수와 같음을 나타낸다.

$$p(x) = 18700 \cdot e^{-0.00000768 \cdot x}$$

[그림 14.22]는 이 함수와 실제 가격 데이터를 같이 나타낸 그래프를 보여준다.

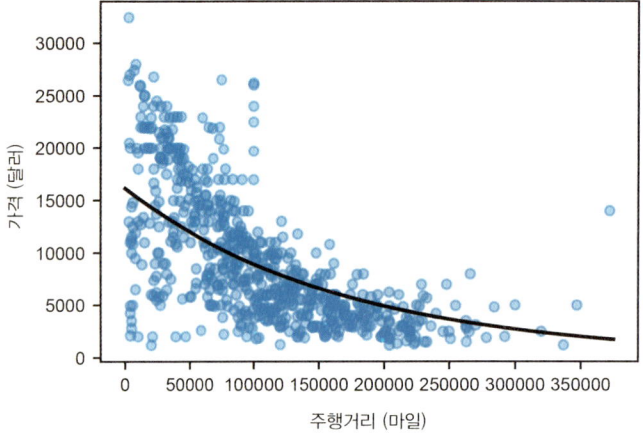

그림 14.22 프리우스의 주행거리에 대한 가격을 나타내는 최적합 지수함수

이 모델은 선형 모델에 비해 훨씬 적합하다고 주장할 수 있는데, 제곱 오차 합이 선형 모델에 비해 더 작기 때문이다. 이 비용 함수를 기준으로 지수 모델이 선형 모델보다 (약간) 더 적합함을 의미한다.

```
>>> exp_coefficient_cost(q,r)
14071654468.28084
```

지수함수와 같은 **비선형함수**(nonlinear function)를 사용하는 방법은 수많은 회귀 기법 중 하나일 뿐이다. 다른 비선형함수를 사용해도 되고 계수가 3개 이상인 함수를 사용해 3차원 이상인 데이터에 피팅할 수도 있다. 15장과 16장에서 계속 회귀 모델의 적합 품질을 측정하고자 비용 함수를 사용하고, 가능한 좋은 피팅을 하기 위해 경사하강법을 사용할 것이다.

14.4.3 연습문제

연습문제 | 14.7

x가 $1/r$단위 증가할 때마다 e^{-rx}은 e배 감소함을 r값을 선택해 확인하라.

연습문제 | 14.8

앞에서 구한 최적합 지수함수에 따르면 중고 프리우스의 가치는 10,000마일마다 몇 퍼센트씩 감소하는가?

연습문제 | 14.9

프리우스 판매가(주행거리가 0마일일 때 가격)가 25,000달러라고 할 때, 데이터에 가장 적합한 지수함수를 구하라. $q=25000$이라고 고정한 뒤 qe^{rx} 꼴인 최적합 지수함수에 해당하는 r값을 구하면 된다.

요약

- **회귀**는 데이터셋에서 여러 변수 간의 관계를 설명하는 모형을 찾는 과정이다. 이 장에서는 선형회귀를 사용하여 주행거리와 자동차 가격 간의 관계를 일차함수로 근사하였다.
- 수많은 데이터 포인트 (x,y)로 이루어진 집합에서는 모든 점을 지나는 직선은 존재하지 않을 가능성이 크다.
- 데이터를 모델링하는 함수 $y = f(x)$에 대해 데이터 내의 각 점 (x,y)마다 $f(x)$와 y 간의 거리를 구해서 함수가 데이터에 얼마나 가까운지를 측정할 수 있다.
- 모델이 데이터셋에 적합한 정도를 측정하는 함수를 **비용 함수**라고 한다. 주로 사용되는 비용 함수는 점 (x,y)의 y값과 대응하는 모델의 값 $f(x)$ 간의 거리 제곱의 합이다. 데이터에 가장 적합한 함수는 비용 함수가 최솟값을 갖는다.
- $f(x) = ax + b$ 꼴의 일차함수를 생각할 때, 계수의 각 순서쌍 (a,b)는 일차함수를 유일하게 정의한다. 이 순서쌍으로 구성된 2차원 공간이 존재하며, 따라서 일차함수가 나타내는 직선 공간도 존재하여 탐색할 수 있다.
- 계수의 순서쌍 (a,b)를 입력으로 받아 $ax+b$의 비용을 계산하는 함수를 작성해보면 이 함수는 2차원 점을 입력으로 받아 수 하나를 리턴한다. 이 함수를 최소화하면 최적합 직선을 정의하는 계수를 구할 수 있다.
- 일차함수 $p(x)$가 x가 상숫값만큼 변화하면 상숫값만큼 증가하거나 감소하는 반면, 지수함수는 x가 상숫값만큼 변화할 때 상수배만큼 증가하거나 감소한다.
- 지수함수를 데이터에 피팅하는 과정은 일차함수를 데이터에 피팅하는 과정과 같은 절차를 따른다. 비용 함수를 최소화하는 지수함수 qe^{rx}을 나타내는 순서쌍 (q,r)을 구하면 된다.

CHAPTER 15

로지스틱 회귀 분석을 통한 데이터 분류

> **이 장의 내용**
> - 분류 문제를 이해하고 분류기 성능 측정하기
> - 결정 경계를 구해서 두 종류의 데이터를 분류하기
> - 분류가 된 데이터셋을 근사하고자 로지스틱 함수를 사용하기
> - 로지스틱 회귀에 대한 비용 함수 작성하기
> - 경사하강법을 수행해서 최적합 로지스틱 함수 구하기

머신러닝에서 매우 중요한 문제 중 하나는 **분류**(classification)이며, 15장과 16장에서 중점적으로 다룰 것이다. 분류는 여러 종류의 원시 데이터(raw data)를 가지고 있을 때, 데이터 내의 데이터 포인트가 각각 어느 종류의 객체인지를 알아내는 문제이다.

분류 문제는 생활에서도 쉽게 찾아볼 수 있다. 받은 편지함에 들어온 모든 이메일 메시지를 '흥미로운 메시지' 또는 '원하지 않는 스팸'으로 분류하는 알고리즘이 필요할 수 있다. 아니면 더 파급력 있는 의학 예시로 종양을 스캔한 데이터셋을 분석해서 각 스캔 이미지에 포함된 종양이 양성인지 악성인지를 결정하는 분류 알고리즘을 작성해볼 수도 있다.

알고리즘에 실제 빅데이터를 보여주고 학습하게 하면 분류 작업을 더욱 잘 수행하는 머신러닝 알고리즘을 만들 수 있다. 어떤 사용자가 받은 이메일을 매번 스팸인지 아닌지 표기하거나 방사선사가 종양 스캔 자료를 보고 매번 악성 여부를 판별한다면 이러한 데이터도 알고리즘을 보정하는 데 사용해서 알고리즘을 개선할 수 있다.

이 장에서도 14장과 같이 중고차의 주행거리와 가격에 관한 단순한 데이터셋을 살펴본다. 14장에서는 자동차 모델을 1가지로 제한했지만 여기서는 토요타 프리우스와 BMW 5 시리즈

세단 2가지로 살펴보려 한다. 어떤 차의 주행거리와 가격이라는 수치 데이터를 준다고 하자. 답을 알고 있는 참·거짓 예시 데이터셋을 바탕으로 알고리즘이 이 차가 BMW인지를 예·아니오로 답할 수 있게 만들 것이다. 수를 입력으로 받아 다른 수를 출력하는 회귀 모델과는 달리 여기서 사용하는 분류 모델은 벡터를 입력으로 받아 0과 1 사이의 값을 출력한다. 이 수는 해당 벡터가 프리우스가 아닌 BMW를 나타낸다고 확신하는 신뢰도(confidence)를 나타낸다. [그림 15.1]을 보자.

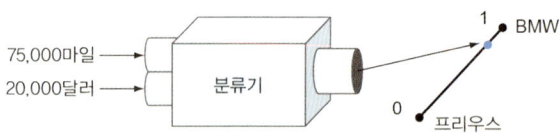

그림 15.1 주행거리와 가격을 입력으로 받아 BMW인지 판단할 신뢰도를 리턴하는 분류기

분류는 회귀와 다른 입출력을 다루지만, 회귀의 한 방식을 사용해 분류기를 만들 수 있음이 밝혀졌다. 실제로 이 장에서 구현할 분류 알고리즘은 **로지스틱 회귀**(logistic regression)라고 한다. 이 알고리즘을 훈련할 때는 중고차의 주행거리와 가격에 대한 기존 데이터셋을 사용하는데, 각 중고차를 나타내는 데이터 포인트가 BMW이면 1로, 프리우스이면 0이라는 레이블(label)이 붙어 있다. [표 15.1]은 알고리즘의 훈련에 사용되는 데이터셋의 샘플 데이터 포인트를 보여준다.

표 15.1 알고리즘을 훈련하는 데 사용되는 샘플 데이터 포인트

주행거리(마일)	가격(달러)	BMW 여부
110,890.0	13,995.00	1
94,133.0	13,982.00	1
70,000.0	9,900.00	0
46,778.0	14,599.00	1
84,507.0	14,998.00	0
...	...	...

이제 처음 두 열의 값을 입력으로 받아 0과 1 사이의 값을 결과로 생성하는 함수를 만들고자 한다. 또한 이 결괏값이 자동차 모델을 올바로 선택했을 때의 값에 가능한 한 근접하길 바란다. 이제 **로지스틱 함수**(logistic function)라는 특별한 함수를 소개한다. 로지스틱 함수는 두 개의 수를 입력으로 받아 0과 1 사이의 수 하나를 출력한다. 우리가 만들 분류 함수는 주어진 샘플 데이터에 '최적합'인 로지스틱 함수이다.

이 분류 함수가 항상 답을 올바르게 주는 건 아니지만, 사람도 언제나 올바른 답을 도출한다고는 할 수 없다. BMW 5 시리즈 세단이 고급 차종임을 아는 사람이 데이터를 분류할 때, 주행거리가 같으면 BMW보다 프리우스가 가격이 낮다고 예상할 수는 있다. 하지만 기대와는 달리 [표 15.1]의 마지막 두 줄을 보면 주행거리가 2배인 프리우스의 가격이 BMW와 거의 같다. 이러한 특수 상황을 고려하면 로지스틱 함수가 BMW와 프리우스 데이터를 입력으로 받아 정확하게 1, 0이라 답할 거라고 예상해서는 안 된다. 로지스틱 함수가 0.51을 리턴할 때는 어느 쪽인지 불확실하지만, BMW일 가능성이 조금 더 큼을 알려준다.

14장에서 일차함수 $f(x) = ax + b$는 두 매개변수 a와 b로 결정됨을 살펴보았다. 이 장에서 사용할 로지스틱 함수는 매개변수가 3개이다. 따라서 로지스틱 회귀는 주어진 샘플 데이터에 가능한 한 가까운 로지스틱 함수를 도출하는 매개변수 3개를 구하는 작업으로 정리할 수 있다. 이제 로지스틱 함수에 대한 특별한 비용 함수를 만들고, 경사하강법을 사용해 해당 비용 함수를 최소화하는 매개변수 3개를 구할 것이다. 이 과정은 다양한 단계를 거치지만 다행히 14장에서 한 것과 유사하다. 따라서 회귀를 15장에서 처음 배우고 있다면 14장 내용은 도움이 된다.

이 장의 핵심은 자동차를 분류하는 로지스틱 회귀 알고리즘을 코드화하는 것이지만, 그전에 먼저 분류가 무엇인지 알아보려고 한다. 컴퓨터가 분류 작업을 할 수 있도록 훈련하기 전에 훈련 정도를 측정하는 방법을 알아볼 것이다. 로지스틱 회귀 모델을 만든 뒤에는 성능을 비교하며 평가한다.

15.1 실제 데이터에서 분류 함수 테스트하기

기준을 간단하게 잡고 데이터셋에서 BMW를 식별하는 분류기의 성능을 살펴보자. 중고차 가격이 25,000달러를 웃돌면 프리우스라고 답하기엔 너무 비싸다고 판단한다(그 값이면 프리우스 신차를 구매할 수 있다). 구매 가격이 25,000달러를 초과하는 데이터 포인트를 BMW라고 하고, 초과하지 않는 데이터 포인트를 프리우스라고 식별하기로 하자. 이 분류 방법은 다음과 같이 파이썬 함수로 쉽게 만들 수 있다.

```python
def bmw_finder(mileage,price):
    if price > 25000:
        return 1
    else:
        return 0
```

이 분류기는 성능이 그다지 좋지 않다. 주행거리가 긴 BMW는 25,000달러보다 싸게 판매될 수도 있기 때문이다. 하지만 성능을 추측할 필요 없이, 실제 데이터로 이 분류기가 얼마나 잘 동작하는지 측정할 수 있다.

이 절에서는 `test_classifier`라는 함수를 작성해 이 알고리즘의 성능을 측정한다. 이 함수는 `bmw_finder` 같은 분류 함수와 테스트 대상인 데이터셋을 입력으로 받는다. 이 데이터셋은 주행거리, 가격, BMW 여부를 1 또는 0으로 나타낸 튜플의 배열이다. 실제 데이터로 `test_classifier` 함수를 실행하면 값을 퍼센트로 리턴하는데, 데이터셋의 자동차가 올바로 식별된 비율을 알려준다. 이 장을 마무리할 때 로지스틱 회귀를 구현하고 `bmw_finder` 대신 로지스틱 분류 함수를 `test_classifier`에 전달해 상대적인 성능을 비교할 것이다.

15.1.1 자동차 데이터 불러오기

자동차 데이터를 먼저 불러오면 `test_classifier` 함수 작성이 더 쉬워진다. 여러분이 카그래프 사이트(https://cargraph.com)나 일반 파일에서 데이터를 불러오겠다며 고생을 자처하지 않도록 소스 코드에 cardata.py라는 파이썬 파일을 제공해 두었다. 이 파이썬 파일은 두 개의 배열 형태로 된 데이터를 포함한다. 하나는 프리우스에 대한 배열이고 다른 하나는 BMW에 대한 배열이다. 두 배열은 다음과 같이 임포트 할 수 있다.

```
from car_data import bmws, priuses
```

car_data.py 파일에는 BMW이나 프리우스에 대한 원시 데이터가 훨씬 많이 담겨있다. 이렇게 훨씬 많은 데이터를 포함한 리스트로부터 각 차의 주행거리, 가격, 차종만 집중해서 볼 수 있어야 한다. 예를 들어 BMW 리스트의 시작 부분은 다음과 같다.

```
[('bmw', '5', 2013.0, 93404.0, 13999.0, 22.09145859494213),
 ('bmw', '5', 2013.0, 110890.0, 13995.0, 22.216458611342592),
 ('bmw', '5', 2013.0, 94133.0, 13982.0, 22.09145862741898),
 ...
```

각 튜플은 판매용 차량 1대를 나타내며, 주행거리와 가격은 튜플의 4번째와 5번째 성분으로 주어진다. car_data.py에서 각 튜플은 Car 객체로 변환되기 때문에, 예를 들어 car라는 객체의 가격을 알고 싶으면 car[4]가 아니라 car.price라고 써야 한다. 이러한 BMW 튜플 리스트 bmws와 프리우스 튜플 리스트 priuses로부터 관심 있는 성분만 뽑아 원하는 형태로 리스트를 만들 건데, 이 리스트를 all_car_data라고 부르자.

```
all_car_data = []
for bmw in bmws:
    all_car_data.append((bmw.mileage,bmw.price,1))
for prius in priuses:
    all_car_data.append((prius.mileage,prius.price,0))
```

이 코드의 실행이 완료되면 all_car_data는 BMW 튜플 리스트가 선행한 뒤 프리우스 튜플 리스트가 등장하는 하나의 파이썬 리스트가 된다. 이때 BMW 튜플은 1, 프리우스 튜플은 0이라는 레이블이 각각 붙는다.

```
>>> all_car_data
[(93404.0, 13999.0, 1),
 (110890.0, 13995.0, 1),
 (94133.0, 13982.0, 1),
 (46778.0, 14599.0, 1),
 ....
 (45000.0, 16900.0, 0),
 (38000.0, 13500.0, 0),
 (71000.0, 12500.0, 0)]
```

15.1.2 분류 함수 테스트하기

데이터가 적절한 포맷을 갖추었으니 이제 `test_classifier` 함수를 작성하자. `bmw_finder`는 자동차의 주행거리와 가격을 살펴보고, BMW인지 아닌지를 알려준다. `bmw_finder`가 이 자동차를 BMW라고 판단한다면 1을 리턴하고, 프리우스라고 판단한다면 0을 리턴한다. 물론 `bmw_finder`가 잘못된 답을 내놓을 수도 있다. 이 분류기가 1을 리턴해서 BMW라 예상했지만 실제 데이터가 프리우스인 이 상황을 **거짓 양성**(false positive)이라고 한다. 이 분류기가 0을 리턴해서 프리우스라 예상했지만 실제 데이터가 BMW인 상황을 **거짓 음성**(false negative)이라고 한다. 분류기가 BMW와 프리우스를 올바로 식별했다면 각각을 **참 양성**(true positive), **참 음성**(true negative)이라고 한다.

`all_car_data` 데이터셋에 대해 분류 함수를 평가하려면 먼저 데이터셋 리스트의 주행거리와 가격을 분류 함수에 입력해 실행한 뒤, 실행 결과인 1 또는 0이 데이터셋의 값과 일치함을 확인하여야 한다. 이를 코드로 작성하면 다음과 같다.

```
def test_classifier(classifier, data):
    trues = 0
    falses = 0
    for mileage, price, is_bmw in data:
        if classifier(mileage, price) == is_bmw:    ← 만약 분류가 제대로 되었으면
            trues += 1                                 참의 개수에 1을 더한다.
        else:
            falses += 1    ← 거짓의 개수에 1을 더한다.
    return trues / (trues + falses)
```

bmw_finder 분류 함수와 all_car_data 데이터셋에 대해 이 함수를 실행하면 정확도(accuracy)가 59%임을 알 수 있다.

```
>>> test_classifier(bmw_finder, all_car_data)
0.59
```

이 결과는 나쁘지만은 않다. 답을 상당수 맞혔기 때문이다. 그러나 이것보다 더 잘할 수 있다! 다음 절에서는 이 데이터셋을 플로팅해서 bmw_finder 함수의 품질이 얼마나 나쁜지를 알아보겠다. 이 작업을 통해 로지스틱 분류 함수를 활용한 분류를 어떻게 개선할지 살필 수 있다.

15.1.3 연습문제

연습문제 풀이

연습문제 | 15.1

test_classifier 함수를 개선하여 참 양성, 참 음성, 거짓 양성, 거짓 음성의 개수를 출력하도록 하라. bmw_finder 분류기에 대해 이 값들을 출력해서 이 분류기의 성능을 논하라.

연습문제 | 15.2

bmw_finder 함수의 성능을 개선하고, test_classifier 함수로 개선한 bmw_finder 함수의 정확도가 59%보다 높음을 확인하라.

15.2 결정 경계 그리기

로지스틱 회귀 함수를 구현하기 전에 분류를 얼마나 성공적으로 하는지 측정할 방법을 하나 더 살펴보자. 중고차 데이터 포인트는 주행거리와 가격이라는 두 수로 정의되기 때문에, 이 점을 2차원 벡터로 생각해서 2차원 평면의 점으로 플로팅할 수 있다. 이렇게 얻은 플롯은 분류 함수가 BMW와 프리우스 사이 중 어디에 '직선을 그릴지'를 감을 잡게 해주며, 이를 바탕으로 분류 함수를 개선할 방법을 알 수 있다. bmw_finder 함수를 사용한 분류 방법은 2차원 평면에 특정 직선을 그린 뒤, 직선 아래의 모든 점을 BMW라고 부르고 직선 위의 모든 점을 프리우스라고 부르는 것과 같다.

이 절에서는 Matplotlib을 사용해서 플롯을 그리고, bmw_finder가 배치하는 BMW와 프리우스를 구분하는 직선을 살펴본다. 이 직선을 **결정 경계**(decision boundary)라고 하며, 점이 이 직선의 위쪽이나 아래쪽 중 어디에 놓였는지 보고 어느 부류(class)에 속하는지 결정한다. 플롯에 나타낸 자동차 데이터를 살펴본 뒤에, 데이터를 더 잘 구분하는 직선을 그릴 수 있는지 살펴볼 것이다. 이를 통해 성능이 개선된 bmw_finder 함수를 정의할 수 있는데, 성능이 얼마나 개선되었는지 측정할 것이다.

15.2.1 자동차 공간 그리기

데이터셋에 있는 자동차는 모두 주행거리와 가격 값을 가지며, 한 부류는 BMW를 나타내는 1이, 다른 부류는 프리우스를 나타내는 0이 레이블로 붙어 있다. 플롯에서 레이블 정보를 읽을 수 있고 산점도에서 BMW와 프리우스를 시각적으로 구분할 수 있도록 만들 것이다.

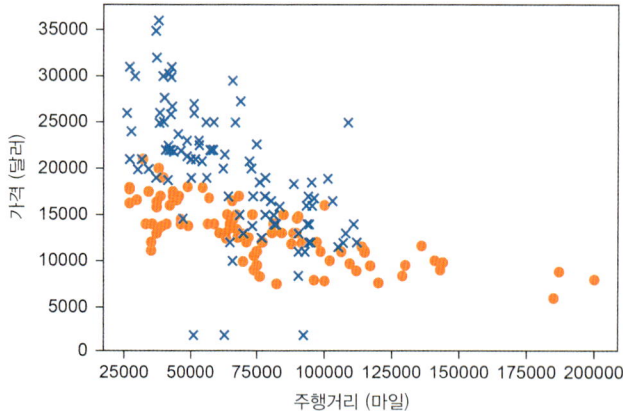

그림 15.2 데이터셋의 BMW(×)와 프리우스(●)를 다르게 표기한 가격 대 주행거리 플롯

소스 코드로 제공되는 보조 함수 plot_data는 자동차 데이터 리스트 전체를 입력으로 받아 자동으로 BMW 데이터 포인트를 ×로, 프리우스 데이터 포인트를 ●이라 플로팅한다. [그림 15.2]는 플롯을 보여준다.

```
>>> plot_data(all_car_data)
```

보통 BMW가 프리우스보다 훨씬 비싸다는 사실을 알 수 있다. BMW 대부분이 가격 축에서 더 큰 값에 위치하기 때문이다. 이 관찰은 더 비싼 자동차를 BMW로 분류하겠다는 전략을 정당화한다. 구체적으로 보면 우리가 만든 분류기는 [그림 15.3]처럼 25,000달러에 직선을 긋는다. 직선은 상단에 플로팅된 더 비싼 자동차와 하단에 플로팅된 덜 비싼 자동차를 구분해준다.

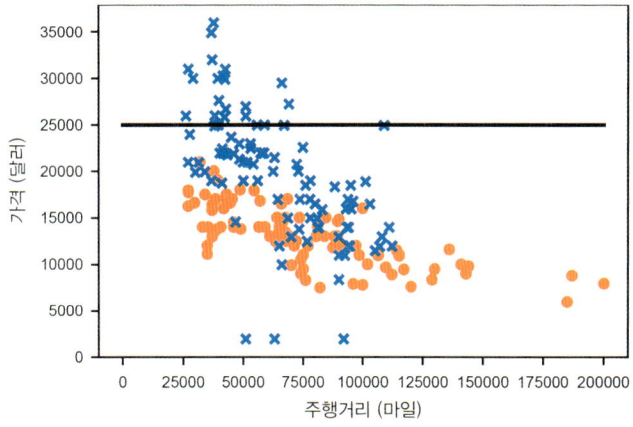

그림 15.3 자동차 데이터와 같이 플로팅된 결정 경계

이 직선이 현재의 결정 경계이다. 직선 위의 모든 ×는 올바르게 BMW로 식별되었고 직선 아래의 모든 ●는 올바르게 프리우스로 식별되었다. 나머지 점은 모두 잘못 분류되었다. 이 결정 경계를 이동해서 정확도를 개선할 수 있다. 한 번 해보자.

15.2.2 더 나은 결정 경계 그리기

[그림 15.3]의 플롯을 바탕으로 직선을 아래로 내려서 더 많은 BMW를 올바로 식별하되, 모든 프리우스를 잘못 식별하는 일이 없도록 해보자. [그림 15.4]는 새 기준 가격이 21,000달러일 때, 결정 경계의 모습을 보여준다.

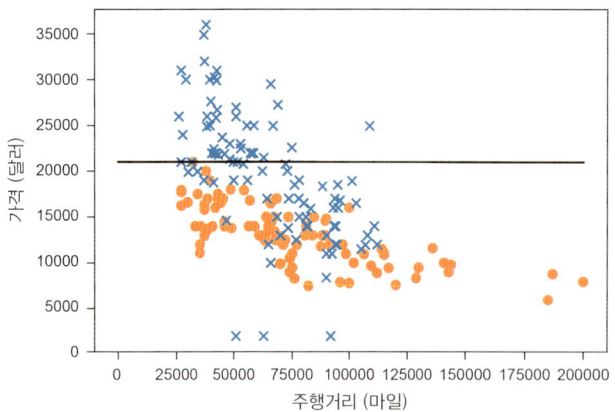

그림 15.4 정확성을 높이고자 결정 경계 아래로 내리기

21,000달러는 자동차 주행거리가 적다면 좋은 경계일 수 있지만, 주행거리가 많을수록 기준 가격이 낮아져야 바람직하다. 이를테면 주행거리가 75,000마일 이상인 BMW는 대부분 가격이 21,000달러 미만으로 보인다. 이 상황을 모델에 반영하려면 기준 가격이 **주행거리에 의존**(mileage dependent)하도록 만들 수 있다. [그림 15.5]에 나타냈듯이 기하학적으로 보면 직선이 아래로 기울어진다.

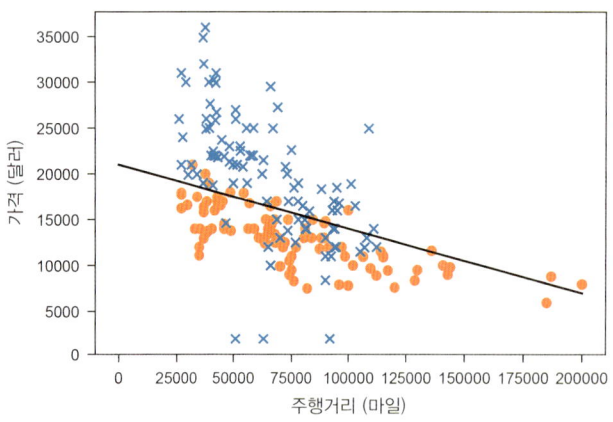

그림 15.5 주행거리가 증가할수록 가격이 낮아지는 결정 경계

p가 가격이고 x가 주행거리일 때, [그림 15.5]의 직선은 함수 $p(x) = 21000 - 0.07 \cdot x$를 따른다. 이 함수식은 뭔가 특별한 방법으로 나온 게 아니다. 합당해 보이는 직선이 나타날

때까지 여러 수를 대입해보고 얻은 결과이다. 그런데도 기존보다 더 많은 BMW를 올바로 식별할 수 있고, 거짓 양성(프리우스를 BMW로 잘못 분류함)이 몇 개 있을 뿐이다. 이제 결정 경계를 분류 함수로 만들어 성능을 측정해보자.

15.2.3 분류 함수 구현하기

이제 앞의 결정 경계를 분류 함수로 표현하고자 파이썬 함수를 하나 작성하겠다. 이 함수는 자동차의 주행거리와 가격을 입력으로 받아 해당 자동차를 나타내는 데이터 포인트가 직선의 위쪽 또는 아래쪽에 위치하는지 판단해서 1 또는 0을 리턴한다. 이는 주행거리가 주어지면 결정 경계 함수 $p(x)$에 대입하여 기준 가격을 계산한 뒤, 입력으로 받은 가격과 비교하는 것과 같다. 이를 코드로 작성하면 다음과 같다.

```python
def decision_boundary_classify(mileage,price):
    if price > 21000 - 0.07 * mileage:
        return 1
    else:
        return 0
```

코드를 테스트해보면 이 분류기는 첫 분류기보다 성능이 훨씬 더 좋음을 알 수 있다. 이 직선을 사용해 전체 중고차 중 80.5%를 올바로 분류할 수 있다. 나쁘지 않다!

```
>>> test_classifier(decision_boundary_classify, all_car_data)
0.805
```

혹시 결정 경계 직선을 정의하는 매개변수에 대해 경사하강법을 그냥 수행해보면 되는 게 아니냐는 의문이 들 수 있다. 앞에서 구한 두 매개변수 21,000과 0.07이 가장 정확한 결정 경계가 아닐 수 있지만, 이 매개변수와 유사한 순서쌍이 가장 정확한 결정 경계일 것 같으니 이상한 생각이 아니다. 로지스틱 회귀를 구현할 때 로지스틱 회귀 알고리즘 내부에서 경사하강법이 최적의 로지스틱 회귀 매개변수를 구할 때까지 결정 경계를 조정함을 보일 것이다.

결정 경계 함수 $ax+b$의 두 매개변수 a와 b에 대해 경사하강법을 수행하지 않고 더 복잡한 로지스틱 회귀 알고리즘을 구현하는 이유는 2가지이다. 첫 번째는 경사하강법을 수행할 때 특정 단계에서 결정 경계 함수가 수직선에 가까워지면 a, b가 너무 커져서 수치 문제를 야기할 수 있기 때문이다. 두 번째는 명확한 비용 함수가 없기 때문이다. 로지스틱 회귀에서 두 문제를 어떻게 고려하여 경사하강법을 사용해 최적의 결정 경계를 구할 수 있는지 살펴볼 것이다.

15.2.4 연습문제

연습문제 | 15.3 미니 프로젝트

all_car_data 데이터셋에서 최적의 분류 정확도를 도출하는 $p=$(상수) 꼴의 결정 경계를 구하라.

15.3 회귀 문제로 분류 문제 표현하기

분류 문제를 회귀 문제로 바꾸려면 자동차의 주행거리와 가격을 입력으로 받아 프리우스보다 BMW에 얼마나 가까운지를 측정한 수를 리턴하는 함수를 만들면 된다. 이 절에서는 로지스틱 분류기(logistic_classifier)라는 함수를 구현하려 한다. 이 함수는 겉만 보면 지금까지 만든 분류기와 비슷해 보이지만 1 또는 0만 출력하는 게 아니라 0과 1 사이의 값을 출력한다는 점이 다르다. 이 값은 해당 자동차가 BMW일 가능성을 알려준다.

로지스틱 분류기의 결과는 해당 데이터 포인트의 주행거리와 가격이 BMW를 묘사할 확률이라 볼 수 있다. 이를테면 [그림 15.6]처럼 얼마나 'BMW스러운지(BMWness)'를 나타낸다고 볼 수 있다. 맞다. 이 용어는 필자가 만들었다. 자동차가 얼마나 BMW처럼 보이는지를 의미하며 고상하게 '비엠더블유-니스'라고 발음하면 된다. 반의어로는 '프리우스러움(Priusity)'이 있겠다.

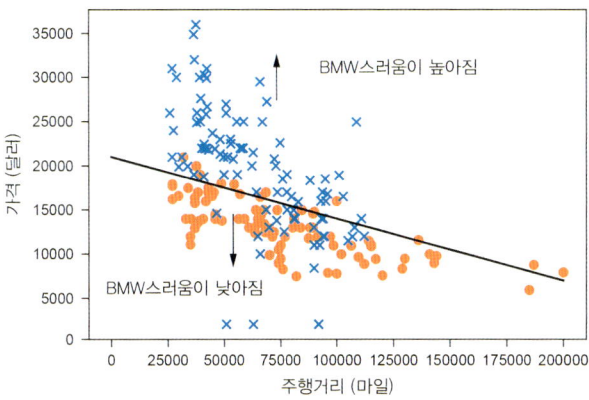

그림 15.6 평면의 데이터 포인트가 BMW에 얼마나 가깝게 보이는지를 묘사하는 BMW스러움

로지스틱 분류기를 구축하는 첫 단계는 괜찮은 결정 경계 직선을 추측하는 데에서 시작한다. 이 직선 위의 데이터 포인트는 BMW스러움이 높다. 이는 BMW일 가능성이 높아서 로지스틱 함수가 1에 가까운 값을 반환한다는 뜻이다. 이 직선 아래의 데이터 포인트는 BMW스러움이 낮다. 이는 프리우스일 가능성이 높아서 로지스틱 함수가 0에 가까운 값을 반환한다는 뜻이다. 결정 경계선에서 BMW스러움 값은 0.5가 될 것이며, 이는 데이터 포인트가 BMW일 가능성도 프리우스일 가능성도 모두 같은 수준임을 뜻한다.

15.3.1 원본 자동차 데이터 스케일링하기

회귀 과정의 어느 단계에서 처리해야 할 일이 하나 있는데, 지금 하는 게 좋겠다. 14장에서도 논의했듯이 주행거리와 가격의 값이 크면 수치 오류가 발생할 수 있으니 크기가 작으면서 일관성 있도록 스케일링(scaling)하는 게 좋다. 주행거리와 가격 모두를 0과 1 사이가 되도록 선형적으로[1] 축소하면 문제가 없을 것이다.

주행거리와 가격 각각을 스케일링한 뒤 다시 원래 척도로 돌아갈 수 있게 언스케일링 (unscaling)할 수 있어야 하기에, 함수는 총 4개 필요하다. 작업 시 피로감을 낮추기 위해 수의 리스트를 입력으로 주면 '선형적으로 스케일링하는 함수'와 '원래 척도에 맞추어 복원하는 언스케일링 함수' 두 개를 리턴해주는 보조 함수를 작성하였다. 이 보조 함수를 주행거리 리스트와 가격 리스트 각각에 적용하면 우리에게 필요한 함수를 모두 얻는다.

---

[1] (옮긴이) 선형적이라는 표현은 '(리스트의 모든 수가 양수라는 가정 하에) 리스트의 최댓값으로 나누는 확대·축소변환'을 떠올리게 한다. 하지만 바로 뒤에 저자가 설명하는 변환은 리스트의 최솟값을 0에 대응하고 최댓값을 1에 대응하는 변환이다. 이 변환은 확대·축소변환과 평행이동의 합성으로, 엄밀한 의미에서 선형성이 있다고 보긴 어렵다. 수학자들은 이러한 합성 변환을 아핀 변환이라고 한다.

```
def make_scale(data):
    min_val = min(data)          ◁── 데이터셋 data의 최댓값과 최솟값을 구해
    max_val = max(data)               범위를 파악한다.
    def scale(x):                ◁── min_val에서 max_val까지의 범위가 0에서 1까지의 범위로 바뀌도록
        return (x-min_val) / (max_val - min_val)   각 데이터 포인트를 같은 비율로 스케일링한다.
    def unscale(y):              ◁── 0에서 1까지의 범위가 min_val에서
        return y * (max_val - min_val) + min_val   max_val까지의 범위로 바뀌도록
    return scale, unscale        ◁── 스케일링되었던 각 데이터 포인트를
                                      같은 비율로 언스케일링한다.
price_scale, price_unscale =\
                                 ◁── 이 데이터셋의 요소들을 스케일링하거나 언스케일링할 때
                                      사용할 scale 함수와 unscale 함수(클로저(closure)라고
    make_scale([x[1] for x in all_car_data])   부르기도 한다)를 리턴한다.
mileage_scale, mileage_unscale =\
                                 ◁── 가격에 대한 scale 함수와 unscale 함수를
                                      리턴하고, 바로 뒤에서 주행거리에 대한
    make_scale([x[0] for x in all_car_data])   scale 함수와 unscale 함수를 리턴한다.
```

이렇게 얻은 스케일링 관련 함수를 리스트의 자동차 데이터 포인트에 각각 적용해 스케일링을 적용한 데이터셋을 얻어 보자.

```
scaled_car_data = [(mileage_scale(mileage), price_scale(price), is_bmw)
                   for mileage,price,is_bmw in all_car_data]
```

[그림 15.7]은 다행히 축의 값이 달라진 것만 빼면 플롯은 동일해 보인다.

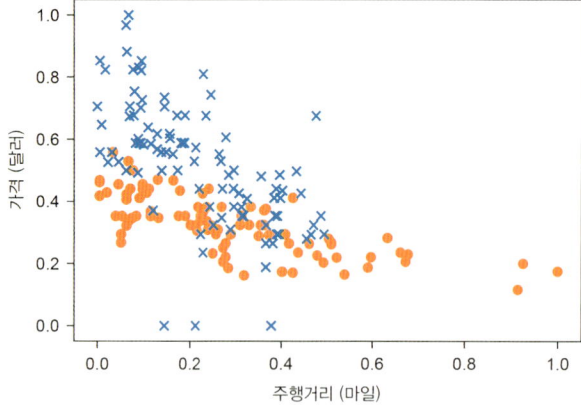

그림 15.7 모든 값이 0과 1 사이로 축소된 주행거리 및 가격 데이터. 플롯은 이전과 같아 보이지만, 수치적 오류에 빠질 위험이 줄어들었다.

스케일링을 적용한 데이터셋은 기하학적 성질이 동일하기 때문에, 스케일링된 데이터셋에서 좋은 결정 경계를 구한 뒤 원 데이터셋에 대한 결정 경계로 변환할 수 있을 듯하다.

15.3.2 자동차의 BMW스러움을 측정하기

$p(x) = 0.56 - 0.35 \cdot x$는 주행거리 함수로, 결정 경계에 해당하는 가격을 알려준다. 이 함수는 15.2절에서 눈대중으로 구한 결정 경계와 상당히 비슷하지만, [그림 15.8]처럼 원 데이터셋이 아니라 스케일링한 데이터셋에 적용되어야 한다.

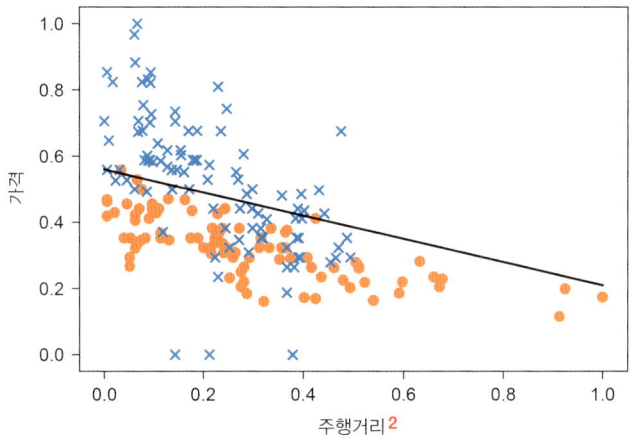

그림 15.8 스케일링한 데이터 집합에서의 결정 경계 $p(x) = 0.56 - 0.35 \cdot x$

스케일링한 데이터셋에 대해 분류기를 테스트하려면 test_classifier 함수를 그대로 사용한다. 원 데이터셋이 아니라 스케일링한 데이터를 전달한다는 정도만 신경 쓰면 된다. 앞선 결정 경계는 스케일링한 데이터셋에 대해 분류 정확도가 78.5%이다.

아니면 결정 경계 함수가 자체적으로 데이터 포인트의 BMW스러움을 측정하게끔 결정 경계 함수 자체를 재구성할 수도 있다. 대수학 계산을 줄이기 위해 결정 경계 함수를 다음과 같이 나타내겠다.

$$p = ax + b$$

---

2 (옮긴이) 원문과 소스 코드에서는 가격과 주행거리의 단위를 표기했으나, 스케일링하면 단위가 무의미하므로 표기하지 않는 게 올바르다.

이때 p는 가격, x는 주행거리, a와 b는 각각 직선의 기울기와 절편을 나타낸다(앞선 예시에서는 $a=-0.35$, $b=0.56$). 이제 이 식을 함수를 나타내는 식이 아니라 결정 경계 위의 점 (x,p)가 만족하는 방정식으로 생각하자. 이 방정식의 양변에서 $ax+b$를 빼면 다음과 같다.

$$p - ax - b = 0$$

결정 경계 위의 모든 점 (x,y)는 이 방정식도 만족한다. 즉, $p-ax-b$라는 양은 결정 경계 위의 모든 점에 대해 0이다.

이제 식을 변환한 이유가 설명된다. $p-ax-b$는 임의의 점 (x,p)에 대한 BMW스러움의 척도로 볼 수 있다. 점 (x,p)가 결정 경계 위쪽에 있다면 가격 p가 주행거리 x에 비해 상대적으로 크기 때문에 $p-ax-b>0$이다. 반대로 점 (x,p)가 결정 경계 아래쪽에 있다면 가격 p가 주행거리 x에 비해 상대적으로 작기 때문에 $p-ax-b<0$이다. 마지막으로 식 $p-ax-b$는 프리우스인지 BMW인지를 결정하는 경곗값에 딱 위치한 점에 대해서는 정확히 0이다. 이 설명이 조금 추상적으로 느껴질 수 있기에 [표 15.2]에 3가지 경우를 정리하였다.

표 15.2 가능한 경우 요약

(x,p)의 위치	$p-ax-b$의 부호	BMW스러움 척도
결정 경계 위쪽	$p-ax-b>0$	BMW일 가능성이 높음
결정 경계 바로 위[3]	$p-ax-b=0$	두 모델 중 하나임(불명확)
결정 경계 아래쪽	$p-ax-b<0$	프리우스일 가능성이 높음

아직 $p-ax-b$가 결정 경계와 마찬가지로 BMW스러움의 척도가 됨을 확신하지 못하겠다면, [그림 15.9]처럼 데이터와 함께 $f(x,p)=p-ax-b$의 히트맵을 살펴보는 게 더 쉬울 수 있다. $a=-0.35$, $b=0.56$일 때 이 함수는 $f(x,p)=p-0.35 \cdot x-0.56$이다.

---

[3] (옮긴이) 도형을 이루는 점의 집합에 포함된 점은 '도형 위에 있는 점'이라고 표현한다. 반면 영역이 어떤 도형에 의해 위·아래 또는 안·밖으로 구분되면 각각 위쪽·아래쪽, 안쪽·바깥쪽이라 표현한다.

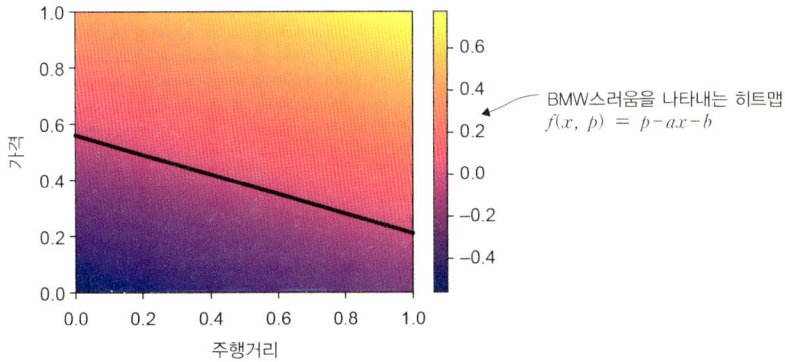

그림 15.9 결정 경계 위쪽은 밝고, 결정 경계 아래쪽은 어두운 히트맵

함수 $f(x,p)$는 앞에서 논의한 BMW스러움의 척도가 지녀야 할 조건을 **거의** 충족한다. 이 함수는 주행거리와 가격을 입력으로 받아 BMW를 나타내는 것 같으면 큰 수를, 프리우스를 나타내는 것 같으면 작은 수를 출력한다. 다만 출력에 해당하는 수가 0과 1 사이로 한정되지 않고, 경곗값이 0.5가 아니라 0이라는 점이 아쉽다. 다행히도 이 출력을 조정할 때 편리한 수학적인 보조 함수가 있다.

15.3.3 시그모이드 함수

함수 $f(x,p) = p - ax - b$는 일차함수이지만 지금은 선형회귀가 아니라 **로지스틱 회귀**를 다루고 있다. 로지스틱 회귀를 하려면 로지스틱 함수를 써야 한다. 가장 단순한 로지스틱 함수는 때때로 **시그모이드 함수**(sigmoid function)라고도 불리는 다음 함수이다.

$$\sigma(x) = \frac{1}{1+e^{-x}}$$

파이썬에서는 e^x을 의미하는 exp 함수를 사용해 시그모이드 함수를 다음과 같이 구현할 수 있다. 여기서 $e = 2.71828...$이며, 지수함수의 밑으로 사용한 적이 있는 상수이다.

```
from math import exp
def sigmoid(x):
    return 1 / (1+exp(-x))
```

[그림 15.10]은 시그모이드 함수의 그래프를 보여준다.

시그모이드 함수는 그리스 문자 σ(sigma, 시그마)를 사용하여 표기한다. σ는 알파벳 S에 대응하고, $\sigma(x)$의 그래프는 알파벳 S와 약간 닮았기 때문이다. **로지스틱 함수**와 **시그모이드 함수**는 때때로 [그림 15.10]처럼 어떤 값에서 시작해 다른 값이 될 때까지 부드럽게 상승하는 함수를 가리킬 때 사용하기도 한다. 하지만 15장과 16장에서 시그모이드 함수는 특정 함수인 $\sigma(x)$를 가리키는 것으로 하자.

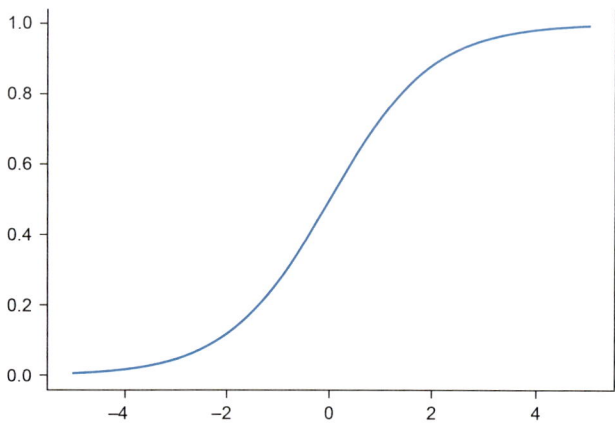

그림 15.10 시그모이드 함수 $\sigma(x)$의 그래프

함수의 정의를 자세히 알 필요는 없지만 함수의 그래프의 모양과 그 의미는 알아두어야 한다. 이 함수는 임의의 수를 0과 1 사이의 값으로 대응시키는데 절댓값이 큰 음수는 0에 가까운 값으로, 큰 양수는 1에 가까운 값으로 대응시킨다. $\sigma(0)$은 0.5이다. σ는 $-\infty$에서 ∞까지 넓은 범위를 다루기 좋게 0에서 1까지 범위로 바꾸어준다고 생각할 수 있다.

15.3.4 다른 함수와 시그모이드 함수 합성하기

함수 $f(x, p) = p - ax - b$로 돌아가 보자. 이 함수는 주행거리와 가격을 입력으로 받아 프리우스보다 BMW에 얼마나 가까운지 측정한 수를 리턴한다. 리턴한 수는 음수이든 양수이든 매우 큰 값이 나올 수 있다. 0이 나오면 BMW스러움과 프리우스러움의 경계에 있음을 시사한다.

이제 함수가 0과 1 사이의 값을 리턴하길 원한다. 함숫값이 0과 1에 가까우면 각각 프리우스와 BMW일 가능성이 높음을 나타내고, 함숫값이 0.5이면 프리우스일 가능성과 BMW일 가능성이 같음을 나타내길 바란다. $f(x,p)$의 출력이 이 범위 내에 들어가도록 조정하려면 [그림 15.11]과 같이 시그모이드 함수 $\sigma(x)$에 이 출력값을 전달하면 된다. 따라서 구하고자 하는 함수는 x가 주행거리고 p가 가격일 때 $\sigma(f(x,p))$이다.

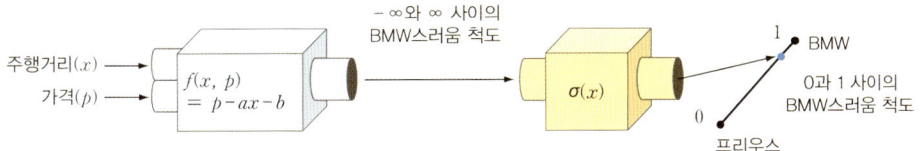

그림 15.11 BMW스러움을 알려주는 함수 $f(x,p)$와 시그모이드 함수 $\sigma(x)$를 합성하기

이렇게 구한 함수를 $L(x,p)$라고 부르자. $L(x,p) = \sigma(f(x,p))$가 성립한다. 함수 $L(x,p)$를 파이썬으로 구현하고 [그림 15.12]처럼 히트맵을 플로팅해보면 $L(x,p)$는 $f(x,p)$와 같은 방향으로 증가하지만 그 값은 다름을 알 수 있다.

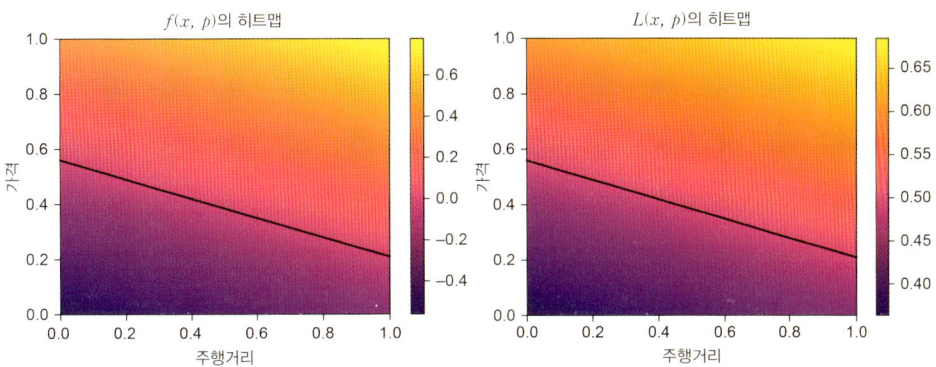

그림 15.12 값의 범위는 다르지만 동일하게 생긴 $f(x,p)$와 $L(x,p)$의 히트맵

두 히트맵을 보다 보면 BMW스러움을 알려주는 함수를 시그모이드 함수에 전달하는 생고생을 왜 하는지 의문이 든다. 두 함수는 거의 비슷하게 보이기 때문이다. 하지만 이 그래프들을 [그림 15.13]처럼 3차원 공간의 2차원 곡면으로 플로팅해보면, 시그모이드 함수의 굴곡진 모양이 특정한 효과를 지님을 알 수 있다.

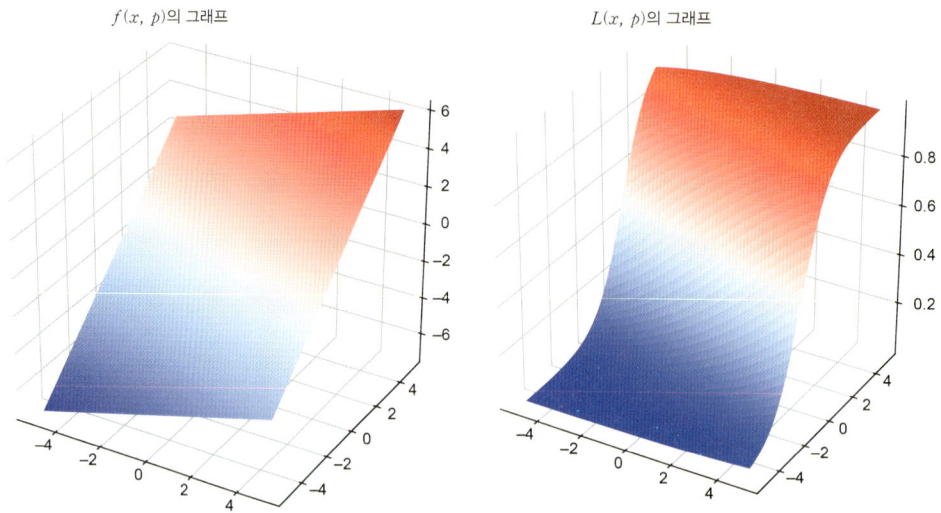

그림 15.13 선형적으로 증가하는 $f(x,p)$와 굴곡을 갖고 0에서 1로 증가하는 $L(x,p)$

굴곡을 명확하게 보기 위해 (x,p) 공간을 나타내는 플롯을 약간 축소했다.[4] 요점은, 차종을 0 또는 1로 구분할 때 함수 $L(x,p)$의 값은 특정 차종에 가까울수록 0 또는 1에 가까워지지만 함수 $f(x,p)$의 값은 특정 차종에 가까울수록 ∞와 $-\infty$에 가까워진다는 것이다!

[그림 15.14]는 이 설명을 시각화하고자 그림을 실제보다 과장해서 나타내었다. scaled_car_data 데이터셋에서 프리우스는 (주행거리, 가격, 0) 튜플로, BMW는 (주행거리, 가격, 1) 튜플로 표현했음을 떠올리자. 각 튜플은 3차원 공간의 점으로 해석할 수 있는데 BMW는 평면 $z = 1$ 위에 있고, 프리우스는 평면 $z = 0$ 위에 있다. scaled_car_data를 3차원 산점도로 플로팅하면 일차함수가 로지스틱 함수에 비해 상당수 데이터 포인트에서 더 많이 떨어져 있음을 알 수 있다.

따라서 $L(x,p)$같은 함수를 사용하면 함수가 실제로 데이터에 **적합**(fit)한다고 기대할 수 있다. 다음 절에서 함수의 적합성을 구하는 법을 살펴볼 것이다.

---

[4] (옮긴이) z축의 단위가 서로 다른 점에도 주의하기 바란다.

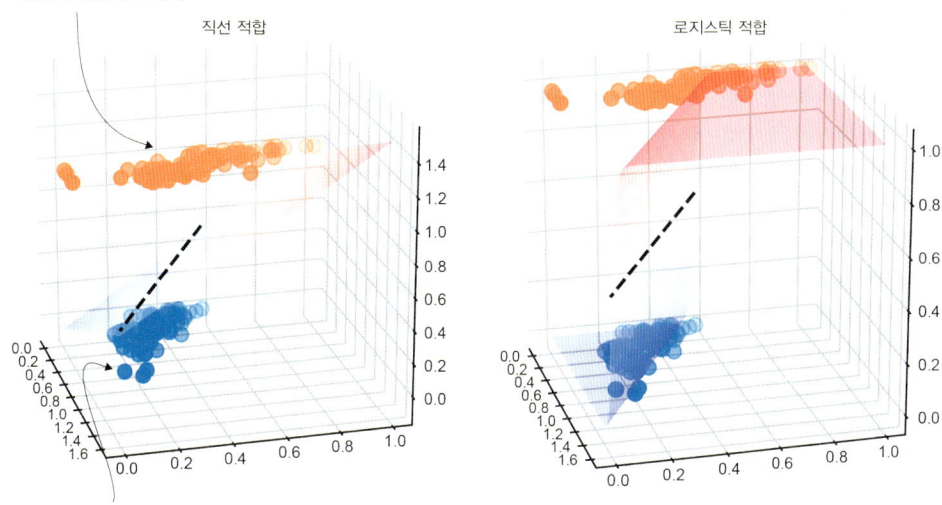

그림 15.14 일차함수보다 데이터 포인트에 가까운 로지스틱 함수의 그래프

15.3.5 연습문제

연습문제 | 15.4

x가 큰 양수일 때 $h(x)$가 0에 가깝고, x가 절댓값이 큰 음수일 때 $h(x)$가 1에 가까우며, $h(3) = 0.5$인 함수 $h(x)$를 구하라.

연습문제 | 15.5   미니 프로젝트

15.3.2절에서 정의한 함수 $f(x,p) = p - ax - b$는 실제로 최솟값이 존재한다. x(주행거리)와 p(가격)는 음수일 수 없기 때문이다. f의 최솟값을 특정하라. 필요하다면 $a = -0.35$, $b = 0.56$이라 두어라.

15.4 가능한 로지스틱 함수 살펴보기

지금까지의 발자취를 빠르게 되짚어 보자. 먼저 프리우스와 BMW 데이터셋의 주행거리와 가격을 데이터 포인트별로 산점도에 플로팅했다. 이후 프리우스와 BMW를 구분하는 규칙을 정의할 때 활용되는 결정 경계 직선을 그려볼 수 있었다. 처음에는 결정 경계를 $p(x) = ax + b$ 꼴 함수로 만들었고, a와 b는 각각 -0.35와 0.56이 적절하다고 판단했으며 약 80%의 정확도로 분류함을 확인할 수 있었다.

함수 $p(x)$의 수식을 정리해보니 $f(x,p) = p - ax - b$가 주행거리와 가격의 순서쌍 (x,p)를 입력으로 받아 결정 경계를 기준으로 BMW에 가까우면 양수를 리턴하고 프리우스에 가아우면 음수를 리턴하는 함수임을 알 수 있었다. 이 함수는 결정 경계 위에서 0을 리턴하는데, 자동차가 BMW일 가능성과 프리우스일 가능성이 같다는 뜻이었다. 그런데 BMW에 1, 프리우스에 0이라 레이블을 붙였으므로 $f(x,p)$가 0과 1 사이의 값을 리턴하면서 BMW일 가능성과 프리우스일 가능성이 반반인 상황을 0.5라 나타내기를 원했다. f의 결과를 시그모이드 함수 σ에 전달해했더니 이러한 요건을 만족하는 새 함수 $L(x,p) = \sigma(f(x,p))$를 얻었다.

하지만 **데이터에 최적합**인 $L(x,p)$를 구하기로 목표한 상황에서, 눈대중으로 구한 $L(x,p)$가 최고의 결정 경계는 아닐 것이다. 이제 데이터에 최적합인 함수를 구해보자. 이 과정에서 2차원 벡터를 입력으로 받아 0과 1 사이의 수를 리턴하는 일반적인 로지스틱 함수를 정의할 때 제어할 수 있는 매개변수가 3개이고 결정 경계는 $L(x,p) = 0.5$가 나타내는 직선임을 확인하게 될 것이다. 이후 매개변수 a, b, c를 입력으로 받아 이 매개변수가 정의하는 로지스틱 함수를 리턴하는 파이썬 함수 `make_logistic(a,b,c)`를 작성한다. 14장에서 일차함수를 결정하는 순서쌍 (a,b)의 2차원 공간을 탐색했듯이 여기서는 [그림 15.15]처럼 로지스틱 함수를 정의하는 튜플 (a,b,c)의 3차원 공간을 탐색할 것이다.

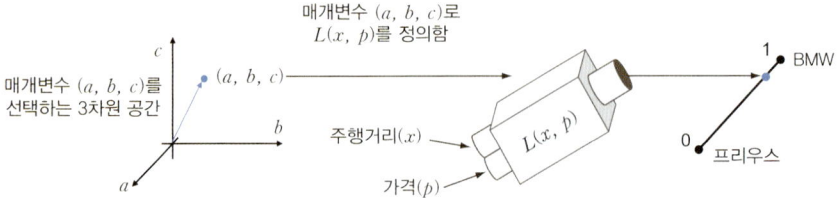

그림 15.15 함수 $L(x,p)$를 정의하기 위한 매개변수 값 (a,b,c)의 3차원 공간 탐색

이제 만들고자 하는 비용 함수는 선형회귀에서 만든 것과 거의 비슷하다. 비용함수 `logistic_cost(a,b,c)`는 로지스틱 함수를 정의하는 세 매개변수 a, b, c를 입력으로 받아 로지스틱 함수가 데이터셋과 얼마나 떨어져 있는지 측정하는 수를 출력한다. 이 `logistic_cost` 함수는 출력값이 낮을수록 입력 매개변수에 대응하는 로지스틱 함수의 예측이 더 나아지도록 구현되어야 한다.

15.4.1 로지스틱 함수 매개변수화하기

먼저 로지스틱 함수 $L(x, p)$의 일반적인 꼴을 구한다. 로지스틱 함수의 값은 0과 1 사이에 있어야 하며 결정 경계 $L(x, p) = 0.5$는 직선이어야 한다. 15.3절에서 이와 비슷한 결과를 얻긴 했는데, 결정 경계가 일차함수 $p(x) = ax + b$라고 먼저 가정하고 이를 리버스 엔지니어링해서 로지스틱 함수를 구하는 식이었다. 이 방식의 유일한 문제점은 $ax + b$ 꼴인 일차함수가 표현하지 못하는 평면 위 직선이 존재한다는 점이다. 데이터셋의 상황에 따라 [그림 15.16]처럼 결정 경계가 수직선으로 나타날 수 있다. [그림 15.16]의 결정 경계는 수직선 $x = 0.6$이다. 그러나 식이 $p = ax + b$ 꼴이면 이러한 직선을 절대 표현할 수 없다.

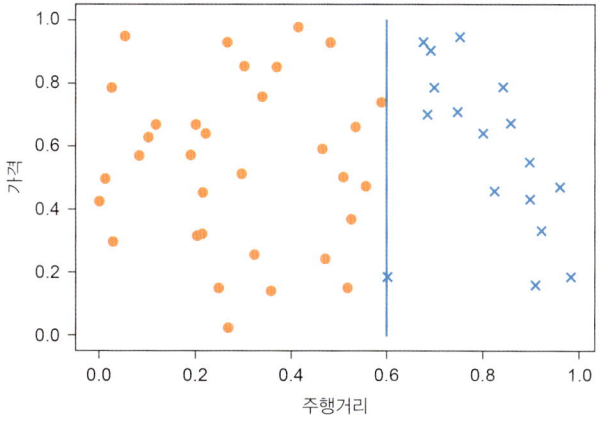

그림 15.16 $p = ax + b$ 꼴로 표현할 수 없는 수직선 형태의 결정 경계

평면 위 모든 직선을 나타낼 수 있는 방정식의 일반적인 꼴은 $ax + by = c$이다(7장 참조). 여기서는 변수를 x와 p로 보고 있으니 $ax + bp = c$라고 하면 되겠다. 이 방정식을 바탕으로 함수 $z(x, p) = ax + bp - c$를 생각해보자. 함수 $z(x, p)$는 직선 위에서 0을 출력하고

직선으로 나뉜 평면의 한쪽(BMW)에서는 양수를 출력하며 다른 한쪽(프리우스)에서는 음수를 출력한다.

$z(x,p)$를 시그모이드 함수에 전달하면 일반적인 로지스틱 함수 $L(x,p) = \sigma(z(x,p))$를 얻으며, 방정식 $L(x,p) = 0.5$를 만족하는 점은 $z(x,p) = 0$이 나타내는 직선 위에 있다. 다시 말해 함수 $L(x,p) = \sigma(ax + bp - c)$는 바로 우리가 찾던 일반적인 로지스틱 함수의 꼴이다. 이 함수는 파이썬으로 표현하기 아주 쉽다. 실제로 해보면 a, b, c를 입력으로 받아 이에 대응하는 로지스틱 함수 $L(x,p) = \sigma(ax + bp - c)$를 리턴하는 함수를 준다.

```
def make_logistic(a,b,c):
    def l(x,p):
        return sigmoid(a*x + b*p - c)
    return l
```

다음엔 이 로지스틱 함수가 scaled_car_data 데이터셋에 얼마나 가까운지에 대한 척도를 만들어낸다.

15.4.2 로지스틱 함수의 적합도 측정하기

scaled_car_data 리스트는 임의의 BMW에 대해 $(x, p, 1)$ 꼴 성분을 포함하며, 임의의 프리우스에 대해 $(x, p, 0)$ 꼴 성분을 포함한다. 이때 x와 p는 각각 (스케일링한) 주행거리와 가격이다. x와 p에 대해 로지스틱 함수 $L(x,p)$ 값은 0과 1 사이에 있다.

함수 L의 오차나 비용을 측정하는 간단한 방법은 함숫값이 0과 1 중 하나인 참값과 얼마나 떨어져 있는지를 구하는 것이다. 이 오차를 모두 다 더하면 함수 $L(x,p)$가 데이터셋과 얼마나 떨어졌는지를 나타내는 합을 얻는다. 이 방법을 파이썬으로 작성하면 다음과 같다.

```
def simple_logistic_cost(a,b,c):
    l = make_logistic(a,b,c)
    errors = [abs(is_bmw-l(x,p))
              for x,p,is_bmw in scaled_car_data]
    return sum(errors)
```

이 비용은 오차를 나타내는 척도로 적당히 쓸 만하지만 경사하강법이 최적의 a,b,c값으로 수렴하도록 만들기에는 충분하지 않다. 그 이유를 완벽하게 설명하기 보다는 대략적인 발상을 간략히 전달하고자 한다.

두 로지스틱 함수 $L_1(x,p)$와 $L_2(x,p)$가 있다고 하고 두 함수의 성능을 비교해보겠다. 프리우스를 나타내는 데이터 포인트 $(x,p,0)$을 두 함수에 입력했더니 $L_1(x,p)$가 0.99를 리턴하여 BMW라고 잘못 예측했다고 하자. 이 데이터 포인트에 대한 오차는 $|0-0.99|=0.99$이다. 만약 다른 함수 $L_2(x,p)$가 0.999를 리턴했다면 이 모델은 해당 자동차가 BMW라고 더 강하게 확신했으니 더욱 잘못 예측했다고 볼 수 있다. 그렇기는 하지만 오차는 $|0-0.999|=0.999$로 앞의 오차와 크게 다르지 않다.

주어진 데이터 포인트에 대해 L_1은 99%의 확률로 BMW라 답하고 1%의 확률로 프리우스라 답한다. 반면 L_2는 같은 데이터 포인트에 대해 99.9%의 확률로 BMW라 답하고 0.1%의 확률로 프리우스라 답한다. 프리우스라고 예측해야 하는 상황을 분석할 때, BMW라 답할 가능성을 기준으로 보면 0.09%p 나빠졌다고 볼 수 있다. 그러나 프리우스라 답할 가능성을 기준으로 보고 1%에서 0.1%로 **10배** 나빠졌다고 생각해야 한다! 따라서 이 데이터 포인트에 대해 L_2는 L_1보다 10배 더 좋지 않다고 판단한다.

이번에는 $L(x,p)$가 오답을 정답으로 **매우 확신하는** 경우에 L의 비용이 커지도록 하는 비용 함수를 얻고자 한다. 이러한 비용 함수는 $L(x,p)$와 오답 간의 차이를 살펴본 뒤 작은 차이라도 크게 만들어주는 함수에 전달하면 구할 수 있다. 예를 들어 $L_1(x,p)$는 프리우스에 대해 0.99를 리턴하므로 오답과의 차이는 0.01단위인 반면에, $L_2(x,p)$는 프리우스에 대해 0.999를 리턴하므로 오답과의 차이는 0.001단위이다.

작은 값을 입력으로 받아 큰 값으로 리턴하는 함수 중에 $-\log(x)$가 있다. 이때 $\log$는 자연로그 함수이다. $-\log(x)$의 동작을 꼭 알아둘 필요는 없으나, 이 함수가 작은 입력을 큰 수로 리턴한다는 사실은 기억하자. [그림 15.17]은 $-\log(x)$의 플롯을 보여준다.

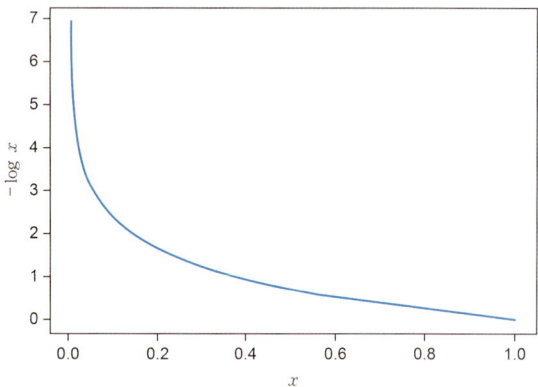

그림 15.17 $-\log(1) = 0$이며, 입력이 작아질수록 더 큰 값을 리턴하는 함수 $-\log(x)$

$-\log(x)$를 이해하기 위해 작은 값을 몇 가지 함수에 대입해 확인해보자. $L_1(x,p)$에서 오답에 대한 믿음은 0.01단위였고 $L_2(x,p)$는 더 작은 값인 0.001단위였으니 이를 대입하겠다.

```
from math import log
>>> -log(0.01)
4.605170185988091
>>> -log(0.001)
6.907755278982137
```

함수 $L(x,p)$가 프리우스에 대해 0을 리턴했다면 이는 정답이다. 이 결과는 오답과 1단위만큼 떨어져 있고, $-\log(1) = 0$이므로 정답의 비용은 0이다.

이제 `logistic_cost` 함수를 구현할 준비가 끝났다. 주어진 데이터 포인트에 대한 비용을 구하기 위해 주어진 로지스틱 함수와 오답 간의 거리를 계산한 뒤 음의 자연로그 함수에 대입한 값을 구한다. 총 비용은 `scaled_car_data` 데이터셋의 모든 데이터 포인트에서 비용을 구해 모두 더한 값이다.

```
def point_cost(l,x,p,is_bmw):          # 단일 데이터 포인트에 대한 비용을 결정한다.
    wrong = 1 - is_bmw
    return -log(abs(wrong - l(x,p)))

def logistic_cost(a,b,c):              # 로지스틱 함수의 총 비용은 기존과 동일하게
    l = make_logistic(a,b,c)           # 계산하면 되지만, 각 데이터 포인트에 대한
    errors = [point_cost(l,x,p,is_bmw) # 비용 함수로 오차의 절댓값이 아니라 새로이
              for x,p,is_bmw in scaled_car_data]  # 만든 point_cost 함수를 사용한다.
    return sum(errors)
```

경사하강법을 사용해 위의 `logistic_cost` 함수를 최소화해보면 좋은 결과가 나옴을 확인할 수 있다. 이를 확인해보기 전에 적합성 확인(sanity check) 차원에서 `logistic_cost`가 (명백히) 더 나은 결정 경계를 갖는 로지스틱 함수에 대해 더 낮은 값을 리턴함을 확인해보자.

15.4.3 서로 다른 로지스틱 함수 테스트하기

서로 다른 결정 경계를 갖는 두 로지스틱 함수를 테스트해서 비용이 낮은 함수가 더 나은 결정 경계를 갖는지 확인해보자. 두 함수와 연관된 결정 경계의 방정식으로는 추측해서 얻은 결정 경계 $p = 0.56 - 0.35 \cdot x$를 정리한 $0.35 \cdot x + 1 \cdot p = 0.56$과, 임의로 선택한 $x + p = 1$을 사용하겠다. 확실히 $0.35 \cdot x + 1 \cdot p = 0.56$이 $x + p = 1$보다 프리우스와 BMW를 더 잘 구분하는 직선이다.

소스 코드를 살펴보면 방정식 $ax + by = c$의 a,b,c값을 입력했을 때 방정식이 나타내는 직선을 그려주는 `plot_line` 함수가 있다([연습문제 15.6]에서 이 함수를 각자 구현하라). 앞의 두 방정식을 (a,b,c)로 나타내면 각각 $(0.35, 1, 0.56)$, $(1, 1, 1)$이다. 이 두 직선을 자동차 데이터셋의 산점도와 함께 플로팅하면 [그림 15.18]과 같다.

```
plot_data(scaled_car_data)
plot_line(0.35,1,0.56)
plot_line(1,1,1)
```

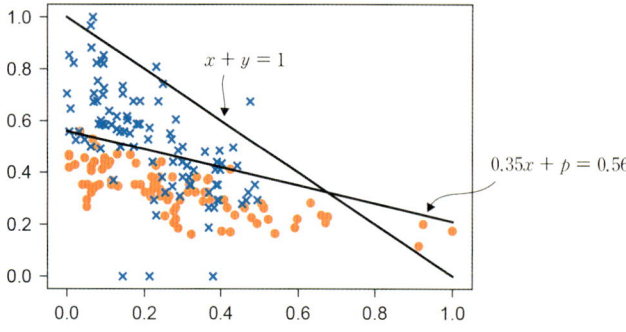

그림 15.18 두 결정 경계선의 그래프

두 직선에 대응하는 로지스틱 함수는 $\sigma(0.35 \cdot x + p - 0.56)$과 $\sigma(x + p - 1)$이며, 전자가 주어진 데이터에 대해 비용이 더 낮다고 예상한다. `logistic_cost` 함수를 사용해서 이를 확인할 수 있다.

```
>>> logistic_cost(0.35,1,0.56)
130.92490748700456
>>> logistic_cost(1,1,1)
135.56446830870456
```

예상대로 직선 $x + p = 1$은 더 나쁜 결정 경계이기에 로지스틱 함수 $\sigma(x + p - 1)$의 비용이 더 크다. 첫 번째 함수 $\sigma(0.35 \cdot x + p - 0.56)$은 비용도 적고 데이터셋에 더 적합하다. 하지만 이 함수가 최적합인지는 의문이다. 다음 절에서 `logistic_cost` 함수에 대해 경사하강법 알고리즘을 실행하여 최적합 함수를 구해볼 것이다.

15.4.4 연습문제

연습문제 풀이

연습문제 | 15.6

15.4.3절에서 언급한 직선 $ax + by = c$를 $0 \leq x \leq 1$과 $0 \leq y \leq 1$ 범위에서 플로팅하는 함수 `plot_line(a,b,c)`를 구현하라.

연습문제 | 15.7

시그모이드 함수 σ의 식을 사용해 $\sigma(ax+by-c)$의 식을 작성하라.

연습문제 | 15.8   미니 프로젝트

$k(x,y) = \sigma(x^2+y^2-1)$의 그래프 모양을 설명하라. 이 함수의 결정 경계 $k(x,y)=0.5$를 만족하는 점들의 집합의 모양을 설명하라.

연습문제 | 15.9   미니 프로젝트

두 방정식 $2x+y=1$, $4x+2y=2$는 같은 직선을 정의하며, 따라서 결정 경계도 같다. 그렇다면 두 로지스틱 함수 $\sigma(2x+y-1)$, $\sigma(4x+2y-2)$는 서로 같은 함수인지 판단하라.

연습문제 | 15.10   미니 프로젝트

직선 $ax+by=c$가 주어지면 이 직선의 위쪽과 아래쪽을 파악하기란 쉽지 않다. 함수 $z(x,y) = ax+by-c$가 양수를 리턴하는 점이 직선의 어느 쪽에 있는지를 설명하는 방법을 구하라.

15.5 최적합 로지스틱 함수 찾기

이제 풀어야 할 최소화 문제는 명백하다. `logistic_cost` 함수를 가능한 한 작게 만드는 a,b,c값을 구하는 것이다. 이 문제를 풀어서 구한 a,b,c값에 대응하는 함수 $L(x,p) = \sigma(ax+bp-c)$는 데이터에 최적합이다. 이렇게 구한 함수를 사용해서 미지의 자동차에 대한 주행거리 x와 가격 p를 입력했을 때 $L(x,p) > 0.5$이면 BMW라고 판정하고 $L(x,p) \leq 0.5$이면 프리우스라고 판정하는 분류기를 만들 수 있다. 이 분류기를 `best_logistic_classifier(x,p)`라고 명명한 뒤 이를 `test_classifier`에 전달해 그 성능을 확인할 수 있다.

여기서는 gradient_descent 함수를 개선하기만 하면 된다. 지금까지는 2차원 벡터를 입력으로 받아 수를 리턴하는 함수에만 경사하강법을 적용했다. 반면 logistic_cost 함수는 3차원 벡터 (a,b,c)를 입력으로 받아서 수를 출력하므로 새로운 경사하강법을 구현해야 한다. 다행히 2차원 벡터 연산에 대응하는 3차원 벡터 연산을 다루어봤기 때문에 이 작업은 그리 어렵지 않다.

15.5.1 3차원에서 경사하강법

12장과 14장에서 다루었던 이변수함수의 그라디언트 계산을 되짚어 보자. 한 점 (x_0, y_0)에서 함수 $f(x,y)$의 각 편도함수는 x와 y 각각에 대해 다른 변수를 상수로 보고 구한 도함수이다. 예를 들어 $f(x,y)$의 두 번째 변수를 기입하는 위치에 y_0를 대입하면 $f(x,y_0)$를 얻는데, 이 식을 x에 대한 함수로 보고 이 함수에 대한 도함수를 구할 수 있다. 각 편도함수를 2차원 벡터의 성분으로 두면 다음과 같이 그라디언트를 구할 수 있다.

```
def approx_gradient(f,x0,y0,dx=1e-6):
    partial_x = approx_derivative(lambda x:f(x,y0),x0,dx=dx)
    partial_y = approx_derivative(lambda y:f(x0,y),y0,dx=dx)
    return (partial_x,partial_y)
```

변수가 3개인 함수의 그라디언트를 계산하려면 편도함수를 하나 더 구해야 한다. 어떤 점 (x_0, y_0, z_0)에서 $f(x,y,z)$를 바라볼 때, $f(x,y_0,z_0)$, $f(x_0,y,z_0)$, $f(x_0,y_0,z)$를 각각 x에 대한 함수, y에 대한 함수, z에 대한 함수로 볼 수 있다. 이 세 편도함수를 벡터에 대입하면 3차원에서의 그라디언트를 얻을 수 있다.

```
def approx_gradient3(f,x0,y0,z0,dx=1e-6):
    partial_x = approx_derivative(lambda x:f(x,y0,z0),x0,dx=dx)
    partial_y = approx_derivative(lambda y:f(x0,y,z0),y0,dx=dx)
    partial_z = approx_derivative(lambda z:f(x0,y0,z),z0,dx=dx)
    return (partial_x,partial_y,partial_z)
```

3차원에서 경사하강법을 수행하는 과정은 기대한 것과 똑같다. 3차원의 특정 점에서 시작해서 그라디언트를 계산하고 그라디언트 방향으로 조금 전진하여 새 점에 도달한다. 이 점에서 $f(x,y,z)$ 값이 더 작아지기를 기대한다. 이를 구현할 때 추가 기능으로 max_steps 매개변수를 추가했는데, 경사하강법을 수행하는 최대 단계수를 설정할 수 있다. 이 매개변수에 적절한 한도를 설정해주면 설령 알고리즘이 허용오차(tolerance) 이내의 한 점으로 수렴하지 않더라도 프로그램이 멈춤 상태(stalling)[5]에 빠지는 문제를 걱정할 필요가 없다. 이러한 경사하강법을 파이썬으로 구현하면 다음과 같다.

```
def gradient_descent3(f,xstart,ystart,zstart,tolerance=1e-6,max_steps=1000):
    x = xstart
    y = ystart
    z = zstart
    grad = approx_gradient3(f,x,y,z)
    steps = 0
    while length(grad) > tolerance and steps < max_steps:
        x -= 0.01 * grad[0]
        y -= 0.01 * grad[1]
        z -= 0.01 * grad[2]
        grad = approx_gradient3(f,x,y,z)
        steps += 1
    return x,y,z
```

이제 logistic_cost 함수를 gradient_descent3 함수의 입력에 대입하는 일만 남았다. 그러면 logistic_cost 함수의 출력값을 최소화하는 입력을 구해준다.

15.5.2 경사하강법으로 최적합 로지스틱 함수 찾기

조심하는 차원에서 max_steps에 100처럼 작은 수를 대입해 시작해볼 수 있다.

```
>>> gradient_descent3(logistic_cost,1,1,1,max_steps=100)
(0.21114493546399946, 5.04543972557848, 2.1260122558655405)
```

만약 100단계가 아니라 200단계까지 나아감을 허용한다면 경사하강법이 실제로 더 진행되

---

[5] (옮긴이) stalling은 실행 중인 프로그램이나 명령어가 처리되지 못한 채로 시간이 흐르는 상황이다.

었음을 확인할 수 있다.

```
>>> gradient_descent3(logistic_cost,1,1,1,max_steps=200)
(0.884571531298388, 6.657543188981642, 2.955057286988365)
```

이 출력값이 로지스틱 함수를 정의하기 위한 매개변수이자 $ax + bp = c$ 꼴의 결정 경계를 정의하는 매개변수인 (a, b, c)에 해당함을 떠올려보자. 경사하강법을 100단계, 200단계, 300단계 등으로 증가시키면서 `plot_line`으로 각 단계의 매개변수에 대응하는 직선을 플로팅하면, 결정 경계가 [그림 15.19]처럼 수렴함을 볼 수 있다.

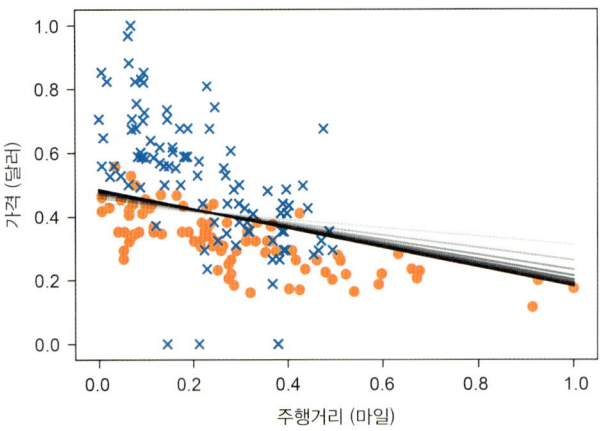

그림 15.19 경사하강법의 최대 수행 단계가 증가함에 따라 수렴하는 결정 경계. 더 많은 단계가 진행될수록 경사하강법에 의해 a, b, c값은 결정 경계에 안착하는 것처럼 보인다.

실제로는 대략 7,000단계에서 8,000단계 사이에서 알고리즘이 수렴하는데, `gradient_descent3` 함수의 입력 매개변수인 `tolerance`의 기본값이 `1e-6`이므로 이 알고리즘이 그라디언트의 길이가 10^{-6}보다 작은 점을 발견했음을 의미한다. 근사적으로 보면 이 점이 비용 함수를 최소화하는 점에 해당한다.

```
>>> gradient_descent3(logistic_cost,1,1,1,max_steps=8000)
(3.7167003153580045, 11.422062409195114, 5.596878367305919)
```

지금까지 사용해온 결정 경계와 비교해서 어떻게 보이는지 알아보려면 다음과 같이 실행하면 된다. [그림 15.20]은 그 결과를 보여준다.

```
plot_data(scaled_car_data)
plot_line(0.35,1,0.56)
plot_line(3.7167003153580045, 11.422062409195114, 5.596878367305919)
```

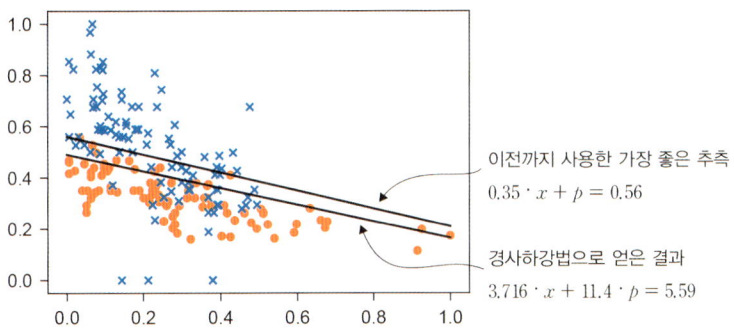

그림 15.20 추측으로 구한 결정 경계와 경사하강법으로 구한 결정 경계의 비교

새로 구한 결정 경계는 기존에 추측으로 구한 결정 경계와 그다지 멀지 않다. 로지스틱 회귀의 결과는 추측으로 구한 결정 경계에서 약간 아래쪽에 위치한다. 거짓 양성인 데이터 포인트([그림 15.20]처럼 직선 위쪽으로 잘못 분류된 프리우스)를 약간 허용하지만 참 양성인 데이터 포인트(직선 위쪽으로 올바르게 분류된 BMW)를 더 많이 얻는다.

15.5.3 최적합 로지스틱 분류기 테스트하고 이해하기

앞에서 구한 (a,b,c)값을 로지스틱 함수에 바로 대입해서 자동차 분류 함수를 만드는 데 활용할 수 있다.

```
def best_logistic_classifier(x,p):
    l = make_logistic(3.7167003153580045, 11.422062409195114, 5.596878367305919)
    if l(x,p) > 0.5:
        return 1
    else:
        return 0
```

이 함수를 test_classifier 함수에 대입해보면 테스트 데이터셋[6]에 대한 정확도는 추측으로 구한 가장 좋은 분류기의 정확도인 80%와 비슷함을 알 수 있다.

```
>>> test_classifier(best_logistic_classifier,scaled_car_data)
0.8
```

두 결정 경계는 상당히 가깝기 때문에 15.2절에서 한 추측과 성능이 별반 다르지 않은 점은 이상하지 않다. 그러나 어떠한 이유로 결정 경계가 우리가 한 기존 추측과 비슷하게 수렴했을까?

이는 로지스틱 회귀가 최적 결정 경계를 구하기만 하는 게 아니라 더 많은 일을 하기 때문이다. 15.2절에서 구한 결정 경계는 여기서 구한 최적합 로지스틱 분류기보다 정확도가 0.5%p 만큼 더 낮다. 최적합 로지스틱 분류기는 테스트 데이터셋에 대해서조차 정확도를 최대로 만들지도 못한다. 그럼에도 로지스틱 회귀는 주어진 데이터셋을 종합적으로 살펴보고 모든 예제 데이터 포인트에 대해 가장 정확하게 판정하려는 모델을 구한다. 우리의 로지스틱 회귀는 테스트 데이터셋에서 정확도를 1 ~ 2%p 개선하려고 결정 경계를 조정하는 게 아니라 데이터셋 전체를 종합적으로 보고 결정 경계의 방향을 정한다. 따라서 우리가 사용한 데이터셋이 대표성을 지녔다면 훈련에 사용한 데이터셋을 비롯해 아직 접하지 못한 데이터에 대해서도 잘 동작할 것이라고 신뢰할 수 있다.

로지스틱 분류기가 포함하는 다른 정보는 각 데이터 포인트를 분류한 결과에 대한 확신 정도이다. 결정 경계만을 활용하는 분류기는 경계 위쪽의 데이터 포인트를 100% BMW라 판단

---

[6] (옮긴이) 다른 책으로 머신러닝을 학습했다면 데이터셋을 '분류기 훈련용(학습용)'과 '훈련된 분류기의 테스트용'으로 나눠 써야 함을 배웠을 것이다. 하지만 이 책에서는 훈련에 사용한 데이터셋과 정확도를 구하는 '테스트' 데이터셋이 동일하다는 점에 유의하자.

하고 아래쪽의 데이터 포인트를 100% 프리우스라고 판단한다. 우리가 만든 로지스틱 분류기는 보다 미묘한 차이를 알아본다. 로지스틱 함수가 리턴하는 0과 1 사이의 값을 해당 자동차가 프리우스보다는 BMW일 확률로 해석할 수 있기 때문이다. 실생활에서 응용한다면 머신러닝 모델에서 단순히 최적의 추측을 알아내는 데 그치지 않고 추측 결과를 얼마나 신뢰할 수 있는지 알 수 있으므로 가치가 있다. 만약 종양 스캔 결과를 보고 악성 종양과 양성 종양을 분류해야 할 때 알고리즘이 악성 종양을 99%로 확신하고 판단하는지, 51%로 확신하고 판단하는지에 따라 앞으로의 치료 방향이 달라질 것이다.

결정 경계의 계수 벡터 (a, b, c)의 크기는 확실성이 분류기 모양에 어떻게 반영되는지를 보여준다. 예를 들어 세 계수 (a, b, c) 사이의 비율은 추측으로 구한 $(0.35, 1, 0.56)$의 비율과 경사하강법으로 구한 최적값인 $(3.717, 11.42, 5.597)$의 비율이 비슷하다. 하지만 최적값인 계수 벡터의 크기는 추측으로 구한 계수 벡터의 크기보다 10배 정도 크다. 이로 인해 로지스틱 함수의 경사도가 크게 차이 난다. 최적 로지스틱 함수는 추측으로 구한 결정 경계에 비해 훨씬 더 높은 확신을 가진다. 이에 따라 [그림 15.21]이 보여주듯이 결정 경계를 넘어가는 순간 결과에 대한 확신 정도가 급격하게 변화함을 알 수 있다.

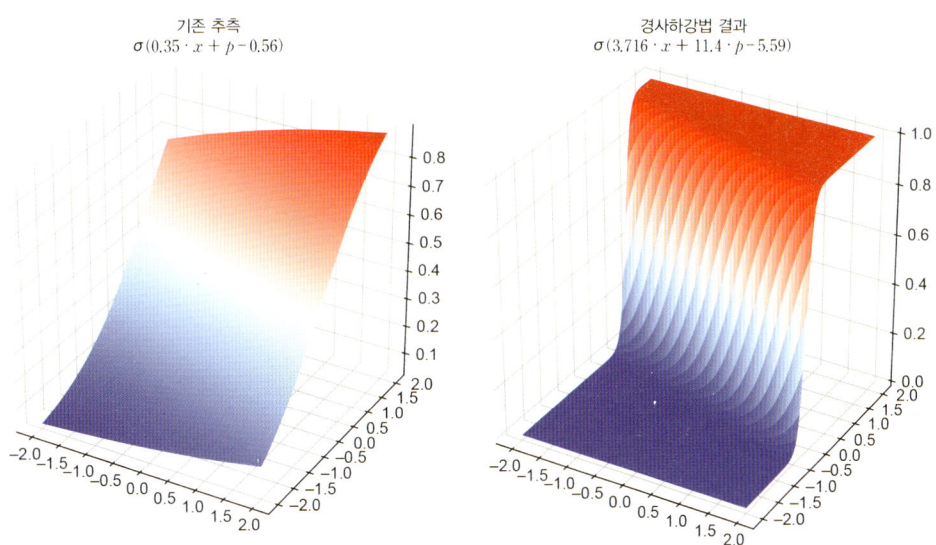

그림 15.21 추측으로 구한 함수보다 훨씬 더 가파른 증가를 보여주는 최적합 함수

16장에서 신경망을 이용해 분류를 구현할 때에도, 분류 결과에 대한 확신 정도를 0과 1 사이의 값으로 얻기 위해 계속 시그모이드 함수를 사용할 것이다.

15.5.4 연습문제

연습문제 풀이

연습문제 | 15.11

gradient_descent3 함수를 수정해서 결과를 출력하기 전에 수행된 단계의 총 개수를 출력하게 만들어라. logistic_cost에 대해 경사하강법이 수렴하는 데 몇 단계나 필요한지 구하라.

연습문제 | 15.12 미니 프로젝트

임의 차원의 벡터를 입력으로 받는 함수의 그라디언트를 계산하는 approx_gradient 함수를 작성하라. 이후, 임의 차원에서 동작하는 gradient_descent 함수를 작성하라. gradient_descent를 테스트하고자 $f(x_1, x_2, ..., x_n) = (x_1-1)^2 + (x_2-1)^2 + ... + (x_n-1)^2$과 같은 n차원 함수를 사용해볼 수 있다. 이때, $x_1, x_2, ..., x_n$은 함수 f에 입력하는 n개의 변수이다. 이 함수의 최솟값은 모든 성분이 수 1로 되어 있는 n차원 벡터 $(1, 1, ..., 1)$이다.

연습문제 | 15.13 미니 프로젝트

15.4.2절에 등장한 비용 함수 simple_logistic_cost에 대해 경사하강법을 실행해보고 어떤 일이 벌어지는지 설명하라.

요약

- 분류는 레이블이 없는 데이터 포인트 각각을 특정 클래스에 속한다고 식별하는 알고리즘을 만들어야 하는 머신러닝 문제의 일종이다. 이 장에서는 중고차의 주행거리와 가격 데이터를 살펴보고 BMW 5 시리즈 또는 프리우스 중 하나로 분류하는 알고리즘을 작성했다.

- 2차원 벡터 데이터를 분류하는 간단한 방법은 결정 경계를 설정하는 것이다. 데이터가 존재하는 2차원 공간에 문자 그대로 경계선을 그려서 경계의 한 쪽에 위치한 점을 특정 클래스로 분류하고 경계의 다른 쪽에 위치한 점을 다른 클래스로 분류한다. 간단한 결정 경계로 직선을 생각할 수 있다.

- 만약 결정 경계 직선이 $ax + by = c$ 꼴이면 $ax + by - c$는 직선의 한 쪽에서 양수이고 다른 쪽에서 음수이다. 이 양이 나타내는 값은 데이터 포인트가 얼마나 BMW처럼 보이는지에 대한 척도로 해석할 수 있다. 이 값이 양수이면 데이터 포인트는 BMW처럼 보임을 의미하며, 이 값이 음수이면 프리우스처럼 보임을 의미한다.

- 시그모이드 함수는 다음의 식으로 정의되며 $-\infty$와 ∞ 사이의 수를 입력으로 받아서 0에서 1까지의 유한 구간으로 압축한다.

$$\sigma(x) = \frac{1}{1+e^{-x}}$$

- 함수 $ax + by - c$와 시그모이드 함수를 합성해서 데이터 포인트가 얼마나 BMW처럼 보이는지를 측정하는 새 함수 $\sigma(ax + by - c)$를 얻는다. 하지만 이 함수는 0과 1 사이의 값만 리턴한다. 이러한 종류의 함수는 2차원에서의 로지스틱 함수라고 한다.

- 로지스틱 분류기가 출력하는 0과 1 사이의 값은 해당 데이터 포인트가 다른 클래스 대비 한 클래스에 속해있다고 믿는 확신 정도로 해석할 수 있다. 예를 들어 0.51과 0.99라는 두 리턴값은 모델이 BMW일 거라 예측함을 나타내지만, 후자가 훨씬 높은 확신 정도를 가지고 예측함을 의미한다.

- 확신 정도가 높지만 잘못 분류한 경우에 패널티를 주는 적절한 비용 함수를 도입하면 경사하강법을 사용해 최적합 로지스틱 함수를 구할 수 있다. 이 최적합 로지스틱 함수는 해당 데이터셋에 제일 좋은 로지스틱 분류기이다.

CHAPTER 16

신경망 훈련하기

> **이 장의 내용**
> - 벡터 데이터로 표현된 손글씨 숫자 이미지 분류하기
> - 다층 퍼셉트론이라는 신경망의 일종을 설계하기
> - 신경망을 벡터 변환으로써 계산하기
> - 비용 함수와 경사하강법으로 신경망을 데이터에 피팅하기
> - 역전파 시 신경망의 편도함수 계산하기

지금까지 배운 거의 모든 내용을 결합하여 오늘날 아주 유명한 머신러닝 도구 중 하나인 인공 신경망을 소개한다. **인공 신경망**(artificial neural network) 또는 짧게 표현해서 신경망(neural network)은 인간의 두뇌 구조를 일부 본떠서 만든 수학 함수이다. 인공이라는 표현이 붙은 건 '생물'의 두뇌에 존재하는 신경망과 구분하기 위함이다. 이러한 명칭이 약간 오만하고 복잡한 목표처럼 들릴 수 있으나, 모두 두뇌가 동작하는 방식의 간단한 비유에 기반하고 있다.

먼저 필자가 신경학자가 아니라는 점을 언급하며 논의의 서두를 장식하고자 한다. 간단하게 말하면 두뇌에는 **뉴런**(neuron)[1]이라는 상호 연결된 세포로 이루어진 큰 덩어리가 있다. 사람이 어떤 생각을 하면 실제로 뉴런에서 전기적 활동(electrical activity)이 일어난다. [그림 16.1]처럼 뇌를 스캔하면 활성화된 부분이 밝은 색으로 보이기 때문에 이러한 전기적 활동을 관찰할 수 있다.

---

1 (옮긴이) 신경세포라고도 한다.

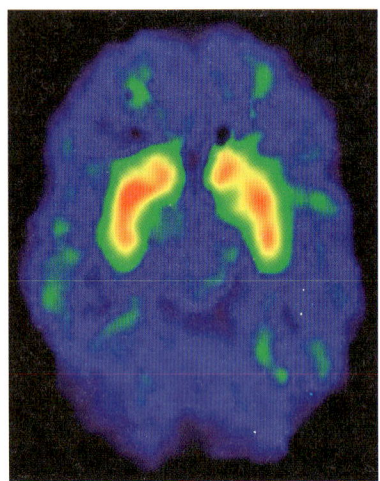

그림 16.1 여러 두뇌 활동으로 인해 전기적으로 활성화된 뉴런

인간의 두뇌에 있는 뉴런은 수십억 개에 달하지만 이 책을 통해 파이썬에 구축할 신경망은 뉴런이 수십 개에 불과하다. 뉴런이 동작하는 정도를 **활성**(activation)이라는 수 하나로 표현된다. 두뇌든 인공 신경망이든 간에 특정 뉴런이 활성화(activate)하면 이 뉴런에 인접하면서 연결된 뉴런도 동작할 수 있다. 이러한 과정은 한 발상이 다른 발상으로 이어지도록 하고, 이는 창조적 사고(creative thinking)의 일종으로 볼 수도 있겠다.

수학적으로 인공 신경망 뉴런의 활성은 이 뉴런에 입력으로 연결된 뉴런의 활성 값에 대한 함수이다. 어떤 뉴런이 다른 4개의 뉴런에서 비롯한 활성 값 a_1, a_2, a_3, a_4와 연결되어 있다면, 이 뉴런의 활성은 $f(a_1, a_2, a_3, a_4)$와 같이 4개 값을 입력으로 받는 일종의 수학 함수이다.

[그림 16.2]는 모든 뉴런을 원으로 나타낸 도식도를 보여준다. 각 뉴런의 활성 정도가 서로 다름을 나타내려고 음영을 다르게 넣었다. 앞서 뇌 스캔 결과 그림에서 봤듯이 밝고 어두운 정도와 비슷하게 생각하면 된다.

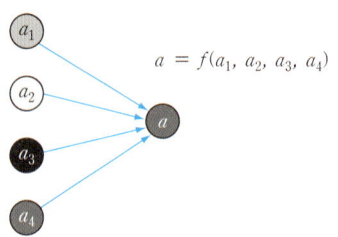

그림 16.2 수학 함수의 일종으로 바라본 뉴런 활성의 도식도

만약 a_1, a_2, a_3, a_4가 각각 다른 뉴런의 활성에 의존한다면, 그림에서 값은 더 많은 수에 의존할 가능성도 있다. 더 많은 뉴런이 있어서 연결이 더 많이 이루어졌다면, 이러한 뉴런의 '네트워크'라 할 수 있는 신경'망'으로 임의의 복잡한 수학 함수도 만들 수 있다. 따라서 이번 장의 목표는 뉴런을 이용해 임의의 복잡한 발상을 모델링하는 것이다.

지금까지는 신경망을 다소 철학적으로 소개했기에 이 설명만으로 코딩하기엔 분명 충분치 않다. 이제 이러한 발상을 컴퓨터로 실행할 수 있는 방법과 여러분만의 신경망을 만드는 법을 자세히 설명하겠다. 15장과 마찬가지로 신경망으로 풀고자 하는 문제는 **분류**(classification)이다. 분류를 잘할 수 있도록 신경망을 만들고 훈련하려면 많은 단계를 거쳐야 한다. 본격적으로 뛰어들기 전에 어떻게 진행할지 계획을 세워보자.

16.1 신경망으로 데이터 분류하기

이 절에서는 신경망 응용 분야의 고전인 이미지 분류에 초점을 맞춘다. 구체적으로 (0부터 9 사이의) 숫자가 적힌 저해상도 손글씨 이미지를 사용한다. [그림 16.3]은 이러한 숫자 이미지 예시를 몇 개 보여준다. 이제 신경망이 이미지를 받으면 어떤 숫자가 적혀있는지 식별하도록 만들고 싶다.

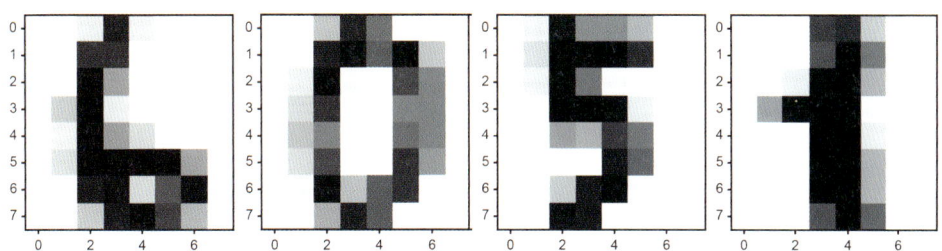

그림 16.3 숫자가 적힌 저해상도 손글씨 이미지

[그림 16.3]에 제시된 숫자 4개를 순서대로 읽어보자. 6, 0, 5, 1로 읽었다면 축하한다! 여러분의 생물학적 신경망(뇌)은 잘 훈련되어 있다. 우리의 목표는 사람처럼 인공 신경망이 이러한 이미지를 보고 0부터 9까지 숫자 중 하나로 분류하도록 만드는 것이다.

15장에서는 2차원 벡터를 두 클래스 중 하나로 분류하는 문제를 다루었다. 이번 장에서는 이미지 하나가 8×8 픽셀이고 64 픽셀 각각이 밝기를 나타내는 수로 묘사된 그레이스케일(grayscale) 이미지가 대상이다. 6장에서 이미지를 벡터로 다룬 것처럼 64 픽셀의 밝기 값을 64차원 벡터로 다루겠다. 이제 64차원 벡터를 보고 특정한 수를 나타낸 10개의 클래스 중 하나로 분류하고자 한다. 따라서 이번 분류 문제는 15장의 분류 문제에 비해 입력과 출력이 훨씬 많다.

파이썬으로 만들어 볼 신경망 분류 함수는 입력이 64개이고 출력이 10개인 함수이다. 다시 말해 $\mathbb{R}^{64}$에서 $\mathbb{R}^{10}$으로의 (일차변환이 아닌) 벡터 변환이다. 입력하는 수는 주어진 이미지를 이루는 각 픽셀의 0에서 1까지 스케일링된 암도(darkness)[2] 값이며, 10개의 출력값은 각각 이 이미지가 10개의 숫자 중 하나일 가능성을 나타낸다. 이러면 출력값이 가장 큰 인덱스가 답이 된다. [그림 16.4]를 보면 5에 해당하는 이미지가 입력으로 주어졌으며 신경망이 출력한 값 중에서 5번째 슬롯이 최댓값을 나타내므로 숫자를 올바르게 식별했다고 볼 수 있다.

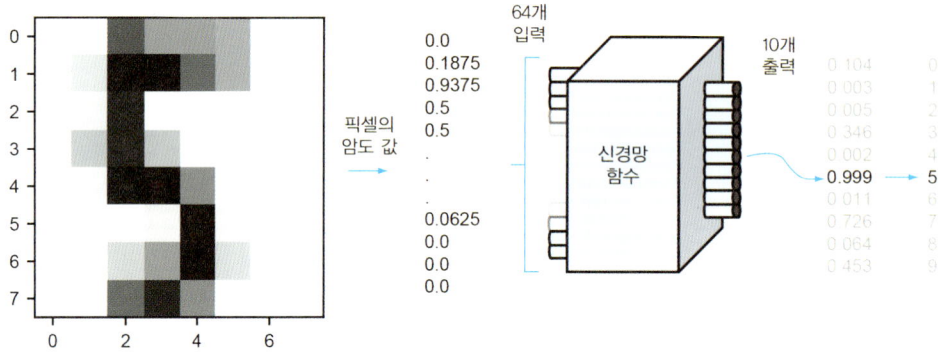

그림 16.4 파이썬 신경망 함수가 이미지의 수를 분류하는 과정

파이썬으로 만들 예정인 신경망 함수를 [그림 16.4]처럼 바라본다면 하나의 수학 함수에 지나지 않는다. 함수의 내부 구조는 지금까지 살펴본 것보다 훨씬 복잡하다. 사실 이 함수를 정의를 종이에 적는다면 공간이 부족할 정도로 길다. 따라서 신경망 계산은 수학식에 단순히

---

[2] (옮긴이) 암도(darkness)는 0일 때 가장 밝고 값이 클수록 어두워지는 식으로 밝기를 표현한 척도이다. 미술이나 그래픽스에서 많이 쓰는 용어인 명도(brightness)는 0일 때 가장 어둡고 값이 클수록 어두워지는 식으로 밝기를 표현한 척도이다. 사실 암도나 명도의 값의 범위와 어둡기밝기 증가 방향은 문맥에 따라 다르지만, 머신러닝에서는 앞의 정의가 되도록 0에서 1까지 수로 스케일링하는 경우가 많다. 가시화할 때에는 %로 바꾸어 0%에서 100%로 표기하기도 한다.

대입해서 바로 답이 나오는 게 아니라 어떤 알고리즘을 수행하는 것에 가깝다. 신경망을 계산하는 법과 이를 파이썬으로 구현하는 방법을 곧 보여주겠다.

15장에서 여러 로지스틱 함수를 테스트했듯이 여러 신경망을 만들어보고 예측 정확도가 가장 높은 신경망을 살펴볼 수 있다. 이 작업을 체계적으로 수행하는 방법이 바로 경사하강법이다. 일차함수가 $f(x) = ax + b$의 두 상수 a, b로 결정되듯이, 특정 모양의 신경망은 그 동작을 결정하는 상수의 개수가 천 단위 이상일 수 있다. 이 상수에 대한 편도함수도 엄청나게 많다! 다행히도 신경망의 뉴런을 연결하는 함수의 꼴 덕분에 그라디언트를 구하는 간편한 알고리즘이 있다. 이 알고리즘을 **역전파**(backpropagation)라고 한다.

역전파 알고리즘을 처음부터 유도해서 지금까지 배운 수학만으로 구현할 수도 있긴 하다. 그러나 이 책에 담기엔 분량이 너무 많다. 그러기보다는 scikit-learn[3]이라는 유명한 파이썬 라이브러리를 사용해 경사하강법을 수행하는 법을 보여주겠다. 이를 통해 신경망을 데이터셋에 적합하게 만들거나 모르는 데이터를 접해도 예측할 수 있도록 자동으로 훈련시킬 수 있다. 마지막으로 역전파의 배경 수학을 맛보기로 보여준다. 이를 통해 여러분이 머신러닝 분야에서 생산적인 커리어를 쌓는 시작점이 되길 바란다.

16.2 손글씨 숫자 이미지 분류하기

신경망을 구현하기 전에 먼저 데이터를 준비하자. 이 책에서 사용하는 숫자 이미지는 scikit-learn 데이터로 제공하는 무료 테스트 데이터의 일부이다. 이 데이터를 다운로드한 뒤 이미지의 각 픽셀값을 0과 1 사이로 스케일링한 64차원 벡터로 변환할 필요가 있다. 이 데이터셋은 각 숫자 이미지에 대한 정답을 포함하는데, 각 정답은 파이썬의 정수 객체 $0, 1, \cdots, 8, 9$이다.

분류 문제를 연습하기 위한 두 파이썬 함수를 만들어보겠다. 첫 번째는 `random_classifier`라는 함수로 숫자를 가짜로 식별한다. 이미지를 나타내는 64개 수를 입력으로 받아서 이미지가 0부터 9까지 중 어떤 숫자를 나타내는지에 대한 확신을 나타내는 10개 (0과 1 사이의) 수를 (랜덤하게) 출력한다. 두 번째는 `test_digit_classify`라는 함수인데, 분류기를

---

[3] sci는 science와 발음이 같아서 '사이킷런'이라고 발음한다.

입력으로 받아 데이터셋의 각 이미지를 분류기에 자동으로 대입해서 출력된 결과로부터 정답 개수를 세서 리턴한다. random_classifier는 결과를 임의로 생성하므로, 정답이 나올 확률은 실행 횟수의 10% 정도이다. 따라서 random_classifier를 실제 신경망으로 교체하면 성능이 개선될 것이다.

16.2.1 64차원 이미지 벡터 만들기

아나콘다(Anaconda)에서 배포하는 파이썬 배포판을 사용한다면 파이썬에서 이용할 수 있는 scikit-learn 라이브러리가 sklearn이라는 이름으로 이미 설치되어 있을 것이다. 세부 사항은 [부록 A]를 참고하라. 만약 설치되어 있지 않다면 pip를 이용해 설치할 수 있다. sklearn을 열어서 다음 코드를 실행해 숫자 데이터셋을 임포트 한다.

```
from sklearn import datasets
digits = datasets.load_digits()
```

변수 digits의 각 성분은 2차원 NumPy 배열(행렬)로, 이미지 하나의 픽셀값을 알려준다. 예를 들어 digits.images[0]은 데이터셋에서 첫 이미지의 픽셀값을 8×8 행렬로 알려준다.

```
>>> digits.images[0]
array([[ 0.,  0.,  5., 13.,  9.,  1.,  0.,  0.],
       [ 0.,  0., 13., 15., 10., 15.,  5.,  0.],
       [ 0.,  3., 15.,  2.,  0., 11.,  8.,  0.],
       [ 0.,  4., 12.,  0.,  0.,  8.,  8.,  0.],
       [ 0.,  5.,  8.,  0.,  0.,  9.,  8.,  0.],
       [ 0.,  4., 11.,  0.,  1., 12.,  7.,  0.],
       [ 0.,  2., 14.,  5., 10., 12.,  0.,  0.],
       [ 0.,  0.,  6., 13., 10.,  0.,  0.,  0.]])
```

이 배열을 살펴보면 그레이스케일 값 범위가 제한되어 있다. 이 행렬은 0에서 15 사이의 정수만으로 이루어져 있다.

Matplotlib은 imshow라는 유용한 내장 함수를 가지고 있는데, 이 함수는 행렬의 성분을 이미지로 출력해준다. 그레이스케일 명세를 올바르게 사용한다면 행렬의 0은 흰색을 나타내고, 0이 아닌 값이 커질수록 회색(gray)이 짙어진다. [그림 16.5]는 sklearn 숫자 데이터셋의 첫 번째 이미지를 보여준다. imshow의 출력 결과에 따르면 0처럼 보인다.

```
import matplotlib.pyplot as plt
plt.imshow(digits.images[0], cmap=plt.cm.gray_r)
```

이미지를 64차원 벡터로 바라보려면 [그림 16.6]과 같이 각 픽셀에 64픽셀 암도 값을 이미지에 중첩하면 된다.

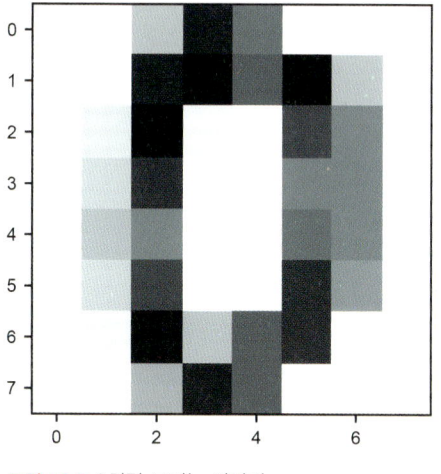
그림 16.5 0처럼 보이는 이미지

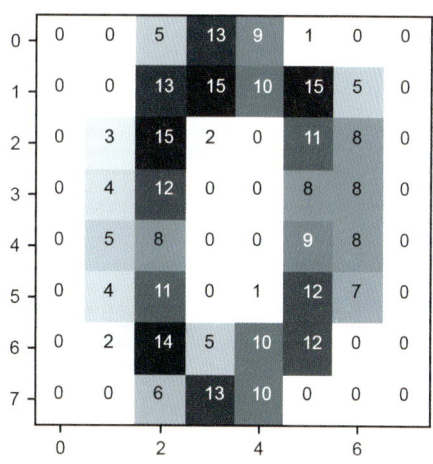
그림 16.6 각 픽셀에 명암 값을 중첩한 숫자 이미지

이 8×8 행렬을 성분이 64개인 벡터 하나로 변환할 때 np.matrix.flatten이라는 내장 NumPy 함수를 사용할 수 있다. 이 함수는 행렬의 1행, 2행 순으로 읽어서 벡터를 만들며, 6장과 비슷한 이미지의 벡터 표현을 준다. 실제로 첫 번째 이미지의 행렬에 np.matrix.flatten 함수를 적용하면 64개 성분으로 이루어진 벡터를 얻는다.

```
>>> import numpy as np
>>> np.matrix.flatten(digits.images[0])
array([ 0., 0., 5., 13., 9., 1., 0., 0., 0., 0., 13., 15., 10.,
       15., 5., 0., 0., 3., 15., 2., 0., 11., 8., 0., 0., 4.,
       12., 0., 0., 8., 8., 0., 0., 5., 8., 0., 0., 9., 8.,
        0., 0., 4., 11., 0., 1., 12., 7., 0., 0., 2., 14., 5.,
       10., 12., 0., 0., 0., 0., 6., 13., 10., 0., 0., 0.])
```

분석이 계속 수치적으로 깔끔한 결과를 낼 수 있도록, 이 데이터가 0과 1 사이의 값이 되도록 스케일링하자(15장 참고). 리스트로 표현한 데이터셋 digits의 각 성분(이미지 벡터)의 모든 픽셀값은 0과 15 사이이므로, 스케일링하려면 이 벡터에 스칼라 1/15을 곱하면 된다. NumPy는 * 연산자와 / 연산자에 대해 연산자 오버로딩을 지원하기 때문에, NumPy 배열에 이 연산자 중 하나를 사용하면 자동으로 배열의 내부 성분에 해당 연산자를 적용한다. 따라서 다음과 같이 입력하면 각 벡터에 스칼라곱(그리고 각 벡터의 성분에 나눗셈)이 적용되어 스케일링된 결과를 얻는다.

```
np.matrix.flatten(digits.images[0]) / 15
```

이제 이 값들을 우리가 만들 숫자 분류기에 대입할 수 있다.

16.2.2 랜덤 숫자 분류기 만들기

숫자 분류기는 방금 구축했듯이 64차원 벡터를 입력으로 받아 각 성분이 0과 1 사이의 값인 10차원 벡터를 출력한다. 우리의 첫 번째 숫자 분류기는 출력 벡터 성분을 랜덤하게 생성한다. 출력 벡터의 성분은 각각 분류기가 10개 숫자 중 하나라고 판단할 정도로 해석한다.

지금은 출력을 랜덤으로 해도 괜찮으므로 숫자 분류기를 구현하기 쉽다. NumPy에는 0과 1 사이의 랜덤한 수를 주어진 개수만큼 생성해 배열로 만드는 np.random.rand라는 함수가 있다. 예를 들어 np.random.rand(10)은 0과 1 사이의 랜덤한 수 10개로 이루어진 NumPy 배열을 준다. 다음 random_classifier 함수는 입력 벡터를 받지만 무시한 뒤, 벡터를 랜덤하게 리턴한다.

```
def random_classifier(input_vector):
    return np.random.rand(10)
```

이 분류기로 데이터셋의 첫 이미지를 분류하려면 다음 코드를 실행하면 된다.

```
>>> v = np.matrix.flatten(digits.images[0]) / 15.
>>> result = random_classifier(v)
>>> result
array([0.78426486, 0.42120868, 0.47890909, 0.53200335, 0.91508751,
       0.1227552 , 0.73501115, 0.71711834, 0.38744159, 0.73556909])
```

이 출력에서 가장 큰 성분은 0.915로, 인덱스는 4이다. 이러한 벡터를 리턴했다는 건 주어진 이미지가 0, 1, ⋯, 8, 9일 가능성이 각각 조금씩 있으며, 이 분류기는 이미지가 4일 가능성이 가장 높다고 판단했다는 뜻이다. 다음 파이썬 코드를 사용하면 최댓값의 인덱스를 프로그래밍으로 얻을 수 있다.

```
>>> list(result).index(max(result))
4
```

여기서 max(result)는 배열에서 가장 큰 성분을 구해주며, list(result)는 NumPy 배열을 일반적인 파이썬 리스트로 변환해준다. 이후 파이썬의 리스트 클래스에 내장된 index 함수를 사용해 최댓값의 인덱스를 구할 수 있다. 앞에서 봤듯이 분류기에 입력한 이미지는 숫자 0을 나타내므로 리턴한 4는 부정확한 값이다. 공식 결과에서도 이를 확인할 수 있다.

각 이미지가 나타내는 숫자 정답은 digits.target 배열의 대응하는 인덱스에 저장되어 있다. digits.images[0]이라는 이미지에 대한 정답은 digits.target[0]이며, 그 값은 우리가 예상한 대로 0이다.

```
>>> digits.target[0]
0
```

앞의 랜덤 분류기는 실제 0이라 적힌 이미지를 4라고 예상했다. 랜덤하게 추측했으니 직관적으로 생각해도 실행 횟수의 90%는 틀렸다고 예상할 수 있다. 테스트 데이터로 확인해보아도 알 수 있다.

16.2.3 숫자 분류기의 성능 측정하기

이제 test_digit_classify 함수를 작성하려고 한다. 이 함수는 분류기 함수를 입력으로 받아 많은 수의 숫자 손글씨 이미지 데이터셋에 대해 분류기의 성능을 측정하여 알려준다. 우리가 고려하는 모든 숫자 분류기 함수는 64차원 입력 벡터를 받아서 10차원 출력 벡터를 돌려준다. test_digit_classify 함수는 모든 테스트 이미지와 정답을 살펴보면서 분류기가 정답을 출력하는지를 확인한다.

```
def test_digit_classify(classifier,test_count=1000):
    correct = 0
    for img, target in zip(digits.images[:test_count], digits.target[:test_count]):
        v = np.matrix.flatten(img) / 15.
        output = classifier(v)
        answer = list(output).index(max(output))
        if answer == target:
            correct += 1
    return (correct/test_count)
```

- 올바른 분류 개수를 나타내는 변수 correct를 0으로 초기화한다.
- digit 데이터셋에서 images의 이미지와 target의 정답의 순서쌍을 만들어 순회한다.
- 이미지 행렬을 64차원 벡터로 변환하도록 flatten을 적용하고 적절히 스케일링한다.
- 이미지 벡터를 분류기에 전달해 10차원 결과를 얻어낸다.
- 출력 결과에서 가장 큰 성분의 인덱스, 즉 분류기가 가장 크게 확신하는 숫자를 구한다.
- 분류기의 판단과 정답이 동일하면 correct 변수를 1 증가시킨다.
- 올바른 분류 개수를 테스트한 데이터 포인트 총개수로 나눈 비율을 리턴한다.

앞에서 랜덤 분류기의 정답률이 10%일 거라 기대했다. 랜덤하게 동작하기에 어떤 시행에서는 결과가 더 나을 수도 있지만, 많은 이미지로 테스트하기 때문에 결과는 전체 횟수의 10%에 가까운 어떤 값이 나올 것이다. 한 번 시도하면 다음과 같다.

```
>>> test_digitclassify(random_classifier)
0.107
```

우리가 만든 랜덤 분류기는 10.7%의 정확도를 보여서 예상보다 약간 더 잘했다. 결과 자체는 흥미로울 것이 없지만, 이제 데이터를 정리했고 최소 성능 기준을 얻었으니 이제 신경망을 만들기 시작할 수 있다.

16.2.4 연습문제

연습문제 | 16.1

숫자 분류기 함수가 다음 NumPy 배열을 출력한다고 가정하자. 이미지가 어떤 숫자를 나타낸다고 분류기가 결론 내렸는지 설명하라.

```
array([5.00512567e-06, 3.94168539e-05, 5.57124430e-09, 9.31981207e-09,
       9.98060276e-01, 9.10328786e-07, 1.56262695e-03, 1.82976466e-04,
       1.48519455e-04, 2.54354113e-07])
```

연습문제 | 16.2   미니 프로젝트

6장에서 이미지의 평균을 계산한 방법과 똑같이, 데이터셋에서 9라 적힌 이미지 모두의 평균을 구하라. 결과 이미지를 플로팅하고 그 모습을 설명하라.

연습문제 | 16.3   미니 프로젝트

테스트 데이터셋에서 각 숫자별 평균 이미지를 구한 뒤, 평가 대상인 이미지와 각 평균을 비교하여 동작함으로써 랜덤 분류기보다 성능이 더 나은 분류기를 만들어라. 구체적으로는 대상 이미지와 각 평균 숫자 이미지 간의 내적 결과를 리턴하라.

16.3 신경망 설계하기

이 절에서는 신경망을 수학 함수로 바라보는 법과 신경망 구조에 따라 신경망이 어떻게 동작할지를 예측하는 법을 설명하겠다. 다음 절에서 숫자 이미지를 분류하기 위해 파이썬 함수로 신경망을 구현할 때 기반이 될 것이다.

우리의 이미지 분류 문제에서 신경망은 입력이 64개이고 출력이 10개이며, 간단한 신경망조차 수백 개의 연산을 필요로 한다. 그렇기에 이 절에서는 입력이 3개이고 출력이 2개인 매우 간단한 신경망을 다룬다. 이를 통해 전체 신경망을 마음에 그린 후 모든 계산 단계를 살펴볼 수 있다. 이 경험을 한 번 해보면 신경망 크기에 관계없이 파이썬 코드로 계산 수행 단계를 어렵지 않게 작성할 것이다.

16.3.1 뉴런과 연결 조직하기

신경망 모델은 뉴런의 집합체로서, 주어진 뉴런의 활성 정도는 이 뉴런에 연결된 뉴런들이 얼마나 활성 되었는지에 따라 결정된다. 수학적으로 뉴런의 활성은 연결된 뉴런의 활성에 대한 함수이다. 얼마나 많은 뉴런이 쓰였는지, 어떤 뉴런이 연결되었는지, 어떤 함수로 뉴런들이 연결되었는지에 따라 신경망의 행동이 달라질 수 있다. 이 장에서는 쓸 만한 신경망 중에서 가장 간단한 **다층 퍼셉트론**(multilayer perceptron, MLP)에 집중하겠다.

다층 퍼셉트론은 **계층**(layer)이라 불리는 뉴런의 열이 여러 개 합쳐져 있으며, 왼쪽에서 오른쪽 순서에 따라 계층이 배치된다. 각 뉴런의 활성은 직전 계층(현재 계층의 바로 왼쪽 계층)의 활성에 대한 함수이다. 맨 왼쪽 계층은 다른 뉴런에 의존하지 않으며, 이 계층을 이루는 뉴런의 활성은 훈련 데이터에 의해 이루어진다. [그림 16.7]은 4계층 퍼셉트론의 도식을 보여준다.

[그림 16.7]에서 각 원은 뉴런이며 두 원을 잇는 선은 두 뉴런이 연결되어 있음을 보여준다. 어떤 뉴런의 활성은 직전 계층 뉴런의 활성에만 의존하며, 해당 뉴런의 활성은 다음 계층의 모든 뉴런의 활성에 영향을 끼친다. 이 그림에서 각 계층의 뉴런 개수는 임의로 선택하였으며, 각 계층은 순서대로 3, 4, 3, 2개의 뉴런으로 이루어져 있다.

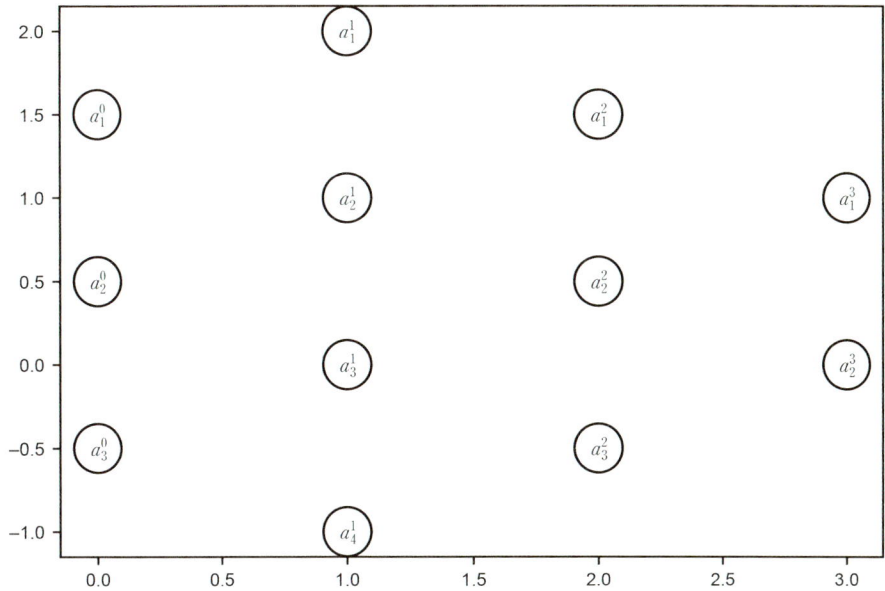

그림 16.7 여러 계층의 뉴런으로 이루어진 다층 퍼셉트론의 도식

뉴런은 총 12개이므로 활성 값은 총 12개이다. 뉴런이 더 많을 수 있으므로(숫자 분류 문제에서는 뉴런을 90개 사용할 것이다), 모든 뉴런에 변수명을 문자로 부여할 수 없다. 대신 모든 활성을 문자 a로 표현하고 위 첨자와 아래 첨자에 각각 인덱스를 붙인다. 위 첨자는 계층의 인덱스이며, 아래 첨자는 계층 안에서 가리키는 뉴런의 인덱스이다. 예를 들어 a_2^1는 계층 1에서 두 번째 뉴런의 활성을 나타낸다.

16.3.2 신경망을 통과하는 데이터 흐름

신경망을 수학 함수로 계산하려면 기본으로 3단계를 거쳐야 한다. 각 단계는 활성값을 중심으로 설명할 것이다. 먼저 개념을 설명한 뒤에 식을 보여주겠다. 신경망은 그저 입력 벡터를 받아서 출력 벡터를 만들어내는 함수일 뿐임을 기억하자. 중간 단계는 주어진 입력에서 특정 출력 결과를 얻기 위한 레시피[4]에 불과하다. 이 계산 과정의 첫 단계부터 보자.

---

4 (옮긴이) 요리를 잘 하려면 요리법(recipe)에 따라 만들어야 하지만, 단계 하나하나가 왜 요리를 맛있게 만드는지 완벽하게 이해할 필요가 없다.

1단계 : 입력 계층의 활성을 입력 벡터의 성분으로 설정하기

입력 계층(input layer)은 그림에서 첫 번째 계층 또는 맨 왼쪽 계층을 말한다. [그림 16.7]의 신경망은 입력 계층에 3개의 뉴런이 있기 때문에 이 신경망은 3차원 벡터를 입력으로 받을 수 있다. 입력 벡터가 $(0.3, 0.9, 0.5)$이면 $a_1^0 = 0.3$, $a_2^0 = 0.9$, $a_3^0 = 0.5$로 설정해서 1단계를 수행할 수 있다. 이는 [그림 16.8]처럼 신경망의 12개 뉴런 중 3개를 채운다.

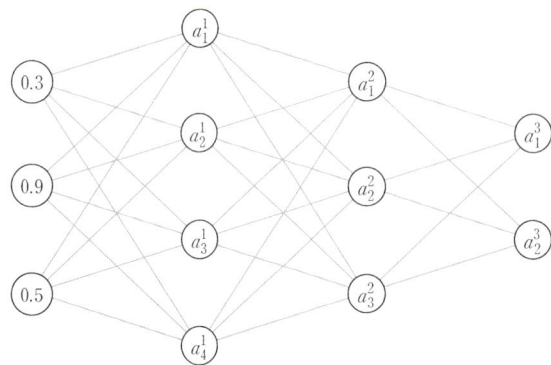

그림 16.8 입력 벡터의 각 성분(왼쪽)에 입력 계층의 활성 설정하기

계층 1의 각 활성값은 계층 0(입력 계층)의 활성에 대한 함수이다. 계층 1의 각 활성값을 계산할 충분한 정보가 모였으니 2단계로 넘어가자.

2단계 : 입력 계층의 모든 활성에 대한 함수로 다음 계층의 각 활성 계산하기

이 단계는 활성 계산의 핵심이기 때문에 모든 단계를 개략적으로 설명한 뒤에 다시 돌아올 것이다. 지금은 다음 계층의 각 활성이 보통 직전 계층의 활성에 대한 **개별 함수**(distinct function)로 주어진다는 점을 알아두어야 한다. a_0^1을 계산하고 싶다고 하자. 이 활성은 a_1^0, a_2^0, a_3^0에 대한 함수이기 때문에, 일단 $a_1^1 = f(a_1^0, a_2^0, a_3^0)$이라고 간단히 적을 수 있다. $f(0.3, 0.9, 0.5)$를 계산한 결과가 0.6이었다고 하자. 그러면 a_1^1의 값은 계산 과정에서 0.6이다. [그림 16.9]를 보자.

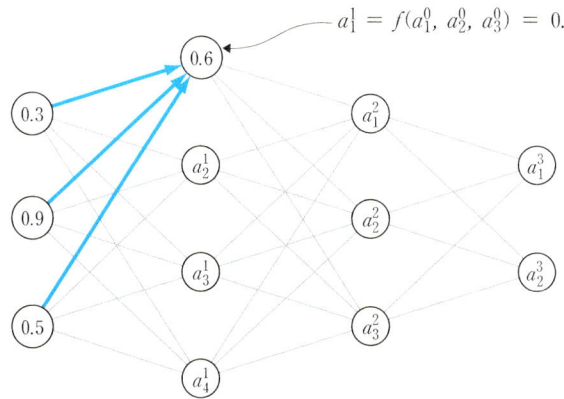

그림 16.9 계층 0의 활성에 대한 한 함수로 계층 1의 첫 번째 활성 계산하기

계층 1에서 다음 활성인 a_2^1를 계산해보자. a_2^1도 입력 활성 a_1^0, a_2^0, a_3^0에 대한 함수이지만 일반적으로 함수 a_1^1과는 다르기 때문에 대충 $a_2^1 = g(a_1^0, a_2^0, a_3^0)$이라고 적자. 같은 입력에 의존하지만 다른 함수이므로 다른 결과가 나올 가능성이 상당하다. $g(0.3, 0.9, 0.5) = 0.1$이라면 0.1이 a_2^1의 값이다. [그림 16.10]을 확인하자.

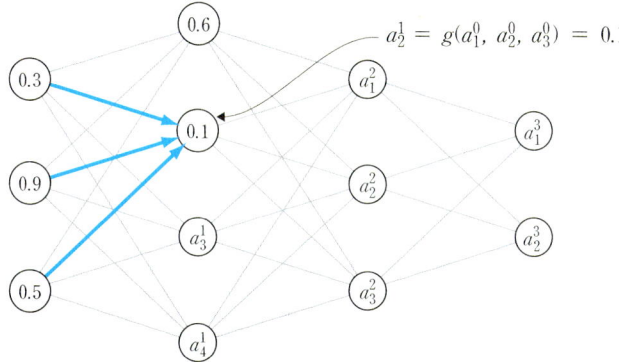

그림 16.10 계층 0의 활성에 대한 두 번째 함수로 계층 1의 두 번째 활성 계산하기

f와 g는 함수 이름으로 잘 쓰이기 때문에 사용했다. 아직 a_3^1와 a_4^1가 남아 있어 입력 계층에 대한 함수가 별도로 필요하다. 앞선 방식으로 함수 이름을 계속 붙이면 문자가 남아나지 않으니 그만하겠다. 중요한 건 각 활성이 직전 계층 활성에 대해 함수를 별도로 가진다는 점이

다. 계층 1의 모든 함수 계산이 끝나면 총 12개의 활성 중 7개를 채운다. 이번에도 수를 적당히 채워 넣었으며 결과는 [그림 16.11]과 같다.

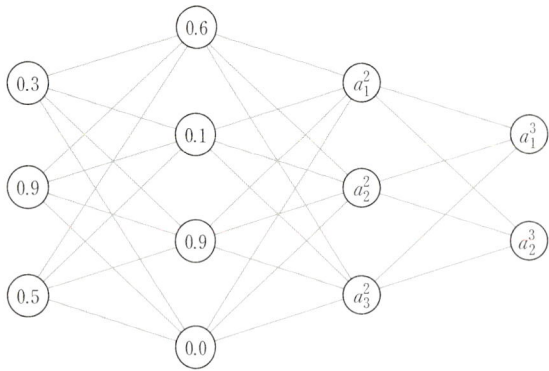

그림 16.11 앞의 두 계층의 활성을 채워 넣은 다층 퍼셉트론

여기서부터 신경망의 모든 뉴런의 활성 계산을 끝낼 때까지 앞의 과정을 반복한다. 이게 바로 3단계이다.

3단계 : 각 후속 계층의 활성을 직전 계층의 활성을 바탕으로 계산하는 과정을 반복하기

먼저 a_1^2을 계층 1의 활성 a_1^1, a_2^1, a_3^1, a_4^1에 대한 함수로 계산한다. 이후 별도의 함수로 계산하는 a_2^2와 a_3^2로 넘어간다. 마지막으로 계층 2의 활성에 대한 각 함수로 a_1^3과 a_2^3를 계산한다. 이 시점에서 [그림 16.12]처럼 신경망의 모든 뉴런의 활성을 얻는다.

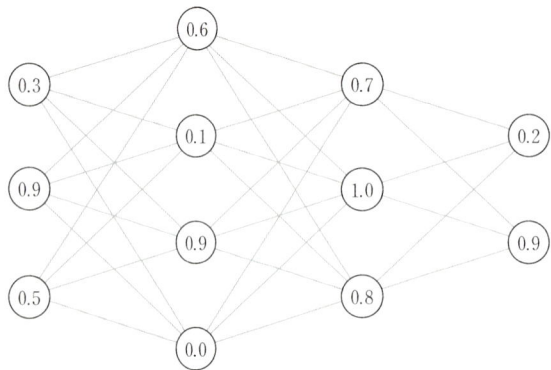

그림 16.12 모든 활성 계산이 끝난 다층 퍼셉트론

이 시점에서 계산은 끝났다. **은닉 계층**(hidden layer)이라고 하는 중간 계층의 활성도 계산했고 **출력 계층**(output layer)이라고 하는 마지막 계층의 활성도 계산하였다. 이제 해야 할 일은 출력 계층의 활성을 읽어서 결과를 얻는 것이며, 이것이 바로 4단계이다.

4단계 : 출력 계층의 활성을 성분으로 갖는 벡터 리턴하기

출력 계층의 벡터는 $(0.2, 0.9)$이다. 따라서 입력 벡터 $(0.3, 0.9, 0.5)$에 대한 함수로 신경망을 계산하면 출력 결과 $(0.2, 0.9)$를 얻는다.

여기서 할 일은 끝났다. 개별 활성을 계산하는 방법만 제외하면 신경망의 입력 벡터로 출력 벡터를 얻는 과정을 모두 다루었다. 개별 활성 계산이야말로 신경망을 독특하게 만들어준다. 입력 계층을 제외한 모든 뉴런에는 개별 함수가 부여되며, 각 함수를 정의하는 매개변수가 있어서 매개변수의 수를 조정함으로써 신경망이 우리가 원하는 대로 동작하게 만든다.

16.3.3 활성 함수 계산하기

좋은 소식이 있다. 어떤 계층의 활성을 직전 계층의 활성에 대한 함수로 계산할 때 익숙한 로지스틱 함수를 쓴다. 골치 아픈 점도 있다. 신경망에는 입력 계층을 제외해도 9개의 뉴런이 있다. 살펴봐야 할 개별 함수가 9개나 있다는 뜻이다. 더 큰 문제는 개별 로지스틱 함수의 동작을 결정할 상수가 여러 개라는 점이다. 따라서 이 모든 상수를 구하기 위해 노력할 것이다.

앞에서 사용한 간단한 다층 퍼셉트론을 다시 떠올려보겠다. 입력 계층의 활성 a_1^0, a_2^0, a_3^0에 의존하는 활성 a_1^1을 생각해보자. a_1^1을 알려주는 함수는 입력이 3개인 (상수항도 있는) 일차 함수의 결과를 시그모이드 함수에 전달해 결과를 얻는 합성함수이다. 이 함수에는 제약이 없는(free) 매개변수가 4개 있다. 이를 각각 A, B, C, D라고 부르겠다.

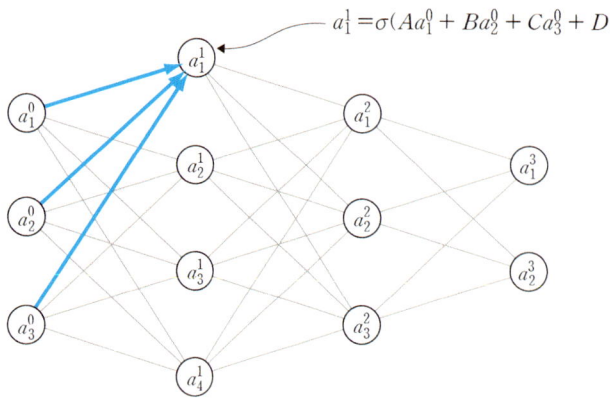

그림 16.13 입력 계층의 활성에 대한 합성함수로 계산되는 a_1^1

[그림 16.13]을 참고하여 이 변수 A, B, C, D를 조정해서 a_1^1이 입력을 받으면 적절한 결과를 내도록 해야 한다. 15장에서는 로지스틱 함수가 여러 수를 입력으로 받아서 '예', '아니오'를 판단하되, '예'일 가능성을 확신하는 정도를 0과 1 사이로 답하는 함수라고 생각했다. 그러한 의미에서 신경망은 전체 분류 문제를 잘게 쪼갠 뒤에 신경망 중간의 뉴런이 예·아니오 분류 소문제를 푼다고 생각할 수 있다.

신경망의 모든 연결에는 입력 뉴런의 활성이 출력 뉴런의 활성에 얼마나 강하게 영향을 끼치는지를 나타내는 상수가 있다. 지금 다루는 신경망에서 A는 a_0^0가 a_1^1에 얼마나 강하게 영향을 끼치는지를 나타내며, B와 C도 각각 a_2^0와 a_3^0가 a_1^1에 얼마나 강하게 영향을 끼치는지를 나타낸다. 이러한 상수를 신경망의 **가중치**(weight)라고 한다. 신경망 도식에 표현된 각 선분에는 가중치가 하나씩 부여되어 있다.

상수 D는 신경망 연결에 영향을 끼치진 않지만, 입력 뉴런의 활성과 무관하게(독립적으로) a_1^1값을 증가시키거나 감소시킨다. 이 상수를 해당 뉴런에 대한 **편향**(bias)이라고 한다. 편향 또는 편견이라는 단어는 때때로 부정적인 의미가 있지만 주어진 상황에 관해 판단을 내리는 의사결정 과정(decision-making process)에서는 매우 중요하다. 정말로 특별하다는 증거가 명확하지 않은 한, 특수한 결정(outlier decision)을 내리지 않도록 도와주기 때문이다.

상수를 A, B, C, D처럼 나타내면 지저분해지므로 인덱스를 사용해서 가중치와 편향에 이름을 붙일 필요가 있다. 가중치는 w_{ij}^l 꼴로 표기한다. 여기서 l은 연결 우측에 있는 계층의 인덱스, i는 계층 l에서 연결된 뉴런의 인덱스, j는 계층 $l-1$에서 연결 대상인 뉴런의 인덱스이다. [그림 16.14]에서 예를 살펴보자. 계층 0의 첫 번째 뉴런이 계층 1의 첫 번째 뉴런에 미치는 영향력을 나타내는 가중치 A는 w_{11}^1이라고 표기한다. 계층 3의 두 번째 뉴런을 향하고 계층 2의 첫 번째 뉴런에서 뻗어 나온 선분이 나타내는 연결의 가중치는 w_{21}^3이다.

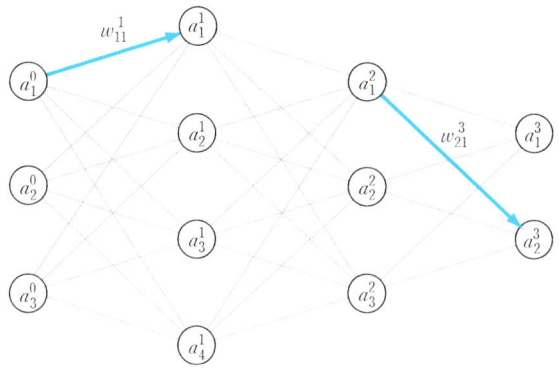

그림 16.14 각각 가중치 w_{11}^1과 w_{21}^3에 해당하는 두 연결

편향은 뉴런의 쌍이 아니라 뉴런에 대응하므로 각 뉴런에 하나의 편향이 존재하며, 계층 l[5] j번째 뉴런의 편향은 b_j^l이다. 이러한 명명 규칙에 따라 a_1^1을 나타내는 수식을 다음과 같이 쓸 수 있다.

$$a_1^1 = \sigma(w_{11}^1 a_1^0 + w_{12}^1 a_2^0 + w_{13}^1 a_3^0 + b_1^1)$$

마찬가지로 a_3^2를 나타내는 수식을 다음과 같이 쓸 수 있다.

$$a_3^2 = \sigma(w_{31}^2 a_1^1 + w_{32}^2 a_2^1 + w_{33}^2 a_3^1 + w_{34}^2 a_4^1 + b_3^2)$$

보다시피 활성을 계산하는 일 자체는 어렵지 않지만 변수가 많아서 지루하기도 하고 실수하기도 쉽다. 다행히 5장에서 행렬을 이용한 표기법을 배웠으므로 이 과정을 쉽게 단순화할 수 있다.

---

[5] (옮긴이) 일반적으로 계층 0에는 편향을 부여하지 않는다.

16.3.4 행렬 표기법으로 활성 계산하기

끔찍해 보일 수도 있지만, 신경망 전체 계층의 활성에 대한 수식을 작성하고 행렬 표기법으로 단순화한 뒤 재사용할 수 있는 형태로 수식을 작성하겠다. 계층 2를 선택해서 3개 활성에 대한 수식을 쓰면 다음과 같다.

$$a_1^2 = \sigma(w_{11}^2 a_1^1 + w_{12}^2 a_2^1 + w_{13}^2 a_3^1 + w_{14}^2 a_4^1 + b_1^2)$$
$$a_2^2 = \sigma(w_{21}^2 a_1^1 + w_{22}^2 a_2^1 + w_{23}^2 a_3^1 + w_{24}^2 a_4^1 + b_2^2)$$
$$a_3^2 = \sigma(w_{31}^2 a_1^1 + w_{32}^2 a_2^1 + w_{33}^2 a_3^1 + w_{34}^2 a_4^1 + b_3^2)$$

시그모이드 함수에 입력할 양에 이름을 붙이면 유용하다. 각각에 z_1^2, z_2^2, z_3^2이라고 이름을 붙이면 정의에 따라 다음이 성립한다.

$$a_1^2 = \sigma(z_1^2)$$
$$a_2^2 = \sigma(z_2^2)$$
$$a_3^2 = \sigma(z_3^2)$$

z는 모두 직전 계층 활성에 대한 일차결합에 상수를 더한 형태이므로 조금 더 낫다. 이 수식들은 행렬과 벡터를 사용한 표기법으로 기재할 수 있다. 먼저 z에 대한 수식은 다음과 같다.

$$z_1^2 = w_{11}^2 a_1^1 + w_{12}^2 a_2^1 + w_{13}^2 a_3^1 + w_{14}^2 a_4^1 + b_1^2$$
$$z_2^2 = w_{21}^2 a_1^1 + w_{22}^2 a_2^1 + w_{23}^2 a_3^1 + w_{24}^2 a_4^1 + b_2^2$$
$$z_3^2 = w_{31}^2 a_1^1 + w_{32}^2 a_2^1 + w_{33}^2 a_3^1 + w_{34}^2 a_4^1 + b_3^2$$

위의 세 등식을 다음과 같이 벡터로 나타낼 수 있다.

$$\begin{pmatrix} z_1^2 \\ z_2^2 \\ z_3^2 \end{pmatrix} = \begin{pmatrix} w_{11}^2 a_1^1 + w_{12}^2 a_2^1 + w_{13}^2 a_3^1 + w_{14}^2 a_4^1 + b_1^2 \\ w_{21}^2 a_1^1 + w_{22}^2 a_2^1 + w_{23}^2 a_3^1 + w_{24}^2 a_4^1 + b_2^2 \\ w_{31}^2 a_1^1 + w_{32}^2 a_2^1 + w_{33}^2 a_3^1 + w_{34}^2 a_4^1 + b_3^2 \end{pmatrix}$$

위 식에서 편향에 해당하는 항을 빼서 벡터합으로 표현하면 다음과 같다.

$$\begin{pmatrix} z_1^2 \\ z_2^2 \\ z_3^2 \end{pmatrix} = \begin{pmatrix} w_{11}^2 a_1^1 + w_{12}^2 a_2^1 + w_{13}^2 a_3^1 + w_{14}^2 a_4^1 \\ w_{21}^2 a_1^1 + w_{22}^2 a_2^1 + w_{23}^2 a_3^1 + w_{24}^2 a_4^1 \\ w_{31}^2 a_1^1 + w_{32}^2 a_2^1 + w_{33}^2 a_3^1 + w_{34}^2 a_4^1 \end{pmatrix} + \begin{pmatrix} b_1^2 \\ b_2^2 \\ b_3^2 \end{pmatrix}$$

앞의 식은 단순한 3차원 벡터합이다. 우변의 첫 번째 벡터가 큰 행렬처럼 보이지만, 덧셈이 3번 나열되었을 뿐이다. 이 커다란 벡터는 다음과 같이 행렬곱으로 나타낼 수 있다.

$$\begin{pmatrix} z_1^2 \\ z_2^2 \\ z_3^2 \end{pmatrix} = \begin{pmatrix} w_{11}^2 & w_{12}^2 & w_{13}^2 & w_{14}^2 \\ w_{21}^2 & w_{22}^2 & w_{23}^2 & w_{24}^2 \\ w_{31}^2 & w_{32}^2 & w_{33}^2 & w_{34}^2 \end{pmatrix} \begin{pmatrix} a_1^1 \\ a_2^1 \\ a_3^1 \\ a_4^1 \end{pmatrix} + \begin{pmatrix} b_1^2 \\ b_2^2 \\ b_3^2 \end{pmatrix}$$

이제 계층 2의 활성은 위 벡터의 각 성분에 σ를 적용해서 얻을 수 있다. 지금까지는 표기법을 단순화하기만 했으나, w_{ij}^l과 b_j^l을 개별 행렬로 떼어놓으면 심리적으로 유용하다. 활성 a_j^l가 중간 계산 과정에서 계산된 것과 달리, w_{ij}^l와 b_j^l는 신경망 자체를 정의하는 수이기 때문이다.

신경망의 계산 과정과 함수 $f(x) = ax + b$의 계산 과정을 비교해보면 무슨 말인지 이해할 수 있다. 함수 $f(x)$에서 입력 변수는 x이고, a와 b는 이 함수를 정의하는 상수이다. 즉, 모든 일차함수의 공간에서 a와 b를 선택하면 해당 일차함수의 동작이 특정하게 정해진다. 여기서 ax라는 양은 적당히 q라고 두고 계산할 수 있는데, 이 양은 $f(x)$를 계산하는 중간 계산 과정이다. 신경망으로 비유해보자. 다층 퍼셉트론에서 계층별로 뉴런 개수를 정했다면, 각 계층의 가중치 행렬과 편향 벡터는 실제로 신경망을 정의하는 데이터가 된다. 이를 염두에 두고 파이썬에서 다층 퍼셉트론을 구현해보자.

16.3.5 연습문제

연습문제 풀이

연습문제 | 16.4

활성 a_2^3가 나타내는 뉴런과 계층을 설명하라. 다음 그림에서 해당 활성 값을 구하라. 단, 뉴런과 계층은 앞과 같은 방식으로 인덱스를 붙였다.

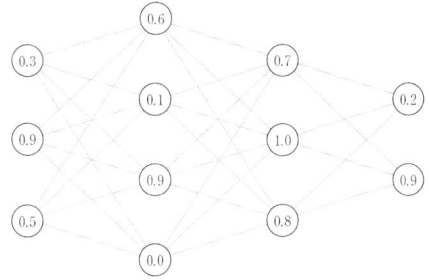

연습문제 | 16.5

신경망의 계층 5에 뉴런이 10개 있고 계층 6에 뉴런이 12개 있다면, 계층 5와 계층 6의 뉴런 간에 존재하는 연결의 개수를 구하라.

연습문제 | 16.6

계층이 12개인 다층 퍼셉트론이 있다고 하자. 계층 4의 세 번째 뉴런과 계층 5의 일곱 번째 뉴런을 연결하는 가중치 w_{ij}^l의 인덱스 l, i, j를 구하라.

연습문제 | 16.7

이 절에서 사용한 신경망에서 가중치 w_{31}^3의 위치를 설명하라.

연습문제 | 16.8

본문에서 사용한 신경망에서 a_1^3을 계층 2의 활성과 가중치와 편향에 대한 수식으로 나타내어라.

연습문제 | 16.9   미니 프로젝트

신경망 각 계층의 뉴런 개수를 입력으로 받아서 이 절에서 사용한 것과 같은 도식을 출력하는 파이썬 함수 sketch_mlp(*layer_sizes)를 작성하라. 모든 뉴런을 이름과 함께 출력하고, 뉴런 간의 연결을 선분으로 그려라. sketch_mlp(3,4,3,2)를 호출하면 이 절에서 사용한 것과 같은 도식을 예제로 생성할 수 있어야 한다.

16.4 파이썬으로 신경망 만들기

이 절에서는 16.3절에서 다룬 다층 퍼셉트론을 계산하는 절차를 가져와서 파이썬으로 구현하는 과정을 설명한다. 구체적으로 (처음엔 랜덤으로 생성한 값을 가지는) 가중치와 편향을 저장하면서도 64차원 입력 벡터를 받아 활성 계산을 통해 10차원 벡터를 리턴하는 evaluate 메서드를 제공하는 다층 퍼셉트론을 나타내는 파이썬 클래스 MLP를 구현할 것이다. 이 코드는 16.3절의 다층 퍼셉트론 설계를 파이썬으로 다소 기계적으로 변환했지만, 일단 구현하고 나면 손글씨 숫자 분류 작업을 테스트할 수 있다. 필요하면 여러분이 개선해도 좋다.

여기서는 가중치와 편향을 랜덤하게 선택할 건데, 이러한 방식을 고수하는 한 처음에 만든 랜덤 분류기와 비교해서 성능이 더 나아지거나 하진 않을 것이다. 하지만 예측할 때 쓸 수 있는 신경망 구조를 확보한다면 예측을 더 잘하도록 가중치와 편향을 조정하면 된다. 16.5절에서 그러한 문제를 다룰 것이다.

16.4.1 파이썬으로 다층 퍼셉트론 클래스 구현하기

다층 퍼셉트론(MLP)을 나타내는 클래스를 만들려면 계층이 몇 개 필요한지 계층별로 뉴런이 몇 개 존재하는지 명시할 필요가 있다. 다층 퍼셉트론을 원하는 구조로 만들기 위해, 이 클래스의 생성자는 각 계층에 있는 뉴런의 수로 이루어진 리스트를 입력으로 받는다.

다층 퍼셉트론을 계산할 때 필요한 데이터는 입력 계층 다음에 등장하는 각 계층의 가중치와 편향이다. 가중치는 행렬(NumPy 배열)로, 편향은 벡터(이것도 NumPy 배열)로 저장할 수 있다. 처음에는 가중치와 편향 모두 랜덤 값으로 채울 수 있으며, 이후 신경망을 훈련할 때 의미 있는 값으로 바꾸어갈 것이다.

가중치 행렬과 편향 벡터의 차원을 가볍게 복습해보자. 뉴런이 m개인 계층을 하나 선택하고 이 계층의 직전 계층이 n개의 뉴런으로 이루어졌다고 하자. 이 계층의 가중치는 n차원 활성 벡터에서 m차원 활성 벡터로의 일차변환을 묘사한다. 이 일차변환은 $m \times n$ 행렬(m개의 행과 n개의 열로 이루어진 행렬)로 묘사된다. 이를 위해 16.3절 예제로 돌아가면 뉴런이 4개인 계층에서 뉴런이 3개인 계층으로 연결하는 가중치는 [그림 16.15]와 같이 4×3 행렬로 나타낼 수 있다.

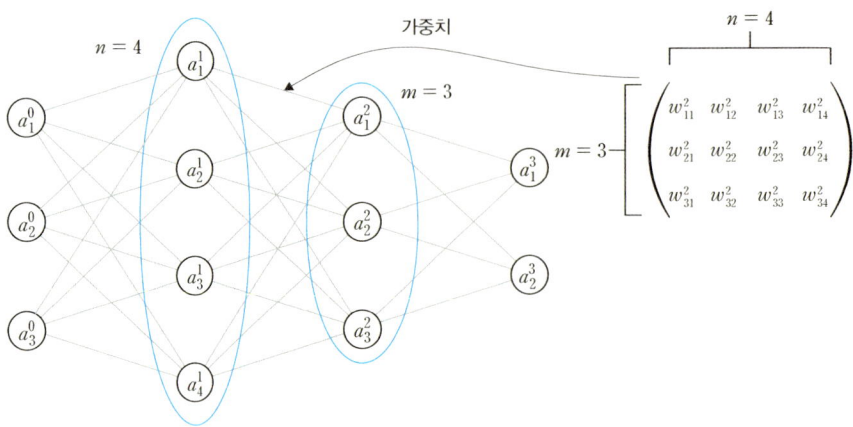

그림 16.15 뉴런이 4개인 계층을 뉴런이 3개인 계층으로 연결하는 가중치 행렬

뉴런이 m개인 계층에 대한 편향은 간단히 뉴런당 성분이 하나씩 대응해서 m개 성분으로 이루어진 벡터로 표현된다. 각 계층의 가중치 행렬과 편향 벡터의 크기를 구하는 법을 정리했으니, 가중치 행렬과 편향 벡터를 만드는 클래스 생성자를 만들 준비가 되었다. 다음 코드를 확인하자. 다층 퍼셉트론의 각 계층 크기를 알려주는 layer_sizes[1:]을 순회할 때는 맨 앞의 입력 계층이 생략되었음에 주의한다.

```
class MLP():
    def __init__(self,layer_sizes):
        self.layer_sizes = layer_sizes
        self.weights = [
            np.random.rand(n,m)
            for m,n in zip(layer_sizes[:-1],
                           layer_sizes[1:])
        ]
        self.biases = [np.random.rand(n)
                       for n in layer_sizes[1:]]
```

- 각 계층의 뉴런 개수를 알려주는 리스트 layer_sizes를 바탕으로 다층 퍼셉트론을 초기화한다.
- 가중치 행렬은 랜덤 성분으로 이루어진 $n \times m$ 행렬이며…
- … m과 n은 신경망에서 인접한 두 계층의 뉴런 개수이다.
- (입력 계층을 생략한) 각 계층의 편향은 계층의 뉴런당 하나의 성분을 포함한 벡터이다.

위의 코드대로 구현하면 계층이 2개인 다층 퍼셉트론이 가중치 행렬 1개와 편향 벡터 1개로 이루어져 있고 각 차원이 맞아떨어짐을 다시 확인할 수 있다. 첫 번째 계층(계층 0)이 뉴런 2개로 이루어져 있고, 두 번째 계층(계층 1)이 뉴런 3개로 이루어져 있다고 하자. 그러면 다음 코드를 실행해서 확인할 수 있다.

```
>>> nn = MLP([2,3])
>>> nn.weights
[array([[0.45390063, 0.02891635],
        [0.15418494, 0.70165829],
        [0.88135556, 0.50607624]])]
>>> nn.biases
[array([0.08668222, 0.35470513, 0.98076987])]
```

이로써 3×2 가중치 행렬 1개와 3차원 편향 벡터 1개의 각 성분에 랜덤 값이 잘 채워져 있음을 확인할 수 있다.

한편, 입력 계층과 출력 계층의 뉴런 개수는 각각 분류 문제에서 입력으로 전달하려는 벡터의 차원과 출력으로 받아내려는 차원과 맞아떨어져야 한다. 이미지 분류 문제에서는 64차원 입력 벡터와 10차원 출력 벡터가 필요하다. 이제 앞으로 입력 계층은 64개의 뉴런으로 이루어졌고, 출력 계층은 10개의 뉴런으로 이루어졌으며, 중간 계층은 16개의 뉴런으로 이루어졌다고 설정하겠다. 주어진 작업을 잘 수행하는 신경망을 얻기 위해 계층 수와 각 계층의 뉴런 개수를 적절히 정하는 작업은 기예(art)와 과학이 결합하는 부분이자 머신러닝 전문가들이 돈을 많이 버는 분야이기도 하다. 이 장의 목표를 생각할 때, 이 구조는 쓸만한 예측 모델을 얻는 데 충분한 구조라는 점만 말하겠다.

우리의 신경망은 `MLP([64,16,10])`이라고 초기화하면 되며, 지금까지 그려온 어떤 그림보다도 크다. [그림 16.16]에서 모습을 확인할 수 있다.

다행히도 계산 방법을 구현하기만 하면 큰 신경망을 계산한다고 해서 어려울 건 없다. 파이썬이 어려운 부분은 다 해주기 때문이다!

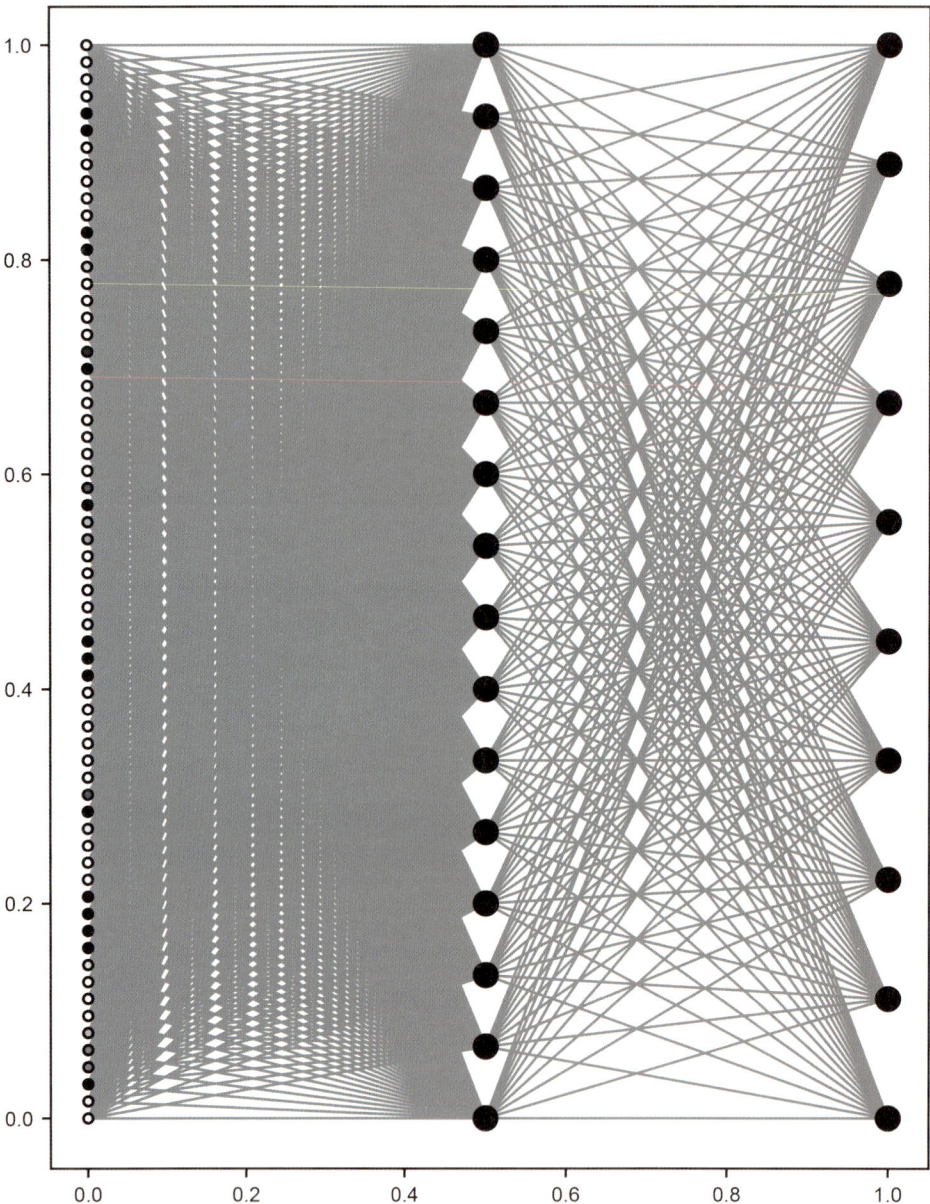

그림 16.16 각각 64, 16, 10개의 뉴런으로 이루어진 3층짜리 다층 퍼셉트론

16.4.2 다층 퍼셉트론 결과 구하기

MLP 클래스에서 입력 결과를 구하는 메서드는 64차원 벡터를 입력으로 받아서 10차원 벡터를 출력으로 리턴한다. 입력에서 출력을 얻는 절차는 입력 계층에서 순서대로 한 계층씩(layer-by-layer) 활성을 계산하며 출력 계층까지 나아가는 데 기초한다. 역전파를 논의할 때 살펴보겠지만 계산할 땐 모든 활성을 저장하는 게 좋다. 신경망 중간의 은닉 계층도 마찬가지다. 이러한 연유로 두 단계로 나누어 결과를 구하는 evaluate 함수를 만든다. 1단계에서는 모든 활성을 계산하는 메서드를 만들고 2단계에서는 마지막 계층의 활성값으로 결과를 생성하는 메서드를 하나 더 만들 것이다.

첫 번째 메서드는 `feedforward`라고 하는데, 순서대로 한 계층씩 활성을 계산하는 절차를 일컫는다. 이 함수에 입력 계층의 활성이 주어지면 다음 계층의 활성을 얻기 위해 입력 계층의 활성 벡터와 가중치 행렬을 곱해야 한다. 그런 뒤 다음 계층의 편향을 더하고 이러한 결과로 얻은 벡터의 각 좌표를 시그모이드 함수에 전달한다. 출력 계층을 얻을 때까지 이 과정을 반복한다. 이를 코드로 나타내면 다음과 같다.

```
class MLP():
    ...
    def feedforward(self,v):
        activations = []
        a = v
        activations.append(a)
        for w,b in zip(self.weights, self.biases):
            z = w @ a + b
            a = [sigmoid(x) for x in z]
            activations.append(a)
        return activations
```

- `activations = []`: 빈 활성 리스트를 초기화한다.
- 첫 번째 계층(계층 0)의 활성은 입력 벡터의 성분이다. 리스트 activations에 이 계층의 활성을 리스트의 마지막 성분이 되도록 추가(append)한다.
- 계층별 가중치 행렬과 편향 벡터를 주며 계층별로 계산을 반복한다.
- 벡터 z는 가중치 행렬과 직전 계층 활성을 곱한 뒤 편향 벡터를 더한 것이다.
- 활성을 얻고자 z의 각 성분을 시그모이드 함수에 대입한다.
- 리스트 activations에 새로이 계산한 활성 벡터를 추가한다.

마지막 계층의 활성이 우리가 원하는 결과이기 때문에, 신경망의 evaluate 메서드는 단순히 입력 벡터에 대해 `feedforward` 메서드를 실행한 뒤 마지막 활성 벡터를 추출하면 된다.

```
class MLP():
    ...
    def evaluate(self,v):
        return np.array(self.feedforward(v)[-1])
```

이게 전부다! 행렬 곱셈은 뉴런에 대한 많은 반복문을 줄여준다. 만약 행렬 곱셈을 쓰지 않았다면 활성을 계산할 때 반복문을 훨씬 많이 써야 했을 것이다.

16.4.3 다층 퍼셉트론 분류 성능 테스트하기

다층 퍼셉트론의 크기를 적절하게 설정하였으므로, 우리가 구현한 신경망은 숫자 이미지에 대한 벡터를 입력으로 받을 수 있다. 결과는 다음과 같다.

```
>>> nn = MLP([64,16,10])
>>> v  = np.matrix.flatten(digits.images[0]) / 15.
>>> nn.evaluate(v)
array([0.99990572, 0.9987683 , 0.99994929, 0.99978464, 0.99989691,
       0.99983505, 0.99991699, 0.99931011, 0.99988506, 0.99939445])
```

이 코드는 이미지를 나타내는 64차원 벡터를 전달해서 10차원 벡터를 출력으로 리턴하므로, 우리의 신경망은 벡터 변환을 의도한 형태로 수행하고 있다. 현재 가중치와 편향은 랜덤 값이므로 이 수들을 가지고 이미지가 어떤 숫자를 나타내는지 예측하긴 어렵다. 지금 결과는 모든 수가 우연히 1에 가깝긴 하다. 모든 가중치, 편향, 입력한 수가 양수라서 시그모이드 함수에 큰 수가 입력된 지라 출력도 1에 가깝게 나왔기 때문이다. 어찌 되었든 출력 벡터에서 **가장 큰** 성분은 인덱스가 2인 성분의 수이다. 이는 지금 신경망이 데이터셋에서 수 0을 나타내는 이미지 0을 수 2라고 (잘못) 예측한 것이다.

이러한 랜덤성으로 인해 다층 퍼셉트론이 정답을 옳게 추측할 확률이 10%라 기대할 수 있다. 이는 test_digit_classify 함수를 사용해 확인할 수 있다. 초깃값이 랜덤인 다층 퍼셉트론은 정확도가 정확히 10%이다.[6]

---

[6] (옮긴이) 다른 데이터셋에서도 결과가 비슷하게 나오는지 보려면 많은 고민이 필요하다. test_digit_classify에 사용된 데이터셋에 해당하는 (test_count의 초깃값인) 1,000개 이미지는 0부터 9까지 10개의 숫자를 근사적으로 같은 비율로 포함한, 균형 잡힌 클래스(balanced class) 데이터셋이다. 클래스 불균형(class imbalance)이 있었다면 이러한 결과가 나오지 않을 수도 있다.

```
>>> test_digit_classify(nn.evaluate)
0.1
```

결과를 보면 별로 진전한 게 없다고 할 수 있지만, 분류기가 동작하게 되었으니 (잘 동작하는지는 논외로 하고) 발전했다고 볼 수 있다. $f(x) = ax + b$와 같은 간단한 함수 계산과 비교해 훨씬 많은 작업을 했지만, 신경망의 계산 결과를 구하는 데 진전이 별로 없어 실망했을 수도 있다. 이제 신경망이 정확하게 이미지를 분류하도록 **훈련시키면**(train) 곧 성과를 볼 것이다.

16.4.4 연습문제

연습문제 | 16.10 미니 프로젝트

NumPy 행렬 곱셈을 사용하지 않고 각 계층과 가중치에 대해 명시적으로 반복문을 사용해 `feedforward` 메서드를 다시 작성해보라. 그 결과가 기존 구현과 정확히 맞아떨어지는지 확인하라.

16.5 경사하강법으로 신경망 훈련하기

신경망을 훈련시킨다는 말이 추상적으로 들릴 수 있지만, 그저 신경망이 가능한 주어진 일을 잘할 수 있도록 최고의 가중치와 편향을 구하는 작업을 말한다. 여기서 전체 알고리즘을 다루긴 어려우나 신경망이 어떻게 작동하는지와 서드파티(third-party) 라이브러리를 사용해 자동으로 어떻게 수행하는지를 개념적으로 보여주겠다. 이 부분을 학습하면 신경망의 가중치와 편향을 조정해서 이미지가 나타내는 숫자를 매우 높은 정확도로 예측할 수 있다. 이후 `test_digit_classify`를 통해 신경망 기반 분류기를 다시 실행해서 성능을 측정할 것이다.

16.5.1 훈련 작업을 최소화 문제로 표현하기

14장과 15장에서 일차함수 $ax+b$나 로지스틱 함수 $\sigma(ax+by+c)$를 다룰 때, 이 함수의 실패를 측정하는 비용 함수를 만들었다. 비용 함수는 일차함수나 로지스틱 함수의 상수를 입력으로 받아, 입력된 상수로 정의된 함수가 예측한 값을 데이터와 비교할 때 얼마나 부정확한지를 측정한다.

일차함수에서 상수는 각각 기울기와 y절편을 의미하는 a, b이므로 비용 함수는 $C(a,b)$ 꼴이다. 로지스틱 함수는 세 상수 a,b,c가 결정하므로 비용 함수는 $C(a,b,c)$ 꼴이다. 두 비용 함수는 모두 결과를 도출하는 내부 동작 과정에서 훈련을 위한 예시 **전체**에 의존하였다. 한편, 최적합 매개변수를 구하고자 경사하강법을 사용해 비용 함수를 최소화했다. 경사하강법은 앞으로도 사용할 것이다.

다층 퍼셉트론은 일차함수나 로지스틱 함수와 다르게 동작이 수백 개 또는 수천 개의 상수에 의존한다. 모든 계층 l과 유효한 뉴런의 인덱스 i,j에 대하여 가중치 w_{ij}^l와 편향 b_j^l가 모두 다층 퍼셉트론의 상수이다. 계층이 3개이고 각 계층의 뉴런이 64, 16, 10개인 신경망은 계층 0과 계층 1 사이에 가중치가 $1{,}024(=16\times10)$개 있고, 계층 1과 계층 2 사이에 가중치가 $160(=16\times10)$개 있다. 은닉 계층의 편향은 모두 16개이며, 출력 계층의 편향은 모두 10개이다. 따라서 조정해야 할 상수는 모두 1,210개이다. 우리가 최소화해야 할 비용 함수가 1,210개 값을 가진 함수라고 생각해보자. 이 함수는 다음과 같은 모양일 것이다.

$$C(w_{11}^1, w_{12}^1, ..., b_1^1, b_2^1, ...)$$

위 식에 있는 줄임표에는 1,000개 이상의 가중치와 24개의 편향이 숨어있다. 따라서 비용 함수를 만드는 법을 간단하게나마 생각해볼 필요가 있다. 미니 프로젝트에서는 여러분 스스로 비용 함수를 구현해봐야 하겠다.

우리가 만든 신경망은 벡터를 출력하지만, 분류 문제의 정답은 이미지가 나타내는 숫자여야 한다. 이 간극은 완벽한 분류기가 출력할 거라 기대하는 10차원 벡터를 정답으로 보고 해결한다. 예를 들어 이미지가 숫자 5를 명확하게 나타낸다면, 이 이미지는 5라고 100% 확신하고 다른 숫자일 가능성은 0%라고 볼 수 있다. 이때 완벽한 분류기는 [그림 16.17]처럼 인덱스가 5인 성분에서만 1이고 다른 성분은 0인 10차원 벡터를 출력할 것이다.

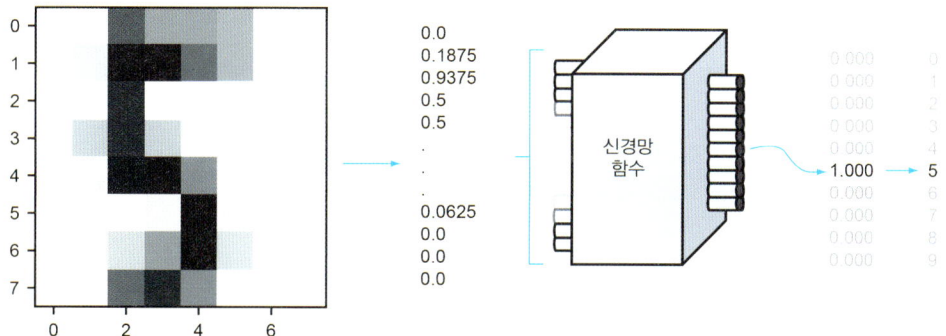

그림 16.17 숫자 5를 나타내는 이미지에 대해 완벽한 분류기의 출력 벡터. 맞는 인덱스는 1.00이고 나머지는 0.00이다.

회귀에서 비슷한 시도를 할 때 분류기의 출력 결과가 데이터의 정답에 완벽히 맞아떨어지지는 않았듯이 신경망에서도 정답에 완벽히 맞아떨어지지는 않는다. 이러한 상황에서 이상적인 신경망의 출력 벡터와 우리가 만든 신경망의 10차원 출력 벡터 간의 오차를 측정하려면 10차원에서 두 벡터 사이 거리의 제곱을 사용할 수 있다.

이상적인 출력을 $y = (y_1, y_2, ..., y_{10})$라고 하자. 지금은 인덱스를 0부터 붙이는 파이썬 관례 대신에 1부터 붙이는 수학 관례를 따랐음에 주의하라. 각 계층 뉴런에 대한 인덱스를 붙일 때 수학 관례를 따랐기 때문에, 출력 계층(계층 2)의 활성에 인덱스를 $(a_1^2, a_2^2, a_3^2, ..., a_{10}^2)$ 처럼 붙일 수 있다. 이 두 벡터 사이 거리의 제곱은 다음과 같다.

$$(y_1 - a_1^2)^2 + (y_2 - a_2^2)^2 + (y_3 - a_3^2)^2 + \cdots + (y_{10} - a_{10}^2)^2$$

이 식에서 a의 위 첨자 2는 신경망 계층이 2임을 나타내고 괄호 바깥의 2는 제곱했다는 의미이니 혼동하지 않도록 주의하자. 이제 데이터셋에 상대적인 총비용을 계산하고자 모든 샘플 이미지에 대해 신경망의 결과를 계산하고, 각각 거리의 제곱을 구한 뒤 평균을 내면 된다. 이 절의 마지막에서 비용 함수를 파이썬으로 구현하는 미니 프로젝트를 해볼 수 있다.

16.5.2 역전파로 그라디언트 계산하기

비용 함수 $C(w_{11}^1, w_{12}^1, ..., b_1^1, b_2^1, ...)$를 파이썬으로 작성했으니 이번엔 1,210차원에 대해 경사하강법을 작성하겠다. 이 말은 경사하강법의 각 단계마다 그라디언트를 구하려면 1,210개의 편도함수를 구해야 한다는 뜻이다. 이 그라디언트는 해당 점에서 편미분계수로 이루어진 1,210차원 벡터이며, 그 꼴은 다음과 같다.

$$\nabla C(w_{11}^1, w_{12}^1, ..., b_1^1, b_2^1, ...) = \left(\frac{\partial C}{\partial w_{11}^1}, \frac{\partial C}{\partial w_{12}^1}, ..., \frac{\partial C}{\partial b_1^1}, \frac{\partial C}{\partial b_2^1}, ... \right)$$

이렇게나 많은 편미분계수를 추정하는 작업은 비용이 많이 든다. 편미분계수를 하나씩 구할 때마다 C값을 2번 계산해야 입력 변수의 변화량에 따른 출력 변수의 변화량을 확인할 수 있기 때문이다. 더군다나 C를 한 번 계산할 때마다 훈련용 데이터셋의 모든 이미지를 읽어서 신경망에 전달해야 한다. 작업 자체는 가능할 수도 있지만, 이미지 분류와 같이 실생활 문제는 대부분 불가능할 정도로 계산 시간이 길어질 것이다.

이 대신 편미분계수를 계산하는 가장 좋은 방법은 10장처럼 여러 미분법을 사용해서 정확한 편도함수 식을 구하는 것이다. 실제로 이 방법을 완벽히 다루진 않겠지만, 16.6.2절에서 맛보기로 하나 보여주겠다. 핵심은 편미분계수를 1,210개나 구해야 하더라도 그 식은 적절한 인덱스 l, i, j에 대해 다음 중 하나의 꼴이라는 점이다.

$$\frac{\partial C}{w_{ij}^l} \text{ 또는 } \frac{\partial C}{b_j^l}$$

역전파 알고리즘은 출력 계층의 가중치와 편향에서 시작해서 계층 1의 가중치와 편향을 구할 때까지 역방향으로, 즉 재귀적으로(recursively) 위와 같은 편미분계수를 계산한다.

역전파에 대해 더 알고 싶다면 이 장의 마지막 절인 16.6.2절까지 계속 읽어나가자. 지금은 비용을 계산하고 역전파를 수행해서 경사하강법을 자동화하여 마무리하기 위해 scikit-learn 라이브러리에 집중할 것이다.

16.5.3 scikit-learn으로 훈련 자동화하기

scikit-learn으로 다층 퍼셉트론을 훈련하는 데에는 새로운 개념이 등장하지 않는다. 여태 해왔듯이 문제를 설정하고 정답을 구하면 된다. scikit-learn 라이브러리에 대해 구구절절이 설명하진 않겠다. 숫자 분류를 위한 다층 퍼셉트론을 훈련할 수 있도록 코드를 살펴보자.

처음에는 훈련용 데이터(여기서는 64차원 벡터인 숫자 이미지)를 모두 단일 NumPy 배열에 대입한다. 데이터셋의 앞부분인 1,000개 이미지를 사용하면 1000×64 행렬이 된다. 출력에 해당하는 리스트에도 정답을 1,000개 넣어두자.

```
x = np.array([np.matrix.flatten(img) for img in digits.images[:1000]]) / 15.0
y = digits.target[:1000]
```

다음으로 다층 퍼셉트론을 초기화하기 위해 scikit-learn에서 제공하는 **MLP** 클래스를 사용한다. 이 클래스에서 입력 계층과 출력 계층의 크기는 데이터에 의해 정해지므로, 중간에 있는 은닉 계층 하나에 대한 크기만 명시하면 된다. 여기에 다층 퍼셉트론이 어떤 식으로 훈련되기를 원하는지 매개변수를 덧붙인다. 이 과정에 대한 코드는 다음과 같다.

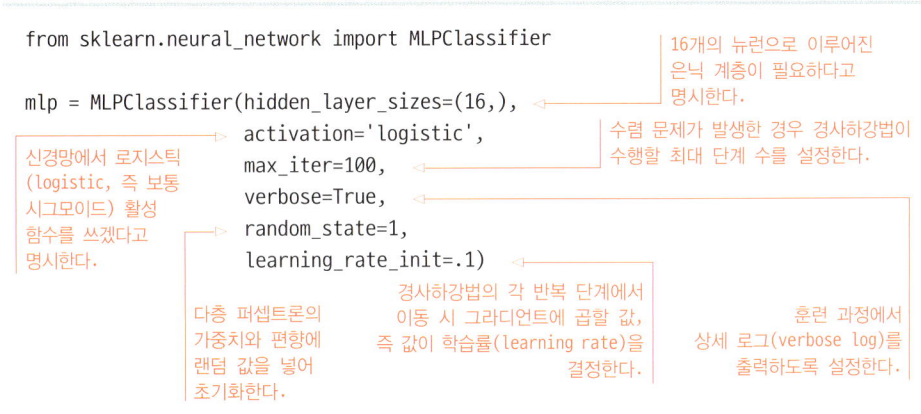

이 코드를 실행했다면 다음과 같이 한 줄로 입력 데이터 x와 x에 대응하는 출력 데이터 y에 대해 신경망을 훈련시킬 수 있다.

```
mlp.fit(x,y)
```

이 코드를 실행하면 신경망을 훈련시키는 동안 터미널 윈도(terminal window)에 많은 양의 출력 결과가 나타남을 볼 수 있다. 이 로그는 경사하강법이 수행한 단계 수와 비용 함수의 값을 보여준다. scikit-learn에서는 '비용' 대신 '손실(loss)'이라는 표현을 쓴다.

```
Iteration 1, loss = 2.21958598
Iteration 2, loss = 1.56912978
Iteration 3, loss = 0.98970277
...
Iteration 58, loss = 0.00336792
Iteration 59, loss = 0.00330330
Iteration 60, loss = 0.00321734
Training loss did not improve more than tol=0.000100 for two consecutive epochs.
Stopping.
```

출력 결과에 따르면 경사하강법에서 반복 단계(iteration)를 60번 수행한 뒤에 최솟값이 발견되어 다층 퍼셉트론의 훈련이 끝났다. 이제 _predict 메서드를 이용해 이미지 벡터로 훈련한 다층 퍼셉트론을 테스트할 수 있다. 이 메서드는 64차원 벡터 배열을 입력으로 받아서 배열 내 모든 입력에 대한 출력 벡터의 배열을 리턴한다. 예를 들어 mlp._predict(x)는 x에 저장된 1,000개의 이미지 벡터 모두에 대해 10차원 출력 벡터 배열을 준다. 0번째 훈련 예시 이미지의 결과는 출력 벡터의 0번째 성분이다.

```
>>> mlp._predict(x)[0]
array([9.99766643e-01, 8.43331208e-11, 3.47867059e-06, 1.49956270e-07,
       1.88677660e-06, 3.44652605e-05, 6.23829017e-06, 1.09043503e-04,
       1.11195821e-07, 7.79837557e-05])
```

간단한 보조 함수 차원에서 다층 퍼셉트론을 사용해 이미지 **한 개**에 대한 예측을 수행하는 함수를 작성할 수 있다. 이 함수는 64차원 이미지 벡터를 입력으로 받아서 10차원 결과를 출력한다. scikit-learn의 다층 퍼셉트론은 입력 벡터 리스트에 대해 동작하고 출력은 배열로 주기 때문에, 입력 벡터를 mlp._predict에 전달하기 전에 리스트에 넣어야 한다.[7]

---

[7] (옮긴이) 앞에서 만든 test_digit_classify는 입력도 출력도 벡터여야 하는데, scikit-learn의 분류기는 입력이 리스트, 출력이 배열이어야 하므로 보조 함수를 설계해 이를 해결한다. v라는 입력이 벡터일 때 [v]는 벡터 v만을 성분으로 하는 리스트이며, 따라서 mlp._predict([v])는 scikit-learn의 분류기가 출력한 배열이다. 이 배열은 성분이 하나뿐이므로 뒤에 [0]을 붙이면 해당 성분을 나타내는 벡터를 추출할 수 있다.

```
def sklearn_trained_classify(v):
    return mlp._predict([v])[0]
```

이제 예측 함수가 test_digit_classify 함수로 성능을 테스트할 수 있는 형태가 되었다. 테스트하는 숫자 이미지를 얼마나 올바르게 식별하는지 살펴보자.

```
>>> test_digit_classify(sklearn_trained_classify)
1.0
```

놀랍게도 정확도가 100%이다! 여러분은 이 결과에 회의적일 수도 있다. 사실 훈련에 사용된 데이터셋으로 신경망을 테스트했기 때문이다. 이론적으로는 수를 1,210개 저장할 수 있는 상황이라면 신경망이 훈련용 데이터셋의 모든 예제를 암기해버려서 정확도가 저렇게 높게 나올 수도 있다. 그러나 신경망이 전혀 본 적 없는 이미지를 테스트해보면, 이 높은 정확도가 단순히 암기에 의한 것이 아님을 알 수 있다. 이 신경망은 전혀 본 적 없는 이미지도 숫자를 올바르게 분류할 수 있기 때문이다. 주어진 데이터셋에서 처음 1,000개 이미지를 학습한 뒤 다음 500개 이미지를 테스트해보니 정확도가 96.2%였다. 여러분도 [연습문제 16.11]에서 실제로 테스트해볼 수 있다.

16.5.4 연습문제

연습문제풀이

연습문제 | 16.11

테스트할 데이터셋의 예시 범위를 지정할 수 있도록 test_digit_classify 함수를 수정하라. 1,000개 예시를 훈련한 뒤 500개 예시에 관한 결과를 보여라.

연습문제 | 16.12

거리의 제곱을 활용한 비용 함수를 사용할 때, 랜덤하게 생성된 다층 퍼셉트론에서 처음 훈련 예시 1,000개에 대해 비용이 얼마나 발생하는지 구하라. 또한 scikit-learn의 다층 퍼셉트론에 대해서도 비용을 구하라.

> **연습문제 | 16.13** **미니 프로젝트**
>
> `MLPClassifier`의 가중치와 편향을 각각 `coefs_` 속성과 `intercepts_` 속성을 통해 추출하라. 이 가중치와 편향을 우리가 만든 MLP 클래스에 대입해서 결과로 얻은 다층 퍼셉트론이 숫자를 잘 분류함을 보여라.

16.6 역전파로 그라디언트 계산하기

이 절은 선택적으로 읽어도 좋다. 사실 scikit-learn을 사용해 다층 퍼셉트론을 훈련하는 방법을 익혔으므로 실생활 문제를 풀 준비는 끝났다. 분류 문제를 풀기 위해 신경망의 모양이나 크기를 바꾸어 테스트할 수도 있고, 분류 성능을 개선하기 위해 설계 실험을 해볼 수도 있다. 이 책의 마지막 절이기 때문에 도전적이지만 여러분도 할 수 있는 수학을 맛보기로 한다. 비용 함수의 편미분계수를 직접 계산하는 방법을 알아보자.

다층 퍼셉트론의 편미분계수를 계산하는 과정을 **역전파**라고 한다. 마지막 계층의 가중치와 편향에서 시작해 계층을 거꾸로 올라가며 효율적으로 계산하기 때문이다. 역전파에서 미분계수를 구하는 과정은 4단계로 나눌 수 있는데, 각각 마지막 계층 가중치, 마지막 계층 편향, 은닉 계층 가중치, 은닉 계층 편향에 대한 미분계수를 구한다. 여기에서는 마지막 계층 가중치에 대한 편미분계수를 구하는 법을 소개한다. 나머지는 여러분이 같은 방법으로 구할 수 있다.

16.6.1 마지막 계층 가중치에 대한 비용 구하기

다층 퍼셉트론의 마지막 계층 인덱스를 L이라 하자. 마지막 계층의 가중치 행렬은 $l = L$일 때의 가중치 w_{ij}^l, 즉 가중치 w_{ij}^L로 이루어져 있다. 이 계층의 편향은 b_j^L이며 활성은 a_j^L로 표기한다.

마지막 계층 j번째 뉴런의 활성 a_j^L에 대한 식은 계층 $L-1$의 모든 뉴런의 기여 $w_{ij}^L a_i^{L-1}$에 인덱스 i를 붙인 뒤 모두 더하면 얻는다. 이를 적당히 표기하면 다음과 같다.

$$a_j^L = \sigma(b_j^L + \text{모든 인덱스 } i \text{에 대해 } w_{ij}^L a_i^{L-1} \text{의 합})$$

이 합은 1부터 계층 $L-1$의 뉴런 개수까지의 i에 대응하는 모든 값을 더한 것이다. 계층 l에 있는 뉴런의 개수를 n_l로 표기하면 i가 1부터 n_{L-1}일 때까지 합을 계산한다. 이를 적절한 합 기호로 표기하면 다음과 같다.

$$\sum_{i=1}^{n_{L-1}} w_{ij}^L a_i^{L-1}$$

이 공식은 "L과 j를 고정하고 i가 1부터 n_{L-1}까지 일 때 식 $w_{ij}^L a_i^{L-1}$ 값을 모두 더한다."라고 이해한다. 이 식은 행렬 곱셈을 합으로 표기했을 뿐이다. 이 형태에서 앞의 활성은 다음과 같이 나타낼 수 있다.

$$a_j^L = \sigma\left(b_j^L + \sum_{i=1}^{n_{L-1}} w_{ij}^L a_i^{L-1}\right)$$

훈련 예시가 주어지면 이상적인 출력 벡터 $\mathbf{y} = (y_1, y_2, ..., y_{n_L})$는 적절한 성분 하나만 1이고 나머지 성분은 0이다. 이때 비용은 활성 벡터의 j번째 성분 a_j^L와 이상적인 출력 벡터의 j번째 성분 y_j 간의 차를 제곱한 뒤 모두 더한 것이다. 즉, 다음이 성립한다.

$$C = \sum_{j=1}^{n_L} (a_j^L - y_j)^2$$

여기서 가중치 w_{ij}^L는 C에 간접적으로 영향을 미친다. 처음엔 직전 계층의 활성과 곱한 뒤 편향을 더하고, 전체 합을 시그모이드 함수에 전달한 뒤 결과를 활성 a_j^L에 대한 이차식의 형태인 비용 함수에 전달한다. 10장에서 합성함수의 미분법을 다루었음을 기억하자. 이 예시는 그때보다 복잡하지만, 합성함수의 미분법과 같은 방식이다.

16.6.2 합성함수의 미분법으로 마지막 계층 가중치에 대한 편미분계수 계산하기

w_{ij}^L에서 C를 계산하는 과정을 3단계로 나누어보자. 먼저 시그모이드 함수에 전달되는 값을 계산하는 부분에는 이번 장의 전반부에서 z_j^L라고 불렸던 값이 보인다.

$$z_j^L = b_j^L + \sum_{i=1}^{n_{L-1}} w_{ij}^L a_i^{L-1}$$

이후 z_j^L를 시그모이드 함수에 전달해 a_j^L를 얻는 부분이 있다.

$$a_j^L = \sigma(z_j^L)$$

이제 마지막으로 비용을 계산한다.

$$C = \sum_{j=1}^{n_L} (a_j^L - y_j)^2$$

w_{ij}^L에 대한 C의 편미분계수를 구하려면 이렇게 '합성된' 식 3개의 도함수를 연이어 곱해야 한다. 특정한 **한** 변수 w_{ij}^L에 대한 z_j^L의 도함수는 w_{ij}^L에 곱해진 활성 a_i^{L-1}이다. 이 결과는 $y(x) = ax$를 x에 대해 미분할 때 상수 a가 되는 것과 유사하다. 이 편미분계수는 다음과 같다.

$$\frac{\partial z_j^L}{\partial w_{ij}^L} = a_i^{L-1}$$

다음 단계는 시그모이드 함수를 적용하는 부분으로, z_j^L에 대한 a_j^L의 도함수는 σ의 도함수이다. [연습문제 16.14]에서 확인할 수 있듯이 $\sigma(x)$의 도함수는 $\sigma(x)(1-\sigma(x))$임이 알려져 있다. 이러한 멋진 식은 e^x의 도함수가 e^x 자신이라는 점이 일부 기여했기에 나왔다. 이에 따라 다음을 얻는다.

$$\frac{da_j^L}{dz_j^L} = \sigma'(z_j^L) = \sigma(z_j^L)(1 - \sigma(z_j^L))$$

이 식은 편도함수가 아니라 보통의 도함수인데, a_j^L가 한 개의 입력 z_j^L에 대한 함수이기 때문이다. 마지막으로 a_j^L에 대한 C의 도함수를 구할 차례이다. 이 합공식에서 w_{ij}^L에 의존적인 항은 $(a_j^L - y_j)^2$ 하나뿐이므로, a_j^L에 대한 $(a_j^L - y_j)^2$의 도함수만 구하면 된다. 이때 y_j는 상수이므로 도함수는 $2a_j^L$이다. 이는 $f(x) = x^2$일 때 $f'(x) = 2x$라는 점에서 온 결과이다. 따라서 마지막 도함수는 다음과 같다.

$$\frac{\partial C}{\partial a_j^L} = 2(a_j^L - y_j)$$

한편 다변수함수에 대한 합성함수의 미분법은 다음이 성립함을 알려준다.

$$\frac{\partial C}{\partial w_{ij}^L} = \frac{\partial C}{\partial a_j^L} \frac{da_j^L}{dz_j^L} \frac{\partial z_j^L}{w_{ij}^L}$$

이 식은 10장에서 소개한 두 일변수함수의 합성함수와는 조금 다르게 보이지만 원리는 같다. C는 a_j^L에 관한 식이고, a_j^L은 z_j^L에 대한 식이며, z_j^L는 w_{ij}^L에 대한 식이므로 C를 w_{ij}^L에 대한 식이라고 쓸 수 있다. 합성함수의 미분법에 따르면 함수와 함수를 합성한 식에 대한 도함수는 각 단계의 도함수를 구한 뒤 곱해서 얻는다. 결과는 다음과 같다.

$$\frac{\partial C}{\partial w_{ij}^L} = 2(a_j^L - y_j) \cdot \sigma(z_j^L)(1 - \sigma(z_j^L)) \cdot a_i^{L-1}$$

이 식은 C의 전체 그라디언트를 구할 때 필요한 4단계 중 하나이다. 구체적으로는 마지막 계층에서 임의로 선택한 가중치에 대한 편미분계수를 준다. 이러한 편미분계수는 16×10개 존재하므로, 전체 그라디언트를 구할 때 필요한 1,210개의 편미분계수 중에서 160개를 구했다.

다른 가중치의 도함수는 합성함수의 미분법을 복잡하게 응용해야 하므로 여기서 멈추고자 한다. 신경망의 각 활성은 모든 후속 활성에 영향을 끼치므로 모든 가중치는 마찬가지로 모든 후속 활성에 영향을 끼친다. 이 개념은 여러분도 충분히 이해할 수 있지만 깊이 파고들려면 다변수함수에 대한 합성함수의 미분법을 알아야 한다. 인터넷에 역전파의 모든 단계를 세세하게 설명하는 훌륭한 자료가 있다. 아니면 바라건대 이 책의 후속편을 기다릴 수도 있겠다. 마지막까지 읽어주어 고맙다!

16.6.3 연습문제

연습문제 풀이

연습문제 | 16.14 미니 프로젝트

10장에서 만든 코드나 SymPy를 사용해서 다음 시그모이드 함수의 도함수를 자동으로 구한 뒤, 결과가 $\sigma(x)(1-\sigma(x))$와 같음을 보여라.

$$\sigma(x) = \frac{1}{1 + e^{-x}}$$

> **요약**
> - 인공 신경망은 인간 두뇌의 신호 흐름을 계산에 반영한 수학 함수이다. 벡터를 입력으로 받고 다른 벡터를 출력으로 받는 함수이다.
> - 신경망은 그레이스케일 픽셀값으로 이루어진 벡터로 변환된 이미지와 같은 벡터 데이터의 분류에 사용할 수 있다. 신경망의 출력은 입력 벡터가 가능한 부류 중 하나로 분류된다는 확신 정도를 나타내는 수의 벡터이다.
> - 다층 퍼셉트론(MLP)은 뉴런을 순서대로 배치한 여러 개의 계층으로 이루어진 특정 신경망으로, 각 계층의 뉴런은 직전 계층의 뉴런이 영향을 끼치도록 연결되어 있다. 이러한 신경망을 계산할 때 각 뉴런은 활성이란 수를 가진다. 활성은 분류 문제를 푸는 과정에서 예·아니오에 대해 즉각적으로 답한다고 생각할 수 있다.
> - 신경망을 계산하려면 뉴런 첫 번째 층의 활성을 입력 벡터의 성분으로 채워야 한다. 후속 계층의 활성은 직전 계층에 대한 함수로 계산한다. 마지막 계층의 활성은 벡터로 간주하여 신경망 계산의 결과 벡터로 리턴된다.
> - 뉴런의 활성은 직전 계층의 모든 뉴런 활성의 일차결합에 기초한다. 일차결합의 계수는 **가중치**라고 한다. 각 뉴런은 **편향**을 가지며, 편향은 일차결합 뒤에 더하는 수이다. 이렇게 계산된 값은 시그모이드 함수에 전달되어 활성 함수의 결과를 준다.
> - 신경망 훈련은 신경망이 주어진 일을 최적으로 수행하기 위해 모든 가중치와 편향을 조정한다는 뜻이다. 신경망을 훈련할 때는 비용 함수를 이용해 훈련용 데이터셋의 실제 정답과 신경망의 예측 결과 간 오차를 측정할 수 있다. 훈련용 데이터셋이 정해졌다면 비용 함수는 가중치와 편향에만 의존한다.
> - 경사하강법은 비용 함수를 최소화하는 가중치와 편향의 값을 구하며, 이를 통해 최고의 신경망을 얻을 수 있다.
> - 신경망은 가중치와 편향에 대한 비용 함수의 편미분계수를 구하는 간단하고 정확한 식이 이어서 효율적으로 훈련할 수 있다. 가중치와 편향은 **역전파**라는 알고리즘을 사용해 구하며, 합성함수의 미분법을 이용한다.
> - 파이썬의 scikit-learn 라이브러리는 분류 벡터 데이터에 자동적으로 훈련을 시켜주는 `MLPClassifier` 클래스를 내장하고 있다.

APPENDIX A

파이썬 설치하기

이 부록은 파이썬과 관련 툴을 설치하는 기본 단계를 다루며, 이를 통해 이 책의 코드 예제를 실행할 수 있다. 파이썬 설치의 핵심은 **아나콘다**(Anaconda)인데, 아나콘다는 수학을 주로 다루는 프로그래밍과 데이터 과학을 위한 파이썬 배포판으로 잘 알려져 있다. 아나콘다는 파이썬 코드를 실행할 수 있는 인터프리터를 비롯해 유명한 수학과 데이터 과학 라이브러리를 다양하게 포함하고 있으며, 코드를 작성하는 인터페이스인 **주피터 노트북**(Jupyter Notebook) 도 포함한다. 컴퓨터에 리눅스, Mac, 윈도우 등 어떤 운영체제가 설치되어 있어도 설치 단계는 거의 같다. 여기에서는 Mac을 기반으로 설명하겠다.

A.1 기존 파이썬 설치 확인

여러분 컴퓨터에는 이미 파이썬이 설치되었을 수 있다. 설치 여부를 확인하려면 터미널 윈도를 연 뒤(또는 윈도우에서 CMD 명령이나 PowerShell을 실행한 뒤) python이라고 타이핑해 보자. 이 글을 쓰는 시점에 공장출하 직후의 Mac에는 파이썬 2.7 대화형 인터프리터가 나타남을 확인했다. 대화형 인터프리터는 Ctrl + D 키를 눌러 종료한다.

```
(base) Pauls-MacBook-Pro:~ paul$ python
Python 3.7.3 (default, Mar 27 2019, 16:54:48)
[Clang 4.0.1 (tags/RELEASE_401/final)] :: Anaconda, Inc. on darwin
Type "help", "copyright", "credits" or "license" for more information.
>>>
```

반면 이 책에서는 파이썬 3을 사용하고 있기 때문에 주의하기 바란다. 구체적으로는 아나콘다 배포판 파이썬 3이다. 파이썬이 이미 설치되었다면 다음 단계가 잘 실행되지 않을 수 있다. 다음 설치 단계 중에 잘 동작하지 않는 단계가 있다면 에러 메시지를 구글이나 스택 오버플로(StackOverflow)에 검색해보기를 권한다.

여러분이 파이썬 전문가이거나 아나콘다를 사용하고 싶지 않으면 pip 패키지 매니저를 사용해 NumPy, Matplotlib, Jupyter와 같은 관련 라이브러리를 찾아서 설치하면 된다. 초보자라면 다음 절차에 따라 아나콘다를 설치하길 추천한다.

A.2 아나콘다 다운로드 및 설치

브라우저에서 웹사이트 https://anaconda.com/distribution/ 에 접속하여 아나콘다 파이썬 배포판을 다운로드하자. [그림 A.1]과 같이 사이트 하단의 Anaconda Installers 페이지에서 각자의 운영체제에 맞는 Installer 파일 링크를 클릭한다. 출간 시점에서 최신 버전은 파이썬 3.8이다.

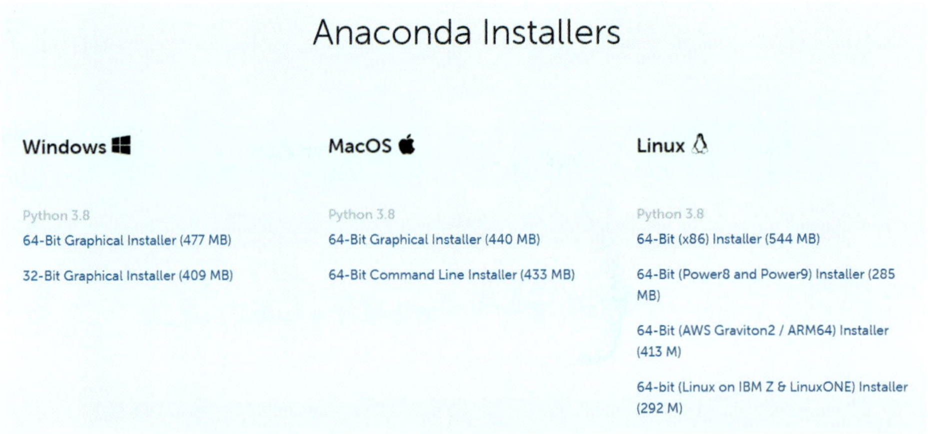

그림 A.1 아나콘다 웹사이트에서 파이썬 다운로드

설치 프로그램을 실행한 뒤에는 설치 과정을 따라가면 된다. 설치 프로그램의 대화 상자는 운영체제에 따라 다르게 보인다. [그림 A.2]는 Mac에서 보이는 화면이다.

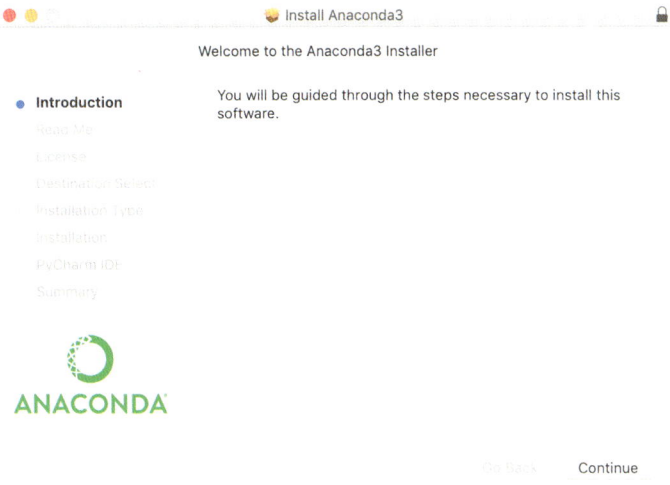

그림 A.2 Mac 운영체제로 설치할 경우 보이는 아나콘다 설치 프로그램

설치 위치는 기본 설정에 따르고 PyCharm IDE와 같은 선택 기능은 추가하지 않아도 좋다. 설치가 끝나면 새 터미널을 열어야 한다.[1] python이라고 타이핑하면 [그림 A.3]처럼 아나콘다의 파이썬 3 대화형 세션에 들어갈 수 있다.

그림 A.3 아나콘다가 설치되었을 때 파이썬의 대화형 세션

3으로 시작하는 파이썬 버전과 **Anaconda**라는 단어가 보이지 않는다면, 여러분의 컴퓨터는 기존에 설치된 파이썬에 묶인 상태이다. 터미널 윈도에서 python을 타이핑할 때 실행하길 원하는 파이썬 버전을 터미널이 알 수 있도록 PATH 환경 변수를 수정할 필요가 있다. 그러지 않기를 바라지만, 이 문제에 부딪혔다면 구글이나 스택 오버플로에 검색해보자. 고칠 방법을 찾을 수 있다. 아니면 python 대신 python3을 타이핑해서 명시적으로 파이썬 3을 사용할 수도 있다.

---

1 (옮긴이) 아나콘다가 변경한 환경설정이 기존 터미널에 반영되지 않았기 때문이다.

A.3 대화형 모드에서 파이썬 사용

터미널 윈도에 보이는 부등호 3개(angle bracket[2], >>>)는 파이썬 코드 입력을 대기하는 상태이다. 2+2라고 타이핑하고 Enter↵ 키를 누르면 파이썬 인터프린터는 [그림 A.4]와 같이 입력한 문장을 실행한 결과 4를 보여준다.

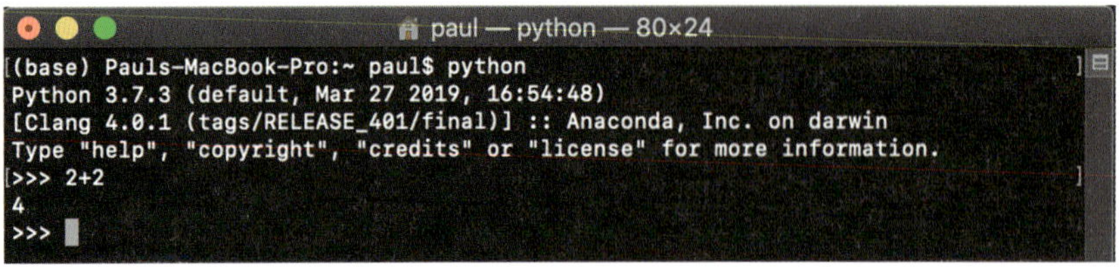

![그림 A.4 terminal screenshot]

그림 A.4 대화형 세션에서 파이썬 줄 입력

대화형 모드(interactive mode)는 **REPL**이라고도 부르는데, read(읽기)-evaluate(실행)-print(출력) loop(루프)의 줄임말이다. 파이썬 세션은 입력된 코드 한 줄을 읽고 실행 후 결과를 출력하는 과정을 여러분이 원하는 만큼 반복한다. Ctrl + D 키를 누르면 모든 코드를 입력했다고 간주하여, 기존 터미널 세션으로 돌아간다.

파이썬 대화형 세션은 여러분이 여러 줄로 된 문장을 입력하는지 아닌지를 식별할 수 있다. 예를 들어 def f(x):는 f라는 파이썬 함수를 새로 정의할 때 입력해야 하는 첫 번째 줄이다. 파이썬 대화형 세션은 더 입력할 내용을 기다리고 있음을 나타내기 위해 [그림 A.5]와 같이 ...을 보여준다.

그림 A.5 다음 줄 입력을 기다리는 파이썬 인터프리터

함수의 정의를 덧붙이려면 적절하게 들여쓰기(indent)를 해야 한다. 여러 줄 코드 입력을 마치고 파이썬에게 함수 구현을 요청하려면 [그림 A.6]처럼 Enter↵ 키를 두 번 누른다.

---

2 (옮긴이) 많은 경우 키보드의 <, >를 angle bracket이라고 부르지만, angle bracket은 원래 홑화살괄호(〈, 〉)를 의미한다. <, >는 부등호를 의미한다.

```
[>>> def f(x):
[...     return x * x
[...
[>>>
```

그림 A.6 여러 줄 코드 입력을 종료하는 두 번의 엔터 입력

[Enter↵] 키를 두 번 누르면 대화형 세션에서 함수 f가 정의된다. 그러면 다음 줄에서 정의된 함수를 호출하는 파이썬 입력을 실행할 수 있다.

```
[>>> f(5)
25
```

그림 A.7 앞에서 정의한 함수 실행하기

대화형 세션에서 코드를 작성할 때에는 세션 종료 시 모든 코드가 사라진다는 점에 주의하라. 따라서 많은 코드를 작성하려면 파이썬 스크립트 파일에 코드를 작성하거나 주피터 노트북에 작성하는 게 훨씬 좋다. 이제 두 방법을 각각 다루어 보자.

A.3.1 파이썬 스크립트 파일을 생성해 실행하기

기본적으로는 모든 텍스트 편집기에서 파이썬 파일을 생성할 수 있다. 보통 마이크로소프트 워드와 같이 서식 있는 텍스트(rich-text)[3] 편집기보다는 프로그래밍을 위해 설계된 텍스트 편집기를 쓰는 게 낫다. 서식 있는 텍스트 편집기는 보이지 않는 문자나 원하지 않는 포맷용 문자를 삽입하는 경우가 있기 때문이다. 필자는 비주얼 스튜디오 코드(Visual Studio Code)를 선호한다. 크로스 플랫폼[4]을 지원하는 아톰(Atom)이나 윈도우 전용인 노트패드++(Notepad++)도 잘 알려진 편집기이다. 위험을 무릅쓰고 터미널 기반의 텍스트 에디터인 이맥스(Emacs)나 빔(Vim)을 사용할 수도 있다. 지금 소개한 모든 도구는 무료이며 쉽게 다운로드할 수 있다.

파이썬 스크립트를 작성하려면 편집기에서 파일명 확장자로 .py를 붙인 새 텍스트 파일을 작성하자. [그림 A.8]은 직접 만든 first.py라는 파일을 나타낸 것으로, 이 파일은 필자의 컴

---

3 (옮긴이) 일반 텍스트(plane text)로는 표현할 수 없는 글꼴, 글자 크기, 서식, 문단 등을 지원하는 텍스트를 리치 텍스트 또는 서식 있는 텍스트라고 한다.
4 (옮긴이) 크로스 플랫폼(cross-platform)은 여러 운영체제나 여러 기기에서 동작할 수 있음을 뜻한다.

퓨터의 ~/Documents[5] 디렉토리에 위치한다. 또한 [그림 A.8]을 보면 비주얼 스튜디오 코드는 파이썬 파일에 대해 구문 강조(syntax highlighting)를 지원함을 알 수 있다. 키워드, 함수, 리터럴 값 등에 색을 부여해서 코드를 읽기 쉽게 만들어준다. 비주얼 스튜디오 코드를 포함한 많은 편집기는 선택적 확장을 제공하는데, 예를 들면 입력한 코드에 대해 간단한 오류를 검사하는 매우 유용한 도구를 설치할 수 있다.

[그림 A.8]의 first.py 파일에는 타이핑한 파이썬 코드도 몇 줄 보인다. 이 책은 수학책이기 때문에 Hello World보다 '수학적인' 예제를 사용해보았다. 이 코드를 실행해보면 0에서 9까지 모든 수에 대한 제곱수를 출력한다.

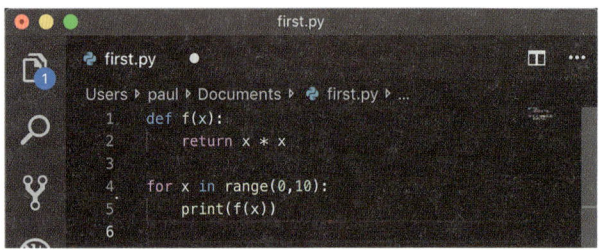

그림 A.8 파이썬 코드를 담은 파일 예시

터미널로 돌아가서 파이썬 파일이 위치한 디렉토리로 이동하자. Mac에서는 `cd ~/Documents`를 타이핑하여 ~/Documents 디렉토리로 이동할 수 있다. Mac에서 `ls first.py`를 타이핑하여 [그림 A.9]처럼 현재 디렉토리에 파이썬 스크립트 파일이 있음을 확인할 수 있다.

그림 A.9 현재 작업 디렉토리에 first.py가 있음을 보여주는 ls 명령어

이 스크립트 파일을 실행하기 위해 터미널 윈도에 `python first.py`를 타이핑해보자. 이 명령은 파이썬 인터프리터를 호출한 뒤 first.py 파일을 실행하게 한다. 인터프리터는 기대한 바대로 파일 내의 코드를 수행해 수를 [그림 A.10]과 같이 터미널에 출력한다.

---

5 (옮긴이) ~는 Mac과 같은 유닉스 계열 운영체제에서 현재 사용자 계정의 홈 폴더(리눅스에서는 홈 디렉토리)이다. [그림 A.8]을 살펴보면 /Users/paul이 ~에 해당하는 경로임을 알 수 있다.

그림 A.10 명령줄에서 간단한 파이썬 스크립트를 실행한 결과

복잡한 문제를 풀 때는 코드를 여러 파일에 분리해 담는 게 좋다. 이제 함수 f(x)를 다른 파이썬 파일에 담고, 이 함수를 first.py에서 사용하는 법을 보여줄 것이다. 새로운 파일을 function.py라고 하고 first.py와 같은 폴더에 저장한 뒤 f(x)를 정의한 코드를 잘라내어 붙여넣자.

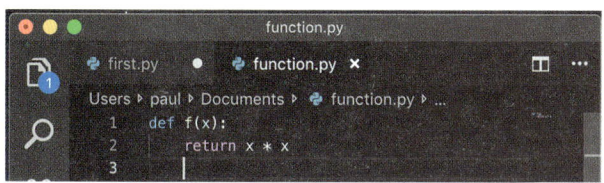

그림 A.11 함수 f(x)를 별도 파이썬 파일에 정의하기

파이썬이 이 디렉토리에 여러 파일을 결합할 예정임을 알게 만들려면 이 디렉토리에 __init__.py라는 빈 텍스트 파일을 추가하면 된다. init이라는 단어의 좌우에 각각 밑줄 기호(underscore)를 2개씩 넣은 점에 유의하라.

> 참고_ Mac이나 리눅스에서 `touch __init__.py`를 타이핑하면 빈 파일을 바로 만들 수 있다.

first.py라는 스크립트 파일에서 function.py의 함수 f(x)를 사용하려면 파이썬 인터프리터가 해당 함수를 가져오도록 지시할 필요가 있다. 이를 위해서는 [그림 A.12]처럼 first.py의 첫 줄에 `from function import f`를 추가한다.

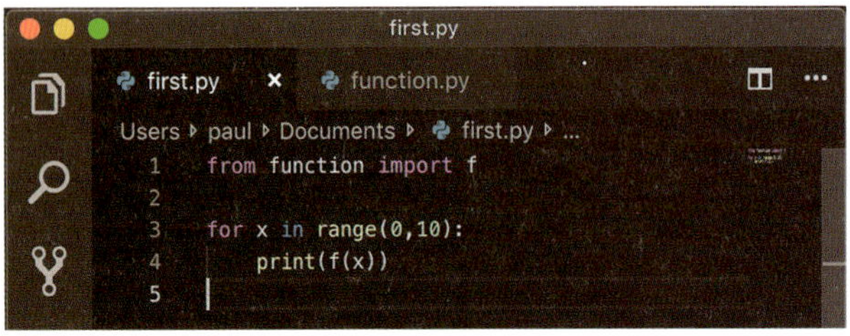

그림 A.12 다른 파일에 정의된 함수 f(x)를 first.py에 추가하기

`python first.py` 명령을 다시 실행하면 처음 실행한 것과 같은 결과를 얻는다. 이번에는 파이썬이 실행 과정에서 function.py에 있는 함수 f를 가져온다는 점이 다르다.

텍스트 파일에서 코드를 작성하고 명령줄로 실행하는 이 방법의 대안은 곧 소개할 주피터 노트북을 사용하는 것이다. 이 책에서는 예시를 대부분 주피터 노트북으로 작성했지만, 재사용가능한 코드는 별도의 파이썬 파일로 작성한 뒤 해당 파일을 임포트 했다.

A.3.2 주피터 노트북 사용하기

주피터 노트북은 파이썬(및 다른 언어) 코딩을 위한 그래픽 인터페이스이다. 파이썬 대화형 세션처럼 주피터 노트북에 여러 줄의 코드를 입력해보면 결과를 출력한다. 다만 주피터 노트북은 터미널보다 인터페이스가 잘 꾸려져 있으며, 세션을 저장해두었다가 재개하거나 추후 재실행할 수 있는 장점이 있다.

주피터 노트북은 아나콘다를 설치할 때 자동으로 같이 설치된다. 다른 파이썬 배포판을 쓰고 있다면 pip를 사용해 주피터를 설치할 수도 있다. 사용자 지정 설치를 하려면 웹사이트 https://jupyter.org/install에 접속하여 확인하기 바란다.

Mac에서 주피터 노트북 인터페이스를 열려면 작업하려는 디렉토리에서 `jupyter notebook`이나 `python -m notebook`을 타이핑하면 된다. 터미널에 많은 텍스트가 흘러간 뒤에 기본값으로 설정된 웹 브라우저가 주피터 노트북 인터페이스를 열어 보여준다.

[그림 A.13]은 `python -m notebook`을 타이핑한 뒤에 터미널에 보이는 내용이다. 해당 내용은 사용하는 아나콘다 버전에 따라 다를 수 있다.

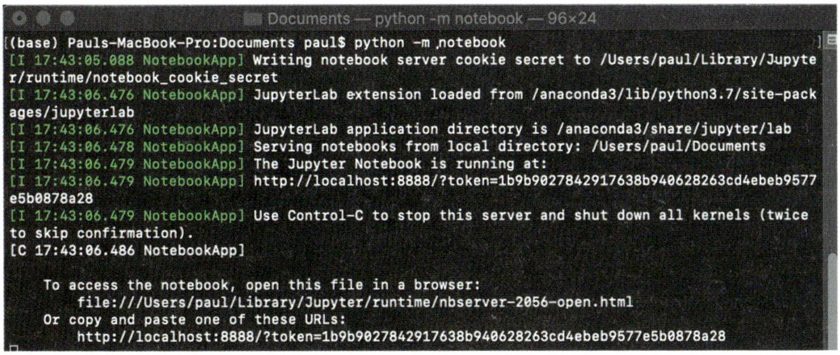

그림 A.13 주피터 노트북을 열 때 터미널 출력 결과

이 뒤에 기본 웹 브라우저가 열리면서 주피터 노트북 인터페이스가 보여야 한다. [그림 A.14]는 주피터 노트북이 구글 크롬 브라우저에서 열릴 때의 모습이다.

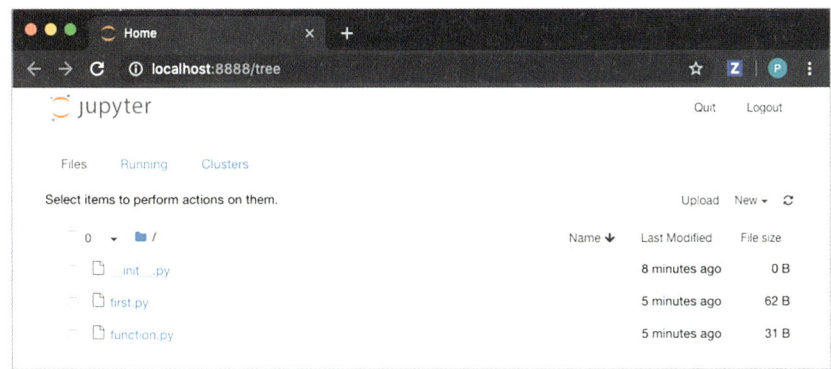

그림 A.14 자동으로 브라우저 탭으로 열린 주피터 노트북 인터페이스

이 명령이 실행되면, 터미널 뒤에서 파이썬을 실행하며 localhost:8888이라는 주소로 로컬 웹사이트[6]를 서비스한다. 이 시점부터는 브라우저에서 일어나는 일에만 집중하면 된다. 브라우저는 여러분이 작성한 코드를 자동으로 터미널 안의 파이썬 프로세스에 웹 요청 형태로 보낸다. 이러한 백그라운드(background)로 동작하는 파이썬 프로세스를 주피터 용어로는 **커널**(kernel)이라고 한다.

---

6 (옮긴이) 로컬 웹사이트는 사용 중인 컴퓨터를 서버로 하여 동작하는 웹사이트이다. localhost는 일반적으로 사용 중인 컴퓨터의 호스트명(도메인명에 대응)으로 사용된다.

브라우저의 첫 화면에는 작업 중인 폴더의 모든 파일이 보인다. 예를 들어 ~/Documents 폴더에서 주피터 노트북을 열면 A.3.1절에서 작성한 파이썬 파일을 볼 수 있다. 이중 한 파일을 클릭하면 웹 브라우저에서 바로 내용을 보고 수정할 수도 있다. [그림 A.15]는 필자가 first.py를 클릭했을 때 보인 브라우저 화면이다.

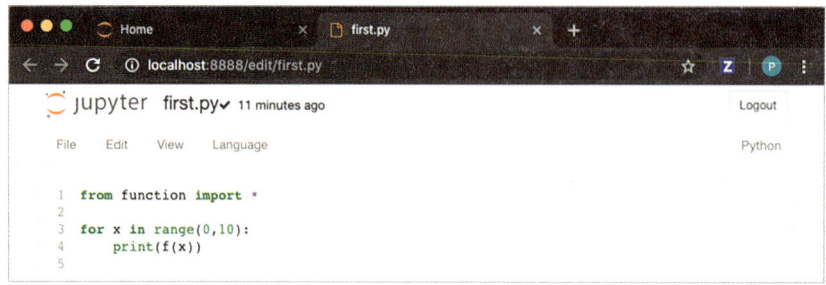

그림 A.15 파이썬을 위한 기본 텍스트 편집기를 포함하는 주피터

이 파일은 주피터 노트북은 아니다. 주피터 노트북은 일반 파이썬 파일과는 종류가 다르다. 주피터 노트북을 생성하려면 왼쪽 상단에 있는 주피터 노트북 로고를 클릭해서 메인 뷰로 돌아가야 한다. [그림 A.16]처럼 오른쪽 드롭다운 메뉴에서 [New]-[Python 3]을 클릭한다.

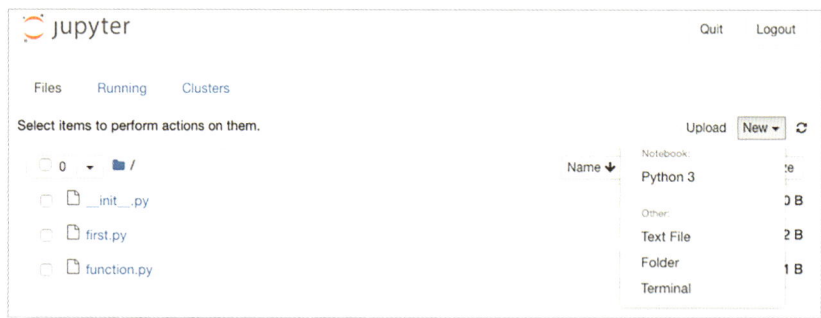

그림 A.16 새 Python 3 주피터 노트북을 생성하기 위해 메뉴 옵션 선택하기

[Python 3]을 클릭하면 [그림 A.17]처럼 새 주피터 노트북으로 이동한다. 파이썬 코드를 입력받을 준비가 된 빈 입력 줄이 나타난다.

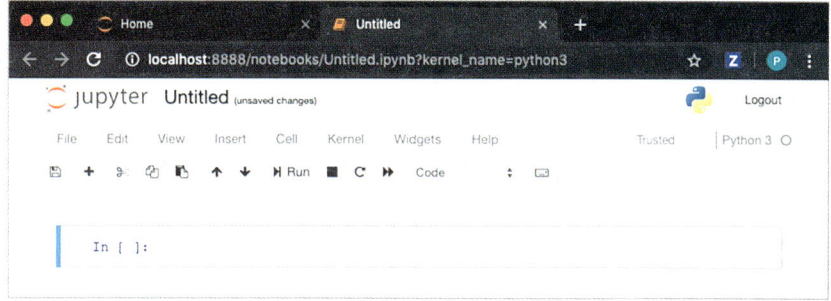

그림 A.17 새 주피터 노트북은 코딩을 준비하는 빈 줄을 보여준다.

이 텍스트 박스에 파이썬 수식을 입력한 뒤, 주피터 노트북이 계산을 수행하도록 Shift + Enter↵ 키를 누르자. [그림 A.18]처럼 2+2를 타이핑하고 Shift + Enter↵ 키를 누르면 4라는 출력을 볼 수 있다.

```
In [1]: 2 + 2
Out[1]: 4

In [ ]:
```

그림 A.18 주피터 노트북에서 2+2 계산하기

보면 알겠지만 주피터 노트북은 멋있어 보이는 것만 빼면 대화형 세션처럼 동작한다. 각 입력이 상자에 나타나며 그에 대응하는 출력이 바로 아래에 나타난다.

Shift + Enter↵ 키 대신 Enter↵ 키만 누르면 입력 텍스트 박스에 새로운 줄을 추가할 수 있다. 맨 위의 박스부터 차례대로 실행했다면, 위에서 정의한 변수와 함수는 실행하지 않은 아래 박스에서 사용할 수 있다. [그림 A.19]는 [그림 A.8]의 예제를 주피터 노트북에서 실행한 모습을 보여준다.

```
In [1]: 2 + 2
Out[1]: 4

In [2]: def f(x):
            return x * x

In [3]: for i in range(0,10):
            print(f(i))
        0
        1
        4
        9
        16
        25
        36
        49
        64
        81

In [ ]:
```

그림 A.19 첫 예제의 두 코드 스니펫을 다른 입력 박스에 넣어 실행한 결과

엄밀히 말하면 각 박스는 위에 있는 박스에 의존하는 게 아니라 **기존에 실행한**(previously evaluated) 박스에 의존한다. 예를 들어 [그림 A.20]처럼 입력 박스에서 함수 f(x)를 재정의하고 직전 박스를 재실행하면 기존 출력을 덮어쓴다.

```
In [1]: 2 + 2
Out[1]: 4

In [2]: def f(x):
            return x * x

In [5]: for i in range(0,10):
            print(f(i))
        0
        1
        8
        27
        64
        125
        216
        343
        512
        729

In [4]: def f(x):
            return x * x * x

In [ ]:
```

그림 A.20 박스를 실행하는 순서에 따라 현재 상태가 결정된다.

이 방식 때문에 골치가 아프겠지만, 주피터는 입력 박스를 실행할 때마다 박스의 실행 순서를 표시해준다.[7] 따라서 재현성(reproducibility) 측면에서 변수나 함수를 처음 사용하는 박스의 **위쪽에** 정의를 배치하도록 제안한다. 처음부터 끝까지 코드가 정상적으로 실행됨을 확인하려면 [그림 A.21]처럼 상단 메뉴에서 [Kernel]-[Restart & Run All]을 클릭한다. 이 메뉴를 선택하면 기존에 계산한 값을 모두 날려버리며, 주피터 노트북이 재현성 측면에서 잘 정리되어 있었다면 동일한 결과를 얻을 것이다.

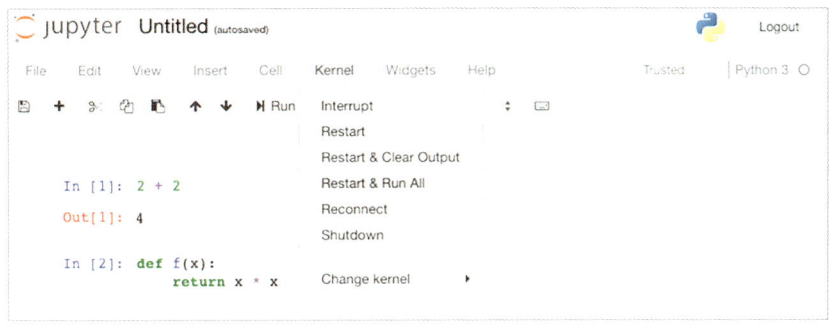

그림 A.21 출력을 삭제하고 처음부터 끝까지 재실행하는 [Restart & Run All] 메뉴

주피터 노트북은 입력된 내용을 중간중간에 자동으로 저장한다. 코드 작성을 완료했다면 화면 맨 위의 Untitled(제목 없음) 부분을 클릭해 새 이름을 부여할 수 있다.

그림 A.22 주피터 노트북 이름 지정하기

---

7 (옮긴이) 각 텍스트 박스의 왼쪽에는 대괄호([ ]) 안에 실행 순서가 표시된다. [그림 A.20]에서 박스 실행 순서는 위에서부터 각각 1, 2, 5, 4로 표시되어 있다. 함수 f(x)는 2번 박스와 4번 박스에서 2번 정의되었으므로, 5번 박스의 결과는 가장 늦게 정의한 4번 박스의 정의를 따른다. 여기서 [그림 A.19]에서 3번 박스가 사라졌지만 3번 박스를 실행하여 변경된 변수, 함수 등의 상태는 커널에 남아있음을 주의해라. 예를 들어 [그림 A.19]의 3번 박스가 y = 1이었고 [그림 A.20]의 5번 박스에 print(y)가 있었다면 1이라는 값이 결과로 출력된다. 커널을 재시작하면 3번 박스의 실행 결과가 날아가기 때문에 뒤에서 에러가 발생할 것이다. 이로 인해 저자는 결과의 재현성 측면에서 재정의하는 일이 없도록 주피터 노트북을 작성하라고 권장하고 있다.

이제 주피터 노트북 로고를 다시 한 번 클릭하면 메인 메뉴로 돌아가며, 새로운 주피터 노트북이 .jpynb라는 확장자를 가진 파일로 저장되었음을 볼 수 있다. 주피터 노트북으로 돌아가려면 해당 파일 이름을 클릭해 열면 된다.

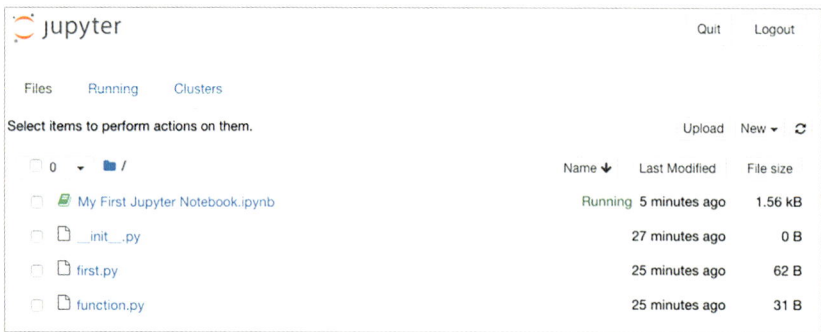

그림 A.23 새 주피터 노트북 파일 My First Jupyter Notebook.ipynb

참고_ 모든 파일이 제대로 저장되게 하려면 오른쪽 상단에 있는 [Quit]를 클릭해 주피터 노트북을 종료하여야 한다. 단순히 브라우저 탭을 닫거나 터미널을 종료하면 모든 파일이 제대로 저장되지 않을 수 있다.

주피터 노트북에 대한 자세한 내용은 웹사이트 https://jupyter.org/에서 자세히 알아볼 수 있다. 하지만 이 정도만 알아도 주피터 노트북으로 정리된 이 책의 소스 코드를 다운로드하고 실행하기에 충분하다.

APPENDIX B

파이썬 팁과 요령

[부록 A]의 설치 방법을 따라했다면 컴퓨터에서 파이썬 코드를 실행할 수 있다. 파이썬 초보자라면 이제 파이썬이라는 프로그래밍 언어의 특징을 몇 가지 배워야 한다. 파이썬을 정말 **한 번도 본 적이 없더라도** 진땀을 흘릴 필요는 없다! 파이썬은 간단하고 배우기 쉬운 프로그래밍 언어 중 하나이다. 게다가 파이썬 프로그래밍의 기본을 배울 수 있는 훌륭한 온라인 자료와 책들이 수없이 많으며, 공식 웹사이트인 https://python.org도 훌륭한 출발점이다.

이제부터는 파이썬에 조금 친숙해져서 수(number), 문자열(string), 참·거짓(True and False), if/else 문 등등 기본 사용법에 익숙하다고 가정한다. 많은 사람들이 이 책을 접할 수 있도록 고급 파이썬 기능을 되도록 쓰지 않았다. [부록 B]에서는 '기본' 사용법이 아니거나 이 책에서 주요하게 쓰여서 특별히 주의를 기울여야 하는 몇 가지 특징을 다루겠다. 걱정하지 말자. 본문에서 이 특징을 다룰 때 활용법을 간단히 복습했다. 이 부록에 등장한 모든 코드는 소스 코드의 '공략(walkthrough)' 주피터 노트북에서 다루어진다.

B.1 파이썬 숫자와 수학

다른 언어와 마찬가지로 파이썬은 기본적인 수학에 대한 지원을 내장한다. +, -, *, /과 같은 기본 파이썬 산술 연산자에 이미 익숙하리라 생각한다. 파이썬 3에서 정수를 정수로 나누면 소수 값이 나옴에 주의하라. 다음은 한 예시이다.

```
>>> 7/2
3.5
```

대조적으로 파이썬 2에서 같은 수식을 실행하면 2를 리턴하는데, 1이라는 나머지를 버리는 정수 나눗셈의 결과이다. 나머지를 구하고 싶다면 **나머지**(modulus) 연산자라고도 불리는 **%** 연산자를 사용한다. 13 % 5를 실행하면 3을 얻는데, $13 = 2 \times 5 + 3$이므로 13을 5로 나눈 나머지가 3임을 의미한다. 나머지 연산자는 부동소수점(floating-point) 수가 주어져도 동작함에 주의하자. 부동소수점 수의 소수부(fractional part)를 얻고 싶을 때, 소수부가 해당 수를 1로 나눈 나머지임을 바탕으로 해서 사용할 수 있다. 3.75 % 1을 실행하면 **0.75**를 얻는다.

사칙연산 외에 또 다른 유용한 연산자로 수의 거듭제곱에 해당하는 ** 연산자가 있다. 예를 들어 2 ** 3은 2의 세제곱인 8을 나타낸다. 비슷하게 4 ** 2는 4의 제곱인 16을 나타낸다.

파이썬에서 수학을 계산하면 부동소수점 산술이 부정확하다는 점에 주의해야 한다. 부정확한 이유를 설명할 생각은 없지만, 그런 일로 놀라지 않도록 부정확한 사례를 보여주겠다. 예를 들어 $1000.1 - 1000.0$은 수학에서는 명백히 0.1이지만 파이썬은 이 값을 정확하게 계산하지 못한다.

```
>>> 1000.1 - 1000.0
0.10000000000002274
```

이 결과는 정답과 1조분의 1 차이가 나므로 많은 경우 큰 문제가 되지는 않지만 언뜻 보면 틀린 것처럼 보일 수 있다. 예를 들어 $(1000.1 - 1000.0) - 0.1$은 0이어야 하지만 파이썬은 길고 복잡한 결과를 준다.

```
>>> (1000.1 - 1000.0) - 0.1
2.273181642920008e-14
```

이 수는 과학적 표기법으로 대략 2.27×10^{-14}을 나타낸다. 10^{-14}은 $1/100{,}000{,}000{,}000{,}000$(100조분의 1)과 같으므로 0에 매우 가깝다.

B.1.1 수학 모듈

파이썬에는 매우 유용한 수학 상수와 함수를 포함하는 수학 모듈이 있다. 다른 파이썬 모듈과 마찬가지로 이 모듈을 사용하려면 해당 객체를 임포트 해야 한다. 예를 들어 다음 코드는

math 모듈에서 수 π를 나타내는 변수 pi를 임포트 한다.

```
from math import pi
```

여러분은 수학 시간에 π가 무엇인지 배웠을 것이다. π는 원의 원주를 지름으로 나눈 것이다. pi라는 값을 임포트 한 뒤에는 다른 변수처럼 후속 코드에서 활용할 수 있다.

```
>>> pi
3.141592653589793
>>> tau = 2 * pi
>>> tau
6.283185307179586
```

파이썬에서 특정 모듈이 포함하는 값에 접근하는 다른 방법은 모듈 자체를 임포트 한 뒤 해당 모듈로부터 필요한 값에 접근하는 것이다. 다음 코드는 수학 모듈을 임포트 한 뒤, 모듈을 통해 π와 특별한 수 e를 사용하고 있다.

```
>>> import math
>>> math.pi
3.141592653589793
>>> math.e
2.718281828459045
```

수학 모듈은 이 책에서 사용하는 수많은 중요 함수도 포함한다. 이중에서 중요한 함수로는 제곱근 함수 sqrt, 삼각함수 cos과 sin, 지수함수 exp, 자연로그 함수 log가 있다. 본문에서 각 함수가 필요할 때 다시 살펴보겠지만, 이 함수들을 호출하려면 일반 파이썬 함수와 마찬가지로 괄호 안에 입력값을 제공하면 된다.

```
>>> math.sqrt(25)
5.0
```

```
>>> math.sin(pi/2)
1.0
>>> math.cos(pi/3)
0.5000000000000001
>>> math.exp(2)
7.38905609893065
>>> math.log(math.exp(2))
2.0
```

임의의 값 x에 대해 지수함수 math.exp(x)는 math.e ** x와 같으며, math.log는 math.exp 함수의 효과를 되돌린다. 삼각함수는 2장에서 살펴볼 수 있다.

B.1.2 난수

때때로 계산 방법이 맞는지 확인하고자 임의의 수를 몇 개 선택해야 할 때가 있는데, 이를 위해 파이썬의 난수 생성기(random number generator)를 사용할 수 있다. random 모듈에는 여러 난수 생성기가 있기 때문에 먼저 이 모듈을 임포트 해야 한다.

```
import random
```

이 모듈에서 가장 중요한 함수는 randint로, 주어진 범위에서 임의로 선택한 정수 값을 하나 리턴한다. random.randint(0,10)을 실행하면 0과 10을 포함해 0부터 10까지의 범위에서 임의로 선택한 정수를 얻는다.

```
>>> random.randint(0,10)
7
>>> random.randint(0,10)
1
```

난수를 생성할 때 쓰는 다른 함수로 random.uniform이 있는데, 특정 구간에서 임의로 선택한 부동소수점 수를 생성한다. 다음 코드는 7.5부터 9.5까지 임의로 선택한 수를 리턴한다.

```
>>> random.uniform(7.5, 9.5)
8.200084576283352
```

함수 이름에 등장하는 단어인 **균등**(uniform)은 리턴값이 구간 내의 특정 소구간에 있을 가능성이 같은 크기인 임의의 다른 소구간에 있을 가능성보다 전혀 크지 않음을 나타낸다. 이와 달리 사람을 임의로 1명 선택해 나이를 리턴하는 함수를 만들면 해당 함숫값의 난수 분포는 **불균등**(non-uniform)하다. 즉, 10세에서 20세 사이인 사람이 선택될 가능성이 100세에서 110세 사이인 사람이 선택될 가능성보다 높다.

B.2 파이썬에서 데이터 컬렉션

이 책은 데이터의 모임인 **컬렉션**(collections)[8]에 관한 수학을 다룬다. 컬렉션에는 평면의 점을 나타내는 수의 순서쌍(ordered pair), 실세계를 측정한 데이터를 나타내는 수의 리스트(list), 대수식을 이루는 심볼의 집합(set) 등이 있다. 파이썬에서는 컬렉션을 구체적으로 모델링하는 여러 방법이 있으며, 이 절에서는 몇 가지를 소개하고 비교하겠다.

B.2.1 리스트

파이썬의 기본 컬렉션은 리스트이다. 리스트는 대괄호 사이에 값을 넣고 각 값을 쉼표로 구분하여 생성한다. 다음 예제는 문자열 3개로 이루어진 리스트로, months라는 변수명으로 저장되어 있다.

```
months = ["January", "February", "March"]
```

리스트 성분을 가져오려면 **인덱스**(index, 복수형은 indices)라 부르는 성분의 위치를 사용한다. 파이썬에서 리스트의 **인덱스는 0부터 시작하는데**(zero-indexed), 각 성분에 부여되는 수가 1이 아니라 0부터 시작한다는 의미이다. months 리스트에서 문자열 3개에 대한 인덱스

---

[8] (옮긴이) 컬렉션에 해당하는 추상 베이스 클래스 목록은 웹사이트 https://docs.python.org/ko/3/library/collections.abc.html에서 확인할 수 있다.

는 순서대로 0, 1, 2이다. 따라서 다음 결과를 얻는다.

```
>>> months[0]
'January'
>>> months[1]
'February'
>>> months[2]
'March'
```

유효 인덱스 범위를 벗어난 방식으로 리스트 성분에 접근하면 에러를 리턴한다. months 리스트에서 months[3]이나 months[17]은 존재하지 않는다. 이 책의 몇몇 부분에서 인덱스가 유효한 성분에 대응함을 보장하기 위해 나머지 연산자를 이용하는 기교를 부렸다. 임의의 파이썬 정수 n에 대하여 식 months[n % 3]은 언제나 유효한 리스트 성분 접근이다. n % 3이 0, 1, 2 중 하나만을 리턴하기 때문이다.

리스트 성분에 접근하는 다른 방법으로 **언패킹**(unpacking)이 있다. months 리스트에 3개 성분이 있음이 확실하다면 다음과 같이 쓸 수 있다.

```
j, f, m = months
```

이러면 세 변수 j, f, m은 순서대로 months의 세 값과 같아진다. 위 코드를 실행하면 다음과 같은 결과를 얻는다.

```
>>> j
'January'
>>> f
'February'
>>> m
'March'
```

또 다른 리스트의 기본 연산으로는 두 리스트를 결합하여 더 큰 리스트를 만드는 **연접**(concatenation)이 있다. 파이썬에서 리스트는 + 연산자로 연접할 수 있다. [1, 2, 3]과 [4,

5, 6]을 연접하면 첫 번째 리스트의 성분 뒤에 두 번째 리스트의 성분을 배치해 만든 새 리스트를 얻는다.

```
>>> [1,2,3] + [4,5,6]
[1, 2, 3, 4, 5, 6]
```

■ **더 많은 리스트 인덱싱과 슬라이싱**

파이썬은 리스트의 **슬라이스**(slice)를 추출하는 방법인 **슬라이싱**(slicing)을 제공하는데, 슬라이스란 두 인덱스 사이의 모든 값으로 이루어진 리스트를 말한다. 예를 들어 다음 코드는 인덱스 1부터 3까지의 (하지만 인덱스 3인 성분은 포함하지 않는) 슬라이스를 준다.

```
>>> months[1:3]
['February', 'March']
```

다음은 인덱스에 해당하는 수가 성분인 리스트를 살펴볼 수 있는 명확한 예제이다.

```
>>> nums = [0,1,2,3,4,5,6,7,8,9,10]
>>> nums[2:5]
[2, 3, 4]
```

리스트의 길이는 len 함수로 계산할 수 있다.

```
>>> len(months)
3
>>> len(nums)
11
```

리스트의 성분에는 0부터 시작하는 인덱스가 부여되므로, 리스트의 마지막 성분은 리스트 길이에서 1을 뺀 값을 인덱스로 가진다. (nums 같은) 리스트의 마지막 성분을 얻으려면 다음 과 같이 입력한다.

```
>>> nums[len(nums)-1]
10
```

리스트의 마지막 성분은 다음 코드를 입력해도 알아낼 수 있다.

```
>>> nums[-1]
10
```

마찬가지로 nums[-2]는 nums 리스트의 마지막에서 두 번째 성분인 9를 리턴한다. 이러한 양수 인덱스와 음수 인덱스, 슬라이스를 결합하는 방법은 다양하다. 예를 들어 nums[1:]은 (인덱스 0이 가리키는) 첫 번째 성분을 제외한 리스트의 모든 성분을 리턴한다. nums[3:-1]은 인덱스 3이 가리키는 nums의 성분부터 마지막에서 두 번째 성분까지를 리턴한다.

```
>>> nums[1:]
[1, 2, 3, 4, 5, 6, 7, 8, 9, 10]
>>> nums[3:-1]
[3, 4, 5, 6, 7, 8, 9]
```

대괄호 안에 인덱스를 2개 사용하는 슬라이스 구문과, 리스트의 리스트에서 인덱스를 2개 사용하여 한 성분을 가져올 때의 구문을 혼동하면 안 된다. 다음과 같이 리스트의 리스트를 생각해보자.

```
list_of_lists = [[1,2,3],[4,5,6],[7,8,9]]
```

이 리스트에서 수 8은 (인덱스가 2인) 세 번째 리스트의 (인덱스가 1인) 두 번째 성분이다. 따라서 list_of_lists[2][1]을 실행해보면 8을 얻는다.

■ 리스트 내에서 반복하기

리스트에 대해 계산할 때, 때로는 리스트의 모든 값을 사용하고 싶을 수 있다. 이 작업은 리스트의 모든 값을 방문해야 가능하므로 **해당 리스트 내에서 반복**(iterating over the list)을 수행해야 한다. 파이썬에서 이를 실현하는 가장 쉬운 방법은 for **루프**(for loop)이다. 다음 for 루프는 months 리스트의 각 값에 대해 한 문장씩 출력한다.

```
>>> for x in months:
>>>     print('Month: ' + x)
Month: January
Month: February
Month: March
```

한편, 빈 리스트를 만들고 순서대로 append 메서드를 사용해 기존 리스트의 각 성분을 빈 리스트에 추가하면서 새 리스트를 만드는 것도 가능하다. 다음 코드는 squares라는 빈 리스트를 만든 뒤 nums 리스트 내에서 루프를 수행한다. 이 루프는 nums의 각 수를 제곱해서 squares 리스트에 추가하는데, 이때 squares.append를 호출한다.

```
squares = []
for n in nums:
    squares.append(n * n)
```

for 루프가 끝나면 squares는 nums의 모든 수에 대한 제곱수를 포함한다.

```
>>> squares
[0, 1, 4, 9, 16, 25, 36, 49, 64, 81, 100]
```

■ 리스트 컴프리헨션

파이썬에는 반복을 통해 리스트를 생성하는 **리스트 컴프리헨션**(list comprehension)이라는 특별한 구문이 있다. 리스트 컴프리헨션은 본질적으로 대괄호 안에 존재하는 for 루프의 일종인데, 대괄호는 리스트를 나타내고 이 리스트의 성분은 반복 단계마다 추가될 수 있다. 리스트 컴프리헨션은 일반 영어처럼 읽히게끔 만들어졌기 때문에, 영어권 프로그래머가 구문을 바로 이해할 수 있다는 장점이 있다. 예를 들어 다음 리스트 컴프리헨션은 nums 리스트의 모든 값 x에 대해 x * x 꼴로 표현되는 제곱수를 성분으로 하는 리스트[9]를 만든다.

```
>>> [x * x for x in nums]
[0, 1, 4, 9, 16, 25, 36, 49, 64, 81, 100]
```

리스트 컴프리헨션에는 성분을 만들 때 원재료를 가져다주는 소스 리스트(source list)가 여러 개 있어서 각 리스트를 반복할 수도 있다. 예를 들어 다음 코드는 years 리스트와 months 리스트로부터 만들어낼 수 있는 모든 가능한 성분 조합을 반복하며, 이를 통해 연도(y)와 월(m)[10]의 모든 조합을 문자열 타입 성분으로 만들어 리스트를 생성한다.

```
>>> years = [2018,2019,2020]
>>> [m + " " + str(y) for y in years for m in months]
['January 2018',
 'February 2018',
 'March 2018',
 'January 2019',
 'February 2019',
 'March 2019',
 'January 2020',
 'February 2020',
 'March 2020']
```

이와 유사하게 리스트 컴프리헨션을 다른 리스트 컴프리헨션의 성분으로 넣어서 리스트의 리스트를 만들 수도 있다. 다음 코드는 앞의 코드와 비교하면 내부에 한 쌍의 대괄호가 추가되어 있다. 이는 years 리스트에 대한 리스트 컴프리헨션을 months 리스트의 각 값 m에 대한 성분으로 가지도록 변경한 것이다.

---

9 (옮긴이) 이 부분의 원문은 a list consisting of squares of the form x * x for every value x in the nums list이다. 이 문장과 리스트 컴프리헨션을 비교해보기 바란다.

10 (옮긴이) months 리스트의 성분은 수로 이루어져 있어서 연접(concatenation) 연산자 +를 바로 사용할 수 없다. 대신 str(y)를 통해 수를 문자열로 바꾸고 있다.

```
>>> [[m + " " + str(y) for y in years] for m in months]
[['January 2018', 'January 2019', 'January 2020'],
 ['February 2018', 'February 2019', 'February 2020'],
 ['March 2018', 'March 2019', 'March 2020']]
```

B.2.2 리스트 외의 이터러블

파이썬 중에서도 특히 파이썬 3.x에서는 리스트 외에도 여러 종류의 컬렉션 타입이 있다. 그중에서도 **이터러블**(iterable)이라고 불리는 타입이 있다. 해당 타입의 객체는 리스트처럼 객체 내의 성분을 반복할(iterate) 수 있기 때문이다. 이 책에서 많이 쓰이는 이터러블에는 **범위**(range)가 있다. 범위는 순서를 가지는 수열을 생성할 때 사용한다. 예를 들어 range(5,10)은 5부터 10까지 (그러나 10은 포함하지 않는) 정수의 수열을 나타낸다. 파이썬에서 range(5,10)만 사용한 결과는 그다지 흥미롭지 않다.

```
>>> range(5,10)
range(5, 10)
```

이처럼 range 객체는 생성할 수를 직접 보여주진 않지만 리스트가 그러하듯이 반복하는 상황에서 사용할 수 있다.

```
>>> for i in range(5,10):
>>>     print(i)
5
6
7
8
9
```

범위 객체는 리스트가 아니므로 리스트로는 한 번에 반복할 수 없는 매우 큰 범위를 만들어 쓸 수도 있다. 예를 들어 range(0,1000000000)이라는 범위 객체는 반복할 때 사용할 수 있는 10억여 개 수의 범위를 정의하지만, 메모리에 10억 개 수를 저장하진 않는다. 왜냐하면 범위 객체는 반복을 수행하는 동안에 쓰는 수를 순서대로 생성하는 절차만 메모리에 저장하기 때문이다.[11] range와 같은 이터러블을 리스트로 변환하려면 list 함수를 사용한다.

```
>>> list(range(0,10))
[0, 1, 2, 3, 4, 5, 6, 7, 8, 9]
```

range 함수는 연속된 정수 리스트를 얻는 데 유용하기 때문에 자주 사용한다. range 함수는 일부 인자가 선택사항인 것도 알아두자. range 함수에 한 개의 입력만 주면 반복을 수행할 때 자동으로 0부터 시작해서 입력으로 준 수까지 (하지만 입력으로 준 수에는 못 미치게) 동작한다. 한편 세 개의 입력을 주면 세 번째 인자를 반복 시 이번 수에서 다음 수를 구할 때의 증분(increment)으로 사용한다.[12] 예를 들어 range(10)은 0에서 9까지 정수 수열을 만들며, range(0,10,3)은 0에서 9까지 3씩 증가하는 정수 수열을 만든다.

```
>>> list(range(10))
[0, 1, 2, 3, 4, 5, 6, 7, 8, 9]
>>> list(range(0,10,3))
[0, 3, 6, 9]
```

특별한 이터러블 타입을 리턴하는 함수의 또 다른 사례로 zip 함수가 있다. zip 함수는 같은 길이의 두 이터러블을 입력으로 받아, 첫 번째 이터러블과 두 번째 이터러블에서 순서로 대응되는 성분끼리 짝지은 튜플로 이루어진 이터러블을 리턴한다.

```
>>> z = zip([1,2,3],["a","b","c"])
>>> z
<zip at 0x15fa8104bc8>
>>> list(z)
[(1, 'a'), (2, 'b'), (3, 'c')]
```

---

11 (옮긴이) 범위 객체와 달리 리스트는 메모리에 모든 수를 저장해야 한다. list(range(0,1000000000))을 실행하면 엄청난 양의 메모리에 수를 채우느라 다음 줄도 처리도 못하고 컴퓨터가 멈출 지경이 된다. 64GB RAM이 장착된 한 컴퓨터에서 실험한 결과, Segmentation Fault가 발생해 실행에 실패했다.

12 (옮긴이) 고등학교 수학이 익숙하다면 range(0,10,3)을 첫 번째 항이 0이고 공차가 3이며, 수열의 모든 수가 10보다는 작으면서 가장 긴 등차수열을 만들어낸다고 생각할 수 있다.

앞에서 등장한 범위 객체는 인덱스를 통한 접근을 허용한다. 예를 들어 range(5,10)[3]은 8을 리턴한다. 하지만 모든 이터러블이 인덱스를 통한 접근을 허용하는 건 아님에 주의하라. 예를 들어 z가 위의 코드처럼 zip 함수의 결과라면 z[2]는 유효하지 않다. 따라서 z의 세 번째 성분을 얻으려면 일단 zip 객체인 z를 리스트로 변환하여야 한다. 예를 들어 list(z)[2]와 같이 쓸 수도 있는데, 주의할 점이 있다. zip 객체는 한 번 반복에 활용되면 아무런 결괏값도 주지 않는다![13] 따라서 zip 객체의 성분을 재활용(여러 번 접근)할 계획이라면 리스트로 변환하는 게 바람직하다.

B.2.3 제너레이터

파이썬의 **제너레이터**(generator)는 값을 메모리에 모두 저장하는 방식이 아니라 값을 생성하는 절차를 메모리에 저장하는 방식으로 이터러블을 만드는 방법을 제공한다. 이는 메모리에 항이 매우 많은 유한수열이나 무한수열의 모든 값을 저장하지 않고도 정의할 수 있게 해준다. 제너레이터를 만드는 방법은 여러 가지가 있지만, 가장 기본적인 방법은 생성 절차를 함수처럼 만들되 return의 자리에 yield라는 키워드를 쓰는 것이다. 함수는 최대 한 번만 값을 리턴할 수 있고 리턴하면 함수라는 절차가 종료되지만, 제너레이터는 값을 여러 번에 걸쳐 산출(yield)할 수 있다는 점에서 차이가 있다.

다음 코드는 0, 1, 2, 3, ... 인 정수의 무한 수열을 나타내는 제너레이터의 정의이다. 이 제너레이터에서는 while 루프가 무한히 반복하며, 각 반복 단계마다 변수 x값을 산출한 뒤 x값을 1만큼 증가시킨다.

```
def count():
    x = 0
    while True:
        yield x
        x += 1
```

이 count()라는 제너레이터는 무한 수열을 나타내지만 count()를 실행해보면 컴퓨터가 무

---

[13] (옮긴이) 처음 list(z)[2]를 실행하면 list로 변환하는 과정에서 zip이 아무 값도 리턴하지 않을 때까지 반복적으로 호출된다. 때문에 한 번 더 list(z)[2]를 실행하면 파이썬 연산자 우선순위에 의해 먼저 계산된 list(z)는 빈 리스트가 된다. 따라서 이 빈 리스트의 세 번째 성분에 접근하는 연산 [2]는 IndexError를 발생시킨다.

한 루프에 빠지지 않는다. 실행 결과로 수열 값의 리스트가 아니라 generator 객체를 리턴할 뿐이다.

```
>>> count()
<generator object count at 0x0000015FA80EC750>
```

다만 for x in count()로 시작하는 for 루프를 사용하면, 이 for 루프가 유효하긴 하지만 따로 조처하지 않는 한 루프를 무한히 반복한다. for 루프에 이러한 무한 수열 제너레이터를 사용할 때에는 무한히 반복하지 않도록 다음 예제처럼 break를 사용할 수 있다.

```
for x in count():
    if x > 1000:
        break
    else:
        print(x)
```

앞의 count 제너레이터가 유한개 값을 산출하도록 실용화하면 다음과 같다. 이 제너레이터는 range 함수와 비슷하게 동작하며, 첫 번째 입력값에서 시작해 두 번째 입력값까지 수를 세며 산출한다(range 함수와 마찬가지로 두 번째 입력값은 산출하지 않는다).

```
def count(a,b):
    x = a
    while x < b:
        yield x
        x += 1
```

count(10,20)의 결과는 range(10,20)과 유사한 제너레이터이다. 이 제너레이터가 산출하는 값을 바로 볼 방법은 없지만, 리스트 컴프리헨션 같은 것을 이용하면 제너레이터에 대해 반복을 수행해 간접적으로 볼 수는 있다.

```
>>> count(10,20)
<generator object count at 0x0000015FA80EC9A8>
>>> [x for x in count(10,20)]
[10, 11, 12, 13, 14, 15, 16, 17, 18, 19]
```

리스트 컴프리헨션에서 컴프리헨션 코드를 대괄호 대신 소괄호로 감싸면 제너레이터 컴프리헨션을 만들 수 있다. 위의 리스트 컴프리헨션을 제너레이터 컴프리헨션으로 바꾸면 다음과 같다.

```
(x*x for x in range(0,10))
```

위의 코드는 리스트도, 튜플도 아니라 0에서 9까지 각 수를 제곱한 값을 산출하는 제너레이터이다. 그 동작은 다음 제너레이터와 동일하다.

```
def squares():
    for x in range(0,10):
        yield x*x
```

제너레이터가 유한개 값을 산출할 때, `list` 함수를 사용해 리스트로 변환할 수 있다.

```
>>> list(squares())
[0, 1, 4, 9, 16, 25, 36, 49, 64, 81]
```

B.2.4 튜플

튜플(tuple)은 **불변**(immutable)이라는 점만 제외하면 리스트와 매우 유사한 이터러블이다. 튜플과 같은 불변 객체는 한 번 만들어지면 변경할 수 없다. 튜플에는 리스트에서 마지막 성분을 추가하는 메서드인 **append**와 같은 메서드가 없다. 또한 튜플을 만든 뒤에는 튜플의 길이도 바꿀 수 없다. 이러한 특성으로 인해 튜플은 2개 또는 3개씩 짝을 이루어 들어오는 데이터를 저장하는 데 유용하다. 튜플은 리스트와 같은 방식을 만들 수 있지만 대괄호 대신 소괄호를 쓴다(심지어 괄호를 안 써도 튜플이 된다).

```
>>> (1,2)
(1, 2)
>>> ("a","b","c")
('a', 'b', 'c')
>>> 1,2,3,4,5
(1, 2, 3, 4, 5)
```

B.2.2절의 zip을 다시 살펴보면 각 성분이 실제로는 튜플임을 알 수 있다. 어떤 면에서는 튜플이 파이썬의 기본 컬렉션이라 할 수 있다. 소괄호 없이 a = 1,2,3,4,5라고 쓰면 a는 자동으로 5개 수로 이루어진 튜플로 해석된다. 마찬가지로 함수에서 return a,b를 사용하면 출력값은 튜플 (a,b)이다.

튜플은 짧은 경우가 꽤 있어서 튜플을 반복하는 일은 드물다. 그래서인지 튜플 컴프리헨션은 존재하지 않는다. 하지만 다른 컴프리헨션 내에서 튜플에 대해 반복을 수행할 수 있기에 파이썬의 내장 함수인 tuple로 컴프리헨션 결과를 받아 튜플로 변환할 수는 있다. 다음 코드는 일종의 튜플 컴프리헨션으로 볼 수 있는데, 실제로는 제너레이터 컴프리헨션의 결과가 tuple 함수에 전달되는 것이다.

```
>>> a = 1,2,3,4,5
>>> tuple(x + 10 for x in a)
(11, 12, 13, 14, 15)
```

B.2.5 셋

파이썬에서 **셋**(set)은 모든 성분이 서로 다른 컬렉션으로, 셋의 성분 간에는 순서가 없다. 이 책에서는 셋을 거의 쓰지 않지만 중복된 값이 없음을 보장하기 위해 리스트를 셋으로 변환한 경우는 있다. set 함수는 다음 예제와 같이 이터러블을 셋으로 변환한다.

```
>>> dups = [1,2,3,3,3,3,4,5,6,6,6,6,7,8,9,9,9]
>>> set(dups)
```

```
{1, 2, 3, 4, 5, 6, 7, 8, 9}
>>> list(set(dups))
[1, 2, 3, 4, 5, 6, 7, 8, 9]
```

파이썬에서 셋은 중괄호 안에 성분을 나열하며, 수학에서의 집합과 표기법이 동일하다. 다른 이터러블을 셋으로 변환하지 않고 셋을 직접 정의할 때에는 각 성분을 쉼표로 구분하여 나열하고 중괄호로 묶어준다. 셋은 성분의 순서를 존중하지 않기 때문에 두 집합이 완전히 동일한 성분을 가지고 있으면 서로 같다고 간주한다.

```
>>> set([1,1,2,2,3]) == {3,2,1}
True
```

B.2.6 NumPy 배열

이 책에서 광범위하게 사용하는 컬렉션 중 마지막은 파이썬 내장 컬렉션이 아니라 NumPy 패키지에서 유래한다. NumPy는 파이썬에서 사실상 표준으로 쓰이며, 수를 효율적으로 처리하는 수치 라이브러리이다. 지금 소개하려는 컬렉션은 NumPy **배열**(array)로, NumPy가 보편적으로 쓰인다는 점에서 매우 중요하다. NumPy와 별개인 많은 파이썬 라이브러리에서도 NumPy 배열이 입력으로 들어온다고 상정할 정도이다.

NumPy 배열을 사용하려면 NumPy 라이브러리에 접근할 수 있어야 한다. 이를 위해서는 먼저 NumPy를 설치해야 한다. [부록 A]에 따라 아나콘다를 사용하고 있다면 NumPy는 이미 설치되어 있다. 아나콘다를 쓰지 않는다면 pip 패키지 관리자를 통해 NumPy를 설치해야 한다. 윈도 터미널에서 `pip install numpy`를 실행하면 된다. NumPy가 설치된 뒤에는 파이썬 프로그램에 임포트 해야 한다. NumPy는 전통적으로 np라는 이름을 붙여 임포트 한다.

```
import numpy as np
```

NumPy 배열은 `np.array` 함수에 이터러블을 전달하여 만든다.

```
>>> np.array([1,2,3,4,5,6])
array([1, 2, 3, 4, 5, 6])
```

이 책에서 쓰는 NumPy 함수로 `np.arange`가 있는데, 파이썬에 내장된 `range` 함수의 부동소수점 형태라고 보면 된다. 두 개의 인자를 주면 `np.arange`는 `range`와 같은 방식으로 동작하지만, `range` 객체가 아니라 NumPy 배열을 생성한다.

```
>>> np.arange(0,10)
array([0, 1, 2, 3, 4, 5, 6, 7, 8, 9])
```

세 번째 인수로 수의 증분을 설정할 수 있는데, `range` 함수와는 달리 `float`가 될 수 있다. 다음 코드는 0에서 10까지 범위에서 증분이 0.1이고 총 100개인 NumPy 배열을 준다.

```
>>> np.arange(0,10,0.1)
array([0. , 0.1, 0.2, 0.3, 0.4, 0.5, 0.6, 0.7, 0.8, 0.9, 1. , 1.1, 1.2,
       1.3, 1.4, 1.5, 1.6, 1.7, 1.8, 1.9, 2. , 2.1, 2.2, 2.3, 2.4, 2.5,
       2.6, 2.7, 2.8, 2.9, 3. , 3.1, 3.2, 3.3, 3.4, 3.5, 3.6, 3.7, 3.8,
       3.9, 4. , 4.1, 4.2, 4.3, 4.4, 4.5, 4.6, 4.7, 4.8, 4.9, 5. , 5.1,
       5.2, 5.3, 5.4, 5.5, 5.6, 5.7, 5.8, 5.9, 6. , 6.1, 6.2, 6.3, 6.4,
       6.5, 6.6, 6.7, 6.8, 6.9, 7. , 7.1, 7.2, 7.3, 7.4, 7.5, 7.6, 7.7,
       7.8, 7.9, 8. , 8.1, 8.2, 8.3, 8.4, 8.5, 8.6, 8.7, 8.8, 8.9, 9. ,
       9.1, 9.2, 9.3, 9.4, 9.5, 9.6, 9.7, 9.8, 9.9])
>>> len(np.arange(0,10,0.1))
100
```

B.2.7 딕셔너리

딕셔너리(dictionary)는 리스트, 튜플, 제너레이터와는 꽤 많이 다른 방식으로 동작한다. 딕셔너리의 성분에 접근하려면 수로 된 인덱스를 사용하지 않고 **키**(key)라고 하는 다른 데이터 조각으로 성분에 레이블을 붙인다. 이 책에서는 적어도 문자열이 딕셔너리의 키로 가장 빈번히 사용된다. 다음 코드는 `dog`이라는 두 개의 키와 그에 대응하는 값으로 이루어진 딕셔너리를 정의하는데, `"name"`이라는 키는 문자열 `"Melba"`와 연관되어 있으며 `"age"`라는 는 수 2와 연관되어 있다.

```
dog = {"name" : "Melba", "age" : 2}
```

딕셔너리를 읽기 좋게 하려면 공백(whitespace)을 추가해서 각 줄에 키-값 쌍(key-value pair)을 쓰면 된다. 다음 코드는 앞의 dog 딕셔너리에 공백을 추가한 것이다.

```
dog = {
    "name" : "Melba",
    "age" : 2
}
```

딕셔너리 값에 접근하려면 리스트 성분을 얻을 때와 비슷한 구문을 사용한다. 다만 인덱스가 아니라 키를 전달한다.

```
>>> dog["name"]
'Melba'
>>> dog["age"]
2
```

딕셔너리의 모든 값을 가져오려면 딕셔너리의 items 메서드를 사용해서 키-값 쌍에 해당하는 튜플로 이루어진 이터러블을 얻으면 된다. 딕셔너리는 값을 정렬하지 않고 저장하므로 items 메서드의 결과도 특정 순서를 따른다고 예상하면 안 된다.

```
>>> list(dog.items())
[('name', 'Melba'), ('age', 2)]
```

B.2.8 컬렉션과 관련된 유용한 함수

파이썬은 이터러블과 함께 사용할 수 있는 유용한 내장 함수들, 특히 수에 관한 내장 함수들을 다수 가지고 있다. 우리는 이미 이터러블의 길이를 구하는 len 함수라거나 zip 함수를 사용한 바 있다. 간략히 언급할 만한 함수가 몇 개 더 있다. sum 함수는 수로 이루어진 이터러블의 합계를 주며, max 함수와 min 함수는 이터러블을 이루는 수 중에서 각각 최댓값과 최솟값을 리턴한다.

```
>>> sum([1,2,3])
6
>>> max([1,2,3])
3
>>> min([1,2,3])
1
```

sorted 함수는 이터러블을 정렬한 복사본에 해당하는 리스트를 리턴한다. sorted가 새로운 이터러블이 아니라 새로운 리스트를 리턴한다는 점에 유의해야 한다. 기존 리스트의 순서는 바뀌지 않는다.

```
>>> q = [3,4,1,2,5]
>>> sorted(q)
[1, 2, 3, 4, 5]
>>> q
[3, 4, 1, 2, 5]
```

비슷하게 reversed 함수는 주어진 이터러블의 성분을 기존 순서의 역순으로 배치한 복사본을 리턴한다. 역시 기존 이터러블의 순서는 바뀌지 않는다. reversed 함수의 결과는 리스트가 아니라 이터러블이기 때문에 결과를 보고 싶으면 리스트로 변환해야 한다.

```
>>> q
[3, 4, 1, 2, 5]
>>> reversed(q)
<list_reverseiterator at 0x15fb652eb70>
>>> list(reversed(q))
[5, 2, 1, 4, 3]
```

이와 달리 리스트 자체를 정렬하거나 기존 순서의 역순으로 배치하려면 q.sort()나 q.reverse()와 같은 식으로 sort 메서드와 reverse 메서드를 사용하면 된다.

B.3 함수 활용하기

파이썬 함수는 (아무런 입력도 주지 않을 수 있지만) 입력값을 받아서 계산한 뒤 결괏값을 만드는 작은 프로그램과 같다. 앞에서 `math.sqrt`와 `zip`과 같은 몇몇 파이썬 함수를 사용했는데, 다양한 입력값 각각에 대해 출력을 생성함을 살펴보았다.

파이썬에서 함수를 정의할 때에는 `def` 키워드를 사용한다. 다음 코드는 `square`라는 함수를 정의하는데, 이 함수는 x라는 입력값을 받아서 y라는 변수에 값 `x * x`를 저장한 뒤 y값을 리턴한다. `for` 루프나 `if` 문과 마찬가지로, 함수 정의에 속하는 줄임을 나타내기 위해 들여쓰기를 해야 한다.

```
def square(x):
    y = x * x
    return y
```

이 함수의 결과는 입력값의 제곱을 리턴한다.

```
>>> square(5)
25
```

이 절에서는 이 책에서 함수를 사용하는 고급 방법 몇 가지를 다룬다.

B.3.1 함수에 여러 입력 주기

함수에는 필요한 만큼의 입력을, 즉 **인자**(argument)를 주어 정의할 수 있다. 다음 함수는 세 개의 인자를 받아 더한다.

```
def add3(x,y,z):
    return x + y + z
```

때로는 단일 함수가 인자 개수를 제약 없이 받아들일 수 있으면 좋다. 예를 들어 add라는 함수가 add(2,2)일 때에는 4를 리턴하고 add(1,2,3)일 때에는 6을 리턴하도록 작성하고 싶다고 하자. 보통은 args라는 이름을 붙이는 단일 입력값에 별표(*)를 붙이면 된다. 이를 통해 모든 인자에 대해 반복하는 함수 로직을 자유롭게 작성할 수 있다. add 함수는 전달된 모든 인자에 대해 반복하며 더한 합계를 리턴한다.

```
def add(*args):
    total = 0
    for x in args:
        total += x
    return total
```

이제 add(1,2,3,4,5)는 기대한 대로 $1+2+3+4+5=15$를 리턴하고 add()는 0을 리턴한다. 이 add 함수는 앞에서 살펴본 sum 함수와 다르게 동작한다. sum은 이터러블을 입력으로 받지만, add는 그 안의 값들을 인자로 직접 받기 때문이다. 다음을 통해 그 차이를 살펴볼 수 있다.

```
>>> sum([1,2,3,4,5])
15
>>> add(1,2,3,4,5)
15
```

별표(*) 연산자에는 다른 사용법도 있다. 리스트를 별표 연산자의 입력으로 주어, 리스트의 성분을 함수의 인자로 변환할 수 있다. 예를 들어 다음과 같이 사용할 수 있다.

```
>>> p = [1,2,3,4,5]
>>> add(*p)
15
```

이 함수 호출은 add(1,2,3,4,5)를 계산한 것과 동등하다.

B.3.2 키워드 인자

별표를 붙인 인자를 함수에 사용하면 매개변수의 사용 여부를 선택할 수 있다. 이렇게 매개변수를 선택적으로 사용하는 또 하나의 방법은 **키워드 인자**(keyword argument)라고 하며, 인자에 이름을 붙여 전달하는 방법이다. 다음 예시 함수는 name과 age라는 두 개의 선택적 키워드 인자를 포함하며, 생일 축하 메시지를 담은 문자열을 리턴한다.

```python
def birthday(name="friend", age=None):
    s = "Happy birthday, %s" % name
    if age:
        s += ", you're %d years old" % age
    return s + "!"
```

(이 함수에는 문자열 포맷팅 연산자 %가 등장하는데, 문자열에 %s가 등장하면 그에 대응하는 주어진 문자열로 대체하고, %d가 등장하면 그에 대응하는 주어진 수로 대체한다.) name과 age 모두 키워드 인자이므로 함수 호출 시 선택적으로 사용된다. name은 "friend"를 기본값으로 가지므로 birthday 함수를 인자 없이 호출하면 다음과 같이 일반적으로 사용할 수 있는 축하 메시지를 얻는다.

```python
>>> birthday()
'Happy birthday, friend!'
```

함수를 호출할 때 선택적으로 다른 이름을 명시할 수도 있다. 이때 첫 번째 인자는 name이라는 매개변수의 인자로 간주되지만 name의 인자가 되도록 명시적으로 설정할 수도 있다.

```python
>>> birthday('Melba')
'Happy birthday, Melba!'
>>> birthday(name='Melba')
'Happy birthday, Melba!'
```

age에 인자를 줄지 여부도 선택사항이다. 인자를 주지 않으면 기본값인 None이 age의 인자로 주어진다. 또한 앞의 예제에서 name과 age를 모두 명시할 수도 있으며, age만 명시하할 수도 있다. 다만 age는 두 번째 키워드 인자이기 때문에 name에 인자를 명시하지 않으면 age에 인자를 넘겨준다는 것을 명시적으로 나타내야 한다. 모든 매개변수에 대해 인자를 명시적으로 나타낸 경우엔 어느 순서로 나열해도 된다. 다음 코드는 몇 가지 예시를 보여준다.

```
>>> birthday('Melba', 2)
"Happy birthday, Melba, you're 2 years old!"
>>> birthday(age=2)
"Happy birthday, friend, you're 2 years old!"
>>> birthday('Melba', age=2)
"Happy birthday, Melba, you're 2 years old!"
>>> birthday(age=2,name='Melba')
"Happy birthday, Melba, you're 2 years old!"
```

인수가 많으면 딕셔너리로 묶은 뒤, 딕셔너리에 ** 연산자를 붙여서 함수에 전달할 수도 있다. 이 용법은 * 연산자의 두 번째 응용과 비슷한데, 인자의 리스트가 아니라 키워드 인자의 딕셔너리를 전달한다는 점이 다르다.

```
>>> dog = {"name" : "Melba", "age" : 2}
>>> dog
{'name': 'Melba', 'age': 2}
>>> birthday(**dog)
"Happy birthday, Melba, you're 2 years old!"
```

함수를 정의할 때에도 * 연산자의 첫 번째 응용과 비슷하게 ** 연산자를 사용할 수 있다. ** 연산자를 사용하면 함수에 주어진 모든 키워드 인자를 하나의 딕셔너리로 모아준다. 앞의 birthday 함수를 다음과 같이 재작성하면 다음과 같은데, 이렇게 되면 이 함수를 호출할 때 모든 인자에 매개변수 명을 명시해야 한다.

```
def birthday(**kwargs):
    s = "Happy birthday, %s" % kwargs['name']
    if kwargs['age']:
```

```
        s += ", you're %d years old" % kwargs['age']
    return s + "!"
```

구체적으로 두 변수 name과 age는 각각 kwargs['name']과 kwargs['age']로 대체되었으며, 다음 중 한 방법으로 이 함수를 실행할 수 있다.

```
>>> birthday(**dog)
"Happy birthday, Melba, you're 2 years old!"
>>> birthday(age=2,name='Melba')
"Happy birthday, Melba, you're 2 years old!"
```

B.3.3 데이터로서의 함수

파이썬에서 함수는 일류 객체라고들 한다. 마치 항공편에서 일등석이 다양한 서비스를 누릴 수 있듯이 함수에 변수를 할당할 수도 있으며, 함수를 다른 함수에 전달할 수도 있는데다 다른 함수의 출력값으로 리턴할 수도 있음을 비유하는 말이다. 4장에서 소개하는 **함수형 프로그래밍**(functional programming) 패러다임에서는 다른 함수에 작용하는 함수가 많이 쓰인다. 다음 함수는 함수 f와 값 x라는 두 개의 입력을 받아서 f(x)라는 값을 리턴한다.

```
def evaluate(f,x):
    return f(x)
```

B.3절의 square 함수를 사용하면 evaluate(square,10)은 square(10)인 100을 리턴한다.

```
>>> evaluate(square,10)
100
```

함수를 입력으로 받는 유용한 파이썬 함수로 map이 있다. map 함수는 함수와 이터러블을 입력으로 받아서, 이터러블의 각 성분에 함수를 적용해 얻은 새 이터러블을 리턴한다. 예를 들어 다음의 map은 square 함수를 range(10)에서 얻은 모든 수에 적용한다. 이러한 map 함수의 결과로 얻은 이터러블을 리스트로 변환하면, 0부터 9까지 10개 수에 대한 제곱수를 볼 수 있다.

```
>>> map(square,range(10))
<map at 0x15fb752e240>
>>> list(map(square,range(10)))
[0, 1, 4, 9, 16, 25, 36, 49, 64, 81]
```

evaluate 함수와 map 함수는 다른 함수를 입력으로 받은 함수들의 예시이다. 이밖에도 어떤 함수가 출력 다른 함수를 출력으로 리턴할 수 있다. 예를 들어 다음 함수는 수를 특정 횟수만큼 거듭제곱하는 함수를 리턴한다. 특히 함수 안에 다른 함수의 정의 전체가 담겨있음에 주목하기 바란다.

```
def make_power_function(power):

    def power_function(x):
        return x ** power

    return power_function
```

이렇게 정의하면 make_power_function(2)는 앞의 square 함수와 동일하게 동작하는 함수를 리턴한다. 유사하게 make_power_function(3)은 입력을 세제곱하여 리턴하는 함수를 리턴한다.

```
>>> square = make_power_function(2)
>>> square(2)
4
>>> cube = make_power_function(3)
>>> cube(2)
8
```

make_power_function이 실행을 완료한 이후에도 리턴된 power_function은 make_power_function에 전달된 power 변수를 계속 기억한다. 이는 일반 함수의 변수가 함수의 실행 종료와 함께 사라지는 것과 다르다. 이렇게 함수의 정의 내부에서 사용된 외부 변수를 계속 기억하는 함수를 **클로저**(closure)라고 한다.

B.3.4 lambda : 익명 함수

함수를 즉석에서 만들 때 사용할 수 있는 또 다른 간단한 구문이 있다. `lambda`라는 키워드는 이름 없이 함수를 만들 수 있게 하는데, 이 함수를 **익명 함수**(anonymous function) 또는 **람다**(lambda)라고 한다. 이 이름은 영어로 lambda라고 쓰고 LAM-duh처럼 발음하는 그리스 문자 λ에서 유래한다. 함수형 프로그래밍 이론 분야의 컴퓨터 과학자들이 함수를 정의할 때 λ를 사용해왔다. 함수를 람다로 정의할 때에는 입력 변수 하나 또는 콤마로 구분된 여러 입력 변수를 명시한 뒤 콜론(:)을 쓰고, 그 뒤에 이 함수가 리턴할 식을 명시한다. 다음 람다는 단일 입력 x를 받아서 2를 더해 리턴하는 함수를 정의한다.

```
>>> lambda x: x + 2
<function __main__.<lambda>(x)>
```

함수를 사용하는 어느 위치에라도 람다를 사용할 수 있기 때문에, 입력값을 바로 주면 다음과 같은 결과를 얻는다.

```
>>> (lambda x: x + 2)(7)
9
```

다음 람다 함수는 입력을 2개 받아서 첫 번째 입력값을 두 번째 입력값의 2배에 더해 리턴한다. 이 사례에서는 첫 번째 입력이 2이고 두 번째 입력이 3이므로 출력은 $2 + 2 \cdot 3 = 8$이다.

```
>>> (lambda x,y: x + 2 * y)(2,3)
8
```

파이썬의 다른 함수와 마찬가지로 람다에 변수처럼 쓰는 이름을 지정(bind)할 수 있다. 물론 어떤 의미에서는 익명 함수 구문을 사용하는 목적을 파쇄하지만 말이다.

```
>>> plus2 = lambda x: x + 2
>>> plus2(5)
7
```

함수가 재미있는 일을 수행한다면 이름을 붙일 가치가 있으니, 람다는 아껴가며 쓰는 게 좋다. 람다를 쓸 만한 상황은 다른 함수를 리턴하는 함수를 작성할 때이다. 예를 들어 앞에서 등장한 `make_power_function`은 람다를 이용해 다음과 같이 구현할 수 있다.

```
def make_power_function(p):
    return lambda x: x ** p
```

이 함수가 첫 번째 구현과 동일하게 동작함을 확인할 수 있다.

```
>>> make_power_function(2)(3)
9
```

외부 함수명이 리턴 함수의 동작을 명확하게 보여주고, 리턴 함수에 이름을 붙여서 얻을 수 있는 이점이 별로 없으므로 이러한 사용법은 적절하다. 또한 람다를 함수의 입력으로 사용할 수도 있다. 예를 들어 0부터 9까지 모든 수에 2를 더하고 싶으면 다음과 같이 간결하게 쓸 수 있다.

```
map(lambda x: x + 2, range(0,9))
```

데이터를 보려면 이 결과를 리스트로 변환해야 한다. 하지만 많은 경우에 컴프리헨션을 쓰면 간결한데다 읽기도 좋다. 위 코드를 리스트로 변환할 때의 결과와 동등한 리스트 컴프리헨션은 다음과 같다.

```
[x+2 for x in range(0,9)]
```

B.3.5 NumPy 배열에 함수 적용하기

NumPy는 내장 파이썬 수학 함수 몇 개를 자체적으로 만들어 가지고 있는데, NumPy 배열의 모든 성분에 한 번에 적용돼서 편하다. 예를 들어 **np.sqrt**는 한 수 또는 NumPy 배열 전체에 제곱근을 취하는 제곱근 함수이다. 구체적으로 **np.sqrt(np.arange(0,10))**은 0부터 9까지 정수 각각에 대한 제곱근으로 이루어진 NumPy 배열을 생성한다.

```
>>> np.sqrt(np.arange(0,10))
array([0.        , 1.        , 1.41421356, 1.73205081, 2.        ,
       2.23606798, 2.44948974, 2.64575131, 2.82842712, 3.        ])
```

이 함수는 그저 파이썬의 제곱근 함수를 배열에 빠르게 적용하는 도우미가 아니다. 사실 NumPy의 이 함수는 파이썬에서 배열에 반복적으로 제곱근 함수를 적용하는 것보다 빠르게 동작하는 별도의 구현이다. 만약 NumPy 배열의 모든 성분에 별도의 함수를 적용하고 싶다면 **np.vectorize** 함수를 사용할 수 있다. 다음 예시는 수를 입력으로 받아 다른 수를 리턴한다.

```
def my_function(x):
    if x % 2 == 0:
        return x/2
    else:
        return 0
```

다음 코드는 함수를 벡터화(vectorize)한 뒤, NumPy 배열 **np.arange(0,10)**의 각 성분에 적용한다.

```
>>> my_numpy_function = np.vectorize(my_function)
>>> my_numpy_function(np.arange(0,10))
array([0., 0., 1., 0., 2., 0., 3., 0., 4., 0.])
```

B.4 Matplotlib을 사용한 데이터 플로팅

Matplotlib은 파이썬에서 가장 인기 있는 플로팅(plotting) 라이브러리이다. 책 전체에서 데이터셋의 플롯, 함수의 그래프, 기하 도형 그림을 만들 때 사용한다. 라이브러리에 특화된 논의를 지양하고자 보조 함수(wrapper function)를 도입함으로써 Matplotlib 사용법 대부분을 숨겼다. Matplotlib은 연습문제나 미니 프로젝트를 풀 때 주로 사용할 것이다. 이 구현 방법을 깊이 이해하고 싶은 사람들을 위해 Matplotlib이 플롯을 만드는 방법을 간략하게 제공하겠다. 아나콘다를 설치하면서 Matplotlib을 이미 설치했겠지만, 만약 설치되어 있지 않다면 `pip install matplotlib` 명령으로 수동 설치할 수 있다.

B.4.1 산점도 만들기

산점도(scatter plot)는 (x, y) 꼴인 수의 순서쌍 집합을 평면의 점으로 시각화할 때 유용하다(자세한 설명은 2장 참고). Matplotlib에서 산점도(또는 다른 플롯)를 만들 때 첫 단계는 라이브러리를 설치한 뒤 작성 중인 파이썬 스크립트에 임포트 하는 것이다. Matplotlib의 플로팅 모듈인 `pyplot`를 임포트 할 때에는 관습적으로 `plt`라고 명명한다.

```
import matplotlib.pyplot as plt
```

5개의 점 $(1,1), (2,4), (3,9), (4,16), (5,25)$에 대해 산점도를 만든다고 하자. 각 점은 어떤 수와 그 수의 제곱의 순서쌍이다. 이 순서쌍을 (x, y) 꼴인 점으로 생각할 때, x좌푯값을 나열하면 $1, 2, 3, 4, 5$이고 y좌푯값을 나열하면 $1, 4, 9, 16, 25$이다. 산점도는 `plt.scatter` 함수를 사용하여 만든다. x좌푯값을 나열한 리스트를 첫 번째 인자로 전달하고, y좌푯값을 나열한 리스트를 두 번째 인자로 전달한다.

```
x_values = [1,2,3,4,5]
y_values = [1,4,9,16,25]
plt.scatter(x_values,y_values)
```

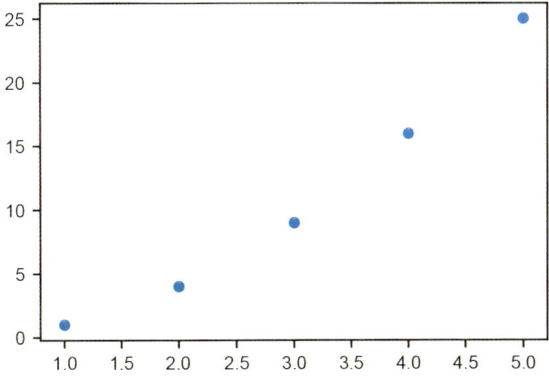

그림 B.1 Matplotlib의 함수 plt.scatter로 생성한 산점도

점의 수평 위치는 해당 점의 x값을 알려주며 점의 수직 위치는 해당 점의 y값을 알려준다. Matplotlib은 자동으로 그래프 영역을 스케일링(scaling)하여 모든 점이 플롯 안에 들어오게 만든다. 따라서 [그림 B.1]에서는 y의 척도(scale)가 x의 척도보다 크다.

산점도의 모습을 변경할 때 사용할 수 있는 키워드 인자가 있다. 예를 들어 `marker` 키워드 인자는 플롯에서 점(dot)의 모양을 설정하며, `c` 키워드 인자는 점의 색깔을 설정한다. 다음 줄은 같은 데이터를 플로팅하지만 각 점을 기본값인 푸른 원이 아니라 붉은 ✖ 모양으로 플로팅한다.

```
plt.scatter(x_values,y_values,marker='x',c='red')
```

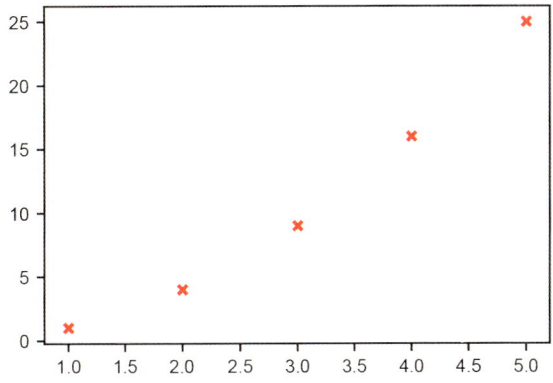

그림 B.2 Matplotlib 산점도의 모양 변경하기

웹사이트 https://matplotlib.org/에 접속하면 Matplotlib 플롯에서 쓸 수 있는 모든 키워드 인자와 모양 변경 방법을 확인할 수 있다.

B.4.2 꺾은선 그래프 만들기

Matplotlib에서 `plt.scatter` 함수 대신 `plt.plot` 함수를 사용하면 점만 표시하는 게 아니라 점과 점이 선으로 연결된다. 이러한 그래프를 보통 **꺾은선 그래프**(line chart)라고 한다. 예를 들어 다음과 같이 그릴 수 있다.

```
plt.plot(x_values,y_values)
```

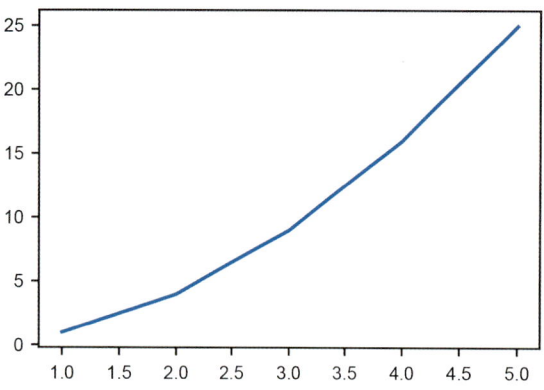

그림 B.3 Matplotlib의 `plt.plot` 함수로 꺾은선 그래프 만들기

이 함수는 두 점만 명시해서 선분을 그리는 데에도 활용할 수 있다. 예를 들어 (x, y) 꼴인 점 2개를 각각 튜플로 입력으로 받아 x 값과 y 값을 추출하고 `plt.plot`을 사용해 선분을 그리는 함수를 작성할 수 있다.

```
def plot_segment(p1,p2):
    x1,y1 = p1
    x2,y2 = p2
    plt.plot([x1,x2],[y1,y2],marker='o')
```

다음 예제 코드를 실행하면 plt.plot에 marker 키워드 인자를 설정해서 선을 그리는 데 더해 양끝 점도 표시한다.

```
point1 = (0,3)
point2 = (2,1)
plot_segment(point1,point2)
```

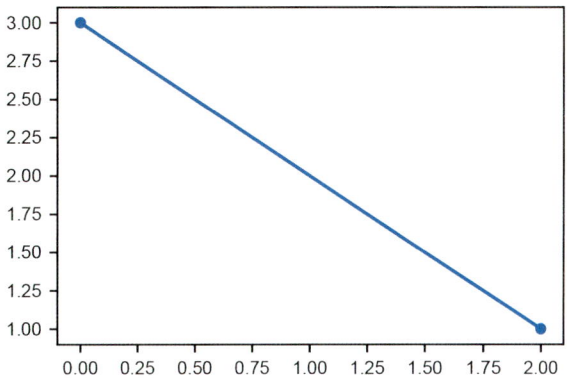

그림 B.4 두 점 사이에 선분을 그리는 함수

이 draw_segment 함수는 보조 함수의 한 예이다. 이제 선분을 만들고 싶으면 Matplotlib 함수를 쓰지 않고 draw_segment를 쓰면 된다.

꺾은선 그래프의 또 다른 중요한 용례는 함수의 **그래프**(graph) 플로팅이다. 함수 f가 주어지면 x값 범위에 대한 모든 순서쌍 $(x, f(x))$를 플로팅할 수 있다. 이론적으로는 매끄럽고 연속인 그래프는 무수히 많은 점으로 이루어져 있다. 당연히 무수히 많은 점을 플로팅할 수 없다. 다만 더 많은 점을 사용할수록 그래프가 더 정확해질 것이다. [그림 B.5]는 다음 코드를 이용해 $f(x) = \sin(x)$를 $x = 0$에서 $x = 10$까지인 1,000개 점으로 플로팅한 결과이다.

```
x_values = np.arange(0,10,0.01)
y_values = np.sin(x_values)
plt.plot(x_values,y_values)
```

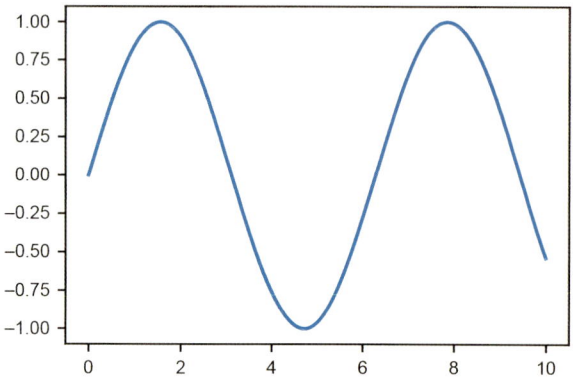

그림 B.5 많은 점을 사용해서 매끄러운 함수 그래프를 근사한 플롯

B.4.3 플롯 모양을 변경하는 법 더 살펴보기

앞서 언급했듯이 Matplotlib 플롯을 원하는 모양으로 변경하고 싶다면 웹사이트 https://matplotlib.org에 접속해서 설명서를 구체적으로 검색하는 게 가장 좋다. 다만 이 책에서 Matplotlib 플롯의 모양을 제어하는 주요한 방식을 몇 가지 다루고 있으므로 여기에서 살피고자 한다.

첫 번째는 플롯의 척도(scale)와 플롯의 크기 설정법이다. 여러분은 `plat_segment(point1, point2)` 결과의 가로세로비가 서로 다름을 발견했을 것이다. 선분을 제대로 된 비율로 그리려면, 일단 그래프의 x 경곗값과 y 경곗값이 같아지도록 명시적으로 설정해야 한다. 예를 들어 다음 코드는 각 좌표의 범위가 0에서 5까지 되도록 x의 최대·최소 경곗값과 y의 최대·최소 경곗값을 설정한다.

```
plt.ylim(0,5)
plt.xlim(0,5)
plot_segment(point1,point2)
```

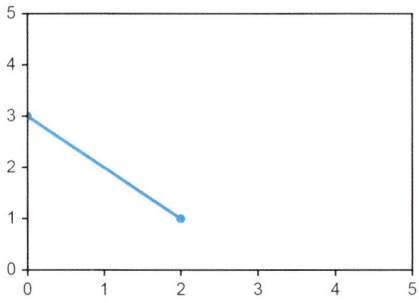

그림 B.6 그림에서 x와 y 척도 업데이트

이렇게 해도 가로세로비가 맞지 않는다. 플롯에서 x축의 한 단위 길이와 y축의 한 단위 길이가 다르기 때문이다. 두 축의 길이가 같게 보이려면 그래프를 정사각형으로 만들어야 한다. 이는 set_size_inches 메서드를 사용해 할 수 있다. 이 함수는 Matplotlib이 현재 처리 중인 '그림' 객체에 속한다. 이 객체는 plt의 gcf[14] 메서드로 얻을 수 있다. 다음 코드는 플롯 영역을 5인치:5인치 비율로 설정하여 선분을 그린다. 디스플레이에 따라 크기는 다르게 보일 수 있지만 가로세로비는 올바르다.

```
plt.ylim(0,5)
plt.xlim(0,5)
plt.gcf().set_size_inches(5,5)
plot_segment(point1,point2)
```

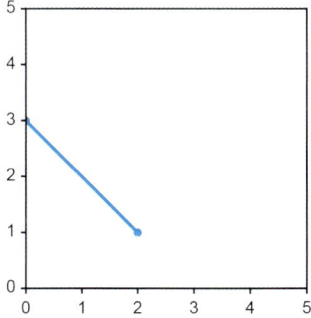

그림 B.7 그림 크기를 인치 단위로 설정해 올바른 가로세로비로 그리기

---

14 get current figure의 줄임말로 현재 그림 얻기를 의미한다.

그래프에 추가할 수 있는 중요한 모양 변경사항으로 축 제목과 전체 그래프 제목 설정이 있다. 현재 그래프의 제목은 `plt.title` 함수로 추가할 수 있고, x축 제목과 y축 제목은 각각 `plt.xlabel` 함수와 `plt.ylabel` 함수로 추가할 수 있다. 다음 코드는 사인 함수의 그래프에 그래프 제목과 축 제목을 추가하는 예시이다.

```
x_values = np.arange(0,10,0.01)
y_values = np.sin(x_values)
plt.plot(x_values,y_values)
plt.title('Graph of sin(x) vs. x',fontsize=16)
plt.xlabel('this is the x value',fontsize=16)
plt.ylabel('the value of sin(x)',fontsize=16)
```

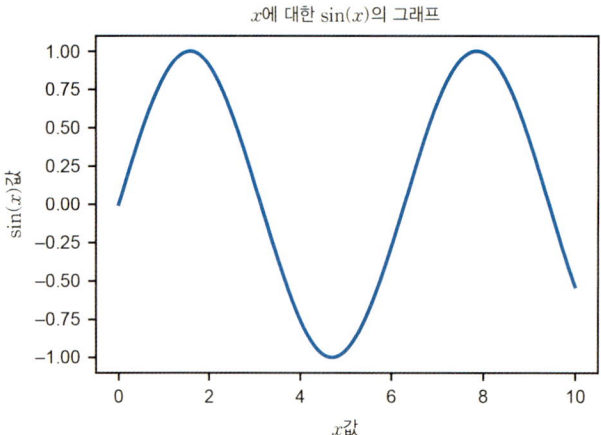

그림 B.8 그래프 제목과 축 제목을 붙인 Matplotlib 플롯

B.5 파이썬의 객체 지향 프로그래밍

객체 지향 프로그래밍(Object-Oriented Programming, OOP)은 거칠게 말하면 **클래스**(class)로 프로그램 데이터를 구성하는 것을 강조하는 프로그래밍 패러다임이다. 클래스는 **속성**(property)이라고 하는 값들과 **메서드**(method)라고 하는 함수들을 저장할 수 있는데, 각각 프로그램의 데이터와 기능성에 관련이 있다. 수학적인 발상 몇 가지는 객체 지향과 관련이 있기 때문에 객체 지향 프로그래밍을 조금만이라도 알아두면 좋다. 특히 6장과 10장에서는

수학을 공부하는 데 도움이 되는 객체 지향 설계 원리와 클래스를 사용한다. 이 절에서는 파이썬 클래스와 객체 지향 프로그래밍을 간략히 소개한다.

B.5.1 클래스 정의하기

파이썬에서 클래스는 `class` 키워드로 정의한다. 클래스 이름은 보통 `Rectangle`처럼 두문자를 대문자로 둔다. 클래스명 다음에 등장하는 들여쓰기 된 줄들은 클래스와 연관된 속성(값)과 메서드(함수)를 묘사한다. 클래스에서 기본 메서드는 **생성자**(constructor)로, 클래스의 인스턴스(instance)를 만들 때 쓰는 함수이다. 파이썬에서는 생성자에 `__init__`이라는 특별한 이름이 붙는다. 직사각형을 파이썬 객체로 표현한다면 높이(height)와 너비(width)라는 두 수로 묘사하고 싶을 것이다. 이때 `__init__` 함수는 값 3개를 입력으로 받는다. 첫 번째 값은 지금 만드는 새 클래스 인스턴스를 나타내며, 나머지 두 값은 각각 높이와 너비이다. 생성자는 새 인스턴스의 높이 속성과 너비 속성을 입력값으로 설정하는 작업을 수행한다.

```
class Rectangle():
    def __init__(self,w,h):
        self.width = w
        self.height = h
```

생성자를 만들고 나면 클래스명을 두 수를 입력으로 받고 `Rectangle` 객체를 리턴하는 함수처럼 쓸 수 있다. 예를 들어 `Rectangle(3,4)`는 `width` 속성이 3이고 `height` 속성이 4라 설정한 인스턴스를 생성한다. 생성자가 `self` 인자를 포함해 정의되었지만, 생성자 호출 시 이를 포함할 필요는 없다. 이제 `Rectangle` 객체가 생성되면 높이와 너비 속성에 다음과 같이 접근할 수 있다.

```
>>> r = Rectangle(3,4)
>>> type(r)
__main__.Rectangle
>>> r.width
3
>>> r.height
4
```

B.5.2 메서드 정의하기

메서드는 클래스와 연관된 함수로, 인스턴스에 대한 무언가를 계산할 수 있게 해주거나 인스턴스에 대한 어떤 기능을 부여한다. 직사각형은 area()라는 메서드를 자연스럽게 가질 수 있다. area() 메서드는 직사각형의 높이와 너비를 곱해 직사각형의 면적을 계산한다. 생성자와 마찬가지로 모든 메서드는 self 매개변수를 입력 받으며, 이는 현재 인스턴스를 나타낸다. 다시 말하지만 메서드에 self 매개변수를 전달할 필요는 없다. self는 현재 메서드 호출에 사용된 객체를 자동으로 전달하기 때문이다.

```
class Rectangle():
    def __init__(self,w,h):
        self.width = w
        self.height = h

    def area(self):
        return self.width * self.height
```

직사각형의 면적을 구하려면 다음과 같이 area 메서드를 호출하면 된다.

```
>>> Rectangle(3,4).area()
12
```

self 매개변수가 함수에 전달되지 않았음에 주목하기 바란다. 앞에서 설명했듯이 호출문에 등장하는 객체 인스턴스 Rectangle(3,4)는 self 값에 자동으로 전달됐다. 이번에는 수를 입력으로 받아 원래 객체보다 높이와 너비가 각각 factor배 만큼 확대·축소된 새로운 Rectangle 객체를 리턴하는 scale 함수를 만들어보자(앞으로 Rectangle 클래스에서 기 작성한 코드에 해당하는 위치에 '...'을 사용하겠다).

```
class Rectangle():
    ...
    def scale(self, factor):
        return Rectangle(factor * self.width, factor * self.height)
```

Rectangle(2,1)을 호출하면 너비가 2이고 높이가 1인 직사각형이 생성된다. 3배 확대하면 너비가 6이고 높이가 3인 새 직사각형을 얻는다.

```
>>> r = Rectangle(2,1)
>>> s = r.scale(3)
>>> s.width
6
>>> s.height
3
```

B.5.3 특수 메서드

파이썬의 몇몇 메서드는 자동으로 사용할 수 있거나 구현하면 함수 호출 말고도 다른 특정 효과를 가진다. 예를 들어 __dict__ 메서드는 새 클래스의 모든 인스턴스에서 기본으로 사용할 수 있으며, 인스턴스의 모든 속성과 값을 담은 딕셔너리를 리턴한다. Rectangle 클래스를 더 수정하지 않아도 다음과 같이 써서 실행할 수 있다.

```
>>> Rectangle(2,1).__dict__
{'width': 2, 'height': 1}
```

또 다른 특수 메서드로 __eq__가 있다. 이 메서드를 구현하여 클래스 인스턴스 간에 == 연산자의 동작을 명시할 수 있다. 이 메서드는 두 인스턴스가 같은지를 판단한다. 이러한 동등성(equality) 메서드를 따로 구현하지 않으면 서로 다른 두 인스턴스는 같은 데이터를 담고 있더라도 언제나 다르다고 판정된다.

```
>>> Rectangle(3,4) == Rectangle(3,4)
False
```

너비가 같고 높이도 같아서 기하학적으로 구분할 수 없는 두 직사각형은 서로 같다고 말할 수 있다. 이러한 __eq__ 메서드를 다음과 같이 구현할 수 있다. 이 메서드 역시 self 인자를 첫 번째 인자로, self와 비교할 다른 인스턴스를 나타내는 두 번째 인자로 해서 두 개의 인자를 입력으로 받는다.

```
class Rectangle():
    ...
    def __eq__(self,other):
        return self.width == other.width and self.height == other.height
```

이 구현을 마치면 높이와 너비가 각각 같은 두 Rectangle 인스턴스는 같다고 판정된다.

```
>>> Rectangle(3,4) == Rectangle(3,4)
True
```

다른 유용한 특수 메서드로 `__repr__`가 있다. 이 메서드는 객체의 기본 문자열 표현을 생성한다. 다음 `__repr__` 메서드는 직사각형의 너비와 높이를 한 눈에 볼 수 있게 해준다.

```
class Rectangle():
    ...
    def __repr__(self):
        return 'Rectangle (%r by %r)' % (self.width, self.height)
```

다음과 같이 잘 동작한다.

```
>>> Rectangle(3,4)
Rectangle (3 by 4)
```

B.5.4 연산자 오버로딩

파이썬에는 연산자가 클래스 인스턴스와 함께 어떻게 동작하는지를 정하기 위해 구현할 수 있는 특수 메서드들이 더 있다. 연산자가 기존에 해오던 동작을 새 클래스 객체에 대해 재설정하는 것을 **연산자 오버로딩**이라고 한다. 예를 들어 `__mul__` 메서드와 `__rmul__` 메서드는 곱셈 연산자 *에 대해 해당 클래스가 각각 좌측, 우측에 있을 때 반대쪽 객체와의 동작을 묘사한다. Rectangle 클래스 인스턴스 r에서 r * 3과 3 * r이 기존 직사각형을 3배 확대한 직사각형을 나타내고 싶다고 하자. 다음 __mul__ 구현과 __rmul__ 구현은 이미 구현한 바 있는 scale 메서드를 호출해서 주어진 배수에 따라 확대·축소한 새 직사각형을 만든다.

```
class Rectangle():
    ...
    def __mul__(self,factor):
        return self.scale(factor)

    def __rmul__(self,factor):
        return self.scale(factor)
```

10 * Rectangle(1,2)와 Rectangle(1,2) * 10 모두 너비가 10이고 높이가 20인 새 Rectangle 인스턴스를 리턴한다. 다음에서 확인해보자.

```
>>> 10 * Rectangle(1,2)
Rectangle (10 by 20)
>>> Rectangle(1,2) * 10
Rectangle (10 by 20)
```

B.5.5 클래스 메서드

메서드는 기존 클래스 인스턴스가 주어질 때만 실행할 수 있는 함수이다. 이외의 상황에서 쓸 수 있는 함수로 **클래스 메서드**(class method)가 있는데, 개별 인스턴스가 아니라 클래스 자체에 붙은 함수를 말한다. Rectangle 클래스를 예로 든다면, 특정한 직사각형이 아니라 일반적인 직사각형과 관련된 특정 기능을 담당한다.

클래스 메서드는 대표적으로 별도의 생성자를 만들 때 사용한다. 예를 들어 Rectangle 클래스에서는 수 하나만 인자로 입력을 받아 높이와 너비 둘 다 해당 인자와 같은 직사각형을 리턴하는 클래스 메서드를 만들 수 있다. 다시 말해, 이 클래스 메서드는 변의 길이가 주어진 정사각형에 해당하는 직사각형을 생성한다. 클래스 메서드의 첫 번째 인자는 클래스 자체를 나타내며, 보통 cls라고 축약해서 이름 붙인다.

```
class Rectangle():
    ...
    @classmethod
    def square(cls,side):
        return Rectangle(side,side)
```

클래스 메서드를 구현하면 Rectangle(5,5)와 같은 결과를 얻기 위해 Rectangle.square(5)라고 쓸 수 있다.

B.5.6 상속 및 추상 클래스

객체 지향 프로그래밍의 마지막 주제는 **상속**(inheritance)이다. 클래스 A가 클래스 B를 상속받았다고 하자. 이는 클래스 A가 클래스 B의 특수한 경우라고 말하는 것과 비슷하다. 클래스 A는 클래스 B의 객체 인스턴스와 비슷하게 동작하지만, 추가 기능이나 수정된 기능을 몇 가지 갖고 있기 때문이다. 이러한 경우엔 A는 B의 **서브클래스**(subclass)라고 하고 B는 A의 **수퍼클래스**(superclass)라고 한다. 간단한 예제로 직사각형을 나타내는 Rectangle 클래스로부터 Rectangle의 기본 로직(logic)을 대부분 유지하면서도 정사각형을 나타내는 서브클래스 Square를 만들 수 있다. 다음 코드에서 class Square(Rectangle)라는 부분은 Square가 Rectangle의 서브클래스임을 나타내며, super().__init__을 호출하는 부분은 Square의 생성자에서 수퍼클래스(Rectangle)의 상속자를 실행한다.

```
class Square(Rectangle):

    def __init__(self,s):
        return super().__init__(s,s)

    def __repr__(self):
        return "Square (%r)" % self.width
```

이것만으로 Square 클래스를 모두 정의하였으며, 이 Square 클래스에서 Rectangle의 아무 메서드나 사용할 수 있게 되었다.

```
>> Square(5).area()
25
```

실무에서는 기본값으로 확대·축소된 정사각형을 Rectangle 클래스로 리턴하는 scale과 같은 몇몇 메서드를 재구현하거나 **오버라이딩**(overriding) 할 수 있다.[15]

객체 지향 프로그래밍에서 일반적인 패턴은 두 클래스를 같은 **추상 베이스 클래스**(abstract base class)를 상속하도록 하는 것이다. 추상 베이스 클래스는 두 클래스의 공통 메서드나 코드를 정의하지만, 추상 베이스 클래스 자체의 인스턴스는 만들 수 없다. 예를 들어 Rectangle 클래스와 비슷하게 반지름이 주어진 원을 나타내는 클래스 Circle 클래스가 있다고 하자. Circle 클래스 구현은 대부분 Rectangle 클래스와 유사하다(반지름이 r인 원의 면적이 πr^2임을 떠올려라).

```
from math import pi

class Circle():
    def __init__(self, r):
        self.radius = r

    def area(self):
        return pi * self.radius * self.radius

    def scale(self, factor):
        return Circle(factor * self.radius)

    def __eq__(self,other):
        return self.radius == other.radius

    def __repr__(self):
        return 'Circle (radius %r)' % self.radius
    def __mul__(self,factor):
```

---

15 (옮긴이) Square 인스턴스에서 scale 메서드를 호출했는데 Rectangle 인스턴스가 리턴되면 Square의 특별한 메서드를 쓰지 못할 가능성이 있기에, Square 클래스의 scale 메서드를 오버라이딩하는 게 적절할 수 있다는 의미이다. 현재 코드는 두 클래스의 차이가 거의 없으니 큰 문제가 없다.

```
        return self.scale(factor)
    def __rmul__(self,factor):
        return self.scale(factor)
```

프로그램에서 여러 도형(shape)을 다루어야 한다면, Circle과 Rectangle 클래스가 Shape라는 공통 클래스를 상속받게 할 수 있다. 하지만 도형은 인스턴스를 만들 정도로 충분히 구체적인 개념이 아니므로, 몇 개의 메서드만 구현할 수 있다. 구현하지 못하는 나머지 메서드는 **추상 메서드**(abstract method)로 표기되는데, Shape 자체에서는 해당 메서드를 구현할 수 없지만 구체적인 서브클래스에서는 구현할 수 있음을 의미한다.

추상 클래스를 구현하면 다음과 같다. 추상 베이스 클래스(abstract base class)를 줄여 쓰면 ABC이므로, 파이썬에서는 모든 추상 클래스가 반드시 ABC라는 특별한 베이스 클래스를 상속해야 한다.

```
from abc import ABC, abstractmethod

class Shape(ABC):
    @abstractmethod
    def area(self):
        pass
    @abstractmethod
    def scale(self, factor):
        pass

    def __eq__(self,other):
        return self.__dict__ == other.__dict__

    def __mul__(self,factor):
        return self.scale(factor)

    def __rmul__(self,factor):
        return self.scale(factor)
```

이 추상 클래스에는 두 도형의 모든 속성이 같은지를 확인하는 __eq__ 메서드를 통한 동등성 연산자와 곱셈 연산자에 대한 오버로딩이 완전히 구현되어 있다. 면적을 구하는 메서드인

area와 확대·축소하는 메서드인 scale은 구현되지 않았다. 실제로 사용하는 도형에 따라 구현 방법이 달라지기 때문이다.

만약 Shape 추상 베이스 클래스를 바탕으로 Rectangle 클래스를 재구현한다면 Rectangle 클래스가 Shape를 상속하게 한 뒤에 별도의 생성자를 구현할 것이다.

```python
class Rectangle(Shape):
    def __init__(self,w,h):
        self.width = w
        self.height = h
```

위의 코드만 주고 Rectangle 클래스에 대한 인스턴스를 생성하려고 하면, 즉 인스턴스화(instantiate)하려고 하면 area 메서드와 scale 메서드가 구현되어 있지 않아서 에러가 발생한다.

```
>>> Rectangle(1,3)
TypeError: Can't instantiate abstract class Rectangle with abstract methods area, scale
```

따라서 기존에 구현한 것을 포함시켜야 한다.

```python
class Rectangle(Shape):
    def __init__(self,w,h):
        self.width = w
        self.height = h

    def area(self):
        return self.width * self.height

    def scale(self, factor):
        return Rectangle(factor * self.width, factor * self.height)
```

직사각형에 특화된 동작을 하는 메서드를 구현했으므로, Shape 베이스 클래스의 모든 기능을 활용할 수 있게 되었다. 예를 들어 오버로딩된 동등성 연산자와 곱셈 연산자는 다음과 같이 기대한 대로 동작한다.

```
>>> 3 * Rectangle(1,2) == Rectangle(3,6)
True
```

이제 자체 area 메서드와 scale 메서드를 구현하고 추상 베이스 클래스의 연산자 오버로딩을 활용하면 Circle 클래스라던가 Triangle 클래스 등 어떠한 2차원 도형도 통일된 형태로 바로 구현할 수 있게 되었다.

APPENDIX C

OpenGL과 PyGame으로 3차원 모델 불러오기 및 렌더링하기

4장부터 컴퓨터 그래픽스에서 변환과 애니메이션에 관한 프로그램을 작성할 때, Matplotlib이 아니라 OpenGL과 PyGame을 사용한다. 이 부록은 PyGame에서 게임에 대한 루프를 설정하는 방법과 연속 프레임에서 3차원 모델을 렌더링하는 법에 대한 개요를 제공한다. 마지막으로 4장에서 사용한 찻주전자 같은 3차원 모델에 대해 단일 이미지를 렌더링하는 `draw_model` 함수를 구현한다.

`draw_model`의 목표는 라이브러리에 특화된 작업을 캡슐화(encapsulation)함으로써 OpenGL을 이해하려고 오랫동안 머리를 싸매지 않게 하는 데 있다. 함수의 동작을 이해하고 싶다면 이번 부록의 내용을 따라하며 코드를 다루면 된다. 3장에서 다룬 8면체부터 시작해서 파이썬과 PyGame에서 사용하는 OpenGL 바인딩[16]인 PyOpenGL을 이용해 다시 만들자.

C.1 8면체 다시 만들기

PyOpenGL 라이브러리와 PyGame 라이브러리를 사용하기 전에 먼저 두 라이브러리를 설치해야 한다. 다음과 같이 pip를 이용해 설치하는 것을 추천한다.

```
> pip install PyGame
> pip install PyOpenGL
```

먼저 이 라이브러리를 사용해 미리 만들어둔 단순한 3차원 객체를 렌더링하는 작업부터 다

---

[16] (옮긴이) 프로그래밍 언어에서 바인딩(binding)은 해당 프로그래밍 언어로 작성되지 않은 외부 라이브러리를 해당 언어에서 사용할 수 있도록 하는 응용 프로그래밍 인터페이스(API)이다.

시 보여주겠다.

새로운 파이썬 파일 octahedron.py에서 여러 번 임포트 하며 시작하겠다([부록 C] 소스 코드에서 이 파일을 찾을 수 있다). 처음 몇 줄은 PyGame과 PyOpenGL이라는 두 새로운 라이브러리에서 비롯하며, 3장을 학습했다면 나머지는 익숙할 것이다. 특히 소스 코드 중에 파일 vectors.py에 정리된 모든 3차원 벡터 산술 함수를 계속 사용할 것이다(3장 참고). 이에 따른 임포트 구문을 정리하면 다음과 같다.

```
import pygame
from pygame.locals import *
from OpenGL.GL import *
from OpenGL.GLU import *
import matplotlib.cm
from vectors import *
from math import *
```

OpenGL에는 자동 셰이딩 기능이 있지만 3장에서 사용한 셰이딩 메커니즘을 계속 사용하겠다. 우리는 8면체의 각 면에 셰이딩 색을 계산하기 위해 Matplotlib의 **Blues** 색지도[17]를 사용한다.

```
def normal(face):
    return(cross(subtract(face[1], face[0]), subtract(face[2], face[0])))

blues = matplotlib.cm.get_cmap('Blues')

def shade(face,color_map=blues,light=(1,2,3)):
    return color_map(1 - dot(unit(normal(face)), unit(light)))
```

다음으로 8면체의 기하학적 구조와 광원을 명시해야 한다. 이 부분은 3장과 동일하다.

---

17 (옮긴이) 색지도(color map)는 수를 색에 대응시키는 함수이다. 3.5.3절에서 다룬 Matplotlib의 Blues는 0과 1 사이의 수를 밝은 파란색에서 어두운 파란색으로 점점 어두워지는 스펙트럼의 컬러 값에 대응시키는 색지도이다.

```
light = (1,2,3)
faces = [
    [(1,0,0), (0,1,0), (0,0,1)],
    [(1,0,0), (0,0,-1), (0,1,0)],
    [(1,0,0), (0,0,1), (0,-1,0)],
    [(1,0,0), (0,-1,0), (0,0,-1)],
    [(-1,0,0), (0,0,1), (0,1,0)],
    [(-1,0,0), (0,1,0), (0,0,-1)],
    [(-1,0,0), (0,-1,0), (0,0,1)],
    [(-1,0,0), (0,0,-1), (0,-1,0)],
]
```

이제 새로운 걸 보여주겠다. 8면체를 PyGame 게임 화면에 나타내려면 거의 변화 없이 반복적으로 사용하는 코드인 보일러플레이트(boilerplate) 코드를 몇 줄 넣어야 한다. 여기서는 게임을 시작하고 픽셀 단위로 윈도 크기를 명시한 뒤 PyGame이 OpenGL을 그래픽스 엔진으로 사용하도록 설정해야 한다.

```
pygame.init()
display = (400,400)
window = pygame.display.set_mode(display,
                    DOUBLEBUF|OPENGL)
```

PyGame이 400×400 픽셀 윈도에 그래픽스를 나타내도록 요청한다.

PyGame에게 그래픽스 엔진으로 OpenGL을 사용해야 함을 알려주고, 더블 버퍼링(double-buffering)이라는 내장 최적화 옵션을 사용해야 함을 알려준다. 더블 버퍼링은 우리의 목표 상 이해할 필요는 없다.

3.5절의 단순화된 예제에서는 z축을 따라 한참 위에서 누군가가 바라보는 투영법(perspective)에 따라 8면체를 그렸다. 그런 관찰자에게 보이는 삼각형과 보이지 않는 삼각형을 계산했고, 보이는 삼각형을 z축이 없어지게끔 2차원으로 사영하였다. OpenGL에는 이런 식으로 투영법을 설정할 수 있는 내장 함수가 있다.

```
gluPerspective(45, 1, 0.1, 50.0)
glTranslatef(0.0,0.0, -5)
glEnable(GL_CULL_FACE)
glEnable(GL_DEPTH_TEST)
glCullFace(GL_BACK)
```

이 책은 수학 학습이 목표이므로 이러한 내장 함수가 어떤 일을 하는지를 알 필요가 없다. 다만 호기심이 많은 이를 위해 간략히 소개하겠다. gluPerspective 함수 호출은 우리가 장면을 바라볼 때의 투영법을 묘사하는데, 시야각이 45°이고 가로세로비가 1 : 1로 설정되어 있다. 따라서 수직 단위와 수평 단위가 같은 크기로 화면에 나타날 것이다. 성능 최적화 차원에서 두 수 0.1과 50.0은 렌더링되는 z좌표의 한계를 정한다. 관찰자보다 50.0단위를 넘어선 범위와 0.1단위보다 가까운 범위에는 나타나야 할 객체가 존재하지 않는다는 의미이다. glTranslatef는 z축에서 5단위 위에서 장면을 관찰하고 있음을 나타낸다. 다시 말해 장면이 벡터 $(0,0,-5)$만큼 멀어진다. glEnable(GL_CULL_FACE)를 호출하면 관찰자와 멀어지는 다각형을 자동으로 숨기는 OpenGL 옵션을 켜는데, 3장에서 한 작업을 안 해도 되게 만들어준다. glEnable(GL_DEPTH_TEST)는 가까이에 있는 다각형이 멀리에 있는 다각형 위에 나타나도록 렌더링한다. 마지막으로 glCullFace(GL_BACK)은 우리를 향하는 다각형이 다른 다각형 뒤에 가려지면 자동으로 숨기는 OpenGL 옵션을 켠다. 구는 문제가 되지 않지만 복잡한 도형은 문제가 될 수 있다.

드디어 8면체를 그리는 메인 코드를 구현할 수 있게 되었다. 궁극적으로는 객체를 움직이게 만드는 게 목표이므로, 실제로는 코드가 객체를 계속 반복해서 그리도록 작성할 것이다. 이렇게 영화의 프레임처럼 연속인 그림들은 시간이 지나도 같은 8면체를 보여준다. 또한 정지된 객체의 비디오와 마찬가지로 변화가 없는 그림과 구분할 수 없다.

단일 프레임을 렌더링하기 위해, 벡터에 대해 반복하면서 각 벡터에 셰이딩을 넣고 OpenGL로 그리고 PyGame으로 프레임을 업데이트한다. 이 과정은 무한히 반복되는 while 루프 안에서 프로그램이 실행되는 동안 가능한 빠르게 자동으로 반복된다.

```
clock = pygame.time.Clock()          ◁── PyGame의 시간 진행을 측정하고자 시계를 초기화한다.
while True:
    for event in pygame.event.get():  ◁── 반복할 때마다 PyGame이 받은 이벤트(event)를 확인
        if event.type == pygame.QUIT:      해 사용자가 윈도를 닫은 경우 종료한다.
            pygame.quit()
            quit()
    clock.tick()                  ◁── 시간이 지났어야 함을 시계에 알린다.
    glClear(GL_COLOR_BUFFER_BIT|GL_DEPTH_BUFFER_BIT)
    glBegin(GL_TRIANGLES)         ◁── OpenGL에 삼각형을 그리고 있음을 전달한다.
```

```
    for face in faces:
        color = shade(face,blues,light)
        for vertex in face:
            glColor3fv((color[0],
                        color[1],
                        color[2]))    ◁┤ 각 면(삼각형)의 각 점에 셰이딩에 기반한 색을 설정한다.
            glVertex3fv(vertex)    ◁┤ 현재 삼각형의 다음 꼭짓점을 명시한다.
    glEnd()
    pygame.display.flip()    ◁┤ PyGame에 애니메이션의 최신 프레임이 준비되었음을 알려서 화면에
                                나타나게 한다.
```

이 코드를 실행해보면 [그림 C.1]처럼 400 × 400 픽셀의 PyGame 윈도가 나타나는데, 3장에서 본 것과 같아 보이는 이미지가 포함되어 있다.

더 재미있는 일이 일어나고 있음을 확인하고 싶다면 while True 루프의 마지막에 다음 줄을 추가하자.

그림 C.1 PyGame 윈도에 렌더링된 8면체

```
print(clock.get_fps())
```

이 줄은 PyGame이 8면체를 렌더링하고 다시 렌더링하는 비율(초당 프레임(frames per second), 즉 fps 단위)의 순간 값을 확인해 출력한다. 지금과 같이 애니메이션이 간단하면 PyGame은 기본 최대 프레임률(frame rate)인 60fps에 달하거나 초과할 것이다.

아무것도 변하지 않는데 왜 이렇게 많은 프레임을 렌더링할까? 각 프레임마다 벡터 변환을 하고 있기 때문에, 8면체를 다양한 방법으로 이동시키며 볼 수 있다. 일단 8면체를 실제로 움직이지 말고 각 프레임마다 '카메라'를 움직이는 눈속임을 해보자.

C.2 관점 바꾸기

C.1질에 등장한 glTranslatef 함수는 렌더링하려는 3차원 장면을 어느 위치에서 보고 싶은지를 OpenGL에 알려준다. 비슷하게 관찰하려는 장면이 있을 때 각도를 바꿀 수 있는 glRotatef 함수가 있다. glRotatef(theta, x, y, z)를 호출하면 장면은 벡터 (x,y,z)가 명시한 축을 기준으로 각 theta만큼 회전한다.

"축을 기준으로 특정 각만큼 회전한다."는 말을 좀 더 구체화해보자. 우주에서 자전중인 지구를 익숙한 예로 들 수 있겠다. 지구는 매일 360°씩, 매 시간마다 15°씩 회전한다. **축**(axis)은 보이지 않지만 지구가 회전하는 기준선이다. 축은 북극과 남극을 지난다. 이 두 점만 지구 표면에서 회전하지 않는다. 지구의 경우 회전축은 태양을 공전하는 공전면을 기준으로 직립하지 않고 오히려 [그림 C.2]처럼 23.5° 기울어져 있다.

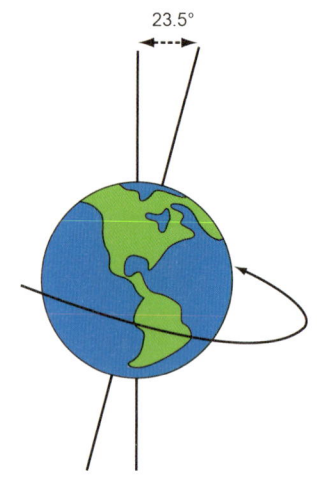

그림 C.2 축을 중심으로 회전하는 지구

벡터 $(0,0,1)$은 z축과 같은 방향을 가리키므로 glRotatef(30,0,0,1)을 호출하면 z축에 대해 30°만큼 장면을 회전시킨다. 마찬가지로 glRotatef(30,0,1,1)은 30°만큼 회전시키지만 회전축은 y축과 z축 사이에서 45°만큼 기울어진 축인 $(0,1,1)$이다. 8면체 코드에서 glTranslatef(...) 후에 glRotatef(30,0,0,1)이나 glRotate(30,0,1,1)을 호출하면 [그림 C.3]처럼 8면체가 회전하는 것을 볼 수 있다.

그림 C.3 glRotatef 함수에 의해 회전하여 서로 다른 세 관점에서 바라본 8면체

[그림 C.3]에서 8면체의 면 중 보이는 4개 면의 그림자는 변화하지 않았음에 유의하기 바란다. 이는 어느 벡터도 변하지 않았기 때문에 그렇다. 8면체의 꼭짓점과 광원은 모두 동일하다! 8면체에서 상대적인 '카메라' 위치만이 바뀌었기 때문이다. 8면체의 실제 위치를 바꾸면 셰이딩도 바뀐다.

8면체의 회전을 애니메이션으로 보기 위해 매 프레임마다 각을 조금씩 회전하도록 함수 `glRotatef`를 호출할 수 있다. 예를 들어 PyGame이 60fps의 프레임률로 8면체를 그리게 하고 `glRotatef(1,x,y,z)`를 매 프레임마다 호출하면 8면체는 (x,y,z)를 회전축으로 하여 매초 $60°$정도 회전한다. 무한히 반복되는 `while` 루프 내에서 `glBegin`이 시작되기 전에 `glRotatef(1,1,1,1)`을 추가하면, 8면체는 [그림 C.4]처럼 $(1,1,1)$ 방향을 회전축으로 하여 프레임당 $1°$씩 회전한다.

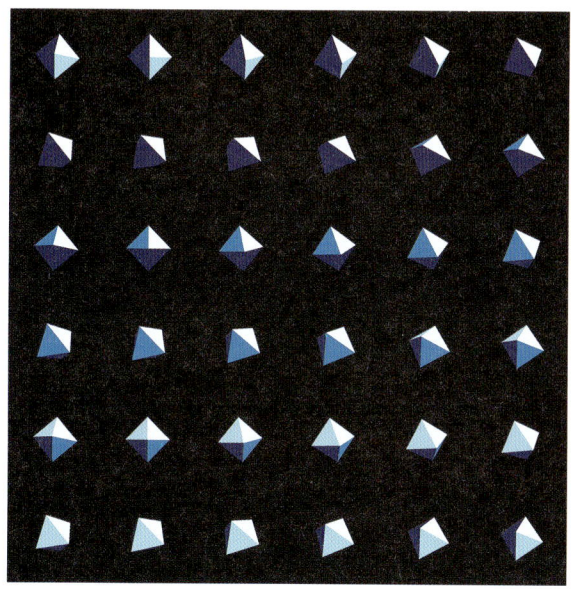

그림 C.4 프레임당 $1°$씩 회전하는 8면체 애니메이션을 10프레임 간격으로 나열한 이미지

이 회전율은 PyGame이 8면체를 정확히 60fps로 그려야만 정확하다. 장기적으로 보면 이는 사실이 아닐 수 있다. 어떤 복잡한 장면을 나타낼 때 모든 벡터를 계산해 모든 다각형을 그리는 데 필요한 시간이 60분의 1초 이상이라면 움직임이 느려진다. 프레임률과 상관없이 장면의 움직임을 일정하게 만들려면 PyGame의 시계를 사용하면 된다.

장면이 5초마다 1바퀴(360°)를 온전하게 회전하기를 원한다고 하자. PyGame의 시계는 밀리초(millisecond) 단위, 즉 1/1000초 단위로 동작한다. 1/1000초가 지나면 1초 동안의 회전각을 1,000으로 나눈 각만큼 회전한다.

```
degrees_per_second = 360./5
degrees_per_millisecond = degrees_per_second / 1000
```

우리가 만든 PyGame의 시계 객체는 시각을 진행시켜서 지난 번 `tick()`이 호출된 이래로 몇 밀리초가 흘렀는지를 리턴하는 `tick()` 메서드를 가진다. 이를 통해 최신 프레임을 렌더링한 뒤 밀리초가 얼마나 흘렀는지 확실하게 알 수 있다. 해당 시간 동안 장면이 회전해야 하는 각도를 계산해보자.

```
milliseconds = clock.tick()
glRotatef(milliseconds * degrees_per_millisecond, 1,1,1)
```

이와 같은 방식으로 프레임마다 `glRotatef`를 호출하면, 장면이 5초마다 정확히 360°만큼 회전함을 보장할 수 있다. [부록 C]의 소스 코드 중 rotate_octahedron.py 파일에서 이 코드가 정확히 어떻게 삽입되어야 하는지를 볼 수 있다.

시간이 지남에 따라 관점을 바꾸는 능력을 부여했더니 3장에서 개발한 것보다 더 나은 렌더링 능력을 얻었다. 이제 8면체나 구보다 훨씬 흥미로운 도형을 그리는 데 초점을 맞추자.

C.3 유타 주전자 불러오기 및 렌더링하기

2장에서 2차원 공룡의 윤곽을 그리는 벡터를 하나하나 확인한 것과 마찬가지로 3차원 객체의 꼭짓점을 하나하나 확인하고 삼각형을 나타내는 세 벡터로 구성한 뒤 삼각형 리스트로 표면을 만들 수 있다. 3차원 모델을 설계하는 아티스트들은 공간에서 벡터의 위치를 정하는 특화된 인터페이스를 가지고 있어서, 이를 파일로 저장한다. 이 절에서는 잘 알려진 3차원 모델인 **유타 주전자**(Utah teapot)를 사용한다. 이 찻주전자의 렌더링은 그래픽스 프로그래머에게 있어서 Hello World 프로그램과 마찬가지이다. 이 예제가 간단하면서도 테스트하기에 적절하기 때문이다.

찻주전자 모델은 소스 코드 중 teapot.off 파일에 저장되어 있다. 여기서 .off 확장자는 객체 파일 포맷(Object File Format)의 약자이다. 이 포맷은 일반 텍스트(plaintext) 포맷의 일종으로, 3차원 객체의 표면을 이루는 다각형과 다각형의 꼭짓점에 해당하는 3차원 벡터를 명시한다. teapot.off 파일은 [리스트 C.1]과 같은 모습이다.

리스트 C.1 teapot.off 파일의 개요

```
OFF                           ← 이 파일이 Object File Format을 따름을 나타낸다.
480    448    926             ← 순서대로 3차원 모델의 꼭짓점, 면, 변의 개수를 나타낸다.
0   0   0.488037              ← 각 꼭짓점의 3차원 벡터를 x좌푯값, y좌푯값, z좌푯값으로 명시한다.
0.00390625   0.0421881   0.476326
0.00390625   -0.0421881  0.476326
0.0107422   0   0.575333
...
4  324  306  304  317         ← 이 모델의 448개 면을 명시한다.
4  306  283  281  304
4  283  248  246  281
...
```

[리스트 C.1]의 마지막 몇 줄은 각 면을 명시하는데, 각 줄의 첫 번째 수는 이 면이 어떤 다각형인지를 알려준다. 3은 삼각형을, 4는 사각형을, 5는 오각형 등등을 나타낸다. 이 찻주전자의 면은 대부분 사각형임을 확인할 수 있다. 각 줄에 이어서 나타난 수들은 앞의 몇 줄에서 정의된 꼭짓점의 인덱스를 알려준다. 이 꼭짓점들은 해당 다각형의 가장자리를 형성한다.

[부록 C]의 소스 코드 중 teapot.py 파일에서는 두 함수 `load_vertices()`와 `load_polygons()`를 발견할 수 있다. 두 함수는 teapot.off 파일에서 꼭짓점과 면(다각형)을 각각 불러온다. 첫 번째 함수는 440개 벡터로 이루어진 리스트를 리턴하는데, 각 벡터는 이 모델의 꼭짓점들이다. 두 번째 함수는 리스트가 448개 있는 리스트를 리턴하는데, 각 리스트는 모델을 이루는 448개 다각형 중 하나의 꼭짓점에 대응하는 벡터를 포함한다. 마지막으로 소스 코드에 세 번째 함수인 `load_triangle()`을 넣어두었는데, 이 함수는 꼭짓점이 4개 이상인 다각형을 쪼개서 전체 모델이 삼각형만으로 이루어지게 만든다.

이 책에 수록한 코드를 더 깊이 파보거나 teapot.off 파일을 불러올 수 있도록 돕는 미니 프로젝트를 남겨두었다. 일단은 teapot.py로 불러온 삼각형들로 계속 진행하겠다. 이를 통해 찻주전자를 빠르게 그려내고 애니메이션화 할 수 있다. 또한 PyGame과 OpenGL의 초기화를 생략하였는데, 함수로 만들어서 모델을 그릴 때마다 이를 반복하지 않도록 하였다. draw_model.py에서 이 함수를 찾을 수 있다.

```
def draw_model(faces, color_map=blues, light=(1,2,3)):
 ...
```

이 함수는 (방향이 올바른 삼각형이라고 가정한) 3차원 모델의 면, 셰이딩을 위한 색지도, 광원 벡터를 입력으로 받은 뒤 해당 모델을 적절히 그려낸다. 이외에도 4장과 5장에서 소개한 키워드 인자들이 더 있다. 8면체를 그리는 코드와 마찬가지로 이 함수는 어떤 모델이 주어지더라도 루프에서 반복적으로 그려낸다. [리스트 C.2]는 draw_teapot.py에서 이 함수들을 어떻게 결합하는지 보여준다.

리스트 C.2 찻주전자를 이루는 삼각형을 불러와서 draw_model에 전달하기

```
from teapot import load_triangles
from draw_model import draw_model

draw_model(load_triangles())
```

이 코드의 결과로 찻주전자를 멀리서 본 모습을 얻는다. [그림 C.5]에서 원형 뚜껑과 왼쪽의 손잡이, 그리고 오른쪽의 주둥이를 볼 수 있다.

그림 C.5 찻주전자 렌더링

단순한 기하학적 형상을 넘어 훨씬 흥미로운 형상을 렌더링할 수 있게 되었으므로, 이제 놀아볼 시간이다! 4장을 읽었다면 찻주전자의 모든 꼭짓점에 적용할 수 있는 수학 변환을 배웠을 것이다. 이를 통해 3차원 공간에서 찻주전자를 이동하거나 찌그러트릴 수 있다. 이외에도 가이드에 따라 렌더링과 관련된 코드를 탐색하고픈 여러분을 위해 연습문제를 남겨두겠다.

C.4 연습문제

연습문제 | C.1

draw_model 함수를 수정해서 입력한 도형을 임의로 회전한 관점에서 볼 수 있도록 만들어라. 구체적으로 draw_model 함수에 glRotatef의 4개 인자에 대응하는 4개의 수 튜플을 제공하는 키워드 인자 glRotatefArgs를 추가하라. 이러한 추가 정보를 통해 draw_model의 본체에서 회전을 실행하도록 glRotatef를 호출하는 부분을 적절히 추가하라.

연습문제 | C.2

매 프레임마다 glRotatef(1,1,1,1)을 호출하면 장면이 1바퀴를 온전히 회전하는 데 몇 초 걸리는지 계산하라.

연습문제 | C.3   미니 프로젝트

앞에서 살펴본 load_trangles() 함수를 구현하라. 이 함수는 teapot.off 파일에서 찻주전자를 불러온 뒤 파이썬에서 삼각형 리스트를 생성한다. 각 삼각형은 3차원 벡터 3개로 명시되어야 한다. 이후, 생성한 결과를 draw_model()에 전달하여 같은 도형이 나옴을 확인하라.

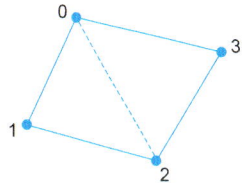

힌트 사각형을 2개의 삼각형으로 바꾸려면 마주보는 꼭짓점을 연결하면 된다. 사각형의 꼭짓점에 인덱스를 붙이면 두 삼각형은 각각 세 꼭짓점 0, 1, 2와 꼭짓점 0, 2, 3으로 이루어진다.

연습문제 | C.4   미니 프로젝트

gluPerspective와 glTranslatef의 인수를 바꾸어서 찻주전자를 애니메이션화하라. 이를 통해 각 매개변수의 효과를 시각화해서 볼 수 있다.

찾아보기

ㄱ

가설(hypothesis) 548
가속도(acceleration) 369
가시선(line of sight) 143
가중 평균(weighted average) 177
가중치(weight) 632
개별 함수(distinct function) 628
객체 지향 프로그래밍(Object-Oriented Programming, OOP) 704
거듭제곱(power) 393
거듭제곱의 미분법(power rule) 412
거리(distance) 81
거짓 양성(false positive) 582
거짓 음성(false negative) 582
결정 경계(decision boundary) 584
경사도(steepness) 449
경사상승법(gradient ascent) 466, 494, 496
경사하강법(gradient descent) 500
계수(coefficient) 561
계층(layer) 626
곱(product) 393
곱의 미분법(product rule) 416
공간(space) 267
구면좌표(spherical coordinates) 124
균등(uniform) 673
그라디언트 연산자(gradient operator) 49
그라디언트(gradient) 430, 432, 456
그래프(graph) 701
극대(local maximum) 479
극소(local minimum) 479
극좌표(polar coordinates) 87
근의 공식(quadratic formula) 475
기저(basis) 271
기호 프로그래밍(symbolic programming) 389, 409
기호적(symbolic) 392
길이(length) 76
꺾은선 그래프(line chart) 700

ㄴ~ㄷ

나머지(modulus) 670
내적(dot product) 127
뉴런(neuron) 615
다르시 법칙(Darcy's law) 48
다층 퍼셉트론(multilayer perceptron, MLP) 545, 626
다항함수(polynomial function) 274
단면(cross section) 451
단위벡터(unit vector) 150
닫혀 있다(closed) 266
당(per) 330
대칭이동 185
데이터 포인트(data point) 549
데카르트 좌표(Cartesian coordinates) 87
도함수 연산자(derivative operator) 349
도함수(derivative) 341, 348
도함수를 취한다(taking a derivative) 348
독립(independent) 314
등고선도(contour map) 448
딕셔너리(dictionary) 686

ㄹ

라디안(radian) 92
람다(lambda) 695
래퍼 라이브러리(wrapper library) 114
레이텍(LaTeX) 410
렌더링(rendering) 45
로지스틱 함수(logistic function) 579, 594
로지스틱 회귀(logistic regression) 578, 593
리만합(Riemann sum) 355
리스트 컴프리헨션(list comprehension) 677

ㅁ

매개변수(parameter) 292
매스매티카(Mathematica) 388

메서드(method) 704, 706, 709
무한 차원(infinite dimensional) 256
미분(differentiation) 327, 341
미분방정식(differential equation) 47
미분적분학(calculus) 47
미분한다(differentiate) 348
미소(infinitesimal) 454
미적분학 47
미지수가 두 개인 연립일차방정식(system of linear equations in two variables) 290
밑(base) 570

ㅂ

방향(direction) 82
방향(orientation) 111, 137
배열(array) 685
백색 소음(white noise) 510
범위(range) 679
법선벡터(normal vector) 147, 150
벡터 값(vector-valued) 370
벡터 덧셈(vector addition) 72
벡터 뺄셈(vector subtraction) 80
벡터 수학(vector mathematics) 64
벡터(vector) 41, 241
벡터곱(vector product) 124
벡터공간(vector space) 231, 242
벡터장(vector field) 48, 430
벡터합(vector sum) 72
변수 바인딩(variable binding) 402
변위(displacement) 81, 120
변화량(change) 357
보강 간섭(constructive interference) 523
보존한다(preserve) 172
부분공간(subspace) 265
부작용(side effect) 58
부정적분(indefinite integral) 366
분류(classification) 577, 617

분배법칙(distributive property) 406
불균등(non-uniform) 673
비선형함수(nonlinear function) 575
비용 함수(cost function) 550
비트 심도(bit depth) 508
빗변(hypotenuse) 76

ㅅ

사각파(square wave) 512
사인(sine) 90
사인곡선적(sinusoidal) 513
삼각함수(trigonometric function) 90
삼각형법(tip-to-tail) 73
상속(inheritance) 232, 710
상쇄 간섭(destructive interference) 523
상수(constant) 89
상승(ascent) 457
샘플링(sampling) 505, 515
생성공간(span) 268
생성자(constructor) 705
서브클래스(subclass) 710
선형대수학(linear algebra) 41, 228, 231
선형사상(linear map) 211
선형회귀(linear regression) 40, 549
셋(set) 684
소음(noise) 507
속도(velocity) 369, 370
속력(speed) 370
속성 기반 테스팅(property-based testing) 184
속성(property) 704
수렴(converge) 344, 363
수식(expression) 392
수직(vertical) 90
수퍼클래스(superclass) 710
수평(horizontal) 90
순간 속력(instantaneous speed) 339
순간(instantaneous) 339

찾아보기

순서쌍(ordered pair) 67
스칼라(scalar) 78
스칼라곱(scalar multiplication) 78
스칼라장(scalar field) 432
스테레오(stereo) 507
슬라이스(slice) 675
슬라이싱(slicing) 675
시공간(spacetime) 226
시그모이드 함수(sigmoid function) 593, 594

ㅇ

아나콘다(Anaconda) 655, 657
아크사인(arcsine) 94
아크코사인(arccosine) 95
아크탄젠트(arctangent) 100
안장점(saddle point) 493
압축(compression) 265
언패킹(unpacking) 674
역도함수(antiderivative) 366, 425
역벡터(opposite vector) 80
역삼각함수(inverse trigonometric function) 94
역전파(backpropagation) 619, 646, 650
역행렬(inverse matrix) 317
연립일차방정식(system of linear equations) 283
연산자 오버로딩(operator overloading) 235, 708
연접(concatenation) 241, 674
열벡터(column vector) 190
영벡터(zero vector) 243
영차원(zero-demensional) 249
오른손 법칙(right-hand rule) 139
오버라이딩(overriding) 711
오일러 방법(Euler's method) 369
완전제곱수(perfect square number) 126
외적(cross product) 126, 136
울프럼 알파 388
원소(element) 393
원점(origin) 44, 64

위치에너지(potential energy) 432
유타 주전자(Utah teapot) 722
은닉 계층(hidden layer) 631
음(negative) 333
음높이(pitch) 512
음색(timbre) 504, 519
음파(sound wave) 503
이계도함수(second derivative) 377
이상치(outlier) 548
이차함수(quadratic function) 274
이터러블(iterable) 679
익명 함수(anonymous function) 695
인공 신경망(artificial neural network) 615
인공지능(artificial intelligence, AI) 544
인덱스(index, indices) 673
인자(argument) 689
일류 객체(first-class object) 162, 693
일반화된 내적(inner product) 531
일차결합(linear combination) 175
일차독립(linearly independent) 270
일차방정식(linear equation) 293
일차변환(linear transformation) 156, 170, 172
일차종속(linearly dependent) 270
일차함수(linear function) 194, 211, 272, 550
입력 계층(input layer) 628

ㅈ

자연 로그(natural logarithm) 398
자유도(degrees of freedom) 314
저류암(reservoir) 47
적분(integral) 364
적분(integration) 327, 350
적분한계(bounds of integration) 365
적합(fit) 596
전미분(total derivative) 454
전역 최댓값(global maximum value) 479
전역 최솟값(global minimum value) 479

전치(transpose)　218
전치(transposition)　218
접선(tangent line)　345
정리(theorem)　52
정적분(definite integral)　353, 365
정현 함수(sinusoidal function)　506
정현파(sinusoidal wave)　513
제너레이터(generator)　681
주기(period)　514
주기함수(periodic function)　506, 513
주파수(frequency)　504, 512
주피터 노트북(Jupyter Notebook)　655
중력장(gravitational field)　430
증명(prove)　243, 534
지도 학습(supervised learning)　545
지수적으로 감쇠한다(exponential decay)　571
직선(line)　267, 308
진폭(amplitude)　510

ㅊ

차수(degree)　274
차수(dimension)　256
차원(dimension)　208, 232, 271
참 양성(true positive)　582
참 음성(true negative)　582
채널(channel)　507
초평면(hyperplane)　311
최댓값(maximum value)　479
최솟값(minimum value)　479
최적합 직선(line of best fit)　549, 563
추상 메서드(abstract method)　712
추상 베이스 클래스(abstract base class, ABC)　238, 711
추상화(abstraction)　57
축(axis, axes)　66, 720
출력 계층(output layer)　631

ㅋ

커널(kernel)　663
커링(currying)　163
컬렉션(collections)　673
컴퓨터 대수　409
컴퓨터 대수 시스템(computer algebra system)　388
코사인(cosine)　90
퀀츠(quants)　39
클래스 메서드(class method)　709
클래스(class)　704
클로저(closure)　695
키(key)　686
키워드 인자(keyword argument)　68, 691

ㅌ

탄젠트(tangent)　90
톱니파(sawtooth wave)　538
투영(projection)　149
튜링 완전(Turing complete)　56
튜플(tuple)　67, 683
트리(tree)　395
특이 행렬(singular matrix)　303
특징 스케일링(feature scaling)　568

ㅍ

편미분계수(partial derivative)　453
편향(bias)　632
평균 유량(average flow rate)　329
평면(plane)　64, 267
평행이동(translation)　74
폐곡선(closed curve)　99
포물선(parabola)　481
표준 기저(standard basis)　180
표준형(standard form)　293
푸리에 급수(Fourier series)　506
플레이스홀더(placeholder)　421

찾아보기

플로팅(plotting) 115
피타고라스 정리(Pythagorean theorem) 76
피팅(fitting) 42
픽셀(pixel) 258

ㅎ

하강(descent) 457
할선(secant line) 331
함수 적용(function application) 393
함수 합성(composition of functions) 160
함수(function) 57
함수형 프로그래밍(functional programming) 162, 693
합성(composition) 195
합성함수의 미분법(chain rule) 416
항등변환(identity transformation) 184, 202
항력(drag force) 490
해당 점에서 함수의 미분계수(derivative of the function at the point) 345
행렬 곱셈(matrix multiplication) 192
행렬 표기법(matrix notation) 190
행렬(matrix) 183, 190
행벡터(row vector) 206
허용오차(tolerance) 496
헤르츠(hertz) 512
활성(activation) 616
회귀(regression) 547
히트맵(heatmap) 432
힘의 장(force field) 429

A

add 83, 690
append 메서드 677
Apply 컴비네이터 394, 405
Arrow 클래스 69
Arrow3D 클래스 114

astype 메서드 519

B ~ C

BlackHole 클래스 434, 438
Box3D 클래스 116
component 149

D ~ E

derivative 메서드 422
Difference 컴비네이터 399
draw 69
draw_model 159, 715
draw_poly 288
draw3d 114
evaluate 메서드 641
Expression 클래스 399, 403, 410

F ~ I

feedforward 메서드 641
for 루프(for loop) 677
Function(Vector) 클래스 262
Function2(Vector) 클래스 262
gcf 메서드 703
ImageVector 클래스 259, 264
infer_matrix 201
items 메서드 687

L

len 675
length 84
linear_combination 186
LinearFunction 클래스 272, 280

M

make_sinusoid 515
map 693
math 모듈 671
math.acos 95
math.asin 94
math.atan 100
math.atan2 96
math.e 671
math.exp(x) 672
math.isclose 244
math.log 398, 672
math.pi 671
math.sqrt 671
Matplotlib 105
Matrix 클래스 263
matrix_multiply 198
max 688
min 688
MLP 클래스 647
MLPClassifier 클래스 654
move 메서드 372, 440
multiply_matrix_vector 193

N ~ O

Negative 컴비네이터 399
OpenGL 157

P ~ Q

PIL 라이브러리 259
play() 메서드 512
plt.plot 700
plt.scatter 698
Points 클래스 69
Points3D 클래스 115
Polygon 클래스 69
polygon_segments_3d 221
PolygonModel 클래스 285
Power 컴비네이터 393
Power 클래스 422
Product 컴비네이터 394
PyGame 157
QuadraticFunction(Vector) 클래스 280
Quotient 컴비네이터 405

R

randint 672
random 모듈 672
random_matrix 201
Rectangle 클래스 705
REPL 410, 658
reverse 메서드 688
reversed 688
rotate 102, 104, 155
rotate_x_by 166
rotate_z 164

S

Segment 클래스 69
Shape 클래스 712
Ship 클래스 288
sort 메서드 688
sorted 688
square 689
Square 클래스 710
standard_form 299, 305
stretch_y 167
sum 687
Sum 컴비네이터 394, 405
sum_squared_error 555
SymPy(Symbolic Python) 426

찾아보기

T

tick() 메서드 722
to_polar 100
transformed() 메서드 290
translate1left 159

V

Variable 클래스 404
Vec0 클래스 249
Vec1 클래스 247
Vec2 클래스 233
Vec3 클래스 237
Vector 클래스 240, 243, 247, 262

W ~ Z

while 루프 681, 718
x 성분(x component) 76
x 좌표(x-coordinate) 67
x 축(x-axis) 66
y 성분(y component) 76
y 좌표(y-coordinate) 67
y 축(y-axis) 66
zero 추상 메서드 246
zip 119

기타

__call__ 메서드 262, 263, 280
__dict__ 메서드 707
__eq__ 메서드 707, 712
__mul__ 메서드 708
__repr__ 메서드 235, 408, 410, 708
__rmul__ 메서드 709
_repr_latex_ 메서드 410
@abstractmethod 데코레이터 239
° 92

0차원 부분공간(zero-demensional subspace) 267
2차원 벡터(two-dimensional vector) 65
2차원(2D) 63
3차원(three-dimensional, 3D) 44, 63
4차원(four-dimensional) 41
Δ 372, 378
θ 91, 123
λ 695
Σ 312
σ 594
ϕ 123